America's Advance
through Twentieth-Century Europe

Irresistible Empire

不可抗拒的帝国

美国在20世纪欧洲的扩展

[美] 维多利亚·格拉齐亚 著
何维保 译

创于1897 商務印書館 The Commercial Press
2014年·北京

Victoria de Grazia
IRRESISTIBLE EMPIRE
America's Advance through Twentieth-Century Europe.

中译本根据作者提供的电子修订稿译出

中文版序

我非常感谢我的同事们、王希教授和本书的译者何维保博士,他们的帮助使得本书的中文版得以面世。在此之际,我希望读者们能够发现,本书有助于他们将最近发生的两个事件放入历史的视野中去进行考察,这两个事件表明了利用文化、规范和价值观的能力对于一个国家在国际事务中维护自己的权力是何等的重要。

第一个事件是美国为重振其在必胜主义者的空间内的霸权而发动的全球反恐战争的失败,美国在20世纪90年代苏联帝国崩溃之后即享有这种必胜主义者的空间。这场反恐战争在2002年开始发动,表面上是为了反击对袭击纽约双子大厦负责的穆斯林"圣战"者,但它不可告人的目标则包括:测试美国以网络技术更新后的军事力量能否挫败恐怖分子对国际安全的威胁;通过复苏美国作为普遍的消费者民主和人权典范的形象来强化美国的盟友体系;以华盛顿新自由主义共识一种尤其保守视野的形式转移国内的改革。于是,反恐战争伴随着官方对美国丧失名望的反思、对华盛顿智库的动员以便让它们为国家品牌和公共外交提供政策建议,另外还伴随着用以重建被逐步废弃的信息、宣传和文化交流方面的冷战机构的新的国会拨款,还有越来越系统的对外国民众的民意测验,尤其是对穆斯林民众的民意测验,以便了解他们对美国的看法。

因此,发动战争是软实力变成了一个国际流行术语的更宽泛的背景,软实力在国际关系理论中是指吸引而非强迫别人接受你的议程的能力。对美国自身来说,在引来对其干预伊拉克和阿富汗的反对时它拥有如此高的知名度,以至于很多善意的美国人开始相信美国是一个典型的"软实力国家",这使得他们无法看清这样的事实,即武力和说服力同样都是实力的一个方面,作为世界上首屈一指的消费者民主,美国在 20 世纪获取全球霸权时,利用了作为重大权力中心的欧洲的衰落所引发的西方殖民体系的瓦解,它通过在一系列灾难性的战争中获胜建立起了自身模式的信誉,并且为了维持其吸引力,它还不时地进行深入的改革,以便在国内为它的精英们提供共识,在国际舞台上利用其社会发明的力量强化它的经济、政治和军事力量。

第二个事件,即中国投身于世界舞台去运用与其经济和政治实力相称的意识形态和文化声望这一事件,它与美国的反恐战争实际上是同时发生的。2005 年对发展"有中国特色的软实力"来说是非常重要的一年,在这一年,中国的领导层接受了软实力概念以便去思考如何更有效地运用本国的文化、规范和价值观去与外国的公众打交道。中国的领导层这样做的理由有很多:自从 2001 年被世界贸易组织接纳之后,中国应该对由多边机构构成的复杂世界运用它的所有文化资源,在这个多边机构的世界里,中国凭借其巨大的规模、令人印象深刻的现代化和两位数的经济增长速度,已经变成了一个大玩家;中国在很多发展中国家有巨大的投资,它无法保护这些投资,除非利用它曾经是一个帮助穷国的穷国和致力于"共同发展"的共产主义国家的声望;中国曾经是一个拥有各种长达千年的价值观的伟大帝国,它曾经是如此伟大,以至于在西方的时代及美国和欧洲的主导地位开始消退时,人们可以对一个中国化的新时代寄予厚望;为了平衡美国巨大的军事优势,中国可以在多边国际机构内围绕环境、全球卫生保健或管理互联网等问题展开运作，这些问题是无法用军事手段去解决的。在不到10年的时间里，中国政府的主动精神已经产生了相当多的成果，从在全球各地建立的用以教授汉语和中国文化的几百家孔子学院，到以2008年奥运会和2010年上海世博会为形式的宣传活动的顶峰。

当具有如此重要的国家含义的这些政策不可避免地成为全国政治和文化辩论的对象时，它们也将会全部变成挑剔的历史考察的研究对象。从这种意义上讲，《不可抗拒的帝国》这本书讲述的是“有美国特色的软实力”的一段历史。考察年轻的中国民族主义者是怎样理解约翰·杜威的教育改革的，或是去想象一下那位坐在顾维钧旁边的商务印书馆的英文编辑邝富灼，那是多么复杂和有趣的事！顾维钧与邝富灼是20世纪20年代上海扶轮社中仅有的十一名中国会员中的两位，在该俱乐部的其他100名会员中，百分之八十是美国人，百分之十是英国人，尽管如此，这个俱乐部还是可以以它没有其他殖民地俱乐部的那种“种族主义”外观而自豪。不论人们是否能够发现20世纪30年代的上海电影有多少独创之处，都能发现它对好莱坞行话的翻译由于在同时代的日本影院中流传而发生了变调。

总之，我对将本书翻译成中文的一个最美好的期望就是，通过这本书，我能够与致力于撰写中国自己的“不可抗拒”的崛起的学者们的事业产生联系。

维多利亚·格拉齐亚

2014年6月

目　录

导 言

通往和平的快速通道

1916年7月10日，在这个星期一的早晨，伍德罗·威尔逊总统在底特律一个坐满了推销员的会议厅里准备发表一个演讲。这是第一届世界推销术大会(World's Salesmanship Congress)开会时的场景，此时正值世界文明的危急时刻。所有的欧洲国家都陷入了战争。在接下来的几个月之后，威尔逊也将要权衡国家面临的两种选择：是置身于冲突之外并从旧世界的毁灭中获益？还是加入协约国，摧毁德国敌军，在和平谈判桌上占据优势？在此期间，为即将到来的秋季选举考虑，世界推销术大会为威尔逊提供了一个方便的场所，使他可以清楚地阐明一个比灾难性的武装冲突更有利的恢复全球和睦的方法。

美国的“商业民主”必须要在“和平征服世界的斗争中领先”，威尔逊讲道。[1] 作为开始，它必须要为对消费者友善的贸易制订新的标准。至于“大的制造国们”如何与“世界的其余地方”做生意，只能在两种截然对立的方法中做出选择。一种方法是“把制造国的口味强加给市场所在国”，这种方法是欧洲巨商——尤其是德国大资本家们掠夺性商业的典型。另一种方法是“研究市场所在国的口味和需求，并使自己的商品适应他们的口味和需求”。这种方法是美国的方法。相应地，一种真正具有政治家风格的推销术应该“要求生产他们所需要的货物，而不是你所需要的货物”。它应该“与你对他们以及他们的商业需求的知识保持同步，而不是与你对你个人以及你的制造方法的知识保持同步”。

通过强调推销术与政治才能“在知识和见解上是相互关联的”，威尔逊将一种惊人的现代消费者敏感灌输到了当代治国艺术中。“这个世界上的最大障碍不是准则上的障碍，而是品味上的障碍”，他继续说道。假如“社会的某些阶层”因为对方拙劣的穿着、不讲卫生和其他令人不快的习惯而感觉“某些其他阶层令人生厌”，“他们就不会与之为伍……因此，就会与之保持一定的距离，也不可能为之服务。”于是，冲突不是起源于意识形态或政治，而是起源于因生活方式差异而导致的不理解。因为这个原因，“通过教授将我们聚在一起并培养出我们相同风格的经验”，推销术能够辅助政治才能。威尔逊有确切的理由相信他的美国同胞们能够理解这一原理。因为地球上没有其他任何国家显示出如此巨大的生产和销售标准化产品的能力。没有其他任何国家如此广泛地珍视这一信念，即物质满足的权利与生命、自由和追求快乐的权利是不可分割的。也没有其他任何国家能如此有效地通过大众消费这一伟大的合成大师来融合掉自身的差异性。因此，情绪高昂的三千听众能够很好地领会他的“简单的讯息”：

> 让你们的思想和想象力走出国门遍布全世界，在你是美国人并将给所到之处带去自由、正义与博爱这一想法的鼓舞下，出发并去销售能使世界更舒适、更幸福的商品吧，并让他们信仰美国的准则。

与以往认为是政治信仰和社会不公而非生活方式差异导致

了冲突的主流看法不同，这个淡然的、冷峻的、在演讲台上泰然自若的人，是世界上第一个认为治国艺术可以从物质需求、心理不适以及被新的大众消费物质文明所释放出来的社会不安中发现利用手段的领袖人物。同样引人注目的是，威尔逊强调的并不是他所主张的公开外交所具有的那种热情的、无私的个人之间的联系，而是大众营销所具有的那种拥挤喧闹、诱惑欺诈和处心积虑。在这里，他也提出了一种美国特有的民主观念，或许我们可以称之为"认同的民主"，这种民主基于人们所穿的 T 恤、运动鞋或其他品牌商品的相同性。参与全球共同体的观念起源于人们拥有相同的习惯，而不是起源于人们拥有相同的经济水准和从勉强的选项中做出选择的自由，也不是起源于承认差异并学会与之共处。同时，通过劝说他的同胞让他们的"想象力走出国门遍布世界"，"出发去销售商品"，并"使他们信奉美国的准则"，威尔逊这位美国最知名的对外政策理想主义者，提出的既是一种全球商品交易/交流，又是一种全球的价值观交易/交流。与欧洲军国主义的领土扩张相反，美国致力于"和平征服世界"。追求利润与打破被认为是导致了剧变、互不信任和冲突的"品味的障碍"是完全一致的。因此，如果全球化的商业贸易漠视别国的主权，那也是完全合法的。

威尔逊的这些话打动了我，它们也完全可以被用来介绍本书的主题：一个以大商场面目崛起的大帝国。这就是处于我所谓的"市场帝国"统治时期的美国。作为一个没有边疆的帝国，美国在 20 世纪的头十年里崛起，在 20 世纪后半期发展到顶峰，并在 20 世纪临近结束时显现出崩溃的征兆。它最远的边界将以下列事物为标记：其主要企业寻求全球市场的永不知足的雄心、由政府机构和私营企业绘制的空前广阔的销售版图、其商业网络无远弗届的影响力、对其无处不在的商标品牌的赞誉赏识，以及在世界各地人们之中所产生的对美国生活方式的高度熟悉。它的动力和工具来源于曾明显重塑过美国本国公民生活的大众消费领域内的革命。它受下列因素支配:市场压力、其自身模式的说服力,以及更重要的(如果相对其广泛的权力来看运用纯粹武力的影响并不算突出的话),在一个以其自身及其他国家的可怕暴力为标志的世纪里对其全球项目的和平性的充分利用。

批评者和辩护者都承认,美国在消费文化领域内的创新上一直占有优势,这一优势和美国强大的经济力量、政治同盟和军事力量一起,在20世纪美国建立全球霸权的过程中发挥了重要作用。然而,作为一种难以捉摸的力量,消费文化是无数的市场策略、政府第二层次决策和关于获取与花费的平凡选择的总和,它是如何转化成一种强大的力量的?对于这个问题的认识还完全不清楚。对于美国是如何使用这种强大力量推动其他地方的消费民主的,同样也不清楚,至于美国是如何利用消费文化来发展全球一致性的,那就更不清楚了。这些问题都是本书将要解决的基本问题。

在威尔逊总统做上述发言的时候,没有其他地方比底特律更自觉地将市场帝国的革命性规则付诸实践。底特律是福特汽车公司的全球总部所在地,就在那天下午,亨利·福特亲自驾车,载着威尔逊总统前去参观了福特汽车公司在海兰德公园的兴旺发达的工厂。在过去的十年中,正是在这个地方,福特作为流动生产线的建立者、多用途T模式的设计者、五美元最低日工资的倡导者,及将"福特制"的必要性推向全球的推动者("福特制"是一种旨在大量生产标准化、低成本产品并提供给工人足够得体的工资以使他们买得起这些产品的生产体系),充分展现了他的天才。也正是在这个地方,福特的宣传人员发明了"效率"、"进步"和"服务"等富有习语性质的词语,这些词语为这个帝国的日常用语提供了关键词。

但是,美国霸权并不像通常所认为的那样是在这里形成的。

它也不是在世界电影之都好莱坞形成的。它也不是在世界新兴的金融中心纽约形成的。它也不是在美国的政治首都华盛顿特区形成的。同样，它也不是在当时世界最大的服务俱乐部运动“扶轮国际”总部所在的芝加哥形成的，它也不是在世界领先的会计机生产商全美收银机公司(National Cash Register)所在的俄亥俄州的代顿形成的，它也不是在吉列公司所在的波士顿形成的(吉列公司在1914年欧洲陷入战争时建立了安全剃刀生产的全球垄断)。这并不是说在创造和在海外推进美国市场文化的过程中，这些大型企业所在的这些地点不重要。

美国的霸权是在欧洲的版图上建立的。正是在这个“旧世界”内，美国把自己作为第一消费社会所具有的力量，转变成了因被广泛承认为现代消费行为的源头而所具有的支配力。美国要在这个地方建立起自己的合法性，就不得不去面对欧洲地区自商业资本主义时期作为巨大帝国财富、高超商业技巧和高品味商品中心时就发展积聚起来的权威。在旧的消费制度下，全球商业圈先是从地中海地区向外发散，然后又从荷兰和大英帝国向外发散，辉煌的皇家宫廷培育了商业帝国所产生的贵族式奢华，欧洲工业在生产精巧的机器、奢侈品和实用工艺上保持着领先。一直到20世纪早期，欧洲资产阶级为西方的文化和社会等级制度建立了模式。到了20世纪70年代，欧洲左派建立起了批判和运动的模式，以抵制资本主义消费的不平等、显而易见的轻浮和浪费。在挑战欧洲资产阶级商业文明和颠覆其旧制度的过程中，美国建立起了它作为世界上第一个大众消费制度的合法性。因此，它的意义远远超过了填补由失败的外交、军事的过度延伸以及欧洲大国艰难的自由主义(众所周知的失败)所导致的裂缝。它还为欧洲社会提供了处于崩溃之中的努力之外的另外一种选择，既能满足欧洲自己的公民日益增长的过一种体面生活的要求，又能使欧洲在以往革命传统的遗产上为更广大的世界争取这一生活标准。

虽然市场帝国主要的发展路线早在一战时期就清晰可见，并且在二战之前一直都在曲折发展，但它却是从冷战开始的时候才开始体现自己的优势的。一旦旧消费制度的支撑国受到了自下而上的冲击，并且西欧社会决心以追求体面生活标准的权利为基础进行重建，所有的力量都抓住了这一机会。所有各方都在打消费者需求这张牌。从1948年的马歇尔计划开始，一方面通过把西欧与它自己的消费者民主概念捆绑在一起，另一方面通过展开颠覆苏联阵营国家社会主义的斗争，市场帝国得到了普遍的承认。因为计划经济也是欧洲旧消费制度的一项遗产，同时它也是美国建立市场导向的消费者现代性全球规范的最后反对者。因此，通过在欧洲持续扩展，美国的市场帝国在它自己的“新物质文明”这一新崛起者身份中强化了自己的自负，使得“旧世界”靠帝国文明使命、艺术遗产和资产阶级革命价值观进行统治的主张名誉扫地，并且它还不停地重组自己消费者导向的资本主义的机制，以便在别的地方制造相似的消费者革命。

通过谈及在市场帝国独特的历史形成过程中所出现的大趋势和众多参与者，以及强调美国统治的非军事特质，在这里，我打算阐明美国作为第一消费社会所具有的、不同于其他帝国体系所创造的霸权的合法性。帝国通常被认为是指一个正式的等级政治关系体系，在这个体系中，最强大的国家拥有决定性的影响力。在经典的西方帝国模式中，一个帝国拥有或多或少明确界定了的领土边界。大城市中的首都很可能也是这个帝国的中心。它很大程度上是通过授权给附属国或殖民地当局政治权威来行使它的权力。它还建立起对贸易和资源的政治垄断。但在其大部分历史时期中，美利坚帝国都不是照此行事的。如果说有例外的话，那就是它曾经靠有限和短期的直接殖民统治，建立过一个非正式的帝国模式。在二战后的西欧，如果说美国的权力具有帝国色彩的话，就不得不细微区分它是属于一个“被邀请的帝国”、一个“被一致同意的帝国”还是属于一个“娱乐的帝国”。[2]

但所有的帝国都要依靠它们在当时所具有的手段去获得权力。如果我们坚持正统的帝国定义，我们就会忽视积聚在20世纪领先的资本主义国家身上的那些特殊的力量。这些力量并非仅来源于它是消费者革命中的领头羊，而是来源于认识到这一地位所带来的优势，并把这些优势扩展到一个全球领导体系中。

市场帝国统治的独特性具有五个特征。第一个也是最基本的一个特征是，它从一开始就认为其他国家对于它们的公共空间只拥有有限的主权。一旦自由贸易的古典自由主义原则被接受了，那么别的国家抗议美国对外贸易侵害当地文化传统的做法就变得毫无意义了。更有甚者，市场帝国承认它的贸易可能会是一种文化侵犯，但它会找到大量的方法来为自己的做法正名。于是其他地方的人们不仅能从这些商品贸易中获益，而且还能从这些商品所蕴含的法则中获益。比如说好莱坞电影这种商品，它的推广不仅能够激发更多的贸易，而且还能够激活一个充满活力的、涉及新的个性与娱乐的当地市场。因此，试图用关税、限额和其他贸易壁垒关闭贸易的外国政府会使它自己显得不仅是传统经济意义上的贸易保护主义者，而且在文化上也是狭隘和落后的。在这个问题上的一个悖论却由于这样一种事实而被放大出来：在20世纪的大部分时间内，美国的国内市场是资本主义西方世界中最不容易被打开的。

第二个特征是，在经济输出的同时（如果不是先于它的话）市场帝国还输出它的市民社会——它的志愿者协会、社会科学知识和市民精神。市民社会输出和经济输出在这个完全折服于现代消费经济思潮的政府中都有一个狡猾的、暗藏不露的和具有创造性的支持者。最初两者各自为战，甚至话不投机，当20世纪五六十年代之交美国权力达到顶峰之际，在热情的目标统一体“国家利益”这一冷战一致性标志的感召下，国家和市民社会运转得如同电影舞蹈一样的步调完美一致。不论是在好莱坞外忙碌的电影制造者身上、在底特律长长的商业链上的汽车经销商身上、在领军广告公司的受过美国培训的德国经理身上，还是在对来自国家和商务部的指令采取反应的商务领事身上，都有一种惊人的行为相似性。相应地，虽然法国乡下的地方电影展示者、米兰的家务效率专家、德国的少年摇滚乐迷相互之间并没有直接的联系，他们和自己的美国同行之间也没有直接联系，但他们却都在一个共同架构内活动，无论他们对话中的字眼发音如何不同，其注意力都指向了市场帝国。

第三个特征是制订标准的能力。这是市场帝国的制胜武器。皇家专利权、正式编码和约束性法规都比不上"最优方法"准则对这个帝国的支配，这些准则是由敬业的商人、市民领袖和尽责的官僚各自根据他们的专业知识制订出来的。最优方法可以从好莱坞的摄影棚、连锁店的经营活动、科学广告或俱乐部生活中产生。不论来源是哪里，最优方法都包含着足够灵活的设计程序以适应当地的知识，并修订当地的知识以培养信任，夸张地证明它们自己的普遍适用性。最优方法产生于美国人自己在其广阔的大陆上进行相互沟通的努力，它在严酷的竞争压力下得到修改，并被新职业的行话赋予了活力，它们总是随着市场关系中的象征以及因服从"罗伯特议事规则"的内在准确性而发生变化。因此，从理论上来讲，市场帝国的规则是实用主义的，它们的指导原则是亚当·斯密的市场交易理论中的合理的利己主义，而不是马克斯·韦伯的官僚政治牢笼(bureaucratic iron cage)理论中的无情的理性化。这些程序规则散发着透明性，要求成为标准，而不是成为法律。由于看上去它们是处理事务自然的、现代的和好的方法，它们拒绝被描述成现代政府管理的"微权力"(micro-powers，法国哲学家米歇尔·福柯的术语)，虽然它们事实上就是"微权力"。具有象征性的是，市场帝国的权力是如此的易变和短暂，以至于它从来就不是无所不能的。因此，很容易得出的结论就是，它的主题是有选择性的，而剩余的则被忽略掉。正因为这个特点，市场帝国的权力从来就没能创建一个稳定的中心。也正是因为这个原因，它从没有产生任何“大拒绝运动的单一中心”。[3]

第四个特征是市场帝国自我夸耀的民主理念，即在众所周知的标准面前支持平等的、消费领域内的民主。社会交际性是这一认同民主的关键词。它体现在用商标使商品个性化中，体现在对消费者忠诚度的顶礼膜拜中，体现在对招徕更多消费者的无休止的追求中，体现在提供新的舒适和服务的诱惑性主张中，它同时也体现在新的归属感诱惑中，直至最终围绕这一商品产生了新的生活方式，而不是这一商品仅仅提供了一种生活上的方便。社会交际性所具有的革命性反响达到了这样一种程度，以至于它被与旧世界商业的一致性对立了起来。一致性意味着共同性，它的联系纽带源自传统和权力；它赋予一部分人权力，同时排斥另一部分人；它据称是建立在意识形态基础之上，而不是建立在信服的基础之上；为它辩护的人据称是在大力搞宣传，而不是在大力传播信息。相反，社会交际性把自由定义为选择的自由，它把市场及个人对市场的获取当作是获得这一自由的方法，它冷静地宣称在政治活动中投出一票与在市场上做出一个选择没有太大的区别。源自这一消费民主的力量产生了将权威从当地社区和国家的统治中分离出来的影响，即使当它并不必然地增进市场帝国的权力的时候也是如此。对于颠覆旧习惯的反应经常以强化国家、阶级和种族等级的方式出现。反过来，大众消费社会的社会交际性也是作为顽固排它的、乡土的（或更糟的国家主义的）、反动的一致性的活跃进步的替代品出现的。

市场帝国的第五个也是最令人困惑的一个特征是它表面上的和平性。作为欧洲军国主义天生的替代品，在一个被连续几十年的全面战争、同族相残的内战、核屠杀和种族灭绝所困扰的世纪里,市场帝国作为一种管理良好生活的模式发展前进。这使得市场帝国对软力量的运用看上去隐约是一种对硬力量和直接殖民主义的替代。因而市场帝国在很大程度上避免了被指责为实行另外一种暴力,这种暴力的目标是展示对市场交易的掌握,它的制胜武器源自超级丰富的消费文化这一武库,它的牺牲品则是那些被迫与通行习惯分离开的人们,这些人们的生计被打乱了,他们的生活被飞速发展的商业变化搞得晕头转向。市场帝国宣称用消费者福利的一致性进行统治,这也使市场帝国经常处于战争之中这一事实被模糊了,自美利坚合众国 1776 年建立以来,美国参与的十场常规战争遮掩了美国曾参与的约 250 场小规模的非常规战斗和镇压暴乱行动。尤其是,除内战外美国参与的其他大战都没有在美国本土上进行,在这些大战的动员过程中,美国消费工业及其价值观的利益也同时获得了极大的突破。美国相对现代其他帝国最引以为豪的是,在为它自己的人民既提供大炮又提供黄油上,美国从来没有失败过。当它真正把自己以军事方式强加到别的地方时,它承诺在此之后提供可靠的援助以便按它自己的想象对废墟进行重建。因此,美国借以巩固自身合法性的大众消费"软"力量便令人困惑的看上去远离美国的"硬"力量,而美国正是凭借这一"硬"力量建立起并在某些时期加强自己的霸权的。

为了说明一个如此具有多面性的国家,我对市场帝国的研究是从三个视角着手的。第一个视角集中在从美国迸发出来的那些力量上,这些力量导致了消费者革命在美国的发生,并把消费者革命的准则和实践推进到了欧洲。有一些发展,例如生产个体越来越大、科技在消费品上越来越具创造性的应用,以及不断强化的通过赢得消费者忠诚以保证市场份额的举措等,在资本主义社会里是很普遍的。但美国历史上的一些特殊条件使得这些趋势具有一种特别的动态特征。一个特殊条件是美国没有贵族政治传统的遗产，在欧洲，贵族政治传统仍在使约束性习惯成为社会分裂的一个源头。另一个特殊条件是应对欧洲人竞争以及一波又一波移民的压力，在早期，美国人把这些移民的消费行为看作是具有与众不同的民族特点的。此外，在缺乏欧洲丰富的商业制度遗产的情况下，美国的商业文化在无约束地仅按销售者的梦想和购买者的购买力去想象市场方面，具有更大的自由度。这种情况有助于把遥远的距离、多样的气候，以及一个易变的、贫穷的、种族隔离的、民族多样化的消费者基础等等这些一开始看上去是巨大商业劣势的东西变成巨大的商业优势。总之，在一个广阔的、多样化的、激烈竞争的国内市场上经受过考验的各种产品，在它们被出口出去的时候具有很强的竞争优势。在热心的政府以及丰富的资本与知识的支持下，美国企业家们把对外销售区域看作是国内市场的延伸，并打算用在国内使用过的同样的技巧去对付外国消费者，这些技巧包括从刺激需求、研究民族心理到扩展大众购买力的各个方面。

第二个视角关注欧洲，目的是重现以竞争性的市场规则和价值观与美国消费文化对抗的欧洲商业文明。回顾欧洲城市中心那强大的活力，那坐落着神话般的百货公司的大街，那装饰着明亮彩色海报的拱廊和亭子，那确保地区市场繁荣的贸易集市和博览会，以及重新审视欧洲关于奢侈、节俭和信用的理念遗产能够达到三个目的。第一，它展示出了欧洲的市场文化对作为“新物质文明”先驱的美国的挑战，在20世纪早期，欧洲的市场文化在经济上仍具有竞争力，在美学上仍然令人敬畏，在强调感官享受、社会不平等和鄙视美国“文明”方面仍然非常难缠。第二，它凸显出了“旧的”资产阶级消费制度离我们通常所谓的现代大众消费文化有多么遥远，以及如果没有来自“新世界”力量的持续压力，欧洲市场文化的发展轨迹将会是如何的不同。最后，它展示了一个更大的欧洲框架，“新世界”的力量就是在这一框架内运作的。

美国在欧洲的扩展并非一片坦途，在对这一地区仍很重要的经济资源的分配上，美国的扩展加剧了欧洲各国内部和各国之间的持续不断的冲突。随后发生的运动和战争使美国暴发户式的大众消费社会与一种古老的市场文化展开了竞争。美国的大众消费社会拥有中产阶级的外形、巨大的工业产量和广阔延伸的市场，以及源于人们对相似产品和服务拥有广泛获取途径的社会维系纽带。而欧洲脆弱的市场文化在狭窄的市场、步履蹒跚的技术进步，以及将消费品与服务变成社会分裂而非社会凝聚力的不均衡分配的物质财富的压力下，正在分裂。

其结果就是一场跨大西洋的文明的冲突。第一次较大的冲突在1940年左右以一个荒谬的悖论达到了它的高潮：身为德国巨大经济潜力和辉煌文化遗产继承人的希特勒第三帝国，得以以一个有能力提供美国统治之外的另一种成功选择的国家，在一个混乱消沉的大陆上现身。第二次也是最后一次冲突则以一种更可悲的结局结束：与西方隔绝的、贫困的、被战争破坏了的苏联，一个醉心于通过它的中央计划赶上西方生活水准的独裁国家，在实际上从1945年到苏联瓦解的1980年代后期这整个时期，都被看作是提供了一种对美国消费文化霸权主导性的全球替代方案。

我的第三个视角集中关注由美国的消费者革命所促成的新的跨大西洋两岸的辩证法。美国的消费文化不仅仅是一个带头人或是第一个到达欧洲的，它还催生了不满，制造了决裂，扫除了障碍。从这种意义上讲，它发挥的作用就如同法国大革命和布尔什维克革命在颠覆被证明无力进行改革的、落后和反动的旧制度的过程中所发挥的作用。对直至1940年代都被束缚在资产阶级消费制度下的欧洲以及直至1989年都被计划性消费的失败所支配的、属于苏联阵营的欧洲来说，消费者革命是以一种“被动革命”的形式到达的。在安东尼奥·葛兰(Antonio Gramsci)的定义中，当一个社会无法再保持现状并依次尝试过革命的和反动的替代方案后，这时所发生的制度颠覆最终是由试图摆脱旧模式并按照一种新的发展模式重塑自身的外部力量压力所迫使的。到了1970年代，消费者革命的成果真正是一个“新欧洲”，一个作为市场帝国亲密盟友而非美国原样翻版的欧洲。与其美国伙伴一起构成了“白色大西洋”的“新欧洲”，其最显著特征是努力满足消费者的所有需求，它拥有由厨房提供的最基本的舒适和方便，它的新物质文明的精美白色看上去比第三世界贫困的黑暗和东欧国家社会主义的黯然无光要亮丽得多。从此以后，对于那种认为欧洲高雅文化与美国粗俗的物质文明、旧世界无节制的军国主义与“新世界”建设性的和平性、质量与数量、一致性与社会交际性，以及优雅的口味与廉价的便利之间具有对立性的古老说法，人们可以将其放到一边去了。在欧洲也按照大众消费第一世界的新辩证法进行发展之后，此后的问题就是要使世界其他地方的人类总数的百分之八十也直面消费者民主所具有的意义。他们获得相同的生活水准的权利已经得到了承认，但实现这一点的可能性并不存在。

本书的内容是一系列相互连结的历史，每一段历史都围绕着一个社会发明及其在20世纪的连续发展展开。这些社会发明中的每一个都是美国消费文化的关键载体，每一个都提供了市场帝国在欧洲社会中扩展的不同的衡量准则。有些社会发明，例如好莱坞的明星体系、一流的商标品牌、现代广告和超市等，都是我们所熟知的，对它们基本不需要进行特别的介绍。其他一些社会发明，如服务理念、生活水准、消费者公民和“家庭消费者夫人”等，则是人们不太熟悉的。然而，如果没有一种新的服务理念的苦心经营，使精英们接受如威尔逊所说的品味上的障碍必须要被征服，以及接受从原则上讲处在社会顶层的那些人与处在社会底层的人在动物性需求上并没有什么两样，那么我们所知的这种消费社会又如何能存在呢？而这正是欧洲的高等资产阶级被期望能从建立扶轮国际的美国人那里学习到的讯息。

如果享用商品应基于收入而不是基于地位、特权或严格的阶级界线这一观念没有被广泛接受，我们所知的消费社会又如何能存在呢？而这正是美国的高生活水准在欧洲所传播的经验，它威胁要打破对维持欧洲的社会等级至关重要的、生活方式上的阶级差异。消费者应在何种权利的名义下被允许消费呢？消费者消费的权利是应建立在市场中自由选择的基础上，还是如欧洲人所宣称的那样应建立在平等的基础上（如果市场不能提供适当水准的商品和服务，国家就将保证提供），在这个问题上市场帝国与欧洲人陷入了一场持续的斗争。"出售家庭"是1920年代以来美国的一个广告口号。但是谁控制着家庭的选择呢？欧洲的"消费者夫人"直到1960年代才被看作是独立自主的购物者。于是，市场帝国最终跨过了将公共空间与私人领域分离开来的门槛，涉入到了家庭隐私之中。

本书论述了一个从规程和制度的变迁中崛起的霸权，同样也论及了卷入到这一进程中的那些人们，他们为那些应从一种环境转换到另一种环境中的词语、概念和惯例而大伤脑筋。"从幕后接近政治，沿对角线切开社会"，福柯的这种说法突然进入了我的脑海，它听上去勾绘出了一个新的、正在形成中的跨大西洋文明的那些隐藏的和意想不到的线索。[4]

因此我曾经沿"之"字形路线穿越北大西洋和周游欧洲，以捕捉那些观念的跳跃，这些观念的跳跃曾使得老练的欧洲改革者们与乐观的美国社会科学家们围绕美好生活的含义进行辩论，使得临时电影院中的无产阶级观众们与葛丽泰·嘉宝（Greta Garbo）就如何做一个女人及与汉弗莱·博加特（Humphrey Bogart）就如何成为一个男人进行对话，它们也使得来自美国中西部的超市经理们与挑剔的意大利购物者们展开闲聊。

沿对角线切开社会也揭示出了一些未曾预料到的角色。最明显的就是那些无名的工人大众，他们被美国的消费者革命从低下的社会地位中召唤起来，要求获得高生活水准的权利，但他们却发现他们不得不服从市场的规则，缓和他们的政治信念，并抑制他们实现这些信念的欲望。

犹太企业家们被证明是这段历史中意外显眼的主角。他们在跨国商业上的杰出对他们参与美国人所创新的领域如电影工业、连锁店经营和销售等很有帮助。他们的欧洲内部和跨大西洋移民经验也使他们能够对国际网络处之泰然。这两个因素增加了他们在反犹太主张面前的脆弱性，这些反犹太主张认为他们体现了高级资本主义的无所寄托性和不可控制性。这使他们的生计和生命都在重整欧洲价值观的名义下面临着毁灭。

在这段历史开始时声音最弱而在结束时声音最响亮的，是女性。美国的移情帝国主义有一种显著的女性敏感性，妇女成为了市场帝国主要的对话者。因此，作为本书开端的是一群男人的集会，他们为一种重申资产阶级男性个人主义方法的、服务导向的资本主义新伦理的含义而辩论；而作为本书结尾的却是敌对的超级大国的领导人为适于满足他们女性公民需求的生活水准而辩论。

沿对角线切开社会揭示出市场帝国倾向于并非把民族国家，而是把作为一般实体的欧洲当作它的主要对话者。对美国对外政策的理想主义者们来说，国家不仅是解读人们从他们共有的联系中所获见解的共同性的首要实体，而且也是平息因开放市场而导致的混乱的首要实体。然而，对美国的制造业者和市场商人们来说，外国也是令人讨厌的东西，因为它们为贸易设定关税、限额和其他的贸易保护主义壁垒。在20世纪五六十年代之交流传的一个笑话有一定的道理：一名美国的经销商正在飞越欧洲，他正对着销售表沉思。当他的助手激动地喊到“我们正在飞越法国”时，这位老板打断他的话说，“不要拿具体细节来打扰我”。与这种倾向类似，亨利·福特在堪称欧洲观念之父上不亚于任何欧洲人，因为他的公司开拓性地把欧洲地区当作了一个单一的销售区。《读者文摘》做了第一个全欧洲范围的、针对"拥有2.2亿消费者的欧洲"的民意调查，消费者面前的一个美好十年成为了欧洲共同体议程中的一个选项。民族国家很显眼地处在接下来的页码中，但它们在很大程度上是作为映照合谋或抵抗的更普遍模式的背景出现的。因此，虽然英国理所当然地仍是一个全球性大国，并且它与美国的特殊关系也众所周知，但相比法国它只占了一个不那么突出的位置。法国，尽管因其知识分子的反美情绪传统而声名狼藉，它所占的空间却少于德国，而德国曾在第三帝国的统治之下，选择了最彻底和糟糕的阻止美国前进的孤注一掷的做法。但读者可以期望避开这些大国的老路，而追随着美国社会发明不停息地在"帝国漫长的边界"探索时的轨迹，拐入意大利、比利时、西班牙、瑞士和捷克斯洛伐克。

美国的侵蚀再三表明，如果欧洲要抵抗，它就需要被统一起来。在欧洲走向统一的时候（它的军国主义消解在了物质福利中，它的文化自豪感牺牲在了消费者进步的祭坛上），它对于威尔逊所强调的那种推销术与治国艺术结合起来所具有的和平作用，具有举世无双的自信。但是，另一个事实是欧洲已变成了一个伟大福利之地，作为美国霸权模式的试验田，它与美国的相关性已经更少了；在全球变迁的更大图表中，美国与欧洲之间的冲突主要围绕在相互对照的生活方式、物质利益和政治雄心方面，而不是集中在更深层次的文明冲突上。

注释

1. Woodrow Wilson, "Fighting Is the Slow Way to Peace," Address before the Salesmanship Congress, Detroit, July 10, 1916, *Congressional Record*, 64th Cong., 1st sess., app., 1480 - 82, reprinted in *The New Democracy*, vol. 4 of *The Public Papers of Woodrow Wilson*, ed. Ray

Stannard Baker and William E. Dodd (New York: Harper and Brothers, 1926), 232 - 233; *Detroit News*, July 10, 1916, 1; *New York Times*, July 11, 1916, 1, 7. On the milieu in which Wilson was speaking, see Walter A. Friedman *Birth of a Salesman: The Transformation of Selling in America* (Cambridge, Mass.: Harvard University Press, 2004).

2. Geir Lundestad, "'Empire by Invitation' in the American Century," *Diplomatic History* 23 (spring 1999): 189-217; idem, *"Empire" by Integration: The United States and European Integration, 1945 - 1997* (Oxford: Oxford University Press, 1998); John Gaddis, "The Emerging Post-Revisionist Synthesis on the Origins of the Cold War," *Diplomatic History* 7 (summer 1983): 171 - 190. See also the various terms contemplated by Charles S. Maier, "The Politics of Productivity: Foundations of American International Economic Policy after World War II," in *The Cold War in Europe: Era of a Divided Continent*, ed. Maier (Princeton: Markus Weiner, 1996), 193; idem, "Alliance and Autonomy: European Identity and U. S. Foreign Policy Objectives in the Truman Years," in *The Truman Presidency*, ed. Michael J. Lacey (Washington, D. C., and New York: Woodrow Wilson International Center for Scholars and Cambridge University Press, 1989), 273 - 298; Reinhold Wagnleitner, "The Empire of the Fun, or Talkin' Soviet Union Blues," *Diplomatic History* 23 (spring 1999): 499 -524.

3. Michel Foucault, *The History of Sexuality*, vol. 1: *An Introduction*, trans. Robert J. Hurley (New York: Pantheon, 1978), 95 - 96.

4. Paul Rabinow, ed., *The Foucault Reader* (New York: Pantheon, 1984), 376.

第一章　服务理念

资产阶级男人是如何与巴比特式作风和平共处的

很多人存在的一个问题是：他们太过于物质化，他们看不到美国霸权精神和智力的那一面。

——乔治·F.巴比特

小说中的美国商人，1922 年

美国方法那巴比特式的理想主义用它的单调吓到了我们……如果没有她自己的个性，欧洲就只是各大洲中的一个；她将不再是使世界其他地方发酵的酵母。

——安德烈·西格弗里德

欧洲知识分子，1935 年

如果对 20 世纪开始时的西方世界加以描绘，以展示富裕和有权势的人们是如何看待他们的日常环境的，那么可以把德国的大街看作是一个对照点，而美国的主街则是另一个遥远的对照点。为了使它们之间的距离形象化，我们可以把有几个世纪历史的德国萨克森州的德累斯顿定位为最东边的界线，而把有半个世纪历史的、俯瞰苏必利尔湖的美国明尼苏达州的新兴城镇德卢斯定位为最西边的端点。德累斯顿中部的大街是优雅的布拉格建筑群。从气派的、铁路终点站旁边的维也纳广场走到约翰内斯尼环形圈，老城区巴洛克式宫殿和教堂凸出的圆屋顶、尖顶和尖塔跃入眼底，布拉格建筑群层层嵌入到由华丽的、比例协调的建筑物所构成的完整的街区中，时髦的咖啡馆、旅馆前厅、艺术长廊、银行和忙碌的商店拥挤在街道上。在德卢斯，主街是十个街区宽的市区，在这里，东西苏必利尔湖在沿着湖岸伸展的铁轨和码头后面汇合在一起。在富尔兹式建筑钢筋水泥的办公楼的阴影下，苏必利尔大街那绝对笔直的线路使得由高高的民用和商业建筑组成的大杂烩也有了一定的次序。每座建筑都有着自己富有想象力的、夸张的建筑风格，中间夹杂着缺少特点的墙板公寓、框格式店面和水泥车库。

1930 年前后的德累斯顿市区显示出了它长达 6 个世纪的王室庇护所积聚起的恢宏。萨克森选帝侯们在易北河向东与白银之路交汇的地方繁荣起来，他们把通过管理硝石和军火贸易所获得的并由发动战争而巩固的巨大权力转变成了捐建宫殿、教堂、剧院和博物馆。像歌德与席勒的诞生地魏玛一样，形成于维希王朝的德累斯顿体现了德国的文明理念，这一品味与精神的结晶是如此的高贵和远离市场力量的污染，以至于只有具有教养（Bildung，指对个人使命和严格文化形式的一种敏锐感觉）的精英才会渴望得到它。浪漫主义诗人赫尔德（Herder）曾把德累斯顿称作是“易北河上的佛罗伦萨”。在 19 世纪晚期，德累斯顿与萨克森地区的其他地方一起实现了工业化，变成了德国最城市化的地方，并拥有最密集的机床和手工制造业，这时它的主要家庭既培育物质繁荣又培养文化礼节，也就是说他们既要所有权，又要教养。一种说法认为，魏玛是德国的文化英雄们诞生的地方，但德累斯顿却是这些文化英雄们找到奶源的地方。对这一遗产的自豪感的增长与德国在一战中不幸战败后所产生的混乱是成正比的。虽然德国跟奥匈帝国解体后所产生的那些新国家的混乱状况很类似，但德国人可以梦想把德累斯顿当作他们新建的第三帝国的精神首都，这一第三帝国的疆界将会从北海延伸至亚得里亚海，从佛兰德斯一直向东到俄国的普里皮亚特沼泽地，向南则一直到达黑海。[1]

相比而言，德卢斯市区展示的则是区区六十年的发展所产生的物质财富。从 1855 年开始，当位于圣玛丽瀑布的运河将北美五大湖区与大西洋的海洋航道连通的时候，投机者们就打赌苏必利尔湖岸边灌木丛生的小山丘将会成为这一地区主要的铁路终点站，以勇敢的皮货捕猎者丹尼尔·格雷索兰先生(Daniel Greysolon Sieur Du Lhut)的名字命名的边疆定居地迅速摆脱了它作为法国人与印第安人交易站的粗犷身份，变成了赌博中心和驳船码头。到了 1876 年，也就是德累斯顿庆祝自己建成 660 周年的这一年，德卢斯这个简陋的小村庄已经迅速变成了一个欣欣向荣的制造业中心和港口。到了 20 世纪 20 年代，德卢斯已经是一个熙熙攘攘的大都市，它的仓库里堆满了粮食，它的码头上堆积着来自墨萨比的铁矿石、木材、食品和装备，它们等待着被装到拥挤在狭窄船坞里的货船上。驶出苏必利尔湖之后，这些船将会穿过精巧的运河水闸系统进入开阔的大海，向南运抵美国东部海岸，或者穿过北大西洋，将它们的货物卸在南安普敦、安特卫普、鹿特丹、不莱梅，或者其他小一点的欧洲港口。

对德卢斯的市政高官们来说，德卢斯是“淡水海的巅峰之城”。他们对自己的家乡有着无限的雄心，当德卢斯的发展被底特律、明尼阿波利斯以及芝加哥超越的时候，他们的自豪感也只是略微地有所减弱。甚至当他们不得不满足于德卢斯一些更谦虚的绰号如“西部的匹兹堡”、“北五大湖区的芝加哥”时，他们仍然认为他们的德卢斯在板墙和水泥中体现出了勤勉、乐观主义和爱国精神，在他们的眼中，正是这些东西使得美国成为了地球上最伟大的国家。带着相同的兴趣，他们提升了扶轮社午宴演讲的活力与生机，发展起了苏必利尔大街那稀奇古怪的建筑、歌剧中挑选出来的保留剧目、奥芬剧场、湖滨剧院，提高了城市监狱的效率。所有这些都值得努力尝试，以用来满足人类对于舒适、礼仪、娱乐和秩序的广泛需求。[2]

这两个城市的礼节看上去也相去甚远。在中午时分的德累斯顿布拉格区，带有贵族优雅姿态的资产阶级文化礼仪仍然很明显。如果从带有男孩子气的年轻女人们的狂妄自大、蜷缩在城市街道上乞食的战争致残者和群集在主要交叉路口的穿制服的年轻人傲慢的姿态来判断，战前的社会等级显然正在消退。然而，形式仍然是关乎个人荣誉的事，这在服装的样式、脱帽致敬、蹭一下脚后跟并对着女士的手深鞠躬、店主谦恭的顺从，以及休闲习惯的稳定不变中都可以看到。饭后，凯撒咖啡厅或维森豪斯大道拐角处的欧罗巴—霍夫旅馆底下的霍尔伏特咖啡馆都是休闲的去处。喝茶时间则是在布鲁尔彻露台上度过，在这里一个人可以聊天一直聊到黄昏时分，远处的内河航运正在忙碌，人们的心神不会被打乱，除非有时迅速移动的云光闪烁在天主教大教堂的尖顶上，让成群的旅行者面对这一壮丽景象目瞪口呆地嘀咕不已。从这一视角来看，很难想象德累斯顿这一城市里仍然居住着非常贫困的劳动贫民，他们拥挤在沉闷的砖头贫民窟里，紧邻着推动了当地经济发展的机械工厂。同样不协调的是，在1919年，巷战曾经席卷过冰冷的鹅卵石大街，当时，来自警察署的骑兵部队用"哒哒哒"的机关枪镇压了暴动的退伍军人；在1920年，右翼的卡普暴动又被粉碎，城市被内战完全毁坏了。被灰黄的围墙环绕宠护着的老城区在庄严的美丽中看上去却屹立不动。

对比之下，德卢斯则是一片躁动。中午时分，东苏必利尔大街上就会出现成群的福特牌汽车和四轮马车，这些车辆把许多穿着灰色和褐色衣服的男人载到凯驰·盖米俱乐部、共济会集会地，或者，如果是星期四的话，也会把这些人载到附近斯堡丁旅馆的扶轮社午宴；与此同时，时髦地包着头巾的女人们则在冲出去购物之前把她们的家庭小汽车开到停车处。从菲特戈酿酒厂涌出的工人们肩并肩地坐在就餐柜台边，而来自威尔斯药店的女店员们、来自富尔兹大厦的销售经理们和穿着亮丽服装的秘书们则匆匆忙忙赶往廉价物品店去取一些杂七杂八的东西。每个人都在说话，对一个人或所有人打招呼，和别人亲切地握手，用力拍着别人的背部；每个人看上去都是如此的洋洋自得、衣帽得体和营养良好，以至于很难区分他们的阶级身份。平静只有在夜晚时才会降临，这时城中心空荡荡的，中产阶级已经回到他们位于有花园的郊外的家中，工人们则回到了位于西德卢斯的肮脏的木屋中。这种平静在最近的时间里只被某一事件打断过一次，关于这一事件的记忆也已经被迅速驱除了。那是在 1920 年 6 月 15 日，当时几千名城市居民（很多是失业者并且由于战后的经济衰退而惊慌失措）冲进了城市监狱，制服了警察，从单人牢房里拖出了三名黑人青年，他们是一个流动马戏团的工人，是因受到捏造的强奸指控而被捕的。他们就在东苏必利尔外的一根电线杆上被绞死了，这根电线杆就在第一街与第二东大道之间的人行横道旁边。[3]

人们或许想说，德累斯顿以及它华丽的文化是独一无二的，而德卢斯只是一个普通的美国城镇。德累斯顿带着光环。这是可信的。相比而言，勇气十足的、乐观主义的、粗野的德卢斯与大量类似的美国中部地区实际上很难区分开。虽然如此，德卢斯在界定美国文明上的重要性，与德累斯顿那超俗的奇异美丽在界定欧洲文化上的重要性是一样的。在“巅峰”的名称下，德卢斯通过辛克莱·刘易斯的小说而变得名扬天下。正是德卢斯，这个离刘易斯出生的小地方索克森特最近的大城镇，成了刘易斯所讲述的乔治·巴比特的悲惨故事的发生场景，房地产代理商巴比特是刘易斯 1922 年的同名小说中的英雄人物。正是这个地方，一个由众多类似城镇组成的虚构合成物，成了刘易斯小说中中产阶级道德观念和消费习惯的首都。正是在这个地方，刘易斯揭示了房地产和汽车保险领域的新商业欺诈、小家庭围绕洗澡时间的争吵、经常去教堂者的虔诚、蛊惑人心的政治，以及为巴比特这样的热心的社团活跃分子定制的爱好交际的交友传统。巴比特不安的身份焦虑感、放纵的物质主义和殷勤的讨好使他成为了真正的资产阶级男性文化那醒目的个性、内省精神和怀疑主义的死对头。[4]

在诺贝尔基金会1930年授予辛克莱·刘易斯诺贝尔文学奖时，授奖声明中强调，刘易斯是第一个获得此奖的美国人。授奖给他的目的在于认可一种新的文学现实主义那生动刻画普通人生活方式的能力。同时它也在于承认一种欧洲人认为属典型的美国式的风格，即刘易斯所示范的：运用巧妙的幽默对缩影为中产阶级日常生活的令人沮丧的人类处境进行批判性描述。诺贝尔基金会希望选一个美国人，他们更喜欢的是刘易斯“使他的讨伐性社会批评有一种喜庆气氛”的那种“快活和活泼”，而不是他们所看好的另一个作家西奥多·德莱塞的那种“沉重严肃”的现实主义，喜欢埃米尔·左拉的德莱塞在强调揭露“生活一贯的黑暗面”[5] 上过于“旧世界”了。这一奖项授予了辛克莱·刘易斯，因此也表明“旧世界”自觉地认可了美国那仍然未定型的文化威望。它也承认了在刘易斯的作品中，世界文学中又产生了一个新的人物类型，在这一人物类型中，当前的整个国家都“带着或多或少的喜悦看到了它自己”。这就是生气勃勃的商人，他悲惨可怜的生存状态已经在乔治·F. 巴比特这一人物形象中得到了描述。

通过做出这一令人疑惑的选择，瑞典研究院使刘易斯成为了当代小说家中另一个最伟大和最有争议的作者。另外一个类似的作家就是托马斯·曼，瑞典研究院在经过多年的疑虑之后刚刚在十二个月前最终授予了他诺贝尔文学奖。他们所褒奖的曼首先是《布登布鲁克斯》一书的作者，此书是曼战前出版的对一个商业王朝无情衰落的史诗性叙述。在授予诺贝尔文学奖的褒奖声明和仪式中，曼最有挑战性的（和最新的）作品《魔山》只是被顺便提了一下，仿佛他对达沃斯阿尔卑斯疗养院病态居民们的描写是对欧洲人道德衰落的一个过于消沉的注解。对瑞典研究院来说，曼对世界文学的贡献在于他追踪资产阶级形象从"自制、有力和不装腔作势的特征向讲究、敏感性差这一反射型"[6]衰退的能力。在接受这一象征着对他"深受伤害和误解"的国家表示同情的奖项时，曼谈到了德国文化独一无二的"建设性的和成问题的特征"。就像题材主义画家笔下的被绑在树桩上的圣塞巴斯蒂安，他雪白的身体被从各个方向乱箭射穿，他痛苦的脸却因为挂着一个微笑而显得灿烂起来，德国文化很奇特地能够转化"痛苦为快乐"。在经历了可怕的艰辛之后，德意志民族在结合"南方艺术冷激情的色情理性冒险精髓与北方艺术的核心——中产阶级的家庭、根深蒂固的情感与天生的仁爱"的同时，捍卫了（实际上是加强了）"面对近似东方和俄罗斯的欲望混乱时西方和欧洲的形式尊严原则"。[7]

当轮到辛克莱·刘易斯在瑞典研究院发言时，刘易斯只是婉转地提到了体现在惊人博学的前辈曼身上的那种传统，在曼的《魔山》一书中他看到了"欧洲知识界的整体"。欧洲拥有批判精神和有教养的礼节，这是美国小城镇的精英们所缺少的，刘易斯在别的地方曾经骂这些精英是"贫乏的寡头统治集团"、"收银机人"。他们绝对想象不出"有庄重风格"的"社区理念"。他们的自负不是在盘算他们的艺术和音乐遗产时膨胀，而是在数算厨房里廉价器具的数量和计算土地价值的快速上升时膨胀。[8]在大西洋的欧洲这边，画室里的交谈涉及的是爱、勇气和政治。然而在大西洋的美国这边，家庭晚间在前厅的聊天谈的是安全剃须刀的生产工艺、为"胖子"黄油罐头和麦克斯韦尔家庭咖啡所做的彩色广告的巧妙性，以及乘坐廉价小汽车周游的乐趣。[9]在做这样的对比时，刘易斯想展现的既不是奴态也不是势利，而是他自己对一种新的综合体的捍卫。这是一种直率的、制作雄伟的中产阶级文化，一种对新物质文明的轻薄、逃避现实和伪善感到绝望，但又深深沉醉于展示其人类舒适性、民主道德和交际方式的文化。很多具备了平均文化水平的美国人赞同刘易斯的观点。

由于他们都曾在诺贝尔典礼上被授予奖章，一开始是曼，然后是刘易斯，所以他们每人都间接地是另一个人的对话者；这并不是说他们以前曾经见过面，他们在此后的六年中也不会见面。然而，他们两人都即席对新世界与旧世界之间越来越尖锐的文化冲突表达了看法，特别是这种文化冲突还是被文化与文明[10]这一争论不休的对立双方所表达出来的。直到战前，德国一直是文化的具体化身，而德国的竞争对手英国和法国则是文明世界的领袖。当欧洲文化被分裂及德国被一战摧毁之后，文明的火炬被传递到了美国手中。对很多欧洲人来说，这一结果造成了这样一种危险，即欧洲文明将会被美国社会所特有的物质主义彻底污染。自然地，很少有美国人（包括杰出的知识分子）会这样认为。确实，他们所看到的他们周围的日常文化并不是高等文化，尤其不是德国人使用“文化”这一词语时所要表达的那种东西。但它也是文化，至少它符合人类学家在使用文化这一词语时所要表达的含义。人类学家所说的文化，是指使一个民族具有一致感并使他们的日常生活具有意义的、被共同拥有的生活方式和信仰模式。美国文化基于共有的设想、文明行为和共有的认同，大部分美国人并不担心这种归属感缺乏卓越之处。从这一方面来讲，他们的文化类似于当时的法国人类学家所说的“习惯”，如果他们知道了这一法国术语首先是被用来形容原始人类的偶像崇拜、宗教仪式和迷信的，他们也不会特别为此感到不安。

那么，在战争期间曾把他的痛苦抒发到无数书页中以保卫与西方大国对抗的德国文化价值的曼和主张提高文明的文化质量的、口才出众的美国代言人刘易斯之间的距离有多远呢？[11]曼是小说家哲人，他具有叔本华的悲观主义、歌德的理想主义及尼采的对文明的尖锐批判。刘易斯是小说家记者，他拥有民粹改革者的乐观主义，对美国方言有着市场调研员般的熟悉，对文化上的因循守旧有着身在其中的知识分子所具有的那种不满。就像"巴比特"与"布登布鲁克斯"一样，这两个人所代表的文化世界之间无限遥远。德累斯顿是一个仍在努力以一种庄严风格生活的、有教养的资产阶级的家乡；德卢斯是美国无数中等城镇中正在奋斗的商人的栖息地。这两个地方的真正文化都要求轻视粗俗的商业主义。但每个地方所认为的粗俗的最终象征却差异非常大。对曼来说，它可以缩影为吕贝克(Lubeck)当地一个在困难时期倒闭的商业会计室；对刘易斯来说，缩影就是巴比特在那里结交他的密友的扶轮社聚会。像其他对美国生活中的庸俗之辈持批判态度的知识分子一样，刘易斯或许会笑着同意他的朋友 H. L. 门肯(H. L. Mencken)记者的刻薄的观点，门肯批判他同时代的美国人(尤其是巴比特们)，认为他们是一种新人类——蠢才美国佬的绝妙典型，这种人炫耀着关于他们的阶层和职业的陈词滥调，完全被自己的财产俘虏了。在他看来，扶轮社是"笨蛋联盟的支柱"。[12]

但在这里，现实比小说更加奇异。如果我们在 1928 年前后真正来到德累斯顿布拉格建筑群与维森豪斯大道相交的那个街道拐角，如果我们在曾经是德累斯顿两三个最时髦的旅馆之一的欧罗巴—霍夫旅馆的织锦布帘后面窥视，我们会看到能够让试图浓眉重笔地描绘出文化差异的观察者困惑的许多细小的细节之一。在那里，在这个旅馆最好的客厅里，每周一下午一点半，至少三十个但更多时候是四十个这个城市最卓越的人士会按时在这里聚集，进行持续一个半小时的午宴和会谈。这种碰面的场景是从 1928 年 9 月 28 日起开始被记录的。接下来过了九年，到 1937

年8月末他们在纳粹专政的压力下被解散为止，这一群体共会面了440次。这种场景就是德累斯顿扶轮社的每周聚会。

当我们发现凝集在成员名单中的那份显赫时，在无可匹敌的德国文化之都进行的这些聚会的不和谐性就更加被放大了。这在1928年11月6日周二晚上进行的就职仪式中就清晰可见，当时作为东道主的这个俱乐部的四十一位创始成员，正在德累斯顿首屈一指的贝尔维尔旅馆那装有树枝型饰灯的舞厅里欢迎他们的客人。在1892年俾斯麦首相在去维也纳途中曾经光顾过一晚的那些房间里进进出出的这群人，代表了这个城市里真正的文化、政治和经济领袖。这其中有俱乐部的奠基人、会长格罗特医生(Dr. Grote)，他是拉曼博士疗养院的外科主治医师。那个不停地从一群人中走到另一群人中的、高高瘦瘦的、带有傲慢气质的人是俱乐部的主要设计者和秘书卡尔·冯·弗兰科尔(Karl von Frenckell)，他是芬兰总领事，有时候他是外交官，有时候他又是银行家，他还是著名的艺术赞助人，他与一名当地妇女结了婚，这名妇女就是有名的小型歌剧歌手米尼·纳斯特(Minni Nast)。市长布吕赫博士(Dr. Blvher)也在那里，他正在向本城和地区政府的一些高官们介绍外地来宾。像往常一样，后来成为警察署长而现在是州法院律师的雨果·格瑞勒(Hugo Grille)博士在人群中鹤立鸡群，其令人印象深刻的鹰一样的姿态和完美无瑕的风度不由地使人们想起了他漫长的军人生涯。身为德国第二大私人银行盖伯银行主管的高大的海因里希·阿恩霍尔德(Heinrich Arnhold)以慷慨的慈善事业而在当地闻名，他正俯下身子，与画家、州剧院的艺术总监莱昂哈德·凡特(Leonhard Fanto)和另一个被吸收进来的犹太家族子孙维克多·冯·克伦佩勒(Viktor von Klemperer)进行热情的交谈。后者的家族在那一晚的活动中有两名代表出席，一个是矮胖、快活的身为德累斯顿银行领导人的维克多，另一个是他更沉默寡言的兄弟、罐头制造商拉尔夫。每个人都认识机智善辩的朱利叶斯·佛迪南德·伍尔夫,他是自由主义风格的《德累斯顿新闻》的总编辑,并且每个人都还能列举出这个城市主要文化机构的领导人:州历史博物馆与绿宫的教授哈奈尔(Haenel)、著名音乐家与德累斯顿州歌剧院的音乐导演弗里茨·布彻大师(Maestro Fritz Busch),以及高贵的世界著名的工艺学校的校长纳格尔(Nägel)。其他30个奠基人成员的身份也同样显赫。[13]

然而,如果说作为这种场合标志的庄严与热忱友谊的混合毫无疑问是德国式的,并且邀请书上对宾客穿半正式礼服的要求让人回忆起了旧政权下的优雅,那么他们的会员用品却是德卢斯的商业精英们很容易识别的。悬挂在门口旁边的是品蓝色的横幅,上面浮雕着金黄色的嵌齿轮,齿轮上刻着"扶轮国际"字样。成立章程(上面打印的数字标明德累斯顿是第3010个加入扶轮国际的俱乐部)也将很快被从芝加哥发出。而写明准则和注意事项的小册子以及交替签着"扶抡社敬上"和"致以衷心的扶轮社祝福"(Mit herzlichen Rotarygrüssen)的信函则被记录秘书冯·弗兰科尔存放在他位于维森豪斯路24号拐角处的安利银行的办公室里。演讲、敬酒和闲聊都被用醒目的情感短语表达出来,这与数千名美国人在赞扬扶轮社理念所蕴含的热忱的友谊、国际间的礼节和社区服务精神时更为畅快的表达很相似。

从德卢斯的中产阶级"巴比特们"跳跃到德累斯顿的高级资产阶级需要有很强的想象力。如果我们发现大约在同一时期建立的慕尼黑的扶轮社俱乐部的创始成员中包括了一个"托马斯·曼博士、教授",会怎么样呢?结果就是:就在曼接受诺贝尔文学奖的时候,他已经变成了一个热情的扶轮社人。在1928年10月9日这个星期二,虽然曼正忙着完成他约瑟夫系列小说中的第一部,但他还是在四季旅馆的华尔特斯皮尔餐厅会见了他的十二个朋友,以草拟他们建立扶轮社的申请书。[14]在向芝加哥提交申请书三个月之后，申请被批准了，慕尼黑人为成立章程的到达而庆祝，他们的成立章程编号是3009。为了纪念这一时刻，曼在镶金边的客人签名纪念册上签了字，增加了将扶轮社与他的职业联系起来的一种猜想。在阿道夫·斯多赫(Adolf Stöhr)的俏皮话“我是一个建筑工，不要让任何事降临在我身上”及法学教授海因里希·莱因斯特龙(Heinrich Rheinstrom)歪歪扭扭地盖了章的留言“给草一个机会”(这是他在华盛顿特区的一个草坪上看到的，他美其名曰“友好的草胜过有敌意的人”)底下，曼写下了哲学家莱辛(Lessing)对马丁·路德说过的话：“伟大的人，你打破了传统的枷锁，但是谁能将我们从难以忍受的成文命令中解救出来呢？”[15]写在其他十行文字之上的这一小想法，后来将会在一次扶轮社午餐会上得到发展，这次午餐会是六次这样的聚会之一，曼在这些聚会上招待了他的伙伴。虽然曼声称，自己并不是一个演讲家，“作为一个作家本能地与任何临时性的、目的不明确的、带有友好特征的讲话无缘”，但他还是在扶轮国际第一次欧洲地区大会上登上讲演台，谈论“在一个现实世界中的理想主义”，这次大会是1930年9月12至14日在海牙召开的。在曼赢得诺贝尔文学奖后，他的扶轮社俱乐部是第一个为他进行庆祝的，庆祝仪式的主持人奥斯卡·华尔特斯皮尔(Oscar Walterspiel)开玩笑说，这酒(一种1921年产的德国莱茵高产区红酒)太“高贵”了，他都不敢打开它，因为怕它是炸药。当曼在1933年2月因纳粹党威胁要伤害和监禁他而被迫离开德国后，备忘录记载着，在于1933年4月被随便地停止会员资格之前他已经缺席活动一个月。[16]后来，在美国流亡时，曼偶尔也会被扶轮社巡回午宴拉去发言反对日益增长的纳粹德国的危险，要求保守的美国商人支持战争举措，理由是“西方文化遗产的保存与管理工作已经传到了美国手中”。[17]

我们的谜题并不是仅关乎扶轮社是如果传到德累斯顿(或慕尼黑、莱比锡、汉堡及法兰克福)的，以及它为何对于像曼这样的人具有吸引力的。我们的谜题是:在与它的发源地美国中西部如此不同的条件下,扶轮社是如何运作的;一种为某类精英定制的俱乐部生活能够被地理位置、政治环境和文化鉴赏力差距如此之大的另一类精英模仿,这意味着什么。这一困惑并不能仅根据德累斯顿一地的情况进行解答,它更不能以德国的范畴来解答,到1937年时德国已经有44家扶轮社俱乐部,拥有1082名会员。到20世纪30年代中期,扶轮社已是一个很普遍的欧洲现象,在英国及欧洲大陆上共有300家分社。在欧洲大陆上,扶轮社对一个不同的社会群体的吸引力要明显地强于它在美国的情况(它对"旧世界"高等资产阶级的吸引力要强于他对"新世界"中产阶级的吸引力),因此,弄懂巴塞罗那、布达佩斯、巴黎、鲁汶、格拉斯哥和米兰的扶轮社成员是如何利用他们的俱乐部与他们周围的世界打交道的,这个问题同样很有趣。

为了解释这种美国人宣称是他们发明的(虽然可以为全世界所用)而欧洲人自己也想组建的社会交际活动的跨大西洋的传播路线,我们必须要先来到扶轮社在美国诞生的地方。在这里,我们开始不再把"巴比特"和"巴比特式作风"看作是一个蔑称,而是把它们看作是由迅速变化的社会词典所创造的、用来描述新型中产阶级身份和社会行为的术语。如果不这样做,就会陷入一种大西洋两岸都会出现的不公平的对比,而这种对比是任何美国中产阶级与欧洲资产阶级因分析需要而被并列在一起时都难以避免会出现的。第二个要做的,是考察这种新的交际活动是如何被挪用到整个欧洲的。在这样做的时候,我们会展示欧洲精英们是如何"与'巴比特式作风'和平共处"的;也就是说,我们将会用扶轮社的扩展来展示那些精英们是如何去适应一种强调日常所需的物质共同性的新文化的。

要听从伍德罗·威尔逊的警告,即品味上的障碍比准则上的障碍更难以克服,精英阶层的人们就不得不使他们自己从社会等级式的文化差别观念中摆脱出来。他们不得不学习适应一种由收入驱动的、潜在地对所有人开放的新的生活标准。他们不得不把从事新的以服务为导向职业(如推销员)的企业家接纳为精英阶层的合法成员。他们不用担心变化的文化观念会颠覆他们的社会等级,虽然文化观念的变化正在令人恐惧地动摇相关社会等级的旧有存在方式。他们不得不信奉一种体现在服务理念之中的、以消费为导向的社团资本主义的新精神,以便与他们周围的社区建立一种更加温情的关系。"和平共处"还意味着适应不同国家文化之间的差异。在他们的整个大陆上,美国人用男士服务俱乐部的兄弟情谊织成了一个网络。那个提醒各地心怀友善的人们所有人的希冀和恐惧都大同小异的地方,是伴以食物和交谈的每周午间聚会。这是扶轮社的共同标志。

美国的结社热情

如果扶轮社是美国东部沿海地区的产物,是为伊迪丝·沃顿(Edith Wharton)客厅中的上流有钱人、亨利·詹姆斯笔下的优雅的波士顿市民或 F. 斯科特·菲茨杰拉德(F. Scott Fitzgerald)的"常春藤联盟"的黄金校友设计的,那就不那么难想象它对于欧洲资产阶级精英的吸引力。但事情远不是这样。作为一种为商界新贵和奋发的自由职业者新创造的社团,扶轮社像亨利·福特的"T 模式"一样,是一种由大众创造的发明。并且像最早的汽车装配线一样,它也是一项美国中西部地区的发明。第一个扶轮社俱乐部创始于五大湖区之滨,位于离底特律几百英里远的密歇根湖的被风吹蚀着的南岸上,在这个地方,美国资本主义的发展是最有活力和最冷酷无情的。

扶轮社的诞生地是芝加哥,它是 20 世纪初期世界上发展最快的城市。到 1930 年时它的人口接近 350 万,占地约有 520 平方英里,对新来者来说这个城市本是一个充满可怕的孤独的地方,这促使他们在寻找社会联系方面产生了极强的创造力。对那些在小地方土生土长的、独立的白人男性新教徒来说,要创造持续的社会联系是最为艰难的,因此他们寻找社会联系的努力或许是最为自觉和最为迫切的。有社会威望的旧精英圈子对于他们普通的社会背景和急于说行话的行为采取的是一种回避的做法。除非他们能通过婚姻进入爱尔兰、意大利或波兰移民的新社区,否则,有保护性的近邻、勤奋的工人阶级间的亲属关系、教区教堂以及更优越的大城市集团的政治庇护体系是把他们排斥在外的。对他们自己来说,他们拒绝那种混杂的工人和小生意者中的兄弟会,并且是强烈反工会的。据说,扶轮社的奠基人保罗·P. 哈里斯(Paul P. Harris)这个擅长诈骗诉讼的、瘦高的、面容温和的律师就有数不清的熟人,但却很少有朋友。对这个和蔼的、秃顶的、戴眼镜的、在 37 岁时仍然单身的、到处游走的、出生在威斯康星州拉辛地区的人来说,孤独是一种切肤之痛。孤独对生意也不利。当扶轮社成员们后来把哈里斯的社会化组织当作他"敏捷大脑"和"孤独心灵"的产物来庆贺时,这里面并没有任何嘲讽的含义。[18]

扶轮社的第一次聚会据说发生在 1905 年的 2 月 23 日,地点是迪尔伯恩大街单体建筑中的煤炭经销商西尔维斯特·什勒(Sylvester Schiele)的杂乱的办公室。此后发生的轮流在各成员工作的地方以午餐招待进行聚会的目的,随着时间的推移变得更加清楚了:扶轮社的聚会使每个成员都能依次阐述自己的活动情况,从而能够发展社会联系和生意上的联系。通过这种会面,扶轮社成员能够重新获得习惯于在小的相互接触的社区里处理生意的人所具有的那种良好感觉。因此,俱乐部提供了保护性的空间,成员们由此能够在大公司残酷竞争的环境中进行经营。扶轮社奠基者们的职业(一位律师、一位同时涉猎保险业的煤炭经营商、一位兼售衣料的裁缝店主、一位采矿工程师，不久又加入了一位印刷工和一位房地产商）凸显了俱乐部活动的小生意社会根源和防御性目的。

对于一个以在过去四分之一个世纪中飞速发展起来的共济会而闻名的国家来说，男性间的亲密关系绝不是什么新东西，他们的团结被一种相互依存和兄弟般互助的气质所加强，并因令人难以置信的粗野仪式而显得生气勃勃。用德国社会学家乔治·齐美尔（Georg Simmel）辛辣的评论来说，社团在每个地方都被“在真正内部关系上增加的距离和在更外部关系上缩短的距离”激发起来了。白人男性跨越阶级和行业结合了起来，联谊的圈子扩大到把欧洲移民的所有类别都包括了进来；女性、黑人和东方人却被残酷地排斥在外。[19]美国的“结社才智”（托克维尔的用语）很明显吸收了欧洲的传统。一个古老的谚语说，任何时候两个德国人一旦相遇，他们就组成了一个联盟。德国人把这种倾向带到了美国，特别是带到了像美国中西部的这种地区，在这一地区他们在新来移民中占据了很大的比重。沙文主义的德国扶轮社员们强调说，第一个扶轮社俱乐部的两名奠基成员，在涉足保险业前身为煤炭经营商的西尔维斯特·什勒与采矿工程师古斯塔夫斯·H. 劳尔（Gustavus H. Loehr）都是德国血统，这并不是偶然的。然而，进入新世纪之后，这种结社的“才智”变成了加入社团的一种狂热。随着通讯网络和经济事务变成了全国性的，各种追求赢利、快乐、消遣和推动自我与社会进步的联盟与超级联盟在美国星罗棋布。[20]

然而，扶轮社运动代表了结社活动在规模和范围上的一个巨大飞跃。因为，结社的动机不仅仅受到国内市场整合中出现的激烈竞争的激发，大商业、劳工组织的崛起、市政管理的职业化，以及国家政党的重新组合动摇了占主导地位的身份界限和支配作用的发挥方式，在这种情况下，地方精英维护自己地位、权力和利益的决心，也是激发结社的一个重要因素。扶轮社员认为他们最重要的目标是重新获得因社会混乱及残酷商业习惯造成的人际敌视而丧失的个人之间的联系。但是，通过面对面的相会，他们获得了对这个如此易变的社会具有特别价值的文化资源，即一种本地知识的无限积累。通过源自这种质朴的专门知识的杠杆，扶轮社提出了一种一开始是全国性的、然后是国际性的建立新的资本主义商业文明准则和习惯的主张。当社会学家罗伯特·林德和海伦·麦勒尔·林德(Robert and Helen Merrell Lynd)在1920年代末进行“美国中部城镇”调查时，他们就发现了一种崭新的市民文化，“在这种文化中一切都围绕着金钱转”，扶轮社突出地成为“最古老和最令人渴望加入的俱乐部”。扶轮社成员是“根据商业能力精心挑选的，具有高度的竞争力，并以他们的会员资格所赋予的威望构成了一个等级”，展示了“城市主导商业群体的主导性价值观”。这一团体所具有的由社会威望和不拘礼节的友谊所连接的“功利主义和理想主义”的结合，使得它“几乎是不可抗拒的”。[21]

虽然扶轮社的影响在小城镇中最为闻名，但在进入1930年代时扶轮社的网络也已经在大城市中稳固扎根。第二个诞生的扶轮社是旧金山俱乐部；第五个则是洛杉矶俱乐部。1909年，一个扶轮社俱乐部在纽约这个生活着来自五湖四海的人的城市建成，这是一个从没有多少影响的新城市。然而，在芝加哥，扶轮社“老大”到1920年代时已经变成了这个城市主要人物的市民俱乐部。这个俱乐部的成员(从整个城市中精选出来的领先的商业经营者、高等管理人员和职业人员)几乎全部是当地出生、比较富裕、经常去教堂做礼拜、在政党倾向上倾向于共和党的人。虽然他们也属于其他的社会俱乐部、互助组织和职业联盟，但扶轮社以其全市性的关注和全国性的视角，对他们来说是很特别的。[22]到1930年代后期，几乎所有中等规模的城镇都有了自己的扶轮社俱乐部。扶轮社一直繁荣到1960年代，此时美国的扶轮社俱乐部遇上了萧条期，在1990年代，在全球化、志愿者工作重新产生活力和女性加入扶轮社的刺激下，扶轮社成员人数又开始复苏。[23]今天，有着约30000个分支的扶轮国际是世界上最大的服务俱乐部组织；扶轮国际的标志物蓝黄两色的旋转车轮虽然不怎么显眼，但它的数量现在赶得上麦当劳的金黄色拱门标志。

一开始，扶轮社的迅猛增长看上去主要是证实了美国人（用亚历克西·托克维尔的话来说）“老老少少的、在人生的各个阶段、在所有情况下都永远在组成协会。”[24]但是，托克维尔的观点并不像有人经常所宣称的那样，认为美国人的结社生活特别丰富，而这一现象使得美国特别民主；由此得出的推论同样也不是托克维尔的观点，即认为欧洲大陆的结社生活特别贫乏，使得欧洲大陆更倾向于实行独裁主义。这两种观点都是不真实的。托克维尔的观点实际是，美国人的结社使得他们自己推动了一种认同的民主，这种民主基于感情横溢的仪式，包括亲切的握手、诙谐的言谈、直呼其名的亲近和高声的合唱，这些仪式既使欧洲人感到入迷，又使他们感到惊骇。这种个人主义（但被谦卑的礼貌约束）的交际活动促生了一种易变的新社会自我，它墨守成规但又富有进取心，它保留或用委婉的方式表达出自己的判断，但又足够自信对世界遥远地方的人们进行认可或被他们认可。1927年，荷兰历史学家约翰·赫伊津哈（Johan Huizinga）在对“制服和详细定义的技术术语”变成“文明理念”的程度进行评论时指出，“标准化规定”的组织让美国人感到自己与他们的邻居是平等的，同时也标志着“效率”。[25]

反过来，地方协会使地方精英们能够至少在领会本地甚至是国际事件的托词下，对本地事务很有见地地发表看法。在乔治·巴比特自夸的言辞中，百分百精力充沛的美国商人与柔弱的欧洲人的区别是，他“知道如何为自己说话，知道如何清楚地表达好他有意做此经营。当他有必要回答关于健全和有效率的生活的拐弯抹角的批评时，他不必要非得喊出一些自以为博学的雇工来。他并不像老式的商人那样无力作答。他有自己的词汇和手段。”巴比特并不清楚“他们”（指欧洲人）“在那边如何做”。但他很确信，不像美国人，欧洲人“愿意从势利小人、新闻记者和政客那里获取更多。”[26]在这里，我们也许能得出结论：虚构来源于事实。

如果说扶轮社俱乐部表明商业美国的发言权正变得越来越大的话，它同时也表明了商业美国也能成为一个好的倾听者。托克维尔观察到，结社生活通过增强发言权的多样化，使得政治不再那么尖锐和极化，这确实有道理。[27]随着市民协会在美国伴随着政党成长并又独立于政党，像公共卫生、生活标准和良好的政府等都顺理成章地超越党派利益，变成了社区问题。这种基于他人需要的利益宣示得到了犹太教和基督教共有的仁慈冲动的培育。它同时也得到了正在显现的服务行业的自我公开性的极大支持。

扶轮社的传播姿态中有一种女性的敏感性，它确实也反映了扶轮社对于20世纪早期的妇女运动及对于通常像扶轮社社员女性亲属这样的女性的态度。扶轮社运动通常认为自己对女性是友好的，虽然事实上直到1987年美国最高法院裁决认为加利福尼亚一项要求服务俱乐部接纳女性的法律没有违反宪法第一修正案中关于集会自由的权利之前，女性都是完全被排斥在扶轮社成员之外的。扶轮社员们在午餐时聚会，是基于认为晚餐是家庭时间这种认识。这样，家庭的聚会被用来重申扶轮社“限于男性”这种事实。扶轮社要收纳数量不断增长的社区中的女商人（她们有的是家庭产业的继承人，有的是像房地产这样的新兴企业的领导人），将只会导致英国扶轮社社员所巧妙称呼的那种“家庭复杂化”。“真正的扶轮社女性”“向那些近年来已认识到商业的召唤比先前构筑家庭的设想更符合人性的女性打开大门”，本是会很失礼的。[28]扶轮社员们的妻子和女儿们相应地被鼓励去组成辅助性的群体，不过她们试图获得官方承认的做法却是被坚决阻止的。如果这些女性已被充分鼓动起来了，那么她们可以选择一个更体面的选项，即加入女性自己的服务俱乐部圈子，如著名的利他社（Altrusa），职业妇女互助福利俱乐部（Soroptimists）和国际职业妇女会（Zonta），扶轮社运动与这些组织保持着很好的关系，并且某些组织还提供了受过高水平教育的忠实分子以管理扶轮社在欧洲的办公室。总之，女性被当成了有价值的资产，最明显的是在国家场合中，当即将上任的总统的夫人被讲台上的人介绍以证明她们的配偶的价值时。1910 年嫁给保罗·哈里斯（Paul Harris）的禁酒主义的苏格兰长老会员邦妮·珍·汤姆森（Bonnie Jean Thomson）像不讨人喜欢的领袖哈里斯本人一样，变成了这一国际运动的标志。她缥缈的存在提供了关于某个秘密的进一步证据，即欧洲男人有时是深思熟虑的，也就是说，在海外和在公开场合中，美国男人看上去支配着世界，而在国内和个人生活中，他们却因循地顺从于他们跛扈的配偶。

归根结底，扶轮社对于社会联系的看法理清了在资本主义交换下使社会成为整体的商业动力和将社会撕裂的残酷竞争之间曾一度含糊不清的关系。因为这个原因，扶轮社主义被同时代的人们看作是福特主义的伴侣，福特主义通过把工厂的生产标准化，对不可控制的强盗式的资本主义提出了一项制约，扶轮社主义则通过将社会关系系统化对其进行了制约。因此，“福特主义时代”也是“扶轮社时代”。这就是所谓的福特为新时代提供了机器，而哈里斯则为新时代提供了道德。福特把美国放在了汽车轮子上；哈里斯则给了美国（扶轮社的标志）金色的轮子。像福特公司在底特律的生产线一样，扶轮国际在芝加哥的总部制造出了相当长一段时间内社会交往的标准化的方法。通过详细地制定规则、程序和仪式，扶轮社俱乐部产生了世界上第一种大众制造的交际活动。在障碍横生的芝加哥的环境中经过了工厂的检验，又经过了横穿美国大陆的道路的检验，它们又开始在海外被考验——一开始是在加拿大和英国这些说英语的市场，然后1916年又在文化上更遥远的、美国化了的哈瓦那。随着扶轮社主义远离了它最初的市场小环境（美国中西部发展迅速的城市），扶轮社的管理也迅速解决了可能会困扰这一发明的所有那些可能的机能紊乱。这包括成员利益间的竞争与纠纷、因缺少强制性的外部目标而导致的惰性、随着它新奇性的减少而出现的威望的流失、随着规模的增大面对的消退的可操作性，或者它的市场份额受到了这一地区其他企业的威胁等。[29]通过向成功的商业企业学习如何在一个广阔的市场中运作，以及经过与同样专注于服务理念的俱乐部（如Lions，Kiwanis，Exchange，Civitan和Gyro）扩散进行竞争，扶轮社人开始将他们的产品如男性友谊、所有的成功促销的规则等，由树立品牌信誉和产品的一致性，转向引入质量控制和搭卖广告。

他们善于推销的天分体现在扶轮社这个巧妙适当的名字中：Rotary（旋转运行的机器）既可以指一个车轮，又可以指一台发电机，扶轮社奠基者们最初的呆板想法"Rotation"一词则没有这样的意思。Rotary说明了扶轮社领导层不停的变动以及地方聚会的快速频率，同时也说明了这一组织的动力机制与平等主义的联系，就像一个车轮上的辐条一样，这些东西把世界各地的成员联系起来。就像各俱乐部公告中所体现的那样，Rotary一词被翻译得非常出色。"芝加哥一号"有它自己的Gyrator（回旋器）的叫法，固定性的时事通讯《扶轮社人》（*The Rotarian*）则是这一国际运动的机关报。英国式英语则激发出了语言学上的趣味：Rotary一词在英国除了被几个地方翻译成齿轮（Cogs）之外，还有的被翻译成"In Gear"（格罗斯特）、Live Steam（设菲尔德）、Spokes（沃尔索耳）、Rotula（伊普斯维奇）、Flywheel（贝尔法斯特）和The Gear Box（布里斯托尔）。把它翻译成欧洲大陆上的语言之后，它同样具有下列其他美国大品牌所具有的魅力和吸引力：福特、吉列、可口可乐、柯达、施乐复印机、耐克、麦当劳和微软。根据说话方式的不同,“r”字母可以被吟咏成软腭音、颤音或喉音,声调重音从第一个音节(在意大利和西班牙语中)转向第二个音节(在德语中),或停留在全部三个音节上(在法语中)。把扶轮社人(Rotarier)一词划分成音节后,爱发奇想的德国语言学者从中辨别出了两种辨证对立的力量,即“红色”(rot)和“雅利安”(arier)。但如果把他们组合在一起,组成扶轮社主义(Rotarianism),它就将会使他们的国家免于被撕成碎片。[30]

扶轮社还有其独特无比的徽章——金色的轮子。作为地方印刷工人创造性的产物,它在第一个十年中曾被翻印出大量的版本,最终又被简化为二十四个齿轮嵌齿,另外还被加上了一个用以驱动这一齿轮装置的钥匙槽。这一盾形徽章在 1912 年的德卢斯会议上被正式确定,同时还详细规定了它的大小比例和颜色,1924 年它又被最后重新设计了一次,辐条数被减少到了六个。作为一个光辉的广告形象,这一徽章被证明与历史上的任何社团标志一样地持久和可辨识,并且它还受到专利的警惕保护以禁止被商业性滥用。扶轮社的口号也是具有独创性的营销设计。它最初的格言,过于无私的“服务,然后才是自我”后来变成了过分利己主义的“自我之后是服务”,大约 1910 年左右它又被改写成了无私、响亮的“超越自我的服务”。这一格言在今天也还被坚持着,并且,扶轮国际的成员们说多少种语言,它就被翻译成了多少种语言。为了防止这一格言被过于随意地解释,1910 年 8 月在芝加哥召开的第一届年会又添加了“服务最好的人获益最多”这句话,它的作者是自诩为美国营销术创始人的、出生于密歇根州的亚瑟·弗雷德里克·谢尔登(Arthur Frederick Sheldon)。在很多扶轮社成员开始认为这句口号在道德上不合适并且在翻译上也很难被驾驭之后,谢尔登的这一作品还将被坚持很长时间。[31]

扶轮社最机灵的平衡做法是把成员间的亲近与这一世界运

动的向外“扩张”连接了起来。扶轮社越能走向国外（它在1921年停止使用“外国的”这一形容词），它就越有必要将目标宣扬得连贯一致，并且不能有那种美国小镇传道者花言巧语的痕迹。向这一目标的一大迈进是把对原则的解释工作委派给英国而不是“美国”演讲者们。在过去的许多年里，业余的英国立宪主义者们减少了冗长的夸夸其谈，以凸显国际和平的目标，并阐明了两种基本组织原则，即分类体系和服务原则。

分类系统是被设计出来用以挑选会员的方法。因为每个俱乐部都不得不保持相对较小的规模以便能有效率，所以每个行业只能由一名会员来代表。对实行这样的要求的最初解释是认为竞争可能会破坏良好的会员氛围。随着时间的流逝，分类原则被赋予了更加复杂的解释。与使用私下否决和秘密投票来招收会员的神秘小圈子不同，也与根据社会血统进行区别对待的、势利地排外的老男孩圈子不同，扶轮社选择的是每个行业或每个分类中的顶级代表。因为没有哪个决心繁荣壮大的俱乐部会选择与已有成员志趣不相投的人当会员，因此俱乐部的创建者们在决定选择哪一个人当会员时还是有很大的发言权的。即便如此，还是采取了很多做法来表明俱乐部是没有什么可以隐瞒的。为了标明这种透明性，会员们放弃了具有隐秘性的嵌有红色面板的俱乐部房间、共济会会所、麋鹿旅馆和隐蔽的饭厅，而是在有着显著公开性的地方进行聚会，典型的就是当地最大的旅馆或最知名的酒店。聚会的地点和时间都醒目地写在位于公共道路边上的扶轮社的招牌上，演讲者的名字和演讲的题目则在当地的报纸上公布，扶轮社官员每年的轮换也被广而告之。

扶轮社的第二个奠基原则“服务”富含着至少持续了三百年的意义。在“超越自我的服务”这一主张中，含有加尔文教徒的通过尘世的社会活动进行个人救赎的理念。“服务最好的人获益最多”这一口号，指的是销售者与购买者之间的信任，以及与一种正在形成的以消费者为导向的商业文明相适应的售后维护承诺。这种服务理念认为,社会的需求是丰富的,共享舒适的水平应该比较高,但它也认为,利润制度建议在满足这些需求的时候采取一种节俭的实用主义。因此,扶轮社的成员们对于任何民粹主义或社会福利意义上的公众团结概念都不感兴趣。他们也不愿意把服务理念变成家长制的作风。扶轮社的社区项目在选择时都着眼于可行性和严格的无党派性,以避免引起争议和避免损害一些特殊利益,尤其是扶轮社中那些强有力的成员们的利益。一个人应该真心实意地进行服务,但不应该有稀奇古怪的信念。

因此,这类项目可以包括改善主街上的照明,或建立一个市内的停车场。但要避免对街道分区制的法律进行争论。扶轮社的会员们可以为医院病房提供人工呼吸器或 X 光设备,对儿童进行疫苗接种,提供免费的眼科检查,并且,如果这群人中有一位眼科医生的话,或许还能为近视的孩子们提供免费的眼镜。但决不能把医疗保健作为一个公共话题来讨论!扶轮社支持世界和平,但扶轮社员不做和平主义者,也不会讨论是否参战这样的存在争议性看法的问题,更不会讨论偿还战争债务的问题!扶轮社应该站在推广“你希望别人怎样对待你,你就怎样对待别人”这一“金科玉律”的前列,并通过选民登记、参与陪审团工作和庆祝 7 月 4 日独立日这样的活动鼓励成员们做“建设性的公民”。但这些活动,不论他们是怎样真心实意地去做的,都决不能与党派政治混淆在一起。所有的要点就是要代替政治来行动,政治所主张的增进市民生活在最好的情况下也是可疑的,并且肯定是次于协调一致的社区行动的。因此,扶轮社的成员们积极地涉入公共领域,以便能在改造公共领域上拥有重要的发言权。

这就是扶轮社的服务理念,消费者导向的资本主义的新理念。这一理念在行动中被牢牢地把握住了,或许正在建设中的芝加哥俱乐部所完成的第一项市民事业影响最为深远。1907 年 10

月 24 日,在大北方旅馆进行的晚餐上,这一计划被盛大地宣布了,它主张在拉萨尔和华盛顿大街的拐角处、靠近市政厅的地方建公共厕所。它所要解决的问题,是移民群体或其他人在等待办理签证、税务和许可证等事务时在公共场所随地大小便的问题。解决这一问题是为了挽救这些人的个人尊严,但同时也是为了维护公共卫生。并不是所有的当地利益群体都对上述的普通人的困境或社区安康的感受表示同情。马歇尔一菲尔德斯百货商店认为那些摸索进来用他们的卫生间的人里面有潜在的顾客。街道拐弯处各种吧的吧主们也持有类似的看法。因此,他们都反对建设任何公共场所。因此,推进这个项目需要有某种不怕难堪的公民勇气,另外还要进行两年的千方百计的行动以克服分区制和其他障碍。最终,演讲被发表,剪彩也完成了,这些公共厕所也被投入使用了。[32]

穿越白人的大西洋

使扶轮社在美国各地取得成功的力量也使它名扬海外。1910 年,它的第一个外国俱乐部在马尼托巴湖的温尼伯湖地区建立,一年之后,在都柏林、贝尔法斯特和伦敦都建立了俱乐部。1912 年 8 月,在德卢斯会议上,代表着 51 个俱乐部的代表们用喧闹的一致投票指定他们自己是"扶轮社国际联盟"。[33] 在欧洲爆发的一战推动扶轮社进行全球性思考之前,扶轮社的海外扩张一直是单个的生意人为了寻求与在国内相同的场合进行交际而努力的结果。1916 年,扶轮社的代表们在堪萨斯举行会议,会议投票决定"在全球的所有商业中心都建立扶轮社"。1921 年,扶轮社的第一次国际会议在苏格兰的爱丁堡举行,跟随着这种趋势,1922 年 6 月 6 日,扶轮社的会议代表们一致投票同意把他们的运动改名为"扶轮国际"。他们不可能不知道在 1919 年建立的"共产国际”。但在那时，并没有关于打品牌不能使用与时代精神共鸣的词语的禁令，当然，前提是不能损害初始品牌词语的意义。到了20世纪20年代中期，随着扶轮社在欧洲的事业加速发展，以及随着对不列颠群岛具有独立思想的扶轮社可能会在欧洲大陆上喧宾夺主的疑虑的增加，同时也是为了对来自那一地区的大量疑问做出反应，扶轮国际决定跨过英吉利海峡。

这一决定使得奥斯坦德，一个据说像大西洋城的比利时海滨胜地，成为了1927年扶轮国际会议的理想召开地点，这次会议是扶轮社历史上的第十八次会议。从道德的角度来看，中立的比利时，这个一战的主要牺牲品，是一个完美的会议召开地点。它表明了扶轮国际对世界和平的贡献，特别是在好战的欧洲。从后勤的角度考虑，这个地点也是完美的，经由安特卫普很容易到达这里，安特卫普是跨大西洋海运的主要到达港口。活动的组织者夸耀说，横跨大西洋的准备活动是自1917年美国远征军横渡大西洋以来最大的，4000名美国和加拿大的扶轮社会员登上了5月25日从纽约港出发的六艘丘纳德远洋客轮。在经过了一段艰苦的旅程之后，它们重新组队，然后列队通过了英国的南部海岸，克恩顿州号船在前面领航，其他轮船相隔半英里跟在后面，前往斯凯尔特河，1927年6月2日，它们在那里同时抛锚停泊。在安特卫普，有3000名其他的会议代表加入了进来（主要是来自大不列颠群岛），然后他们乘专列前往奥斯坦德。在美国人查尔斯·林德伯格(Charles Lindbergh)驾驶圣路易斯精神号飞机成功进行不着陆跨大西洋飞行，并于5月21日降落到巴黎布尔歇机场恰好两周之后，扶轮社运动的到来给所有进行了潜在的面对面外交的目击者们留下了深刻的印象：“由现代运输集合到一起来的世界邻里情谊真正是一种世界兄弟情谊。”[34]

在用掠夺自刚果的财富建成的、豪华的玻璃钢铁构造的克萨尔(Kursaal)酒店里，大陆欧洲人的声音第一次在扶轮社的会议上回响起来。已经优雅地接受了扶轮社荣誉会员称号的阿尔伯特国王以和平的名义欢迎了1.5万名参会者。当这位平凡得令人钦佩的国王发言完毕后，扩音系统又放大了其他欧洲发言者的声音。“欧洲母亲，这个白种人文明的摇篮正处在危机中，它的属于同一人种的子孙后代，充满了故乡的活力的年轻人，提供了教欧洲人变成讲求实际的理想主义者的方法”。“扶轮社桥梁”将会跨越“白人的大西洋”。它将认识到旧世界所面对的危机，当它转向美国时，看到的是一个“充满财富和新城市”的国家，而“在欧洲，我们的物质生活表面上看正在缓慢地改变；我们更倾向于将我们的生活哲学化；我们强调艺术家、文学和音乐的价值；但我们可能会因超文化而遭受苦难，如果我们拿它的一部分来与美国这样的年轻国家的能量和基本力量进行交换，或许会不错”。扶轮社反对“孤立外交和阴谋诡计”，它支持彻底的“道德裁军”，这种“道德裁军”不是由“思想软弱的和平主义者或优柔寡断的理想主义者进行的，而是由讲求实际的、有热心肠的、思想强硬的商人们来进行的”。[35]“扶轮社将会教我们说欧洲话”，一名法国人抑扬顿挫地讲到。一名荷兰商人则把他这位法国邻居的花言巧语讲得更加直白。和平的关系将始自“来自另一个国家的会员脸上那感激的微笑，当你坐在他身边并告诉他正在发生什么，并把引起会员们发笑的笑话翻译给他听时”。现在，欧洲不得不自己掌握自己的命运。扶轮社运动的“扩展……不能依赖扶轮国际，而是依赖我们自己，依赖我们管理和运作扶轮社的方式”。[36]

这些热情洋溢的讲话对德雷斯顿人不起作用，他们中间没有人前往奥斯坦德。事实是，在1927年秋季之前，所有的德国人都被排斥在了这一运动之外。的确，美国人和英国人曾经渴望只要战争赔款问题一被1924年的道威斯计划解决，为德国在1926年9月加入国际联盟开辟道路后，就在德国组织扶轮社俱乐部。他们的兴趣既是理想主义的，也是很实际的。他们主要是想促进商业联系，但他们也担心随着巨大的德国工业的恢复，欧洲将会被"'旅行推销员'的俱乐部"所主导，这类俱乐部里的日耳曼商人会试图假冒扶轮社成员。[37]普通人对德国力量的复苏仍然非常担心。

美国人和英国人仍然无法直接排除来自欧洲大陆俱乐部的反对。不要德国人，法国人说。在莱比锡商品交易会上，当德国总统兴登堡将军乘车经过时，在中央市场上的所有人都"以其令人不寒而栗的纪律"摘下帽子，发出刺耳的欢呼并向他鞠躬。可以试想一下如果得到鼓励的话德国人的俱乐部会扩散得多么迅速：当法国人刚刚发展出十二个俱乐部时，德国人的俱乐部将不是五十个或一百个，而是两百个。如果美国人看一眼那些到处散布着可怕的战争公墓的山丘和原野，他们就能够理解那些"可信赖的人"对德国人的反对达到了多深的程度，这些人把德国人描绘成完全不知悔改的人，"狂热的梦想着复仇的民族主义者，虽然在生意上这是完全正确的"。如果旧世界关于荣誉的观念认为，看到德国的黑红黄三色旗帜在三十八个会员国的旗帜中展开将会是对阿尔伯特国王和王后的一种侮辱，那么，值得将组织德国人俱乐部的冲动推迟到奥斯坦德会议之后再说。[38]

同时，为了预防德国人有任何的不当行为，在美国人的监督下，一个由环绕德国的所有八个国家的代表组建一个欧洲地区委员会的计划浮出水面。经验已经表明，招收新成员的基调是由创始会员国确定的。因此，他们的目标是从德国最高的社会阶层中招收新成员，仿佛高层资产阶级或贵族比普通的中产阶级更能保证他们的乡下同胞的行为。亲英派的汉堡市将会是一个起点。汉堡以其商业伦理准则而闻名，从中世纪的汉萨同盟以来它就是这一地区领先的港口，同时它也是德国商业航运的首都。因此，由位于加利福尼亚州古老的港口城市奥克兰的扶轮社作为发起者是非常合适的，它的创始会长是汉堡—美国定期邮轮公司的董事长威廉·库诺伯爵(Count Wilhelm Cuno)。威廉·库诺伯爵在1922至1923年曾担任魏玛共和国的总理,就像创始会员中的其他几个人一样,他也是被从海外俱乐部中招募过来的,海外俱乐部是汉堡最有声望的俱乐部。[39]在汉堡的支援下,天主教的科隆市加入了进来,它的创始会长是康拉德·阿登纳(Konrad Adenauer)市长。然后法兰克福市也建立了扶轮社俱乐部,它的会长是莫里茨·冯·贝特曼-赫尔威男爵,他是他们银行业家族的后代,多疑的比利时人被打消了疑虑,他们曾怀疑这位男爵是一位臭名昭著的德国官员的后代,这个德国官员在1914年签署了奥匈间的"空白支票"以威吓塞尔维亚,由此引发了导致一战发生的那些事件的发生。[40]在慕尼黑和南部德国已建立了俱乐部之后,扶轮社的建立者们把目标指向了德国东北部那些他们不太熟悉的地区,一开始是德雷斯顿,然后经由德雷斯顿,德国的第四大城市莱比锡也建立了俱乐部。最后,将会在柏林建立扶轮社俱乐部,由于柏林城市大,情况复杂,因此它被看作是所有地方中最难组建俱乐部的地方。

为了解释扶轮社的理念是怎样到达易北河畔的,德雷斯顿人需要回忆起9月中旬的一天,在那一天,身为芬兰总领事的、自满而又可爱的卡尔·冯·弗兰科尔召集了他的16名同事和朋友来与扶轮社的特使T. C. 汤姆森(T. C. Thomsen)见面。汤姆森从国籍上讲是一个丹麦人,他给与会者留下了深刻的印象,因为那时他只有40岁,他个子很高,长相英俊,有着厚厚的金发,并且他比自己被引荐给的这个人整整年轻了15岁。他曾经担任英国真空石油公司的总工程师长达十年,然后他又担任了庞大的丹麦公司的常务董事,这让他通过交易干椰子肉、大豆和其他殖民地产的原材料赚了大钱,现在,他领导着自己的公司奥尔胡斯石油制造厂。[41]在那时,工程师是令欧洲精英们喜欢的人物,汤姆森每年花九个月的时间打理扶轮社的事务,但他的生意却照样繁荣兴旺,这一事实显示出他是一个管理方面的天才。他不仅精通德语,并且还是一个对歌剧非常有热情的亲德派。另外,他是经由他人的完美引介来到这里的。负责建造了欧洲最大的火车站——莱比锡火车站的萨克森建筑师马克斯·汉斯·库恩(Max Hans Kühne)是汤姆森通过熟人认识的联系人,汤姆森是通过扶轮社成员戈贝尔(Gerbel)认识库恩的,戈贝尔是奥地利首屈一指的路桥建筑师,那一年他正担任维也纳扶轮社的会长。

因为库恩不得不离开,豪爽的冯·弗兰科尔就陪着汤姆森四处活动,虽然冯·弗兰科尔已经明确表明,他没有兴趣加入扶轮社,因为他没有时间。通过冯·弗兰科尔,汤姆森见到了这位芬兰总领事的朋友兼长期的生意伙伴海因里希·阿恩霍尔德,阿恩霍尔德生意昌盛的银行刚好正在纽约开一家分公司。随后,阿恩霍尔德又把汤姆森介绍给了另一位银行家维克多·冯·克伦佩勒,冯·克伦佩勒又带汤姆森与他的午餐俱乐部的其他成员们见了面。汤姆森后来回忆说这些人都是“正直与有趣的快乐混合体”。以后,其他人会援引冯·弗兰科尔当初曾说的“没有时间”参与这些活动来揶揄他,这位不知疲倦的充满热情的人,精通六种语言(除了世界语以外),很快他就会以“扶轮社人的教师爷”这一称号而在德国的扶轮社年鉴中变得赫赫有名。[42]

扶轮社来到欧洲中部时,并没有带多少(如果有的话)它抵达奥斯坦德时所带有的那种显而易见的美国人的精神包袱,在奥斯坦德,相比刚从纽约港出发的时候,它已经明显不那么受美国精神包袱的拖累了。从德雷斯顿人编辑的每周备忘录中(在他们为了这一新事业而聚集起来时就开始编纂了),看不出有什么东西表明这些人受到了美国市场帝国长臂的支配,更看不出这些人的选择与对所有美国货的那种狂热有什么关系,这些美国货在“进口条款”的保障下横扫了1920年代的德国。在这里面,看不到被美国的偶像玛丽·皮克福德(Mary Pickford)和道格拉斯·费尔班克斯(Douglas Fairbanks)诱惑了的女店员们的色情的情感转移;看不到正呆呆地观看提勒女孩(Tiller girls)风格的机械式舞蹈的邋遢的店员那被压抑的性冲动;看不到像波特尔特·布莱希特(Bertolt Brecht)或约翰·赫兹菲尔德(John Herzfield)那样的倔强的激进审美家的流浪癖,这两个人喜欢蛮荒的西部、血腥击打的拳击比赛、广告中的俚语,以及新世界实实在在的粗犷;看不到理性主义者对于工业家世界的觉醒,这些工业家被亨利·福特的装配线和 F. W. 泰勒的钟点和劳动计量系统迷住;也看不到影迷们对于弗里茨·朗的《大都会》那奇异幻想的敬畏。没有什么能使人把他们与下面这个看法联系起来,更不可能相信这个看法:欧洲的扶轮社是一种"商业上相互利用的形式"。[43]

那么,是什么使得这些繁忙的、有声望和有教养的人如此充满热情地去拥抱一种他们承认是起源自美国的一种社会发明的呢?很明显,他们并不是因为缺少社交场合才去这样做的。因为这些人的时间表上已经密密麻麻地排满了与午宴团体、互助会、退伍军官协会、本地的世界语分部、国际友谊协会、运动俱乐部以及教会和犹太会堂有关的活动,另外他们还要忙于与自己在行业中的领导地位相关的应酬活动。他们也是美术、歌剧、室内音乐团体和各种重要慈善机构的赞助人,另外他们也是一些大家庭的家长,负有定期慷慨地招待亲戚、朋友和熟人的义务。加入扶轮社后新承担的义务是比较费神费力的,除了必须要定期参加会议和为这个团体提供某些服务之外,他们还需要交很高的会费,加入时要交 50 马克,每年的会费也是 50 马克,另外还要为午宴交 4 马克左右。在认识到这些之后,为了证明自己的热情是正当的,他们开玩笑说德国人是上瘾的社团活跃分子。"伊甸园公司"已经完蛋了,抛下了人类以便让人类去创造自己的小团体。这就是俱乐部创始晚会上的娱乐带给人们的感觉,在一家酿酒厂担任财务人员的约翰尼斯·克鲁格博士先生(Herr Dr. Johannes Krüger)所写的一首亲切的打油诗表达出了这种感觉:

没有人生下来就是要生活孤独，
或者迈入婚姻或者加入一个俱乐部，
俱乐部生活的历史与人类自身的历史一样长久，
俱乐部的生活就是围着金犊跳舞。[44]

但是，他们加入扶轮社的真正原因却是更有紧迫性和更隐秘的，并且随着时间的流逝也变得更加复杂。最紧迫的原因是要重新加入国际社会，因为战争的原因德国已经被排斥在国际社会之外了。扶轮社章程第六条的目标是国际和平，这对他们之中的那些自由主义的和平主义者具有吸引力，这种人物在德国比较稀少，其中一位是海因里希·阿恩霍尔德，他长期以来在德国友谊协会中就比较活跃。国际和平这一目标与托马斯·曼这样的曾经的民族主义者的志趣也是相符的，曼在 1920 年代中期之前曾经折服于匈牙利的库登霍夫－卡勒吉伯爵(Count Coudenhove-Kalergi)那诱人的泛欧联邦计划。成为扶轮社的一员也有利于重建商业信任以支持德国的出口经济。它给了爱国的德国人一个机会以表明一个复兴的德国能够对一项国际运动做出文化上的贡献。最重要的是，加入扶轮社的邀请标志着对德国人的那种令人难堪的个人敌意的终结，德国人在国外开展业务或度假时经常会遇上这种敌意，甚至是在圣莫里兹、蒙特勒－沃韦、霞慕尼或达沃斯滑雪或徒步旅行的家庭度假中，也能遇到这种情况，在那里，他们会看到他们平静的、脸颊红润的孩子被人奚落："小德国佬，暴徒，好战分子。"而加入扶轮社，重申他们作为一个使人深深不安的国家里的文化和财富精英所具有的超凡目标，使他们得到了夸赞。这也使他们加入了一个在全球 54 个国家拥有其他 2930 个俱乐部的全球性社团，跟他们一起加入的还有 13.7 万名其他成员。

扶轮社的道德准则对他们产生了另一种吸引力。德国的扶轮社成员们在扶轮社的商业理念中看到了中产阶级人文主义的普遍价值,或者说是礼貌。它证实了他们的文化并不像某些评论家所激烈辩称的那样是阶级的特权,或是自私自利的,而是与时俱进的普遍价值的承载者。因此,它也确认了他们的职业或行业的价值。扶轮社主张,现代生活必然要求一种对更民主的生活方式的习惯,但这种生活方式也是有秩序和文明的。的确,扶轮社并没有考虑让会员们只用名字中的第一个字来相互称呼,只有在那些已经是亲密朋友的会员间例外。但是,它鼓励会员之间形成一种同志关系,这种同志关系使会员们能够用姓来相互称呼,而不是使用如某些人致辞时讲的"博士先生"之类的口头上表示谦恭的拗口的称呼。对扶轮社来说,重要的"不是你是谁,而是你是什么"。[45]因为扶轮社是建立在各行业的领导地位基础之上的,因此相对而言它是一个开放性的精英组织,在原则上它包含以下各种人:天主教徒和新教徒,非犹太人和犹太人,撒克逊人和巴伐利亚人,来自汉堡或莱比锡的久经世故的商人市民,但也包括来自普劳恩、格尔利茨、茨维考和巴登-巴登等省份的正直的公民。

然而,另一种吸引力来源于俱乐部的程序。先例的权威、魅力超凡的创始领导人哈里斯的认可与一个清楚的章程、一位每年轮换的会长、一个委员会机制和数不清的规则恰当地结合在了一起。扶轮社不是大众群众的土里土气的家庭聚会,而是一种有秩序的人群结合的新模式。这种新意被英语而不是德语术语的使用更好地表达了出来。这一群体不是一个"圈子",而是一个"俱乐部";他们在一个"地方"而不是一个"区"聚会;他们对一名"管理者"而不是"统治者"负责。他们在通信的签名处用更民主的"致以扶轮社的祝福"结尾,而不是用某种奉承的惯例用语如"致以最崇高的敬意,您的最虔诚的……"。扶轮社对会员们的期待是很严格的:他们必须定期参加活动;如果他们不能参加,要向其他人道歉；有时他们需要发表一个午宴后的讲演。每个人轮流讲述自己行业中的一些令人感兴趣的事，当然是大致上计划好的：不能仅是商店里的那种聊天，而是严肃的、关于其行业的见识广博的交谈；可以讲得幽默风趣，决不能超过15至20分钟。其目的就是要进行真正的讨论。这是托马斯·曼所欣赏的那种陈述交流。

可以想见的是，德国人把这些规则牢记在心了。英国人被证实是更好的宪政主义者，法国人则善于发现寓于程序之中的政治，意大利人则是擅长以他们对乐天派性格快乐但又自我的看法为名义，嘲弄规则或是简单地完全忽略它们。在欧洲所有的扶轮社俱乐部中，只有德国人一丝不苟地撰写每周备忘录，并油印出来，进行散发和收藏。只有德国人对扶轮社的谱系感兴趣，并画出了严谨的俱乐部谱系图。也只有他们利用他们的语言学技能翻译了扶轮社的芝加哥规章。似乎难以确定自己身份的美国人经常研究他们自己，反过来他们也成了好学的、经常是挑剔的、学究式的社会学家们的人类研究对象。德国人则没有表现出这样的不安全感。几乎是从一开始起，他们的事业就被认为是值得在历史记录中写下一笔的。对那些喜欢用黑格尔的辩证法来思考的人来说，扶轮社是“由不同年龄段的人完善了的世界历史俱乐部精神的综合体”。[46]

在这种吸引力的基础上，在德雷斯顿的这一小群人团结在了一起。最初的16个人挑选了其他25个创始会员，然后每个月又增加3人，直到已经发展到了为数不少的60人左右的1931年为止。这是一个多么多样化的群体啊，至少按美国人的标准来衡量是这样。这里面有高级文职人员，还有一小群制造商、医生、公证人、博物馆馆长、艺术家，甚至还有一位著名的歌剧演唱家。这些创建者中有5个人是犹太教徒，考虑到这个城市的65万人口中只有3500名犹太教徒，这5个人已是一个不小的比例。这些人中至少有一个人像托马斯·曼那样，有一位犹太人妻子。[47]他们的存在证实了两个显赫家族的成功：与邦迪家族和马龙家族联姻的阿恩霍尔德家族，以及冯·克伦佩勒家族，一个来自奥地利的相对较新的家族。有时，加入非犹太人的组织是同化努力的一部分，因此它是有意识的和不太舒服的。但在这里却不是这样：加入这样一个组织是一种快乐，尤其是这还是一个世界知名的组织，并且在德国，几乎所有的扶轮社俱乐部都有至少一名犹太人成员，有少数俱乐部像德雷斯顿俱乐部这样，拥有多名犹太人成员。在德雷斯顿（如果别的地方不是这样的话），犹太人会员在俱乐部中会特别感觉像在家里一样，至少在当时是这样。在偏狭的美国，犹太人的情况就不是这样。在那里，因为加入扶轮社俱乐部需要交这样一大笔费用，所以只有相对较少的犹太人加入了俱乐部，即使有犹太人加入了俱乐部，也存在一种偏见，反对俱乐部接纳超过一人以上的犹太人。

德雷斯顿的扶轮社也映出了现代德国最幸运的一代人的缩影。这一代人出生于繁荣时期或德国创建时期，也就是紧随1871年威廉皇帝帝国的建立而到来的繁荣时代，他们在德国的权力达到其顶峰时长大成人。他们中的大部分人因为年龄太大而无法在一战中服役，虽然有一部分人出于爱国主义情绪以某种形式志愿服役了。所有地方的扶轮社人都在从事一场“与高龄进行的战斗”，正如美国巴尔的摩的一名扶轮社社员很不敬的描述那样，“为爬上高位而进行的斗争是如此的残酷，以至于他们都头发花白或秃顶了”。在德国，人们也抱怨说俱乐部是“只为体面的官员准备的”，“我们需要年轻人，就像在美国那样”。[48]所有东西都令人不太满意地具有保守色彩，他们的阶层、经验和年龄使他们出于责任忠诚于魏玛共和国，尽管他们鄙弃魏玛共和国缓慢诞生的社会民主主义和蛊惑民心的政治。[49]他们信仰为祖国服务。随着他们投票赞成的那些较小的右翼政党相对纳粹党和共产党的扩张而不断收缩，他们为共和国的命运感到担心。

那么，不需要什么压力来使德雷斯顿人加入扶轮社。人们仍然好奇德雷斯顿人是否知道德国的这种扶轮社运动是一种联合战略的结果，这一战略是由美国人来启动的，并得到了来自德国周围那些国家人们的不可缺少的支持，其目的就是要让德国重新回到欧洲。或许德雷斯顿人并没有意识到这一点。很明显，他们有自己的加入扶轮社的理由，他们所不知道的这些，只是增加了他们对扶轮社的运作所做的解释的独创性。然而，他们却错了，这些宏伟的世界主义者，久经世故的绅士们，他们已经成了一项"扩张"计划的目标，他们并不像自己所想象的那样，是这一运动中的主角。非常正确的是，他们已经目睹了德国的崩溃（在他们的观念中这也是欧洲的失败），这就要求他们必须以不同的方式生活。扶轮社就是一种他们能够利用以回归世界的制度。但是，他们是作为外围边界地区的地方居民这样做的，他们没有反思，扶轮社在他们中间的出现标志着旧欧洲现在是在跟随，而不是在领导，这历史性地显示出了他们的天真。

特使汤姆森9月中旬成功访德的报告有力地支持了德雷斯顿人请求加入扶轮社的申请，那是1928年12月5日，那天德雷斯顿人的申请被送到了位于芝加哥东怀克大道的扶轮国际总部等候批准。此时，有大约50位男性和女性工作人员在这里每周处理多达12个来自世界各地的申请，因此审查工作主要局限于检查申请者的会员名单是否符合每一行业或职业只能有一名代表的规定。他们是很好的美国民主党人，他们注意到了这些申请者名字前面的那些刺目的头衔：4个冯，24个不同种类的博士，10个主任先生……美国霸权从来没有感觉到此时它向自己的社会前辈逞威风时的那种甜蜜。当申请书被送到扶轮国际的董事会等待审批时，附加上了汤姆森的注解："这是迄今为止扶轮社内诞生的最好的婴儿。"[50]虽然这些人都善于把这一形成过程颇吸引人的语句放到他们自己对世界的想象中，但这些“芝加哥人”（正如欧洲人所称呼的）还是无法弄清它在另外一种社会图景中会是什么样子。因此，询问这一“最好的婴儿”在与美国中心地带截然不同的环境中如何生存也不是他们要做的事。

中欧的撒克逊核心地带拥有依赖着出口的经济，过度扩张的银行业和贫困的农业，在过去的几十年中，它已经以“商业圈的风向标”而闻名。萨克森也是游民政治的领头羊。作为反犹太主义的温床，它的阶级分裂的政治体系难以达成妥协，因此自 1918 年以来这一地区就陷入了一种地方性的内战状态中。由自由主义的守旧派政治家古斯塔夫·施特雷泽曼（Gustav Stresemann）点缀着的伟大联盟在 1926 至 1929 年间曾给德国政治带来一定的稳定性，但它在这一地区从来没有获得过支持，这一地区的左派和右派之间的仇恨是如此的尖锐。萨克森是希特勒在 1928 年 5 月赢得其首次选举突破的地方，并且，在这里，在 1932 年 1 月至关重要的议会选举中，他的政党赢得了百分之五十以上的选票。自由主义的中心失守了。因为没有中间立场可站，这一地区的保守派滑向了极右，至少只要极右派愿意接纳他们，他们就会这样做。[51]

在这样的情境中，扶轮社过上了令人喜悦的生活并且它的德国会员们是如此地投入，这并不令人奇怪。在开始时，俱乐部四分之三的会员经常出席活动。在欧罗巴－霍夫旅馆进行的午宴每周至少都有少数外来来宾参加，并且，因在外地公干或度假而不能参加活动的六个左右的会员经常会顺便访问外地的扶轮社俱乐部，他们还通过邮寄问候贺卡来表达它们对俱乐部的感情。扶轮社使他们呈现出了一种新的传统主义，这种新传统主义把旧世界的亲密与新世界的清新和快乐结合了起来。[52]扶轮社人远没有沉湎于歇斯底里的文化悲观主义，这种文化悲观主义影响了德国受过教育的中间阶层的其他一些群体；扶轮社人自信地支持一种温和化的、弗里德里希·尼采对德国资产阶级因循守旧的诅咒式批判。因此他们的谈话和作品攻击那些心胸狭隘的、机械的文化观念，短视的功利主义，以及对科技万能药的盲目相信。

那么，有一个悖论就是，德国的扶轮社是作为一种强大但又暧昧的文化批判工具出现的。它的对手（如果没有直接这样命名的话）是新文化，新文化被其他地方大量权威的批评家非常简单地等同于美国主义。虽然这一来自海外的光彩夺目的征服者从来没有被指定过，但批判对象就是关于机会无限的神话、用合法性支撑其主张的并以巨大的财政和经济力量为基础的权力、关于不受阻碍的效率和自由自在的发明的观念、由大众传媒带来的烦扰人的直观性，以及日常生活的无定形的不拘礼仪。德国的扶轮社因此坚定地反对新世界的道德规范对旧世界道德规范的压迫，也反对用大众社会脆弱男性那不成熟的人格去置换传统文化中的强大自我。总之，与巴比特们的世界大为不同，德国的扶轮社反对现代生活中的所有那些倾向，即，以康德哲学的角度来看，是用普通消费的世界去污染审美消费的世界，那等于是要瓦解刺激感觉和感情所带来的浅显的乐趣与升华感觉以表达真正道德的人所带来的纯粹乐趣之间的区别。[53]

所有的这些不仅反映出了他们与美国人之间的不同，而且也反映了他们与其他欧洲人之间的不同。在决定创办自己的杂志《扶轮社人》的过程中，他们的独特性马上显现了出来，一开始他们准备在德雷斯顿出版这种杂志，但后来又把它委托给了慕尼黑的扶轮社俱乐部，托马斯·曼与其他卓越的作家和艺术家们对这本杂志贡献了大量的知识内容。“我们的印象是，我们这一地区的俱乐部总体上与美国的俱乐部，甚至还与一部分欧洲俱乐部都有较大的不同，”孔德·卡诺在宣布创办杂志时说。“我们希望在我们的时事通讯中表达出这种不同……我们希望，我们的特性不仅能丰富我们俱乐部的生活，并且甚至还能逐渐丰富扶轮国际的生活”。[54]

这些德雷斯顿人肯定带着真正的同感阅读过《关于一间漂亮的房子》，这是托马斯·曼发表在《扶轮社人》第一期上的一篇小文章。真正的创造力不再需要"高贵的盛典"或"华丽的房间"。"王子的时代已经结束了"；同样地，"资产阶级的奢华风格也已经持续得长过了它的时代而消失在了美学的土地上"。但现代主义新美学的功能性或客观性也不应该要求人们像变速箱里乏味的齿轮一样生活。将生产力与舒适结合起来的要求也不应该被当作资产阶级的东西而抛弃。当坐在办公桌旁工作或躺在"帝国马车"式沙发上读报放松时，扶轮社的会员们应该能够意识到他们自己为创造一间"美丽的房子"而进行的有条理的努力，这正是曼的呼吁，即"把继承来的和后天获得的东西结合起来以便在典雅的暗示下创造自己的心灵"，去培育"令人愉快但又不华而不实的住所"。[55]《小鹿斑比》的作者、维也纳人费利克斯·扎尔滕(Felix Salten)写的《对扶轮社理念的评论》也发表在这一期上，扶轮社的会员们应该能从这篇文章中认识到自己的世界历史使命：欧洲的问题不在于利益买卖和残酷的个人主义，这一点不像在扶轮社诞生的那块土地上的情况（对于美国的文明他已经在他1930年的游记《美国五分钟》中做了概述）。欧洲的问题在于阶级斗争。解决这一问题的唯一方法是资产阶级增强其生活方式的简洁性和文明化。[56]

总之，德国扶轮社的目标是做一个模范性组织，而不是一个争强好胜的组织；它的品质在于它的小巧紧凑和它内在的热情，即它的内部生活，而不在于将一种程序外表化为本地的东西，这种程序被当作与其他文明联系的手段而受到了美国人的喜欢。德国扶轮社通过无法模仿的礼仪来显示它的优雅，而不是像美国人那样为了被人模仿而去展示它的规则和仪式。总之，它是出众的而不是普遍的，是各行业都很精通的而不是全球性的。因此，非常友善的扶轮社把这些人带入了一项世界性运动，以便看到这些人用他们正直的信念给这项运动打上标志，表明他们代表着一种思考物质世界的替代性方法。

德国扶轮社的这种自我融入绝不排斥向外人展示他们优雅的慷慨，当48名美国人组成的代表团在1931年6月中旬于前往维也纳参加第十六届扶轮社世界大会的路上在德雷斯顿中途停留时，这一点体现得最为明显。这次轮到时任俱乐部会长的维克多·冯·克伦佩勒来欢迎美国人了。当时正处在一个可怕的时期：在刚刚过去的5月份，奥地利信贷业的崩溃震动了那些最可靠的德国金融机构，克伦佩勒自己的德雷斯顿银行也包括在内。克伦佩勒已经认识到了美国银行削减贷款最高限额和抽逃资金恶化了金融危机，他就是在这样的情况下欢迎这批美国人在这里作中途逗留的。“保罗·哈里斯的思想从来没有像在今天这样贴切过，”他赞美道，在向他的听众做这个讲演时，他先用德语讲一遍，然后又用英语重复一遍，“此时整个世界都陷入了危机，欧洲无数的创口都在流血。就像孩子应该带着感激记住他父母的优良事迹一样，前几代美国人带给我们的好处也应该被铭记在心。美国人的良好愿望现在能够对我们产生极大的帮助。”[57]美国总统赫伯特·胡佛在6月20日将会真地宣布让德国延期偿付战争赔款。但是，这一举动没能阻止一周后德国银行业的灾难性表现。

如果说他们的美国朋友们理解了他们的呼吁这一出戏，那么这些美国人在俱乐部里表演的节目却没有提供什么表明他们做出了一种适当的反应。扶轮社不是一个讨论国内有争议性话题的论坛，不是一个讨论关税的地方，更不是一个讨论债务延期偿付问题的地方。他们之中没有任何人在政治生活中的影响力能比得上欧洲扶轮社人所能拥有的影响力。无论如何，扶轮社很善于用一个表演节目去激励伙伴关系，而不是在面对灾难时展示团结。美国客人受到了很好的款待，这种款待在149个人参加的早餐中达到了顶点，女士们还收到了梅森产的瓷碟，德国人还表演了非凡的“山上的房子”,以及其他美国的民间曲调,这些民间曲调由一位剧院钢琴家改编,并用他精巧的音乐学院的风格去弹奏。为了对这些款待表示感谢,客人们让他们的招待者欣赏了他们的几支合唱,唱的是卢戈尔写的赞美诗“扶—轮—社”:

扶—轮—社的拼写是扶—轮—社,
扶轮社被广为人知在地上,
在海上;从北方到南方,从东方到西方,
服务最好的人获益最多;扶—
轮—社,拼写作扶—轮—社。

“迄今为止这是我们第一次体验来自海外的这种风格”,备忘录显示出萨克森扶轮社的创建者冯·弗兰科尔带着谦虚的态度观看了这一演出。[58]这种不曾料想到的新奇性只是使德国人更加强了他们已无可挑剔的慷慨。那天下午,他们带着他们的客人去了高雅的画廊,游览了充满珍稀宝物的绿宫,在茶歇时间又带他们去了布吕尔露台。第二天,冯·弗兰科尔和其他12名同仁陪伴着这些美国人去了中央火车站,在那里,带着火热的离别话语和对他们城市所展现出来的优雅的自豪(即使在这样困难的时期也会显示在脸上),他们与客人们挥手道别,并真诚地希望他们旅途平安并能再次来访。在他们贵族资产阶级的天才经济要求回报的同时,他们的慷慨却是无法回报的。这些德雷斯顿人知道这一点。这种了解只会加强他们的高处不胜寒的感觉。

所有的权力来自于程序

人们只能对这个可以使来自小城镇的美国人与中欧的贵族资产阶级一起畅饮欢谈的网络表示钦佩:扶轮社是他们美国人的

发明，是他们新的权力的延伸。这些近距离的接触是否帮这些美国人领会到了自己所接触的这些欧洲人与他们之间的差异？这是很成问题的。他们是否认为他们自己的热闹礼节对这些欧洲人来说看上去很庸俗甚至很幼稚呢？（对这些欧洲人来说，惬意是来得很自然的，对他们来说，享受美食和美酒的欢宴就像白天很长一样地自然，他们属于这样的社会，在这个社会里，人们用军功章、国家奖励的勋带和职业徽章，而不是用商标名称或俱乐部徽章来显示（如果不是显示他们是谁的话）他们在这个世界上的大致位置。）答案可能不是这样的：扶轮社已经使美国人置身于一个充满巨大多样性的世界，同时使他们在理解这种多样性的原因时变得迟钝了。在国外，就像在国内一样，扶轮社的徽章在无处不在的持有相似思想的人们中间鼓励那种半自我陶醉、半利他主义的信念。这对正在崛起的霸权国家来说绝对是一种非常舒适和非常积极的感觉。

对“这些欧洲人”（如美国人所称呼的）来说，最基本的问题是要接受这种事实，即，对扶轮社运动的凝聚性必不可少的统一性并不是一件束缚物，比较遥远的美国管理者并没有准备把对欧洲性来说非常重要的强烈个性标准化。在一些会议上，他们听说再保险的促销在美国的土地上实践得很好。每个社会都有它自己的“怪癖”。“向新的社会说明扶轮社的重要优点，即它适合于当地的需求并能根据当地需求调适自己”，这“几乎总是”必要的。欧洲咨询会议的代表们围坐在法兰克福的会议桌旁，听扶轮社成员亚当斯讲演，亚当斯是1929年被扶轮国际总部派去了解欧洲人的情绪的，他用在当时流行的一个不成熟的关于机械的比喻来重申前面提到的这种观点：“我们是在相同的道路上前进，我们制作的是同一个机器部件。在不同的俱乐部，原材料是不同的，或许制造的方法也是不同的，但我们都在设法生产相同的产品。”[59]欧洲人按照他们自己的利益倾向去理解了这个比喻。如果扶轮社像汽车制造的“T模式”一样，那么对于一个更有识别能力的客户，它必须要被改制。福特的口号“只要有了黑色，就有了所有的颜色”对于欧洲人来说并不适用。问题在于，这些苛求的和多样化的顾客是否只是想升级汽车？比如说，用木头嵌板，皮革饰物，或明亮的尾灯来升级。或者，他们是想买入它后将其改造成传统工艺的、红木镶板的欧洲模式的汽车吗？比如一辆希斯巴诺－苏莎，或一辆布加迪，或一辆戴勒姆－奔驰？

在改制他们的俱乐部的过程中，“这些欧洲人”还必须要被说服相信另一个前提，即，所有俱乐部都必须要遵守的程序的规则并不是起源于某些老式的管理权力，比如他们延伸到自己的殖民地的那种帝国官僚机构的长臂。美国人想要一种作为国际精英中规则共享的新形式的程序，它按照合理性和功能性的共同标准来运作。在制度的水平上，扶轮社努力要表现出平等主义和透明的特点。它由一个董事会来管理，董事会的14名成员由代表们在年度大会上选举产生。董事会每年在芝加哥开两次会，讨论由各方提交上来的意见，形成自己的建议，并把任何需要制度修改的措施都提交给年度大会进行投票表决。董事会的构成很自然地特别有利于美国的代表，对母语是英语的国家更有利一些，因为他们是扶轮社的创建者，并且其成员在所有扶轮社成员中所占的比例也最大，但是，到1930年代为止，代表大陆欧洲人的董事会成员已经越来越明显地开始出现了。

然而，真正的决策权力却集中在那位冷静的“芝加哥人”身上。扶轮社总部由一位总秘书长管理着，在1910年至1941年，担任这一职位的是体格健壮的切斯利·R. 派瑞(Chesley R. Perry)，扶轮社中熟悉他的人都叫他“亲爱的切斯”；他的成百上千名通信者则称他为“亲爱的派瑞秘书长”。派瑞是一名曾参加过古巴夏季战争的退伍军人，也是一名训练有素的图书馆员，由他来担任总秘书长这一职位是再合适不过了。他开始上任的时候正值36岁,他具有人们熟悉的电影明星对遥远的观众所具有的那种吸引力:他有着权威人士的风度,有着瘦瘦的身材和银色的头发,并且相貌英俊,他秉持坦率温和的保守主义,这些特点使他同样也适合扮演一名正直的公仆,一名中西部的军官(他确实是军官,是预备役部队中的一名陆军中尉),或一名正义的小镇牧师。派瑞也是一名老练的商人,他的第一批成功的投资投在了墨西哥债券中,不过他首先是一名社团活跃分子,在决定追随保罗·哈里斯后,他就把他那行家里手的管理才能用在了扶轮社的事业中。他把这些解释成是中西部地区孤立主义者们的美国第一风格,以及他那充满热情的世界大同主义,这种世界大同主义受到了他那"美国总是懂得最多"这一不可动摇的信念的调和。[60]

在派瑞任职三十多年的大部分时间里,扶轮社行动的目标都是增加俱乐部的数量,在更多的国家里建立俱乐部,同时避免争论,尤其是那种会打击芝加哥总部权威的争论。威尔·R. 曼尼尔(Will R. Manier)是来自田纳西州首府纳什维尔的一位迷人的律师,在可怕的1936至1937年,他是扶轮国际的会长,他曾问道:"如果我们让我们不希望发生的事情和希望不要发生的事情发生了,它又能有什么害处呢?"[61]这种圆滑的无为证明了不立即否决丹麦人那个热心的建议是正确的,丹麦人建议按照职业来编订欧洲扶轮社会员的名录,那样在同一职业目录中的商人们就能与其他同行联系了。这种古怪的结合主义是应该被谴责的,因为扶轮社运动的主旨就是要跨行业进行组织和交流。但是,当丹麦人提议的这件事将会因为缺少时间和精力而消失时,总部又何必去干预它呢?这种圆滑的无为也证明了不否定来自欧洲扩展委员会的关于在斯大林的苏俄开设俱乐部的复杂建议是正确的。何必争论原则问题呢?这一建议根本不会有什么结果,因为在布尔什维克的土地上没有商业精英存在。圆滑的无为也证明了扶轮社在1941年之前面对欧洲的独裁政权保持中立的正确性。

同意于1925年在欧洲大陆上建立一个扶轮社海外"办公室"(不是"总部",这一点经常被强调)以管理这一地区的事务,这已经是扶轮社总部对欧洲的复杂事务所做出的一个巨大让步。这样做的首要目的是改善总部与欧洲大陆人之间的沟通,同时也增进欧洲大陆人内部之间的沟通,这样做不是要培养国家(更别说是地区)俱乐部的自治。像其他许多国际机构一样,海外办公室建在了瑞士,以便能利用它处在欧洲中部的位置、它的中立地位,以及它那能使用多种语言的劳动力队伍。然而,具体地址选择了苏黎世而不是日内瓦,这样做是为了能使它更靠近讲德语的中欧地区,而离国际联盟和欧洲的其他国际主义机构更远一些,与欧洲的扶轮社人不同,美国的官僚们并不怎么认同这些国际机构。在有山形墙的老苏黎世中心地区,在交易大街21号巴塞尔银行大楼第四层的气派的房间里,欧洲办公室像一个充满了电的小变压器一样忙个不停,例行公事似的在五种语言之间进行转换,以便对每个月2000件左右的询问做出回答,如果有必要的话,它还会安排将对话翻译成另外的五种语言。它接收来自芝加哥的指令,并把问题提交给芝加哥,它一直负责安排并主持欧洲咨询委员会的会议,这一会议在最理想的情况下会在德国的巴登－巴登地区召开,在那里人们还可以洗温泉浴,在最糟的情况下会在贝尔格莱德召开,从莱茵河西部赶到那里需要乘坐两天的东方快车。

如果人们能够想到扶轮国际是欧洲精英们对来自欧洲以外的准则的第一次体验,那么,指出这些准则并不是特定的美国准则,更不是专断的、强制的或不民主的准则,这样做的重要性就能够被更好地意识到。"所有的权力来自于程序"也许应该成为扶轮社的口号。按照欧洲秘书长亚历克斯·鲍特(Alex Potter)的说法,"通过手续处理问题"和"按照传统做法"这样的习惯用语"能像魔法一样起作用"。无论何时当遇到有人抱怨说"这些准则、规章、制度条款等等……是由美国人来制订实施的，因此并不适用于欧洲的条件”，这位非常有耐心的加拿大人都能发现，“告诉他们说‘好吧，让我们研究一下这个问题，看看能否找到更好的方法’，要比告诉他们‘现在，孩子们，你们必须要这样做，因为扶轮国际是这样规定的’从心理上讲……要更好”。当看上去无法调和的分歧出现的时候，他就会把这个问题交给下列机构来评估：“目标与对象委员会”、“分组委员会”、“扩大委员会”，或其他机构。这一策略像魔咒一样有效：“他们总是会形成与先前形成的结论相同的结论。但他们是自己形成那种结论的，他们更满意于施行这种规则，而不乐意施行他们感觉是扶轮国际强加给他们的规则。”[62]

需要保持对欧洲扶轮社进行监督但又不是看上去在控制它们，带来这种紧迫性的，是所有欧洲扶轮社俱乐部发展国家“特性”的趋势，有些俱乐部在走自己的路上甚至比德国人还要固执和更令人不快。在涉及与芝加哥的关系方面，英国通过主张行动自治，树立了一个尤其负面的榜样。大不列颠扶轮国际（Rotary International of the British Isles，即 RIBI）于 1911 年在伦敦建立，它经历了像美国在一战前那样的迅速发展时期，它的成员也拥有类似的小型或中型企业以及专职人员的背景。但这一俱乐部运动在刚开始发展的时候，它的市民政治见解就呈现出与美国的不同，并反映出了大英帝国的衰落命运。虽然它是保守的，但它有劳合·乔治传统的改革思想，这种思想反映出了中产阶级的想法，即，他们正在受到“贵族和庶民”的挤压，也就是说受到了公司资本和工会工人的挤压。以后，温斯顿·丘吉尔将会试图利用这种情感，他会让其战时内阁联盟的成员、工党领导人欧内斯特·贝文于 1940 年在康乐厅把政府的战后改革计划首先介绍给正在那里参加周末午宴的伦敦扶轮社成员们。对扶轮社商人们意见的这种尊重（这些商人们非常热烈地接受了这些计划，并导致了 1942 年贝弗里奇报告的出台），从长远来看不会给作为保守党人的丘吉尔带来什么好处。这些商人"弟兄们"中的很多人和其他中产阶级选民一起，在 1945 年转向了工党，把丘吉尔赶下了台。[63]

正是在英国扶轮社的倡议之下，芝加哥总部才第一次在国外召开了一次会议，这次会议是 1921 年在爱丁堡召开的，结果总部却发现它最可靠的欧洲盟友已经变成了它在组织上的强硬对手。作为一种实际上是自治的力量，英国扶轮社现在被发现拥有了它自己的伦敦总部，在它周围聚集着英国和爱尔兰的 375 个俱乐部中的 60 个。这种安排与每个城市只能有一个俱乐部的规定背道而驰。它还拥有自己的管理班子，这个管理班子任命了它自己的各行政区主管，另外它还拥有自己的出版物，拥有自己过多的、充满了口齿伶俐的委员的、因事而设的委员会，这些委员会中的一部分人还有业余宪政主义者的天赋，他们喜欢兴高采烈地批评和纠正他们的美国兄弟散发的文件中的不明智地唯利是图的、救世军主义的、有时深奥有时浅显的错误语言。它有自己的征收各种费用的系统，这种系统也无意把收上来的费用转交给芝加哥总部。最后，它与在大英帝国统治范围内突然冒出来的大量扶轮社俱乐部维持着深厚的关系，这些俱乐部首先是在加拿大出现，不久之后又在南非、新西兰、澳大利亚、新加坡，以及大英帝国的其他边远地区出现。

更糟糕的是，英国人建立了一种扶轮国际的制度在其他地方已经否决了的模式。从来没有与单一民族国家正式形成一致的区是扶轮社的基本管理单位。一旦俱乐部的数量达到了十五个，它们就被组成一个区。事实上，俱乐部是沿着国家的疆界线建立的。然而，一个国家的俱乐部的数量和倾向与这一规定是无关的，从不曾出现过一个单位叫作"法国扶轮社"，更不曾出现过"德国扶轮社"。因此，在 1930 年代中期的法国，它的扶轮社正式包括了扶轮国际的三个区，德国的扶轮社俱乐部则被正式称作 73 号区，它也包括了奥地利的扶轮社俱乐部。

意大利的扶轮社是一个很显眼的例外。它的这一特性也可以被间接地归罪于英国人，因为扶轮社是在 1923 年由两个人带到米兰的，其中一个人是喜欢交际的苏格兰移民詹姆斯·亨德森，他自 1911 年起担任由意大利和英国合办的坎托尼丝线外衣纺织公司的总经理，另一个人是爱尔兰与意大利混血的列奥·朱利奥·库勒顿（Leo Giulio Culleton），他是沃辛顿泵公司的意大利分公司的总工程师和管理经理。这个俱乐部最初只从英美两国人的圈子中招收会员。轮廓鲜明的英国纺织产品、意大利人的美好形象与美国的公司资本结合在一起，产生了一个亲英的、势利的、老于世故的良好社团，这种社团在英国统治区域内的俱乐部生活之外是不可能有的。俱乐部的创始人们反复强调说，这一意大利模式是一种自我管理的大不列颠扶轮国际（RIBI）。它的会员是杰出人物，是“贵族化的”而不是“通俗地民主的”。意大利的扶轮社扩张得很慢，对于什么人可以加入过分挑剔，它由意大利北方的高等资产阶级牢牢地控制着。刚开始的时候，意大利扶轮社发现教养浅薄的芝加哥总部深深地误解了他们是谁，他们被分进了第一个“拉丁”区，与古巴、西班牙和葡萄牙那些俱乐部五花八门的俱乐部生活混在了一起，于是俱乐部的创建者们展开了激烈的游说，以便能成为一个单独的 46 号区。1925 年他们获得了这种地位，此时他们已达到了拥有十个俱乐部的最低标准。意大利人在米兰建立了一个永久性的全国委员会和秘书处，招收自由职业者和商业领域中的精英人士，它还获得了一些荣誉会员，这一会员类别不曾正式存在过，它是为国王、王室的九个王子准备的，另外，作为一个不错的手段，它也是为记者阿纳尔多·墨索里尼准备的，他是法西斯党魁贝尼托·墨索里尼的弟弟。秘书处的永久秘书长是阿基里·博西（Achille Bossi），他是一名训练有素的律师，人非常聪明，通过他的表达，意大利的扶轮社体现出了这样一种信念：真正的世界公民是带着对政府的顺从从国内开始的。因此，它培育出了与法西斯政权的亲密关系，它以能够声称政府首脑墨索里尼是它的保护者而感到自豪。有些人指责扶轮社是瞧不起“无产阶级的”意大利的“民主－财阀”国家的势力延伸，称墨索里尼是它的保护者在使它免于这种指责方面是很有用的。在1938年之前，这种说法看上去也是真实的，但就在这一年，这位独裁者撤回了对扶轮社的支持。[64]

如果被给予了自治，“这些欧洲人”又想要得到什么呢？美国人反问式地提出这个问题，并经常带有某种倾向性，这种倾向性是促使他们的会友们认识到，这一被认为是中立的运动对于他们作为欧洲人的团结是何等的重要。的确，所有的欧洲人都在多多少少地追求他们的国家利益。如果他们不这样做的话，他们又能是什么精英呢？因此，优秀的奥地利路桥工程师、扶轮社会员M. B. 戈贝尔是巴尔干地区扶轮社俱乐部的一位主要赞助人，他这样做是为了巩固德国和奥地利在这一地区的生意，同时也是为了扩大扶轮社中的德语集团。相应地，害怕德国人扩张的法国人在国际领导方面扮演了一个尤其有活力的角色。1937年5月7日至8日，扶轮社的49号区在尼斯主办了一次国际会议，尽管时代艰难，但这次会议仍是一个巨大的成功；此外，49号区以前的领导人莫里斯·杜波瑞（Maurice Duperrey），一位作风生硬粗暴的制造商，是将要担任扶轮国际会长的第一个大陆欧洲人，为了纪念这一事件，他在1937至1938年的任期内进行了一次为期二十天的环球旅行，这件事的突出意义在于，它表明了法国的普世主义与美国的一样有活力。那些小国家则扮演了与其国家大小不相称的更大的角色，它们在两种极端之间表现出了适当的差异，一种极端是瑞典人，他们的公正理念与德国关系密切，并无视德国对东欧地区的扩张主义冲动；另一个极端是比利时，它的脆弱性使它变成了一只针对大国民族主义的弱小但却气势汹汹的护卫犬。

这一两难问题确实是需要在欧洲人的自我管理与美国人领导的全球主义之间找到一定的中间立场。一些"私底下的意见"想要结束"所谓的美国霸权",正如著名的瑞典银行家库尔特·贝尔弗拉格(Kurt Belfrage)所认识到的。但是他怀疑如果这样的做法取得了成功,一个"统一并意见一致的欧洲扶轮社"是否能生存下去。考虑到动荡的欧洲内部各国间的关系,为了保护扶轮社运动的国际主义,扶轮社会员必须要像美国人一样注重实效,但要更有理想主义。"让我们脚踏实地,但要仰望天空",他劝告他的同伴们说。对一位银行家来说,这是一种夸张的语言。比利时人路易·斯坦曼(Louis Steinmann)用更直白的说法说明了这个问题:"欧洲人还没有准备好进行地区管理。我们太有国家倾向了。"[65]

用美国话来说欧洲事

反过来,美国人仿佛是为了阐明美国的领导地位是来源自最好的实践,而不是来源自官僚政治的操作,他们强调说:"我们根本不关心行政的事";"我们希望能够确认扶轮社项目正在寻找一种深入人心的方法。"[66]实际看来,这些话首先是指对扶轮社原则的字面翻译问题,这些原则散布在那些语言惊人地冗长繁杂和深奥的小册子里。理解这些原则是个更大的问题:"它不仅仅是个形式的问题,而且还是个思想的问题",正如比利时扶轮社的创建人爱德华·威廉斯(Edouard Willems)所评论的,"在翻译的过程中,欧洲人的思想不得不在某种程度上替代盎格鲁一撒克逊的思想"。[67]

尽管如此,进行字面意义上的翻译是必不可少的。虽然到

1920年代为止英语是最重要的全球语言，但它并不必然是欧洲资产阶级文明的语言。在所有欧洲国家中，英语只是4700万人的第一语言，其中的大部分人生活在大不列颠。更多的人们，至少有8000万人，说的是德语，德语也是中欧很多少数民族的第二语言。有4100万法国公民及成千上万生活在法兰西帝国中的人说的是法语，得益于法国文学的威望和文艺复兴的遗产，法语也是知识分子精英们的第二语言。虽然只有1600万欧洲人说西班牙语，但西班牙语是拉丁美洲的通用语。在拉丁美洲也有一场活跃的扶轮社运动。意大利语或许几乎全是在意大利国内、在以前是威尼斯的边远地区的东地中海地区被使用，另外还有成千上万的意大利移民使用意大利语。但意大利语的使用者也有至少4000万人。[68]

法兰西学院印欧语系语言学教授安托万·梅里特(Antoine Meillet)所说的“欧洲语言的危机”，使得将扶轮社术语翻译成欧洲语言的过程更加复杂了。梅里特所说的“欧洲语言的危机”，首先是指随着一战后中东欧地区新国家的出现，伴随着捷克语、波兰语、匈牙利语和塞尔维亚－克罗地亚语等民族语言的扩散而出现的欧洲语言地图的破碎化。此外，它还意味着所谓的普遍语言的终结，普遍语言是指精英们书写和说话时使用的语言，如召开国际会议时所使用的法语，以及在中东欧地区居主导地位的德语。这种语言的“危机”还进一步反映在新行业的行话中，例如在电影业和广告业中，另外它还反映在像扶轮社自身这样的运动和机构的词汇表中。[69]因此，扶轮国际的语言还不是英语，至少在原则上不是。英语简直不可能会成为扶轮社的语言。大陆欧洲人说英语的人太少了。在德雷斯顿，五分之一的扶轮社会员显示出他们懂英语，比懂法语的人多。[70]因此，扶轮国际的欧洲秘书处很明智地承认法语、德语、意大利语和西班牙语是除英语之外的另外四种官方语言，并且他们监督着将相关文件翻译五种官方语言的工作。将英语作为普遍语言以使沟通简单化的一些偶发的提议(至少在世界大会上),都彻底失败了。欧洲的商界人士很精明,他们认识到,接受将英语作为唯一的官方语言意味着同意将文化资本大规模地转到英美的世界中。

虽然如此,规章程序的语言充满着某些文字,对这些文字的翻译意味着对它们产生于其中的那些市民文化的转化。的确,有些字词是无法匹配的,例如"兄弟"一词。关于男性友谊的民族观念包含着这样一些意思,如"小子"、"弟兄们"、"朋友"、"伙伴",或"同志",每一个词都代表着关于兄弟关系、友谊和熟识度的不同观念。[71]然而,对扶轮社创建组织原则的翻译,尤其是对其分类原则和服务原则的翻译,包含着真正的语言学上的斗争。这里面的利害关系可就大了。

扶轮社的分类原则是为了正确地指导对扶轮社会员的挑选。为了帮助有上进心的扶轮社鉴别有希望的会员,扶轮国际制作了一个通用的职业列表。到20世纪30年代为止,这一综合性的目录包括了约2300种工作,从航空学直到毛纺织业。这些工种的大多数反映出了这一目录列表的美国起源:饮料业和广播业与建筑业和丧礼服务业并列在一起;房地产业和娱乐业后面跟着的是宗教业。这些主要的分类下面又相应地被细分出了其他的种类,例如房地产业又包含着商业地产和私人房屋。宗教业显示出了美国信仰观念的丰富,它公正地按字母顺序排列,第一个分支是佛教,后面跟着基督教(这里面又细分成了英国国教、英国独立教会和天主教),再下面是儒教、印度教、犹太教、伊斯兰教、道教和拜火教。实际上,职业是根据向社区提供一种商品或服务的能力来界定的。根据这种特征,牧师、新教牧师、阿訇、犹太教的拉比、印度教的上师以及其他类似的职业都提供了宗教方面的服务,类似地,房地产经纪人提供了房屋买卖服务,兽医提供了照料动物的服务,而首席小提琴手提供的是艺术娱乐。

虽然整理出这一通用目录的明确目的是为了避免引起争论，但“芝加哥规则”中的这一部分所引起的混乱、嘲笑和抗议却最多。考虑到各个地方俱乐部可以为这些规则提供一些似是而非的社会学解释，也不能说扶轮国际在关于偏离标准的问题上不够灵活。的确，地方上正在形成的俱乐部在依照事物更广的方面来衡量他们的社会名人偏离标准的程度时，采取了某种自私自利的倾向，尤其是考虑到最终的结果，这一结果需要由一个遥远的权威机构来确认他们确实是当地社区“跨领域的代表”。为了在维希建立俱乐部，扶轮国际承认了一整个花名册的医学附属专业，包括肝脏科医生，整形外科医生，眼科、鼻科和咽喉科专家，以及营养师，以使他们适合正在世界著名的法国矿泉疗养地被治疗的那些疾病。在离德雷斯顿西南 80 英里的普劳思，萨克森州一个阴暗的制造业中心，因为该城的居民人数不到十万，俱乐部的发起人们进行了一次特别的会员申请，之后他们非常满足地发现，他们这一穷乡僻壤主要的能带来名气的东西，即毡布加工，已经被列在了职业分类的通用名单中。这种承认减轻了申办秘书的耻辱感，他那拙劣的英语水平导致最初的申请带来了通信混乱。他的《德英词典》为他提供了一个“错误的朋友”，德语毡布(Filz)一词可以被翻译成“毡”(felt)，但也可以被翻译成“吝啬鬼(skinflint)”。选择了用“吝啬鬼”这个词来描述吕迪格先生的职业是一件多么令人难堪的事啊，吕迪格是路德维希毡制造公司的首席销售经理。[72]

没有什么能够阻止意大利人对扶轮社的规则给予“他们自己的解释”，正如扶轮社负责分类工作的附属委员会的英国主席所悲伤地指出的。意大利扶轮社列有名誉会员，这些名誉会员主要是与萨伏依家族有关的王室成员以及政府高官，这种做法与扶轮社的理念完全背道而驰，扶轮社的理念是，扶轮社不应该被看作是一种荣誉头衔。除此之外，意大利扶轮社成员中还包含了法西斯联盟的成员,有的还是货真价实的恶棍。这些人都被列在"慈善和公共服务主管"的目录下。尼斯米的王子,一个靠大量的不动产生活的纨绔子弟,被分类为"驯马师"。[73]如果说这些分类听上去像是权宜之计的话,但把它们弄成伪造的或为了哄骗别人则是错误的,那就像欧洲人自己有时在自我批评中所说的,这一系统只是鼓励了撒谎。在这些原始的解释背后,存在着一种对于精英定义的不同观念,这种精英观念并没有与职业的严格定义捆在一起;同时还存在着一种对于社会的不同观念,这种社会观念不愿意把古老的等级向新的职业开放,或提出一种新的服务伦理。

让我们来看看有着"易北河畔的佛罗伦萨"之称的德雷斯顿的情况。对德雷斯顿人来说,这座城市首先是一座金融、工业和艺术之城,人们致力于为国家服务。他们对这座城市的文化使命的自豪是尤其显著的。德雷斯顿的扶轮社成员不仅包括了所有文化机构的领导人,从国家歌剧院、国家交响乐团直到国家历史博物馆和著名的卫生博物馆,而且他们还想包括进那些一流的艺术家。芝加哥方面的答复说,如果那些候选艺术家的名声能够为他们带来独立的收入的话,吸收他们加入当然是非常好了。身为歌星米尼·纳斯特的丈夫的通讯秘书冯·弗兰科尔恳请扶轮国际总部将高雅艺术分类再细分成几类,以便把国家歌剧院中的男中音和男高音歌手都包括进来,我们能够察觉弗兰科尔是在帮谁的忙吗?这一质询显然使那帮芝加哥人困惑不已。在咨询了董事会中的分类委员会并与在苏黎世的办公室沟通之后,他们才最终做出了他们的"聪明人的"决定。歌手就是歌手。他所提供的服务来自为他带来了名气的歌声的质量。如果老百姓们对他的表演感到满意的话,他们才不会关心他是一个男高音还是一个男中音呢。因此,德雷斯顿提出要让两名歌手加入扶轮社,是错误地"提出了一种服务的重叠"。[74]德雷斯顿人很明智地(或许还带着戏谑地)把这件事放下了。从一帮文化门外汉那里你又能希望得到什么呢？这些文化门外汉无法区分男高音和男中音，无法理解男高音和男中音各自的虚荣心，也无法认识到男高音和男中音为争夺观众的赞美而展开的竞争。

如果说德雷斯顿人被芝加哥人对艺术的修正弄得不知所措的话，那么芝加哥人肯定也被德雷斯顿人对商业的贬低弄得困惑不已。在美国，与商业有关的职业是无所不在的；在英国也是这样。但有一个规律，在欧洲大陆越往东和往南去，与商业有关的职业就越少。德雷斯顿扶轮社从没有来自商业界的代表。大部分的零售商都可以被描述成是小资产阶级；他们的行为方式、教育背景、文化水平和生活日程与高等资产阶级的差别是如此之大，以至于没有任何午宴俱乐部可以为他们之间的鸿沟架起桥梁。另一个使事情复杂化的因素是，当零售业变成了一桩大生意后（主要是在大城市中），大部分零售业的经营者是犹太人。的确，赫尔曼－迪茨百货公司的犹太人负责人格奥尔格·迪茨(Georg Tietz)有一段时间曾是柏林扶轮社的会员。他的堂兄弟、迪茨百货公司莱茵兰分公司的负责人阿尔弗雷德·莱昂纳德(Alfred Leonhard)，则是科隆扶轮社的一名领导人物。莱昂纳德在萨尔布吕肯俱乐部的朋友马丁·科恩(Martin Cohen)是旅行百货公司的负责人，他也是科隆扶轮社的一名领导人。但如果有的选择的话，扶轮社更愿意选择其他行业中的犹太人。在巴黎和其他地方，说扶轮社中的来自商界的代表太多，就相当于是说扶轮社中的犹太人太多了。[75]

翻译扶轮社的另一个基本组织原则"服务"，也是同样具有挑战性的。位高任重、利他主义和团结的道德理念在欧洲上层社会中根深蒂固，在天主教徒、新教徒和犹太人等所有人的信仰中，这种道德理念也不同程度地存在着。在天主教教义中，它被归结为慈善；在新教教义中，它被归结为加尔文教徒的召唤。然而，"良好工作"的观念与"服务"在美国所获得的那种特定含义是分离的，在美国，“服务”与社会进步、友善和帮助等内涵是有共鸣的，另外它也表示供应者对消费者和顾客的关心体贴。

正如我们在这里将会经常发现的，围绕转换观念的斗争反映在围绕翻译的斗争中。法国人用社会连带主义(solidarisme)来理解“服务”，虽然这容易使人想起19世纪晚期的改革运动。服务一词足够快地流行了起来，虽然当法国人把服务当作社会连带主义的双关语来使用时，当地扶轮社的会员中极少有人能够领会“服务他人”与“服务自己”之间的区别。意大利人在使用服务一词之前，用利他主义来理解服务，这是一种隔代遗传现象，一开始，意大利人在使用服务一词时还给它加上引号，“仿佛它是一个粗鄙的字眼”。当地的扶轮社人喜欢这个新词语；它反映了时代的特点，当时平淡过时的人道主义已经让位于法西斯新人类的效率运动。他们也喜欢回想起服务对于古老的商业文化来说根本不是一个新理念。有人回忆说曾经在一座建于16世纪的斯伯莱托大门口看到过这样的题字：“提供服务，你将会有收获——尽你可能地提供服务。”[76]有人回忆说，在曼家族位于吕贝克的商业办公室里曾经看到过这样的座右铭，“在白天享受你的生意吧，但要做好它以便你在晚上能够安心睡觉”。在德国，对于最接近原义的德语表达“服务”，有人抱怨说听上去像是佣人的服务，普通的翻译“服务”或“服务实施”则被嘲笑是不正确的德语。像冯·弗兰科尔这样的扶轮社纯粹主义者认为，最好的翻译是一个新词语“服务理念”。但几乎没有德国人被说服。冯·弗兰科尔还认为，对“超越自我的服务”的完美翻译是“自我之前的公共性”，或“公共需要先于私人贪欲”。这句话已经变成了受人喜爱的纳粹口号，它来源于中世纪对于团结的叙述。在对词语含义耍花招上，没有人能胜过意大利人：意大利1935年对埃塞俄比亚的侵略在国外引起了风暴，因此而备受困窘的意大利扶轮社催促它的欧洲兄弟们把意大利法西斯政权在东非的使命看作是“服务于文明”。[77]

如果我们看一看德卢斯的扶轮社和德雷斯顿的扶轮社是如何解决建一座桥的问题的，对于“服务”字面意义的理解差异就变得很清楚了。德卢斯扶轮社的第一项、也是最值得它骄傲的成就是于1917年在仅仅两个月之内完成的，它筹集了两千美元，建设了一座横跨附近的鸽子河的把美国和加拿大连接起来的木制桥梁。在这座被自豪地命名为“逃犯桥”的桥梁开始通行之前，穿过这一湍急河流的唯一方法是乘坐每周三次的渡轮，或者是租用一条船。直到1930年，美国政府和加拿大政府才最终决定用一座钢桥来取代这座木桥。[78]在一个类似的跨境交通批准问题上，德雷斯顿扶轮社试图就萨克森和捷克斯洛伐克之间的边界交通那令人沮丧的延迟问题向德国的国有铁路系统请愿，并把这作为俱乐部的第一次行动，他们非常高兴地得知，由简·马萨里克（Jan Masaryk）创建的布拉格扶轮社俱乐部通过向捷克交通部提交抱怨，也做了类似的事。然而，在德雷斯顿这边，关于俱乐部是应该作为一个整体参与行动还是只由那些从中能受益的会员采取行动，产生了很多疑问。俱乐部明确表明，这项提案是正当的，因为有好几个其他的群体也在支持这一提案。但在这种谨慎的游说之外，就没有进一步的行动了。[79]不可否认的是，在这两个地方，可能性的世界有着无法相比的不同：在德卢斯，政府事实上缺失，有着没有设防的茫茫边疆，人们的行动习惯不受法则和规章的约束；相比之下，在德雷斯顿，铁路系统的组织是涉及高等政治、有组织的利益集团和国家官僚机构的事务，并且在边境线上布满了被严密守卫着的海关站点。但是，德雷斯顿的资产阶级把他们的俱乐部视作“文化”，用基本的经济利益去玷污它将会使他们胆寒，这也是事实。

德雷斯顿的两难困境在欧洲大陆上是很普遍的，这并不是因为欧洲的扶轮社俱乐部是自我本位的、冷漠的或愚昧的，而是因为，在被党派、宗教和地区的分裂破坏了的欧洲社区内，“服务理念”是很难被想象的，更难被实施。当法国、比利时和荷兰有社会自觉的资产阶级在1930年代政治上极化的世界里为进行社会改革而采取服务时，他们冒着在人民阵线运动的支持者和极右团体的忠诚者之间将俱乐部从中分裂的风险，当1934年10月阿斯图里亚斯的矿工罢工被血腥镇压之后，西班牙的扶轮社会员们希望“尽他们的微薄之力以减轻如此沉重的苦难”，他们决定遵循“绝对的非党派”立场，因为“苦难不懂意识形态”。因此，马德里俱乐部投票决定出资抚养在与矿工的对峙中被杀死的一名保安所留下的五个已成为孤儿的男孩。为公平起见，他们也计划向被挫败的矿工家庭提供相同价值的衣物、食品和药品。最终，尽管他们关于“和平与合作”的目标在濒临内战的条件下是一种奇想，但他们的行动“令人悲哀地只起了非常小的作用”。[80]

当然，存在这样一些案例，在这些案例中，服务理念险些成了自我服务，它只被设计来使那些精英获益。在米兰有一个异乎寻常的案例，在这里，服务被采取了以下的形式：建设在蒙扎的第一个高尔夫俱乐部；为意大利旅行俱乐部汽车旅行指南的出版提供资助；筹集扶轮社的资金为大学生们提供奖学金和奖金；另外，在当地法西斯“慈善主管们”的强烈请求下，为法西斯的冬季救助基金提供了慷慨的捐献。

商人们的教会

对欧洲来说，扶轮社激起了宗教方面的恐惧。在美国，并没有发生这样的事。或者说难道发生这样的事了？托克维尔曾经宣称，基督教在美国是一个“既成的、无法反驳的事实，没有人寻求怀疑这一事实或为其辩护”。[81]扶轮社宣称，对于美国社会的宗教多元化来说，这是普遍的、真实的。尽管如此，虽然没有关于扶轮社成员宗教信仰的记录被保存下来，但大多数扶轮社成员其实是新教中经常去参加礼拜的人。并且，扶轮社那些救世军式的言论与宗教词汇能够产生共鸣。所以，保罗·哈里斯“像使徒保罗一样，在前往塔尔苏斯的路上皈依了基督教”，这兄弟俩像所有好的基督徒一样，同意遵守黄金法则，黄金法则被整合进了一部扶轮社的道德法则中以指导商业实践。扶轮社的“信仰”缺乏基督教宗教仪式的强度，它就像少量的、散发出圣洁的令人愉悦的香味的古龙香水。因此它非常适合这样的社会，在这种社会里，宗教信条被像广告词一样地宣誓：“我信仰这种产品，而不是那种。”因为扶轮社主义并不是一种宗教信条，因此以美国人的观点来看，它没有理由不繁荣，甚至是在那些教会与政权没有像在美国一样被宪法分离的地方。

最初，扶轮社俱乐部确实是骤然出现在了天主教国家中，包括法国、意大利、奥地利和西班牙；也出现在了信徒主要是新教徒的瑞典和英国，以及宗教信仰比较混杂的国家，尤其是德国和荷兰。或许是因为扶轮社的作品主要是用美国英语写成的，或许是因为梵蒂冈被别的事情（主要是布尔什维克俄国的马克思主义无神论）占据了主要精力，在二十年的时间里，扶轮社避开了耶稣会士们的警惕，耶稣会士是天主教廷提防在宗教上可疑的运动的看门狗。

然而，条条大路最终还是通向罗马。在 1927 年，萨尔瓦多目光敏锐的圣·米格尔（San Miguel）主教提请梵蒂冈的国务卿警惕一个在萨尔瓦多首都圣萨尔瓦多新创建的商人俱乐部，在咨询过他的宗教会议之后，他抨击这个俱乐部是“一个可疑的、具有煽动性的秘密协会”，类似共济会、共产主义和尤其异端的神智学，神智学以把东方的神秘主义、新教原教旨主义和一种古怪的男女平等主义结合在一起而著名。对这件事的研究工作被立即委托给了罗马教会中能胜任的圣会，即教会议会和宗教法庭，教会议会负责监督神职人员，而宗教法庭则负责对信仰问题进行判决。与此同时，耶稣会士们也开始了行动。在西班牙，他们满怀担心地看到16个城市的扶轮社俱乐部正朝着向构成一个本地的区发展，调查工作被委托给了34岁的神学教授菲利佩·阿隆索·巴尔塞纳·S. J.（Felipe Alonso Barcena, S. J.），他是护教学研究方面的专家。这位富有才气的、年轻的宗教狂热者的结论呈现在发表在《理性与信仰》上的一篇由两部分构成的文章中，其内容是具有毁灭性的。除了谴责扶轮社轻浮的社交攀附、炫富的昂贵的每周午宴和暴发户精英们的道德伪善外（所有这些都是罪恶，但都不是主要的罪过），他还揭露了扶轮社与共济会之间的密切关系，以及这一"商人的教会"在教义上的异端。这些都可以成为最重要的罪过。[82]

刚刚过了一年，在1928年7月21日，梵蒂冈的意见通过半官方的《天主教文明》反馈了出来，《天主教文明》是耶稣会士的代言人。扶轮社被发现通过将它自己定义为一个道德权威，来鼓励"庸俗的异端，这种被教皇利奥十三世在他1884年的教谕中谴责过的异端即虱类，这种人在解释道德律条时以满足自己的需要为准则，没有一种特定的宗教是必需的，任何信条都可以成为他的指南"。并且，即使扶轮社没有与教会两个世纪以来的敌人共济会真正结盟，它的行为看上去却真像是共济会的同盟，并展现出了与共济会相同的"功利主义的利己主义"和"宗教冷淡主义"。宗教议会很快就规定了惩罚措施：任何加入了扶轮社的牧师都处于"不可饶恕的大罪的痛苦中，并被逐出"基督教的圣礼。在等待进一步的研究之际，梵蒂冈把处理成为扶轮社会员所产生的道德危险列入由各个大主教区来自行决定其教徒事务的行列。[83]

教会对扶轮社的反应之所以如此强烈，是因为至少从1917年起它就在从事一场宏大的反改革运动。它一方面面对着信奉无神论的苏俄，另一方面又面对着现实主义的、不道德的美国，而在欧洲，它又面对着与由忠诚分子所推动的世俗信仰的斗争（在左的方面是以救世主自居的共产主义的形式，在右的方面则是法西斯主义的异教信仰），在这种情况下，教皇庇护十一世大胆地开始重组一个完整的天主教社会。1929年，通过与法西斯意大利签署《拉特兰协定》，梵蒂冈的国家地位得到了承认，此后庇护十一世便建立了在他那邮票般大小的王国内建设市民社会的基础，一开始是用公共服务的形式，例如无线电广播发射台、火车站和政府邮局。然后，他利用了他的权力下的所有武器，包括诅咒、安抚，但也包括教会对天主教精英们的控制，这些天主教精英们活跃在商业、军事和行政事务的舞台上，庇护十一世利用这些来呼吁复原基督教。以阶级调和、基督徒的团结、节俭和善行理念为基础，20世纪早期的天主教反改革运动发展出了一种亚文化，这种亚文化与市场文化大相径庭，也难以被资本主义系统所容忍。

天主教会的这种努力不可避免地把美国描绘成了一个模糊的角色。一方面，美国是对宗教试验的一个严酷考验。另一方面，美国又是数百万天主教信徒的故乡。1899年1月22日，当利奥十三世写作他的使徒来信《慈善测试》，以谴责宗教现代主义（指一种认为教义应该随着流行思想和方法升级而更新的信念）时，他用了罗马教廷所使用的一个词来称呼美国的角色，即美国主义。同时，利奥十三世又清楚地指明，他使用这个词并非有意要声讨“反映美国人民荣耀的那些典型的品质”。对后来那些过分夸奖美国的正派军团、好莱坞海斯法典和其他道德督查机构的教皇来说，问题是，每一个这类积极的市民行动案例中都存在一种世俗运动的痕迹，这种世俗运动具有主张提供伦理指导的可疑的宗教煽动性。扶轮国际更有问题，因为它主张在全球发展。迄今为止，接近罗马教廷的教会权威人士都避免对大国的道德问题发表意见，对信奉危险的无神论的苏联是一个特殊的例外。然而，在扶轮社的扩张过程中，耶稣会士们谴责美国“在全世界扩张和巩固它的政治经济扩展的巨大努力”，以及利用“道德干预来巩固它的经济霸权”。[84]

这是些斥责性的语言，它打开了相关教徒被逐出教会的前景。欧洲人转而向美国人求助，请他们帮忙解释扶轮社既不是宗教组织，也不是共济会组织。作为回应，美国人发起了一场大规模的、持续性的公共关系运动，呼吁人们保持常识和秉持有教养的观点。通过强调扶轮社会员既不干预去教堂做礼拜，也不干预宗教信仰的多元化，这场运动对准了每一个人，从神圣的教皇到最底层的教士，从信奉不可知论的外行人到虔敬的宗教虔诚者。如果扶轮社墨西哥区的管理者向新总统卡勒斯发送了祝贺他成为总统的信息(卡勒斯像革命后的所有墨西哥总统一样积极地反对教权)，他也只是对政府当局表示尊重；如果墨西哥的扶轮社向青年基督徒联盟提供了捐助，这也不是宗教宣传，而只是在做好事。它的目标是为大城市里那些极为贫穷的年轻人提供运动场所和其他帮助。关于扶轮社与共济会有关联的说法：是的，保罗·哈里斯曾经是一名共济会员，但他在建立扶轮社的时候已经不是共济会员了，现在当然也不是了。关于加入了扶轮社的天主教徒的良好信仰问题：谁能怀疑德国的库诺伯爵(Count Cuno)或亨利·卡顿·德·威尔特伯爵(Count Henry Carton de Wiart)的宗教虔诚呢？威尔特曾经是比利时的总理和天主教党的领袖。更不用提在美国和加拿大扶轮社俱乐部中的声誉良好的273名天主教牧师了。[85]就像被要求谈一谈“你为何乐于成为一名扶轮社成员”的其他有很高名望的美国天主教徒扶轮社成员一样，长期担任圣母玛利亚大学校长的约翰·卡瓦诺夫(John Cavanaugh)公开支持这一“美丽和有益的运动”。“我自己是一名扶轮社的会员，我强烈向欧洲的天主教徒们推荐扶轮社”。[86]

由右翼运动激起的、来自天主教集团的指责很难被消除。实际上,天主教会正在声称,在教化的托辞下,诚实地行动的那些正直的人们正在忘记道德的真正源头是什么。作为反驳,欧洲的扶轮社社员们声称,正直的人们加入扶轮社并不是为了共享一种新的宗教伦理,而是为了表达一种新的大众思潮。[87]它们之间的差异是由一条细线分隔开的,自加尔文和路德以来,宗教虔诚者已经无数次地跨越这条界线了。到了 20 世纪 20 年代,美国人实际上已经抹去了它们之间的这种差别,他们是如此爱好发扬服务资本主义的新精神。扶轮社沿袭了新教的传统,它督促欧洲的天主教徒们也去相信如下理念,即,宗教不是通过教义说服来起作用的,更不是通过教会的力量来起作用,而是通过把基督教的经文当作社会行为的指南来解释而起作用。在扶轮社的规劝下,天主教将会变得不是更不具宗教性,而是具有一种不同的宗教性。

为了实现这种目标,欧洲的扶轮社成员们认同了先前被看作是美国模式的宗教多元化。在 1934 年的斯达维斯基贪污丑闻导致出现骚乱之后,极右势力攻击法国的扶轮社是共济会的、反宗教的秘密社团,扶轮社主管人员法布维埃强烈建议每一个新上任的会长上任伊始都要先进行一轮礼节性的拜访:第一站是拜访各类官员,政府重要机构内的代表,然后是拜访各类宗教团体的领袖,包括犹太教的、新教的,以及天主教的。[88]

扶轮社能够在天主教会最具批判性的攻击下保卫自己,更主要的不是依靠它的机智,而是依靠了宗教实践正变得更私人化、更不正式和更形式化的程度,至少在西班牙以外的国家是这样。在意大利,扶轮社利用了这种正在增长的分离趋势。但它也在裙带关系中找到了支持。工程师孔德·佛朗哥·拉迪(Count Franco Ratti)是教皇庇护十一世的外甥,他也是米兰扶轮社中最著名的扶轮社社员之一。据说,庇护十一世允许他加入扶轮社,并对他与参议员西尔维奥·克雷斯波(Silvio Crespi)的女儿的婚礼进行了祝福,克雷斯波是一位纺织业巨头,也是另外一位卓越的扶轮社社员。舆论认为，这种祝福至少也能宽恕另外一个小的过失。[89]

相比之下，在西班牙，在天主教徒当中，笃信宗教事实上就等同于每天的具体生活。西班牙是一个其国王阿方索十三世（Alfonso XIII）曾在1919年将国家献给耶稣的圣心的国家。在马德里城外一个小山顶上的巨大雕像上写着这样的献辞："您将会统治西班牙，"对于现代世界的不知感恩，这起了安慰耶稣的作用。早在1936年6月佛朗哥将军发起叛乱反对共和国之前，这个国家就深受文化内战的困扰，这是由1931年的新宪法引起的，这部宪法宣布教会与国家分离。[90]当人们了解到西班牙扶轮社社员们（这都是些相当有财富和名望的人）日常生活的变化起伏时，立刻会感觉到滑稽可笑和令人酸楚。在巴伦西亚地区，那里的扶轮社会长莱诺·德·莱斯皮诺萨（Leno de Respinosa）被阻止购买一块地产，然后又被迫让他的儿子们从他们的耶稣会士学校中退学。唐·海梅王子（Infante Don Jaime）是觊觎西班牙王位的唐·卡洛斯的后嗣，他被迫推迟加入马德里扶轮社俱乐部的时间，以避免他的儿子被禁止参加他自己的第一次圣餐。在马略卡岛，扶轮社会长福特撒打起了退堂鼓，原因是他的母亲因为他被教会确认有罪而承受了太多的痛苦。当他母亲像往常一样向教区的慈善团体做完捐赠之后，她提醒牧师到她家去做通常的那种拜访，以便保佑他的儿子。当她无意中泄露说福特撒已经成为了一名扶轮社成员之后，慈善的牧师竟然如此激烈地诅咒说福特撒是一个罪人，不值得上帝的牧师到他家去拜访，以至于福特撒的母亲因为伤心而崩溃了。出于同情，马略卡的扶轮社俱乐部同意推迟聚会以等待一个更好的时间。[91]这个俱乐部曾短暂地重新开放过，那只是为了在内战爆发时关闭俱乐部。像其他扶轮社俱乐部一样，它在1940年被佛朗哥独裁政权永久地禁止了，直到在1978年，也就是佛朗哥大元帅去世两年之后，它才重新开放。

划界

按照扶轮社俱乐部自己的设计，没有理由相信扶轮社俱乐部不会在欧洲扩展，经济危机只是一个暂时性的阻碍。扶轮社夸耀说，发生扶轮社俱乐部按照自己的意愿真正关闭过的地方是在美国，这一现象比其他任何东西都更能证明美国社会的反复无常。有时候，扶轮社成员们只是因为感觉没什么意思了就关闭了俱乐部。更经常发生的是，突然的经济破坏导致了企业歇业（它们的生意决定着整个市镇的繁荣），使得它们的俱乐部生活也一起瓦解了。

欧洲人面对的是另一类问题，即，他们的政府越来越执着地想看到它们的公民首先是一个民族主义者，而不是一个国际主义者。一开始就不得不与一个独裁政权生活在一起的意大利扶轮社的会员们尤其面对着调和他们的双重信仰的任务。在 1929 年扶轮社的达拉斯代表大会上，正是意大利人提出了一项投票表决，表决的内容是，确认效忠于自己的国家不仅是与成为一名良好的国际主义者相一致的，而且还正是它的前提。在当时，这种观念是没有什么问题的，尤其是对美国的帝国建造者们来说，美国的帝国建造者们认为，怀有全球性意识是他们的爱国责任。

1933 年 1 月阿道夫·希特勒成为德国总理之后，德雷斯顿人马上就震惊地面对着应该效忠哪一个的两难问题。虽然有大量的扶轮社会员曾对用独裁主义的办法来解决共和国的危机抱有同情态度，但作为一个团体，形势的这种变化并没有令他们感到高兴。他们几乎立刻就面对着一个纳粹党的绝对命令，这一命令随后有所缓和，要求公职人员和纳粹党党员放弃他们的扶轮社会员资格。更糟糕的是，他们窘迫地读到，他们的俱乐部被纳粹党的媒体批判是“经过伪装的共济会的、绥靖主义的、国际主义者和大资本家的组织,它接受来自外国的指令,并与我们的生活方式格格不入";还说他们是贵族斗争的社团,乃至是可耻的赌博圈子。在接下来的几个月中,扶轮社俱乐部经历了一波退社的浪潮。有些退社者是公职人员,他们遵守相关命令退出了扶轮社;有些退社者是在任的地方市长和其他公共官员,这些人在他们的职位被纳粹忠诚分子取代之后,不再属于某些社会类别,这些类别曾使他们得以成为扶轮社的会员;还有一些退社者是著名的自由主义者和共济会会员。随后,反犹太人法律导致了犹太人会员从扶轮社中退出。据说他们的退出像其他所有人一样,是自发的。不过,有时它是不团结的行为,是为了使俱乐部能生存下去。[92]

如果不是因为冯·弗兰科尔设计出了一种巧妙的步骤来把握形势的话,萨克森地区的整个扶轮社运动可能就已经崩溃了。依照扶轮社会员们确信是一种光荣的目标——为国家服务,尤其是为了修复德国在国外的黯淡形象,德雷斯顿扶轮社通过了一项决议(按照扶轮国际的章程来看这项决议是非法的):它解散了自己,然后用一种新的会员制改革了自己,这种会员制是它自己选择的,它对会员进行审查以便遵守纳粹政权的法令,即排除非雅利安人、共济会员和各种各样的其他不受欢迎的人。按照法律,它有三名犹太人会员可以合法地属于这个组织,新成立的组织也邀请他们回来了,这三个人都是一战期间上过前线的老兵,通过不剥夺他们的公民权,显示出他们为祖国所做出的牺牲仍然还受到尊重。犹太人克伦佩勒兄弟俩和新近才成为扶轮社会员的弗里德里希·萨尔茨伯格(Friedrich Salzburg)同意再加入这个组织,萨尔茨伯格是一名精于家庭法的杰出公证人。他们三人也是在与没有被邀请回来的其他犹太人扶轮社成员讨论过这件事后才决定回来的。这些犹太人会员们一致认为,他们三人继续在这个组织中存在将有助于支持实现扶轮社运动的目标。[93]

谁知道在接下来的两年里这三个犹太人在俱乐部中会感觉多么不舒服呢？冯·克伦佩勒兄弟俩继续来俱乐部，但来得越来越少了，并且来得越来越秘密了，他们已准备离开德国。相比之下，萨尔茨伯格通常都会参加俱乐部的活动。作为一名新来者，这个组织对他来说很重要，尤其是因为他最好的朋友恩斯特·温克勒(Ernst Winckler)也是这个俱乐部的会员，温克勒有个绰号叫“德国人”，他是一名非犹太人，萨尔茨伯格曾和他一起在一战中的西线战场呆了两年。随着俱乐部更加全面地进入了纳粹的新时代，那间美丽的屋子已经失去了它的保护性魅力。的确，会员们会“抱怨”希特勒，并认为纳粹主义是“反文化的”和“不健康的”。[94]但这一时期扶轮社的政治基调密切地反映在会长格伦纳特以俱乐部的名义在1935年3月18日发送给地方政治和军事当局的谄媚的电报中，这一电报是为了祝贺希特勒重新武装德国的命令的，它说道：“在这一具有历史性的抉择时刻，我们表示最良好的祝愿。”[95]参加俱乐部每周聚会的邀请被发送给了当地的纳粹官员，甚至发给了萨克森州的州长穆奇曼(Mutschmann)，而让他们感到不舒服的是，穆奇曼继续冷落他们。

在1935年10月，犹太人战争老兵也被剥夺了他们的公民权。冯·克伦佩勒兄弟俩已经做好了离开德国的准备，他们都停止了参加俱乐部的聚会。但弗里德里希·萨尔茨伯格却没有准备离开德国。他回忆说，当俱乐部会长格伦纳特在10月16日一大早出现在他家时，他感到迷惑不解。格伦纳特不得不来“传达一些极为可怕的消息”，他“带着歉意地”说：在昨晚匆忙召集的一次俱乐部会议上，俱乐部会员们已经投票决定终止他的会员资格。连会员秘书、他最好的朋友温克勒也投票赞成了吗？萨尔茨伯格带着怀疑问道。是的，所有人都赞成了，格伦纳特这样告诉他。“那是非扶轮社的做法”，萨尔茨伯格大声吼道。“不，”会长纠正他说，“那是没有人性的做法。”萨尔茨伯格立即向俱乐部发出了一封长长的抗议信，他强调，他并没有辞职，因此那种做法违反了扶轮社的条例。但俱乐部会员们忽略了这封信。为了向萨尔茨伯格表明并没有个人因素夹杂在那一决定中，温克勒继续邀请萨尔茨伯格和他的妻子到他家吃晚饭，并和他一起回忆在面对法国敌军时“他们一起面对死亡的时刻”；优雅的库恩提出了一个特别的建议以使萨尔茨伯格能到他家参加一个晚会，为了抚慰他那受到伤害的感情，库恩让萨尔茨伯格挨着扶轮社会长就坐。几周之后，在被告知非雅利安人公证人已被禁止从业之后，萨尔茨伯格把他所有的东西都收拾了起来。1937 年，他和他的家庭飞赴瑞士，从那里经过长途旅行之后，他们在美国加利福尼亚州的伯克利居住了下来。[96]

德国的扶轮社要想在第三帝国的统治下以他们所希望的那种有自尊的、有意义的方式生存下去，就需要获得新政权的认可。如果扶轮社想要为国家服务，尤其是如果扶轮社想要帮助国家反击来自国外媒体的主要批评，它就不能是一个二流俱乐部的网络。作为有教养的精英人士，扶轮社社员们也不能被当作二等公民来对待。争论在于，为了实现这些高尚的目标他们应该屈尊到什么程度。

命运把扶轮社的未来交到了德雷斯顿扶轮社俱乐部的创办人之一雨果・格瑞勒手中。格瑞勒是一名前司法警察系统的负责人，也是萨克森艺术家联盟的创建者，在于 1935 年退休回到柏林之前，他还担任过开姆尼斯扶轮社俱乐部的会长。在芝加哥扶轮国际总部的那些人相信格瑞勒是一名“高等纳粹党人”，他们相信格瑞勒能够掌控当地棘手的形势。作为一名优秀的公职人员，格瑞勒在 1933 年确实获得了一张纳粹党的会员证。但是，作为一名守旧派，作为鲁登道夫将军圈子里的一名前成员，在愿意与哪一个纳粹党人打交道的问题上他比较敏感：比较理想的是当权者戈林；还可能是党卫军头子希姆莱；还有可能是纳粹党的行政总管埃里希·布赫(Erich Buch)。但绝不是粗俗的戈培尔:"我不会伸手和他握手!"他的密友们曾经无意中听到他说过这句原话。当有人引用这句话向他求证时,他不以为然地说他们错误地引用了他的话,他真正的说法是:"(戈培尔)不想握手。"像很多保守的民族主义者一样,格瑞勒希望希特勒的统治只是一个短暂的现象。但当外交部长、传统主义者康斯坦丁·冯·纽拉特(Konstantin von Neurath)失去了影响力并在1937年11月最终被解职之后,高层中间就没有人支持扶轮社所谓的它那平息国外反德的"仇恨宣传"的作用了。[97]

然而,像其他守旧派人士一样,格瑞勒继续寄希望于德国的司法系统。他们的事情被交到了律师克鲁格博士手中,克鲁格是一名处理赌博胜地许可证事务的专家,他也以与纳粹党的高层人士有良好联系而知名。他小心翼翼地着手澄清三个问题。第一个问题很简单,扶轮社不是共济会员们的庇护所,因为那些人早前就已经离开扶轮社了。第二个问题,关于扶轮社是否是对犹太人很友好,这是个更加棘手的问题,虽然德国扶轮社俱乐部中很明显已经没有犹太人会员了。问题在于国外,在国外,扶轮社会员确实可能仍与犹太人有联系。但那是国际商业的特性。并且确实也不能指望让德国的扶轮社会员们去解决这个问题。最后一个问题是要澄清扶轮社并不是过去意义上的那种国际组织。在扶轮国际的默认下,扶轮社第73区不再提扶轮社的第六个目标,即国际和平。扶轮社会员们越来越以"德国扶轮社"来谈论它。他们把扶轮社的美式英语的术语彻底德国化了。当他们于1937年5月聚集在汉诺威召开区会时,在T.C.汤姆森沉静的妻子、歌剧歌手汤姆森·比荣的鼓励下,他们为扶轮国际的健康进行了干杯,虽然这是一次不太认真的干杯。[98]

但所有的努力都化为了泡影:在这个夏季末,一道来自纳粹党最高仲裁法庭的命令明确规定,到1937年12月为止,属于扶轮社会员的纳粹党党员要么放弃纳粹党员的资格，要么退出扶轮社。如果想延迟这种不可避免的结果，将会是非常愚蠢的，甚至是危险的。1937年9月7日，扶轮社第73区宣布解散。

在意大利，到了1937年末，墨索里尼已经越来越被西方列强孤立，并且越来越与希特勒结成了联盟。现在，为了展现法西斯意大利的完美活力，墨索里尼政权发起了它所谓的对风俗的改革。称某人是一名世界主义者（更不用说称其是一名秘密的国际主义者了）变成了一种恶毒的咒骂用语。扶轮社人培养出来的文明的资产阶级礼节，包括握手、午宴聚会和友好的些许谦恭，激起了好斗的法西斯党徒们的愤怒。当德国的扶轮社已经解散的消息传来时，占据要职的扶轮社会员们赶忙跑到领袖在威尼斯官邸的办公室去，劝他审查这条新闻。墨索里尼照办了。在6月份，为了进一步表达他对扶轮社的支持，他又从他那以排得满满的而著名的日程表中抽出时间去欢迎了150名日本和美国的扶轮社会员的到来，这些人是在参加完尼斯会议后在返程途中在罗马停留的，他们访问罗马是为了向领袖致敬的。[99]然而，不到六个月之后，领袖就对扶轮社人的命运变得漠不关心了。1938年11月发布的反犹太人法令要求所有的组织都要清除它们的非雅利安人成员。许多意大利北部地区的扶轮社俱乐部如果不是有一小部分犹太人成员的话至少也是有一名犹太人成员，他们之中的大部分是工程师和教授。这些人中的一部分已经在俱乐部中呆了十年以上了。

以后，人们会说，对反犹太人法律的抵制决定了意大利扶轮社俱乐部的解散。如果是这样的话，那将是意大利扶轮社人第一次按照严格的规则采取行动。意大利的扶轮社俱乐部很早就形成了一种灵活运用扶轮国际规则的特点，因此，如果这次它们能够嘲弄规则的话，它们肯定早就那样做了。在科摩（这里的扶轮社俱乐部中有一些犹太人会员），身为一名律师的安哥拉·鲁在尼(Angelo Luzzani)自愿提出,他的团体愿意"做出牺牲并接受种族法令,如果政府颁布这样的法律的话"。[100] 在墨西拿,扶轮社俱乐部中不存在犹太人会员,当这件事被讨论的时候,在大学中拥有生理学教授职位的马蒂诺(Martino)教授指出,"没有任何扶轮社条款真正规定了在单一的区中必须要有犹太人成员",他这样说时肯定是得到了会员们的认同的。[101] 最重要的是,这也正是米兰方面认为最关键的事。米兰的扶轮社人通过长期与英国和美国的扶轮社运动打交道,对扶轮社的国际程序有着足够的了解,因此他们意识到,扶轮国际将不会容忍直接开除犹太人会员,尽管对于德国犹太人会员的所谓辞职它表现出了引人注目的宽容。的确,相当圆滑的扶轮国际会长威尔·曼尼尔曾经提出要到欧洲去,在幕后与新的扶轮国际欧洲特使莱斯特·斯特拉瑟斯(Lester Struthers)一起工作,以平息意大利扶轮社会员们的抗议,这些扶轮社会员没有像德雷斯顿的犹太人会员那样平静地离开,而是吵闹地煽动要宣布其俱乐部的章程无效,因为它们违反了扶轮社的规则。[102]

如今,位于高层的米兰扶轮社人已经得出结论,即使他们所珍爱的犹太人会员们为了扶轮社的团结而从扶轮社中退出,也没有什么能够拯救俱乐部。罗马当局学习德国的行为已经变得越来越古怪。米兰人足够现实地知道,没有什么能够使墨索里尼政府对他们放心,于是,俱乐部领导层沿袭了德国的例子,在 1938 年解散了意大利的扶轮社俱乐部,解散俱乐部时他们还使用了一种冯·弗兰科尔或许会赞赏的掩饰方式。正式给出的解散理由(芝加哥方面很感激地宣扬这些)是,意大利扶轮社的目标现在已经被政府的政策实现了。换句话说,法西斯极权主义在它的服务方面已经达到了如此完美的境地,以至于他们的俱乐部只是已经变成不必要的了。在米兰,在 12 月 20 日这天,目击者们记住了已经被雇佣在那里工作了 12 年的女秘书的哭泣。会长鲍特卢比

(Portaluppi)在向在场的90个人发表讲话时忍住了自己的眼泪，他安慰他们说，他们的“使命已经完成了”，并且他们的“思想遗产将会继续存在下去”。在卷起标语并收藏起他们的登记簿后，他们花了几分钟时间来相互敬酒和拥抱。在于两点半离开这间屋子之前，他们一起喊道，“国王万岁，萨伏依万岁”！然后有人喊道，“让我们下周二在唐塔罗的酒店聚会吧”。[103]贵族资产阶级的生活方式仍然拥有其他的文化资源。

德累斯顿的扶轮社并没有如此体面地拥有那样一个光荣的终曲。从纳粹统治下拯救扶轮社的进程已经进行了三年之久，并彻底陷入了晦涩难懂的法律条文和谁将会逐渐回到德累斯顿俱乐部的传言中，随着老的守护者的离去，德累斯顿俱乐部的会员们现在已经失去了方向。会员的素质下降了。午宴演讲的水平也退化了，以至于午宴经常会伴随着一段长达50分钟的政治性的夸夸其谈。一个流传着的辛辣笑话说，新俱乐部的目标是，让老俱乐部成员们(特别是海因里希·阿恩霍尔德)的目标百分百地到场，同时又百分百地缺席。[104]俱乐部创建者中的11个人(包括喜欢开玩笑的布吕歇尔与和蔼的建筑师德逊)偶然参加活动，仍然能使人们回想起那美好的旧时光。但俱乐部的吸引力已经不存在了。1937年春，俱乐部的创立者冯·弗兰科尔与他的妻子一起退休后回到了他在芬兰的庄园中。他的退隐展现了他那完美无缺的为人处世的方式。[105]那时，他的前雇主阿恩霍尔德银行已经被交到了一个雅利安人接收者的手中。按照邪恶的州长穆奇曼制定的社会基调，冯·弗兰科尔的高尚作风(如果不令人怀疑的话)并不是一项重要的社会资产。无论如何，他从未实现他那回来拜访老朋友的得体的许诺。

1937年8月30日，在预期到纳粹党的最高仲裁法庭将会重申禁止扶轮社会员出任公职和成为纳粹党党员后，德累斯顿的扶轮社会员们进行了最后一次聚会。按照邀请他们参加紧急会议的邀请所规定的，他们身着商务正装抵达了欧罗巴—霍夫旅馆，对于解散俱乐部的提议他们表示了同意。[106]会议结束了，他们散乱地走出旅馆，来到了布拉格大街上，尽管此时又有坚持原则的人要求俱乐部的秘书把俱乐部的宪章包裹起来寄回芝加哥。如果要照章办事的话，这是一个俱乐部在解散时应该履行的手续，但很少有俱乐部照着这个做。于是，扶轮国际章程的第 3010 条款这次是在位于芝加哥东怀克大道的扶轮国际的办公室里被实现的。

可以想象的是，像那些意大利人和来自汉堡、慕尼黑、斯图加特和其他任何扶轮社俱乐部的成员们一样，这群德累斯顿人会继续以"朋友圈子"的形式聚会。巴黎的扶轮社成员们回忆说，在扶轮社被德国占领军禁止之后，他们在大旅馆和啤酒店里聚会，不停地变换聚会地点以避免被发觉，他们把抵抗与一个小的"R"字母和友善的聚餐结合了起来。有一次，当他们在艺术家咖啡厅吃饭的时候，他们与一位意外出现的仪表堂堂的德国军官猝然相遇。当他们正要往桌子下面躲的时候，他们认出了这位军官是卡尔·施波特(Karl Schippert)，施波特曾经是扶轮社第 73 区的负责人，是斯图加特扶轮社俱乐部的创建者之一，他也是戴姆勒—奔驰汽车公司的前行政总裁。现在，他是德国国防军的一名将军，负责管理雷诺汽车公司的运作。曾经担任扶轮国际会长的杜波瑞及和他一起吃饭的那些人很难把施波特看作是敌人。他们之间的客套交流显得彬彬有礼，但也很简短。[107]

如果德累斯顿扶轮社的成员们真的以朋友圈子的形式继续进行了非正式的聚会的话，那么这种聚会的真正终结则发生 1945 年 2 月 13 和 14 日的晚上，当时盟军的战机对这座城市进行了长达 14 小时的猛烈空袭，德累斯顿老城区的尖塔正处于盟军战机投弹瞄准器的中心。地面猛烈的防空火力并没有使盟军的战机偏离它们的目标，轰炸制造了一个烈火的炼狱，大火席卷了城区

11 平方英里的面积，杀死了几万人。布拉格大街正位于这场火灾的中心，沿着优美的大街排列的所有建筑都被炸得粉碎，变成了有两层楼高的燃烧着的土石堆，包括欧罗巴－霍夫旅馆在内，正是在这个旅馆内，德累斯顿扶轮社的会员们曾经进行过 400 次的聚会。[108] 大约在同一时间，其工业从上次大战的战时生产中兴盛起来的德卢斯达到了它繁荣的顶点。扶轮社成员们每周四中午都在位于德卢斯上街的斯堡丁旅馆内泰然自若地聚会。

注释

章首引语出处：Smclair Lewis, *Babbitt* (1922; reprint, New York: New American Library, 1961), 72; André Siegfried, *Europe's Crisis*, trans. H. H. Hemming and Doris Hemming (New York: John Wiley and Sons, 1935), 127.

1. On Dresden, see Erich Haenel, *Das alte Dresden: Bilder und Dokumente aus zwei Jahrhunderten* (Leipzig: H. Schmidt & C. Gunther, 1934); Eugen Kalkschmidt, *Dresden: Geschichte der Stadt in Wort und Bild* (Berlin: Deutscher Verlag der Wissenschaften, 1984); Elizabeth A. Ten Dyke, *Dresden: Paradoxes of Memory in History* (London: Routledge, 2001).
2. On Duluth, see Edith E. Nyman, comp., *Scrapbook of Duluth, 1930–1933* (Duluth: n. p., 1930–1933); John Flanagan, "The Minnesota Backgrounds of Sinclair Lewis' Fiction," *Minnesota History* 37 (1960): 1–13; Glenn N. Sandvik, *Duluth: An Illustrated History of the Zenith City* (Woodland Hills, Calif.: Windsor, 1983).
3. Michael W. Fedo, "*They Was Just Niggers*" (Ontario, Calif.: Brasch and Brasch, 1979).
4. George Killough, "Sinclair Lewis—Minnesota Rustic," *Sinclair Lewis Society Newsletter* 7 (fall 1998): 1, 9, 11, 12–13; see also Flanagan, "Minnesota Backgrounds."
5. Kjell Espmark, *The Nobel Prize in Literature: A Study of the Criteria behind the Choices* (Boston: G. K. Hall, 1986), 61.
6. Fredrik Böök, "Presentation Address," in *Nobel Prize Library: Published under the Sponsorship of the Nobel Foundation and the Swedish*

Academy, ed. Alex Gregory (New York: CRM, 1971), 222; see also 52.

7. Thomas Mann, "Acceptance Speech," in Gregory, *Nobel Prize Library*, 226 - 227; Donald Prater, *Thomas Mann: A Life* (Oxford: Oxford University Press, 1995), 180. On the circumstances surrounding the award, see Kjell Strömberg, "The 1929 Prize," in Gregory, *Nobel Prize Library*, 391 - 394.

8. *Why Sinclair Lewis Got the Nobel Prize: Address by Erik Axel Karlfeldt, Permanent Secretary of the Swedish Academy, at the Nobel Festival, December 10, 1930; and Address by Sinclair Lewis before the Swedish Academy, December 12, 1930, on the Occasion of the Award of the Nobel Prize* (New York: Harcourt Brace, 1931); Glen A. Love, *Babbitt: An American Life* (New York: Twayne, 1993), 70; Richard R. Lingeman, *Sinclair Lewis: Rebel from Main Street* (New York: Random House, 2002), 351 - 359.

9. Sinclair Lewis, *Main Street* (1920; reprint, New York: Harcourt, Brace and World, 1948), 267.

10. Norbert Elias, *The History of Manners: The Civilizing Process* (1931), trans. Edmund Jephcott, vol. 1 (Oxford: Blackwell, 1994), esp. 3 -28; idem, *The Germans: Power Struggles and the Development of Habitus in the Nineteenth and Twentieth Centuries*, trans. Eric Dunning and Stephen Mennel (New York: Columbia University Press, 1996).

11. Most eloquently and at length in Thomas Mann, *Reflections of a Nonpolitical Man* (1918), trans. Walter D. Morris (New York: F. Ungar, 1983), esp. 121 - 122, 264.

12. H. L. Mencken, "Portrait of an American Citizen," *Smart Set* 69 (October 1922): 37 - 40; reprinted in Martin Bucco, ed., *Critical Essays on Sinclair Lewis* (Boston: G. K. Hall, 1986), 138 - 140.

13. "Report of Special Commissioner T. C. Thomsen," October 1, 1928, Dresden file, European Office box (hereafter EO), Archive of Rotary International, Chicago Office, Rotary International, Evanston, Ill. (hereafter RIE); "Rotary Club Dresden (in Gründung)," October 16, 1928, ibid.; Roster List of Charter Members, Rotary Club of Dresden, ibid.; Friedrich Von Wilpert, *Rotary in Deutschland: Ein Ausschnitt*

aus Deutschem Schicksal* (Bonn: Behrendt, 1991), 11-12.

14. Prater, *Thomas Mann*, 165; *Wochenbericht* Rotary Club München (hereafter RCM) 1/2 (October 9, 1928), Rotary Collection, Deutsche Bücherei, Leipzig (hereafter RCDB); "Mitglieder-Liste des 'Rotary Club of Munich,'" n. d. [October 1928—May 1929], Rotary International European Office, Zurich (hereafter RIZ). More generally, see Paul L. Unschuld, *Chronik des Rotary Club* (Munich: Cygnus Verlag, 2003), 13-47.

15. "Rotary Club München (in Gründung)," *Wochenbericht* RCM 1/2 (October 9, 1928), 1/5 (October 30, 1928), 2/20 (February 26, 1929), 2/21(March 5, 1929), 2/23 (March 21, 1929), 2/32 (21 May 1929), all RCDB; Wilpert, *Rotary in Deutschland*, pp. 12-13.

16. Mann, "Acceptance Speech," 225; *Wochenbericht* RCM 3/21 (November 11, 1930), RCDB; Wilpert, *Rotary in Deutschland*, 26. For an example of Mann's talks, see "Mein Sommerhaus: Vortrag von Rot. Thomas Mann im RC München am 1 Dezember 1931," *Wochenbericht* RCM 4/22 (December 1, 1931), RCDB. On Mann's receipt of the Nobel Prize, see *Wochenbericht* RCM 2/21 (November 19, 1929), RCDB. On Mann's reported absence from the club, see *Wochenbericht* RCM 5/38 (March 3, 1933), RCDB; Unschuld, *Chronik*, 83-90.

17. "Das Probleme der Freiheit," Mann's 1939 lecture, was reworked into "Krieg und Demokratie" (1940) and then into "How to Win the Peace" (1942), following the U. S. entry into the war. This last speech was presented to the Rotary Club of Los Angeles on February 12, 1942; S. Volkmar Hansen and Gert Heine, eds., *Frage und Antwort: Interviews mit Thomas Mann 1909-1955* (Hamburg: Knaus, 1983), 285 ff.; Prater, *Thomas Mann*, 311, 316-317, 339.

18. Quoted in Barbara J. Drake, *The Rotary Club of Gloucester: A History, 1920-1990* (Gloucester, U. K.: Orchard and Ind, 1990), 1. More generally, on Rotary in the United States, see Charles F. Marden: *Rotary and Its Brothers: An Analysis and Interpretation of the Men's Service Club* (Princeton: Princeton University Press, 1935); Jeffrey A. Charles, *Service Clubs in American Society: Rotary, Kiwanis, and Lions* (Urbana: University of Illinois Press, 1993); David Shelley Nicholl, *The Golden Wheel: The Story of Rotary 1905 to the Present*

(London: Macdonald and Evans, 1984).

19. Georg Simmel, *The Philosophy of Money* (1900; trans. Tom Bottomore and David Frisby, London: Routledge and Kegan Paul, 1978), 476; Mary Ann Clawson, *Constructing Brotherhood: Class, Gender, and Fraternalism* (Princeton: Princeton University Press, 1989), 264.
20. Charles A. Beard and Mary Beard, *The Rise of American Civilization* (1927) (New York: Macmillan, 1930), 730 - 731.
21. Robert and Helen Merrell Lynd, *Middletown* (1929; reprint, New York: Harcourt, Brace and World, 1956), 301 - 309.
22. University of Chicago, Social Science Survey Committee, *Rotary? A University Group Looks at the Rotary Club of Chicago* (Chicago: University of Chicago Press, 1934), 55 - 62.
23. Robert Putnam, *Bowling Alone: The Collapse and Revival of American Community* (New York: Simon and Schuster, 2001).
24. Alexis de Tocqueville, *Democracy in America* (1835 - 1840), trans. George Lawrence, ed. J. P. Mayer (Garden City, N. Y.: Anchor, 1969), 509 - 517.
25. Johan Huizinga, quoted in Herbert H. Rowen, ed., *America: A Dutch Historian's Vision—From Afar and Near* (New York: Harper and Row, 1972), 236 - 237.
26. Lewis, *Babbitt*, 151.
27. Tocqueville, *Democracy in America*, 514, 521.
28. C. R. Hewitt, *Towards My Neighbour: The Social Influence of the Rotary Club Movement in Great Britain and Ireland* (New York: Longmans, Green, 1950), 132 - 138 ff.; University of Chicago, Rotary? 122.
29. Charles Perrow, "A Framework for the Comparative Analysis of Organizations," *American Sociological Review* 32 (1967): 194 - 208; Clawson, Constructing Brotherhood, 240.
30. Quoted in 60 *Jahre Rotary Club Saarbrücken*, 1930 - 1990: *Beständigkeit im Wandel* (Saarbrücken: Rotary Club, 1990), 10.
31. "Manual of Procedure: The Rotary Name and Emblem and Their Uses," *Proceedings of the 12th Annual Rotary Convention* (Chicago: International Association of Rotary Clubs, 1921), 509; Carl Andrew Zapffe, *Rotary! An Historical, Sociological, and Philosophical Study Based*

upon the *Half-Century Experience of One of the Larger Rotary Clubs* (Baltimore: Rotary Club of Baltimore, 1963), 9 - 11; also University of Chicago, *Rotary*? 10.

32. Marden, *Rotary and Its Brothers*, 38 ff.

33. "Duluth Plays Unique Part in Rotary Annals," *Duluth News Tribune*, May 18, 1936, 4. See also *An Introduction to Rotary International and the Rotary Club of Duluth* (Duluth: Rotary Club of Duluth, 1993).

34. Charles Haddon Nabers, *When Rotary Hosts Trek Eastward* (Charlotte, N. C.: Presbyterian Standard, 1928), introduction.

35. T. C. Thomsen, "What Can Rotary Do for Europe?" 69 - 70, 74, Proceedings of the 1927 Rotary Convention, Ostend, Session of Tuesday morning, June 7, 1927, RIE.

36. J. Anton E. Verkade, "The Extension of Rotary in Europe," 78, ibid.

37. F. W. Teele to Chesley R. Perry, November 22, 1927, 3, European Convention file, box 3, General Affairs, RIZ; see also Zurich 1926, ibid.; "Feuille de Quinzaine du Rotary Club de Paris," September 22, 1926, France 49th District, 1926 - 27 file, ibid.

38. Zurich 1926, European Convention file, ibid.; Marcel Franck, "Admission de l'Allemagne dans le Rotary International, discours de Marcel Franck, Gouverneur 49ème District," 5-page speech in typescript, n. d., France 49th district, 1926 - 27 file, ibid.; Conference of leaders of 49th District in Paris, October 14, 1926, ibid.

39. "Wilhelm Cuno, Response to Welcome," 78 - 79, Proceedings of the 1928 Rotary Convention in Minneapolis, Session of Tuesday morning, June 19, RIE.

40. Fred Warren Teele, Corresponding Secretary, Rotary International, to Governor Willems, November 11, 1927, Extension file, European Advisory Committee (hereafter EAC), RIZ; Fred Warren Teele to Chester R. Perry, November 22, 1927, box 3, General Affairs, RIZ; Meeting, Zurich, November 19, 1927, ibid.

41. "T. C. Thomsen," *Kraks Blaa Bog* (Copenhagen: Kraks Legat, 1963), 1538.

42. Report of Special Commissioner T. C. Thomsen, October 1, 1928, Dresden file, EO, RIE; see also Wilpert, *Rotary in Deutschland*, 11 - 12.

43. Edgar A. Mowrer, *This American World* (London: Faber and Gwyer, 1928), 157. The power exercised by the images and models of Americanism on interwar Germany has been much studied. For persuasive introductions for the 1920s period, see Mary Nolan, *Visions of Modernity: American Business and the Modernization of Germany* (Oxford: Oxford University Press, 1994); on the 1930s, see Hans-Dietrich Schäfer, "Amerikanismus im Dritten Reich," in *Nazionalsozialismus und Modernisierung*, ed. Michael Prinz and Rainer Zitelman (Darmstadt: Wissenschafliche Buchgesellschaft, 1991). For a more general introduction, see Frank Trommler and Elliott Shore, eds., *German-American Encounter: Conflict and Cooperation between Two Cultures, 1800 - 2000* (New York: Berghahn, 2001).
44. "Gedicht von Dr. Krüger für Nov 6, 1928," Dresden file, EO, RIE.
45. Wilpert, *Rotary in Deutschland*, 11.
46. 60 *Jahre Rotary Club Saarbrücken*, 12.
47. Simone Lässig, "Nationalsozialistische Judenpolitik und jüdische Selbstbehauptung vor dem Novemberpogrom. Das Beispiel der Dresdner Bankiersfamilie Arnhold," in *Dresden unterm Hakenkreuz*, ed. Reiner Pommerin (Cologne: Bohlau Verlag, 1998), 129 - 191; Simone Lässig, "Juden und Mazenatentum in Deutschland," *Zeitschrift für Geschichtswissenschaft* 46 (1998): 211 - 236.
48. Zapffe, *Rotary*! 117; "Meeting of the EAC," Prague, March 3 - 4 - 5, 1933, 2, box 2, EAC, RIZ.
49. Peter Gay, *Weimar Culture: The Outsider as Insider* (New York: Harper and Row, 1968), 23.
50. Committee on Elections of Clubs, December 5, 1928, EO, RIE; Secretariat at Chicago, excerpt of letter from Alex Potter to Rotary International, Chicago Secretariat, October 8, 1931, RIE.
51. Benjamin Lapp, "Der Aufsteig des Nationalsozialismus in Sachsen," in Pommerin, *Dresden*, 1 - 24; also idem, *Revolution from the Right: Politics, Class, and the Rise of Nazism in Saxony, 1919 - 1933* (Atlantic Highlands, N. J.: Humanities Press, 1997), esp. chaps. 6 - 8.
52. Ferdinand Tönnies, *Gemeinschaft und Gesellschaft* (1887), in *Community and Civil Society*, trans. Harris Hollis and Margaret Hollis, ed. José Harris (Cambridge: Cambridge University Press, 2001), 102.

53. Niebyl, "Kant und Rotary," *Beilage zum Wochenbericht* (Baden-Baden) 34 (1934 - 1935): 1, RCDB.

54. Eugen Kahn and Rudolf Forschner, "Zur Einführung," *Der Rotarier für Deutschland und Österreich* 1 (October 1929): 2. One mark of of this self-referential behavior was the systematic collection of all Rotary publications, however ephemeral they might be. In his capacity as director of the Deutsche Bücherei at Leipzig, Rotarian Uhlendal at Von Frenckell's suggestion established a special German Rotary Archive, the only one of its kind, with 17,400 items by 1935, almost all in the German language.

55. Thomas Mann, "Vom schönen Zimmer," *Der Rotarier* 1 (October 1929): 24 - 25; more generally, W. H. Bruford, *The German Tradition of Self-Cultivation: Bildung from Humboldt to Thomas Mann* (London: Cambridge University Press, 1975), 206 - 263.

56. Felix Salten, "Ammerkung zur Rotary-Idee," *Der Rotarier* 1 (October 1929): 22 - 23.

57. *Wochen-Bericht* (Dresden) 3/26 (June 22, 1931), RCDB; Viktor von Klemperer, "Memoirs," 53, MM115, ME 559, Leo Baeck Institute Archives, New York.

58. *Wochen-Bericht* (Dresden) 3/26 (June 22, 1931), RCDB.

59. "Minutes of Frankfurt Meeting," November 18, 1929, reported November 20, 1929, 8 - 9, EAC, RIZ.

60. Hewitt, *Towards My Neighbour*, 130; Nicholl, *The Golden Wheel*, 398.

61. Quoted by Chesley R. Perry to Lester B. Struthers, November 15, 1937, General file, EAC, RIZ.

62. Alex O. Potter to Chesley R. Perry, "Arguments for and against Classification Rules," November 23, 1933, ibid.

63. Nicholl, *The Golden Wheel*, 412 - 413; Calum Thomson, "Beveridge Report," The History of Rotary Project, http://rotaryclubhistory. org/ cities/ clubs/50London/Beveridge. htm.

64. Giuseppe Belluzzo, president of Rotary Italiano, to Benito Mussolini, July 31, 1931, fasc. 301, busta 27, G 1, Affari generali e riservati, Ministero della Pubblica Sicurezza, Archivio Centrale dello Stato, Rome; Alfredo Rocco to Benito Mussolini, October 20, 1931, ibid. ; Pro-me-

moria per il capo del governo, February 18, 1930, subfasc. 1, ibid.; Ernesto Cianci, *Il Rotary nella società italiana* (Milan: Mursia, 1983), 97 - 118; Amelia Belloni Sonzogni, *Rotary in Milano, 1923 - 1993* (Milan: Rotary, 1993); Armando Frumento, ed., *Nascita e rinascita del Rotary a Milano e in Italia* (Milan: Rotary International, 1976).

65. Kurt Belfrage, "Aims & Objectives Committee" Meetings, Antwerp, March 22, 1935, 9, 13, box 2, EAC, RIZ; Louis E. Steinmann, 3, ibid.

66. Rotarian Newson, "Minutes of Frankfurt Meeting," November 18, 1929, reported November 20, 1929, 13, box 2, ibid.

67. Governor Willems, "Réunion de Paris, 17 Décembre 1927," 14, France 49th district 1926 - 1927 file, box 3, RIZ.

68. Daniel Baggioni, *Langue et nationalité en Europe* (Paris: Payot, 1997), 320.

69. Antoine Meillet, *Les langues dans l'Europe nouvelle* (Paris: Payot, 1928), 467 - 483; see also Herbert Newhard Shenton, *Cosmopolitan Conversation: The Language Problems of International Conferences* (New York: Columbia University Press, 1933).

70. "Rotary Club Dresden," *Mitglieder-Verzeichnis der Rotary Klubs*, 1934, 88 - 91; "Rotary Club Dresden," ibid., 1936, 100 - 105, both General Affairs, RIZ.

71. "Minutes of the March 1935 Meeting of the EAC of RI," 10, box 3, EAC, RIZ.

72. Wilpert, *Rotary in Deutschland*, 21.

73. J. A. Crabtree to A. O. Potter, January 16, 1934, EAC Subcommittee on Classification, RIZ; cf. Rotary Italiano, *Annuario* (Milan), 1937 -38.

74. Russell V. Williams to Karl Von Frenckell, November 17, 1928, 3 - 4, Dresden file, EO, RIE; Williams to Alex O. Potter, December 7, 1928, ibid.

75. E.g., Lester Struthers to Philip Lovejoy, Zurich, 21 August, 1946, 1, France: Paris, vol. 3, RIZ.

76. Frumento, *Nascita e rinascita del Rotary*, 31, 20.

77. *Il Rotary*, February 1936, 33.

78. "Duluth Rotary Club Sets 60th Birthday Party," *Duluth Sunday News-Tribune*, February 14, 1971.

79. *Wochen-Bericht* (Dresden) 2/28 (April 25, 1929), RCDB.

80. Jesus Rubio Villaverde, *Rotary en España (1920 - 1992)* (Murcia: Impresopor Imprenta Belmar, 1993), 97.

81. Tocqueville, *Democracy in America*, 432. On the expansionist tendencies of American Protestantism, see R. Lawrence Moore, "American Religion as Cultural Imperialism," in *The American Century in Europe*, ed. R. Lawrence Moore and Maurizio Vaudagna (Ithaca: Cornell University Press, 2003).

82. Felipe Alonso Barcena, "Los rotarios y su codigo moral," Razon y Fe 80 (1927): 356; "Rotarismo y masoneria," ibid., 81 (1927): 5 - 18.

83. An excellent overview of Church-Rotary relations is found in Ernesto Cianci, "Rotary and Catholicism," in *Rotary and Currents of Contemporary Opinion* (Arezzo: n. p., 1985).

84. "Rotary Club e Massoneria," *Civiltà Cattolica*, July 12, 1928, 107 -108.

85. Russell V. Williams-Chesley R. Perry, Jan. 12, 1928, subfile C28, 1927 - 28, C28 Catholic Church and Rotary file, RIE; C. R. Perry-Etienne Fougère, Dec. 5, 1930, and E. Fougère-C. R. Perry, Jan. 7, 1930; subfile C28 France, ibid.; Maurice Duperrey-C. R. Perry, Dec. 2, 1933, subfile C28 France, ibid.; A. O. Potter-M. Duperrey, May 14, 1935, ibid.; A. O. Potter-Robert Burgers, n. d. (spring 1935), C28 France, 1935 - 36 file, ibid.

86. John Cavanaught, C. S. C., to Fred Warren Teele, C28, 1926 - 1927 file, C28 Catholic Church and Rotary file, RIE.

87. Edouard Willems to Emmet Richard, February 17, 1936, C28 Catholic Church and Rotary, 1935 - 1936 file, RIE.

88. *Le Rotary* 71 (November 1934).

89. Governor Luigi Piccione to Alex O. Potter, November 5 and 8, 1934, 46th District (Italy) file, box 3, 1934 - 1935 letters, RIZ.

90. Mary Vincent, "Spain," in *Political Catholicism in Europe, 1918 - 1965*, ed. Tom Buchanan and Martin Conway (Oxford: Clarendon Press, 1996), 97 - 98.

91. "Confidential Memorandum of the visits made by the Reverend D. Gonza-

lo Arteche to some of the clubs in Spain and South America (1929)," C28 Catholic Church and Rotary 1929 – 1930 file, RIE.

92. *Wochen-Bericht* (Dresden) 5/37 (March 29, 1933) and 5/38 (April 6, 1933), RCDB; Wilpert, *Rotary in Deutschland*, 62.

93. "Memoirs, Dr. Fritz Salzburg, Dresden, 1935 – 1937," 82 – 83, typescript, 1940, courtesy of his daughter Rosemary Heidekraut and Ernest H. Maron.

94. Ibid. See also Dr. Fritz Salzburg, "Manuscript and Documents Submitted to the German Life-History Prize Competition Committee" (1940), 195, Ger 91, BMS, Houghton Library, Harvard University.

95. *Wochen-Bericht* (Dresden) 7/37 (March 19, 1936), regarding the meeting of March 18, 1935, RCDB.

96. Salzburg, "Memoirs"; also Friedrich Salzburg to Rotary Club-Dresden, attention of Club President, Dr. Grünert, November 13, 1935, in Salzburg, "Manuscript and Documents." On the fate of another Jewish Dresdener, a distant relative of Victor von Klemperer, see Victor Klemperer, *I Will Bear Witness: A Diary of the Nazi Years, 1933 –1941*, trans. Martin Chalmers (New York: Random House, 1998).

97. Wilpert, *Rotary in Deutschland*, 128, 141, 143.

98. Ibid., 128 – 147; and "Report of Representative of RI on Conference of 73rd District Held at Hannover, Germany, on 7, 8 and 9 May, 1937," 73rd District (Germany and Austria), 1936 – 37 file, RIZ.

99. G. Medici del Vascello to Benito Mussolini, August 27, 1937, fasc. 3. 29.1524, Presidenza del Consiglio dei Ministri, 1937 – 1939, Archivio Centrale dello Stato.

100. *Il Rotary*, September 1938, 369.

101. Ibid.; also Frumento, *Nascita e rinascita del Rotary*, 170 ff.

102. Wilpert, *Rotary in Deutschland*, 129 – 131. A fuller discussion of Rotary International's position on the purges of Jewish club members is found in Walter Struthers to Philip Lovejoy, October 16, 1946, folder Verscheidenes mit Germany zu tun, EAC, RIZ.

103. Frumento, *Nascita e rinascita del Rotary*, 177, 181.

104. *Wochen-Bericht* (Dresden) 9/3, July 23, 1936, RCDB.

105. Ibid., May 24, 1937.

106. Ibid., August 30, 1937.

107. Marc Levin, *Histoire et histoires du Rotary* (Lyons: IBF, 1995), 115 - 116.

108. David Irving, *The Destruction of Dresden* (New York: Holt, Rinehart and Winston, 1963), 71; "Historical Analysis of the 14 - 15 February 1945 Bombings of Dresden," USAF Historical Division, Research Studies Institute, Air University, <www. airforcehistory. hq. af. mil/soi/dresden. htm>; Reiner Pommerin, "Zur Einsicht bomben? Die Zerstörung Dresdens in der Luftkrieg-Strategie des Zweiten Welkriegs," in Pommerin, *Dresden*, 227 - 246.

第二章　一种体面的生活水准

欧洲人如何被用美国的生活方式衡量

在世界历史上，从来没有一个国家曾有意识地去提高它的邻居的生活水准，更不用说去提高全世界的生活水准了。

——斯坦利·希勒

旧金山的商人，1945 年

通过现代技术与通讯，国家之间的国际关系已经变得如此容易和密切，这使欧洲人经常不自觉地把美国的情形当作自己的标准成为了可能。

——阿道夫·希特勒

纳粹党领袖，1928 年

在 1945 年，斯坦利·希勒只是一个普通的美国公民。作为一个在美国的战争举措中非常活跃的旧金山商人，他对一种理想是如此的热心，以至于他付钱给一家没多少价值的媒体，让它把自己对那种理想的看法公之于众。他的想法是，“只要还存在成百万的被迫生活在最低生活水准之下的民众，他们就是那些潜在的战士，将会在另一个希特勒或墨索里尼的领导下揭竿而起，发动未来的战争”。他根治此问题的药方既雄心勃勃又高尚：“我们必须要重新安排世界经济,以便使所有人都将有机会为得到一种公平的报酬而工作。"[1]

在1928年,当阿道夫·希特勒口述上面那段引文时,他还是一个事业低落的政治煽动家。他所思考的主题——极为富足的"美国生活水准"从1924年起就激起了他的兴趣,当时,为了庆祝他被从兰茨贝格监狱释放,恩斯特·哈弗斯坦尔(Ernst Haftstängl)赠送给了他一本亨利·福特的刚刚被翻译过来的自传。[2] 作为一名狂热的驾驶爱好者,对于福特支付工人很高的薪水但却能生产出售价合理的出色汽车,希特勒很早就非常好奇了。但现在,他却担心福特制可能会在德国取得成功。如果大规模的生产增加了供应,而高工资推高了需求,那么他对德国未来的可怕预言将会被证伪,那样他就有变成了只是另外一个右翼煽动家的风险。他安慰他自己,"生活水准这一事物是不适合专制国家的",大众"想过像别人那样的生活但那是不可能的"。[3] 正如他在别处所说的,他将利用那种需求使他们相信"生存的面包"是"战争的成果"。

上面这两个人用非常不同的方式,分别都谈到了生活水准的问题。在现代世界中,没有任何其他问题比人类体面生活所需的最低标准引起的争议更多,引出的大相径庭的补救方法更多。的确,到了20世纪早期,围绕衡量和改善生活水准的问题已经发展出了一门完整的科学,这门科学有时是被对社会公平的追求激发出来的,有时是被对社会混乱的担心激发出来的,有时是被寻找经济稳定的方法或国家落后的尴尬激发出来的。[4] 本文从两个对这个问题最算不上权威的人说起,一个是一名业余艺术爱好者,另一个是一名政治煽动家,这或许会被看作是有损学术性。但是,这两个人通过不同的方式,都看到了在这一被争论不休的问题上所出现的新的转变,那就是,伴随着不断增长的文化模式的国际化,生活水准已经变成了大国为争夺全球领导权而展开的斗争中的常见因素。相应地,斯坦利·希勒清楚地阐述了一个在前半个世纪中已经在美国成熟了的恢宏计划。这一计划把高生活水准看作是美国的独特发明,它的广泛传播会立刻给美国的贸易带来好处,而美国贸易是一种有利于世界秩序和政治民主的力量,并且它的传播不会带来大的消极影响,至少不会产生有害得足以引起无休止的争论的消极影响。希特勒则有先见之明地注意到了一个让当代政治家们困惑的两难问题,即,在一个全球化的世界上,随着不断变化的生活水准从一个国家扩散到另一个国家,旧的寻求社会公平的要求与争取消费满足的斗争纠缠到了一起。那些被剥夺了这些、心怀不满的人们受到了情况更好的国家那很普遍的繁荣和财富的引诱;而对他们的统治者来说,"反对这些追随者的战斗就开始了"。[5]

在如何平息这种易引起妒忌的比较的问题上,乐观的美国大众消费文化与悲观的欧洲资产阶级商业文明很明显地分道扬镳了。像很多同时代的其他美国人一样,希勒相信,随着由技术带来的生产力提高和开放贸易,物质康乐将会变成全球性的。在这种信念上,他是伍德罗·威尔逊的子孙,并且是亚当·斯密的直系后裔。像很多同时代的欧洲人一样,纳粹领袖相信,增长是一种零和游戏:如果有人得到了,其他人就会失去。除非抑制出生率(希特勒痛恨这种做法,认为它对种族有害),或积聚新的资源(他宣布只有扩张帝国才能实现),否则德国将会注定要灭亡。在这种天启似的悲观主义上,希特勒是十八与十九世纪之交的英国牧师托马斯·马尔萨斯的思想的产物,马尔萨斯认为,随着人口以几何数级增长,而生活资料以算术数级增长,人类将会周期性地遭遇饥荒和冲突。在未来围绕资源进行的全球性斗争中,会有整个的国家被从大自然的盛宴中排除出去,弱国将会成为强国的牺牲品。这种令人脊背发凉的看法在一战那毁灭性的冲突之后引起了广泛的共鸣,因为贸易条款已经彻底改变了,旧世界不能再像在过去的几个世纪那样，依赖新世界那广阔的土地、来自数百万移民的宝贵汇款、廉价的原材料和投资的高额回报。美国逃脱了马尔萨斯主义的论断，而欧洲却被这种论断吓得要死。更糟糕的是，美国提供了新生活方式的模型，这些模型完全跨越了政治控制，增强了人们的需求和愿望，加剧了社会排斥感，并增加了进行急剧变革的压力。

在上一章中，我们看到了欧洲精英们被资本主义的新精神推动，通过拥抱服务理念去改变他们的日常文化观念。他们的阶级和文化见解使他们无法完全领悟美国计划的含义，或者，因为他们的社会环境，他们面对着这些计划的不可行性，他们看到自己俱乐部的命运见证了欧洲与美国的急剧分离。美国人把"高的"或"体面的"生活水准定义为是收入的一项功能，是收入能够购买的商品以及这种购买所赋予的个人选择，这也使欧洲社会面对着一种不同的生活标准概念。面对着作为资产阶级遗产的不公平的社会差别、政治分裂，以及越来越多的被合法化了的种族和人种偏见，美国消费者的实践发展出了一种用某种中性的标准消除各类差别的前景，这种中性的标准就是现金收入，工资的高低，以及这种收入所提供的对过剩的、大量生产的商品的购买渠道。

就在美国的生活水准在论及需要提高购买力以便推动经济从大萧条中复苏时，它却引发了对失控的消费的担心。欧洲的商业领袖们虽然急于试验福特制以增加产量，但他们也面临着改革者和工人们的很大压力，这些人要求引进福特的全部制度——不仅要有用来提高生产力的技术，还要有更高的购买力，但谁知道这将会给日常习惯带来什么样的影响呢。美国的标准也使文化精英们感到忧伤，他们担心品味、手艺和礼仪水平的下降。但社会改革者们也很谨慎，他们怕美国的标准会动摇一向严格的需求层次，从而会导致工会失去它的政治优势，工人们失去他们的伦理指南。

让底特律成为所有欧洲国家的标准

改革者们所面对的令人灰心的困境出人意料地出现在了一位政治家的档案中，正是这位政治家，曾使他的同时代人向他去寻求有关生活水准问题的稳妥的、明确的答案。可恶的，强硬的，没门，无法接受的，再次强硬了，“所有这些就为了区区 2.5 万美元”，这些缺乏节制的词句不符合阿尔伯特·托马斯(Albert Thomas)的性格，托马斯是一位令人尊敬的法国社会主义者，在 1920 年，他变成了设在日内瓦的国际劳工组织的领导人，该组织是第一个为了在全球范围内检测和提高生活水准而建立的组织。但是，这些词句很明显是他写在一封日期为 1929 年 7 月 16 的、打印出来的信件上的清楚的旁注，这封信是国际管理协会的领导人梅杰·林代尔·厄威克(Major Lyndall Urwick)发出来的。这位精明的英国人试图在信中商谈的事情涉及后来以福特—国际劳工组织调查而知名的一个项目。[6] 这项调查将是 20 世纪系统地比较美国和欧洲工人的生活条件的第一次努力。它也是第一次迫使欧洲人去理解美国人所谓的“体面的”生活水准意味着什么。

作为一个在显然是世界上最不讨好的职位上以其强硬的不屈不挠而知名的人，在上述调查在接下来的两年中开展的时候，托马斯为何曾多次显得措手不及呢？要了解这个问题，需要我们的目光回到 1929 年的 4 月 23 日，当时，国际劳工组织收到了一个来自福特公司的帮助请求。那时，福特公司作为世界上最出名的公司，正在向世界市场发起另一次大进军，它正在寻找有关欧洲地区的生活成本的信息，以便确定 12 个不同国家中的 17 个城市的工资水平，在这 17 个城市中，它或者已经建立了工厂，或者正在准备建立工厂。

这一请求的公开目的听上去足够正直：这是想要知道“如果

其总体的生活水准与底特律工人的生活水准大致相当的话，一个巴黎的或德国的或其他城市的工人将需要多少开支”。福特公司在伦敦的欧洲运营部主席波西瓦尔·佩里爵士(Sir Percival Perry)建议说，这一“普通的生活水准”应该被看作是一种货币的总和。更准确地说，它应该用一个工人家庭每年在食品、居住、衣服、税收等项目上支出的全部金钱来计算。比如说，如果在巴黎，全部日常花费相当于底特律全部日常花费的百分之八十五(经过了因货币差异而进行的调整)，那么福特公司就会将相当于底特律工人薪水百分之八十五的钱支付给巴黎的汽车装配工人做工资。波西瓦尔爵士反复强调说，这一计划的目的是帮助福特公司“确定工人的最高效率”，而不管这个工人是居住在哪里。[7]

从原则上讲，这样一种请求是没有什么不合适的。调查工人阶级生存的细节非常符合国际劳工组织那崇高的宗旨。国际劳工组织是在签署条约结束一战的过程中，在凡尔赛的附属议事厅里被构思出来的，它致力于支持国际联盟的维持和平机制。它的具体任务是改善“劳动条件”，指导这一任务的是人道主义原则“劳工不是商品”。[8] 在当时，对于在世界上某个地区与其邻近地区之间工人被不平等对待的情况，已有的公共知识和官方知识是如此之少，以至于只是收集和发布有关工资与物价的信息，就是履行了一项极有价值的公共服务。

福特公司超越利己主义向国际劳工组织求助，也可以被看作是一个令人高兴的进展。因为直到那时，美国官方不仅与国际联盟保持距离，而且也与国联的其他机构保持距离，其中最重要的就是国际劳工组织。这种孤立主义让托马斯很着急，像其他的国际主义者一样，托马斯赞同美国的民主，但却被美国的孤立主义外交政策吓坏了。通过抵制国际劳工组织，美国没有参与许多旨在规范劳动条件的国际协议。这些协议减少了工业的动荡，促进了工人和雇主之间的合作，抑制了受苏联支持的工会红色国际

(Red International of Labor Unions)的影响力，并支持海外投资，考虑到美国的企业是这些协议的重要受益者，美国缺席这些协议尤其令人感到讨厌。国际劳工组织希望，福特公司的请求将是向承认"经济国际化"(当时对全球化的称呼)具有重要的社会维度所迈出的一步。

然而，托马斯却犹豫了，因为他考虑到，福特公司对在欧洲范围内进行一次调查的请求对国际劳工组织来说是一项过于复杂的任务。到那时为止，有关工人的花费习惯的数据(更不用说有关任何其他群体的了)虽然有不少，但都非常零碎。并且，甚至没有人谈论过一个共同的欧洲生活水准。在这个问题上，对于同一种生活消费品，偏爱使用法国、德国还是比利时的标准也没有共同的做法。[9] 因此，这样一项调查将需要前往美国，需要来来回回穿越英吉利海峡，并需要在欧洲大陆上疲于奔命。它也绝对无法在福特公司所要求的六个月之内完成。另外，为了保证科学准确性，也不能在福特公司所列出的狭隘条件下进行调查，福特公司要求把底特律工人的生活水准当作所有欧洲国家的对照原型。总之，即使国际劳工组织有钱进行这项调查，这样一件事是否值得去做也是值得怀疑的。然而国际劳工组织并没有钱，因为它唯一的收入来自友好政府的捐赠，以及会员国的雇主和工会所交的会费。

如果不是《纽约时报》的驻日内瓦记者克拉伦斯·斯特雷特(Clarence Streit)把这件事写成了一个吸引人的新闻故事，这件事很可能就会在国际劳工组织的办公室里被马马虎虎地咨询一下后就被搁置了。斯特雷特本人是一个虔诚的国际主义者，为了使国际联盟对《纽约时报》专注于本土事务的领导层来说看上去有新闻价值，这位记者把福特公司的请求写成了一个雄心勃勃的现代美国的一项行动，如果要想让这项行动在面对旧世界的无所作为时不会失败，它就需要得到慈善事业的支持。[10] 1929 年初期对他的这种论调来说是一个完美的时刻。在将 1927 年为重组装配线生产新的 A 型车而关闭的工厂重新开工之后，亨利·福特完全回到了大众的视线中。并且，1929 年 6 月是迄今为止美国经济史中内容最丰富的一个时期，如果你相信生产资料输出指数的话。在股票市场上积累了巨富的美国慈善家们热心支持欧洲人的事业。他们很有兴趣支持由 1929 年的《巴黎公约》所预示的和平精神，这一条约是由美国国务卿凯洛格和法国外长白里安居中牵头达成的，它让一战中的所有交战国都宣誓要终结侵略战争。

这项调查项目立刻发现了爱德华·菲林(Edward Filene)这位慈善天使，菲林是波士顿百货公司的老板，他是一个虔诚的国际主义者，也是亨利·福特的大粉丝。他做出保证说，他自己的基金会二十世纪基金将会为这个项目捐赠 2.5 万美元，他还承诺说，如果基金会的董事会里有任何反对意见，他将会自掏腰包出这笔钱。在发给国际劳工组织宣布这一礼物的长达一页半的电报里，菲林盛赞亨利·福特“宣布的为所有雇员(不论他在哪个国家工作)建立相同的真实工资水准的目的”。福特先生为他在底特律的雇员们提供了一种“高文明水平的工资”，同时“以一种大众能够支付得起的价格”生产出了一种汽车，并且还在这个过程中赚到了“破纪录的利润”。菲林继续写道，“如果(福特)能帮助欧洲带来相同的改变，那将意味着更高的工资，更低的价格，更高的总体利润，以及欧洲更高的生活水准，作为其结果，那也意味着更多的世界财富和对世界和平的巨大促进”。[11]

现在我们搞明白托马斯为何会那么生气了：不是因为福特公司的请求所带有的利己特点，不是因为它不够直率(有人把这看作是典型的美国直白方式)，也不是因为爱德华·菲林对福特对欧洲和平的贡献所表现出的那种奇怪的心态。托马斯不能容忍的是 20 世纪基金会为实施调查设定条件的那种冒昧。它那样做，显得仿佛美国的基金会在意识形态上是正直清白的，而设在外国的、致力于劳工改革的国际机构则受到了意识形态负担的阻碍，这位美国的捐赠人要求，被雇用的外国顾问们要确保他们的调查结果的“权威性”。他们还坚持让欧洲人每个月都提供进展报告，然后才能发放款项，仿佛在日内瓦的这些人都是些懒汉。最让人厌恶的是，他们要求在六个月内完成调查并发布结果，仿佛科学可以靠冲刺来完成。[12]并且，如托马斯在他那愤怒的草书中所评论的，“所有这些就为了区区2.5万美元”。接受捐赠去进行科学研究是一回事，拿钱后代表一个美国的大公司，在全世界都将获益的借口下去做市场调查是另一回事。

但是，托马斯也有一个政治议程表。也正是这个政治议程表最终让他放弃了自己惯常的审慎，接受了那笔钱，并按照捐赠者所要求的条件，推动了调查项目的进行。像其他欧洲社会主义者一样，托马斯致力于为欧洲工人争取高工资的政治活动。这一使命使他愿意冒激怒劳工代表的风险，那些人一直对资本家的动机充满怀疑。这一使命也使他愿意去烦扰作为他的同道的那些改革者，这些人担心福特公司的入侵。这一使命也使他愿意去激怒欧洲的雇主们，这些人担心美国资本主义的这一最新的“阴险花招”：在法国的商业媒体看来，它带有“美国的三位一体”的所有特点，即“竭尽全力的超级保护主义，金融霸权……以及体现在众多各种各样的伪装中的经济帝国主义”。[13]

温和派人士，特别是比利时政府的代表、备受尊敬的统计学家马克斯·哥特沙尔克(Max Gottschalk)——他是苏威社会学研究所的领导人，也警告托马斯不要让国际劳工组织卷入进去。福特公司正在倾销产品，也就是说，它正在以低于成本的价格销售部件和设备。如果它为欧洲的消费市场完全在欧洲生产汽车，它不会支付很高的工资，但工人们不会知道这一点。当相关文件白纸黑字地表明，底特律的福特公司的工人们每周被支付给比如说相当于216比利时法郎的工资时，不需要多少想象力也能够预见到“普遍的不满”——其实是“真正的危险”，那肯定会发生。然而，以购买力来看，底特律工人工资的等价值要小得多，只有108比利时法郎，而比利时工人的平均工资只有这个值的一半，即可怜的54法郎。福特公司在安特卫普的组装厂已经用从科尔尼、新泽西等地拆下来并海运来的零部件，帮它挤垮了比利时15家基于手工制作的汽车公司中的10家，它们在20世纪20年代曾经是比利时的骄傲。如果福特公司把它的工资水平提高到108法郎，技术最好的那些工人将会被美国人挖走，而其余的工人将会煽动争取更高的工资，那会使整个冶金行业都陷入混乱。[14]

总之，这笔“福特生意”——正如它即将被称呼的，很明显是一个难以解决的复杂问题，它肯定包含着自我推销的花招，因为福特公司通过公布它将会付高工资的愿望，正在劳工运动中寻找盟友，以制服保护主义的各国制造商们的抵抗。尽管如此，托马斯还是下决心继续前进。这样一项研究对作为政治家的他很有吸引力，他听不进对那些或许会带来更高工资的试验的顽固反对意见。这一研究对作为知识分子的他也很有吸引力，他是卓越的高等师范学校中他那个阶层的领军人物，这项研究能够加深他对美国的应用社会科学这一发展迅速的领域的了解。他已经有了一位好朋友赫伯特·费斯(Herbert Feis)，他是一位哈佛大学毕业的经济史学家，在1927年，他就早熟地发表了将全球贸易的扩张与得到提高的工资条件联系起来的第一个经验主义的证明。在由洛克菲勒资助的社会科学研究委员会发起的不同的会议上，托马斯加深了与查尔斯·迈瑞姆(Charles Merriam)的熟悉，迈瑞姆是芝加哥大学的社会学家，他负责着社会科学研究委员会的一个有关国际工资比较的项目。[15]当然，这些人不是社会科学家。他们是思想进步的美国人，在他们的追求中，他们有时看上去比较天真，甚至庸俗，比如他们所做的，要去弄清“哪种生活收入可用于购买”，还有“不同商品间的竞争”揭示了关于“人们日常生活中的理念和价值"的哪些东西。尽管如此，与很多当代欧洲社会科学中的失去活力的学院作风相比，他们与世界保持联系的热心使得他们精神焕发。另外很值得钦佩的是，他们相信大规模的数据收集将会带来对常识的丰富储备，这些常识不受政府和强大利益团体的操纵，可以被用来"解决问题"。[16]

托马斯相信他可以利用好来自新世界的这笔钱，并懂得如何去做，他反复强调菲林慷慨的财政援助使国际劳工组织多么"发自内心地高兴"，没有再与他那个难以驾驭的理事会商量，1929 年 10 月 8 日，也就是在波西瓦尔爵士提出最初请求的五个半月之后，他正式发起了调查活动。[17]完成调查报告的最后期限被设在六到八个月之后，最晚要在 1930 年 5 月份之前完成。在那一周，在 9 月份的大幅上扬之后，纽约证券交易所里的股票交易表现糟糕。两周之后，恐慌发生了，在接下来的那个 1929 年 10 月份的星期四，股票价值大幅跳水。

随着调查的开始，人们很快就清楚了：关于所谓平均水平的底特律福特工人的生活水准，没有人有准确的了解。虽然福特公司有一个名副其实的、以探听其工人的私生活而出名的名声，但它已经在 1921 年解散了它那声名狼藉的社会学部。从那以后，它销毁了福特公司从 1914 年起所做的几十次调查所积累起来的几千份机密文件，在 1914 年，日工资五美元制被引进，这些调查是为了检查福特的工人们是否按特定的效率标准和清教徒主义来花他们的薪水的，这些标准和规定是公司老板所设定的为得到全部薪水需要遵守的条件。现在，亨利·福特的儿子埃德赛尔被委托处理调查这样的次要事务，但他受到了威胁，解释说公司没法帮忙，因为它缺少便利条件。[18]

事实上，关于工人们如何使用他们的工资和空闲时间这样的事，已经不用多事的雇主那爱管闲事的家长制作风去忙活了。它通常已经变成社会的责任，正如那大量的政府机构、公司营销部门和各种各样的致力于收集消费者行为数据的私营公司所证明的。在向两个最可靠的机构求助之后,调查行动承诺会迅速推进,这两个机构是美国劳工数据署和位于密歇根州的国家经济研究署。

调查员们的第一个任务是去为他们的所有调查建立一个"日用品预算"。一旦他们计算出了平均水平的汽车工人每年的收入总额是多少,他们就会去分析那些支票簿、信用记录、妻子们的估算和各种各样的不同的衡量标准,以计算工人们的实得工资是如何被分配的。但在这个问题上,没有什么是直观的。一开始,据说工人们每年收入 1750 美元,或者说是每天 7 美元,每周工作 5 天。这一工资水平比 1914 年那著名的日工资 5 美元,以及在 20 世纪 20 年代为赶上通货膨胀的水平而制订的每天 6 美元,都有所增长,但是,这个工资水平是在早前的 1929 年 11 月 22 日的政治压力下制订的。那一天,赫伯特·胡佛总统召集了亨利·福特和其他的美国商业领袖们到白宫召开一次紧急会议。在会上,胡佛恳求他们通过尽可能公开地重申他们对新时代"高工资原则"的承诺,来支持经济从 10 月份的股票市场恐慌中复苏。亨利·福特自己带头那样做了。但在一年之内,随着金融恐慌的扩展,他食言了,工资降到了每天 6 美元,有时还更低。[19]

光是测定底特律的工人们用工资买了些什么就花了八个月的时间。调查结果在 1930 年 7 月被送到了在日内瓦的办公室(比原定的最后期限晚了两个月),在这里,还需要花几周的时间把调查结果转换成公制单位,把价格换算成 17 种货币,把数不清的比较术语翻译成 6 种语言。

与此同时,欧洲的调查员们散布到各个城市中,先是到了离日内瓦最近的城市:马赛、热那亚、的里雅斯特和法兰克福;然后又到更广的一圈地方去访问巴塞罗那、安特卫普、斯德哥尔摩和赫尔辛基;最远的地方到了爱尔兰的科克和伊斯坦布尔。他们发现他们的任务非常艰辛。有时,有的政府在提供帮助上很吝啬,它们或是出于冷漠,或是像在法国一样,是为了表示它们不同意调查的目标和方法。有时,那些政府又过分热心,就像在英国所发生的,在那里,政府官员紧紧跟随着调查的进行,因为他们害怕工会委员会得知一个地方与另一个地方的工资水平差异是多么大,那样那些人会闹腾着要求调整工资。为了防止泄露这些信息,他们坚持要求在最终的报告中不要使用英镑和先令,而只编入索引数字。[20]

对于把不同的生活方式进行严格对比是否可能(更不用说是否必要)的怀疑,是更难平息的。即使货币成本看上去是相等的,难道一条美国的白面包真的就相当于一条斯堪的纳维亚黑麦面包?瑞典的营养学家们在提出这个问题时是有意保持中立的。法国的调查员们更喜欢怀疑。正如一句法国谚语所说的:"每一块木头都是不同的。"这句话也适用于每一个奶油蛋卷和每一块黄油。那么,一个共识就是,如果说底特律与欧洲之间的比较真的能说明不仅是商品的成本和数量,而且还能说明质量和无数的个人品味与偏好,那么它出错的空间就是无限大的。[21]当时任法国社会安全与劳工部部长的皮埃尔·赖伐尔(Pierre Laval)说,"坦率地讲",这里所使用的这种方法是"科学方法"所"不能容许的",或者说,甚至无法说它是"接近""科学方法"。[22]因此,法国政府无法为调查提供官方支持。

调查员们确实看上去容易受到备受非议的比较的影响。比如说,节俭但喜欢寻乐子的底特律工人把零花钱中的五十美分花在了电影院里,而他嗜酒的柏林同行则会把五芬尼花在啤酒店里,对于这样一个事实,谁能忍得住不做一种价值判断呢?如何劝说调查员们不要反映出能影响工人们选择的"心理的、社会学的和快乐主义者的想法"呢?被设计来阻止这种"本能的"判断的举措,反映出了其对实证社会科学的最大迷信。商品将会自己说明自己。于是，调查员们将会收集底特律商品市场上的物理样品，把它们海运回欧洲，以便让它们出现在调查现场。于是，除了编辑易腐烂样品的营养和热量表，并草拟对这100种在商品和服务上的家庭花费的评估外，农业部家庭经济署的女专家们还塞满了两木箱的服装和家用纺织品的样品，并把它们寄了出去。

对那些要穿越国境的无人陪伴的行李来说，1930和1931这两年是一段动荡的岁月。虽然被提供了快速通关的特殊外交豁免证书，这两个木箱在欧洲大陆上的行程还是充满了艰辛。一个箱子在从柏林到华沙的路上，发生了长达一个月的、严重到离谱的路线偏差。前往巴塞罗那的那个木箱在到达时，正值由1930年1月底发生的米格尔·普利罗·德·里维拉(General Miguel Primo de Rivera)将军的独裁政权垮台所引发的骚乱，国家劳工与统计办公室的工作人员们正在罢工，没有人在那里接受它。在当时，以福特公司的名义做任何事无论如何都不是一个好时候，因为，福特公司不经任何警告地关闭了它在巴塞罗那的装配厂，以报复西班牙政府对汽车配件所征收的更高的进口税。而西班牙政府的这一做法是为了报复胡佛在1930年6月所签署的《霍利一斯穆法》，这一法案提高了从欧洲进口的产品的关税。[23]幸运的是，这个木箱最终被交给了对国际劳工组织很友善的官员们，他们继续完成了被委派的任务。

当这两个箱子到达它们正确的目的地之后，它们就揭示了一种物质文化，与欧洲人的物质文化相比，这种物质文化显然要丰富得多。为一个四口之家(包括爸爸、妈妈和一儿一女两个孩子)提供的服装，以及备注里说明的他们把年度预算的百分之十二花在服装上，都清楚地说明，美国工人是在买进时髦的服装。他们不断地更新他们的衣柜。在1929年，当他们的工资达到一战后的最高点时，一个平均水平的丈夫每年会买五件衬衣，两条领带，两件棉连衫裤，十四双棉袜和一双棉或人造纤维织的看上去像是正装袜的袜子，一双吊袜带，两条皮带和九双棉制工作手套。从外观上看，平均每两年半买一件的毛衣是一流的；同样质量一流的是下垂着丝质带子的毡帽（它因好莱坞电影而出了名），平均每两年购买一个；质量同样上乘的是毛外套，它能穿七年。典型的工人妻子几乎每两年就更新一次她的全部衣柜。仅在1929年这一年，她就购买了两件华美的棉制、人造纤维制或丝制的衣服，八双长袜（其中包括四双丝制或人造纤维制的），三件女便服，多种内衣裤和睡衣，两双鞋子。在孩子的服装上比在成人的服装上花得更多，花的钱相当于家庭开支的十二分之一。其商标和手艺表明，所有那些衣服都是从商店里购买的，从带褶饰边的裙子到格子花呢的、背部有方格的校服。相比之下，欧洲工人阶级的孩子们穿的衣服一直都是家里做的，经常是用成人丢弃的衣服拼接缝补成的，或是由别人不穿了传下来的。衣服底下折叠的普通亚麻布表明了美国制造业对棉线的广泛应用；棉缎锁边的羊毛毯是否能与德国和斯堪的纳维亚的鸭绒被相比引起的争议更多。食品清单表明，底特律的工人们吃的是非常多样化的、充足的、营养丰富的食物。相比之下，瑞典的调查员们发现，虽然他们的工人们也营养充足，但他们所吃的很大一部分都是种类很少的食品，他们还在这些食品之外消费了不少烟和酒，这被一本正经地评论道，这是一种习惯，能给饮食中增加一点乐趣，但没多少营养。美国家庭生活的质量看上去是如此之好，以至于引发了比较中的麻烦问题。一个家庭的房屋平均有4.1个房间，配备有天然气、电力、中央暖气系统和盥洗室，并有能看到风景的窗户，这样的房屋在欧洲城市中是很稀少的，在这里，普通工人的房屋平均有二到三个房间，并处于破旧状态。在柏林和法兰克福，要想找到能在面积和舒适度上与美国房屋相当的房屋，你不得不去看上层公务员的房屋。在个人服务方面，美国工人花相当多的钱去看病，以及不太经常地去看牙医，有些人也不被人寿保险政策所覆盖。与欧洲人相比,他们的预算表明,他们在社会保险和互助团体上只花了很小气的一点钱,而且并不令人意外的是,他们没在工会费上花任何钱,因为福特开的是一个排外制雇佣企业。[24]

最显著的一个不同是,福特公司的工人们不断地更新很多被大规模生产的家庭便利用品,从收音机、留声机和电熨斗到电动洗衣机和真空吸尘器。差不多一半的家庭拥有一辆汽车,有些车或许还是新买的,因为T型车的价格在20世纪20年代降到了440美元一辆。他们的大部分车是买来用于消遣的,并不是严格地用于上下班的,汽车的分期付款和维护费用占家庭预算的很大一部分。相比之下,没有欧洲工人拥有汽车或梦想购买一辆汽车。很少的一部分年轻男人拥有摩托车,有些人有双轮马车。自行车则是一种宝贵的财产。但在那时,在欧洲,相对来说也只有很少的资产阶级家庭拥有汽车。法国和英国这两个欧洲最机动化的国家,在20世纪30年代末时每20个人才拥有一辆汽车;在德国,每40个人拥有一辆汽车;在意大利,大约每100个人拥有一辆;而在美国,每4个人就拥有一辆汽车。[25]很明显,把一辆汽车放在一个欧洲工人的日用品篮子里来计算他的生活成本是没有意义的。

此外,另一个重要的不同是,底特律的工人们普遍使用消费品信贷。确实,信用使他们有能力让花费超过他们的年收入,如果只超过一点点的话。相比之下,消费品信贷几乎没有被欧洲的工人们实行。经济低迷一出现,分期付款购买家具和大件商品的试验就失败了。在英国,工人们仍然可怜地以为信用就是“分期付款制”。为了能从一个工资发放日挨到下一个工资发放日,欧洲工人们只能依赖他们与商店主们的不正规安排,商店主们评估工人们的信用值能值多少食品和燃料等生活基本用品,把他们的欠账和还款都记在商店的记账本上。[26]

总之,越多的生活方式被发生联系,比较它们的复杂过程也就越长。最终,在 1931 年 11 月,在波西瓦尔爵士提出最初的要求两年半之后,在调查被授权开始的 25 个月之后,在超过应该完成调查的日期 17 个月之后,在被美国的捐赠者指责它没有搞出调查结果因而是实施了“不正当的做法”之后,国际劳工组织发布了最终的报告。[27]因为意识到他自己的理事会围绕报告的发现陷入了混乱,并且担心报告引发的骚乱可能会导致它们被镇压,因此托马斯没有把报告提交给理事会做最终表决。[28]同时,在纽约,在二十世纪基金会的要求下,美国公共关系领域的开创性天才爱德华·L. 伯奈斯(Edward L. Bernays)准备了一连串的宣传以庆祝英语版报告的发表。然而,到那时为止,人们并不清楚其主旨是庆祝国际合作的成功,还是庆祝美国商界慈善事业的慷慨大度,还是庆祝美国的高工资政治。

有一件事是可以确定的:在 1931 年圣诞节期间发布的、对美国生活水准的这一“最乐观的”说明是属于另一个时代的。[29]随着高升的失业率使得美国的汽车工业一片凋零,在 1929 至 1930 年间被采访的那 100 个工人中的大部分现在都已经失业。仍然否认有一场经济危机发生的福特本人,在公司需要重组装配线以生产一款新车的借口下,已经让 7.5 万名工人进入了“无限期的假期”中。那些幸免于失业的人仍然还能每天挣 7 美元,假如他能够完成他每天的新生产配额的话,这一配额比原来的又提高了一半,因此,当他最后交班的时候,他会步履蹒跚、一瘸一拐地离开工厂的大门,并且面色苍白。对于福特公司那数以千计的失业者们来说,没有什么救济的依靠,因为福特公司的工人们被剥夺了失业保险。在 1935 年之前,他们不符合地方当局所发放的非常少量的救济品的申请条件,这些少量的救济让其他失业者渡过了难关,直到 1935 年新政最终修订了美国的第一个全国失业赔偿计划之后,情况才会有所改观。当地政府的救济措施取决于营业税,而福特公司那占地 57 英亩的海兰德公园工厂和它的胭脂河分厂被有意地安排在了底特律市区界线以外，以免交地方税。[30]

在日内瓦平静的湖滨，报告的急匆匆发布在官僚主义的会议上引发了众所周知的暴风雨。在国际劳工组织的理事会抗议它还没有核准报告的最终版本（甚至还没有首先正式授权它）时，有些代表则驳斥了报告中一些比较特殊的发现，另外一些代表则对一个阴谋感到惊奇，这一阴谋导致报告只用英文发表了，而没有用国际劳工组织的另外两种官方语言法语和德语发表。[31]为了平息批评，报告的编辑们迅速推出了报告的第二个、经过了重要修订的版本，这次是用三种官方语言发表的。新的版本也提供了一个做出某些特定修改的机会，比如题目，原来的题目是雄心勃勃的《对生活成本的一项国际调查》，现在变成了更谦虚的《对有关生活成本的国际比较研究所做的一项贡献》。这项研究的真正范围也被更加审慎地呈现出来：一次统计学的"训练"，它旨在比较"生活成本"，它强调说，而不是"生活水准"。[32]

到了1932年，甚至连这一目标的价值也遭到了质疑。随着经济危机在全球扩展，物价急剧下跌，失业不断高涨。随着一个又一个的国家放弃了以黄金为标准，货币的价值不断起伏，并且关税壁垒也增加了，政府出于政治目的越来越操纵统计数据。[33]1931年4月，在伦敦，当波西瓦尔爵士被请求对这个报告发表自己的看法时，他那小天使般粉红的牧师脸庞皱了起来，他故作轻松地承认说，他的头脑里早已经不再想这件事了。在那时，销售疲软与提高了的关税已经灾难性地打击了福特公司的欧洲市场，这家公司正在关闭工厂和从欧洲大陆上撤退。回到1929年，远在福特公司从国际劳工组织得到反馈之前，它已经在行动，并"以经验为主地"设定了它的工人们的工资水平。按照它在国外的一贯做法，公司管理层已经检查了当地现行的工资水平，设定的工资刚好能使它从这一地区招到最好的工人，他们还要求禁止建立工会，以换取工人们拿到更高的工资。正如福特本人曾经承认的，“高的”工资或“效率工资”是“一个灵活的概念”。通过友善地同意将某些举措写到报告中，波西瓦尔爵士公平地同意根据福特公司实际采用的工资登记表来检查报告中的发现(非正式地)，这是检验福特管理层是否热心的唯一时刻。[34] 这也是国际劳工组织像接下了这个不讨好的项目一样使它值得被感谢的地方。对于阿尔伯特·托马斯来说，尽管他的机构行动迟缓，这次调查还是被证明将了欧洲的社会改革主义一军。1932年5月8日，时年57岁的托马斯在一次访问结束回巴黎的路上，因肺部栓塞导致衰竭，去世在了一家路边咖啡馆里。

比较美国的生活条件和欧洲的生活条件，这是一个什么样的潘多拉的盒子呢：这是美国获得霸权后第一次采取这样的举措；这也是欧洲人和美国人第一次围绕“体面的”生活水准意味着什么展开辩论。从对质中，欧洲人看到了两种市场文化被标准的含义锋利地分割开来。他们或许会比较赞同詹姆斯·布赖斯(James Bryce)的以下说法：美国人有一种“通过把质量与其可测量的货币价值联系起来摧毁质量的习惯”，而不考虑“存在货币价值标准无法被应用的情况”。那种观念促进了对数量及其测量方法的高度重视，其延伸就是“一种错把数量大当成伟大的倾向”。[35] 在国际劳工组织的理事会开会讨论那一报告的发现时，一向沉默寡言的比利时统计学家阿曼德·居林(Armand Julin)发火了：“把一个真实的人与一个幻影做比较”是不像话的；看待工人们时，以为他们似乎生活在“自由选择的条件下”，这在伦理上是错误的；工人们的存在依赖的“不仅是工作和工资等条件”，而且还有“生活的环境”，对于生活环境他们几乎没有控制能力。扎实的数据给出了“一种很精确的印象”，但这种印象是“虚假的”。这些数据远不是“在本质上使他们安心”，而是挑起了“一种不安全感”，它们导致了妒忌，在工人们谈论想要一种“体面的”生存时，对于工人们真正想要的是什么，它们没能给出任何说明。[36]

法国杰出的劳动力经济学家弗朗西斯·斯密安德(François Simiand)在对他的三卷本研究专著《工资》进行最后的润色时，发表了类似的关注。工资可以有很多种形式，不仅是单纯的现金，而且还可以是以货代款的商品、礼品和服务。同样地，根据生活水准这一个因素去考虑工资支出分配的意义，去理解影响人们的选择的因素，是不够充分的。他建议使用两个术语：一个是“生活方式”，或 train de vie，它类似“生活水准”，是基于收入来调查人们的选择；另一个是“生活风格”，或 genre de vie，它要求关注影响花钱的其他复杂的非经济因素，尤其是社会地位，但还包括团体价值和宗教信仰，更不用说还有气候和其他自然因素。[37] 从他听说福特—国际劳工组织调查的那一刻起，他就对此嗤之以鼻。像对待牲口一样地对待人，逐条登记他们摄入的卡路里，从这样一个以人为主题的试验中又能得出什么发现呢？他对他的同事和学生们开玩笑说，所有这些做法，就像是在计算拉普兰地区一头大象的保养费时以为它还生活在印度，或者是在计算印度一头驯鹿的保养费时以为它还生活在拉普兰地区。[38]

对美国人来说，欧洲大陆对于生活质量的自大，只不过是旧世界自以为高人一等的优越感在作怪。那些引用了关于由不同群体的品味多样性所导致的复杂性的论断，听上去像是科学的搪塞，或是藏在文化优越论背后的社会伪善的伪装。对比较持怀疑态度是好的。如果欧洲人说拥有汽车对欧洲的工人们来说是一种奢侈，而且它并不是反映生活水准的一个好指标，尽管它对美国工人来说是一个必需品，因为他们居住在散漫分布的市区里并且没有公共交通，没有人会指责欧洲人有社会偏见。但是，当同一个调查员评论说，欧洲工人们缺乏连接到室内的管道工程“来使他们适当地洗澡”，于是只好放过这件事，甚至当有水可用时，工人们也表现出对经常洗澡的“厌恶”，这就是社会偏见。[39] 因为，谁能真正说出干净到什么程度他们才算得体呢？如果那里的气候不是那么潮湿和寒冷，如果那里有公共浴室，或者，万一他们和住在他们前面的父母拥有一些房屋，里面配备了自来水，即使只是一个有冷水的厨房水龙头，更不用说有一个有独立热水甚至有阳光的盥洗室，里面安装了抽水马桶、水槽、浴盆、淋浴喷头，还有冷的和热的自来水，如果是这样呢？如果他们也像那些美国移民那样，周围充斥着廉价的、闪亮包装的肥皂粉，如果他们也面对着闻到他们的气味时会皱起鼻子、面容痛苦的教师、管理人员和同事，如果他们也被报纸和杂志上那些能让粗俗的举止散发出一种新发现的所谓“体臭”的卡玫尔、棕榄或旁氏肥皂的广告轰炸，他们的卫生标准又将是什么样呢？

总之，一个结论或许是：因为实施了几十年的高工资，底特律工人们的需求太广泛了。如果是这样，同样也可以说，因为实施了几十年的低工资，欧洲工人们的需求被抑制了。[40]对于美国人用特定数量的金钱所能购买的商品和服务所揭示的参数值去测量生活水准的观念，欧洲的统计科学尽可以去嘲笑。然而，不论喜欢与否，在资本主义社会里，金钱名声不佳地提供了一种普遍使用的计量方式，如果不是人们可以为自己的安康所做出的切实的选择，生活消费品什么也不是。确实，特定水平的收入能够为它的公民所提供的、体现为商品和服务的舒适的总和，提供了反映这个国家在世界文明和福利表上的位置的一个大概指标。这就是很多美国人所相信的，他们相信别人也相信这一点。

无论如何，福特一国际劳工组织调查的“事实”现在作为公共档案的一部分正在传播，那本充满了图表和数据的厚厚的小书也已经有了自己的生命力，它经常被错误地引用，并作为误导的、肤浅的、（或更严重的）有偏见的社会科学而被当作笑柄。于是底特律就建立起了比较的术语：对面包的衡量标准是一块由加工过的白面粉做的面包，而不是一个圆形的黑麦面包或一个有硬壳的法国棍子面包；对被褥的衡量标准是大量生产的那种棉制和羊毛被，而不是鸭绒被；对儿童服装的衡量标准是商店购买的服装，而不是家庭缝制的产品；对社会安全的衡量标准是私人在保险上的花费，而不是国家养老金或其他集体性的社会保障。甚至是那些对详细的采样、粗糙的比较和模糊的结论所提出的批评，在结束时也富有知识地表达出了他们称之为“美国生活水准”的一系列生活习惯。

但是，那么，当欧洲人谈论蕴含在他们的“生活方式”中的标准时，他们想说的又是什么？那些专家们谈论的是非市场性考虑。但是，如何计算它们？他们谈论的是不能比较的需求。那么，如果不做易招致非议的区别，或者更糟的，如果不将某些人的需求定义为比别人的需求更少价值或更有价值，人们怎样才能被比较？这些问题促使我们去探寻这两种大相径庭的、确定适当性和必要性的观念是如何产生的，反过来，为了对美国的进军做出反应，欧洲人又是如何以一种越来越反动的方式去保卫他们的“生活方式”的。

发展美国的标准

福特—国际劳工组织的调查，与亨利·福特自己的关于其公司是如何实现了“工业界已知的工人工资最伟大的革命”[41]的神话般的故事是相互呼应的。这一自我陶醉的故事在三本简短的、被广泛翻译的书中反复上演：《我的生活与工作》(*My Life and Work*)，出版于1922年，这是希特勒的《圣经》；《我的工业哲学》(*My Philosophy of Industry*)，出版于1929年；《前进》(*Moving Forward*)，出版于1930年。这些漂亮又充满了教诲的指南书提供了如何在现代世界中有效率地生活的秘方。在对正在出现的大众消费的叙述上，它们也出现了完全一致的错误，它们把大众消费说成是一件有关很高的效率、丰富的供应、提高了的工资和旺盛的需求的事。

每天 5 美元工资制使这个故事有一点像变魔术的色彩。于 1914 年 1 月 5 日向世界宣布的这一新的补偿计划,从劳动管理和广告的角度来看是一个完美的天才的计划。通过把流行的日工资 2.43 美元翻倍,并规定每天工作 8 小时,每周工作 5 天,福特这个创立于 1903 年的、当时只有几十个车间和 150 名工人的、所生产汽车只占美国年产 1700 辆汽车中的一小部分的公司,在十年之久的改革期间一路领先,变成了一个雇佣了 1.4 万名工人的、年产量接近占美国汽车年产量一半的巨型工厂。在开始设计以 T 型车知名的多用途汽车之后,这位农场主的儿子变成了机械师兼企业家,并加快了创新的节拍。他先是优化了任务细目分类,然后又把单一目的的机器排列了起来,此后,他把有名的工业工程师弗雷德里克·W. 泰勒的工时与动作研究与这些结合了起来,以迫使工人们跟上机器的节奏,最后,利用一种电力驱动的传送系统——生产线,把部件从一个工人的手中传送到另一个工人的手中,这种管理使得整个生产进程得到了大大提升。这里面只出了一个问题:当整车被以每 93 分钟一辆的速度从生产线上生产出来的时候,每月平均有一半的福特工人从公司辞职。更糟的是,当筋疲力尽的工人们结束换班的时候,全球工人国际的组织者们正在工厂的大门前等着他们,劝说他们加入这一组织。如果不采取措施减少工人的换人并阻止工人的工会化,公司就无法从它巨大的投资中获利,更无法如它设想的那样进行扩张。在解决这个问题上,提供工资加上额外奖金的办法被证明是正确的。在宣布新工资制度后的第一天,1.2 万名申请者涌进公司,排队应聘 4000 个岗位。从那以后,福特公司在劳动力上精挑细选,加速了其生产线,清除了那些心有不满的人、不能胜任的人和不来上班的人,并在整整二十年内预防了工人的工会化。福特本人,一个声名狼藉且沉默寡言的人,把这次试验总结为“我们所实现的最好的削减成本的举措之一”。[42] 在一夜之间，他变成了一个传奇英雄，T 型车也成了一个家喻户晓的名字。

通过使高工资看上去是 20 世纪美国经济成功的关键，使源于需求原动力的生产供应看上去是大众消费社会的关键，福特公司这样一个如此有影响力的公司的政策产生了持久性的影响。相应地，与欧洲相比，美国已经变成了一个高工资经济，因为美国的土地和资本非常丰富，但劳动力却是稀缺的、没有弹性的，因而也是高成本的。因此，美国的劳动力成本相对于资本的比值比欧洲的要高，企业家们倾向于引进更多的以及或许更先进的能节省劳动的机器，高生产率的产出又增加了工资。反过来，工人的高工资不受高税赋、工会费和其他扣交费用的阻碍，可以自由地花销，这导致了大众消费，大众消费给企业反馈回利润，利润反过来又推动了投资。这种模式的拥护者们断言，任何没能成功加入这种良性循环的商业管理者都是在技术上落后的、目光短浅的，或是十足的心胸狭隘的。在 20 世纪 20 年代的经济繁荣期间，当美国人占据了道德制高点之后，欧洲精英们便被看作是在所有方面都有罪过的。[43]

然而，显然只有少数大型的、以消费为导向的工业才有能力实行高工资的经济战略，因此，在美国带来了相对高工资的工业生产力是如何把整个社会都变成了一个大众消费文化全面爆发的社会的，其原因并不是很明显。美国生活水准时代的出现，以及在美国走上了消费者丰裕的高速路后，已经走上低速路的欧洲社会先是向美国模式移动，然后，在被投到德国所主导的新秩序的轨道上之前，它又急剧转向离开了，在解释这些现象的过程中，其他因素也扮演了一个角色。

第一个因素，简单地说，就是美国那不同寻常的丰富资源。当关于美国经济有多伟大的叙述谈及美国丰富的自然资源时，人们想到的就是煤炭、铁、锡、铜、丰富的水资源、石油，或这个国家所富有的其他任何形式的、进入了工业生产的资源。对于下面这一点人们谈论的却不够多：即美国那非常早熟的农业工业化，或者说是一个辽阔的非正式的帝国的恩赐，这个帝国早前建立起了历史学家威廉·阿普尔曼·威廉姆斯(William Appleman Williams)所谓的"把一种用经济定义的生活水准与一种用文化定义的生活质量进行的一种巨大混合"。[44]充足的食物资源对现代消费者来说是必不可少的，它不仅能使人们避免长期的食物缺乏，而且还能降低食品的价格，从而使即使是微小的工资增加也能够进入像服装和住所这样的其他商品中。尽管很多欧洲人直到20世纪50年代都在被反复出现的食品短缺所折磨，美国市民却从19世纪70年代起就已经习惯了多样的和富有营养的饮食，这种饮食通过提供一个广泛的可选择菜单，也使得美国人熟悉了其他领域的很多分类。繁荣的农业把乡村变成了一个富裕的市场，把那里的人变成了邮购商品的消费者。除此之外，快速的运输又使美国人成为了世界上对以下商品的最大消费者：糖、烟草、成品咖啡、口香糖树胶、可乐饮料所用的古柯提取物、菠萝，以及四季皆宜的香蕉串。从中美洲的半殖民地地区用冷藏快运船和快速货运列车高速运出的香蕉，成吨地出现在费城的贫民区、芝加哥的北城区和纽约的下东区，在那里，12个香蕉只卖6美分。依靠"它的简单、准备起来经济和低廉的价格"，沃顿商学院的经济学家西蒙·E.帕滕(Simon E. Patten)写道，香蕉"永久性地……增加了工人们的'食品基金'"。[45]

第二个解释大众消费文化崛起的因素是美国国内市场的广度和深度，以及美国工业的巨大规模。没有人能够忽视那些消费导向的企业的巨大规模，以及这些企业又如何利用了一个单一的市场，这个市场那快速增长的人口在1930年达到了1.23亿，约为欧洲3.7亿人口的三分之一，这些人口分布在300万平方英里的广大土地上，相比之下欧洲的领土面积才200万平方英里。[46]与高生产力的三个“S”化（即简单化、标准化和专业化）结合在一起的美国制造业倾向于缩小产品种类的范围，它们瞄准的是以巨大的数量和低廉的单价换取利润。[47]反过来，这些企业巨头对市场的控制周期性地被那些更小的、灵活的、地区性的公司扯开，这些小企业在像伍尔沃斯这样的连锁店渠道中找到了出路，推动了大众零售业的早熟性的成长。即使这些更小的企业破产了或被收购了，它们也已促使政府进行了反垄断立法，树立了消费发明的榜样，并鼓励了服务的风气。[48]其最后结果就是出现了一个国内市场，一个持续向外和向下扩张的市场，一个世界所有国家中最宽广、最深厚和增长最快的市场。

第三个因素是一种无产阶级消费意识的早熟发育。探索一种体面的工资以支撑一种体面的生活水准，既是一项劳工的战略也是一项商业的战略。在19世纪晚期，为了反抗老板们调低工资，本地出生的白人男性工人们公然反抗被贬低为“工资奴隶”；他们的劳动是他们的肉和血，是不能用微不足道的工资来谈判的。在用罢工和怠工来体现人格不能出售的原则之后，他们在其他的基础上接受报酬：不是要放弃他们的劳动，而是为了有尊严的生存而获得必需品。[49]这种民粹主义的消费主义对那些最有社会资本和技术最好的工人们有用，因为他们认为自己的斗争对准的是两个敌人：一个是剥削和勒索他们的公司老板，另一个则是劳动力市场上那些可鄙的竞争者，他们的形象包括小偷小摸的爱尔兰人派蒂、没有骨气的中国人约翰、懒惰的黑人、拉丁人以及和胡蜂一样的人，“这种人像害虫一样地活着，他们的家庭不名一文，他们的食物和衣服都只有象征性的成本”。[50]为了与前一种敌人讨价还价而同时预防后一种敌人，他们授权他们的工会与商界和政府谈判，与它们建立起一种特殊关系以封死外来工人（可以是出生于外国的工人，黑人或女性工人）的竞争，并发起了好斗的“购买美国货”运动。

民粹主义的消费主义因而与血淋淋的劳工斗争并不是矛盾的。对社会手段的本质上利己主义的使用与集体行动结合在一起,将会为所有那些用公平的每日工作挣得公平的每日工资的人建立起一座福利上的“大糖果山”。当苦战最终获胜后,劳工斗士们看到了一个极其物质主义的梦幻世界的出现:健身房、巨大的游泳池、大理石盥洗室、装饰着收藏品的工厂(这些收藏品比大都会艺术博物馆的展品都要高级),还有为工人们准备的莫里斯安乐椅的舒适,工人们可以在这种椅子里休息他们疲倦的四肢。[51]民粹主义的消费主义也不排斥一种特有的、美国形式的工人阶级的国际主义。美国劳工宣称自己是适合一种体面的生活的,它让自己走上了一条不同的路,这条路不同于欧洲大陆上的社会主义运动,这种运动在马克思主义的影响下,为社会公平的报酬和作为普遍权力的政治代表权而展开斗争;它也不同于英国的商业工会主义,这种工会主义以古老的、约翰·布尔所谓的对基本尊严的权力的名义,通过为全面的工资增长而斗争,在工人们中间建立起了一个强大的共同阵线。[52]但是,美国劳工运动也支持对来自低工资的外国的不公平竞争保持警惕,并劝告蒙昧地区的被压迫工人在“高工资主义”的旗帜下集合起来斗争。

自然地,民粹主义的消费主义被不断增长的工资加强了。然而,高工资不能被理解为仅是一个数字,而是有规律地发放的、发给越来越多的工人的、体现为现金的一种总报酬。它替代了其他的报酬形式,如公司住宅供给、定量的食物,以及雇主家长制作风下的其他杂七杂八的东西。对工资几乎没有什么扣交,但同样地,如果它停发了,政府或公司的补偿义务也很微小。有了现金工资,工人们就可以灵活地处理他们的收入,他们会被大量的创新性产品、广告、快速变化着的消费习惯和信贷的可用性刺激。工人们在需求上无法依赖国家的帮助,他们不得不学习管理他们的工资,以应对商业周期中的繁荣时期和低迷时期。在经济兴旺的年代里，整个家庭都可以自由花费；在经济困难时期，他们就只能节俭了。总之，教会工人把他们的收入当作一种资本来看待，教会他们把收入投资到家用设备中（如果可能的话投资到买房上），对工人们那作为消费者的雇主来说，以及对工人们那明显的行动自由来说，都是可行的。[53]

如果没有经过“公共生活的民主风格”的过滤，民粹主义的消费主义将是难以想象的。维尔纳·桑巴特（Werner Sombart）是欧洲观察19与20世纪之交的资本主义增长的最敏锐的观察家，他经常被引证，说他曾经断言美国的社会主义搁浅在了“烤牛肉和苹果派”的浅滩上，这句话的意思是说，美国工人们被大众消费收买了。但他其实从来没有说过这类话。他的观点是，在美国，“生活风格”（意味着新的商品和习惯）是在“社会宽松的环境”中被实践的，而在欧洲，“生活风格”是由持久的阶级区别遗产表现出来的。因此，并不是“非常合身的礼服、黑漆皮的靴子和最流行的雅致服装使得工会领导人能带着德国贵族的那种优雅走来走去，起作用的是那种自我肯定，是那种表明属于某个阶层的标志的缺失，而几乎所有的欧洲工人都有那种标志”。收入不平衡并不是一个原因，因为美国的收入不平衡比其他地方的都高。但是，继承自封建关系中的那种身份区别的缺少“使得不同阶层间的距离……在意识中比它实际的更小”。[54]因此，随着新的商品涌入市场，以及寻找消费者的商业淘汰了更便宜的商品类型，不同阶层间的那条防止挥霍的界线就变得越来越模糊了。在一个移民国家里，那些新来的移民想尽可能地使自己看上去像那些早来的人。因此，像T型车和品牌肥皂这样的大众商品缺少具体的阶级内涵——虽然商品营销者们会一直致力于给这些商品加上地位内涵，显示这种相似性的最明显的方式是防止挥霍的方式，那就是拥有其他所有人都拥有的东西。这并不是说购买创新性商品能力的平等与种族歧视、物质环境的不平等以及各种社会势利的不良行为是矛盾的。

没有什么能比20世纪20年代出现的一个广泛共识更能标志着美国消费文化的早熟发育,这个共识就是,美国的所有公民都或多或少地分享了美国生活水准。[55]正是“体面的”工资、“高的”工资或“文明的”工资等观念,标志着它与19世纪的明确分离,在19世纪,“生活水准”表示的是工人们生存下去的绝对最低的生活所需;这里的主要争论是,按照19世纪早期英国经济学家大卫·李嘉图的工资“悲观法则”,随着工人们为稀缺的工作展开竞争,最低工资是否将会被推低到最低生存费用以下。在“生活水准”前面加上一个综合性的词语“美国的”,就使它有了一种全新的含义:共同享有的物质习惯是美国人民团结的最明显的证据;有一系列的规范在指导着美国人民;反过来,美国人在他们自己的选择中揭示出了这些。

在这种信念的背后,有一场在观点上有利于大众消费的革命,这场革命支持了西蒙·帕滕所谓的美国从“赤字的”或“痛苦的”经济向一个“过剩的”或“快乐的”经济的跨越。从看电影、吃香蕉和当代生活的其他通俗娱乐这种“文明的新基础”中,这位哲学家看到一种新的道德正在形成。它的基础是对国家经济资源的正确管理,比如提高了最低工资标准而没有降低其他阶层的消费水准。因此,马尔萨斯对于人类那类似动物的困境的悲惨预言(即不停地交配和繁殖直到食物供应被超过,然后围绕剩余的一点资源展开毁灭性的战斗),被宣告破产;同样被宣告破产的,还有马克思那为分割由生产力的发展所产生的剩余价值而进行阶级斗争的可怕的辩证法。帕丁宣布,放弃犹太教和基督教的禁欲主义吧,伴随着一种“更高的生活水准”,将会出现“一个更高的需求阈值”。体验和品味中的新奇性不仅鼓励了智慧,而且还提炼了品味。真实的贪吃者是原始人,会吃的人则变成了美食家。更多的消费因而带来了一个更加道德的社会;对于人们对一种体面的生活水准的权力，不需要用更好的福利、自然法则和先验的人类正义原则去论证。[56]

现在，建立美国生活水准只需要另外两个因素了。第一个是要揭示美国人需要的是什么。尽管美国人高度重视个人隐私，但他们其实把他们的每个角落都暴露给了以消费科学的名义进行的各种调查和测试。随着对消费者开支的公共性或私人性的全国性调查在20世纪30年代早期增加到了几百次，没有任何对美国文明发展方向的严肃调查可以忽视消费者们的倾向。其结果就是围绕由什么构成了一个“富足的、健康的和体面的生活水准”，出现了一个不协调的公共意见。[57]根据“开支、居住状况和其他数百种东西”，新的消费科学提供了一个“美国水准”的轮廓。对著名的家庭经济学家玛格丽特·里德(Margaret Reid)来说，它就是“其特征包括：缺少阶级区别，用金钱来衡量价值，新奇、高速和节省时间被赋予了很高的重要性。有一处家庭住所很普遍，并且住房拥有率很高。健康和正规教育(虽然并不是必然很有学问)，在人们的追求当中很突出”。[58]

最后一个因素，就是按照他们获得这种水准的能力去将美国人分类。哥伦比亚大学的经济学家和商业顾问保罗·H.奈斯特龙(Paul H. Nystrom)的“生活水准群体”研究，提供了第一个完整的轮廓。可悲的是，在最底层，还有一个下层群体，这个下层群体占总人口的18.5%(包括“失业者和流浪汉”)，这些人生活在最低限度生活费的水平上，因而“缺少必需品和许多生活中的舒适和便利”。推测来看，这个数字可能包括了当时的大部分非洲裔美国人，以及贫困的农村白人和土著美国人。然而，很大比例的美国人，占到71.4%，在所有种类的商品中分享了消费市场，随着他们收入水平的提高，他们对必需品、舒适、便利和奢侈品的消费或使用在数量、质量和价格上都在增长。在他们之上，相对较少的10%的人口展示出了生活的“富裕和自由的”水准，这代表着

“更高的购买力和对所有种类消费品的花费”。[59]自此以后，只存在商品的等级，不再存在人们的等级。广告业、民意测验家和经济学家们几乎立刻就赞同了奈斯特龙的分类，他们用从A到D的收入类别来划分全国的人口。

然后，生活水准并不仅仅是美国人民拥有的商品的总和和种类，它还包括用越来越高的收入去获得它们的那些方法。美国生活水准确认了以下这些：打破习惯的习惯展示了社会活力；随着需求的成熟，它们也变得越来越多样化和复杂；在使用商品上的社会效仿是自然的和积极的；没有任何阶层垄断着品味的水准；最后，新产品上市以后，从理论上讲所有人（取决于他们的收入）都可以买，整个社会变得更有凝聚力和更易于沟通。这一生活水准为威尔逊的“认同的民主”提供了坚实的基础。

当然，还有非常大的提升空间，还有五分之一的人口实际上被彻底排除在外，并且获取这一生活水准的途径也很不公平。直到20世纪50年代，人们还从未承认，越是强调包括了所有的人，有色人种被排除在外的事实就越是模糊。然而，从原则上讲，所有人按他们的消费者角色都被承认获得了真实的（只是还很小的）权力去行使选择，并且这一对生活质量的日常表决作为一种对公民权的最低练习，增强了全国的归属感。对社会公正的要求因而可以把其焦点放到提高购买力上，而不是放到任何野心勃勃的大修这一制度上。早在20世纪20年代，美国人就可以夸耀自己是第一个谈论“需求的自由是自由的首要本质”的民族。[60]

给予消费者的行使这种自由的权力，看上去被差不多十年后才进入美国词汇表的“消费者主权”一词大大地提高了。H. A. 赫特（H. A. Hutt）是一位出生于伦敦的政治经济学家，在前往美国之前他是开普敦大学的一位教授，他第一个提出在独裁政权和指令性经济面前，自由社会必须要支持公民通过作为消费者的选择可以行使的公民权力。[61]他的意思并不是说消费者说了算，或者说不受拘束的消费者统治将会抹掉阶级不平等。市场经济的存在并不是为了去使人们平等或解放人们，而是为了在面对膨胀的国家政权时配置和保护现有的自由。进步在于把所有人（不论有无财富或权力）都看作是消费者。当然，按照真实的社会关系来看，这种概括化代表了一种巨大的伪善。但是，它也预示了公共演说中礼貌的一个飞跃。因为，它使不带明显的偏见、残酷的修辞和诋毁性称号地谈论其他人的集体习惯成为可能。

捍卫欧洲人的生活方式

当以20世纪的托克维尔自居的安德烈·西格弗里德（André Siegfried）被问美国民主对欧洲的自由主义预示着什么时，他的答案里面充满了颤抖。美国人的“技术性谈话”听上去是中性的，这位法国首屈一指的政治经济学家在1926年写道，只不过事实上它里面扩散着“一整套关于人、社会和生活的观念”，这些观念与欧洲人的生存方式格格不入。欧洲不得不“适应一种伟大的旧文明，承认她的缺陷、当前物质资料的匮乏、可用资产的不足，以及其欧洲顾客们购买力的可怜”，这样生活下去。而她的“财富”在于“其子孙们个人的足智多谋，他们的创造能力，他们对工作的传统，以及他们生活的朴素”。这种生存方式面临着被“新世界的某种不合理的、过分的生活水准”摧毁的危险。[62]这位世界主义的自由主义者发出了这样的评论，而他曾反复宣扬他对美国那块土地的赞美，在那块土地上“白种人正在第一次不依赖欧洲人的领导实现某些东西”。欧洲的大部分精英也是像他这样想的。

问题并不在于美国的生活水准是可恶的还是必要的，在福特主义及其对快速恢复经济的承诺在政治领域展现其蛊惑人心的魅力时，这样的问题曾经反复出现过。在极左的阵营里存在着共产主义者，比较突出的有安东尼奥·葛兰西，他在他的《狱中笔记》一书中，曾经充满热情和个性地描写“美国主义和福特主义”，认为那里面蕴含着能扫荡欧洲的封建资本主义残余的力量。[63]在极右阵营里有学究式的弗里德里希·戈特尔·奥特林菲尔德(Friedrich Gottl Ottlilienfeld)，他是柏林大学的政治经济学教授(在那里他也是桑巴特的同事)，这是一个充满了警惕性的人。在写于1924年的、暂时定名为《福特主义?》的小册子中，他推广了一种反动的“白色社会主义”，这种主义主张将装配线上生产出来的丰富产品集体化，以防止大众变成革命的“红色”品种。[64]在1928年提醒希特勒有必要就这个问题阐述自己的观点的，就是这本设计拙劣、文风单调的书在右翼分子中的持久流行这一现象。

真正的问题是，希望在20世纪早期的欧洲发展一种像美国那样的生活水准是否现实。毕竟，在欧洲国家中，并没有像在美国一样发生消费制度的革新，美国在此前的五十年中所发生的那种革新，是由以下因素引起的:美国的丰富资源、它的民主传统，以及在国家的经济制度、人口数量、社会关系和文化见解中所积累起来的众多深刻的、细微的和持久的变革。

最有创新性的反应并非来自在国家层面上的改革，而是来自一个把欧洲国家统一起来以创造一个在规模上与美国相同的消费市场的计划。法国经济学家弗朗索瓦·德莱西(François Delaisi)在20世纪30年代初提出了一个尤其具有探索性的计划，这一计划的目标就是要把“马力上的欧洲”与“马拉的欧洲”结合起来，它这种说法的意思，是指把拥有现代工业和相对高消费的西北欧地区，与拥有低城市化、散布的乡村人口和贫困农业的南部与东部欧洲地区结合起来。这一颇具想象力的泛欧计划的第一步，是把大量正在流入德国的美国资本引向东部欧洲，这些资本已经在德国导致了生产过剩和衰退。1932年，面对着大萧条和受到苏联类型的经济计划的鼓动，德莱西又发展出了第二个、更加雄心勃勃的计划。这一所谓的德莱西计划将会通过重组欧洲的商业设施(包括交通、邮递系统和其他通讯手段),把生产者与消费者结合在一起。它还要求欧洲拥有殖民地的大国从美国身上学习教训,结束正式的帝国(这种帝国只是一种资源浪费并且是冲突的源头),并"回归欧洲"。然后,为了扩大和深化他们的内部市场,欧洲各国政府必须要学习福特,把欧洲地区当作一个单一的市场来看待。随着购买力的提高和廉价商品涌入市场,欧洲将会走出停滞,并沿着美国的路线发展。[65]虽然很有预见性,但德莱西的这一乌托邦却搁浅在了大萧条的浅滩上。

无论如何,如果认为20世纪早期欧洲的问题就在于消费导向的生产的缺乏,那将是错误的。不可否认的是,欧洲地区的所有东西都是与美国不同地被衡量和发展的:从规模、产量、企业的内部安排、销售模式、对利润的概念,一直到对消费者的概念。能够说明欧洲消费导向经济的最好的外观的就是,它是建立在繁荣但却是碎片化的地区市场基础之上的。着眼于扩大这些地方性交易区域的创新,不能像在美国那样,依靠投资于使用单一目的机器和非熟练工人的大量新装配厂,而是应依靠安装多用途的机器以生产更多种类的定制产品。[66]依赖多才多艺的、稳定的劳动力的企业,可以通过改变给工人的食品的数量,让这些工人或多或少地被连续雇佣。但它们却从不会增加工资。在20世纪20年代,在被大萧条彻底荡平之前,欧洲的制造业还没能从源自一战的供应混乱和通货膨胀中恢复过来。这些企业不顾一切地去降低成本,它们削减了金钱收入,提高了非货币的补偿,它们抛弃了安全规程,在产品质量上偷工减料。只要可能,生产相似产品的企业就会签订协议,把产品价格保持在有利可图的水平上并瓜分市场,希望能借此减少竞争。大部分企业都寻求关税保护。其最终结果就是低生产力、高产品价格、资金周转慢,以及在消费品上可以被忽略的创新。

如果有过增加需求的真正前景,商业战略可能都已经大大改变了。然而,从 1890 年起,欧洲的人口增长已经减慢到了平均每十年增长 6.5%,而在美国,由移民和很高的出生率带来的人口增长飞跃到了每十年增长 19%。在“马拉的欧洲”地区,大量的人口生活在半专制的国家,他们很少使用金钱,也很少从当地市场上购买东西。它们的总体购买力通常增长缓慢。而美国的总体购买力从 1913 年到 1929 年出现了非常突出的 23%的增长,而西欧的平均增长只有 5.5%。在美国,个人平均收入(按生活成本调整后)从 1869 年到 1899 年翻了一番,在 20 世纪 30 年代初出现了一些剧烈波动后,从 1909 年到 1942 年差不多又翻了一番。只有瑞典跟上了美国的步伐。在 1913 年至 1947 年,法国的个人平均收入没有出现明显的增长。德国和意大利同样如此。[67]

虽然收入并不是平均分配的,但消费习惯还是能表明变化。因此,随着资产阶级顾客购买汽车,工会化了的工人们购买餐具和其他家用设备,住在家里的城市女店员沉湎于丝巾、发夹和口红等小的个人奢侈品,以及所有阶层的人们都习惯于去看电影和购买家用收音机,欧洲人在 20 世纪 20 年代甚至是 30 年代初经历了一个小的景气。然而,这些趋势并没有导致美国意义上的那种生活水准的提高。它们也没有带来那种良性循环,即大规模生产使产品价格更低,使得对新产品的消费更为普遍,使得商人们变富,这又鼓励了新的投资,并动摇了旧的需求层次。

的确,对新的产品和娱乐的需求撞上了一个障碍的堡垒。受阶级束缚的消费规范构成了一个堡垒,社会主义者和工人阶级运动的贫困文化构成了另外一个堡垒。受到这些障碍的挤压,新的消费行为起了社会分裂源泉的作用,而不是社会融合的作用;它们为社会区别和排斥提供了新的资源,而不是使社会标准更加相似和更加可及。在最好的情况下,那些消费者会有一种令人不安地一知半解的、不可预测的社会形象。在最差的情况下,他们的需求会被等同于下层社会的需求,是轻浮的、贪婪的、反复无常的，因而增加了经济趋势的不可预测性、政治的极化和民族文化的退化。

最重要的是，新的消费习惯冲撞到了欧洲社会的“区别”障碍。虽然被广泛认为是出自法国社会学家皮埃尔·布迪厄在1976年发表的大部头的先验主义研究著作，但“区别”这一术语的首次出现其实是在1925年发表的一篇叫《障碍与水准》(*La barrière et le niveau*)的很短的说明文章中。其作者埃德蒙·高布勒特(Edmond Goblot)是一名持有非传统思想的逻辑学教授，当他在法国各地缓慢发展其职业生涯的时候，他勤奋地记录了法国社会中排斥和接纳的典型。[68]高布勒特用“区别”这个词，指的是资产阶级社会关系中特有的几个特征：从他们的购物习惯和举止风度，到他们为了在物质上区别于其它阶级而持续不断的(不过很狡猾的)斗争。不可否认的是，因为资产阶级家庭将他们的住所隐私看作是一种特权，没有任何喜欢窥探的调查员敢于去破坏这一点，因此本来是没有社会学家能够科学地记录这种生活方式的。然而，高布勒特对这种环境足够熟悉，这使他能够大致地说出几条将作为消费者的资产阶级与其他人区别出来的普遍规律。首先，他们的住所，不管是普通住宅还是公寓，也不管有多穷，一定会有一个会客室，有为孩子们留出来的单独的住处和邻近仆人居室的厨房空间。厨房对做家务是必不可少的，在厨房里，自来水、活动谷仓、煤气灶和充足的照明等现代舒适设施经常是缺乏的，资产阶级女性也不会干仆人的活儿。虽然在食品开支上是节俭的，吃饭却是精心安排的，供应品是很留心地购买和准备的，上餐的时间选择是完美的，餐位和餐具同样如此，餐布也是完美的。其他的规律涉及的是他们那与众不同的礼仪，从书法和穿着风格(注意那些规定，关于什么时候戴男用硬顶圆礼帽，什么时候戴大礼帽，以及那些调整在家中的待人接物礼仪的规定)，到温泉疗养、汽车旅行和家庭在海边与山上度假的规律性。成为资产阶级，也意味着垄断社会再生产主要渠道的能力，包括更高的教育和对艺术赞助的控制，以及塑造品味和影响大众观念。不管他们的职业、收入、家庭大小和住所的情况如何，反映出了这种非常形式化的生活方式的资产阶级，通过着装、身体语言和有形的影响，妙不可言地从其他大众中脱颖而出。高布勒特事实上提出了这样一个观点："当他们从街上经过时，你只需要瞟一眼就能从平民中分辨出一个资产阶级；一个绅士完全无法被与一个男人混淆，更不要说一名女士能被与一名妇女混淆了。"[69]

这种异乎寻常地具有内聚性的生活风格的根源来自于旧制度下的秩序社会，以及资产阶级在取代贵族精英的缓慢过程中，为夺取他们的审美情趣和仿造品味及时尚的力量以建立他们自己的影响力的努力。在一战前夕发展到顶点时，这种资产阶级的生活风格看上去是如此的界线分明、轮廓清楚和具有排外性，以至于高布勒特试图把它描绘成类似于印度种姓制度的东西。然而，区别并不是像在革命前的旧制度下那样产生于出身，而是产生于继承来的经济力量，尤其是产生于资产阶级家庭利用他们的社会地位去建立对商品和服务的垄断的那种能力。从卡尔·马克思这位对资本的分析家那里我们知道，文化力量取决于阶级地位，而阶级地位反过来又取决于对生产的关系，随着生产关系被革命，阶级地位将会被侵蚀并最终被推翻。从马克斯·韦伯这位对社会阶层粘性权力的分析家那里，我们知道，社会地位一旦被对商品和服务渠道的控制增强，就能相当强地不受经济财富衰落的影响。[70]

在旧的消费制度中，资产阶级的经济财富远没有衰落，加入进来的新力量增强了社会障碍。政府保护那些致力于奢侈品生产的手工工业。它们还明确，不论它们的生产力怎么样，它们的从业人员都会被给予一种合适的薪水和条件，以维持一种有助于国家礼仪的生活方式。政府还支持精英们对教育系统的垄断。

文化产品如此被珍视，但又被如此吝啬和不平衡地分配，这一事实增强了传统文化设施的声望。更重要的是，它增强了传统文化设施在所有那些行业的从业人员心目中的声望（这些行业能够通过某种方式从它的组织中获益），从报纸社论写作者、主要的商业协会的领袖，到当地的公共图书馆的负责人和初中学校的老师。面对着国家品味和风格中的潜在变化，这部分依附势力对广泛的社会异类精英都保持着警惕。

在它的礼仪和守旧性上，这种欧洲资产阶级的消费制度，看上去与索尔斯坦·凡勃伦（Thorstein Veblen）在1899年出版的《有闲阶级论》一书中所描述的那种关系相去甚远。相比那种社会疏远、对商品的垄断和对隔离的炫耀性展示的一成不变，凡勃伦那极富想象力的描述所讲述的是那种危险的接近、对商品的竞争和渴望在原始的尚武展示中获得社会承认的镀金时代新富阶层的反复无常。“易招怨恨的比较”的动力在一场广泛的模仿潮中四处冲击社会阶层的金字塔。“炫耀性消费”（也是凡勃伦发明的术语）使他们那招摇过市地开往慈善舞会的、闪亮的座车中出现了他们并不需要的东西；“炫耀性消费”也使得工人们于发薪日在酒馆里互相攀比地向每一个到来的人提供酒水。[71] 15年之后，凡勃伦应该会观察到了像罐装食品、安全剃须刀和汽车这样的创新性商品的影响，这些商品的快速扩散与不断增长的收入和新的需求有关，而不是与显示社会地位有关。购买者们通过在其他物品上节省开支来购买这些产品。因此，这类商品是对一种已经备受非议的社会阶层的另一次冲击，但是这个冲击是可以被吸收掉的，因为新的购买是可以用不断增长的收入来支付的，并且它被认为对全社会奔赴一个更高的美国生活水准是适宜的。

相比之下，在欧洲，缓慢和不平衡的增长阻碍了创新性产品流通到市场上，而这也同时使这些产品的社会影响更具分裂性。缺乏经济手段的下层资产阶级在模仿更高层的资产阶级时遇到了麻烦。但他们也不能背弃他们，因为他们接受了将资产阶级的标准作为自己的标准，并且也没有一个市场或社会权威认可一种可以替代资产阶级标准的东西。使其境况更加艰难的是，他们陷入了一场围绕资产阶级社会的“地位商品”而展开的斗争：像进入更高的教育体系这种商品，和带有堂皇的装饰的对希腊语和拉丁语的学习这种商品，这类商品随着它们的被民主化，已经失去了它们的地位价值。[72]新来者同样想使用图书馆、旅馆、温泉疗养和海滨胜地，更不用说火车的头等车厢、剧院的包厢雅座，以及他们的旅行车使用由富人铺上了石板的机动车路。但是，一旦新来者获得了这些，这类商品和服务就不能再提供与原来相同的社会满足了。这样，对资产阶级生活方式的需求过度就把资产阶级的机会、通货膨胀的价格和围绕需求的冲突抛在了后面。把这些稀缺的地位商品民主化，是对它们原来的经营者的一种公开侮辱；要维持它们的排他性，则是对新出现的有抱负阶层的公开侮辱。

在这两者之间的那些阶层受到的打击最大，德国人把他们定义为“中产阶级”，其他文化则称他们为小资产阶级。从 20 世纪 20 年代早期开始，关于这个阶层的故事非常的多：立式灯罩的制作者沦落街头；老实本分的会计师去了这样那样的政府部门；忠诚的银行职员被悄悄地发现在向路人乞讨；而这些人的过早衰老的夫人们受到经济困扰的逼迫，在请求商店主们发仁慈允许她们赊账，并把家里的饰带、织物和银器捆扎起来，偷偷摸摸地前往当铺。[73]正是他们对旧的消费制度那正在崩溃的等级的隐痛，导致了一个情感战争战场的出现，正是他们对与像美杜莎那样的敌人（工人、美国、富人和犹太人）作战失败的担心，使他们在 20 世纪 30 年代倾向了反动势力那边。[74]面对反扑，中产阶级试图通过某些组织来保卫他们的共同利益，这些组织更倾向于代表他们作为一个身份群体的外在标志，而不是更倾向于代表他们的经济利益。在这种努力中，他们通常是无功而返。[75]因为缺乏另一种思考生活水准的方法,一种将会使他们归依到一种新的、大众的、生活方式的中间道路的方法,所以没有什么看上去能够阻止这种社会机体的流血。这样一种生存是如何能被设想出来的,更不用说是如何被安排的,是问题中的问题。

为什么欧洲没有民粹主义的消费主义?

任何新标准的创立都被下面这个事实大大地复杂化了:即,有区别的社会的另一张面孔是工人阶级的亚文化,这种亚文化的特点塑造了社会主义运动,也被社会主义运动塑造了。在1900年前后,维尔纳·桑巴特对欧洲社会主义的工人阶级运动的同情,促使他怀疑是否是消费者们的富足阻碍了这一运动在美国的扩展。假如这位欧洲社会学界的"红色王子"将这个问题拿回到欧洲来问:"为什么欧洲没有消费主义?"他能够成功地揭示他自己的社会中那些阻碍了民粹主义的消费主义发展的特性吗?

首先,欧洲的社会主义者们有思考生活水准的丰富(只是深深地分裂了的)传统。一方面,作为一项政治运动的社会主义支持争取高工资的要求,这样做既是为了改善工人阶级的物质生活,也是为了通过提出它无法满足的要求,来证明资本主义作为一种经济体系的局限性。另一方面,社会主义在伦理上和文化上倾向于西方的禁欲主义传统。社会主义者的良好生活吸收了基督教贫困中的平等主义和人道主义中的俭朴。它谈论基督与他的追随者们共享面包和圣弗朗西斯(Saint Francis)对贫困的誓言。它与鹿特丹的伊拉斯谟所讲的迷人的话语有共鸣之处:"当我只有一点钱的时候,我买书;当我有更多一点钱的时候,我买食物和衣服。"它在自然富足的想象中自得其乐,"除了生活,不存在财富",温和的行会社会主义者约翰·罗斯金(John Ruskin)习惯于这样说。真正的贫穷并不是物资的缺乏,人整个一生中的可能性也不能被设想为是通过市场交易来寻求满足。通过承认人类感官的、物质的和智力的需求的无限多样性，卡尔·马克思设想，当私有财产的链条最终被打碎之后，人类最终将会获得自由，可以上午去打猎，下午去钓鱼，晚上去读书。

19 世纪的社会主义培育了对生活乐趣的这种丰富设想。在 1887 年出版并被经常再版的《懒惰的权利》(*The Right to Laziness*)一书中，马克思的女婿保罗·拉法格(Paul Lafargue)——马克思心爱的、有着栗色头发的女儿劳拉的克里奥尔人丈夫，对愿望满足的乌托邦梦想进行了一种尤其诱人的法国人的歪曲，这种愿望满足也是夏尔·傅立叶的法伦斯泰尔运动的梦想的主旨，美国人爱德华·贝拉米(Edward Bellamy)的《回顾》一书的主旨，也是国际劳动节上那所有民间演说家们的主旨，这些演说家们把传说中的世外桃源的承诺与空想的花言巧语变戏法般地糅合到一起。在拉法格看来，工人们的“懒惰的权利”比“资产阶级革命中那些晕头转向的律师们所编造出来的过时的人权”要“高尚和神圣一千倍”。拉法格和他的同时代人弗里德里希·尼采一样蔑视犹太教－基督教的禁欲主义，他号召资产阶级抛弃工作伦理，迫使自己“工作但每天只工作三个小时，用玩耍度过白天的其余时间和晚上”。因而“将它自己从作为普通消费者的任务中解放出来，它将会急着去解散军人那帮暴徒、法官、帮闲和皮条客等等，它曾离开有用的工作而去帮这些人消费和浪费”。反过来，工人阶级“将不得不无限扩大它的消费能力。不再每天只吃一两盎司的变质的肉，如果他吃肉的话，而是高高兴兴地吃一磅或两磅牛排；不再是只适度喝一点劣质酒，比教皇还要像天主教徒，而是可以豪饮大坛的勃艮第产的波尔多葡萄酒，而且是没掺水的葡萄酒，把水留给牲口们喝吧”。[76]

为何欧洲人对于“大糖果山”的看法在 20 世纪早期之前变成了对教义的亵渎，紧接着又变成了我们将其与 20 世纪的共产主义联系起来的关于需求的严肃概念，这个问题很难查明。一部分原因是，它源自沉闷的市内犹太人区的工人们对乡村节日中的拉伯雷式戏剧依赖的破灭。另一部分原因是，它产生自大规模生产的工厂那令人难以忍受的管理。还有一部分原因是，它是社会主义的领导人那令人扫兴的节俭的结果，这些领导人真实地相信穷困的救赎价值，相信其选民的贫困使得他们在为社会主义而斗争的过程中愿意做出任何牺牲。不论怎样，到 20 世纪 20 年代为止，欧洲的社会主义对制造业（尤其是标准化了的、大规模生产的制造业）那丰富的、有用的和吸引人的产品明显地缺乏想象力。它对这些产品的认识达到了这样的程度，它会说它们满足的是虚假的（与真实的相对）需求。对工人们用物质财产可以干什么最令人难以容忍地缺乏想象力的那两种社会主义者，也是最倾心于福特制的那两种社会主义者。一种是共产主义革命者，他们以先锋政治的名义打破了社会改良主义的沉闷。另一种是注重效率的工团主义者，这些人虽然有意为他们的委托人赢得更高的工资，但却非常明显地被禁止说出工人们用更高的工资可以真正干什么。[77]在最低要求的面包与住所和最高要求的一辆小马力的汽车之间，似乎不存在任何值得梦想的东西了。一个工人阶级的妇女可以想象得到的大量家居便利，包括铝锅，但也还有热水、绒毛枕头，或一个曲柄驱动的洗衣机，更不用提丝袜、一个花瓶，或有饰带的桌巾，这些东西统统不在顽固的男性社会主义者们的想象范围之内。

在理想状况下，社会主义通过与抛弃了庶民的所有东西并且一无所有的知识分子结盟，可以实现从需要的王国向自由的王国的巨大飞跃。一方面，左派的自我抑制的禁欲主义主张在集体中消灭自我，尤其是当自我表达出了令人不安的矛盾的愿望时。专注于不必要的东西是一种偏离行为，也是自我放荡的根源，抛弃资产阶级的生活方式是克服各阶级间的物质隔阂的一种方法。[78]

另一方面，左派的禁欲主义把工人们看作是天生就受动物活力支配，这种动物活力很容易变成赤裸裸的物质需求，除非受到政治自觉和党的组织纪律的约束。一旦他走上了享乐的道路，他会完全像他的底特律同行那样完蛋，底特律的工人们在发薪日那天，他们一走出工厂的大门，就会被下列人群包围：妻子们、亲属们、商人们、收账者、分期还款信贷公司的代表们和拿着封扣工资的破产文书的县治安官的法警们。[79]然而，在美国，还有清教徒主义和禁酒令能使工人们受到控制。欧洲的社会主义新人缺乏这些制约，因此需要采取措施指引他远离小资产阶级分子的那种堕落的社会行为，让他在工人阶级的团体中牢牢地锚定自己，从而使自己的需求得到升华。更紧迫的一个问题是，工人阶级的家庭住在狭促的、阴暗的单元住宅里，吃着大量的碳水化合物，穿的是经过翻新和缝补的衣服，除了去工作大部分时间都呆在步行可及的范围内，到邻居家闲逛是其主要社会活动。但这个问题必须要以集体的方式解决。以下这些严格来说是对美好生活的最广阔、最美好的想象空间：按功能分布的得到了补贴的公寓，庄严的公园，公共交通设施，体面的学校，提供打折票的优良的电影院以及为大众举办的特别音乐会，以及有组织的假期。直到 20 世纪 50 年代，大部分欧洲工人无论如何都不会用更繁重的工作去换取更多的收入，即使他们的老板有意谈判用更多的钱来换更高的产量。由于缺乏新的需求，劝说他们牺牲今天的时间和劳动去换明天的商品满足是没有用的。如果有什么例外的话，那就是他们更喜欢有更多的闲暇：假如一个人不用工作的话，有很多东西可以盼望。[80]无论如何，没有什么表明高生产力本身是一个值得追求的目标，或改善了的报偿可以用某种方式与更紧张的劳动联系起来。与传说中的昼夜不停地工作的美国商人们不同，欧洲的食利阶层是传说中的寄生虫，他们靠土地的肥沃为生，什么也不生产，除了他们那自私的快乐。他们当中有足够多的人以这种方式生活,足以证明这个传说。同样地,无数的政府官员的薪酬也被与他们作为国家公仆的岗位联系了起来,而不是与他们为公众提供的服务的水平联系了起来。像战争这样的紧急事件导致了工资的增加,尤其是在与军事有关的岗位上。否则,众所周知的是,在政治上组织得最好的工人们有最好的机会获得更高的工资,而不是最多产的工人有最好的机会获得更高的工资。[81]

反过来,雇主们相信,如果他们增加工资,工人们将会"在粗俗的和暂时的满足中浪费掉他们剩余的购买力"。任何期望工人们因为贫困而质朴地生活的人都会发现,工人们作为消费者的行为是不可预测的,如果不是反复无常的话。乔治·奥威尔(George Orwell)发现,在维根码头领取救济的工人们带着糖、甜食和一杯茶嘲笑口若悬河的社会改良家。[82]社会学家保罗一亨利·雄巴尔·德·洛夫(Paul-Henry Chambert de Lauwe)所研究的巴黎的工人们什么都想要,他们反过来既焦虑又好玩,既沮丧又开朗,既紧缩又大方。在发薪日前夕,他们的妻子们还在为能否买得起食物而忧心忡忡,因为他们的债务负担是如此的沉重。然而,在发薪日的次日,在商店主们被安抚住之后,他们又满载肉和糖而归,仿佛不会有明天了。

考虑到工人们被设想是一个分散的群体,他们作为体力劳动者的条件所强加的生活选择比收入更能塑造他们的习惯,又如何期望他们的生活水准能够被改变呢?这是一个社会主义者、法国社会学家莫里斯·哈布瓦赫(Maurice Halbwachs)在其广泛的知识分子生涯中曾反复思考的一个难题。哈布瓦赫生于 1877 年,只比阿尔伯特·托马斯大一岁,托马斯是他在高等师范学校的同学,在一战期间,他也曾在托马斯的领导下工作。哈布瓦赫是这样的一个世界主义者和博学者,他看上去不大可能会支持关于当代社会中不同阶级的需求的任何偏见。

然而,哈布瓦赫的第一本书,一项对"当代工业社会中的需求的层次"的调查，只是重申了当时看上去是一种直觉的结论，即，社会各阶级在完全相互隔绝的方式中生活，即使他们有相似的收入。相应地，一个职员的家庭像一个资产阶级家庭一样安排它的收入，在食物上尽可能少的花钱，而把预算扩展到有名望的住房、孩子们的教育、对父母的帮助以及夏天的假期等方面的花费上。相比之下，工人阶级的家庭在食品上会花相对更多的钱，同时几乎不为住宅存储钱。这种差异是一件令人惊奇的事，因为有关消费的唯一真实的"法则"——恩格尔法则说，一个家庭的收入越低，就会将越高比例的钱花在食物上。恩格尔法则的提出者是恩斯特·恩格尔，他是19世纪中期普鲁士统计办公室的负责人。在收入相同的情况下，这两个家庭的收入应该是以相同的方式被花销的。为了解释这种差异，哈布瓦赫引用了他的老师埃米尔·涂尔干(Emile Durkheim)的观点，即，各个群体的生活风格是被他们的集体自我形象制约的；"被迫接触死气沉沉的东西"的工人们因而"变得与其他人类群体隔绝了"，为了补偿工作时同伴的缺乏，他们过度花费(考虑到他们的收入)到交际性的、工作之外的消遣上，特别是在食物上。通过与小资产阶级比较可以看出，他们只投资很小比例的钱到居住上，因为它只会加强他们的隔绝。结论是与此类似的：不同的阶级用不同的方式考虑他们自己。对工人来说，更多的收入只是意味着他和他的家庭会吃得更多。虽然哈布瓦赫是一个社会主义者，并且还是一名居住"问题"专家，但资产阶级的有色眼镜使他没有考虑工人们寻求体面住宅的不可能性，有无可能不是最重要的影响因素。[83]

唯一完全把工人们当作十足的消费者来考虑的社会主义者，只有消费合作社运动的那些领袖们。但是，与美国的民粹主义的消费主义不同，社会主义的消费主义太政治化了，这使它在巩固工人们的亚文化并同时提高工人阶级的生活水准时，很难轻易地挤进资产阶级的消费制度中。

合作社主义的出现可以回溯到1844年，当时，在英国中部地区，来自荒凉的山谷小镇罗奇代尔的28名贫困潦倒的法兰绒纺织工人，每人为这一事业捐出两或三英镑，凑了一笔可观的资金开了一家商店，销售面粉、黄油、糖和麦片。这些罗奇代尔的"先锋们"用他们的天才解决了牟取暴利的问题，其方法是：根据捐献者投资和购买股份的比例，为股份资本支付5%的利息。剩余的钱以红利的形式支付给它的会员们。相应地，合作社主义者们（他们以此知名）认为，在他们自己的商店购物和从他们的邻居中欢迎新的捐献者，对他们自己是有利的。到了19至20世纪之交，经过了伴随着工业化的扩展，这一运动在从西雅图到明斯克，到加尔各答的全球各地拥有数以百万计的会员。[84]

每个国家和地区都有合作社主义的提倡者。法国的提倡者是查尔斯·纪德(Charles Gide)。纪德是一位政治经济学家，也是所谓的尼姆学院的创建者，他不仅在法语地区有巨大的影响力，而且在整个欧洲都有很大的影响力。对纪德来说，消费者就是"国王"。消费者主权（如他所使用的这一概念）是一种伟大的力量，这一力量源自消费者是"被遗忘的第三等级"这种情感。像那些结合起来推翻了贵族旧制度的暴政的普通人一样，他们也会聚集力量去推翻生产者的旧制度的压迫。[85]相比美国的消费者概念（即由市场选择所揭示的众多个体需求的集合），纪德的消费者们的意志是通过大量的合作社商店集体行使的。在20世纪20年代达到顶点时，这些商店的入口处的标志是一颗"磁铁星"，而不是"一个卑贱的商店标志"，它们主导着数以千计的工人阶级团体的消费规范。[86]

然而，社会主义的合作社主义的生存并不容易，正如最伟大的合作社事业所证明的。这些合作社事业集中在欧洲劳工改革主义的心脏地带比利时，住在最显眼的建筑布鲁塞尔市区的人民之家里面。当维克多·霍第(Victor Horty)的六层楼的新艺术建筑在1899年举行开业典礼时，它的一半空间都是献给合作社事业的生意的。来自国外的几十个代表、"国际万岁"的圣歌、那些烟花，以及数以万计的庆祝者们也是在庆祝一项工人阶级的事业，这项事业在它的设计、营销技术和产品质量上可以与任何资产阶级的百货大楼相抗衡。然而，这是一种穷人的消费主权。首先，它无法维持物质标准，更不用说去建立标准：风格依然是由资产阶级时尚的领导者们制定的，并且工人们的购买力根据商业周期的表现而起伏不定。当经济变差时，美好就受到了损害；服装从很时髦的变成了只不过是得体的，面包也变成了销量最大的那一种。其次，商品来源出现了一个问题：为了找到最低的价格，采购员们去寻找那些吝啬的制造商，完全可以想象，那些人不仅不是加入了协会的工人，甚至不是比利时人。[87]再次，"为社会主义而购买"扩大了社会距离，而不是缩小了社会距离。当上层社会以被模仿而自豪时，效仿就会起作用，正如美国的商业精英们所做的那样。事实上，通过推销不值钱的大众商品，当他们感觉受到了效仿的威胁并激烈地污蔑它是阶级妒忌时，效仿并没有起作用。

然而，对合作社事业的最尖锐的批评不是来自资产阶级精英，而是来自于最接近他们的文化环境，这种文化环境是由比利时工人党的新社会主义流派塑造出的。最有水平和最杰出的批评家是亨德里克·德·曼(Hendrik De Man)，他是来自安特卫普的一个显要的佛兰德斯家族的子孙，也是在两次世界大战期间最大胆和最有名的社会主义修正主义者。他曾是一个美国的重要崇拜者，在1918年，他访问了美国，在对欧洲的梦想完全破灭之后，他打算去美国生活，他把全家都迁到了西雅图，去寻找"新的精神港湾"，并作为一名大学教授重新开始了他的生活。在他对美国的赞歌《国家泰勒主义》一书中，他鄙视了桑巴特的那种担心，即美国的工人阶级受物质舒适的诱惑，已经偏离了激进政治的道路，并且他还谈及了对西海岸那富有效率的合作社运动的特殊偏好。比利时的工人们应该学习他们的成功。至少，直到他在回忆中所称的“他人生中最糟糕的一天”[88]到来之前，那就是他的思想轨迹。“最糟糕的一天”发生在20世纪20年代中期的某一天，当时，他突然意识到，欧洲的工人阶级正在受到社会主义使用类似的物质影响力所进行的唆使。这是怎样的一个灵光一现啊，他在脑子里把桑巴特的问题转了个个儿：需要调查的问题不是“为什么美国没有社会主义？”，而是“为什么欧洲有社会主义？”。

德·曼对此的回答是，欧洲的社会主义并不是对工业化所导致的贫困做出的反应，是对资产阶级文明中所缺少的民主、平等和伦理意义的强烈需求导致了这种反应的出现。为了制订一个有效率的改革议程表，社会主义运动必须要高瞻远瞩。工人们并不是只遭受经济剥夺的痛苦，而且还在遭受在社会上低人一等这种感觉的折磨。如果有机会的话，他们将会通过“买进”一种“模仿的文化”，来尝试平息他们的妒忌。他的结论（当时是一种离经叛道）是，社会主义斗争必须要围绕伦理问题来定位它自己，而不是围绕物质的获取来定位它自己。但是，如果目标是一场价值上的革命，那么美国的物质主义文化就是一个真正的威胁。在20世纪20年代后期，德·曼反对美国的大众文化，到了20世纪30年代中期，这位社会主义者被广泛看作是欧洲寻找“国家”社会主义的运动中最主要的知识分子。在1940年，德·曼将会拥护希特勒的“新秩序”。[89]

大约在同一时期，维尔纳·桑巴特这位曾经的德国社会学界的“红色王子”，在无产阶级消费主义的问题上也得出了同样该受诅咒的结论。在20世纪20年代，他已经变得越来越相信，在这个他所谓的“高级资本主义”时代，资产阶级积累资本的目的已经再次改变了特点。在早期资本主义时期，它追求利润并同时致力于满足它自己的明确的需求。在当代世界，它受到的是抽象需求的推动——无限的、不受约束的、破坏所有价值的需求。美国人是这种资本主义的始作俑者,但是,这种现代资本家的真正原型是犹太人,这种人,虽然其洞察力值得钦佩,但他在文化上的无根性却让人为其深感悲哀。1933 年改为信仰纳粹主义以后,桑巴特在他的信念上更加坦率了:德国的社会主义(他指的是纳粹政权的意识形态)需要清楚地阐明消费品味和康乐的新的、"好的"标准。拥有浮华的奢侈的旧资产阶级和"黯淡的无产阶级贫困的均质化"都无法产生一种对生活的有道德原则的展望。一个像旧的普鲁士那样的"简单国家"提供了一个令人信服的模式,它的君主的眼光也提供了一个令人信服的模式,弗里德里希大帝(Frederick the Great),虽然他"穿着一件破旧的制服……但却知道怎样区分高尚的需求和可耻的需求"。[90]

统制需求

正如桑巴特的反动号召所表明的,20 世纪 30 年代给有关生活水准的看法带来了巨大的变化。在 20 世纪 20 年代,在合作社运动之外,很少能听到消费被谈论。[91]自由主义的经济学家们承认,消费作为一个问题是存在的。毕竟,如果在战争后方没有针对消费的配给制和其他调节,第一次世界大战就会很难打。然而,在围绕改善工资的争论被变成围绕增加购买力以便从大危机中拯救整个资本主义体系的争论之前,物资匮乏被看作是人类生存的一个基本状态,自由市场被看作是分配物资的手段,而消费只被看作是像商业这样的另一项自由,并受制于政治和市场的兴衰。对传统的自由主义的政治经济学来说,在景气的时期会有更多的消费,而在不好的时期就会有更少的消费。因而,自由主义的评论者们就忽视了新的趋势。首先,政府通过配给制、抑制工资增长、"购买国货"运动、税收、关税等等,已经在用这种或那种的方式调节消费。其次，正如凯恩斯所言，第一次世界大战通过“向所有人透露消费的可能性”，已经宣布了“对于生产这一蛋糕的非消费性的真实信仰的终结”；再分配财富的压力不仅是不可能被永久抛开的，而且，是资产阶级的节约理念而不是花销理念将会变成资本主义发展的障碍。[92]最后，大萧条，不论它被诊断为是由生产过剩引起的还是由消费不足引起的，没能证明传统的自由主义的紧缩疗法的有效性，这种疗法会最大限度地削减政府开支以压低成本、工资和物价，直到资本家进行投资的时机再次成熟。

的确，政府对大萧条的反应敲响了作为旧消费基础的那种政治经济学的丧钟。所有的政府，从左派的到右派的——从英国工党的拉姆齐·麦克唐纳(Ramsay McDonald)政府到德国保守主义的天主教中央党的总理布吕宁(Brüning)，都紧缩经济并导致了政治混乱。在帮助失业者方面，当时所有可实施的措施都不起作用，包括贫乏的救济品、临时的公共工程项目和不稳定的失业保险。这些政府被抗议运动、大量转向议会中的反对派的投票和加强了的反议会运动赶下台，只是个时间早晚的问题。

一个显著的结果就是，提高购买力开始被看作是恢复资本主义所必不可少的。约翰·梅纳德·凯恩斯一直被认为是通过强调理解总体消费开支水平的必要性，解释了迄今为止很少被人理解的有效需求的决定性作用。凯恩斯把对生产者与消费者的传统区分放到了一边，这种区分是自由主义的经济学家们所热衷的，他们认为，正是生产者与消费者之间的那些障碍——例如卡特尔、官僚机构和坏的规则导致了经济危机并阻碍了经济的迅速恢复。凯恩斯发展出了一个消费功能的概念来补充其他经济学的概念集合，例如投资功能和货币需求等。在研究消费功能时他发现，更富的人储备了更高比例的钱，因而在消费上花了更低比例的钱，从而降低了投资率。这一意想不到的发现说明，不可预测的力量是投资者,是资本家生产者和资产阶级顾客,这些人没有使用他们的潜在储蓄,不可预测的力量并不是大众消费者,这些人的需求是能够通过货币和财政政策被正确地管理的。作为一名社会势利分子,对于假如消费者使用了购买力,他们用这些购买力真正干了什么,凯恩斯采取了不可知论的立场。[93]

结果,在提高购买力的必要措施成为辩论的焦点之前,凯恩斯的理论基本没能流传开来。不可避免地,人们的目光都转向了美国,在美国,富兰克林·罗斯福利用新政,看上去似乎正在成功地提高购买力,使人们充满活力,并抑制有组织的商业活动。事实上,他在从事的是一项不同的事业:通过承认谈判的集体权力同时建立社会安全措施,他大大地加强了美国的资本主义和美国的民主。然而,他的政府并不把消费者看作是一种政治力量,而是看作经济增长中的一个集合。政策激活了消费者那在经济上分散的利益以抵消那些强大和集中的利益的力量,但并没有到妨碍自由企业、监视任何财富再分配和向联邦政府中植入真实的新规则权威的程度。[94]

然而,在欧洲,增加购买力的举措立即提出了大众将会如何使用这种购买力的难题。很突然地,欧洲国家遇到了美国已经在过去解决了的那些问题,例如将移民同化到本国的生活规范中,还遇到了美国从 1914 年之后就不再面对的问题,例如进口商品和外国消费模式的压力。换句话说,经济复苏必须要依靠给予消费者完全的选择自由的想法一时变成了时髦,正如这相同的理论也将会迅速失宠一样。那么,什么力量将会缓和消费习惯中的变化,既在文化基础上又在经济基础上防止外国风俗的扩张,并按适当的本国资源混合体矫正市场趋势和文化信息呢?突然之间,国家生活水准的概念是多么地有用,一下子变得一目了然了。[95]

然后,在 20 世纪 30 年代后半期,欧洲变成了一个建立新的国家生活水准的不同试验的大舞台,右派和左派互相竞争,而这两者都把美国的经验放在脑海里。在改变生活水准方面，人们想象不出有比那两个政府更加不同的政治体系，它们就是法国人民阵线的莱昂·勃鲁姆(Léon Blum)政府和希特勒的第三帝国。勃鲁姆的左翼联盟瞄准的是用各种方法增强购买力：重新分配财富，授予工人们集体谈判的权力。相比之下，纳粹政府瞄准的是"要有能满足需要的黄油，要有尽可能多的大炮"。[96]在一个封闭经济的约束下，它越来越转向为战争做准备，它努力廉价为消费者提供商品(这些商品的缺乏曾使德国看上去很落后)，减少文化商品的阶级区分特性，通过按照消费者在所谓的"人民共同体"中的有用性和种族的层级，通过奖励和剥夺这些消费者来分配稀缺资源。

对保守派来说，法国的人民阵线代表的是最坏的模式，这不仅是因为他们对更高的工资有敌意，而且还因为他们害怕当权的左派所预示的生活方式的改变。在1936年5月赢得选举之后，当激进社会主义者联盟承诺将通过一揽子的薪水和工资增长提高购买力之后，它认为自己是在学习新政。为了实现这一目标，社会主义者莱昂·勃鲁姆的政府采取了三项措施：它把每周工作时间减少为40个小时而不削减工资，因而扩大了就业；它实施了公共工程以增加工作机会；它提高了农产品价格以增加农民的收入。[97]这些措施虽然很大胆，但勃鲁姆政府却不敢冒险使法郎贬值，因为它害怕那样做会损害中产阶级建立在储蓄和收入基础上的生活方式，并且建立对资本的控制会使大资产阶级更加害怕。因此，估价过高的法郎使得法国很难出口商品，对资本控制的缺乏使得资本外逃，这引发了使政府下台的金融危机。

然而，勃鲁姆政府在台上的这接近两年的时间是多么精彩的一段时光！每周40小时工作制带来的解放、周末制度、第一次有的带薪假期、节日的气氛和发生在车间的导致劳动生产力大降的罢工，所有这些，使工人阶级以一个现代工业社会所能够想象得到的程度接近了拉法格的“懒惰的权利”。列·拉格朗日(Leo Lagrange)在被内阁任命为第一位负责体育和休闲活动的副部长后,用火车票打折来刺激旅游业,人民阵线既在欢庆商品消费,也在欢庆休闲消费。[98]

人民阵线对增加工人消费也会培育民主化的自信,反映出传统的社会主义思想中的禁欲主义出现了一个真正的转变。在此,莫里斯·哈布瓦赫又回到了我们的画面中:在1933年,他写了一本关于工人阶级的生活水准的新书,修正了他1912年的著作,他的看法完全改变了,他写道,这不仅是因为过去的这段时光,也是因为距离。他用此话想说的是,1930年秋他在美国所呆的那四个月使他大大开阔了自己的视野,当时,他在罗伯特·E.帕克(Robert E. Park)的邀请下,在芝加哥大学任教,帕克是美国最有创新性的城市社会学家。哈布瓦赫能被邀请的资格,包括他对“日常生活现实”的敏锐感觉、他对统计学的天赋和他对种族多样性及一种“与我们如此不同的白种人”的好奇,这些因素的确在他改变自己先前观点的过程中扮演了重要角色。但他改变观点的媒介却是一位一流的工会官员交给他的“宝贵文件”,当时他在回国途中在华盛顿特区的劳工局逗留。这些文件不是别的,正是在底特律为声名狼藉的福特-国际劳工组织调查所汇编的那些文件。[99]

一回到巴黎,哈布瓦赫就埋头研究这次调查的发现,当时他正着手分析欧洲能有的、有关生活水准的最好的数据。这些数据是由德国统计办公室对2036个家庭进行的大规模研究所提供的,这次调查发生在1927至1928年,是为了研究通货膨胀对普通德国人的影响的。在透过美国经验的镜头阅读这些德国的数据后,他看出了工人、白领雇员和政府官员是如何不同地按照他们的社会地位来花销他们的收入的。然而,现在,他已经对那种认为新的需求能使人们放弃固定的需求层次的看法变得很敏感了。[100]“生活风格”并不取决于“劳动种类”。工人做出的是社会选择。可以想象的是,工人们对新的消费习惯或许会表现出一种早熟的兴趣,假如他们有那种收入的话,因为,与资产阶级和更低层的中产阶级不同,他们较少地投入到流行的标准中,社会将他们从这些标准中排斥出去了。为了抓住这些趋势,哈布瓦赫将他的新书命名为《需求的演化》。

的确,哈布瓦赫在让他周围的同事们相信他的观点时遇到了一段困难的时光。当法国社会学研究所举办了一场有他最好的朋友弗朗索瓦·斯米兰德(Francois Simiand)和少数其他持怀疑立场的学者参加的讨论会时,这些人主要关心的问题是讨论这一发现的政治含义:他们希望他们长期相处的同事去解释工人的思想将会受到这一所谓的更高生活水准的何种影响。美国工人正在变得更像资产阶级吗?他们购买那些产品去提高他们的社会地位了吗?在追求一种虚幻的资产阶级福利的过程中他们正在抛弃社会主义吗?难道他们的需求不是虚假的,不是被广告塑造出来的?哈布瓦赫满怀信心地回答说,马克思主义者对真实需求和虚假需求的古老区分是不合适的。缝纫机、电熨斗、洗衣机和厨房小配件并不是无价值的东西,它们深刻地改变了生活方式,尤其是妇女的生活方式。他非常冷静地忽视了马塞尔·莫斯(Marcel Mauss)反感女性式的嘶哑叫喊:“她们甚至不知道好的烹饪意味着什么。在农场里的女性甚至从罐头里拿出猪肉和豆子来招待客人。”哈布瓦赫打消他们的疑虑说,新的消费习惯所受的驱动并不是要属于一个新的阶级,而是要进入一个集体努力的新境界,在这个新境界内,传统的社会区别已经变得无关紧要。正如新的消费制度肯定带来了新的自由,它肯定也将会带来新的约束。因此,有必要预见工人阶级政治的一种终结。[101]

然而,在20世纪30年代晚期的法国,在人民阵线的增加工资政策导致工人阶级的收入出现法国历史上最大的飞跃之后,消费习惯中的差别是增长了而不是减少了,这加剧了而不是减少了身份关系的紧张。[102]认为由人民阵线的工资和休闲政策所鼓励的消费过度，直接促成了法兰西第三共和国的危机的看法，在资产阶级中非常普遍。“人们的生活水准越来越依赖于政府的慷慨，越来越不再依赖真实的经济基础，”安德烈·西格弗里德强调说。随着食品进口的增长改变了贸易支付差额，从有利于大城市变成了有利于法国的殖民地，法国人正在真实地把他们自己吃成一个从属国。[103]这种对休闲和食物的未受控制的胃口，强化了已被保守派广泛持有的一种看法，即法国消费者们的天性是不可救药的“浪费的”、“没有修养的”和“非理性的”。消费者们的这些行为使降低工资变得合理化了，也让用计划消费进行试验的主张变得合理化了，这种计划消费正在被他们更可怕的邻居德国实施。[104]

到了20世纪30年代晚期，纳粹德国已经变成了“指令消费”中最激进的试验的典型。在消费方面，欧洲的另一种重要选择是苏联。但斯大林五年计划的消费那一面从未被像它的生产那一面那样被看待。强迫投资用工业武装苏联的相应结果就是对最基本的必需品——食品、住所和衣物投资不足，80%的人口面对着这个问题，没有人敢去讨论；对于那种意在区分莫斯科、列宁格勒与其他地区，区分有特权的党的官僚、突击手与极度饥饿的农民和劳动营的囚犯的稀缺资源配给制，也没有人敢去讨论。[105]与其他欧洲国家形成对照的是，苏联领袖毫不含糊地宣布他的国家生活水准是替代美国生活水准的欧洲典范。

对一个正在用完黄金和外汇储备、依赖食品进口（尤其是殖民地的食品和油脂）的政权来说，第一项必不可少的举措就是独裁。在纳粹官僚们的煽动下，德国工业在使用替代品方面体现出了一种天才。有些替代品是容易找到的，例如用德国苹果来替代热带水果，虽然它们永远无法补偿令人哀伤的香蕉的缺失；其他一些替代品，例如用大麦芽代替咖啡，从口味和刺激活力的角度来看，更像是欺骗。寻找油脂的替代品尤其困难，因为德国在油脂上依赖进口(包括从美国进口成吨的猪油),并且也没有足够的奶酪、人造黄油、果酱和其他甜味佐料来弥补油脂的缺少。化学和塑料工业更善于寻找橡胶、毛线和棉花的替代品。使用替代品的宣传、对食物的推荐和"购买国货"的命令,所有这些都促成了德国消费者花销的民族性。[106]

指令消费对创新性商品赋予了非常明显的政治价值,例如对收音机,但特别是对汽车。与美国相比,没有任何其他商品比汽车更能标志着德国消费的落后,也没有任何其他商品比汽车更能显著地标志出各阶级的差别。也没有任何其他与供应有关的问题引起过元首的这么大关注。为了生产一种低成本的汽车,希特勒让生于奥地利的汽车工程师费迪南德·保时捷(Fernand Porsche)去访问了底特律,设计了一种新的汽车模型,并草拟了生产计划。由于无法获得私营资本对生产这种汽车的支持,特别是欧宝公司和福特公司的支持,希特勒求助于德国劳工联盟的领导人罗伯特·莱伊(Robert Ley)。急于扩大他的管理帝国的莱伊同意了管理这个大众汽车项目,并发明出来一个独创性的计划,即用未来消费者的预付款来为它提供资金。在一年之内,有 25 万个家庭加入了这一计划,签订合同同意每周支付 5 马克,共支付 4 年。当建在下萨克森州的沃尔夫堡的这一巨大工厂的装配线被重组用以生产军用车辆后,消费者们的信心肯定受到了沉重打击。当民用生产在 1948 年再次开始的时候,这一计划的参与者们可能也不会满意,如果他们仍然还活着的话。在那时,他们的存款已经消失在了苏占区,通过法院要求承认他们的合同的起诉在 1954 年也前功尽弃,当时法院的终审否决了原告的要求。在极权主义的制度下,"货物出门后概不退换,买者自行当心"的原则有着特别的含义。[107]

指令消费也依赖于对衣服这样的稀缺必需品进行配给制。1938 年,在认识到四分之三的纺织纤维是进口的之后,德国加快了生产更多替代织物和从苏联增加亚麻进口的计划。尽管如此，如果军队想要有合适的服装，民用需求就不得不被压缩75%。因此，严厉的配给计划在1939年开始被起草，它的最高成就出现在9月份德国人侵波兰之后，并被宣传成是一个“德国完美性的杰作”。这就是第三帝国的服装卡，它的目标是“将个人对服装总体需求的严格限制，与在赋予他的理论配额内购买所需服装的自由结合起来”。每张服装卡给予消费者100个点数，可以用这些点数来购买服装，比如说，买一件浴袍需要花60个点，一件毛衣需要20个点，一双袜子4个点。自然地，消费者必须要学会管理这一“自由”，以便不再需要买袜子或纽扣或缝补线。严格的规则还规定，在购物者获得一件新大衣之前，旧的大衣必须要上交，除非能够证明旧大衣正在被改造给一个小孩穿。与和平时期相比，中产阶级对服装的购买下降了30%，工人阶级的购买则下降了40%至50%，配给制的主要目标是想让这种削减显得不太专断，也许，因而也显得不那么痛苦。[108]

指令消费也依赖于转变标准的含义：必需品不再靠收入水准来获取，获取的标准是由种族躯体的健康状况和高贵性决定的。个人的适合性，从作为个人的优势，例如花钱看牙医，或花钱在购买公司投资之类的上，或花在一种在第三帝国会被福利国家以社会集体的名义认定为风险的东西上，变成了国家和政党以人民共同体的名义所采取的措施的目标。这与对非物质商品的强调是一致的，即，应该用以前被文化资产阶级垄断的那些文化商品来款待人民。对希特勒来说，当权的人“应该为人民提供所有好东西中的最好的东西”，而不能持“资产阶级的理解，即，对普通人来说所有的东西都已经够好了”。文化不应该再是“富人的财产权”。为灵魂和精神提供的食粮，应该与为胃提供的食粮一样多。[109]虽然1933年11月27日建立的欢乐组织的活动显得比较庸俗，但它为休闲组织建立了一种新的标准，这种集体性的休闲消费，在某种程度上弥补了个人休闲消费的不足。[110]

最重要的是，指令消费对于谁应该获得商品建立起了优先权。确定谁有权获得一张定量供应卡是最简单的：雅利安人有权获得，非雅利安人无权获得。然后有个问题就是，不同的卡应该给多少个点数，其方法就是：工作的人点数更多，家庭主妇的点数更少，孩子们的点数又更少。选择性标准也可以通过征募供应品和改变供应品的使用方向来实现，例如，把给市区购买者的供应品转给正在西部前线修筑防御工事的建筑工人们。事实上，配给制是根据计算其对人民共同体的有用性来实施的。存在有用的嘴，也存在没有用的嘴。随着供应品变得更加稀缺，后者的名单在不断增长：犹太人，病人和残疾人，老人，被征服的民众，以及在劳动营里被强迫劳动的劳工中，那些不能干活的人或干活乏力的人。

最终，希特勒将会回到他 1928 年思考的结论——鲜血与土地上：缺少一块足够其生存的土地的德国，需要一个正式的帝国。到了 20 世纪 30 年代晚期，在这一点上德国出现了广泛的共识。从 1931 年起，受到其他有巨大市场的大国（首先是美国）助长的世界经济的封闭，已经使甚至像 IG 法本公司的领导人卡尔·杜伊斯堡（Carl Duisberg）这样的先前的国际主义者都相信，德国需要有自己的地区经济空间，一个经济大空间。这一术语是生存空间的同义词，包括了生存空间的所有东西：重新安置居住的种族主义和泛日耳曼主义内涵、种族灭绝和直接统治。[111]

1942 年，在第三帝国的征服活动达到了顶点时，认为新秩序将会带来更高生活水准的看法在国外获得了惊人广泛的认同，正如它在德国获得了广泛认同一样。德国的宣传承诺说，德国对欧洲大陆的统治所带来的新的国际劳动分工将会创造新的经济互补性，并且德国自己将会停止某些改善其本国人民生活水准的措施以降低生产成本，以便使其他国家能够为大量的德国制造业提供供应。[112]以前的泛欧主义者们在希特勒的成功上看到了他们所设想的那个富裕的、统一的欧洲的实现，他们聚集到了新秩序下面。我们在这些人里面发现了一个人，此人不是别人，正是费林的老相识、一名曾经的自由主义的欧洲统一的拥护者弗朗索瓦·德莱西。1942 年，他认同了那些“轴心国的人们”，因为他们的这种远见：把世界划分成自治的“生存空间”，每个“生存空间”都把有相同种族和相同文明的人聚集起来，目的是把他们的资源用互补的方式组织起来，以便提高最大多数人的生活水准。那样，一个在德国的领导下统一起来的欧洲不仅将会与大英帝国和美国共存，而且也将会为整个地区的人们提供一种更高的经济福利标准。[113]

如果和平时期的国家社会主义党的生活水准将自己呈现为美国生活水准的替代选择的话，那么它战时的版本却证明，有多少个人，就有多少种个人最低标准，并且从社会的角度来看，这种最低标准是没有尽头的：生活水准可以被随意降低，虽然降得并不是那么快。[114]从 1941 年起，带着 19 世纪普鲁士那极为科学的工资和生活水准研究所具有的那种一丝不苟，德国国家、军队和纳粹党的官员们系统地致力于为那些最微不足道的人建立标准，以消灭那些“不值得活下去的生命”。计划好了的消费决定着应该榨取多少食物，比如说，从希腊，它让希腊 400 万人口中的四分之一处于挨饿状态；它还决定着应该分配给波兰总督多少卡路里的热量，以及应该给华沙的犹太人区留多少具体数量的卡路里。对于给劳动营和给灭绝中心的定量配给，精细的计算把它们分成了克、份和卡路里。每一样东西都被详细说明，包括卷心菜、马铃薯和酱。对特莱西恩施塔特集中营的说法对所有地方来说都是真实的，“储藏室里的那些营养表都是有意的或无意的欺骗”。[115]

在战争结束时，假如莫里斯·哈布瓦赫曾进行了他计划中的那项研究，他应该会研究这些文件。这是一项对欧洲生活水准的综合性研究。历史事实是，在他前往里昂抗议法西斯民兵暗杀了他的岳父母后，盖世太保在1944年7月逮捕了他。在被位于弗雷纳的监狱流放后，他于8月20日到达了布痕瓦尔德(Buchenwald)集中营，在那里，集中营的医生看到他因生疖子而患病后，鉴定他为不适合劳动的人。他的定量配给反映了这种类别的人的饮食供应：一标准份的250克干面包和四分之三升的汤，没有那12克的人造黄油，没有正午茶歇以便喝上那种被称作咖啡的、难以形容的液体。吃着这种饮食，住着透风的简陋房屋(位于艾特斯堡的绿色山坡上，歌德和艾克曼曾在那里与大自然谈心)，一个年轻的健康成年人，或许能生存七个月。而哈布瓦赫已经68岁了，并且还生着病。在那个星期天的下午，当他的朋友们有空聚集到了56号房(一个病残者们居住的关押区，离莱昂·勃鲁姆被单独关押的地方只有几百码远)，他们的聊天转向了历史和哲学。也是一名政治犯的乔格思·森普伦(Jorges Semprun)用一条胳膊圈住哈布瓦赫那瘦弱的肩膀，把他撑了起来，森普伦试图通过回忆哈布瓦赫在巴黎大学所教授过的冬季课程，来振奋他那年迈的老师的精神。1945年3月15日，哈布瓦赫的身体被痢疾虚耗尽了，他死了，森普伦轻声吟诵起了波德莱尔的诗句："哦，死亡，老船长，是时候了，起航吧！"[116]

哈布瓦赫，一位在性格和文化上都是乐观主义的法国社会主义者，他对美国经验的研究，强化了他对提高生活水准所具有的文明效果的信念，但这对马尔萨斯的那种恐怖预言来说毫无用处。第三帝国所制造的东西远远超出了马尔萨斯这位严厉的牧师所想象的那种不幸：它的劫掠重演了旧制度下最疯狂的一幕：分享大自然盛宴的桌子上已经人满为患，那些找不到位置的后来者，就被那些和他们一块儿吃饭的食客吃掉了。

注释

章首引语出处：Stanley Hiller，*Exporting Our Standard of Living* (San Francisco：John Howell，1945)，29；Adolf Hitler，*Hitler's Secret Book*，trans. Salvator Attanasio，ed. Telford Taylor (New York：Grove，1961)，19.

1. Hiller，*Exporting Our Standard of Living*，preface.
2. For the circumstances in which *Hitler's Secret Book* was written，see Ian Kershaw，*Hitler，1889 - 1936：Hubris* (New York：W. W. Norton，1999)，291 - 292，688 n. 202.
3. Hitler，*Hitler's Secret Book*，xiv — xviii，96. On Fordism in Germany，see Philip Gassert，"Without Concessions to Marxist or Communist Thought：Fordism in Germany，1923 - 1929，" in *Transatlantic Images and Perceptions：Germany and America since 1776*，ed. David E. Barclay and Elisabeth Glaser-Schmidt (New York：Cambridge University Press and the German Historical Institute，1997)，217 - 241.
4. The literature on the standard of living is vast，and，as the entry in the *Encyclopedia of the Social Sciences* (New York：Macmillan，1938) acknowledges at the beginning，"the concept … has yet to be worked into definitive form." See Carl Brinkman，"Standards of Living，" ibid.，322 -355. For a view of the biases at play in the use of the term，see Serge Latouche，"Standards of Living，" in *The Development Dictionary：A Guide to Knowledge as Power*，ed. Wolfgang Sachs (London：Zed Books，1992)，250 - 263；and Ivan Illich，"Needs，" ibid.，88 -101.
5. *Hitler's Secret Book*，96.
6. Lyndall Urwick to Albert Thomas，July 16，1929，T 101/0/1，Cost of Living file，Archives of the International Labor Organization，Geneva (hereafter ILO).
7. Memorandum of interview between Lyndall Urwick and Sir Percival Perry，London，September 26，1929，1，T 101/0/1，Ford-Filene Enquiry file，ILO. On the expansion of Ford in Europe and the role of its European management，see Mira Wilkins and Frank Ernest Hill，*American Business Abroad：Ford on Six Continents* (Detroit：Wayne State University Press，1964)；and the definitive recent study，Hubert Bonin，Yannick

Lung, and Steven Tolliday, eds., *Ford: The European History, 1903-2003*, 2 vols. (Paris: Editions P. L. A. G. E., 2003), esp. 1:95-168, 319-358; 2: 151-160, 197-198.

8. C. J. Ratzlaff, "The International Labor Organization," *American Economic Review* 22 (September 1932): 447-461, quotation from 449; *Treaty of Versailles* (1919), part XIII, "Labour," preamble. On the ILO, in addition to Ratzlaff, see E. J. Phelan, *Yes and Albert Thomas* (London: Cressent, 1936); and Franco De Felice, *Sapere e politica: L'organizzazione internazionale del lavoro tra le due guerre, 1919-1939* (Milan: Franco Angeli, 1988).
9. Carle Clark Zimmerman, *Consumption and Standards of Living* (1936; reprint, Arno, 1976), 378-417.
10. Draft article by Clarence Streit, May 28, 1929.
11. Copy of telegram, E. A. Filene to Sir Eric Drummond at the League of Nations, July 11, 1929, ibid.; Filene quoted in summary of conversation between Lyndall Urwick and Sir Percival Perry, London, September 26, 1929, ibid.
12. E. A. Filene to A. Thomas, June 7 and 8, 1929, ibid. More generally on the expansion of American foundations abroad, see the recent excellent article by Volker R. Berghahn, "Philanthropy and Diplomacy in the American Century," *Diplomatic History* 23 (summer 1999): 393-419. Progressives of an earlier era also studied the phenomenon. See Merle Curti, *American Philanthropy Abroad: A History* (New York: Rutgers University Press, 1963).
13. Clippings of C.-J. Gignoux, "Triptyque américain," *La journée industrielle*, June 5, 1929; Jean Pupier, "Comment l'Amérique peut espérer conquérir la domination économique du monde," *La journée industrielle*, June 23-24, 1929, both in T 101/0/1, Cost of Living file, ILO.
14. Max Gottschalk to M. Breaud, October 9, 1929, ibid.
15. See *International Wage Comparisons: Documents Arising out of Conferences Held at the International Labour Office in Jan. 1929 and May 1930* (Manchester: Manchester University Press, 1932); W. J. Ellison, "Proposed International Wages and Cost of Living Enquiry," 7 pp., T 101/0/1, Cost of Living file, ILO.
16. Zimmerman, *Consumption and Standards of Living*, 475; Olivier Zunz,

Why the American Century? (Chicago: University of Chicago Press, 1998), 36–37. The paths by which Americans acquired the knowledge offered by European social sciences is studied in Daniel T. Rodgers, *Atlantic Crossings: Social Politics in a Progressive Age* (Cambridge, Mass.: Belknap Press of Harvard University Press, 1998).

17. Telegram, A. Thomas to E. A. Filene, May 31, 1929, T 101/0/1, Cost of Living file, ILO; W. J. Ellison to Herbert Feis, July 13, 1929, ibid. Debate continued thereafter, as evidenced in "Comité nommé per le C. A. en vue d'examiner l'adoption du don de 25.000 offert par M. Filene au nom du 20th Century Fund, Réunion du 9 septembre 1929," Undertaking Entered into Concerning Carrying Out the Enquiry and the Printing and Publication of Results folder, Confidential, 1932, T 101/0/1/0, ibid. See also Bertus Willem Schaper, *Albert Thomas: Trente ans de réformisme social* (Assen: Van Gorcum, 1959), 234.
18. L. Urwick to J. W. Nixon, October 1, 1929, T 101/0/1, Cost of Living file, ILO; Stephen Meyer III, *The Five Dollar Day: Labor Management and Social Control in the Ford Motor Company, 1908–1921* (Albany: SUNY Press, 1981); Clarence Hooker, *Life in the Shadows of the Crystal Palace, 1910–1927: Ford Workers in the Model T Era* (Bowling Green, Ohio: Bowling Green State University Popular Press, 1997), 134–137.
19. Meyer, *Five Dollar Day*, 218–219.
20. "Ford Enquiry: Present Position," May 1931, Undertaking Entered into… folder, T 101/0/1/0, 1932, ibid.
21. Clipping, "La politique des hauts salaires," *Le Temps*, June 12, 1929, T 101/0/1, ibid.
22. Ministre du travail et de la prévoyance sociale [Pierre Laval] to Arthur Fontaine, Delegate of the French Government, ILO, July 25, 1930, T 101/0/1/2/22, ibid.
23. Wilkins and Hill, *American Business Abroad*, 230.
24. "Standard of Living of Employees of Ford Motor Co. in Detroit," in ILO, *A Contribution to the Study of International Comparisons of Costs of Living*, 2d rev. ed. (Geneva, 1932), annex I, 159–200; J. W. Nixon, "How Ford's Lowest-Paid Workers Live," annex III, ibid., 208–215.

25. Comparative statistics are suprisingly rare and approximate. *Statistsches Jahrbuch*, 1941 - 41, p. 109, cited in *Das deutsche Reich und der Zweite Weltkrieg*, 5/1 (Stuttgart: Deutsche Verlags-Anstalt, 1979), 651, in turn cited by MacGregor Knox, *Hitler's Italian Allies* (Cambridge: Cambridge University Press, 2000), p. 30, offers perhaps the most brutally accurate indices of the differences between the United States and European countries, as well as the differences among the latter.
26. See Rosa-Maria Gelpi and François Julien-Labruyère, *The History of Consumer Credit: Doctrines and Practices* (New York: St. Martin's Press, 2000), mainly on France. For conditions in the early twentieth-century United States, see Martha L. Olney, *Buy Now, Pay Later: Advertising, Credit, and Durables in the 1920s* (Chapel Hill: University of North Carolina Press, 1991).
27. J. W. Nixon's memorandum of meeting with E. A. Filene and Director [Albert Thomas], January 14, 1932, Undertaking Entered into ... folder, T 101/0/1/0, 1932, Cost of Living file, ILO.
28. "Ford Enquiry: Present Position," May 1931, 9, ibid.
29. L. Magnusson to H. B. Butler, December 22, 1931, T 10/0/1/61, Cost of Living file, ILO.
30. Keith Sward, *The Legend of Henry Ford* (1948; reprint, New York: Atheneum, 1968), 218 - 220.
31. Governing Body of the ILO, "Minutes, Fifth Sitting," January 15, 1932, 29 - 49, Undertaking Entered into ... folder, T 101/0/1/0, 1932, Cost of Living file, ILO.
32. ILO, *A Contribution*, 1.
33. Pierre Abelin, *Essai sur la comparaison internationale des niveaux de vie ouvriers* (Paris: Librarie Générale de Droit et de Jurisprudence, 1936), 102 - 110.
34. "Ford Enquiry: Present Position," May 1931, Undertaking Entered into ... folder, T 101/0/1/0, 1932, Cost of Living file, ILO; Wilkins and Hill, *American Business Abroad*, 101.
35. Cited in Werner Sombart, *Why Is There No Socialism in the United States?* (1906) (White Plains, N. Y.: M. E. Sharpe, 1976), 11 - 12.
36. Armand Julin, Governing Body of the ILO, "Minutes, Fifth Sitting,"

January 15, 1932, 34, Undertaking entered into… folder, T 101/0/1/0, 1932, Cost of Living file, ILO.

37. François Simiand, *Le salaire, l'évolution sociale et la monnaie: Essai de théorie expérimentale du salaire*, vol. 2 (Paris: F. Alcan, 1932), 404, 410.

38. François Simiand, *Cours d'économie politique professé en 1929 – 1930* (Paris: Editions Domat-Montchrestien, 1930), 288, quoted in Maurice Halbwachs, *L'évolution des besoins dans les classes ouvrières* (Paris: F. Alcan, 1933), 8.

39. ILO, *A Contribution*, 106.

40. Abelin, *Comparaison internationale*, 88 – 96.

41. Meyer, *Five Dollar Day*, 49.

42. Sward, *Legend of Henry Ford*, 56 and, more generally, 50 – 63; Daniel M. G. Raff, "Wage Determination Theory and the Five-Dollar Day at Ford," *Journal of Economic History* 48 (June 1988): 387 – 398; David A. Hounshell, *From the American System to Mass Production, 1800 – 1932: The Development of Manufacturing Technology in the United States* (Baltimore: Johns Hopkins University Press, 1984), 217 – 325.

43. Paul Mazur, *American Prosperity: Its Causes and Consequences* (New York: Viking, 1928), 7. The early origins of the contrast between New World idealism and European depravity in the treatment of labor are explored in Charles L. Sanford, "The Intellectual Origins and New-Worldliness of American Industry," *Journal of Economic History* 18, no. 1 (1958): 1 – 16.

44. William Appleman Williams, *Empire as a Way of Life* (New York: Oxford University Press, 1980), 220.

45. Simon N. Patten, *The New Basis of Civilization* (New York: Macmillan, 1907), 23; William Leach, *Land of Desire: Merchants, Power, and the Rise of a New American Culture* (New York: Pantheon, 1993), 213 ff.

46. Figures excluding Russia and Turkey, drawn up by Lyndall Urwick and F. P. Valentine for the International Chamber of Commerce, *Trends in the Organization and Methods of Distribution in the Two Areas*, vol. 5 of *Europe-United States of America* (Paris: International Chamber of Commerce, 1931), 10 – 12.

47. Alfred D. Chandler Jr. with Takashi Hikino, *Scale and Scope: The Dynamics of Industrial Capitalism* (Cambridge, Mass.: Belknap Press of Harvard University Press, 1990), 52.

48. Philip Scranton, *Endless Novelty: Specialty Production and American Industrialization, 1865 -1925* (Princeton: Princeton University Press, 1997); Charles F. Sabel and Jonathan Zeitlin, eds., *World of Possibilities: Flexibility and Mass Production in Western Industrialization* (Paris: Maison de Science de l'Homme; Cambridge: Cambridge University Press, 1997).

49. Lawrence B. Glickman, *A Living Wage: American Workers and the Making of Consumer Society* (Ithaca: Cornell University Press, 1997); idem, "Inventing the 'American Standard of Living': Gender, Race, and Working Class Identity, 1880 - 1925," *Labor History* 34 (spring-summer 1993): 221 - 235.

50. Quoted in Glickman, "Inventing the 'American Standard of Living,'" 231.

51. Leach, *Land of Desire*, 189.

52. Theresa S. McMahon, *Social and Economic Standards of Living* (Boston: D. C. Heath, 1925), 106, 110 ff.

53. Zunz, *Why the American Century?* 80 - 92.

54. Sombart, *Why Is There No Socialism in the United States?* 109.

55. Hazel Kyrk, *A Theory of Consumption* (London: Isaac Pitman and Sons, 1923), 174 - 177.

56. Simon Nelson Patten, *The New Basis of Civilization* (New York: Macmillan, 1907), 9; Leach, *Land of Desire*, 237; on Patten, see Daniel M. Fox, *The Discovery of Abundance: Simon N. Patten and the Transformation of Social Theory* (Ithaca: Cornell University Press for the American Historical Association, 1967).

57. Robert Lynd, "The People as Consumers," in *Recent Social Trends in the United States: Report of the President's Research Committee on Social Trends*, ed. Wesley Clair Mitchell (New York: McGraw-Hill, 1933); Wladimir S. Woytinsky and Emma Shadkhan Woytinsky, *World Commerce and Governments: Trends and Outlook* (New York: Twentieth Century Fund, 1955), 268; Hugo E. Pipping, *Standard of Living: The Concept and Its Place in Economics* (Helsinki, 1953),

131 -132. A broad view of changing objective standards can be found in Clair Brown, American Standards of Living, 1918 - 1988 (Oxford: Blackwell, 1994).

58. Margaret Reid, *Consumers and the Market* (New York: F. S. Crofts, 1939), 22 - 24.

59. Paul H. Nystrom, *Economic Principles of Consumption* (New York: Ronald Press, 1929), 177 - 230; idem, *Economics of Retailing* (New York: Ronald Press, 1930), 24.

60. Kyrk, *A Theory of Consumption*, 41, 177.

61. Jacob Viner, "W. H. Hutt: Economics and the Public: A Study of Competition and Opinion," *Journal of Political Economy* 46 (1938): 571 - 575. See also Joseph Persky, "Retrospectives: Consumer Sovereignty," *Journal of Economic Perspectives* 7 (winter 1993): 183 - 191.

62. André Siegfried, *America Comes of Age: A French Analysis* (New York: Harcourt, Brace, 1927), 436.

63. Antonio Gramsci, "Americanism and Fordism," in *An Antonio Gramsci Reader: Selected Writings, 1916 - 1935*, ed. David Forgacs (New York: Schocken, 1988), 275 - 299.

64. Friedrich von Gottl-Ottilienfeld, *Fordismus? Paraphrasen über das Verhältnis von Wirtschaft und Technischer Vernunft bei Henry Ford und Frederick W. Taylor* (Jena: G. Fischer, 1924).

65. François Delaisi, *Les deux Europes* (Paris: Payot, 1929). On Delaisi, see Laurent Badel, *Un milieu libéral et européen: Le grand commerce français, 1925 - 1948* (Paris: Comité pour l'Histoire Economique et Financière de la France, 1999), 144, 168, 172, 327; Urwick and Valentine, *Trends in the Organization*, 41.

66. See Paul Hirst and Jonathan Zeitlin, "Flexible Specialization versus Post-Fordism: Theory, Evidence and Policy Implications," *Economy and Society* 20 (February 1991): 1 - 56; and Charles Sabel and Jonathan Zeitlin, "Historical Alternatives to Mass Production: Politics, Markets and Technology in Nineteenth-Century Industrialization," *Past and Present* 108 (August 1985): 133 - 176.

67. Woytinsky and Woytinsky, *World Commerce*, 383 - 386; see also Urwick and Valentine, *Trends in the Organization*, 15 - 16.

68. Edmond Goblot, *La barrière et le niveau: Etude sociologique sur la*

bourgeoisie française moderne (1925) (Paris: Presses Universitaires de France, 1967); on Goblot, see Jean Kergomard, Pierre Salzi, and François Goblot, *Edmond Goblot, 1858 –1935: La vie, l'oeuvre* (Paris: F. Alcan, 1937).

69. Goblot, *La barrière et le niveau*, 2.

70. Max Weber, *Economy and Society: An Outline of Interpretive Sociology* (New York: Bedminster, 1968); see also Pierre Bourdieu, *Distinction: A Social Critique of the Judgment of Taste* (1979), trans. Richard Nice (Cambridge, Mass.: Harvard University Press, 1984).

71. Thorstein Veblen, *The Theory of the Leisure Class: An Economic Study of Institutions* (1899; reprint, New York: New American Library, 1953).

72. Fred Hirsch, *Social Limits to Growth* (1976; reprint, New York: toExcel, 1999), 60, 173.

73. Lucien De Chilly, *La classe moyenne en France après la guerre: 1918 – 1924; Sa crise: Causes, conséquences et remèdes* (Bourges: A. Tardy, 1924), 11; Hans Georg, "Our Stand at the Abyss—1921," in *The Weimar Republic Sourcebook*, ed. Anton Kaes, Martin Joy, and Edward Dimendberg (Berkeley: University of California Press, 1994), 182.

74. Lucien Romier, *Who Will Be Master, Europe or America*? trans. Matthew Josephson (New York: Macauley, 1928), 8 ff.

75. Geoffrey Crossick and Heinz-Gerhard Haupt, "Shopkeepers, Master Artisans, and the Historian: The Petite Bourgeoisie in Comparative Focus," in *Shopkeepers and Master Artisans in Nineteenth-Century Europe*, ed. Geoffrey Crossick and Heinz-Gerhard Haupt (London: Methuen, 1984); see also Philip Nord, "The Small Shopkeepers' Movement and Politics in France, 1888 – 1914," in ibid.

76. Paul Lafargue, *Le droit à la paresse* (1883; reprint, Paris: Maspero, 1970), 133, 145 – 146.

77. Quoted in Louise-Marie Ferré, *Les classes sociales dans la France contemporaine* (Paris: Messageries Hachette, 1936), 83.

78. Quoted in Robert Skidelsky, *John Maynard Keynes: The Economist as Savior, 1920 –1937* (London: Papermac, 1992), 519.

79. Sward, *Legend of Henry Ford*, 61.

80. On the resistance to changing this attitude, see Gary Cross, *Time and*

Money: *The Making of Consumer Culture* (London: Routledge, 1993), 129–136.

81. Paul-Henry Chombart de Lauwe, *La vie quotidienne des familles ouvrières*, 3d ed. (Paris: Editions du Centre National de la Recherche Scientifique, 1977), 122.
82. George Orwell, *The Road to Wigan Pier* (London: Victor Gollancz, 1937).
83. Maurice Halbwachs, *La classe ouvrière et les niveaux de vie*: *Recherches sur la hiérarchie des besoins dans les sociétés industrielles contemporaines* (Paris: Librairie Félix Alcan, 1912); Christian Baudelot and Roger Establet, Maurice Halbwachs: Consommation et société (Paris: Presses Universitaires de France, 1994); Judith Coffin, "A 'Standard' of Living? European Perspectives on Class and Consumption in the Early Twentieth Century," *International Labor and Working-Class History* 55 (spring 1999), special issue, Class and Consumption, ed. Lizabeth Cohen and Victoria de Grazia, 6–26.
84. Jacques Lacour-Gayet, *Histoire du commerce*, vol. 1 of La terre et les hommes (Paris: SPID, 1950), 332–346; Ellen Furlough, *Consumer Cooperation in France*: *The Politics of Consumption*, *1834–1930* (Ithaca: Cornell University Press, 1991); also Ellen Furlough and Carl Strikwerda, eds., *Consumers Against Capitalism? Consumer Cooperation in Europe*, *North America*, *and Japan*, *1840–1990* (Lanham, Md.: Rowman and Littlefield, 1999).
85. Gaston Défossé, *La place du consommateur dans l'économie dirigée* (Paris: Presses Universitaires de France, 1941), 21–23; Pierre Arlet, *La consommation*: *L'éducation du consommateur* (Sarlat: Michelet, 1939), 120 ff.
86. Gide quoted in Lacour-Gayet, *Histoire du commerce*, 334.
87. Peter Scholliers, "The Social-Democratic World of Consumption: The Path-Breaking Case of the Ghent Cooperative Vooruit prior to 1914," *International Labor and Working Class History* 55 (spring 1999): 71–91.
88. Victoria de Grazia, "The Exception Proves the Rule: The American Example in the Recasting of Socialist Strategies in Europe between the Wars," in *Why Is There No Socialism in the United States/Pourquoi*

n'y a t-il pas de socialisme aux Etats-Unis? ed. Jean Heffer and Jeanine Rovet (Paris: Editions de l'Ecole des Hautes Etudes en Sciences Sociales, 1988), 170 - 181; more generally on the fascinating De Man, see Dan S. White, *Lost Comrades: Socialists of the Front Generation, 1918 - 1945* (Cambridge, Mass.: Harvard University Press, 1992); and Stanley Pierson, *Leaving Marxism: Studies in the Dissolution of an Ideology* (Stanford: Stanford University Press, 2001).

89. Pierson, *Leaving Marxism*, chap. 2; also Zeev Sternhell, *Neither Right nor Left: Fascist Ideology in France* (1983), trans. David Maisel (Berkeley: University of California Press, 1986), 119 - 141.

90. Werner Sombart, *Deutscher Sozialismus* (1934), ed. and trans. by Karl F. Geiser as *A New Social Philosophy* (1937; reprint, New York: Greenwood, 1969), 246 - 248. On Sombart's reactionary turn, see Rolf Peter Sieferle, *Die Konservative Revolution. Fünf Biographische Skizzen* (Frankfurt am Main: Fischer, 1995), 74 - 105.

91. The rare author speaking to the subject came out of conservative liberal traditions and was trained in jurisprudence rather than political economy. For example: Georges Z. Strat, *Le rôle du consommateur dans l'économie moderne* (Paris: Editions de la Vie Universitaire, 1922).

92. John Maynard Keynes, *The Economic Consequences of the Peace* (New York: Harcourt, Brace and Howe, 1920), 19 - 20, 23.

93. Halbwachs reproved Keynes on the grounds that he was interested only in demand, not in consumption, and that this lack of empathy for the motives that made people save or spend, so visible in the abstraction of the General Theory's argumentation, weakened its predictive value. Though unfamiliar with Halbwachs, the young American economist James Duesenberry would make a similar point a decade later: to be effective, Keynesian policymakers needed to recognize that the choices behind demand were socially complex, reflecting evolving needs, class relations, and ideals of collective well-being. Maurice Halbwachs, "La 'Théorie Générale' de John Maynard," *Les annales sociologiques, Série D: Sociologie économique* 4 (1940): 25 - 41; James S. Duesenberry, *Income, Saving, and the Theory of Consumer Behavior* (Cambridge, Mass.: Harvard University Press, 1949). More generally, on the spread of Keynes's ideas, see Peter A. Hall, ed., *The Political Power of Eco-*

nomic Ideas: *Keynesianism across Nations* (Princeton: Princeton University Press, 1989).

94. Lizabeth Cohen, "The New Deal State and the Making of Citizen Consumers," in *Getting and Spending*: *European and American Consumer Societies in the Twentieth Century*, ed. Susan Strasser, Charles McGovern, and Matthias Judt (Washington, D. C.: German Historical Institute; New York: Cambridge University Press, 1998), 111–125; Alan Brinkley, *The End of Reform*: *New Deal Liberalism in Recession and War* (New York: Alfred A. Knopf, 1995), 65–85.

95. Arlet, La consommation, 147.

96. Werner Abelshauser, "Germany: Guns, Butter, and Economic Miracles," in *The Economics of World War II*: *Six Great Powers in International Comparison*, ed. Mark Harrison (Cambridge: Cambridge University Press, 1998), 131; Hartmut Berghoff, "Enticement and Deprivation: The Regulation of Consumption in Pre-War Nazi Germany," in *The Politics of Consumption*: *Material Culture and Citizenship in Europe and America*, ed. M. J. Daunton and Matthew Hilton (Oxford: Berg, 2001), 165–184.

97. André Piettre, *La politique du pouvoir d'achat devant les faits*: *Expérience américaine et expérience française* (Paris: Librairie de Médicis, 1938).

98. Julian Jackson, *The Popular Front in France*: *Defending Democracy*, *1934–38* (Cambridge: Cambridge University Press, 1988), 131–138, 159–182.

99. Halbwachs to his mother, November 20, 1930, 152, "Mission à Chicago," Lettres à Yvonne, HBW2. A1–03. 3, Institut Mémoires de l'Edition Contemporaine, Paris; Marc Bloch, "La répartition des dépenses comme caractère de classe," *Annales d'histoire économique et sociale* 7, no. 31 (1935): 84; Halbwachs, *L'évolution des besoins*, 105.

100. Halbwachs, *L'évolution des besoins*, 57, 107; Judith G. Coffin, "A 'Standard' of Living? European Perspectives on Class and Consumption in the Early Twentieth Century," *International Labor and Working-Class History* 55 (spring 1999): 6–26, esp. 18–19; Christian Baudelot and Roger Establet, *Maurice Halbwachs*: *Consommation et société*

(Paris: Presses Universitaires de France, 1994); Zimmerman, *Consumption*, 399 - 400.

101. Maurice Halbwachs,"Budgets de famille aux Etats-Unis et en Allemagne,"*Bulletin de l'Institut Français de Sociologie* 3(17 March 1933): 15,65 - 67,80.

102. Henry Delpech, *Recherches sur le niveau de vie et les habitudes de consommation (Toulouse, 1936 - 1938)* (Paris: Librarie du Recueil Sirey, 1938), 292, 319; also preface, 11.

103. André Siegfried, *Europe's Crisis*, trans. H. H. Hemming and Doris Hemming (New York: John Wiley and Sons, [1935]), 125 ff.

104. Arlet, *La consommation*, p. 136.

105. There are now two outstanding works on standards of living and consumption politics under Soviet rule. See Elena Osikina, *Our Daily Bread: Socialist Distribution and the Art of Survival in Stalin's Russia, 1927 - 1941* (Armonk, N. Y.: M. E. Sharpe, 2001); and Julie Hessler, *A Social History of Soviet Trade: Trade Policy, Retail Practice, and Consumption, 1917 - 1953* (Princeton: Princeton University Press, 2004).

106. Nancy Reagin, "Comparing Apples and Oranges: Housewives and the Politics of Consumption in Interwar Germany," in Strasser, McGovern, and Judt, *Getting and Spending*, 241 - 261; idem, "Marktordnung and Autarkic Housekeeping: Housewives and Private Consumption under the Nazi Four Year Plan, 1936 - 1939," *German History* 19 (May 2001): 162 - 184.

107. W. Robert Nitske, *The Amazing Porsche and Volkswagen Story* (New York: Comet, 1958), 121; Hans Mommsen and Manfred Grieger, *Das Volkswagenwerk und seine Arbeiter im Dritten Reich* (Dusseldorf: ECON, 1996), 92 - 226.

108. Sam E. Woods, Commercial Attaché, Special Report no. 70, Berlin, November 16, 1939, "Rationing of Clothing in Germany," November 16 - 30 file, box 272, record group 151, Bureau of Foreign and Domestic Commerce, National Archives, College Park, Md.

109. George R. Canty, Trade Commissioner, Special Report, Berlin, "Nazis Organize Spare-Time Movement among Working Classes," December 1, 1933, December 1933 file, ibid.

110. Shelley Baranowski, *Strength through Joy: Consumerism and Mass Tourism in the Third Reich* (Cambridge: Cambridge University Press, 2004).

111. Reinhard Opitz, ed., *Europastrategien des deutschen Kapitals: 1900 – 1945* (Cologne: Pahl-Rugenstein, 1977), 581; quoted in Volker Berghahn, ed., *Quest for Economic Empire: European Strategies of German Big Business in the Twentieth Century* (Providence: Berghahn Books, 1996), 17.

112. Paul Einzig, *Hitler's "New Order" in Europe* (London: Macmillan, 1941), 43 – 46.

113. François Delaisi, *La révolution européenne* (Brussels: Editions de la Toison d'Or, 1942).

114. J. Rosen, *Das Existenzminimum in Deutschland* (Zurich: Oprecht, 1939), 139.

115. H. G. Adler, *Theresienstadt 1941 – 1945: Das Antlitz einer Zwangsgemeinschaft* (Tübingen: J. C. B. Mohr, 1955), 364; more generally, on Nazi food politics, see Boris Shub, *Starvation over Europe (Made in Germany): A Documented Record, 1943* (New York: Institute of Jewish Affairs, 1943); on the rations at Buchenwald, see David A. Hackett, editor and translator, *The Buchenwald Report* (Boulder: Westview, 1995), 146 –149.

116. Pierre Bourdieu, "L'assassinat de Maurice Halbwachs," *Visages de la Résistance* 16 (fall 1987): 161 – 168; Jorge Semprun, *L'écriture ou la vie* (Paris: Gallimard, 1994), 27 – 33.

第三章 连锁店

现代流通是怎样主导商业的

一个商店就是一台销售机器。

——爱德华·A.费林

美国商人,1937 年

零售业的结构是历史成因的结果;它通过风俗与习惯保留下来,并在很大程度上独立于单纯的经济考虑之外。

——赫曼·勒维

德裔英国经济学家,1947 年

1935 年 6 月 26 日下午晚些时候,在位于多米尼克二街 28 号的巴黎大学化学楼的 D 会议室里,气氛已经变得如此枯燥无味,以至于围着桌子而坐的十二个人只好费力地使自己坐直,以防止自己打瞌睡。他们正在忍受商业实务会谈中那些事实与数字的折磨,同时,他们的胃正在消化由他们的委员会主席于今天早些时候在乔治 V 酒店宴请他们时所吃的食物,这次宴会旨在鼓动他们当中只有一个人看上去能够具有的那种活力。这个人就是坐在桌子一头的那个矮小的、眼睛明亮的家伙,他戴着长柄眼镜,长着白色的硬胡茬。每当讨论陷入安静的时候,他就会重新活跃起来，就像一个名副其实的喷发细节与观点的间歇喷泉。

已在国际商会(ICC)此前的会议中认识了他的那些人对他的流利表达并不感到陌生。他们在昨天的会议中都曾听过他即兴发表的评论。在当天上午早些时候的全体大会上，他们还听过他持续十分钟的演讲“如何改进我们的流通体系”。

他们都听到过他痛骂那些不守纪律的欧洲人，因为发言排在他前面的这些欧洲人在会上无休止地谈论“生产”问题，从而缩减了他的发言时间。不过当他镇静自若的助手、和蔼的绍德尔(Schoedler)小姐把一堆他的演讲油印稿堆在会议室外面走廊的桌子上时，他们看到他良好的幽默感又回来了。在代表们休会去吃午餐时，绍德尔小心地向他们散发着他的演讲油印稿。[1]

并不是所有的人都需要他的完整演讲稿，因为他的思路现在已经广为人知了：工业世界面对的主要经济问题是如何去销售商品，以便能与现在明显消耗不尽的生产商品的能力保持一致；几乎所有的商业问题都起因于商品卖不出去，而不是起因于商品生产过剩；为消费品找到出路的障碍，真实地来源于当前对“荒谬的极端主义”、“普遍的社会不安全感”和战争的可悲的放任自流。现在，听他带着滑稽的欧洲化的变调，把流通(distribution)一词分成dis-tri-bu-tion这几个音节，这是多么的乏味啊，仿佛他是在向新入教的教徒们训话。他的最新秘方就更让人感觉枯燥无味了——在所有地方都开起连锁店，让这种拥有高营业额和低固定商品价格的“销售机器”“向大众销售大众所需要的东西”。在屋子里那些精明的、年轻的统计学家如英国人科林·克拉克(Colin Clark)和意大利人古格列莫·泰戈利亚卡尼(Gugliemo Tagliacarne)看来，他认为更有效的商业技术是解决当前欧洲主要问题的万灵药，这是有点不合时宜的。

虽然如此，此人出席会议仍是一件令人兴奋的事。他总是那么衣冠楚楚和健谈，以至于人们很难相信再过两个月他就到75

岁的生日了。虽然他生活习惯俭朴，但据说他非常富有。他还非常热衷于国际和平事业。他被各种想法和方案充实得满满当当。最新的一个就是一种同声传译系统。他夸耀说，这一系统通过采用一套特殊的翻译棚、电子广播设备和个人耳麦，解决了国际会议上的"交流问题"（同时"节省了至少25％的时间和劳动力成本"），这一系统已经被安装到了巴黎大学的大礼堂里，用于国际商会的会议开幕。随着引座员陪伴着这个矮小的男人走下讲台，走到前排并安排他与勒布伦（Lebrun）总统及其他法国高官坐在一起，自负马上使他轻飘飘起来。确实，他说的比他听的要多，他的流利表达有效地掩盖了他对欧洲形势的真实把握情况。他比大部分美国人更了解欧洲的情况，这点倒是可以肯定的。

上面这个人们记忆中的逗趣人物就是爱德华·阿尔伯特·费林（Edward Albert Filene）。他喜欢对外介绍自己"只是个普通的商人"，或是"一个来自波士顿的小商店主"。这很明显是一种虚伪的客套。因为他是美国最富有的商人之一，是一流的慈善家，是世界和平的重要代言人，他也是一个坚定的社会改革家，一个富有成效的自我促进者。爱德华·阿尔伯特·费林是巴伐利亚犹太人克拉拉·拜林（Clara Ballin）五个孩子中的第二个，克拉拉的丈夫威廉·费林（William Filhehne）是一个来自波兹南、在德国1848年革命期间移民到美国的犹太丝带商的儿子。爱德华·阿尔伯特·费林于1860年9月3日出生于马萨诸塞州的塞勒姆。当1881年他父亲的健康状况开始恶化后，费林和比他小五岁的弟弟A. 林肯（A. Lincoln）一起被引入到了家族商业中。自1891年从他们父亲手中接手过来以后，到19世纪末，他们已经把这家妇女服装和纺织品店（现在已经从马萨诸塞州的林恩搬到了波士顿市区）变成了世界上最大的专业百货公司。这家擅长向习惯于消费高级商品和个性化服务的富裕女性供应服装的公司，很快就因它的创新而声名鹊起。最著名的是费林的自动化廉价商品部，它成立于1909年。在那里,商品必须要在30个营业日内被卖掉。库存商品按照预先订好的时间表打折,一周后就打折30%,到了第30天,剩余商品就全部被捐给当地的慈善团体。为廉价商品部进行采购的采购员们从零星交易、制造商多余的产品、主店的剩货以及为破产者销售的库存中挑选商品的技术是如此之高,以至于到最后很少会有产品剩余。这里是美国捡便宜货者的圣地"麦加"。[2]

直到那时,这家商店还在为费林赚取大量的财富。作为一个单身汉,费林生活俭朴(在欧洲旅行时例外),他把大量的财富投入到了社会改革事业中。在1928年,他最堂吉诃德式和弄巧成拙的做法达到了顶峰,他加强自己公司内雇员合作社的管理权力的举措被他的商业伙伴们(包括他更年轻聪明的弟弟林肯)扑灭了。被激怒了的商业伙伴们推举他为按职位拿全额薪水的终身总裁。同样具有决定性的是,他们剥夺了他参与公司日常运营管理的机会。从那以后,他开始推销自己的理念,而不是服装,他把自己的聪明才智和不安分的精力都献给了国内外的公民事业。他的主要工具是"二十世纪基金会",这个基金会是他在1919年捐资成立的。这个基金会致力于"研究和发展下一步的行动"。比起接受了巨额捐赠的卡耐基基金会和洛克菲勒基金会,它是一个更小的、更灵活的、不断延续的慈善事业,而卡耐基和洛克菲勒基金会的资助人是真正的制造业巨头,他们使得费林那一千万至一千二百万美元的财富看上去显得很不起眼。费林自己还实施了更广泛的一些方案,这些方案都与他使世界对消费者民主更安全的、影响深远的努力有关。所以,他以提高人们的生活水平为名,支持国际消费合作社和信贷协会运动。正如他为了使全球贸易自由化而热情支持国际商会和其他跨国商业网络一样。

除了曾短暂地对印度感到好奇外,费林像大多数美国"世界大同主义者"一样,是一个不加掩饰的欧洲中心论者。从1919年到 1937 年，费林每年都要进行巡回欧洲大陆的旅行，只有 1934 年与 1936 年例外，因为在这两年他的国内日程表使他无暇去那样做。毫无疑问，他这样做是为了追求更美好的生活。虽然他既不是一个美学家也不是一个讲究饮食的人，但他喜欢美味的食品，喜欢光顾维希、艾克斯或卡尔斯巴德的温泉浴场(他在卡尔斯巴德从不久留)，喜欢在萨尔斯堡音乐节上听一场不错的歌剧，喜欢与国际汽车大奖赛和隆尚汽车赛上的时尚人群混在一起，也喜欢访问他的很多移居国外的朋友和欧洲的朋友们。他还用他自称的“三角模式”来提高自己：他细致地考察一个国家的主要领导人物对某一种既定形势的看法，然后他回头找人求证，从顺道遇上的零售商、侍者、出租车司机、卖报人及其他人那里获得更多的看法，然后他尝试协调不同的观点；接着他进入周边邻国，又重复所有这些程序。[3]

对费林这个美国的自学成功者来说，要想理解这个其复杂性超出了他天生的理解范畴的世界，这种整体的认知方法即使不是真正科学的，也是比较可靠的。反过来说，欧洲是一个试验他的理想的好地方。这并不是说这些理想就是他自己的或是他的祖国的。他的信贷协会思想就是从印度学来的。是英国人把这种思想带到了印度，而英国人又是从德国人那里学来这种思想的。不过这没关系。在费林像在本国那样推行这一思想的欧洲，信贷协会听上去就像是一种极其实用的美国思想。

最重要的是，费林开始为欧洲推进自己的议程：如果新世界想拥有进步与安全，旧世界就必须要保持和平与繁荣，为了实现这一点，欧洲就必须要被统一起来，并拥有很高的生活水准。因为一战之后美国把许多对外政策任务交给了非正式的外交官——银行家、前大使和商业资本家等(美国政府因此而闻名)，所以费林发现他的努力受到了诚恳的欢迎。这并不是说他真的是在从事政府公务。费林是一个彻底的威尔逊主义者，在 20 世纪20年代共和党政府让位给富兰克林·罗斯福时(费林热烈地支持罗斯福),费林被认为已经太老了,并且可能在官方事务上也太缺乏外交策略。然而,他行事俨然就像是一个全权大使,欧洲官方也相应地这样接待他,红地毯铺好,通往当权者接待室的门也因他的到来而豁然敞开。费林往来穿梭于欧洲大陆,像对待最新的商品一样不停地制订着各种计划,得以结识了大量的有影响力的熟人。其中有的是社会改革家,比如阿尔伯特·托马斯。1923年1月托马斯第一次到美国访问时,曾作为客人在波士顿费林的家中受到过费林的热情欢迎。费林结识的这些人当中也包括商业领袖、经济专家、政府阁僚、国家前领导人和现任领导人,以及重要的女权主义者。通过这些数不清的联系,费林取得了非凡的成就。他于1926年为其提供了种子基金、一个项目及员工的国际管理学院在促进现代商业技术方面处于核心地位。声名狼藉的福特—国际劳工组织调查也是由费林倡议的。他为这项调查出了钱,并纠缠着国际劳工组织使它完成调查并将其发表。总之,亨利·福特毫无疑问是世界上最著名的商人;但不安分的、不知疲倦的费林却是人际联系最广的人。

具有讽刺性的是,费林自己并不清楚,他这个所谓的"流通的布道者"在推动美国资本主义发展方面,比其同时代的所谓"生产的普罗米修斯"福特所想象的走得要更远。到了20世纪20年代中期,"生产的时代"已被高声宣布让位于"流通的年代"或"买卖的年代"。[4] 与大规模制造商(以亨利·福特为代表,反映的是卖方市场的声音,在这样的市场里需求看上去只是无限地依附于供应)相比,费林所代表的大规模零售商代言的则是新兴的买方市场,在这样的市场里批发商和消费者越来越能够制订采购的条款。福特相信,如果产品质量好并且价格也合适,那它基本上就能卖掉。因此它只需要最低限度的营销就可以。相反,费林则认为,消费者的需求并不仅仅与价格和购买力有关,它还与消费者需求与愿望的不断演化有关。因此,大规模销售要求对影响消费者选择的每个交易因素都要进行持续不断的修正,从产品设计到包装,再到推销技术,无不如此。在费林看来,"真正的大众生产并不是指产品数量很大的生产,而是指为人民大众进行的生产"。福特的主要竞争对手通用汽车公司的阿尔弗雷德·斯隆(Alfred Sloan)就完全把握住了由现代销售技术和消费者更挑剔的行为所带来的这种市场条件的根本性变化。通过防止"风格陈旧"并为消费者的"每类钱包和每类目的"都提供一种汽车,在1920年代早期,通用汽车公司的销售额远远领先了福特公司。[5] 有些人说,福特主义因此而让位给了斯隆主义。更准确的说法应该是,福特主义让位给了费林主义,而斯隆则是第一个领悟了这种转变的人。

费林对未来的把握比福特更敏锐,还因为他代表了更有前瞻性的外国参与和美国资本主义的社交元素,这些社交元素基于服务业、信息产业和娱乐产业,这些产业得到了美国政府的坚定支持,并与制造业一齐确保了美国直到1970年代的全球霸权,从1980年代开始,这些产业在推动力上又超过了制造业,造就了后福特时代美国"软"霸权的成功。早在1930年,随着关税的提高与美国海外制造业的萎缩,福特的观点——一度曾富有前瞻性的、工业先导的国际主义,就越来越成为一种失败的、工业先导的全球主义。虽然福特一直支持自由贸易,并批评美国以公司的全球利益为名所实施的持续高关税政策,但在对外政策上他是一个头脑过于简单的人,如果不是更糟的话。与他相反,费林的国际主义带有商人作为产品进口商对开放市场的热心、对海外原材料供应的渴求、对外国产品的嗜好,以及对其他民族或至少是对其必卖物品的好奇。费林的服务意识不仅帮他认识到更高的工资是购买力的关键,而且还帮他认识到,如果缺少强大的制度保障,经济交易在面对自1923年德国灾难性的通货膨胀发生以来世界所经历的那种剧烈波动时，就会非常脆弱。因此，他公开支持利用新的国际网络建立新的议事规则，并分享科技上的最优方法。他直率地反对那种认为需要用高关税来保护美国的高生活水准的普遍看法：美国的制造商并没有天赐的特权让他们自己躲在保护性壁垒的后面，专门等待任何机会以便把他们自己的产品倾销到海外，同时却阻挡那些想把他们自己的商品卖给美国大众的外国公司。[6]

福特的反犹太主义在这里也不是无关紧要的，虽然费林可能会希望它是无关紧要的。的确，费林曾被迫承认，福特"在他的生产领域之外的判断和行为""经常是荒唐的，并几乎总是不明智的"。不过，福特曾"一度被引导参加许多愚蠢的反犹太宣传"，并曾"在他对犹太人的斗争中被误导和蒙蔽"，这相对他伟大的成就而言应该算是次要的。[7] 费林在这件事上是一种目光短浅的大度。福特的反犹太主义是他那种反复无常的人格的必然反映。认为存在一个被犹太人渗透了的"秘密的国际大资本家政府"的信念，很适合被用来解释世界的不可预测性与复杂性，而世界性汽车制造那极为漫长的商品链，则要求这个世界能够像时钟机构管理广泛的时区和空间分布那样被管理。幸运的是，在面对诽谤指控及消费者的联合抵制时，福特有足够的商业判断力去否认自己的反犹太叫嚣，他屡次重犯的恶行却使他的下属们名声不佳。[8] 因此，欧洲的反犹太分子们也没有傻到把福特看作是一个友好人士，福特否认自己对欧洲反犹太分子们友好还是起了作用的。福特痛恨华尔街的花招，也戒绝广告策略，他是一个英雄式的实物生产者，他在与金融家、中间人和商人那种投机资本家进行斗争。

费林的犹太人身世在这里也不是无关紧要的。在被完全同化之后，费林认为自己是一个"犹太血统的美国人"，在 1933 年 6 月之前他也没有真正搞清反犹太主义的含义。1933 年 6 月费林访问德国，亲眼目睹了被他马上斥之为"反人类罪"的行为。然而，在他正在旅行于其中的这个服务资本主义的跨大西洋世界里，那些有犹太血统的人作为先行者和推动者而成就非凡，这并不仅仅是因为他们与销售贸易（现在不仅包括传统的零售业，还包括销售学、电影和广告）之间存在联系，而且还因为许多人是与大西洋对岸有家庭联系的移民，他们在工作中经历过那种源自他们中欧、德法边境地区与跨大西洋迁移的多元文化环境。因此，费林与其欧洲同行们之间的联系，并不只是由共同的职业兴趣所推动的，也是由相似的家庭起源所推动的：比如像德国著名的迪茨（Tietz）兄弟一样，费林的父亲也是在波兹南出生的。从共同的西方商业文化这一视角来看，这种密切联系通过增强信任并以国际资本家交流的名义发挥作用，能够帮助推动那种制度化的友善。同样的这些联系，从反犹太分子的角度来看却是难以理解的，除非把它们看作是犹太复国主义者与美国金融家之间进行浮士德式交易以换取力量来统治世界。

在促使费林于 1935 年 6 月来到巴黎的第八届国际商会大会上，费林发现自己又一次有了他所喜欢的欧洲对话者的陪伴，尤其是其中两个人：57 岁的皮埃尔·拉果涅（Pierre Laguionie），他是国际商会流通委员会的现任主席，还有一位就是这位温和的巴黎人的同龄人，喜欢交朋友的埃米尔·本海姆（Emile Bernheim），他是一个出生在法国阿尔萨斯的比利时人，他不仅是流通委员会的副主席，并且还是一个跨欧洲的团体零售商国际联盟的领导人。在欧洲商业圈里没有人比他们更杰出了。拉果涅是白手起家的古斯塔夫的非常聪明的儿子，古斯塔夫出身农民，他在 1905 年成为了法国最大的百货公司春天百货公司的常务董事。1907 年，已从里昂的商学和纺织学院毕业两年的、19 岁的拉果涅被任命为他爸爸的公司的董事。到了 20 世纪 20 年代，拉果涅通过帮助成立企业行动和海关委员会，奠定了他作为一个商业领袖的成功。企业行动和海关委员会是一个被亲切地称为 CAED 的保守自由主义的游说团，它在1925年作为一项旨在降低欧洲内部关税的幻想式举措而被建立。[9] 本海姆是朱尔斯·本海姆(Jules Bernheim)的儿子，朱尔斯·本海姆是一个来自法国牟罗兹的犹太商人，他在1897年建立了在比利时处于领先地位的百货公司创新百货公司，他是这家公司的所有者和总经理。本海姆精通英语、法语、德语和荷兰语，他第一次熟悉美国还是在一战时期，当时他被他的祖国派往华盛顿去执行一项使命，为向他饥饿的祖国运输食品而进行谈判。他的商业野心远远超出了比利时那狭小的国内市场。如果当初时机能更好一点的话，他可能早就成了一个其连锁店公司覆盖整个西欧的商业巨头了。事实是，他在1933年11月建立的连锁店普瑞巴(Priba)迅速成为了比利时最大的连锁店，1934年2月14日，在指导普瑞巴与法国连锁店一角单价店合并之后，本海姆就从他所处的浅陋港湾里脱身而出，开始与欧洲所有大国的商业巨头们进行紧密交流。[10]

和其他一流的商人一样，本海姆和拉果涅是在1920年代中期跟费林熟识的，当时费林重视与他的欧洲同行举行有规律的会面。费林在欧洲旅行时，还访问过以下这些人。格奥尔格·韦特海姆(Georg Wertheim)，他是德国最古老和最大的百货公司的掌门人，这家百货公司坐落于柏林的莱比锡广场。阿尔弗雷德·莱昂哈德和格哈德·迪茨(Gerhard Tietz)，他们是势头很猛的迪茨家族产业在莱茵兰分支的所有者。雄心勃勃的、年轻的马克斯·黑尔布伦(Max Heilbronn)，他是阿尔萨斯的泰奥菲·贝德尔(Théophile Bader)的女婿，泰奥菲·贝德尔是老佛爷百货公司的负责人。哈里·高顿·赛尔福立芝(Harry Gordon Selfridge)，他是费林的同时代人，是以他的名字命名的一家庞大的伦敦百货公司的所有者。费林还认识“一分钟一英里哈里(Mile-a-Minute Harry)”，他是美国中西部人，在他作为马歇尔·菲尔德百货公司的二把手，并用他的旋风式管理技巧把芝加哥大百货商店变成世界上最大的百货公司之后,费林就认识了他。在1906年,已经50岁的哈里决定当自己的老板,于是他去了英国。在那里,通过用恢宏的"美国"零售技术嘲弄"老式的"英国销售技术,他将会赚取自己的财富。他于1909年在伦敦西区购物区的牛津大街成立的大百货商店,是一个很大的成功。[11]

这些人和费林一起进餐,有时是在巴黎的乔治V酒店或克里永的萨沃伊,有时是在柏林的滨海艺术中心,或者是在其他费林出国后习惯于居住的雅致的旅馆。他们不在乎费林的自我夸耀,认真倾听他的最新计划。对于他们自己或他们的同僚访问美国时,以及他们的子女到美国求学时费林的好客,他们给予高度的评价。他们很羡慕但却不是很理解这个好发脾气的单身汉与他那不知疲倦的助手之间的关系,这个叫莉莲·绍德尔(Lillian Schoedler)的助手同时还是费林的旅行伙伴,有时还充当司机,她是拉德克里夫学院的毕业生,是个女权主义者,费林称她是自己的"得力助手"。[12]当费林偶然出丑时,他们也会笑他。当时费林被富有魅力的法国知识分子和政治家爱德华德·赫利特(Edouard Herriot)迷住了,赫利特比费林小12岁,他很迷人,也很喜欢被人奉承。当时赫利特正处于愤怒之中,因为他在1924年选举获胜后所组建的、反对右派的左派卡特尔在1925年4月四分五裂了。费林劝他说,他应该去美国呆几年,那样他的精神将会重新振作,他也应该学学英语。费林愿意为他对自己的欧洲项目偶尔所提的建议每年支付他一万美元。这样的一种承诺被提供给了赫利特,这个靠撰写关于狄德罗、夏多布里昂和雷卡米拉夫人(Madame Récamie)的博学论文以及从1905年起出任法国第二大城市市长而出名的人。但赫利特既没有被诱惑,也没有对此生气。当他们分手时,他开玩笑地把自己的访客卡递给了费林,把上面的当前头衔"里昂市长"删去,把它改成了"赫利特,爱德华·A.费林先生的首席雇员"。[13]

并不是所有费林所接触过的人都认为他是诚恳的。费林过分自信的、有时是颐指气使的风格令人气恼,仿佛他就是美国社会那种粗糙的现实写照,其行善带有利己的气息,其看上去无所不知的风格也很容易显得盛气凌人。他的赞助对象们一开始被他的活力、金钱及精英熟人网络所带来的兴奋和激动所诱惑,后来又被他的"纯粹的自大"所激怒。到了1930年,曾一度对费林表示出真实友情的阿尔伯特·托马斯,开始因费林在处理福特—国际劳工组织调查案问题上的"绝对粗鲁行为"而鄙视他。在费林开始阻挠对国际管理学院的财政支援后,他们的关系在1931年破裂了。财政支援的断绝使得国际管理学院在1934年倒闭关门了。[14]

流通革命

费林的美德与缺点,他的热心与自大,人们对他所表现出的尊敬与胆怯,都与他人生后期中的主要事业联系在一起,他的这一事业就是传播现代流通的福音。流通这一术语在20世纪20年代成为美式英语中的通用词语。1925年,在全国流通大会成立大会上,这一词语的应用得到了官方的认可。这次会议于1月14至15日在华盛顿特区召开,它是在商务部长赫伯特·胡佛的要求下召开的,由美国商会组办。胡佛在他的演讲中指出,流通是个真正的"问题"。胡佛和他的大约250名商人听众聚集在这里,他们并不是"代表希望通过电话订购发酵蛋糕并由黄色汽车送达的女士在那里担心"。[15]虽然如此,对于除了是指商品在变成日用品成品之后的处理以外,这个词语到底还意味着什么,人们的观点是存在分歧的。可以确定的一点是,古老的"商业"这一词语,已经无法用来表述终端用品生产与它们的运输及消费者接收之间那些复杂的活动了。

早在18世纪70年代,亚当·斯密就强调指出,覆盖广阔市场的商业离不开进行专业化生产的经济。但是,当他指出只要能够卖得出去,苏格兰高地地区的钉子生产者能够“一年内生产出30万个钉子”时,他也不可能明白对以大众消费为导向的制造业来说“劳动分工”和“市场广度”这些术语意味着什么。[16]按照传统的观点,在劳动分工的情况下,制造商生产出产品,总批发商、批发商或中间人进行采购,再由零售商把包装好了的产品卖给大众。然而,当制造商开始排除中间人,零售商向更上游的货源采购供应,以及社会主义者合作社的成员们进行自给自足时,上面那些环节之间的差别就丧失了意义。

如果我们来考察一下被称作“棺材钉(coffin nail)”的香烟——这种在20世纪20年代非常典型的新型大众消费品,上述的含义就更加清楚了。流通从上游的34家香烟制造公司的活动开始,这些公司利用邮寄服务或电话及电报,通过铁路和水运,从成千上万的农民家里和海外收集烟草。流通又指定了运输和存储的设施及商品推销技术,通过这些,几十亿支已经卷好的香烟被供应给一百万个国内和国外的零售渠道,以便它们被卖到消费者手中。流通还涉及创造品牌认同所需要的投资、为了使不同的商标能够被大众熟悉而需要的广告预算、为了使香烟保持新鲜而进行的包装设计,以及卖主为了卖成箱、成包或单支的香烟所进行的竞争。在流通的大标题之下,所有的这些步骤将投资带进了不同的新贸易中,从运输到存储再到零售渠道:在1870年,这些服务雇佣了14%的劳动力;到了1930年,这些服务雇佣的人数达到了劳动力的35%。在那一年,消费者每花出的一美元中就有四分之一是花在了流通环节中。[17]

当被延长了的19世纪晚期工业繁荣所造就的卖方市场在一战刚结束后变成买方市场后,流通“问题”第一次被确认是现代资本主义的一个普遍关切。在受保护的市场中作为一大希望而被组织起来的最大的制造商们，从横贯大陆的铁路、大规模的零售渠道和全国性广告中抓住了有利条件，缩短了他们与消费者之间的沟通距离。当他们通过经由地方零售业巨头直接吸引消费者，建立了他们在新品牌产品上的垄断之后，他们就把批发商晾在了一边，完全有能力自己定价了。零售商们唯一的抵抗方法是集合到一起建立新的采购组织，或者是大宗买进产品，然后再通过邮购公司或管理费用低的廉价商品店将它们卖出去。[18]而当生产能力超过了需求之后，就轮到零售商们来利用工业公司之间的竞争了，他们使用自己的销售专长来迎合消费者对产品种类、质量、低价格和服务的需求。

新的形势使零售商们面临一种窘境。作为最接近消费者的商人，他们要求能够劝说制造商要注意顾客的需求重点，而不是只把他们的工厂能够生产的任意产品强加给市场。但零售商们也会被指责造成了浪费、低效率和暴利，而这些因素据称造成了商品价格的提高。即使这些因素不是由他们造成的，也只得由他们去解释为何在工业生产领域出现了大的进步时，在流通领域却没有出现这样的进步。[19]另外，要解释清楚下列情况对他们来说也不是一项简单的任务，即：从制造出来到被销售出去，糖的价格被加了14%，食品和饮料的价格被加了32%到35%，服装的价格被加了42%到45%，避孕套的价格被加了67%。[20]

总之，赢得了与制造商们进行“市场竞争斗争”的零售商们，现在面临着一个在消费者眼中、在作为整体的服务行业中，以及在更普遍意义的社会上建立自己的合法性的问题。作为“消费者的采购人”，他们“必须要去发现消费者需要什么，而不是把他们手中碰巧有的东西塞到消费者的手中”，他们还要“聪明地下订单以减少制造业的波动和工厂的失业”，还要“去除在消费者看来无法增加产品的内在品质和无形价值的那些功能环节”——他们需要做所有的这一切，同时还要在“不扰乱社会和政治平衡的情况下"消除"浪费",并带着对被夸大了的"国家利益的清醒"去经营。[21]

在费林为总结对此的思考而写成的《零售业的下一步》(1937年)这本书中,他推荐了三种革新来承担这种责任。第一种革新是通过实现在销售与采购中的规模经营,以及完善和管理库存清单,来更有效地使用资本。其目标很简单,就是"薄利,快回报"。第二种革新是加强培训、装备与销售力量的组织。作为一名百货公司所有者,费林对商店薪水册上的人员都会留意。但小商店主也能从增强知识与关系网中获益。第三种革新是使商业行为系统化:对费林来说,"在现实发现的基础上进行思考,远比传统和经验更重要"。[22]通过交换信息,不同的商业文化必须要用它自己那部分中的"最优方法"去挑战其他的商业文化。

连锁店完美地体现了这些革新。通过将管理技术、资金与决策能力集中到一个总部中,这一发明能够作为一种"销售机器"来运作。连锁店协调各方信息,并向十家但潜在的也可能是几百几千家广泛分布的分店供货,通过从制造商那里大宗采购,使店面设计标准化,专攻相对较少项目的发明,并使价格单一化,它能够实现大量的节约。反过来,它又把这些节约传递给了消费者。当这个世界上的人们还在崇拜工程师,并把工业企业家看作是西方工业进步的宠儿时,费林断言商品销售能够像制造业那样被理性和高效地组织起来,这无疑是一种惊人的新观点。的确,在19世纪,随着制造业的崛起,人们对服务业的尊敬已经降低了。人们的普遍看法是,流通性贸易(尤其是批发商)是生产性企业的寄生物,它们被垄断和特权所困扰,并因大肆的欺骗和小商小贩、投机者及其他"犹太"资本主义的令人讨厌的家伙们的花招而被玷污。而在美国的商业文化中,批发商不仅应该使自己体现为生产效率的先锋,而且也应该成为对社会负责的资本主义的典范,他们既考虑全球经济的利益,又考虑那些做小生意的旧日竞争者们的命运，这相比同时代欧洲人的做法来看显然是一项非凡的进步。[23]

现代美国零售业能够发展出这样的概念，并作为对同时代欧洲人的一种示范而建立起自己的霸权，这里面是有多种原因的，第一个原因是它的健康的经济形势。因为有能力从实际上无穷无尽的城市购物者中吸收顾客，所以当百货公司面临连锁店、邮购以及最后出现的超市的价格竞争时，它们可以转向高消费者阶层，利用它们在货源供应和营业额巨大方面的力量，实现消费者所需要的商品多样性与高质量。通过提供服务、时尚风格和商品分类，它们有能力与专卖店进行竞争。如果需要的话，它们也希望能转向低消费者阶层，从中找到一个购买群体。偏远地区、郊区、城市和小镇里的中产阶级是如此之多，以至于在这块国土上，新商店诞生的速度超过了欧洲的任何地方。

大零售商也处于一个很有利的地位去抑制大商店与小商店之间的对抗，而在欧洲，这种对抗是持久的、根深蒂固的，并周期性地变得激烈。大零售商瞄准的是广大的中产阶级，他们更多的是相互之间展开竞争，而不是与小零售商进行竞争。因此，洛德－泰勒公司管理层的首要目标并不是要去扫平那些街头店铺，而是要去打败其在第五大道几个街区之外的竞争对手奥特曼连锁店。20世纪早期的美国城市以其"百货公司战争"中的杀手们而闻名。另外，虽然美国的小商店主们在面对经济波动时至少也和其他地方的小商店主们一样脆弱，但与他们的欧洲同行相比，他们有更多的机会可以转行进入其他行业。[24]浪潮般连续而至的移民们在找到更赚钱和更受社会尊敬的工作之前，补充了那些初级工作职位，因此小商店主们及他们的儿女们更容易获得能挣薪水和工资的工作。因为这个原因，在各国当中，美国直到大危机之前都没有出现统一的小商店主运动，以及代表小商店主的、真正有影响力的全国性游说团体。

最后，在缺少真正的贵族文化和有自己习俗的资产阶级的情况下,美国商人赢得了尊敬,如果不能说是赢得了荣誉的话。美国共和制政体的意识形态不像其他地方那样蔑视商人,它把商人看作是值得称赞和可尊敬的公民。在19世纪,一个美国律师或退役的军官可以开一家普通的商店而不怎么有损自己的尊严,而在欧洲,拥有土地的贵族们瞧不起通过商业赚取的财富。从没有成为商业的法定特许场所的美国城镇不存在下列遗产:旧制度下对某些商品生产和销售的垄断、奢侈品税以及对海报、报纸和其他公共产品的印花税。而在大西洋的另一边,这些东西对商人们祸害无穷。此外,随着商业活动分化成了销售、广告业和其他新的专门化行业(这些职业既吸收有着讲道才能的牧师的儿子,也吸收有着讨价还价才能的犹太商人移民的后代),仍然被贴在商业活动上的反犹太主义也开始衰退了。

另外,在20世纪的第一个十年里,美国大商人们获得了很强的政治发言权。商业精英们在一种对风险承担者进行回报、对传统主义者进行摒弃的商业文化里展开经营,他们早早地就获得了自信、力量与财富以使他们自己与进步主义联盟联系在一起,而进步主义联盟又与女权主义分子团体、消费者运动、劳工组织及代表消费者利益的政府结成了联盟。早在1912年,商人阶层就通过建立全国纺织品零售商联盟和美国商会,在华盛顿特区为顾客的利益展开游说,全国性地展示了它的政治影响力。1917年,很大程度上是因为费林的弟弟的倡议,零售业研究联盟开始代表20个参与其中的商店采集国内外的商业数据。在接下来的另一个十年中,从实地调查角度来看,美国联邦政府创造了奇迹。在1928年得到国会授权并将于1930年与全国人口普查一起进行的流通普查,是世界上第一次进行的此类普查。

虽然美国是众多大零售机构的家乡,但依靠制订连锁店税收法案、反价格歧视法与反赔本甩卖法,政府先从各州开始然后又在联邦的水平上对商业行为进行有利于小商业机构的规范,这种情况是很普遍的。但是，即使立法机构看上去大多数时候都在关照小商人(比如1936年通过的罗宾逊—帕特曼法案，这一法案禁止供应商为了歧视小商人而将打折购买的大宗商品跨越州界进行经营)，但这种做法也只能被证明是治标不治本的。商界的小人物们不得不到法院去证明那些打折到底是源自大零售机构的经济效率还是源自它们的垄断力量。如果大零售机构是因提高了自己的经济效率而能够打折，那么小人物们就输掉了这场纷争，因为法律的假定是，对保持美国的生活方式来说，低价产品对于消费者们的利益比小商店们的生存更有价值。它的实际效果就是使商业、政府政策和大众都习惯了零售生意中没完没了的、令人头晕目眩的创新。[25]

被一种零售导向的流通体系持续推动的这种新奇性，强化了作为美国消费文化鲜明特色的“中间性”。现代零售业的运营需要考虑购买力的波动、消费者品位的变化无常，以及占人口五分之三的人群的自然流动性，这五分之三的人口所拥有的收入不仅会花在生活必需品上，而且也会花在一些额外用品上，有时甚至还会花在奢侈品上。“数百万中间阶层”中的这一中间也是数量正在增长的雇员、经理和与商业有关的服务业中的各类专家们对自己的社会自我定位。中间也是被百货公司所占据的一种新的地域空间，这些百货公司从最先的东海岸城市以及迅速发展的芝加哥、圣路易斯和底特律开始，扩展到了中西部的中等城市，从城市中心地区扩展到了发展迅速的郊区。中间也是一种由连锁店所占据的商业地位，这些连锁店在价格与位置上都很便利，将高消费的百货公司、专业性的地方纺织品商场以及各种各样小商店的顾客们吸引了过来。中间还将不同社会背景的女性分类成了同一等级，这些女性穿过相同的零售店入口，去购买类似的商品；这样就加强了其中较穷的那些人的社会价值感，同时也不会影响其中那些较富有者的社会地位。按照费林的“库存计划模式”，中间是库存销售表上一个波动的中间分数。就像他对他的欧洲同行们所解释的那样，达到这个分数的商品应该被引进、标价并推销，以使商店的富裕顾客和贫穷顾客都能最大化；按照理解，富裕的顾客和贫穷的顾客将会把这件商品买来用作不同的用途。更准确地说，对于这个分数的商品，“有钱的妇女可以把它买来用于普通用途，钱少的妇女则可以把它买来用于最好的用途”。[26]

一个零售导向的流通体系在欧洲能够行得通吗？像费林这样的美国自由主义者们当然认为那是可行的，一流的欧洲百货公司的老总们也这样认为——这些人是在费林的支持下于 1931 年成立的国际百货公司联盟的成员。[27]对零售业前景的乐观研究表明，欧洲的形势与美国的形势大致上是可以相比较的，当然，其中也有一些不可避免的差异。比如，在美国，只要一个城镇的人口足够支撑它，那里就会有一个百货公司；而在欧洲，虽然伦敦、巴黎和柏林等地也有一些与美国的一样豪华的百货公司，但实际上在大量的中东欧人口中心地区却没有百货公司。邮购在美国是一宗很大的生意，与之相伴的是美国繁荣的家庭农场和精心构造的乡村邮政路线。但邮购在欧洲却很少，在欧洲，通常比较贫穷和文盲较多的乡下村落因为风俗障碍、乡下邮递系统的风险以及城乡生活方式的差异等原因，仍然被隔绝于主要的消费都市之外。最醒目的是小的独立商店所占据的优势地位，在比利时、意大利和法国，小的独立商店占所有商店的 97%，相比之下美国的这个比例是 80%。[28]

但是，自由主义经济学的主旨将会把欧洲和美国的零售业看作是按不同的速度向一种共同的模式靠拢，而不是按不同的轨迹各自发展。正在通过采用最快捷的供应线和最低的价格等措施去满足消费者需求的欧洲流通体系，据称也正在不可动摇地向大的、现代的、资本家管理的、官僚化的机构发展。欧洲的这一进程比美国的要慢很多，小商店在继续扩散，这应该被归因于战争所造成的破坏、高军费所造成的卖方市场的持续，以及当时欧洲人更低的人均收入等原因。

欧洲零售业的两张面孔

实际上，如果欧洲商业要发展美国风格的、零售导向的流通体系，它就需要一场零售业中的社会革命。然而，它见证的却是，消费制度中的任何改变都会引发一场大规模的社会反应，而它的触发点就是连锁店——这种专门用来彻底改革大规模零售业的发明。

事实是，欧洲零售业那清晰的分布轮廓通常是与资产阶级社会明显的社会分层相一致的；作为欧洲零售业的典型机构，大百货公司与住宅区附近的小商店是按照其富有顾客与贫穷顾客的地位、财富、权力及生活方式被严格隔离开来的。百货公司处于商业金字塔的顶端。作为市区的支柱、奢侈品与舒适服务的提供者，当它去迎合被认为是对保持资产阶级生活方式必不可少的对新奇与舒适的追求时，它就是资本家在商业活动中谋利行为的缩影。小商店主则构成了这个金字塔的宽广的底部。这无数的、大部分单调乏味的小商店是大片区域内社会交际活动的支撑点，它们从穷人和中产阶级中吸收顾客。也正是在这些地方，占压倒性多数的欧洲人把他们非常有限的收入用来购买食品、燃料及其他基本的生活用品。

的确，自从资本主义崛起以来，商业就一直表现出两张面孔。没有其他事业比商业资本主义更全球化，也没有其他事业比小商人们与顾客的那种面对面的交流更具地方性。大资本家在全世界游荡和经营。他通过押宝于外来物品，运用他对资本的掌握、对速度的把握、对权力的接近以及他的号召力，来赚取财富。小商店主通常来讲根本算不上是资本家，企业和家庭经营之间的界线很难界定。他对成本与收入的算计不会有什么意外；他在市场上的位置通过他对当地顾客的小型垄断得到保障，这些顾客忠于他，是因为他们也被固定在当地。因为他期待变化能够或多或少地被预见到，所以他切身体验到了商业周期的变迁。他对于导致供应短缺、价格波动或销售下跌的原因没有直接的知识。如果陷入了迷茫，他就会模糊地去猜想他的麻烦是始自外部还是始自内部，这种麻烦是针对整个经济的还是只针对他本地的，是起因于他目光短浅的结果还是起因于他命运的不幸转折。[29]

在19世纪与20世纪之交，欧洲百货公司的发展顶峰与资产阶级命运的顶峰是一致的，正如二十年之后，百货公司的危机也成了资产阶级命运衰落的令人伤心的指示器。在美国，百货公司的扩张不仅与城市的快速发展、对高速交通线的投资、广告业的扩张及更高效的制造工艺资源联系在一起，而且也与工厂制造品联系在一起，但最重要的是，它是与大城市中富裕的上层社会阶层的集中联系在一起的。在1930年左右，欧洲百货公司的总销售额在零售业总营业额中所占的比例比美国的要低：在法国，百货公司的营业额占零售业总营业额的5％；在德国，这一比例是4％至5％；在英国，这一比例是7.5％；而在大西洋彼岸的美国，这一比例是10％。[30]但是，单独的营业额只是衡量商业资本主义创新能力的指标之一。百货公司不仅伴随着资产阶级一起崛起，它还界定了资产阶级生活方式的概念。

因此，资产阶级的分布位置、财富和权力应该能从百货公司扩张的地图中得到估算。绝大部分资产阶级分布在西北欧，在欧洲中部和南部，资产阶级的数量及其财富规模都缩小了。[31]新的建筑物显示出了资产阶级阶层对旧制度下城市中心地区的有形的统治，它们导致了交通线的变更，它们取代了无数的小商店，赋予了19世纪晚期城市景观新的轮廓。紧靠着资产阶级文化的其他殿堂，股票市场、大图书馆、市政厅及巨大的铁路枢纽等这些“商业大教堂"标志着壮观的城市中心地区与工人阶级那更遥远、肮脏的社区的隔离。[32]

并且，通过建立一种新的销售模式，百货公司使公众与购物之间有了一种新的关系，这种新的关系持续变革，一直到今天。货物被陈列在许多不同的商品部门，每个部门都专营某一类范畴的商品，数量最多的部门致力于卖服装与纺织品、香料、家居用品、马车（包括马车夫与马匹的装备）等工艺耐用品，以及精美的食品。数量众多的产品陈列在华丽的展台上，每一个产品上面都贴有一个标明固定价格的标签。这种定价系统对消费者来说有两个优点：通过固定商品的价格，它免除了那种集市或小商店所特有的讨价还价；通过标上商品的固定价格，它证明了商店对只供应适合资产阶级生活方式的产品的那种自信。在当地媒体上的整版广告中，这种象征性被高度地放大了。

百货公司也强化了妇女在资产阶级消费制度中的特殊地位。百货公司就是"女士的天堂"，这让人回想起埃米尔·左拉(Emile Zola)1882 年的畅销小说《妇女乐园》的英文书名。这一"女士的天堂"被认为既推动又保护了资产阶级妇女在现代商业所塑造的准公共空间中的流动。因此，它支持了某种形式的解放，这种解放与女性的次等地位是完全相称的，大部分女性没有自己的赚钱能力，无法支配她们的家庭财产，也没有她们自己真正的购买力。同时，通过在一种受约束的背景下培养人的个性，它还鼓励了女性们因意志受挫而导致的小毛病：入店行窃、擅自挥霍丈夫的赊账最高限额，以及显而易见的懒散。只要精英们独自沉湎于这种消遣，难题就只是一个管理"奢侈的女性"的问题。[33]

最后，百货公司展示了欧洲作为西方帝国消费世界十字路口的中心地位。百货公司的采购员们在广阔的世界中勇往直前。在搜寻货源的时候，他们充分利用了下面这些优势：全球贸易越来越自由化，在各大国的殖民地内探矿越来越安全，欧洲供应的制造品也越来越精巧。因此,当地的工艺品与来自全世界的外来品混合在一起,塑造出了身为小饰品大收藏家的爱德蒙·D.龚古尔(Edmond de Goncourt)所谓的“小古董行”。[34]结果就是,在品位与风格上,“美丽年代的资产阶级”往往遗忘那些商品是起源于哪个帝国,这使它看上去明显是东方主义者;但它对这些商品具体来源于哪些国家同样也极其漠视,只有当这些商品能够增加他们自己的魅力、价值和西方文化的万能感的时候例外。[35]

那么,一点也不奇怪,那些环游欧洲内地去采购纺织品、地毯、玩具和瓷器的美国采购员们在从欧洲的大都市返回的时候,会详细记录下那里商店的各种稀奇古怪的展览,以使他们回美国后可以借鉴使用。就像赛尔福立芝所做的那样,承认别人不会使自己失去什么。在马歇尔·菲尔德百货公司之后,才有了巴黎春天百货公司和平价百货公司(Bon Marché)那些壮观的展览设计,费城的约翰·沃纳梅克(John Wanamaker)* 也从法国精英那无限丰富的特权商品中发现了适合费城最有钱的人用来斗富的好东西。在世纪之交,“让利出售”听上去比“大减价”更时髦;“在售”是对“正在出售”这一说法的一种改进;“选购”则是对“现在购买”的一种精练。[36]对伦敦的服饰杂货店及人满为患的维多利亚式房屋充满敬意的欧洲(这里是指巴黎)作为一个品位制造者,即使在潮流已经改变的情况下也仍在苟延残喘,而同时期的欧洲人则已转向美国,以寻求大规模销售技术的引导。

然而,虽然百货公司对建立资产阶级消费模式做出了贡献,但它还是不可避免地显露出了它的矛盾性,在两次世界大战之间的那段时期里,百货公司越来越明显地发挥了侵蚀资产阶级消费模式的作用。首先,它强化了资产阶级自身的社会地位的分化。

---

* 约翰·纳尔逊·沃纳梅克(1838—1922),生于美国宾夕法尼亚州的费城,著名的美国商人,被认为是百货商店之父和现代广告之父。——译者

大的百货公司的主管们在获取了巨大的财富和权力之后，社会地位急剧升高，不管他们的家庭出身是多么的卑微以及他们的受教育水平是多么的低下。与此相对比的是，那些小商店主们只要仍是自己在买卖商品，那么即使他们做的是靴子、酒或皇家饰品的承办商，他们也仍然是不可改变的次等资产阶级。[37]同样的，虽然百货公司的空间是向所有人开放的，但社会差别却是普遍存在的，这里的服务关系散发着仆人与主人之间的那种气息。男销售员就是一个男仆，女店员则是女士们的女仆。暴发户们的光顾是会受到各种方式的鼓励的，但是不能让这损害光临此地的大量女士和绅士。经理助理们被训练得能够识别出对哪些人该并起脚跟，微微鞠躬，及恭顺地屈膝行礼，以及对哪些人该淡漠地打量或简单地不予理睬。[38]商店雇员们本身就受到了那种把他们分为工人或操作阶层的、持续的、家长式作风的熏陶，因此他们也会和大多数势利的顾客一样势利，并且他们至少在辨别不同的衣着、口音和身体语言方面是专家。在看到顾客的钞票的颜色之前，他们就能很好地洞悉顾客的社会地位情况。

其次，不论百货公司如何成功，它都不可能完全消除人们那些挥之不去的观念，即认为经商在道德上（即使不是在社会意义上）是有污点的，并且大商人不如制造商高尚。数量巨大的百货公司是如此的显眼，如此的赢利，这把商业资本主义再次推到了公众生活的中心，而自从15世纪意大利城邦的伟大贸易和17世纪伟大的大西洋海洋帝国结束以后，这种情况就没再出现过。巴黎的大老板们是赞助商、鉴赏家和各类艺术品的大收藏家，他们慷慨行善；对于他们那数以千计的员工，他们则是全能的家长。柏林的犹太大资本家同样也是如此。奥斯卡·迪茨（Oscar Tietz）在他1923年去世前一直担任德国百货公司所有者协会的会长，因为源自其财富的巨大纳税额，他是他所居住的勃兰登堡州一流阶层中唯一的一个选举人。由于他掌握着这一地区全部选票的三分之一，并且他在柏林的生意圈中是如此的声名显赫，所以当局不得不把他当作名人对待，在涉及公共利益的问题上也向他咨询，尽管他不仅是犹太血统，而且还是一个在犹太社区中很有名的犹太教徒。[39]

百货公司巨头是资产阶级文明的重要支柱，但他们却是些很受怀疑的支柱。在某种意义上，商业资本主义被认为是一种太赤裸裸的资本主义形式，也就是说它太接近于在金钱的流通中进行投机的金融资本主义了。人们只要想想19世纪早期的乌托邦社会主义者夏尔·傅立叶对商业的谩骂就知道了——“愚民主义的、狡诈的吸血鬼，把所有的财富都一滴一滴地榨干”、“工业的秃鹫”。人们也不会忘记大众对投机者的那种根深蒂固的仇恨，这种仇恨点燃了从18世纪直至20世纪早期的食品骚乱，有时这种骚乱还会发展成全面的起义。[40]另外一种疑虑混合了对钱生钱感到不安的感觉，那就是，在大商店的运营中看上去犹太人的利益过于突出了。

大众被下面这种秘密迷惑住是很正常的：成功的商业从任何单一的角度来看可能都是亏钱的，但它整体上却仍是赢利的。为了解释这一问题，莎玛丽丹百货公司创始人的儿子加布里埃尔·康纳可（Gabriel Cognacq）直白地说明了这种情况是如何成为可能的。[41]这种情况实际上首先是一种银行业务操作，商店的中心管理部门向商店的采购员们发放贷款以购买库存，收取他们3%到4%的利息。这种手续一年发生上几次，利润就在商品被摆上柜台卖之前产生了，特别是考虑到存在延期向供应商付款的习惯，利润就更容易在商品被卖之前产生了。批评者们宣称，和百货公司购货量大的优势一起，这种超额利润也给了百货公司一种不公平的优势。这也给了正在寻找税源的政府一个很好的借口，使他们对大商店的销售量征收特别税，这为在困难时期采取其他令人伤脑筋的措施创造了先例。

在第一次世界大战期间，在军国主义的德国能够被深深体会到的资本主义商业的痛苦，激发了一场广泛的文明的冲突。是富有创造性的维尔纳·桑巴特那具有宣传性的观点，使得德国（一个英雄的民族）与英国（一个商人的民族）对立了起来。更不用提赫伯特·斯宾塞的反德论调了，它把大英帝国描绘成是一种热爱和平的、进步的力量，却把威廉二世皇帝的德国描绘成是一种好战的封建主义：英国用一种契约的严格逻辑来统治它的帝国，而德国则是一个被武士使命引导着的国家。[42] 19 世纪英国强权下的世界和平被认为是一个庞大的商人等级体系，它的公平理念里充满了分类账簿那样的狭隘和自私；而德国文明则是一种文化一文明模式，它受到伦理与历史观念的约束，以保护自己去反对协约国的物质主义。“英雄”在与“讨价还价者”进行斗争：桑巴特的自相矛盾就这样被完美地校正了，以便能在德国形成一个爱国的、反动分子的联盟。

1929 年，桑巴特又回到了“高等资本主义”的特性这个他喜欢的话题，以便把百货公司确定为“高等资本主义”最完美的表现形式。虽然他自己并不是一个公开的反犹太分子，但那些作为纳粹党在商业领域的专家的、小册子的作者们却高举那些从他的著作中引用的、醒目的引证（例如，“百货公司是高等资本主义时代的合法产物”），以便给他们自己已重复了一千遍的一种论断增加学术合理性，即，重要的商业被犹太人把持着。这些人自己对“犹太人商业压榨”的“种族研究”的确表明，从纽约、巴黎、阿姆斯特丹和苏黎世运作起来的国际金融是 1925 年以来连锁店扩张的主要幕后动力。企图垄断德国商业的阴谋是如此的明目张胆，众所周知的、“法国犹太人”的老佛爷百货公司通过把它的旗舰店选址在柏林极为神圣的商业心脏波茨坦广场，来夸耀它对德国领土的入侵。[43]

无论如何，欧洲的大商人们不得不去解决他们与小零售商之间的那种怨恨重重的关系，这些小零售商在各地代表着接近 90％的地方市场。[44]比百分比更重要的是，数量巨大的这些小商家的存在揭示出了一种消费制度，不论其在全国范围内如何均质化，不论其在政治上如何集中，也不论其如何受到工业化与城市增长的干扰，这种消费制度仍然根深蒂固地是地方性的、细致多样化的，并仍与过去保持着连续性。从原则上讲，随着政府废除了行会权力和其他一些特权，发生在整个 19 世纪的贸易自由化趋势应该能使各地都产生区域相似性。但没有任何企业能比小商业更顽固保守却又更善于创新。那些其生意由市民规则、家庭知识、手艺秘诀和行会风俗支配着的商店，如布料商、五金商、屠户和面包店等，被新商品类型的服务业点缀着，如雨伞店、自行车销售和修理店、收音机店和修理商以及先是精于织补丝绸后又精于织补尼龙袜的针织工等，它们的运营反过来又会受到规则与习惯类似累积的影响。[45]要想去解释已被当地人认为是理所当然的一些商业生活中的事实(如水果蔬菜商不能销售干菜，女性服装店只能卖女性贴身内衣)，就需要历史学家、法律专家和民族志学者进行认真的考察工作，而这也只是个开头。

小商店使新古典主义的和马克思主义的对小商店的经济生存能力的评估都受到了挑战，对于被认为是残酷无情的、大规模的集约经济，小商店进行了抵抗。总的来说，这些商业中的小人物们的生存寿命就像蜉蝣一样短暂，看看桑巴特那蔑视性的描述：如果在任何一个十年的开始有一百个人开了店，那么只有二十家能够生存到这个十年结束时。然而，除非是进行了大规模的城市更新改造，否则，虽然单个的小店主会消失不见，但大部分小商店会被保留下来，在特定经济体系中寻找工作的无数人口会对它们进行补充，这个经济体系的特征是有着漫长的农业危机、巨大的失业劳动力储备和很低的工资，同时又缺少意外事故保险和养老金，妇女们也被排斥在有偿劳动力之外。[46]

小商业也是能够持久的,因为它是传统服务中的一颗宝石,虽然这颗宝石不能被铸成货币。它们的顾客天天来购物,这些顾客的购买力非常低下,住处也是如此的简陋,以至于他们实际上是把周边地区的商店当作了自己的储藏室。柜台之后的小商店主或其助手会在合算价钱之前,按照顾客的吩咐,从各种各样的圆桶或大坛子里舀出供应品,测量和称好重量,用报纸或牛皮纸包好,如果是燃料或油,他们就把它倒进顾客的容器里。他们接受现金,也可以赊账,赊账时他们就把顾客所欠的款额记到每月的账簿上。如果顾客有要求,他们也可以安排递送。

不仅如此,小商店主也是一个仲裁人,他能够在其获取供应的能力与其对自己技术和顾客的了解之间进行平衡。他依照"公正的利润"来给自己的商品定价,也就是说,他着眼于自己的生存来给大部分商品定价,这个标准大致上以适合一个有意把自己的商店传给后代的小商店主的生活水准来衡量,而不是按照"市场价"来衡量,因为那将需要他对竞争对手的定价、管理费用支出和再进货的成本有更精确的知识。他和顾客对这些商品都很熟悉,他们围绕一件商品的"公正的利润"进行讨价还价,对它的价格达成广泛的一致。[47]实际上,这意味着店主可能会因为女顾客的女仆非常迷人而给出一个对顾客更有利的价格,他可能会因着迷于女仆的魅力而不知不觉地听从了女顾客自己的建议,女顾客对自己家的欠账可是非常敏感的,并经常威胁说要去别的地方购物。在任何时机允许的情况下,店主都会给他最好的顾客一些小礼物,这样他就会收到顾客对他进行感谢的一点表示。有时店主也会算错账。无疑这种不公平的对待会引起口角和斥责。但不公平是社会生活中的一个事实。只要顾客没有其他的替代选择,不公平的对待就不会削弱把当地顾客与街头小店束缚在一起的那种相互依赖。

在去理解为什么小商店主运动宣称自己代表社会中所有可

信赖的、有价值的和可靠的东西时，人们不必把小商店理想化成一种社会机制。随着时间的推移，小商店主越来越主张自己是社会秩序的中流砥柱，因为他具有中世纪行会的谱系，他在一种仍然崇拜稳定财富的文化中具有财富所有者的地位，他还既扮演了商品供应者的角色，又扮演了消费层次区别非常尖锐的各种品位的调和者的角色。在欧洲，当人们提到"中产的象征"时，它是指中小企业的不稳定地位、企业和行会那持久的权力，以及把社会看作是一个人人各得其位的有机等级的那种普遍深入的看法。[48]这种中产观念拒绝被美国消费文化所塑造的"中产"的多层次观念取代。同样的，那种认为商业的经济功能可以与它的政治、社会甚至是道德方面分离开来的观念使得费林的名言"商店就是一个销售机器"既是错误的，又是该受谴责的。

在两次世界大战之间的年代里，随着一方面作为资产阶级消费旗手的百货公司开始波动，另一方面小商业大张旗鼓地宣称自己代表了中产阶级的替代物，资产阶级消费制度中的断层终于扩大成了一条深渊。商业中的第三条道路此时现身了，那就是百货连锁店。虽然连锁店得到了欧洲的百货公司资本家们的支持，但事实却证明它既对小商业又对大商业构成了非常可怕的挑战。

大萧条导致欧洲的百货公司只能在远比它们的美国同行缺少流动性的市场上进行经营，这削弱了它们的顾客基础，弱化了它们组织货源的能力。当它们通过提供更加体贴的帮助、精致的商品、像造型顾问这样的辅助服务、新奇的进口产品或自动扶梯，去迎合高层次的消费者以弥补自己的顾客流失时，它们的成本就上升了。并且就像经常发生的那样，它们的那些不得不削减自己服装开支的顾客转而去了专卖店，或者去找自己当地的裁缝们，因为时尚杂志、电影或购物橱窗加强了他们自己在风格选择上的信心。如果百货公司通过提供更便宜的商品来降低顾客的流失，它们就会冒疏远自己的老顾客的风险，并且由于制造业卡特尔的存在、疲软的流通体系及关税的提高，它们也难以找到合适的、做工好却又价格低的产品。考虑到它们高标准的设备和服务，在偏远地区或地方城镇开设分支机构以摊薄企业管理成本的做法也被证明代价太高。[49]

小商店主们也面临着新的可怕时代。经济形势越悲惨，商店增加得就越多。在这个问题上比利时是被研究得最透彻的，比利时的一位权威人士谈及了"癌症般扩散"的小商号，1937 年的商店数量比 1910 年时增加了 25%，其中很多只是卖食品，他们从供应商那里不断赊得货物，既供应他们自己的家庭，又为周边的顾客服务。[50]并且，小零售商作为一个群体，其内部也越来越分化，结果一个极端就是，在最现代化的设施上能够支撑得住的专卖店努力要实现现代化，并建造一种提供供应和服务的合适环境；而另一个极端则是，仅能糊口的蔬菜店、没有营业执照的手推车小贩和捡破烂者只能在一个灰色的系统里进行运营，在这个系统里，以物换物、在垃圾中拣食物以及偷窃都不鲜见。这种分化尤其明显地体现在店务管理现代化的不平均上。第一种被广泛销售的收银机是由位于俄亥俄州代顿的全国收银机公司生产的，它是约翰·帕特森(John Patterson)这位精力充沛的公司奠基者的早熟的发明，1884 年，约翰·帕特森把这种机器引入了欧洲，而这种机器彻底改革了财政实务。通过进行准确地计算和审核账目，收银机的机械的写字板节省了人力，防止了店员从敞开着的钱柜中偷窃钱财，并使商店的顾客便于通过读取打印出来的合计和找零，核对商店的准确性。[51]到了 1920 年代，全国收银机公司在整个欧洲都有了子公司。但即使是在德国这个最为机械化的国家——在这个国家，克虏伯国家收银机公司的生意非常红火，也只有一半的德国零售机构拥有收银机，并且只有四分之一的零售公司拥有符合规则的账目。[52]

在一个由机器驱动的世界上，久经考验的小商店主们只代表了更小比例的中产阶级，他们要想维持自己作为资产阶级消费制度"支柱"、"脊梁骨"或"卫士"而曾长期拥有的特殊发言权，已经变得越来越困难了。现在，人们认为工人作为被政府认可的一方，在涉及调整工作条件和扩大养老金领取权的劳资双方谈判中已经有了更大的发言权。并且，随着1920年代以来合作社运动的快速发展，工人们已经不再是那么顺从的顾客了。同样重要的是，曾经宣称自己在反对贵族和教会特权方面代表"第三等级"的"普遍利益"的中产阶级，现在不得不去与一种新的"普遍利益"进行斗争，那就是消费者的"普遍利益"。为了巩固自己的地位，小商店主们或许可以寻求政治保护，使自己成为反动政客的亲密支持者。但改革家们呼吁他们说，他们最好的机会就是停止假装他们是一个社会阶级，而承认自己就是一个经济利益集团，并且，在这种新的身份中很有力量的他们应该与新的"第三等级"——贫困的消费者大众结盟。[53]

五分一角店的挑战

当百货公司为了摆脱经济困扰而把它们的财富投到百货连锁店这种外国发明上时，向上述那种方向发展的障碍就产生了。大商人们在这样做时，他们绝对不想改变隐藏在他们的经商方式下面的那种消费社会关系，也不想促生一个新的中产阶级消费大众，更不想点燃一场来自小零售商们的反对风暴。

将会很快成为无数人抗议主题的这种新发明，在美国用白话讲就是五分一角店。在法国，这种新式商店被称作单价店或单一价格店，它模仿的是德国的单一价格店或单位价格店，而这种商店其实与在美国和英国被正式叫作固定价格店的商店大致相当。这种商店的名字展示出了它的主要优点：商店展示的所有商品都以两种规定好的货币单价出售——在美国是五分和一角，在德国是二十五芬尼和五十芬尼；在法国是五十生丁和一法郎。这种商店作为一种零售连锁店的产物，一种用来管理大量分店（从只有两家到几百家甚至是几千家）的商业所有制形式，它的先驱可以一直被追溯到19世纪后半期英国的联号店运动、德国的分公司和法国的救助销售经营形式。和在美国一样，在欧洲，这种商店的管理层的目标也是使交易量最大化，其分店经常位于租金较低的小镇上。几乎所有的这种店都专门经营不易损坏的包装零售货物的大宗买卖，这类商品有时被描述成是殖民地商品，因为它们与欧洲帝国的进口产品类似，主要是茶叶、香料、咖啡、调味品和果酱。在欧洲，与美国的大西洋和太平洋茶叶公司商店相当（但要比其小一点）的这类商家包括：英国的托马斯－利普顿公司、J. 里昂斯公司和亨特茶商公司；法国的多克·雷莫斯连锁店和菲利克斯·波坦连锁店；比利时的德尔海兹·利莲集团；德国的拉夏公司；奥匈帝国的朱利亚·麦诺公司。[54]

除了它的价格政策外，五分一角店或百货连锁店的另一个主要特点是它的商品种类很多，购买的方式简单。虽然这种商店所提供的2500至4000个的商品种类比百货公司的要少（百货公司能够提供多达20万类的商品），但它的存货总值一年能周转8至10次。并且不论是什么商品，所有的商品都按它的价格排列在15到20个商品部里。顾客们选好他们的商品，然后售货员（一个工资很低、技术不熟练、通常是女性的工人）在收银机里输入价格，收钱，再把商品装进袋子里。这种店没有送货和退货。这里商品的价格比百货公司和专卖店的同类商品要低6％至12％。[55]

弗兰克·伍尔沃斯（Frank Woolworth）的庞大连锁店对于五分一角店的发明所具有的意义，就如同T模式汽车之对于大众的流动性，扶轮社之对于男人服务俱乐部，可口可乐之对于软饮料，以及麦当劳之对于快餐。作为一家特大型的普通商店，这家企业首先是在作为宾夕法尼亚东部地区繁荣中心的兰开斯特取得了成功，它的扩张是如此的迅速，以至于到了 19 与 20 世纪之交，它已经证明大规模零售业也能够像制造业一样获得高额利润。从 1912 年开始，伍尔沃斯连锁店在证券交易市场上市，证明了零售业也能吸引到外部的资金。到了 1929 年，这家公司的 1825 家子公司年营业额达到了 3.03 亿美元，仅次于通用电气公司的营业额。这一年它向其股东们发放了百分之七点七的红利。这家公司的总部位于百老汇大街 233 号一座奇异的、五十四层的、带有飞拱的哥特式建筑里，建筑的顶端是皇冠式的尖顶。这座建筑是由卡斯·吉尔伯特(Cass Gilbert)设计的。它于 1913 年在没有使用任何借款的情况下被建成，威尔逊总统于 1913 年 4 月 24 日从白宫来到这里为它举行了落成典礼，随着一声如同发电报信号的敲击声，威尔逊按下电闸，打开了建筑物里面的电灯。直到 1920 年，这座伍尔沃斯大厦一直是世界上最高的建筑，1920 年它的高度被华尔街 40 号大厦和克莱斯勒大厦超越。位于其第二十四层的经理套间是按位于科佩恩的拿破仑的战役司令部复制的，拿破仑皇帝的画像后来被用弗兰克·伍尔沃斯自己的一副画像替代了。这家公司的宣传人员生动推出的一组巧妙的数据绝对会使欧洲人留下深刻的印象：在 1918 年，有 10 亿人曾经进过伍尔沃斯的商店，其中 8.2 亿人购买了东西；在 1920 年，在美国每个人口超过 8000 人的镇上都有一家“红色临街店面”的伍尔沃斯分店；在 1929 年，平均每个美国人在伍尔沃斯商店购物达 25 次之多。[56]

1909 年，伍尔沃斯公司在海外建立了它的第一家分店，这是一家在利物浦的三便士与六便士店。这家店远远领先了它的竞争对手——主要是玛莎百货公司与英国家庭商店(British Home Stores)，到 1930 年，它已经开设了 400 家分店。随着欧洲大陆的经济在 1925 年稳定下来，总公司计划越过英吉利海峡进行发展。它的主要兴趣点是德国，一战前弗兰克·伍尔沃斯曾在德国大量采购过圣诞装饰品、玩具弹子球、洋娃娃和其他工艺品，德国在巴伐利亚和图林根州也建有巨大的货栈向美国商店供货，如果不是一战爆发，伍尔沃斯已经在当地建立分店了。这一计划最终在1926年11月2日获得了批准，这已经是伍尔沃斯在1919年去世后的第七个年头了。1927年7月30日星期六，已经拿到了所有执照的、说德语的经理伊凡·W.科菲尔(Ivan W. Keffer)大张旗鼓地安排了在港口城市不莱梅的第一家二十五与五十芬尼店的开业，这家分店所处的城市地点是非常完美的，因为这个城市的经济与国际贸易联系密切。1928年，又有23家分店开业，其中包括在杜塞尔多夫、威斯巴登、波鸿和柏林的分店，它们的玻璃钢架店面与美国店的红黄色设计一模一样。伍尔沃斯公司对当地的排外情绪非常敏感，它极力宣扬分店的经理们像它的4000名德国雇员一样都是德国人；它从德国采购其商品的98%；并且，为了防止有人指责它从秘密金融赞助中获得好处，它用现金支付从供应商那里大宗购买的商品。随着它以每月两三家的速度，一找到合适的地点就迅速开分店，到了1932年，它已经在运营82家商店，其中仅在柏林就有14家。也就是在这一年，德国的布吕宁政府被纳粹领导的小商店主抗议运动所震动，通过了立法，限制连锁店的进一步扩张。然而，伍尔沃斯公司的德国分店仍然非常赢利。1939年，当纳粹政权禁止将利润从德国向外输出以后，弗兰克·伍尔沃斯公司被迫注销了它最初的1000万美元的投资，据评估，此时这些资产的实际价值已是其原始股本750万美元的4倍，商店雇佣的员工达到了6500人。[57]

早在1925年，估计到伍尔沃斯将会“入侵”欧洲大陆，欧洲的零售商们就组织起来进行自卫。对于伍尔沃斯计划要占领两个以前被忽视了的新市场板块，德国的百货公司巨头们尤其感到头疼，这两个新市场板块是指德国贫困化了的中产阶级和相对繁荣的、工会化了的工人力量。1925年7月6日，费林与科隆迪茨公司管理层进行的一整天的会面，恰恰就发生在阿尔弗雷德·莱昂哈德·迪茨(Alfred Leonhard Tietz)决定建立自己的连锁店之后。然而，科隆迪茨公司管理层还是受到了费林的两个观点的影响。其中第一个观点强调了与制造商签约买下其所有库存的“伍尔沃斯先生的侵略性”，伍尔沃斯的政策是为每件商品支付六分钱。通过指出这是一个很稳当的交易，并且肯定能减少广告、中间商和登记等方面的费用，制造商们是能够被说服从而认为这是一个良好安排的。费林的第二个观点强调要研究最便宜的全程路线，也就是说，要研究每件商品的最低价格，在这个价格上商店可以出售该商品，但商品的质量又要足够好到顾客还会购买它。[58]换句话说，大规模零售商们必须要重新思考价格与质量之间的关系，以便能满足最大多数消费者的需求。不论费林的建议是不是多余的，让迪茨知道他的商业策略在美国已经早有人在实践了，或美国的资本可以被用来投资，这对他都是没有害处的。1926 年 1 月，迪茨开了以哈普(固定单价店，Atktiengesellschaft für Einheitspreise)的第一批 11 家分店；1927 年，他又开了 20 家分店。1926 年，柏林人鲁道夫·卡斯塔特(Rudolf Karstadt)开起了他自己的系列连锁店，他也得到了美国银行的支持。他的连锁店叫以帕(Epa)，它很快成了德国最大的连锁店。在卡斯塔特之后，又有一家以柏林为基地的连锁店以帕维(Epawe)诞生，还有一个以莱比锡为基地的伍尔沃特集团出现，这是一个由独立的商店组成的连锁，他们联合起来从供应商那里购货。1931 年，经过 5 年的飞速发展，共有 15 家连锁店在运营其 400 家新的分店。[59]

在德国人的导引之下，法国人、比利时人甚至最后连意大利人的百货公司也都开始支持开单一价格连锁店。在人们行事谨慎的法国，第一次这类的冒险直到 1927 年才发生，并且还是在一对外行人奥迪波特夫妇(Audiberts)的首创下发生的。这家店叫作五元十元店(Cinq et Dix)，它坐落在旧式的硕沙路(Chauchat

Rue)4 号，靠近奥尔良门（Porte d'Orléans），它的创办资本是 45000 法郎，来自奥迪波特夫人，她以前是一位时装店创办人。开店的这一想法是奥迪波特夫妇在纽约旅行时产生的，他们也公开承认他们的店是对伍尔沃斯店的直接模仿。作为证据，奥迪波特先生指出了贴在结账柜台上的"提供服务"标识；还有留声机里播放的音乐，据说那天留声机的安装增加了三分之一的商品销量；另外还有商店的名气，这使得他们在 1929 年 11 至 12 月在克里希大道和巴比斯又开了两家分店。然而，奥迪波特自己也承认，他店里商品的价格并不像伍尔沃斯店里的那样便宜。他店里商品的价格不是 1.5 法郎和 3 法郎，而是从 5 法郎到 10 法郎。问题在于货源。法国的工业结构使它难以用打折的价格生产具备相当数量和质量的产品。的确，当年伍尔沃斯也正是因为这个原因才决定不进军法国的：尽管伍尔沃斯的德国分店能从当地得到 98% 的供货，在英国的分店也能从当地进 80% 的货，但在法国，至少 50% 的货不得不从外面进口进来，这将带来各种复杂因素，除了令人望而却步的高成本外，还包括从进口规则到当地民族主义的各种因素。[60]

法国暴发户们的成功，加上德国和英国连锁店的成功，促使巴黎的百货公司管理层们对连锁店的看法转向积极。跨过英吉利海峡到伦敦的伍尔沃斯店和玛莎百货店的访问更坚定了他们的这种看法。到了 1928 年，巴黎新老佛爷公司（Nouvelles Galeries de Paris）在拉果涅的春天百货公司和嘉士达（Karstadt）公司的支持下建立了尤尼普瑞克斯（Uniprix）生活用品店。后来，后二者又开起了第二家连锁店——独价商店（Prisunic）。1932 年，古老的平价百货公司（Bon Marché）与卢森堡的食品连锁店新贵波卡（Boka）结盟，建立了普瑞米尼姆（Priminime）公司。接下来，老佛爷百货公司与菲利克斯·波坦连锁店结盟建立了毛诺普瑞克斯（Monoprix）超市连锁店。如果永不安宁的埃米尔·本海姆在他冲出比利时的不懈努力中方法得当的话，他应该已经沿袭美国百货公司联盟的思路（费林自己的波士顿公司于1929年加入了这个联盟），组织起一个欧洲范围内的百货公司企业联合了。虽然他的老合伙人科隆的迪茨家族因为运营着欧洲大陆最大的联合企业，所以愿意冒开连锁店这个险，但哈诺德（Harrods）却反对，因为他认为这样的冒险将会使它的高贵形象被摧毁，并且独价商店、春天公司和贝因克夫百货商店（De Bijenkorf）虽然总体上令人感兴趣，但它们却不愿意放弃自己的行动自主权。面对着来自新贵萨尔玛（Sarma）连锁店的竞争，本海姆把他的家族长期以来与韦克斯莱尔（Vexelaire）百货公司王朝的敌对搁置到了一边。与韦克斯莱尔家族的平价百货公司结盟建立的新连锁店普瑞巴连锁店的利润很快就超过了母公司的利润。[61]

到了1930年代中期，加上英国的，整个欧洲的百货连锁店达到了1.2万家。在美国，连锁店的营业额占到了整个零售业营业额的23%；在英国，这一比例是7%；在德国，这一比例是1.5%；在法国，这一比例是1.3%；而在意大利，这一比例大约是0.3%。虽然美国之外其他几国在这方面的数据比较低，但近距离的观察却表明，是连锁店而不是豪华的资产阶级百货公司正处在“社会的最前沿”。[62]

连锁店对旧消费制度的挑战可以从连锁店的位置、其价格体系和光顾它的人群等方面得到更好的评估。连锁店在历史上首次将大规模零售业从城市中心转移到了离市中心较远的城区和人口在10万以下的城镇。百货公司传统上喜欢那些人口流动大的地方，主要是城市中心，而连锁店却在那些住宅密集的地方繁荣起来。在巴黎，这些新的零售业商店从市中心扩展出去，朝北向着克里希大道、圣殿郊区街（Faubourg du Temple）、奥尔良大道和共和国广场（Place de la République）发展，朝西和朝南向着左岸的平价百货公司、雷恩街（Rue de Rennes）和沃日拉尔路

(Rue de Vaugirard)发展。在柏林,百货公司围绕着波茨坦广场一带发展,而百货连锁店却坐落在莱比锡大街一带。在罗马,文艺复兴百货公司(La Rinascente)坐落在雅致的科尔索(Corso)地区,而第一家乌皮姆百货店的各家店面却位于人口密集的特里托内大街(Via del Tritone)和民族大街(Via Nazionale)一带。将这两种类型的商店隔开的街区看上去并不长。但是,将那些单价连锁店的新顾客们所穿行的路与百货公司顾客们装束良好的脚所踩过的道路区别开来的社会距离却是很大的。随着大规模零售业挤进了小商店之间的居民区,大规模零售业对大众来说已经触手可及了,但这些小商店们却从来没有对付过这样激烈的竞争。尽管百货公司占据着一个特殊地位,但连锁店却通过如此迅速的扩展,显示出了它的灵活性和无处不在。不错,法国每 26.9 万人才有一家廉价商品连锁店(相比之下德国是平均每 8 万名居民有一家,美国是平均每 2 万人有一家)。但如果能被消化的话,巴黎自己或多或少地就应该有 30 家这种新的、玻璃钢架结构的、霓虹灯闪烁的商店;同样的,里昂和马赛市区分别也应该有 4 家和 3 家这样的商店。不过,像亚眠和第戎这样的人口刚过 5 万的城镇也有一家这样的商店,发展缓慢的、阿尔萨斯人的城镇米卢斯(Mulhouse)有 3 家,并且居民在 2 万至 5 万之间的城镇每 24 个之中就有一个有一家这样的商店,同时,有 20 个人口低于 2 万的城镇也有一家这样的商店,其中包括蒙贝利亚尔镇的两地:偏远的阿扬戈(Hayange)和寂静的萨瓦亚尔(Savoyard)(这两地都开设了两家这样的店),这明显使得当地的生活有了生气。[63]

连锁店的第二个影响是使商品定价发生了革命。虽然百货公司夸耀自己营业额高和利润率低,并且还周期性地举行打折销售的大促销,但它们从来不能以较低的固定价格提供有吸引力的、合适的商品。其数以千计的商品的单独定价使得这些商品看上去都有一种固有的价值,并且采购员和售货员都知道这种价值，而顾客在评估和购买这件商品时也对其固有价值变得熟悉起来。[64]相反，通过分别固定五六个总销售部门各自商品的单价，连锁店能够传达出这样一种印象（不一定正确）：连锁店对它的商品所给出的价格，如果不是最低价格的话，也是一种能与其质量相称的最低价了。因此，定价系统中的信任就来自于商品以外的因素了，例如商店大宗采购的本事、商店布局的实用外观，以及它的干净和四四方方的空间、整齐的柜台、鲜艳的色彩、统一的灯光，以及看上去很谦虚的店员等等。信任还与顾客在商店中自由活动的能力成正比例地增长，顾客在这种活动中，可以对放在不同销售部门的、但在每个柜台上都标着相同价格的商品进行比较。信任还能从顾客得到的平等对待中发展出来：这里不会有厚颜无耻的店员或看上去脾气差劲的女店员站在四周品评顾客们的购买力，或在顾客指着一件商品不安地打听其价格时质疑顾客的品位和判断力。

事实上，通过把价格体系建立在标价相同但其他方面却不同的各种商品的对照之上，企业家不仅能够提高顾客行使自己的购买力的能力，而且还能鼓励他们锻炼自己的购物技巧。[65]这样做的目标就是要让顾客的钱花得值。如果欧洲连锁店的经理们方法得当的话，更灵活的“美国”价值概念本应能更快地穿越大西洋。对老佛爷百货公司的老板马克斯·黑尔布伦及老佛爷百货公司新连锁店的管理人员们来说，体现法国价值概念的“不二价”涉及稀有性、美丽度、客观的实用性，以及一件物品的技术含量。定价反映了这种价值，为它支付的价格表明，这件物品的确“很有价值”。对比之下，当美国人谈论“很有价值”时，他们指的是商品本身的质量，例如味道、形状、可靠性和便利性，但它也指消费者所看到的商品的特性，例如易得性、可供选择的范围，以及运送、维护和服务等因素。[66]总之，作为一个资产阶级鉴赏家，黑尔布伦珍爱法国式的价值，而作为一个连锁店老板，他推广美国式的“价值”。

最后，连锁店通过吸引社会地位混杂的顾客，引发了一场社会革命。连锁店的魅力、连锁店所提供的新鲜事物、在女性杂志上做广告的品牌的增加，以及连锁店在午餐时间开门的事实，把社会地位更优越的休闲女性们从外地和邻近地区吸引了过来。连锁店也勉强地把女性消费者与女性工人联系了起来：就像玛莎百货公司自己在广告中所宣称的那样，是它“把生产袜子的女孩介绍给了穿袜子的女孩”。[67]

自1880年代以来，任何时候零售业在规模和风格上有了重大改变，小商店主运动都会打着下面这些相似的抗议口号爆发：大规模零售业从社区中吸干了钱财，摧毁了独立就业的机会，用更低的工资剥削劳动力，进行不公平的竞争，倾向于垄断，并使原本良好的家庭商店倒闭。从1920年代后期开始，随着小零售商所面对的竞争对手们能够被更堂而皇之地指责为外来资本，以及顾客越来越被新的销售模式所吸引，小商店主们对大零售商的谴责引起了新的社会共鸣。

为了生存下去，小零售商们既在商品价格上又在商品品位上下了功夫。提高利润率被证明是越来越困难了。考虑到连锁店主张消费者应该在其使用商品的基础上自行判断商品的质量，小零售商要想控制消费者的消费品位也越来越难了。当然，小商店主可以宣称，小商店的消费者们也是在为小商店所提供的服务付费。但怎样证明这一点呢？如果他们告诉消费者到周围去购买，那他们之间的关系也会成为那种金钱关系的一部分。[68]并且他们还会面临这样的风险：随着消费者越来越清楚可以有别的花钱方式，消费者将作为社会品位的主宰者更加独立于小商店主。

不可避免地，在对价值观念变化的焦虑中美国的市场文化被牵扯了进来。从很多角度来看，美国社会就是一个金钱社会：离婚要以大笔赡养费的支付来解决；企业合并或被接管，公共利益和小人物们被损害;美国行为卑劣,在战争债务问题上就像一个可鄙的放高利贷者;华尔街那帮贪婪的金融家,他们的投机敲诈不受控制,导致了欧洲银行的垮台,并陷入了大萧条之中。山姆大叔就是夏洛克大叔:很多被归咎于外人(主要是犹太人还有胡格诺教徒)的思考金钱的一些习俗,被归咎到了美国身上。这种思考习惯在有教养的社会阶层中尤其根深蒂固,这些人把自己所拥有事物(尤其是珍贵物品)的价值损失与这样的认识联系了起来:旧世界的财富正在被贪得无厌的美国百万富翁们吸走。

到1920年代为止,美国人在体验与货币的关系方面很明显要比欧洲人更灵活。越来越多的美国人习惯于利用信贷管理,以及邮政汇票(1864年)、旅行支票(1891年)和信用卡(1914年)形式的新流通方式,还有无所不在的分期付款购物和其他分段偿还计划,更不用提很早就已建立的固定价格店了。相应地,被查尔斯·H. 库利(Charles H. Cooley)恰当地称之为"金钱评估"的领域被扩大了。这位聪明的中西部改革家写道,"我们的进步轨迹","不是超越了重商主义,而是在重商主义之中;美元将会被改革,而不是被禁止发行"。使用金钱的技巧,意味着对金钱使用方法进行区别的技巧,因此它被看作是个人竞争力和他把握社会环境能力的一个标志。[69]在美国,资产本身就是拥有权力的一种表现形式,而不是像在欧洲那样,资产就是能产生收入的财产的一种形式,这使得在美国,投资的时机选择和获得利润都非常重要,在经济交易中"表现积极"也是一种生活方式。这一结果导致了一种悖论,杰弗里·高尔(Geoffrey Gorer)很好地领会到了这一点,即,"美国人对金钱的谈论远比欧洲人要多,但通常来说他们也远比欧洲人更不看重金钱"。[70]

那么,如果要把被理解为价格的价值压至最低化,就会与保存价值(意味着品位、文化和文明)发生冲突,这样改革者们就会面临一个糟糕的困惑:在计算使商业系统更有效的成本时,如何计算这一商业系统原有的社会价值呢？自由主义无法提供答案，至少人们传统所认为的那种自由主义无法提供答案，哈布瓦赫曾经的同事、阿尔萨斯法律学者亨利·劳芬贝格尔（Henri Laufenberger）写道。商业需要被作为维持“公共秩序”的措施得到保护，尤其是“在一个旧欧洲国家不仅在经历经济崩溃，而且还在经历因新生国家产生而导致所谓社会崩溃的时代”。劳芬贝格尔作为法国专家治国论派改革团体X Crise的杰出代表，主张实现流通体系现代化。但是，把零售价格压至赤裸裸的最低点，将是“只把商业看作是处置商品的工业技术组织”。[71]那将会导致建立在“和谐商业”基础之上的文明的终结。

费林的最后之旅

费林应当在1937年夏季访问欧洲。通常他每年这时候都会去欧洲。他还从来没有缺席过国际商会流通委员会的会议，这一年的会议安排在了7月份。他感觉自己有一种特殊的义务去参加这次会议，因为它是该委员会的副主席，自1935年6月在巴黎召开那次会议之后，他也没再与委员会碰过面。并且，他的《零售业的下一步》刚刚出版，他被告知说，他的威望比以往任何时候都要高，他的与会将会被无比地珍视。他的助手珀西·布朗（Percy Brown）催促他说，欧洲的形势已经变得“如此危险”，今年国际商会本身就是一个“致力于消除贸易壁垒和障碍的……特别重要的机会，这些贸易壁垒和障碍与军备增长的惊人负担一起，将会导致革命和战争，除非能迅速找到救治的办法”。[72]

然而，国际商会打算在柏林举行这次会议。除了在国内有重要事务要处理以外，费林也强烈反对任何能给希特勒的统治增加信誉的动议。指出埃米尔·本海姆将会参加会议，极受尊敬的、有犹太人背景的意大利人阿尔贝托·皮雷利（Alberto Pirelli）也将出席会议，以及费林如果不参加将会被看作是“唱反调者”，这些劝说都没能奏效。费林坚持他在1933年6月做出的判断，即“德国发生的事情不仅是迫害或反犹太人的问题，它还是一种反人类文明的罪行，外部世界应该这样去处理和看待这件事”。[73]

事实上，1935年的世界形势与1937年的世界形势有很大的区别。1935年，费林在巴黎发表演说，指出连锁店是解决贸易流通问题的手段；而到了1937年，除了英国和瑞典以外，所有的欧洲国家都已通过了旨在阻止连锁店扩张的立法。在柏林发生的讨论表明，国际商会忘记了这种已经发生的反动转折。大部分发言者都在为科学性流通的新时代大唱赞歌。只有两个人提到了应该承认德国代表所说的零售业中的“人类同情因素”——一种与小零售商保持团结的委婉说法。

实际上，连锁店和小商店这两种商业形式不一定非得发生对抗。一种走中间道路的主张是可以被提出的：大商业和小商业能够共存，它们都是在经济意义和社会意义上不可或缺的，任何漠视小商业存在的计划都有可能会加剧他们的抵抗。面对着批评的费林一直在反复重申他于1935年6月在巴黎说过的话：小商业必须要生存，但它们必须不能再做“小”商业。小商店必须要与其他小商店一起组成自愿联合来集体进行采购，交换信息，甚至是做广告。像费林在美国所见到的那种包括了6000家个人所拥有的会员店的自愿联合是能够做到这一点的。“欧洲的商业领袖们，”费林劝告说，“必须要组织起这些小商店主，因为他们中的许多人根本无力发起这种必要的倡议。”小商店组成自愿联合以后，零售业将会真正地向“正确的方向”迈出一步，即“向大众出售大众所需要的商品”：

不仅仅是食品、庇护所和衣物。不仅仅是小小的舒适，而是很大的满足甚至很多还是现代生活的奢侈品。美丽的家园，美丽的家居设备，电器，电冰箱，现代卫生设备，无线电设备，好的汽车，以及成百上千的东西。[74]

这种绘声绘色的奔放言辞，与费林自己断断续续观察到的纳粹夺权前夕德国所发生的对连锁店和百货公司的反对浪潮不和谐地出现在了一起。连锁店是“比大量有很多商业局限性并且费用高昂的小商店更好的、以更低的价格卖更好的商品的机器”。但是德国政府却向小商店们做出了让步，“因为，小商店的数量是如此之多，它们与自己的顾客和邻居又有联系，因此它们合起来在政治上就是一股强大的力量”。[75]费林是否至少曾听到过对零售业“第三条道路”的阐释，这是不得而知的。而对非常聪明和敬业的、德国出生的英国经济学家赫曼·勒维来说，他本应是可以找到费林这样一个非常棒的对话者的。就在那些年份里，勒维正在撰写那本他将会简练地称之为《英国的商店》的书，他发现了小商店无形的“社会效用”和“位置经济学”，例如社区友好关系，以及商店所提供的赊账、维修工作和建议等服务，这些建议对于新顾客操作收音机、家用电器等新式耐用品尤其重要。[76]通过主张改进商店提供商品的质量与种类，以及改进商店提供的服务，勒维把销售艺术同顾客再次联系了起来。在这一过程中，勒维认识到，小的、独立的商店是一种社会机构，而不是一种销售机器，它与百货公司一样是一种社会机构，在这种意义上连锁店也是一种社会机构。

然而，采取费林所谓的“向前的下一步”的条件被证明在欧洲大陆是缺乏的。在很多情况下，肯定性地谈论连锁店就意味着与左翼团体、自由的大商业和被视为美国与国际犹太人所特有的世界主义观点为伍。谈论使零售业“合理化”被认为会释放出盲目的市场力量并引发放肆的消费。在是与新的零售业和新的中产阶级群体结盟，还是在受到反动政治联盟支持的旧零售业中巩固自己的基础这两种选择面前，大部分政府选择了后者。

出现的直接结果就是用立法来阻止连锁店的扩张。采取的形式包括维持零售价格，实行歧视性税收，限制连锁店的服务，以及直接限制新连锁店的建造。在奥地利和德国的带领下，大部分欧洲大陆国家都限制连锁店和其他大规模零售机构的扩张。[77]

在这些立法的背后是对现代市场的两种不同观点的斗争。一种是社交性的观点：这种观点起源于美国的商业资本主义，它预见到了一种全新的管理现代市场力量的制度核心，其强调较低单价、标准化商品、高营业额和顾客选择。它传达出了一个有关价值的混合的信息。从理论上讲，连锁店没有价值理念：它就是一个"销售机器"。但实际上，它将选择、需求的自由和使自己得到满足的权利当作价值观。在最好的情况下，连锁店能够认识到竞争是"有缺陷的"，因此它通过采取立法措施，经由法律渠道磋商公平的价格，找到了一种折中的解决办法。[78]现代流通也许是成本很高的，但是这些成本被分散到了不同的地方，它们被看作是构成典型大众消费社会的变化性、多样性和选择性的合法条件。

另一种与此相对的观点是社会连带主义的观点。它提倡保护市场，鼓吹"公正的利润"和"公正的价格"。它明确地把流通看作是一个社会问题：商品中蕴含着价值，这些价值是由它们的成本和工艺所决定的，挤压价格不仅会冒摧毁小零售商的风险，而且还会冒摧毁他们所在社区的稳定的风险；或者更糟的是，它会使国家面临被外国价值观控制的危险。"公正的价格"不仅是以社区需求的惯例为基础的，而且也是以整体生活方式的美德为基础的，因此它是消费者不得不承担的代价。

虽然费林决定不出席国际商会的会议，但当时欧洲正在发生的事情是如此之多，当他的日程表被骤然翻开的时候，上面一个简短的提示上还是给他预订了一个舱位，7 月 14 日，他登上了 S. S. 诺曼底号远洋客轮。他此行的公开目的是到德国的卡尔斯巴德接受治疗，但是，当他从卡尔斯巴德的矿泉疗养小镇前往布拉格，拜访捷克总统爱德华·贝纳斯(Eduard Benes)并在扶轮社发表演讲时，他的旅程就变成了通常的“半商业”旅行。然后他又在维也纳呆了四天，在这里，在十二次的会面当中，他最后会见了他的朋友、正在受到攻击的奥地利首相多尔夫斯(Dollfuss)，并劝说他在希特勒的压力下坚决挺住。

在穿过阿尔卑斯山前往法国之前，费林呈环形向下进入意大利后，拐了一个急弯去了苏黎世，在这里，他最终见到了声名狼藉的高特列·杜特维勒(Gottlieb Duttweiler)，一个以全欧洲最好战的价格破坏者著称的人。杜特维勒曾经移民到巴西，在那里，他在咖啡生意中的冒险遭到了失败，因为信用等级不好，他在当地合作社中找工作时碰壁，只得回到瑞士。在他 37 岁那年，他凑起了五辆旧的福特牌敞篷小型载货卡车，建立了米格罗(Migros)公司。这五辆打扮整齐的汽车穿梭在小镇和伯尔尼州的偏远山村里，通过向居民提供折扣很大的食品，很快为自己建立了一个热情的顾客群体。尽管遭到了小零售商们的激烈反对，但杜特维勒的车队还是很快就把经营范围扩大到了整个瑞士。在一起下山去城里吃晚饭之前，费林拜访了杜特维勒位于苏黎世湖上方的、在热赤里干(Ruschlikon)的、简单而又有魅力的家，见到了杜特维勒及其夫人兼助手阿黛尔·杜特维勒·波特斯(Adele Duttweiler Bertschi)，并由此听到了一个史诗般的企业家的故事。首先，杜特维勒提供的商品打折幅度高达 20%至 30%，他必须要与强大的法律障碍做斗争以便能“挤压价格”。他热烈地谈到了他的坚定的同盟者——瑞士的家庭主妇们，这些家庭主妇们对商品和价格所显示出来的绝世聪明的知识，使他毫不保留地拥护妇女的选举权(这一直是被当局拒绝的)。为了冲破反对，他做了他那个时代其他企业家都不曾做过的事，那就是亲自卷入政治。1935 年，他建立了自己的平民政党，这是十年之中许多有理想的人直接走向人民的、众多古怪事件中的一个。虽然杜特维勒对他的欧洲同行们所产生的影响从来没能像美国人的影响那么大，即使他有了天才的想法瑞士也没有美国那样大的力量，但费林还是在他身上看到了一位“流通布道者”的形象。而比费林年轻 30 岁的杜特维勒仍然还有许多事需要去完成。当他 1962 年 6 月在 73 岁去世时，30％的瑞士家庭都在接受他的企业的服务。到那时，所有的反对都已经被平息了，他们经历了自 1920 年代以来食品零售业进步的所有阶段，从流动零售店、合作社和自助店，一直发展到了 38 家超市。[79]

费林的最终目的地是巴黎。他在那里停留的两周就和以往一样。当他完成他的主要任务——代表美国出席国际合作大会之后，他与惯常的那帮社会名人进行了见面磋商，其中包括法国财政部长博内(Bonnet)，他还出席了一些接待会，并与一些老朋友共进午餐，其中包括拉果涅和黑尔布伦。9 月 18 日，他乘车离开巴黎，前往布伦－福克斯通海峡渡口，从这里他将前往伦敦，再从伦敦去南安普敦，从那里乘坐玛丽女王号渡轮前往纽约。在黄昏时分到达布伦时，他被严重的寒战和高烧击倒了。在位于讷伊(Neuilly)的美国医院里，医生们诊断费林患的是两年前他在莫斯科染上的病毒性肺炎的复发。尽管费林的弟弟动员了大量的医学专家力量和医疗设备来给费林治疗，但费林还是于 9 月 26 日在一个氧气帐内去世了。在被送往佩雷拉查斯(Père Lachaise)火化之前，费林的遗体躺在医院的私人小礼堂里，周围摆满了花圈。他的骨灰将被送回波士顿，撒到查尔斯河里。本海姆敬献的、上面有一段充满深情的挽词的花圈，显得格外庄严。[80]

在与皮埃尔·拉果涅和马克斯·黑尔布伦(费林一周前还与他一起吃过饭)会谈的过程中，费林是否已经理解了当时的法国百货公司所有者们正在从事的活动，这一点是不清楚的；也不清楚费林能否领会到，这些人的世界已经走上了一条与美国这个费林所唯一熟知的国家不同的歧途。费林从来没有明白巴黎的百货公司团体是有多么的保守;或者即使是他知道了,他可能也只会把他们那臭名昭著的反动政治立场看作是不明智和不合时宜的,就像他对待亨利·福特的反犹太主义那样。从1928年开始,百货公司研究团体开始资助右翼的、准军事领导人皮埃尔·泰亭哲(Pierre Taittinger)领导的爱国者联盟,这一组织的目标正如其宣传人员所精心描述的那样,是"加强政府的行政能力"。百货公司研究团体也向分散在这个城市周围的亲法西斯社团发放资助。在一个工会已被视作现代社会的必然产物而被开始广泛接受的时代,法国一流百货公司的管理者们仍然顽固地反对在他们自己的企业内组建工会。他们幻想,通过由主张实行家长式仁慈的雇主向雇员们提供资产阶级的生活方式,他们的雇员就能够很幸福地被与无产阶级的堕落隔离开来。因此,在1930年代早期,百货公司管理层扩大了对孤儿院、职业学校、幼儿园及老年人家园的支出,并且还用大量的父爱式象征来麻痹他们的雇员,但同时他们却削减了雇员们的薪水。当1936年6月3日百货公司雇员们开始实行第一次罢工时,他们的老板们顿时都目瞪口呆。百货公司管理层从这件事中没有学到任何教训,1936年,他们又反对主张实行八小时工作制、增加工资和扩大雇员代表权的1936年马提翁法案(Matignon Accords),他们把自己的反对行为说成是正义的做法,说成是对已经"饱享法定休闲时间"的工人们贪得无厌的胃口的正确抵制。1939年10月,当左翼的反对力量减弱之后,他们又把压低雇员工资的三分之一作为最后的一搏。但因为当时男人们正在被征召去服兵役,所以百货公司管理层的这一举动显然不合时宜,不然的话它或许已经闯关成功了。结果却是,考虑到征召兵员给法国家庭带来的牺牲,劳工部长夏尔·波马雷(Charles Pomaret)将百货公司管理层的这一做法当作不爱国的行为阻挡住了。[81]

无论费林在谴责纳粹主义时是多么的有先见之明,他都不可能会预见到纳粹对犹太人商业所犯下的罪恶。犹太人商业是如此的众所周知,联合抵制和煽动行为很容易地就发展成了暴力,这种暴力在1938年11月8日和9日的大屠杀中达到了顶点。在柏林的柯尼希街(Königstrasse)伍尔沃斯店,如果还活着,费林将能看到暴乱之后留下的破碎的玻璃,以及喷涂到门面上的令人厌恶的标语:"如果你是一个真正的德国人,你就不会从犹太人那里买东西。"费林应该还能从他的老朋友、美国商业随员道格拉斯·米勒(Douglas Miller)那里听闻到纳粹政府在"水晶之夜"之后制订的、旨在完成对犹太店主的摧毁的、肮脏的法律。11月12日制订的第一个法律要求"由犹太商人修复店面",它规定,"前几天由义愤的德国人所造成的所有破坏,例如打碎了的商店窗户、损坏了的商店设备,等等,必须马上被修理"。其他条款则具体规定,修理产生的费用必须要由商店所有者自己全部承担。如果有保险公司对任何店主的赔偿要求做出了赔偿,国家有权没收这些赔偿的保险费。费林还应能看到,这些措施都按预定意图得到了实施。大约三周之后,市中心大道上的店面看上去都修复得很好,所有的玻璃窗、门和设备都被重新安装上了。但是只有极少的店开始重新营业,重新营业的那些商店也全部是在雅利安人的管理下运营。[82]

当然,纳粹还有更大的鱼要煎,那就是那些大百货公司和连锁店的老板们。然而,虽然纳粹把这些企业的经营斥之为价格破坏的登峰造极和犹太教资本主义的投机行为,但他们却不得不得出结论:这些企业对有效率的零售业是不可或缺的。为了把它们转化成理性企业的模式,所有需要做的就是将它们的管理雅利安化。这样的措施一实施,那些德国犹太大商人们很明智,他们利用他们的各种关系和所有他们所掌握的财富,跑到国外去避险,尽可能快地离开了他们的祖国。麦克斯·黑尔布伦在法国沦陷时加入了抵抗力量，他被当作游击队员逮捕了，他很幸运，因为他是被当作游击队员而不是被当作犹太人关押在了德国的达豪集中营。后来他又被送到了布痕瓦尔德集中营，在这里他活了下来，直到 1945 年 4 月他被解放。埃米尔·本海姆刚好在德国 1940 年入侵之前逃离了比利时，他先是到法国的维希寻求避难。从这里他又先是去了塞内加尔首都达喀尔，然后又去了菲律宾，最后，他在 1941 年获准进入了美国。1948 年 10 月本海姆将会现身巴黎，去参加国际商会的战后第一次会议，在这里，和往常一样活跃的他重申了他的老话："今天，流通问题是所有国家的经济束缚点。"[83] 在那个时候，大资产阶级百货公司的全盛时期已经结束。领导权将不会再在大商人们的手中，除非他们皈依新的体系（本海姆就是在其长期美国经验的基础上这样做的），更主要的是要进入政府专家们的计划，接受美国顾问对欧洲复兴计划的压力，并加入新连锁店和超市经营者军团的逐利活动。

到了 1940 年春天，德国主要的购物街上显示出了战争经济的影响，虽然此时第三帝国还没有对它主要的西欧敌人开战。因为相信消费者们的观点能够提供一种对希特勒统治的民意倾向评估，所以美国驻柏林的商业领事在柏林市区、莱比锡和德累斯顿进行了一次购物之旅。人们仍在实行在商店窗口前购物。但从商店的货架上仍能明显地看到实施配给制和物资匮乏的情况。卖糖果和酒的商店的窗口被用空瓶子、漂亮的包装纸和装饰性硬纸盒装饰着。在百货公司里，展示品被摆在那里，但却没有存货可买。为了避免被指责是欺骗，守法的商店管理人员给展品贴上了一些很不起眼的标识，以说明"展品不出售"，或这些东西都是样品。如果不是直接鼓励了的话，当局也是容忍了这种狡猾手段的，因为这些东西能使因看到商品枯竭而感到受挫的民众振奋起来。只有当顾客对此变得愤怒之后，这种诡计才会被当作不诚实的商业手段而受到禁止。这种禁止生效之后，市中心商业区好一点的商店展示出了它们的创造性，它们用一些精致的内部装饰品小玩意来填充橱窗，如美丽的长毛绒波斯地毯、精巧地加上了镜框的绘画和插有丝绸花束的彩绘花瓶等。[84]资产阶级品位仍然完整无缺，即使是满足这些品位的方法已经捉襟见肘了。

差不多四周之后，大西洋彼岸发生了一件因其首次出现而被载入了编年史的事件，即"历史上最大的廉价商品店拥挤事件"。[85]在德国的装甲军团于1940年6月挺进巴黎，结束所谓的"虚假战争"之时，费林的采购员们急匆匆地奔走在从可可·香奈尔妇女时装公司到夏帕瑞丽（Schiapparelli）和梅因布彻（Mainbocher）妇女时装公司的时尚地区，购买了许许多多的、由巴黎最知名的女服设计师设计的服装。这些"贱价处理的商品"被运回了波士顿，在那里，它们被放到费林的自助式廉价商品店内出售，每件标价都不超过49美元。就像当时的记述所讲述的那样，战争术语成了这里最合适的描述用词。商店的门于上午8点刚刚打开，15000名妇女（有些从远至芝加哥的地方赶来）就"对商店发动了闪电战"。不到一分钟，普通管状货架上的货就被抢夺一空。当有机会用非常实惠的价格买到一件自己梦寐以求的衣服时，没有美国妇女会"迟疑"。

注释

章首引语出处：Edward A. Filene with Werner K. Gabler and Percy S. Brown, *Next Steps Forward in Retailing* (New York: Harper and Brothers, 1937), v; Hermann Levy, *The Shops of Britain: A Study of Retail Distribution* (London: Kegan Paul, Trench, Trubner, 1947), 3.

1. Report of Edward A. Filene's European Trip, 1935, box 6, Filene Papers, Archive, Credit Union National Association, Madison, Wisc. (hereafter CUNA); Distribution Speeches, "How Can Our System of Distribution Be Improved?" June 26, 1935, box 7, ibid.
2. Filene lacks the significant biography he deserves. In general, see Gerald W. Johnson, *Liberal's Progress* (New York: Coward-McCann, 1948);

Louis Filler, "Edward Albert Filene," in *Dictionary of American Biography*, Supplement 2, ed. Robert Livingston Schuyler and Edward T. James (New York: Charles Scribner's Sons, 1958), 183-185; John N. Ingham, "Filene, Edward Albert," in *Biographical Dictionary of American Business Leaders*, vol. 1 (Westport, Conn.: Greenwood, 1983), 376-379; "Filene, Edward Albert," in *National Cyclopaedia of American Biography*, vol. 45 (New York: James T. White, 1962), 17-19. On Filene's department store, Robert Hendrickson, *The Grand Emporiums: The Illustrated History of America's Great Department Stores* (New York: Stein and Day, 1980), 129-134; Mary La Dame, *The Filene Store: A Study of Employees' Relation to Management in a Retail Store* (New York: Russell Sage Foundation, 1930).

3. Memo: "Method of Working," March 16, 1934, Method of Working file, box 47, Filene Papers, CUNA.

4. Ralph Borsodi, *The Distribution Age: A Study of the Economy of Modern Distribution* (New York: D. Appleton, 1927) 3.

5. Johnson, *Liberal's Progress*, 148. For the voice of Ford, see Henry Ford with Samuel Crowther, *Today and Tomorrow* (Garden City, N. Y.: Doubleday, Page, 1926), 11, 248-249; on GM-Ford competition, see Richard S. Tedlow, *Henry Ford: The Profits and the Price of Primitivism* ([Boston]: Harvard Business School, Division of Research, 1996), chap. 3; more generally: Allan Nevins, *Ford: The Times, the Man, the Company* (New York: Scribner, 1954); Mira Wilkins and Frank Ernest Hill, *American Business Abroad: Ford on Six Continents* (Detroit: Wayne State University Press, 1964).

6. "Mass Buying Power and Economic Revival," address, VII Congress of the ICC, Vienna, May 29, 1933, 183, 185, 1933 European Trip, part 1, box 4, Filene Papers, CUNA.

7. E. A. Filene to Dr. Alexander Lyons, January 18, 1930, Ford for Nobel Peace Prize file, box 52, ibid.; E. A. Filene, handwritten comments, January 2, 1929, referring to *Henry Ford and the Jews*, by Samuel Crowther; draft of article for *Christian Science Monitor*, March 29, 1922; Edward A. Filene, "Ford: Pioneer, Not Superman," *The Nation* 116 (January 3, 1923): 17.

8. On Ford's anti-Semitism, see Neil Baldwin, *Henry Ford and the Jews: The Mass Production of Hate* (New York: Public Affairs, 2001).
9. Laurence Badel, *Un milieu libéral et européen: le grand commerce français*, 1925 - 1948 (Paris: Comité pour l'Histoire Economique et Financière de la France, 1999), 38 - 39, 87 - 88, 213 - 214 301 - 302, 465 - 467; Jean-Paul Caracalla, *Le roman du Printemps: Histoire d'un grand magasin* (Paris: Editions Denoël, 1989).
10. S. J. (Serge Jaumain), "Famille Bernheim," in *Dictionnaire des patrons en Belgique: les hommes, les entreprises, les reseaux*, ed. Ginette Kurgan-van Hentenryk, Serge Jaumain, and Valerie Wontens (Brussels: De Boeck Université, 1996), 46 - 49; Jacques Lacrosse and Pierre de Bie, *Emile Bernheim: histoire d'un grand magasin* (Brussels: Labor, 1972).
11. On Selfridge, see Erika Diane Rappaport, *Shopping for Pleasure* (Princeton: Princeton University Press, 2000), 145 - 170; William Lancaster, *The Department Store: A Social History* (London: Leicester University Press, 1995), 94 - 107.
12. Lillian Schoedler, "Family Background, Education, Work," Sept. 19, 1942, 3, file 120, MC273, Lillian Schoedler Papers, 1891 - 1963, Schlesinger Library, Radcliffe College.
13. Johnson, *Liberal's Progress*, 231.
14. "Unalloyed vanity" quoted in Jean Milhaud, *Chemins faisant* (tranches de vie) (Paris: Editions Hommes et Techniques, 1956), 48, 59; Badel, *Un milieu libéral*, 215; Albert Thomas, "Note pour M. Butler," July 15, 1929, T 101/0/1, Cost of Living file, International Labor Organization, Geneva (hereafter ILO).
15. Herbert Hoover, "A Problem of Distribution: An Address, January 14 - 15, 1925," in Chamber of Commerce of the United States, *National Distribution Conference* (Washington, D. C., 1925), 4; Borsodi, *The Distribution Age*, 4 - 6.
16. Adam Smith, *The Wealth of Nations* (1776), book 1, chap. 3, Edwin Cannan, ed. (Chicago: University of Chicago Press, 1976), 21 - 25.
17. Theodore N. Beckman, "Criteria of Marketing Efficiency," *Annals of the American Academy of Political and Social Science*, May 1940, special issue, *Marketing in Our American Economy*, ed. Howard T.

Hovde, 125, 127.

18. David R. Craig and Werner K. Gabler, "The Competitive Struggle for Market Control," ibid., 84 - 107.
19. Beckman, "Criteria of Marketing Efficiency," 139.
20. F. W. Lawe, "Review: *The Distribution of Consumer Goods*," *Economic Journal*, March 1951, 145, quoted from James B. Jefferys with M. MacColl and G. L. Levett, *The Distribution of Consumer Goods* (Cambridge: Cambridge University Press, 1950), chart 3, "The Cost of Distribution of Commodities and Commodity Groups in 1938."
21. Craig and Gabler, "Competitive Struggle for Market Control," 99 - 100, 107.
22. Filene, *Next Steps Forward in Retailing*, 148.
23. For the nineteenth century, see George Burton Hotchkiss, *Milestones of Marketing: A Brief History of the Evolution of Market Distribution* (New York: Macmillan, 1938); Harold Barger, *Distribution's Place in the American Economy since 1869* (Princeton: Princeton University Press, 1955).
24. Werner K. Gabler, *Probleme der amerikanischen Warenhäuser* (Zurich: Orell Füssli, 1934). On the role of big merchants in U. S. consumer culture, see William Leach, *Land of Desire: Merchants, Power, and the Rise of a New American Culture* (New York: Pantheon, 1993).
25. Terry Radtke, "Shopping in the Machine Age: Chain Stores, Consumerism, and the Politics of Business Reform, 1920 - 1939," in *The Quest for Social Justice II: The Morris Fromkin Memorial Lectures, 1981 - 1990*, ed. Alan D. Corré (Milwaukee: Golda Meir Library-University of Wisconsin, 1992); Ewald T. Grether, "Marketing Legislation," *Annals of the American Academy of Political and Social Science*, May 1940, 167 - 168; Kurt Mayer, "Small Business as a Social Institution," *Social Research* 20 (1947): 345 - 350.
26. 1925 European Trip, [p. 5], box 2, Filene Papers, CUNA.
27. Hrant Pasdermadjian, *Management Research in Retailing: The International Association of Department Stores* (London: Newman Books, 1950), 150.
28. Lyndall Urwick and F. P. Valentine for the International Chamber of Commerce, *Trends in the Organization and Methods of Distribution in*

the Two Areas, vol. 5 of *Europe-United States of America* (Paris: International Chamber of Commerce, 1931), 133. In general on the obstacles facing large-scale retailers, see, in addition to Gabler, Georges De Leener with Emile James, *Le problème de la consommation* (Paris: Recueil Sirey; Brussels: Institut de Sociologie Solvay, 1938); Roger Picard, *Formes et méthodes nouvelles des entreprises commerciales* (Paris: Recueil Sirey, 1936); Jacques Dansette, *Les formes evoluées de la distribution: Problème économique, problème pychologique* (Brussels: Pauli, 1944).

29. Fernand Braudel, *The Wheels of Commerce*, vol. 2 of *Civilization and Capitalism, 15th -18th Century* (1979), trans. Siân Reynolds (Berkeley: University of California Press, 1992).

30. See Vera Zamagni, *La distribuzione commerciale in Italia fra le due guerre* (Milan: Franco Angeli, 1981), 23; idem, "Le conseguenze della crisi del '29 sul commercio al dettaglio in Europa" *Commercio* 9 (1981): 10.

31. William Lancaster, *The Department Store: A Social History* (London: Leicester University Press, 1995); and the venerable study by Hrant Pasdermadjian, *The Department Store: Its Origins, Evolution, and Economics* (1949; reprint, New York: Arno, 1976); Gabler, *Probleme der amerikanischen Warenhäuser*; Michael B. Miller, *The Bon Marché: Bourgeois Culture and the Department Store, 1869 - 1920* (Princeton: Princeton University Press, 1981); Geoffrey Crossick and Serge Jaumain, eds., *Cathedrals of Consumption: The European Department Store, 1850 -1939* (Brookfield, VT.: Ashgate, 1998); Franco Amatori, *Proprietà e direzione: La Rinascente, 1917 -1969* (Milan: Franco Angeli, 1989).

32. Bernard Marrey, *Les grands magasins: des origines à 1939* (Paris: Picard, 1979), 100 - 101, 257 ff.; Catherine Coley, "Les Magasins Réunis: From the Provinces to Paris, from Art Nouveau to Art Deco," in Crossick and Jaumain, *Cathedrals of Consumption*, 225 - 251; Kathleen James, *Erich Mendelsohn and the Architecture of German Modernism* (Cambridge: Cambridge University Press, 1997); Meredith Klausen, *Frantz Jourdain and the Samaritaine: Art Nouveau Theory and Criticism* (Leiden: E. J. Brill, 1987).

33. Rappaport, *Shopping for Pleasure*; Emile Zola, *The Ladies' Paradise* (1883), trans. Brian Nelson (Berkeley: University of California Press, 1992); Leila Whittemore, "Getting the Goods Together: Consumer Space and Gender in Nineteenth-Century Paris," *Architecture-Research-Criticism* 5 (1994): 14 – 25; Patricia O'Brien, "The Kleptomania Diagnosis: Bourgeois Women and Theft in Late Nineteenth-Century France," *Journal of Social History* 17 (1983): 65 – 77.
34. Rémy G. Saisselin, *The Bourgeois and the Bibelot* (New Brunswick, N. J.: Rutgers University Press, 1984), 69 – 71.
35. Leora Auslander, "The Gendering of Consumer Practices in Nineteenth-Century France," in *The Sex of Things: Gender and Consumption in Historical Perspective*, ed. Victoria de Grazia with Ellen Furlough (Berkeley: University of California Press, 1996), 79 – 112; Lisa Tiersten, *Marianne in the Market: Envisioning Consumer Society in Fin-de-Siècle France* (Berkeley: University of California Press, 2001).
36. Leach, *Land of Desire*, 99 – 104; Gabler, *Probleme der amerikanischen Warenhäuser*, 23 – 24.
37. Edmond Goblot, *La barrière et le niveau: Etude sociologique sur la bourgeoisie française moderne* (1925; reprint, Paris: Presses Universitaires de France, 1967), 30.
38. Gareth Shaw, "Large-Scale Retailing in Germany and the Development of New Retail Organisations," in *The Evolution of Retail Systems, c. 1800 – 1914*, ed. John Benson and Gareth Shaw (Leicester: Leicester University Press, 1992), 80.
39. Werner E. Mosse, *Jews in the German Economy: The German-Jewish Economic Elite, 1820 – 1935* (Oxford: Clarendon Press, 1987), 209; Werner E. Mosse, "Terms of Successful Integration: The Tietz Family, 1858 – 1923," *Leo Baeck Institute Year Book* 34 (1989): 142 and passim.
40. E. Silberling, *Dictionnaire de sociologie phalanstérienne: Guide des oeuvres complètes de Charles Fourier* (Paris: Marcel Rivière et Cie, 1911), 88 – 89.
41. "Les Grands Magasins/The Great Department Stores," *Foreign Trade*, September 1933, 15.
42. Werner Sombart, *Händler und Helden: Patriotische Besinnungen* (Mu-

nich: Duncker & Humblot, 1915); Herman Lebovics, *Social Conservatism and the Middle Classes in Germany, 1914 - 1933* (Princeton: Princeton University Press, 1969), 62 - 63.

43. Hans Buchner, *Warenhauspolitik und Nationalsozialismus* (Munich: Verlag F. Eher, 1929), 3, 22 - 24.

44. Urwick and Valentine, *Trends in the Organization*, 73 - 74.

45. Walter Froelich, "European Experiments in Protecting Small Competitors," *Harvard Business Review* 17 (summer 1939): 442 - 452.

46. Urwick and Valentine, *Trends in the Organization*, 75; Marcel Nancey with the Centre d'Etude du Commerce et de la Distribution, *Où, quand, comment achête-t-on? Tendances* (Paris: CES, 1950); Fernand Simonet, *Le petit commerce du détail: Sa lutte avec le grand commerce de détail* (Paris: Librairie d'Economie Commerciale, 1937); Dansette, *Les formes evoluées*, 70 ff.; Dietrich Denecke and Gareth Shaw, "Traditional Retail Systems in Germany," in Benson and Shaw, *The Evolution of Retail Systems*, 85.

47. See comments on actual and ideal practices by Otto D. Schaefer, director of the Reichskuratorium für Wirtschaftlichkeit, in International Chamber of Commerce, *Helping Retailers to Better Profits: The Comparison of Retail Operating Costs*, brochure no. 86 (Paris, 1934); also Jefferys, *Distribution of Consumer Goods*, 48 ff.

48. Geoffrey Crossick and Heinz-Gerhard Haupt, eds., *Shopkeepers and Master Artisans in Nineteenth-Century Europe* (New York: Methuen, 1984); Philip Nord, *Paris Shopkeepers and the Politics of Resentment* (Princeton: Princeton University Press, 1986). On Germany, see Robert Gellately, *The Politics of Economic Despair: Shopkeepers and German Politics, 1890 - 1914* (London: Sage, 1974); Uwe Spiekermann, *Basis der Konsumgesellschaft: Entstehung und Entwicklung des modernen Kleinhandels in Deutschland, 1850 - 1914* (Munich: Beck, 1999).

49. *Revue des deux mondes*, August-September 1962, 23; Jacques du Closel, *Les grands magasins français: Cent ans après* (Paris: Chotard, 1989), 30 - 33; Gabler, *Probleme der amerikanischen Warenhäuser*, 105 - 110, 197 - 201; Dansette, *Les formes evoluées*, 37 ff.

50. J. J. Boddewyn, *Belgian Public Policy toward Retailing since 1789* (East Lansing: Michigan State University International Business and E-

conomic Studies, 1971), 35, 37.

51. Isaac F. Marcosson, *Wherever Men Trade: The Romance of the Cash Register* (New York: Dodd Mead, 1948).

52. R. M. Stephenson, "The German Market for Office Equipment," September 2, 1936, September-October 1936 file, box 265, record group 151, Bureau of Foreign and Domestic Commerce, National Archives, College Park, Md. (hereafter BFDC).

53. Ernst Maheim, "Le consommateur, les classes moyennes et les formes modernes du commerce de détail, première partie," *Revue économique internationale*, November 1936, 229–231.

54. Richard Mutz, *La vente à prix uniques considérée comme nouvelle méthode d'organisation du commerce de détail*, trans. René Stolle (Paris: Dunod, 1934). On the one-price store in Europe, see Marguerite Ensêlme, *Les magasins à prix uniques: Leur fonction dans le commerce du détail* (Bordeaux: Faculté de Droit, 1936); Simonet's nuanced study, *Le petit commerce du détail*; Roger Picard, *Formes et méthodes nouvelles des entreprises commerciales* (Paris: Recueil Sirey, 1936).

55. Godfrey M. Lebhar, *Chain Stores in America, 1859–1962* (1952; reprint, New York: Chain Store Publishing, 1963), 404.

56. John K. Winkler, *5 and 10: The Fabulous Life of F. W. Woolworth* (New York: Robert McBride, 1940); Karen Plunkett-Powell, *Remembering Woolworth's: A Nostalgic History of the World's Most Famous Five-and-Dime* (New York: St. Martin's, 1999), 201; *Illustrations from* 50 *Years of Woolworth, 1879–1929* (New York: Woolworth, 1929).

57. See Mutz, who was a consultant to the firm, *La vente à prix uniques*; see also *Transatlantic Trade*, June 1937; "German Woolworth Company Raises Capital," June 13, 1939, June-July 1939 file, box 270, BFDC; *German-American Commercial Bulletin* 3 (December 1928): 10; *Transatlantic Trade*, January 1930, 19; ibid., September 1933, 8, 14; Frank A. Southard, *American Industry in Europe* (Boston: Houghton Mifflin, 1931), 109; Plunkett-Powell, *Remembering Woolworth's*, 118–121.

58. Notes, L. S., July 6, 1925, 1925 European Trip file, box 2, Filene Papers, CUNA.

59. Uwe Spiekermann, "Rationalisierung, Leistungssteigerung und Gesundung: Der Handel in Deutschland zwischen den Weltkriegen," in *Unterm Strich: Von der Winkelkrämerei zum E-Commerce*, ed. Michael Haverkamp and Hans-Juergen Teuteberg (Bramsche: Rasch Verlag, 2000), 200 - 201; Noël Cassé, *Etude sur les magasins à prix uniques* (Toulouse: Boisseau, 1935), 20.
60. J. Audibert, "Comment fut creé en France la première chaine de magasins," *Vendre*, September 1930, 151 - 155; *Frankfurter Zeitung Abendblatt*, August 21, 1928.
61. Lacrosse and de Bie, *Emile Bernheim*.
62. Figures derived from Giuseppe Mortara, "Lo sviluppo ed il numero dei magazzini a prezzo unico," *Giornale degli economisti*, December 1937, 5. Miller, *The Bon Marché*, 236; Crossick and Jaumain, "The World of the Department Store," in *Cathedrals of Consumption*, 16 - 17.
63. Cassé, *Etude sur les magasins*, 30 ff.; Mutz, *La vente à prix uniques*, 211.
64. Mutz, *La vente à prix uniques*, 2 - 3.
65. We must emphasize the relative value of money, as Viviana Zelizer suggests in "The Social Meaning of Money: 'Special Monies,'" *American Journal of Sociology* 95 (September 1989): 342 - 377. This relative value is especially pronounced where currency fluctuates; see Hugo E. Pipping, *The Standard of Living: Its Conceptualization and Place in Economics* (Helsinki: Societas Scientarum Fennica, 1953), 178, 230.
66. *Revue des deux mondes*, August-September 1962, 47.
67. Janice Winship, "New Disciplines for Women and the Rise of the Chain Store in the 1930s," in *All the World and Her Husband: Women in Twentieth-Century Consumer Culture*, ed. Maggie Andrews and Mary Talbot (London: Cassell, 2000), 23 - 45, quotation from 29.
68. Froelich, "European Experiments in Protecting Small Competitors," 449; *Contribution à l'étude du problème des grands magasins: rapport de la Commission fédérale d'étude des prix au Département fédéral de l'Economie publique* (Bern: Secrétariat de la Commission Fédérale d'Etude des Prix, 1933), 29 ff.; Raymond de Roover, "The Concept of the Just Price: Theory and Economic Policy," *Journal of Economic History* 18 (December 1958): 418 - 434.

69. Charles H. Cooley, "The Sphere of Pecuniary Valuation," *American Journal of Sociology* 19 (1913): 203; idem, "The Institutional Character of Pecuniary Valuation," *American Journal of Sociology* 18 (1913): 543 - 555; Zelizer, *The Social Meaning of Money*, 33.
70. Geoffrey Gorer, *The American People: A Study in National Character* (New York: W. W. Norton, 1948), 175; Urwick and Valentine, *Trends in the Organization*, 161.
71. Henry Laufenburger, *L'intervention de l'état en matière économique* (Paris: Librairie Générale de Droit et de Jurisprudence, 1939), 24; idem, "Contribution à la théorie économique du commerce," in *Droit social: Revue des rapports professionels et de l'organisation de la production*, April 1944, 2, quoted in Badel, *Un milieu libéral*, 299 - 300.
72. Memo: International Chamber of Commerce Meeting, Percy Brown to E. A. Filene, April 15, 1937, ICC, 1937 European Trip file, box 17, Filene Papers, CUNA.
73. "A Report on Conditions in Germany," June 15, 1933, 1 - 9, 1933 European Trip, part 1, box 4, ibid.; B. Connors (secretary to Edward A. Filene) to Chauncey Snow, May 10, 1937, ICC, 1937 European Trip file, box 17, ibid.
74. "How Can Our System of Distribution Be Improved?" June 26, 1935, 5, 6, box 27, ibid.
75. "Additional Notes from EAF visit in Berlin on Nazi situation," 2, 1933 European Trip folder, part 1, box 4, ibid.
76. Simonet, *Le petit commerce du détail*, 70 ff.; see also Levy, *The Shops of Britain*.
77. Froelich, "European Experiments in Protecting Small Competitors." See also idem, "Changes in the Central European Retail Trade," *Journal of Marketing* 4 (January 1940): 259 - 263; David R. Craig, "Recent Retailing Trends in Europe," *Dun's Review* 47 (December 1939): 5 - 9.
78. Grether, "Marketing Legislation," 165 - 175.
79. On Duttweiler, see Sigmund Widmer, *Gottlieb Duttweiler (1888 - 1962): Gründer der Migros* (Zurich: Verein fur Wirtschaftshistorische Studien, 1985); Sibylle Brändli, *Der Supermarkt im Kopf: Konsumkultur und Wohlstand in der Schweiz nach 1945* (Vienna: Bôhlau Verlag, 2000).

80. Report by LS [Lillian Schoedler] on Mr. Filene's illness and death, Paris, October 1937, folder 13, box 53, Filene Papers, CUNA.

81. Badel, *Un milieu libéral*, 66-67.

82. Douglas Miller, Weekly Economic Report, December 5, 1938, December 1938 file, box 268, RG 151, BFDC.

83. Lacour-Gayet, *Histoire du commerce*, 325.

84. Sam L. Woods, Commercial Attaché, American Embassy, Berlin, Weekly Economic Report, May 4, 1940, June 1940 file, box 273, RG 151, BFDC.

85. Hendrickson, *The Grand Emporiums*, 129.

第四章　大品牌商品

市场营销是如何在市场上以策略取胜的

他们或许有更好的艺术，有更长的历史，有更多的权术和生活乐趣，但他们的生活舒适性比我们的少，生活舒适性才是对生活的真正帮助……让他们抱着他们的过去不放吧；我们要关注的是未来，并要利用现在和未来去赚钱。

——戴维德·莱斯利·布朗
固特异轮胎橡胶出口公司的
商业经理，1929 年

现在，来自美国的无聊劣质的东西铺天盖地地向我们涌来，那些伪造品，那些十足的假货……体现我们思想的生活和有生命的东西却正在衰落，并且再也无法回到原来的样子了。

——瑞奈尔·玛利亚·瑞尔克
诗人，1925 年

“展销会在哪个地方?”当美国经销商们在离莱比锡宏伟的中央火车站几分钟路程的布吕尔街(Brühlstrasse)迷路的时候，他们就会这样向路人询问。“每个地方都是展销会，”狡猾的莱比锡人喜欢这样回答，他们喜欢拿新来者的方向错乱开玩笑。在被示意向着市中心走之后，被骗的问路者就一头扎进了那些狭窄的街道中，在那里，挤满街道的人群拥挤推搡着这些问路者向交易广场(Market Square)走去。在交易广场上，如果他们错过了问讯台并且无法看懂那本疯狂的信息摘录册，很有帮助作用的警察和说英语的向导们就会为他们指出有七层楼的环展销会(Ring-Messehaus)的入口(这是欧洲最大的展销会建筑)，或者带他们走上通往新建的地下交易市场的斜坡，这个地下交易市场也是世界上最大的。

然后他们就可以自行其是了。在彼得斯霍夫宫或新名称为格拉西纺织宫那很有条理地布置出的空间里，能够看到大量的展览柜台。其他一些展览品则被冒险地摆到了阴冷潮湿的过道和庭院里，一直排到了从壮丽的商业货栈中分割出来的那些如养兔场般拥挤的房屋中，那些商业货栈则把各条街道与交易广场连接了起来。这些美国经销商们从一所建筑走到另一所建筑，在展示着成千上万参展者商品的大帐篷里迂回穿梭着，他们被正在抚弄着各种商品并翻来覆去查看其规格的成群的商人拥挤着，并被各个摊位上那说着各种各样的外语的吵闹声搞得心烦意乱，同时他们也猜测着那一个又一个的摊位上那一个挨着一个的各种产品的价格。这些产品被按一种美国经销商们并不熟悉的分类方法排列着，它们包括艺术和工艺品、家具和柳条制品、男子服饰用品和各种花哨的商品、皮件和皮箱、小饰物、各类新奇的小物件、礼品，以及包括其他 15 个种类的产品。这其中只有极少数的产品属于人们所熟知的那些品牌。

这些美国的新来者们或许曾被搞得迷惑不堪。但对来自欧洲、中东和亚洲的成千上万的人们来说，莱比锡大展销会却是一个众所周知的著名活动。这一展销会的举办历史已经有七个世纪之久，并且不论是在战时还是在和平时期，它从来都没有被中断过，它每次举办的时间都持续一周，每年都举办两次，其举办时间就如同钟表一样精准：春季展销会总是在三月第一个周一前的周日开始；秋季展销会则是从八月最末的那个周日开始。在莱比锡展销会期间，白天会有马戏表演游行、飞机特技表演、现代广告展览和其他热闹的活动，下午会有由杰出来宾们发表的演讲，晚上，在展厅过道里会有咖啡音乐会，在穷街陋巷里会有粗糙的歌舞表演，在圣托马斯和尼克莱教堂里会有巴赫作曲的管风琴音乐伴奏的赞美诗吟唱，在商业大厦里会有门德尔松、海顿和勃拉姆斯等音乐家作品的演奏会，因此，莱比锡展销会是旧世界的商品推销活动在其顶峰时期所特有的一种商业、狂欢节喧闹和文化精粹的混合物。在1930年前后，莱比锡展销会拥有8000个展位，2万名登记注册的参展商，来自45个国家的有据可查的游客有18万左右，另外还有数不清的成千上万的观光客和不计其数的样品，它是当时世界上最大的单一商业活动。[1]

虽然莱比锡展销会看上去与专注于自我的美国人及其数量尚不多的欧洲竞争者所戏谑谈论的“现代推销方法”迥异其趣，但1930年前后美国人所参观的这一展销会制度也并不是不合时宜的。在莱比锡，对于最终促使美国营销策略专注于去建立品牌认同的那些相同的问题，欧洲古老的商业文化已经发展出了一套策略去应对。这些问题包括：在面对输送迅速的铁路、公路、轮船运输及电报、电话通信时，如何将商品从供应者那里传送到消费者那里；如何为更广阔的、更不稳定的国际市场提供供应；如何在无穷无尽的货源供应种类中挑选商品；如何对新的产品规格进行说明，以及最终如何对变化迅速的消费者嗜好做出反应。

对美国人来说，解决的方法就是去创造品牌认同。这种社会发明包括新产品的开发，通过建立在民意测验和统计学调查基础上的心理学和社会学分析，对消费者的消费习惯进行认真详细的分析，以及得到有利的国内和国际规则支撑的大型的推销机构。

所有这一切都被设计来将品牌产品从它们最初的制造者那里传送到终端消费者那里，并确保消费者对这种品牌的忠诚，不论消费者身处的位置有多远，也不论消费者在文化上的差异有多大。

莱比锡大展销会走的是一条截然不同的道路：它提供了一个巨大的样品展示会，这一展示会把供应商、批发商和零售商们集中到了一种交易市场的狂热喧嚣中；通过在一个著名的地点定期举行这种展示会，它鼓励与会者相互之间增加了解和信任。这个地点位于德国，的确如此，但由于这一展销会的建立时间要远早于现代德国国家的建立，从商业规章的角度来看，它的运作就像一个免税的自由港，因此它可以完全正确地强调自己是一种全球性的制度，同时也象征了欧洲长达千年的商业传统。巨大的交通流量显示了这一展销会那并未衰减的生命力。在20世纪二三十年代之交，其年度商品营业额达到了价值5亿美元。

莱比锡大展销会对于欧洲商业的重要性使我们重新回到了本书的一个核心问题：美国的推销术是如何评估欧洲商业的？尤其是如何评估像大展销会这种所有商品推广形式中最古老的推销方法的？问题答案的核心在于美国消费文化的另一个伟大社会发明：品牌认同。虽然品牌认同并不是美国的独特发明，但到20世纪20年代为止，美国消费文化却是因为几种形象鲜明的消费品标志才在欧洲被广为人知的，这些形象鲜明的消费品标志的共同性在于它们被推销的方法。美国与欧洲的商业交锋结果异乎寻常，品牌推销的胜利超越了莱比锡大展销会，在这一过程当中，它对莱比锡大展销会的消亡也起了推动作用。

曙光中的大展销会

在20世纪早期，有关大展销会七百年历史的知识强化了一种商业伦理，这一商业伦理仍然从联系的长期性和面对面接触的可靠性中去寻求信任。虽然要把史实与传说分开很难,但莱比锡大展销会确实有古老的起源,这一起源一直回溯到11世纪中期,当时商人们定期在乌尔布斯利布齐(Urbs Libzi)外的低洼草原上聚集,乌尔布斯-利布齐位于普莱瑟河、魏瑟埃尔斯特河和帕尔特河的汇合处,是几百名当地居民的防御中心。1165年,迈森侯爵、富有的奥托(Otto the Rich)给镇上的居民颁发了一个特许证,使他们建立起了对于紧邻城墙外的交通的垄断;为了进一步对镇上的居民表示关爱,他禁止在交易会期间在邻近的其他地区进行任何交易。一个世纪之后,莱比锡侯爵迪特里希一世用写在羊皮纸上并盖有他的印章的文件允诺,在交易日,商人们可以通过西萨克森而不用担心他们的生命、肢体和财产的安全。即使他正在与这些商人们的领主进行交战,这一允诺也依然生效,而在这一争夺激烈的地区,那样的战争是会经常发生的。在神圣罗马帝国统治时期,随着国王商路(Via Regia)穿过帝国商路(Via Imperii)的地方商业繁荣起来,来自阿奇山脉(Arch Mountains)银矿的财富被用来交换从大西洋延伸到波罗的海的漫长商路上的丰富商品,这一展销会变成了一种定期举行的活动,皇帝马克西米利安一世和罗马教皇列奥十世分别在1497年和1511年又重申了这个镇的特权。到了17世纪,莱比锡已经变成了旧制度下商业的伟大商业中心之一,变成了一个成熟的日用品和商品展销会地点。在展销会期间,商人们从四面八方赶来,把他们的商品运往展览区,在那里,他们把商品储藏在简易帐篷、展棚和仓库中,直到这些商品被谈妥交易并交付给买主,买主们会在现场付款并安排这些商品的运输。总之,莱比锡大展销会是欧洲"商业车轮"中最宝贵的一个,借助于这个车轮,前工业化资本主义广泛地周转了巨量的商品。[2]

在19世纪下半期,自由贸易的趋势使得拥有一个受到特殊保护的、免税的交易场所的必要性被减低了,更有效率的铁路和轮船运输使得货物被从厂家直接运到销售店成为可能，面对这种情况，莱比锡展销会的管理方——一个私营公司开始把这个古老的商品展销会变成一个样品展示会。其正式转型的1895年是一个比较有利的时间。此时德国的工业霸权正在达到它的顶峰，包围着“内河港”莱比锡的萨克森“海”已经变成了欧洲大陆上以消费为导向的制造业的心脏地带，同时它也是欧洲领先的机器制造业的所在地。因为消费品和机器这两种商品的主要卖点都是制造工艺，并且对制造工艺的演示都不能仅仅通过一张图片或一纸说明来进行，所以采购者就要亲自来检查它们的质量，评估其竞争力，并来学习正在出现的技术革新。于是，正在腐朽的、曾经储存过成堆的货物的仓库被改造成了富有吸引力的展览区，在这里，经销商们检查商品的规格，对价钱进行讨价还价，填写将被按照合同时间执行的订单，而那些将被从出售者那里发往购买者那里的商品不必经过展销会的所在地。

被改造更新之后，莱比锡大展销会又兴盛起来，尤其是在战争时期，此时协约国的海上封锁将德国与西自莱茵兰至韦斯特法利亚、东自奥匈帝国至土耳其的采购者和经销商隔离了开来。[3] 先前不被允许进入展销会的商品也被带来展览了，例如粮食、纺织品、原材料和合成材料等，其中主要的商品都属于稀缺的食品和纺织品范畴。随着和平的恢复以及德国经济在1920年代得到恢复，展销会的管理方在市区内增加了新的交易大厅，然后又建造起了17座巨大的展厅以举办工程和技术大展销会，这些大厅的位置从市中心乘有轨电车10分钟可以到达，在到达高耸的民族大会战纪念碑前的最后一站下车即可。到1930年为止，全部用于展销会活动的58所建筑共有超过100万平方英尺的展览面积。

莱比锡大展销会被誉为欧洲大陆上兴起的所有样品展销会的“精神之母”，它唯一的竞争对手是“西方女王”，即里昂大展销会，这一展销会在1916年3月1日重新开始举办，主办者是法国第二大城市里昂的市长爱德华·赫里欧(Edouard Herriot)，举办的目的是加强协约国对其敌人的封锁，通过把商业活动重新引导到协约国自己的地盘上，强化“经济攻势”。[4] 里昂的复兴以及作为欧洲商品推销著名固定活动的样品展销会的复苏，让人们想起了使得中世纪的展销会得以繁荣的那些条件，即：确保能安全通过和有免税区，能抵消各种费用，有海盗活动的威胁，以及长途商业活动所冒的其他一些可能会被劫掠的危险。在20世纪20年代，在认识到全球商业活动并没有恢复到19世纪中期的那种开放程度之后，欧洲的展销会作为“私人利益对官方关税政策那种狭隘的严刑峻法的一种自然反应”繁荣壮大了起来。[5] 为了把地方贸易的飞地与国际贸易联系起来，政府和地方商业界联合起来提升了旅游优惠、签证安排、出口许可和货币兑换等的便利。费尔南·布罗代尔(Fernand Braudel)观察到，“当经济生活向前前进的时候，展销会就像永远也赶不上趟的旧钟表；但如果经济发展迟缓，展销会就会如鱼得水了”。[6]

然而，如果把莱比锡大展销会当作一种陈旧过时的产物而摒弃的话，那将会是一个错误。这一展销会的新展览跟上了产品创新的步伐，它相应地开辟了新的空间去展览运动装备、食品、办公用品、照相设备、电影机器及包装和广告艺术。随着德国的出口在20世纪20年代的下半期得到了恢复，外国采购商和参展者的数量急剧上升，因此在展销会举办的时候，莱比锡看上去就像是全球商业的中心。经济发展主要依靠对德贸易的捷克斯洛伐克和奥地利在这里建立了他们自己的永久性展厅，而意大利、法国、英国、南非和智利等国则定期主办它们自己的展台。英国的经销商们还建立了一个英国参展商联盟，专门用来维护大英帝国在这个展销会上的利益。到了20世纪30年代早期，在对外贸易机会上感到没有出路的苏联人也把他们自己的展厅变成了一个社会主义产品的陈列橱窗，其展台上高高堆起的熊皮和其他毛皮，多次吸引来了最大的观众群，那种情形与沙皇统治时期的参展情况非常相像。曾经主要靠它的机械玩具、会眨眼睛的绘画、细腻的赛璐珞玩偶和珍贵的京都瓷器而知名的日本展台，到了20世纪30年代则在展销每辆仅卖12德国马克的自行车和每个仅卖八马克的汽车轮胎，这种价格是西方国家不可能竞争得过的。[7] 值得玩味的是，在样品展销会在欧洲兴旺发展的年代里，人们在美国却看不到类似这样的发展。结果就是，相当于欧洲每举办20场大大小小的展销会，美国才举办一场。并且美国的展销会没有一场是实际展出了各类商品的真正的样品展销会。他们更像是专业性的贸易展，比如专门展出鞋子、家畜或者农业机械，虽然每次展览的规模都很大。[8] 唯一能在名气上与莱比锡大展销会相比的美国同类活动是艾奥瓦州展销会。但艾奥瓦州展销会的内容与莱比锡展销会的却是如此的不同，在艾奥瓦州展销会上，人们看到的是农业区的工艺品，像家庭一样的四健会比赛，牛仔赶牛竞技表演，以及漫无尽头的木围栏，围栏里到处都挤满了毛皮光滑且营养状况上佳的牲畜。[9] 艾奥瓦州首府得梅因与莱比锡之间的距离，就如同将德卢斯的巴比特们与德累斯顿的扶轮社资产阶级分开了的那些平原和大海一样宽广。

考虑到莱比锡大展销会是如此的重要，前往参加这一展销会的美国人数量是如此之少，这就难免令人感到奇怪了。在1929年这一展销会的繁荣达到顶点之时，大约有2100名美国人在展销会上登记注册，而其他登记注册参展的外国人大约有35000名之多。在1931年，只有50家美国公司在这个展销会上展出了某种产品，考虑到当时仅在德国运营的美国公司就是这个数字的30倍，这样一个参展商数量显然是微不足道了。[10] 除此之外，美国政府在这一展销会上也没有官方代表出席，就更不用说有永久性的展台了。美国官方在这一展销会上唯一的一次正式亮相是在

1925年，当时美国农业部组织了一个展览分馆去展示美国的农产品和粮食。如果有美国商务人员从一小时车程外的柏林来到莱比锡的话，他们也是出于自己的目的前来的，因为他们发现莱比锡大展销会提供了一个评估德国商业的最佳良机，另外或许还可以在这里搞一点工业间谍活动。在美国国内位于华盛顿特区的美国国内外贸易局内，有一整间办公室是专门用来分析国外的发明的，这一机构的成员们尤其欢迎有关德国发明的信息，如果这些信息能附带一张图纸那就最好了。如果这种发明信息看上去很有用，他们就会把它传给美国的公司，这些美国公司或许能把这种发明商业化，或者至少能使他们自己确信自己的技术能够经得起这种德国发明的竞争。

出现在莱比锡大展销会上的美国人大多是采购者而不是销售者，他们经常是德国移民的后代并且精通德语，他们来这里为百货公司和连锁店搜购各种新奇的商品，就像他们在战前来这里所做的一样，那时这部分欧洲地区是工艺制造消费品的一个非常重要的来源地。被签约卖出后等待运输的商品将会被从汉堡或不莱梅装船运出，这两个港口是美国船队航线的终点。这些商品种类奇多，它们使得《爱丽丝梦游仙境》中那头海象关于鞋子、船只和封蜡等繁杂物品的叙述都相形见绌——船舱里装满了花岗岩、纯铜和黄铜制造的家用管件设备、餐具、形如鹈鹕鸟的裁缝剪刀、布料、雕像、针织品、内衣裤、丝手帕与丝巾、带扣、手套、帽子、珠宝、来自劳沙的多彩玻璃与铅制圣诞装饰品、有彩色浮饰的明信片、来自哈茨山的用来养会唱歌的金丝雀的柳条笼等，这些商品被成千地订购，以便供伍尔沃斯连锁店、克力司吉店(Kresge's)及其他廉价品商店销售。克力司吉店还配有受过训练的随行人员，这些随行人员负责照看他们那些比较容易损坏的货物，他们还通过向发货者汇报在大西洋航程中损坏的商品的数量，为他们自己的库存制订严格的存货清单。[11]

从美国销售者们的角度来看，莱比锡大展销会是一个很成问题的地方。这个展销会从来都不是为了处理大路货而建的，而这些大路货仍然占美国出口至欧洲的商品的大部分。虽然在一战期间美国就已经不再是欧洲的经济附庸了，但在原材料商品和半制成品贸易方面，美国对欧洲的那种准殖民地关系仍在苟延残喘，这些原材料商品和半制成品仍旧是美国出口商品中的大头。直到20世纪30年代，美国出口商品中至少有40%仍旧是农产品，这些农产品中的90%是被用船运往欧洲的。[12]有关原棉、小麦、烟草、猪肉产品和皮革、铜、石油和木材的贸易仍旧在提供样品的基础上被进行。在码头上通关之后，在被运往地方上的加工者或被用轮船、铁路转运往其他国家之前，这些商品都被存放在仓库里。这些商品的目的地（更不用说其被购买后的用途了）与其销售者基本上没有关系。因此，除了尽可能少的海外代表之外，这些销售者看不到有任何理由再去为其他海外人员支付工资。相应地，当这些原材料被加工，制造和销售的时候，欧洲消费者们也几乎不知道这些原材料的原产地是美国。美国廉价的小麦和肥猪压低了当地产品的价格，因此对当地的农业政治产生了巨大的影响。但在饭桌上，不论制造面粉的谷物是来自俄罗斯的大草原、意大利东厄尔巴岛的农田还是来自美国的大草原，面包就是面包。

但到了1930年，随着制造成品与封装或罐头装的食品所占的比例相对于原材料、半成品和未成品已经有了飞速的发展，美国产品已经开始从鲜为人知的状态中崛起。到1930年为止，准备按照到达市场时的状态不做任何加工地卖给终端消费者的商品的数量在价值上是原来的四倍。于是，销售也变成了一个更加复杂的商业行为。美国生产者试图让国内的消费者购买产品时所遇到的所有那些问题，即需求刺激、对民族心理的把握、大规模购买能力的扩散以及售后服务的提供等，现在必须要在欧洲市场上得到解决，以便进行产品销售。[13]为了解决这些问题，美国商人或受其信任的委托代表需要自己亲临现场。这也是为何有越来越多的美国人在莱比锡大展销会上出现的原因。

虽然如此，即使它们就在欧洲制造的样品旁展览，即使按照各种标准来衡量它们看上去都具有技术上的先进性，美国制造品在大展销会上也不一定能够展示出它们的最大优势，这一点在办公设备，尤其是在打字机上确实是这样。到1930年为止，美国供应了世界打字机需求市场上80%的产品，而它的主要竞争者德国只供应了不到20%。确凿无疑的是，安德伍德－艾略特－费希尔公司、雷明顿－兰德公司、皇家公司和L.C.史密斯－科罗娜公司等所有美国的先进打字机企业都在莱比锡大展销会上参展了。但是，欧洲公司，尤其是德国公司所提供的那数量巨大的参展机器使得这些美国公司的展品黯然失色。至少有20家德国公司送交了参展样品。[14]如果只从这些展览来看的话，那些经销商（就更不用说公众了）甚至无从得知所有这些生产打字机的德国企业同时也生产其他器材，如自行车、缝纫机、精密仪器，甚至军火。

作为这种生产多样化的结果，这些德国企业在科研、设计和推销方面就无法像美国的公司那样投入那么多的资金，因此他们的样品线也更有限。那些查看雷明顿公司和安德伍德公司最新产品的说明书的经销商们能够确认，这些机器实际上噪音更小，其键盘能够对最小的手指压力做出反应。但是，又有什么信息能使他们认为“无噪音”和“碰触灵敏”很有价值呢？或者说，当他们能够从德国销售商那里拿到很大的折扣时，有什么信息能够使他们认为质量比高价格更重要呢？如果说这些美国产品不是更先进的话，那么他们的制作工艺显然也是可靠的，仅仅通过对这些机器的近距离物理检查就能够得知，正确的操作和保养将会使它们的使用效果令人满意，令人满意的还有它们那充分的担保，对维修的担保，对备用零部件的担保，确切地说是对一整套的现代理性的办公室文化的担保。随着推销活动在配有大量样品和说明书的现代杂志上扩展开来，仅仅购买一台安德伍德公司或史密斯一科罗娜公司的打字机已经不足以实现人们的这种满足了，而是需要投资购买一整套的美国风格的办公室设备才行，这些设备包括由埃利斯公司及道尔顿和康普托计算机公司(Dalton and Comptometer)供应的加法机，油印机，复印机，以及由卡迪斯公司(Kardex)、哈雷里斯公司(Hollerith)和IBM公司提供的信息与归档系统。美国人喜欢用的强行推销的典型做法是推出一篮子的诱惑条件，以便让客户相信不仅这个产品是新颖的，并且它那不菲的价格也是物有所值的。

同样的故事也发生在书写文具上。20世纪20年代开启了自来水笔的一个黄金年代，许多拥挤在展览厅中的经销商和参观者只是为了一睹这些自来水笔的风采。在合成材料、墨水存储和加填设备、外观设计和颜色设计领域中所出现的发明创造的飞速发展，在美国企业所展出的样品中清晰可见，这些企业包括派克公司、犀飞力公司(Schaeffer)、威尔一永锋公司(Wahl Eversharp)和威迪文公司(Waterman)等，这些企业在美国市场上已经展开过多年的竞争，在一战之前，它们又把争夺市场份额的激烈竞争转移到了欧洲。在20世纪20年代，这种竞争使得它们在科研、扩张和市场推广活动中投入了成百万的美元。犀飞力公司从植物纤维中开发出来的赛璐珞虽然提取成本昂贵，但它使艺术装饰图形的那种复杂图案和明亮基色在自来水笔上出现成为可能。派克公司也紧随这一进程，它生产了漆红、中国黄和天青蓝系列的世纪(Duofold)系列钢笔。这个系列中的高端产品精装世纪还有银朱色和黑色两种产品，由于采用了自动吸水机制，这种产品的体形足有展销会上任何一种其他钢笔的两倍大，它的圆胖外表显示出了它那独特的双墨水管模式，其中一个墨水管就能写6000个字。当派克公司用书写文具中有史以来最昂贵的广告活动于

1926 年在欧洲发行这种产品的时候，它把这个行业彻底震动了。[15]

虽然如此，这十几种高调面世的美国产品根本无法与欧洲特别是德国生产的海量钢笔相抗衡。各种钢笔在莱比锡大展销会上的成绩不怎么为人所知，但是，在更有光泽但同时也更昂贵的赛璐珞材料被使用之前，当地品牌比较持久的钢笔一般都是用硬质橡胶制作的黑褐色的钢笔。对美国产品的真正竞争来自百利金公司(Pelikan Company)，它是一家成立于 19 世纪 30 年代的、古老的、汉诺威的绘画颜料生产企业。百利金公司只在 1929 年以其百利金 100 钢笔进入了钢笔的高端市场，这种型号的钢笔在笔尖上有一个心形的吸墨孔。但百利金公司生产的外形简洁、价格实惠的拉庞(Rappen)系列钢笔成绩也不错，这种钢笔对于面临着经济不景气的旅行商们来说是一种更合适的选择。另一个吸引了大量观众的展台是展览万宝龙(Montblanc)系列钢笔的展台。这个系列钢笔的生产商是位于柏林的新普公司(Simplo)，新普公司在广告活动中，宣称自己是欧洲第一家不再依赖从美国进口的黄金笔尖的公司。新普公司的商标形象提升了公司的威望，其商标是位于笔帽上的一颗迷人的白星。人们不用成为鉴赏家就能够鉴别出这一传说中的杰作。当新普公司于 1924 年首次在市场上推出万宝龙产品的时候，它那光彩照人的胭脂红颜色，令人难以置信的超过 20 德国马克的价格，以及它那承诺终生的质保使它成为了书写文具排行榜中的老大。从上衣口袋或钢笔盒里拿出这样一支钢笔，就等于是在说："看，我是一位真正的现代绅士。"由受过鲍豪斯建筑学派训练的格雷特·格拉斯(Grete Gross)设计的低调而雅致的广告非常适合这款产品。在前卫派绘画设计的圈子里，格雷特·格拉斯这位时尚的柏林人被称作格雷格(Gre-Gro)，她是新普公司广告部的领导人，她为万宝龙系列产品的面世设计了一种现代主义的展示标志。发明出在一架小型飞机的机身下悬挂万宝龙的横幅，并于中午在集市的上空懒洋洋地飞来飞去的，就是她。[16]

展销会观众在展销会上无法看到的，恰恰就是使美国制造业被神化的那些东西，即其高调面世的品牌产品。这些产品是一些耐用消费品、便利用品和安逸用品，例如多用途汽车、家用电器、散发着香味的化妆品，以及封装好了的食品等。批评者在为美国的"入侵"表示悲痛的时候会引用这些美国产品作为例证，欧洲的市场推广人员在审视美国的推销技术时，也会引用这些产品作为可以借鉴的典范。也正是这些产品，它们在城市中心的户外广告牌上被壮观地放大。它们在香榭丽舍大街、选帝侯大街和皮卡迪利广场的汽车展销室和家用电器销售店里灼灼发光。它们被堆积在药剂师柜台或商店展示橱窗那色彩绚烂的展示卡下面。它们从好莱坞电影的屏幕上一闪而过。它们挺立在杂志和大众传媒那半版或整版的广告中。它们使得资产阶级消费者们入迷并遭到文化批评家们的批评。在很大程度上，这些商品就是它们所住的行业中的所谓先行者。

这些商品现身市场，是为了给产品属性和消费者满意度建立新的标准，以便创造广大的需求，为了弥补发明创造、大规模制造和推广这些产品的高昂开支，这种广大的需求是必需的。通用汽车公司生产的弗瑞吉戴尔冰箱就是一个很突出的例子：它高度评价保鲜和冷冻的食品，并承诺能使食品维持保鲜和冷冻状态。吉列刀片是另一个例子：它的安全剃刀广告认为有胡须和胡茬是不卫生的，并会破坏一个人的形象，它承诺能够把胡须和胡茬剃干净。家乐氏玉米片则为早餐食品建立了标准：它指出健康速溶的早餐有益于保持健康活力，并承诺会把这种用写着黑字的白、绿和红盒子装着保鲜的脆玉米片送到任何购买者手中。可口可乐公司则为添加了碳酸气和糖的饮料开辟了道路：它在承诺解除消费者口渴的同时创造了口渴。所有这些产品都费尽周折才跻身进了由资产阶级商品交易会赞助制作的商品分类中，这并不是因为它们是新产品，而是因为它们为消费对象建立了新的消费价值观。

作为美国的长处的食品，同样也掉进了分类学的夹缝中。有些大量上市的罐头食品，包括凯莱牛奶（Gloria Milk）、金宝汤产品（Campbell's soups）和都乐公司的糖水桃片等，或许还可以和欧洲当地品牌的产品相比较，尽管这些欧洲品牌的知名度都没有这些美国品牌的知名度大。但有些美国产品的情况就不是这样了，例如，利比公司生产的罐头菠萝；由地门公司（Del Monte）生产的奶油玉米、法式四季豆和甜菜；来自花果富饶的加利福尼亚中央谷地的、用印着闪亮文字的硬纸盒包装的阳光少女牌（Sun Maid）李子干和葡萄干；用于家庭制作面包和蛋糕用的、第一种被工业化生产和封装的皇家牌发酵粉；用美国当地出产的金黄色烟叶生产的骆驼牌、切斯菲尔德牌和撞大运牌（Lucky Strikes）香烟，以及用从尤卡坦半岛上的人心果树榨取物制造的箭牌口香糖等。香蕉对于欧洲人来说也是一种新奇物种：它在1876年的费城百年纪念展上被正式引进，在那里，每根香蕉都被用金属箔包裹着，售价达到了10美分。只是在一战之后，香蕉在欧洲才开始被大规模地商品化。到了1926年，联合水果公司的欧洲分部埃尔德和法伊夫斯公司的34艘冷藏轮船仅往英国和德国就运输了500万串香蕉。[17] 在20世纪40年代改名为彻姬塔（Chiquita）之前，从1929年起一直以蓝标（Blue Label）推广的这种香蕉，是欧洲第一种有商标名称的水果，它的销售范围比任何一种欧洲本地水果的销售范围都广得多。这种香蕉的质量保证是它那打上了商标的纸带。按照销售协议，一旦一根香蕉的黄色外壳开始出现斑点并且香蕉肉受到损伤变成了糊状，零售商就不得不马上除掉它。通过这样做，零售商把国外遥远的供应商与本地消费者之间的那种来之不易的、热络的和代价高昂的关系巩固住了。但也毫不令人奇怪的是，这种带有商标的香蕉在展销会上根本没法立足。

在《资本论》的开头，马克思写下了一句很有名的话："一件商品第一眼看上去只是一个很普通的东西，也很容易被理解。"这一卷的剩余部分则被用来阐明，脱离了一件商品的社会关系，只从商品本身出发是无法理解它的。商品的形式掩盖了制造这些商品的工人们的汗水和技术，也掩盖了被资本家榨取的工人们的劳动；当这个商品被摆出来出售的时候，它被误解为只具有滋养、被作为和被书写等朴素使用价值的东西，它无法显示出自己的交换价值，这种交换价值是指由其外在的特性所决定的价值，例如它的稀缺性、与其他商品比较时它的有效性，以及它的身份价值等。但商品又对人们的集体想象要了另一个花招：这些商品看上去是在自己力量的驱使下到达市场中的，并按照它们自己的计算来进行交换。而这里也正是马克思所说的随着"他们把自己置身于与其他人的关系之中"，"商品的守护者同时也是拥有者"现身的地方。[18]

如果我们离开莱比锡大展销会那人潮拥挤的大院，并把市场看作"不是一个地点，而是分布在广泛空间中的大量民众"，那么基于品牌的市场营销的全新特点就变得非常清楚了。[19]旧世界的商品推销强调产品的特点，突出其内在的并且是与其生产环境有密切关系的产品的质量。新世界的商品推销强调的是产品的个性，它突出的是产品的外在吸引力，这种外在的吸引力能够弥补消费者不了解产品的产地或其内在质量的缺憾。在莱比锡大展销会上，那些小批量生产的商品、手工艺品和定做的商品展销效果最好。它们在各个公司之间非常常见和繁盛。它们确实也勉强展开一些竞争。但通过被集合在一起，这些商品所独有的规格被放大了，至少在经销商那专业的眼光里是如此。虽然在种类上比较类似，但它们每一种都是专为某种特定的客户制造的。每一种都有自己的小生境。任何一种都无法被另一种所替代。因为它们是作为独一无二的产品出现在市场上的,因此它们要价很高。考虑到这些商品是小批量地按照订单生产的,它们的制造者和中间商都需要给它们加很高的价以便充分盈利。

相比之下,大规模生产的、以商标命名的商品是以四处表演独奏曲的方式繁荣的。或者更确切地说,它是在包括大批经销商、营销专家和广告商在内的一个代价高昂的随从团的伴随之下,四处流动。户外标志、广告展示和经销商们都密集地把一种产品当作独一无二的商品呈现出来,但事实上,它与从同一条装配线的传送带上下来的成千上万的其他标准化产品是一模一样的。它要价很高,这并不是因为它很稀缺,而是因为它把自己定位为其他产品必须要赶上的新颖性和实用性的标准。

尽管地方市场中的手工产品拥有一种消费者熟悉度,它们不需要附加别的话语去出售,但大规模生产的产品却需要高压推销术的空话去显示自己的实用性和令人满意性。因为这些产品没有独创性的手工制品的光环,瓦尔特·本雅明(Walter Benjiamin)或许会说,这种大规模制造的产品缺乏创作者的魅力,缺乏艺术特征或手工技巧。[20]反过来,在缺乏真实性的同时这种产品却又充满了超凡的魅力,这种超凡魅力,就像马克斯·韦伯用来描述超越了官僚体系疆界的那种准宗教性的领导风度的那种魅力。相应地,品牌商品不同于群集的家庭手工制品和资产阶级的小摆设;它是作为一种带有既定标准及制订了这一标准的机构的全新突破而出现的;它的合法性来源于它是推销圈里能够吸引崇拜性关注的物品;它的威信来源于它自称的能够服务于其喜好者的需求的能力。[21]在购买者的眼中,标准化的大众产品因而也能够获得像定制的手工制品那样与众不同的个体性外观和熟悉度。

这两个竞争者的自我表现体现出了它们的不同。作为市场女皇的莱比锡大展销会与作为现代营销精灵的美国推销术,都在买和卖的过程中扮演了角色。莱比锡大展销会是一个紧凑性的奇迹，它的商品推销方法是“用最小的花费，在最短的时间里，在最小的空间内做最大的生意”。[22]其展销会办公室的广告宣称自己不仅是欧洲商业轨道的中心，而且还是世界范围内经济交流的核心。它为培养面对面的关系提供了所有必需的东西；它的生命力是所有能够刺激商业的东西；它为它的顾客们提供了所有的方便、舒适和保护，从旅行优惠、进出口许可、剧院和其他娱乐活动门票的预定，到货币兑换、提供展销会事宜的一般信息，以及最终的回国安排。这个展销会把自己当作一种纯粹的市场社会关系，而对许可了这一活动的主权政府德国不做任何提及。

相比之下，美国的推销术在美国商务部的地图上体现得非常明显，在这些地图上，欧洲“销售区域”被作为寻找四散分布的消费者的线路交叉口标识了出来。[23]这种中心的分布是分散的，它们是按照人口集中度被选择出来的，中心之间的连接是通过旅行的时长来衡量的，河流、山脉和国家疆界等地理细节则是无关紧要的。因此，意大利东南部的港口城市巴里到阿尔巴尼亚的都拉斯之间是一条直线，从亚得里亚海乘船抵达需要八个半小时。一个有适当雄心的经销商可以把黑海之滨的康斯坦察也加入到他的旅行路线中，从布加勒斯特到达这个城市乘火车只需五小时；到另一个罗马尼亚港口切尔诺夫策则需要十二个半小时：经过罗马尼亚的雅西到达另一个城市基希讷乌则需整整十三个小时。在20世纪30年代，交通线一直推进到了苏联的边界，只有那些最勇敢和得到了很好引介的资本家曾经穿过这些边界。

莱比锡大展销会作为各种交通线的枢纽出现，得益于铁路的发展，德意志帝国那巨大的铁路轨道体系会聚在了莱比锡，随着1923年莱比锡中央车站的落成，莱比锡变成了欧洲最大的铁路终点站。相比之下，在美国商业地图的背后，则是电报和电话的速度、无线广播的即时性，以及使用轮转凹印机设备复制相同的广告副本以便让它们以多种语言同时出现的能力。在莱比锡样品展销会的背后，是中小企业和乡村手工业最多的、批发商和零售商交易活动最密集的这部分欧洲地区的生产能力。在美国大规模商品推广活动背后的，则是美国大规模生产企业的巨大经济规模和分布范围，而这一点又被美国广告机构将自己定位为全球市场掌控者的雄心加强了。欧文—华西公司为自己所做的强有力的广告对推销革命必不可少的现代通信力量进行了吹捧。在一战结束后的 11 年里，当它的纽约代理处在伦敦建立了自己的第一个海外办公室之后，这家公司已经在 11 个国家里开办了 11 家海外办公室。现在，借助于 20 世纪 20 年代的经济繁荣，这家广告公司可以吹嘘它能够从列克星敦大道上的格雷巴尔大厦里发起一场覆盖整个欧洲大陆的广告战役了。这家现代广告机构能够把一个广告同时发布在 677 家出版物上，包括 16 种语言，并出现在 21 个欧洲国家中，而不必去关注细节的错综复杂，也不必在那附近都有自己的机构存在。这种效果就像炼金术一样，按一下按钮就能无中生有地制造出美元，那是价值 288072 美元的广告，并且“被委托公司的任何一个主管人员都不用离开他在美国的总部。”[24]

相对于处在流通中的商品的总量，在欧洲市场中的美国商品数量极少，在两次世界大战之间，相对于在欧洲国家中流通的无数具当地知名度的有商标商品或无商标商品，美国的商标品牌不超过几十个，因此，美国推销系统中的高调的品牌商品在人们印象中的影响力就显得不成比例的突出。美国商品杂乱无章地在不同地区间流通，而不是分散地与某些地方联系在一起，它们是跨国界的流通，而不是跨地方的流通，因此它们为商品到达市场的概念建立了新的标准。欧洲展销会上的丰富商品是在商品稀缺的沙漠中浓缩出了一个单一的地点，美国的大众营销则是用制造商巨大生产能力的标记覆盖全部地区。[25]某些商品曾被认为是独特的商品，因为它们只能在某些季节，或者只能在某些特定的地方或特殊的零售店里才可以购买到，但现在，它们则变得全年都可以买到，变得更容易买卖，并且更加标准化，最重要的是，它们变得随处可见了。不论它们是否实际上赢得了很多的消费者（鉴于它们价格不菲，开始时不大可能实现这一点），它们使得购买成为了可能。并且，因为商标和广告使得它们如此显眼，所以人们可以观察它们的轨迹了，比如：它们在哪里被销售和购买，是什么人购买了它们，以及购买者是不是跟自己属于同一类人等。

建立品牌认同

如果在莱比锡交易广场附近的费尔施咖啡店、鲍尔（Bauer）啤酒店或其他啤酒店中休闲的美国批发商们被问及为何美国人在品牌消费品中保持领先，这些美国批发商可能就会耸耸肩并回答说，那是因为“美国人的灵感”。是商品的更高品质及其高度实用性推动了美国品牌消费品的发展。在 19 世纪早期，英国人也是这样相信他们自己的，与之类似的还有德国人，这种情况一直持续到进入 20 世纪。更准确地说，美国制造业是在 1900 年之后才使很多种类的标准化消费品商业化的，并围绕基础发明申请了成千上万的专利。[26] 例如，电子管是电梯、火车开关和连续处理系统等的控制设备所必不可少的，它被改装后用到了收音机、扩音器、留声机、传真电报和电视机上。1892 年被首次发明的热电动线圈则被应用到了每一种电熨斗、卷边机、烫发设备、加热器、无火烹调器、热水壶和电热毯上。在化学发明领域，例如在碳酸纤维素领域就产生了人造纤维、速干彩漆和塑料，以及照相胶卷、留声机唱片、钢笔、眼镜框以及后来的原子笔等所使用的材料，此后又产生了大量一次性用品材料。

消费导向企业的巨大经营规模为市场上出现的这些新产品

的范围之广提供了一个理由。到1910年为止,在香烟、火柴、粮食、肥皂以及很多罐头商品上应用大规模生产技术是经济合算的。让连续处理系统保持运转状态以及利用好原材料的供应以开发互补产品,也是有利可图的。例如,如果主产品是石油,那么淤积在油泵上的像石蜡一样的胶质残余物或许能被发现具有某些用途。罗伯特·奥古斯塔斯·切斯布拉格(Robert Augustus Chesebrough)就正是这样算计的,他是美国宾夕法尼亚州东部一座石油钻探平台的拥有者,他在1878年获得了凡士林油的发明专利。此后,市场交易为这种润滑剂发明了一系列的使用用途,包括从润滑皮肤和治疗小伤口,到抛光家具和清洁皮鞋。对一个生产肥皂(其主要成分为棉籽油)的大型企业来说,利用好全部原料的供应是可以获利的。为了利用多余的原料,宝洁公司的研究人员和设计人员发明了科瑞(Crisco)牌黄油,这是一种绝对光滑的、纯白的脂肪,可以在烹饪中被用来替代猪肉和橄榄油。通用公司作为一家汽车生产企业,在发动机制造、金属加工和把部件组装成有用、复杂的产品方面具有专长。像汽车一样,电冰箱也需要一个电器系统和压缩机以构成冷却系统。也正是基于这种逻辑关系,通用公司开始了"A模式"的大规模生产,不过这次不是生产汽车,而是生产第一批弗瑞吉戴尔牌电冰箱。阿莫尔食品公司、斯威夫特食品公司和其他从事猪肉加工的企业则开始利用猪的所有部分:猪大腿和臀部、猪后背和两侧的肉以及猪脚用来制造食品;猪鬃用来制造刷子;猪的脂肪用来制造猪油、肥皂和各种润肤剂;猪皮用来制造鞋子和手套;猪蹄用来制造胶水;猪内脏用来制造动物饲料。据说,"除了猪打的呼噜外,猪的其他每一样都被用上了"。[27]

为了分期偿付与开发新产品相关的费用,大企业在市场推广方面投下了大量的资本。相应地,市场开发也理所当然地变成了一个急速增长的工业。起先它只是作为被专门管理的销售部门而发展的，现在它开始分离出来发展成了专业化的分支行业，如广告公司、民意调查机构和市场推广机构等。所有这些机构都有强烈的兴趣把自己提升为将商品出售给最终消费者过程中不可缺少的部分。反过来，这些专门化的推销机构通过提供消费者们的反馈信息，又加强了新发明的商业化。要收集新的需求信息，以及要为开发能潜在地为这些企业服务的新产品做实验，并不需要用到自然科学、高级技术人员、受过特别教育的管理人员和某些特殊的当地天才。在更加专业化的工业中，围绕把大众消费者作为目标的市场的竞争，把企业家们的集体心理强有力地集中了起来，产生了越来越多的属于第二次灵感的发明。这就是美国神话般的消费市场的特点。[28]

很自然地，如果没有新的社会发展趋势，尤其是如果没有新的饮食习惯、家庭设备标准、健康观念和休闲途径，那么新商品的出现就是难以想象的，并且不论怎样推广新商品也很难会有好的销路。一般来讲，美国的很多新发明是属于节省劳力型的，而在欧洲，它们则是节省资源型的；前者应用于家庭，后者则应用于制造业。在美国这样一个社会里，妇女劳动力报酬很高（佣人供不应求），人们的住房通常都很大，人们拥有房屋所有权的情况也很普遍，妇女权利观念深入人心——至少妇女负责家务管理被认为是最适合她们的能力的，因此，家庭支出不断增加是完全合理的。围绕食品加工的发明也是与节省劳动有关的：在罐装、冷冻和包装领域中迅速出现了大量的发明，所有这些发明都利用了美国最富饶的资源和农业，同时还伴随着关于社会进步、卫生和健康的各种意识形态观念，另外，考虑到人们较长的工作时间、流动的移民人口多和市区住宅的凑合性，对于那些易于准备的食品，也存在着真实的社会需求。然后，又出现了瞄准美丽和体格健康的各种发明，它们被称为个人用品或化妆品；例如剃须设备、化妆品、面霜、香水和牙齿清洁物品，包括牙刷、牙膏和漱口水。迅速的商业化对这些物品的利用并不仅仅是为了卫生和节省劳动力，而且也是为了通过使人们看起来更相像而使身体民主化。大量销售的卫生用品和化妆品就像大量生产的服装一样，也利用了人们自我改造的可能性；它们促进了清洁以及提升和完善一个流动社会的精神面貌这样一些共享的观念。最重要的发明瞄准的则是一个流动社会的传输需求：汽车输送是发明创造的一个巨大催生器，就像已经被无线电广播、唱片、电影设备和照相领域的大量发明所证实了的娱乐业一样。[29]

无论产品是全新的还是对旧产品的替代，商标包装都使得它们看上去是绝对新颖的。从原则上讲，给一种产品打商标只不过是用生产者的身份给它打上一个印记，并且商标从古代开始就以这种或那种方式存在了。在任何有制造业的地方，打商标都很普遍，到了20世纪初，所有主要国家都有法律防止商标名称被侵犯。欧洲企业生产新产品时普遍使用商标，欧洲有一些与十几家大陆跨国公司有关的非常突出的大商标品牌，比较著名的有联合利华，荷兰的电器公司飞利浦，瑞士的食品公司雀巢，瑞典的家用设备公司伊莱克斯，生产灯泡、熨斗和烤箱的德国通用电力公司(AEG Works)，以及捷克斯洛伐克企业巴塔(Bata)公司生产的鞋子等。所有国家都有少量很出名的全国性品牌。例如在德国，大多数位于市区内的资产阶级家庭都认得黑格咖啡(Kaffee Hag)、波斯尔洗衣皂、灵格公司的奥多牌漱口水。然而，由于欧洲企业的规模较小，大多数民众的购买力更加有限，加上受资产阶级传统的消费习惯的影响，导致欧洲最广为人知的跨国品牌只不过有糖果类的萨罗蒂、金鹰巧克力、霍利克麦芽粉，味道增强剂类的鲍威尔牛肉汁(Bovril)、美极或利比希牌肉汤块，酒类比较出名的则是君度力娇，马爹利，普鲁尼尔，保乐力加(Pernod)，坎帕里和马天尼苦艾酒等。这些商品是那些最节俭和最不讲究的资产阶级家庭至少在纪念庆祝场合时都会考虑购买的商品。[30]

然而，美国不断扩张和流动的市场却把品牌营销置于商品推广的中心地位。推广品牌并不仅仅是一种诱导零售商存储这种商品的防御性武器，并且也是一种对市场份额、定价和新商品的含义实现牢固控制的进攻性武器。如果某种特定商品的质量可以被浓缩成一个名字或标志，以便使人们因为认可这种商品而购买它，那么这家公司就能够建立起一种实际上的垄断，从而防止价格这个单独因素成为人们购买它的主要原因。如果这家公司不得不与其他生产类似产品的企业进行竞争，他可以不通过削减已经很低的毛利来竞争，而是通过推广品牌知名度来进行竞争。比较典型的就是，某些种类的新产品的推广者也不得不推广这些产品种类本身。如果他们获得了成功，获利将是非常丰厚的。因为新的品牌既代表着某些新的特殊品质，又代表着某类产品的普遍特性，因此它们能够产生跨越现有的社会地位分层的吸引力，重新定义奢侈品和必需品之间的界限，并把消费者们的注意力导向他们以前不曾预期过的产品品质，至少他们以前不曾考虑过这么多的术语，例如卫生、清洁、方便、观感、质地、一次性、气味、即时性、光亮度和速度等。[31]有众多的美国品牌在欧洲变成了某类商品的总称，这一点意义非凡。于是，一台缝纫机就被说成是一台胜家(Singer，美国缝纫机品牌名)；一台真空吸尘器就被说成是一台胡佛；福特则代表的是汽车；带可替换的刀片的自动剃须刀的名称则被换作了吉列；柯达则是照相机的通用名称(摄影发烧友则被称作是柯达主义)；弗瑞吉戴尔则是冷藏设备的原型，施乐是影印的代名词，麦当劳则是快餐的意思。

如果某项发明的母国不是美国，经常是这项发明的专利被设在美国的公司获得并推广后，这种商品就变成了某类商品的总称。在 1863 年首先申请了油毡专利的人是英国橡胶制造商弗雷德里克·沃尔顿(Frederick Walton)。然而，是在 1872 年建立的美国公司的推广战略使得这种产品被广泛普及的。虽然是美国热水瓶公司在1918年之后使得热水瓶变得家喻户晓的，但首先申请了热水瓶专利的却是一家德国公司。到了20世纪20年代，当美国开始进行所谓的商标名称削减的时候，它在商标发展上已经远远超过了欧洲。于是，最早的推广者变成了某些产品的总称，自动钢琴、留声机、录音机和乙烯基等只不过是其中的一小部分。在建立新的产品分类方面，美国的市场推广者也超过了欧洲人，这种新的产品分类有诸如速溶咖啡，早餐食品，牛仔裤，休闲服，卫生产品和宠物食品等。总之，最早的推广者既界定了需求又满足了这种需求；他们设定了方程式的条件，然后又从为方程式提供答案中获利，在过去的几十年中他们频频这样获取巨额利润，一直持续到现在。

随着时间的推移，商标名称能够获得一种巨大的价值，即信誉。这一概念把资产看作是一个人，这个人"在大众的心目中具有某种声望，这种声望来自于它的不变的消费者或习惯性消费者，这种声望由它在当地的地位或公共名声或声誉决定"。[32]从法理上讲，信誉表明了消费者在面对这种资产时能够行使的权力的大小。在理论上，消费者可以按照他们自己的自由意愿去选择别的产品。但他们已经安于那种特定的商品了。原则上讲，信誉是无形的。然而，它也是一种资本资产和合法财产，它的价格可以从销售利润中分离出来单独进行计算。在20世纪20年代晚期，企业信誉的价值可以使这个公司的价值是它的年收入的十六倍：在1925年，美国人对吉露果子冻(Jell-O)的热情卖到了3500万美元；在1928年，人们喝麦斯威尔咖啡的习惯卖到了4200万美元。[33]通过这个不同寻常的系统，大企业能够建立起"信誉和与消费者之间的联系，恰如街角杂货店通过私人接触与个人人格所建立起的那种信誉和联系。"[34]

进入新的销售区域

美国企业要与国外消费者建立同等密切关系的决定，使得美国领先的消费品生产商进军海外的决定在产品周期中要早于警示信息的提示，在其加工制造的操作指南和产品设计仍然行之有效且国内市场尚未接近饱和的时候它们就做出了进军海外的决定。[35]很多公司的发展史讲述了它们的奠基者发现旧世界是一个销售区域时所发生的冒险故事。1885年，富有勇气的小约翰·帕特森在全国收银机公司刚刚在俄亥俄州的代顿建立一年之后就开始在建立它的欧洲批发市场，这对这个公司来说是一个具有重要历史意义的时刻。[36]1914年8月14日，在一战的欧洲战事开始十天之后，吉列公司的总经理托马斯·佩尔海姆(Thomas Pelham)就宣布"对所有以前的销售记录开战"，1915年春，他带着一货船的剃刀和刀片出航，去修补由欧洲人的武装冲突给公司带来的商业灾难。[37]对威迪文公司来说，当公司创建者的侄子弗兰克·D. 刘易斯(Frank D. Lewis)代表公司被派往1900年的巴黎博览会时，这个公司不同寻常的时刻就到来了，在巴黎博览会上，威迪文公司生产的超级大号的No. 20钢笔赢得了卓越金质奖章；令人遗憾的是，弗兰克·D. 刘易斯做了一个考虑欠周的决定，把这种钢笔的制造和销售权卖给了伦敦的L. G. 斯隆公司。[38]

对于这些公司所做出的首先是出口，后来又在海外建立制造厂的决策，如果不挖掘这些公司的档案，是很难知晓的，更不用说评价了。它们这样决策的一个可靠理由是去打败国内的竞争者。另一个理由是去用新的市场来提升正在下降的盈利。20世纪20年代的淘金心态也强化了这样一种共识，即，在欧洲销售市场上占有一席之地能够证明这个企业的活力。于是，一旦一个公司做出了这样的决定，同行业的其他公司就会跟随，每个企业都在狡猾地盯着其他企业，所有企业都急于评估在欧洲的竞争。总体来看，迈向海外的公司有很多，虽然它们之中只有少数取得了成功。[39]

累积利润的吸引和国内市场疲软的迹象都支撑了这些公司迈向海外的信心。但是，认为美国产品代表了一种可以四处扩张的、更加先进的物质文明，这样一种集体观念也在其中发挥了作用。大同主义正是在这样一种信念的基础上繁荣起来的，智威汤逊广告公司(J. Walter Thompson)驻柏林的总编辑克莱蒙特·沃森(Clement Watson)很好地表述了这种观念："了解和理解人们的习惯、风俗、传统和生活条件非常重要"，但是，"全世界的人们从根本上来说是相似的。除了少数极端分子外，所有人都追求庇护，追求生活条件的改善，追求更多的舒适，追求生活中更多的快乐"。[40]没有人能够理直气壮地反驳富裕社会的批评者们所谴责的那种消费浪费，尤其是对那种因富裕社会认为必需的东西变成了一个更贫困或至少是组织结构不同的社会的组织信条而导致的浪费。为美国国内庸俗的物质主义感到悲哀的辛克莱·刘易斯，却把国外的这种物质主义看作是一种文明化。明尼苏达州山巅之城的主街的特点在懦弱的房地产商人乔治·巴比特的身上体现得比较明显，巴比特偷偷摸摸地把他的一次性剃须刀片藏到浴室里柜子的顶上。但是，在另一个同为山巅之城子民的人物形象身上，当主街换成了巴黎的主街时，这一点就变成了一种向善的力量。作为启示牌汽车的制造商，萨姆·杜德伍斯(Sam Dodsworth)致力于活动房屋的制造，以满足世人寻找住所的需要，他获得勇气抛弃了他那无聊的、空虚的妻子；因而，他通过击败那个懒散的法国假贵族(他诱使杜德伍斯的妻子做起反复无常的白日梦)，也树立了一个道德榜样。[41]

美国的制造商们在走向海外的时候就断定，即使国内的销售气候还没有形成，那它也将会很快形成，这是基于人类潜在的共同需求，并受到了美国公司大张旗鼓的推广措施的推动，而美国公司之所以能够这样做，是因为它们的产品已经在国内市场上得到了验证，它们的推广技术更加先进，并且它们还有巨额的现金储备。通过建立分支企业或辅助公司（有时通过收购国外的竞争对手）把生产转移到海外的决定，很明显是一种比单纯出口更加复杂和代价更高的决定。托马斯·佩尔海姆直到1913年才切身体会到了这一点，吉列公司走的是"一条懒人路线"，它只是把它的产品委托给欧洲的经销商们，让他们管理在当地的销售。[42]这种方法必然是数百家（如果不是数千家的话）小公司一直在寻求的经营方法。然而，大型的美国公司早在19世纪70年代就开始建立以欧洲为基地的子公司了。它们有大量的理由去这样做：可以降低海运费用；可以利用更廉价的劳动力；可以获得当地公司所享有的更低的税率；可以智胜国内的竞争对手；可以与欧洲竞争者们在它们的大本营展开竞争，以及尤其是可以绕过关税壁垒。[43]

在20世纪20年代，美国的公司决心去打败它们的欧洲竞争者，这些欧洲竞争者们的运营享有靠近市场的优势，并且还利用了当地对商标的保护通常较弱这一事实，对商标保护弱是为了让欧洲人窃取美国的发明并使这些发明适应欧洲当地的品味。那些通常规模很小、进行小批量生产和产品定制的欧洲公司，对源自美国的产品增加一点最后的工序后，就自己把它们拿到市场上以相同或更低的价格出售，这些公司利用了这样一些事实：欧洲的劳动力价格比美国的低，它们也不需要纳税，它们也没有额外的运输费用，最重要的是，它们与流通环节中的批发商和零售商保持着非常亲密的甚至是个人性的联系，而正是这些批发商和零售商最终把商品送到消费者手上的。在这一点上，德国人被美国公司看作是尤其令人不安的竞争对手。

于是，推广品牌便变成了美国公司抵消欧洲人对当地市场知识垄断的一种方法。考虑到欧洲消费者的基地更是地区性的而不是全国性的，跨国性的就更少，如果美国公司像它们在本国所做的那样把目光瞄准整个地区的话，它们可以利用以下事实，即，正像20世纪20年代的情况一样，欧洲是一个卖方市场，这样美国公司就避免了陷入那声名狼藉而又危险的欧洲零售业的泥淖。在当地进行生产也提供了可以绕过隐性的关税壁垒的好处，这种隐性关税壁垒并不仅仅是指当地的政府采购政策(例如在军事硬件或大型设备的采购上，当地政府会理所当然地歧视非本国企业)，而且还包括地方性的或全国性的品味文化。在当地进行生产以后，美国公司就可以更进一步了，即为当地那些过于挑剔的资产阶级顾客量身定做产品。[44]

美国公司几乎毫无例外地都具有三个巨大的优势。首先，它们资金充足。因此，它们有能力弥补一开始的国内市场累积利润的损失。第二，它们所生产的产品是花费巨大代价在一个大众市场上得到了完美化的，这种产品被深信是体现了设计方面的显著优点。最后，它们能在一个重要市场上很灵活地做生意。一方面，美国企业有强烈的兴趣去诱使消费者试验它们的新产品，另一方面，它们又能调整自己的产品去迎合消费者们的需要，在保留底线的同时最大限度地发挥它们的团结能力。美国企业不熟悉一个拥有多重管辖权的世界中的那些困难，不熟悉那种经常被描述为"法律和语言学上的混乱"的情况，这让它们在自己的前进道路上经常会显得非常愚蠢的无知。然而，对其自身局限性的无知也能够被证明是一种优势，因为这种无知可以让它们有一种乐观的开创精神去战胜一些消息灵通的企业根本不希望遇到的困难。在其他条件都相同的情况下，一个天真地去寻找最终消费者并对撒满在路上的障碍毫不在意的企业，它的近视对它来说也可能是一种塞翁失马，很难说是祸还是福。

事实表明，美国的海外企业得到了美国政府的一只看得见的手的帮助。到一战时为止，没有任何和平时期的政府在促进自己的出口经济方面比在华盛顿的美国联邦机构做得更多。美国政府认为美国的出口企业是后来者，相对于欧洲的制造业有先天的不足，因此它效仿被认为是欧洲惯例的做法，对自己的海外贸易进行了强大的国家支持。其措施包括对企业的海外收入实行特别的税收减免，实行1919年的韦布一波默林法（Webb-Pomerene Act），这一法律对于从事对外贸易的卡特尔免于执行美国的反垄断法。它也向企业提供那种可疑的但又灵通的并经常是乐观的信息，诱使企业在不知名的地方冒险推广消费品。[45]

在出口美国的消费文化方面，没有任何政府机构比美国国内外贸易局更重要。美国国内外贸易局创建于1912年，在赫伯特·胡佛于1921至1928年任商业部长期间，它得到了发展壮大。胡佛上任之后，通过任命哈佛大学毕业的经济学家和历史学家朱利叶斯·科林(Julius Klein)担任国内外贸易局的领导人，立即显示出了国内外贸易局的旗舰角色。科林认为，政府的职能就是对对外贸易的渠道进行规划并保持这些渠道的开放，在这种信念的指导下，科林带给外贸促进活动的并不仅仅是他的爱国热情，而且还有他在国内市场中“打破消费者与商品之间的所有障碍”所获得的专业经验。在科林的游说下，美国国会增加了国内外贸易局的拨款，从10万美元增加到了800万美元。当胡佛当选总统时，国内外贸易局已经从只有100人的一个办公室发展成了一个拥有2500名员工的功能齐全的机构。[46]

的确，其他国家，尤其是拥有一个经验丰富的海外贸易部的英国也会报告国外市场的情况。但是，没有任何其他国家能够产生“在同等程度上反映其国内经销商们的政治需要和一个按科学方法思维的商人对于市场信息的态度”的报告；没有任何其他国家在“整合官方和私人在商业问题上的立场方面”做得如此成功。[47]这些报告出自驻外的商务领事专员之手，这些人都是些在耶鲁大学、普林斯顿大学或达特茅斯学院受过教育的白人新教徒。

他们受到很好的管理并严于自律,他们搜寻有关当地实践的机敏信息,并渴望从美国企业的利益出发去利用这些信息,他们很难容忍将会损害其他美国公司的处境的愚蠢的企业家。在1932年一个比较典型的星期里,柏林的商业专员会见了来自美国伊利诺伊州罗克福德的伯斯顿针织公司的销售代表,这名销售代表抱怨说,他没有得到政府的足够帮助去找到一家德国的批发商;他还准备了书面文件以便为匹兹堡亨氏公司进口的番茄酱、番茄酸辣酱和番茄汁争取更有利的关税分类;另外他快速查看了商业印刷品,以便寻找总公司所需要的有关化妆品制剂、汽车配件和美国电影方面的市场信息。[48]

像任何其他货物一样,进口到欧洲的美国产品首先是一件商品。它并没有固有的身份。国籍是一种在最理想的情况下的发明,对一件商品来说它却是虚的。一件商品是美国货,这只是由这件商品的拥有者的利益决定的。有时,公司会出于商标方面的原因更改它们的名字,经常是为了使商标更好读。"康乃馨"(Carnation)是一种罐装牛奶的名称,比起福特、可口可乐或柯达等商标名称来,它在语言学上就显得缺少变化,于是在欧洲国家里,它被以凯莱(Gloria)的名称注册了专利。有时候,有些被冠以美国头衔的产品,例如美国发酵粉,却根本不是在美国生产的。这种真正的产品其实是皇家牌发酵粉。这一所谓的美国产品其实只是一种德国的仿制品。还有一些产品被认为是美国货,并不是因为它们在广告推广中是被这样叫的,而是因为这些产品的质量很过硬。因此,那些用蜡光纸包装的,使用了金黄色烟叶更细的烟丝以及后来又使用了过滤嘴的香烟,一般就被认为是美国烟了,尽管它们实际上是在意大利、土耳其或法国生产的。在推广美国的骆驼牌、切斯菲尔德牌或撞大运牌香烟的过程中,广告口号中那些使产品畅销的元素,如更细的过滤嘴、上乘的香味和特大的个儿头等,被吸收进了欧洲当地的广告行话中,如"细过滤嘴”、“长尺寸”、“清淡”、“香气饱满”，以及“最后它是美国烟”。

法律在澄清商品的生产国方面帮助并不大。极少有欧洲国家的政府会要求商品必须要被注明生产国的标志，如果有这样的要求，那也只是针对品牌产品。法国是一个例外，法国政府规定，所有进口商品都必须不能用英文标注“美国制造”（这种英文标识表明了它是品牌营销），而必须要用法语标明“在北美洲的美国制造”。[49]在外国原材料、资金或半成品进入了当地商品生产的领域，就像在德国所发生的那样，法律把裁决生产国的权力交给了民事法院。在1909年6月7日通过的《德国反不正当竞争法》的指导下，民事法院在下列问题上的立场一直摇摆不定：德国制造到底是意味着由德国人所有的企业生产的产品，还是用德国原材料生产的产品，还是由德国工人制造并由德国零售商销售的产品？对这一问题的争议持续的时间越久，民事法院就越倾向于把所有在德国生产的产品都认定为德国制造。因此，在1865年被汉堡商人乔治·奈德林格（George Neidlinger）引进德国并从20世纪初就在德国维滕贝格一个巨大的工厂复合体内生产的由德国辛格公司出产的缝纫机，在1928年就被最终认定为德国国产商品。[50]纳粹上台以后，外国公司被禁止为了使当地的子公司与其母公司区别开来而称自己为德国企业，就像德国皇家发酵粉公司所做的那样，这样做的公司共有约3800家。要遵守这一规定，相关的企业只要使用一个新的名字就足够了，大多数企业也正是这样做的，他们相信这样做可以使它们能像德国本地企业一样运作，如接受货币输出管制，遵守原材料限额，和清除公司的非雅利安人员工等。于是，它们就获得了与国民经济中所有其他企业一样的权利。因此从1934年开始，由福特公司在当地生产的汽车就被正式分类为德国产品。为了表明自己德国化的程度，位于菩提树下大街（Unter den Linden）的柏林销售办公室展示了一款福特生产的汽车底盘，这款汽车底盘所有在德国生产的部分都被标上了一个大大的"D"字母(德国这一德文单词的第一个字母),实际上它所有能被看得到的部件都被标上了这种"D"字母。[51]如果说福特公司对其产品德国化的表白并不足以使它获得生产新的德国大众汽车的合同的话,福特公司在德国的政府采购的其他方面并没有受到歧视。在1938年获得一个生产护卫卡车的大合同之后,福特公司在柏林建立了一家全新的装配厂。到了1939年年中,福特公司与亚当欧宝(Adam Opel)公司(已于十年前被通用汽车公司兼并)一齐,成为了德国最大的装甲车生产厂家。[52]

到了20世纪30年代晚期,产品的国籍问题变得越来越复杂了,这是因为,一方面跨国公司将其商标名称国际化了,另一方面,各国在这同一时期试图使消费者的偏好国家化,这些国家通过采取关税、产品配额和结算安排等措施,使消费者倾向于选择本国的产品。为了能达成一致,国际商会的海关技术委员会建议,在商标上出现的原产国,要么应该是所有生产程序所发生的地方,要么就应该是在多国参与了生产的情况下,产品发生最后的实质性变化的地方。[53]

这样一种协议当然无法解决消费者们对原产地信息如何做出反应的问题。"制造于……"既可以成为一个鼓励购买的因素,也可以成为一个阻碍购买的因素,这取决于制造地点的含义是什么。因而人们就发现,在一战时期的英国,当政府命令将其主要敌国的产品标上"德国造"的标识之后,英国人却专门去购买这种产品,因为德国产品享有质量更好的名声。[54]一个中庸的解决办法或许是可以把产品标注为非本地生产的,例如"非德国造"。"购买国货"运动能否奏效并不是可以简单地下结论的,即使政府与大企业一齐去从最广泛的政治和市民制度方面动员民众的支持。面对着美国进口产品的涌入,与一些重要的德国制造商结盟了的德国民族主义者对国有企业的"异化"或过度外国化采取了强硬的立场。在亚当－欧宝公司,销售商被警告不要开着外国车在工厂里出现。“你买的车可以不是欧宝的，但它必须是德国产的”，亚当－欧宝公司的这个口号也表明了这个公司打优雅的民族主义牌的本能。[55]在1929年被通用公司收购之后，欧宝汽车的市场推广仍然在打民族主义牌；相比于它的主要竞争对手福特公司（福特只在德国组装它的汽车），欧宝汽车倒是一款地地道道的德国造产品。顽固的民族主义分子们或许曾经响应过“购买国货”运动。然而，市场推广人员们却怀疑，在其他情况都相同的情况下，作为他们主要目标的那些富裕的、彬彬有礼的年轻顾客们是否会拿原产国问题做文章。

因此，在到底是应该强调一款产品的美国性还是应该隐藏它的美国性问题上，并没有一条不可违背的规则。直到二战时期，吉列公司一直在按照这样一种信念去运营：“美国制造”是一个有力的卖点。它的一个理由是，这样做可以挡开使用“瑞士人”(Swiss)商标的德国剃须刀片的竞争，因为这两种刀片几乎没有区别，连刀片的包装都很相像，“瑞士人”刀片包装上的图标像是一个日耳曼人长相的金·坎普·吉列。其他公司则像广告行业经常做的那样，诉诸品牌的国别性以增加额外的说服力，以便让顾客们相信，在他们在产品的价格、式样和名声等基础上做出选择之后，他们又做出了一个在政治上正确的选择。所有英国人都或多或少地知道福特是一个美国汽车品牌，福特汽车的质量声誉即来源于他们的这种认识。但英国本地的福特厂家在推广产品时则强调，它的汽车是在英国生产的，事实也确实是这样，在20世纪20年代中期，它还为福特汽车的色系增加了一种新的颜色，即帝国灰。[56]

出于同样的原因，强调品牌的普遍性也不一定要排斥国家性。柯达公司在进入20世纪之前就已经在欧洲运营了，它的名字已经变成了摄影的同义词。对现代人来说就像一个比喻所说的，它是无处不在的，但又无从起始。虽然字数不多，但这种说法却使它很美国化。一个重要的问题是,跨国推广需要强调这一相同的信息。因此,如果一份被在罗马阅读的法国版《时尚》杂志告诉一名意大利妇女的有关某个产品的信息与意大利的《晚邮报》日报告诉她的信息一样,那么,比起《时尚》告诉她的信息是不同的(或许还是冲突的)那种情况,她更有可能会购买这种产品。如果一名在瑞士度假的德国人在瑞士当地的报纸上读到了他已经从德国媒体上了解到了的信息,他也更可能会变成一名忠诚的消费者。[57]最终,产品很快就会变得本地化,尤其是它们开始被在当地生产以后。如果说美国产品有一种共性的话,一旦它们的推广者不再认为把它们当作美国货推广是有好处的,那么这种共性就来自于它们首次独自出现在舞台上的方式,以及它们的产生背后的那些机构,即国际资本与政府之间那花费巨大的、复杂的、周密的联盟。正如美国驻柏林使馆的商业顾问专员道格拉斯·米勒(Douglas Miller)所说的,"我们必须要出口的最有价值的商品之一就是美国的商品推销方法和销售技巧"。[58]总之,欧洲市场上美国产品的相同特征就是它们被促销的方法:借用马歇尔·麦克卢汉(Marshall McLuhan)的说法,美国产品被传播的新媒体就是营销学。营销即是讯息。

在20世纪30年代的欧洲建立品牌认同

由于背后有巨大的推动力,美国大品牌的推广在欧洲所产生的影响力远远超出了任何某一种产品的销售数量,或者说超出了正在被推广的消费品牌的数量所产生的影响,这一消费品牌的数量直到二战前也才增加到了几十种。商品推销的一个基本法则仍然是,当某个领域内的一个公司开始给它的产品打响一种商标之后,其他公司就会跟着模仿。[59]因此,唱响品牌的情况也许是从某种纺织品开始的,然后它就会像野火一样迅速传播到服装、帽子、装饰、女性内衣、丝绸、缎带、运动衫、小地毯、护套、雨伞、手帕、衬衫以及可拆换的护袖和护领领域。随后，它将会扩展到其他类型的商品中，例如酒杯、电扇和茶壶等。不久之后，它又将会转向缝纫针线等小杂货、纸制品、运动装备，甚至扩展到儿童玩具和棋盘游戏等。总之，商标名称能够繁殖增生。

然而，要想按照美国的模式去推广一个品牌，那可绝不是一件简单的事情。毕竟，美国的品牌推广活动并不仅仅是与下列因素息息相关：以消费为导向的企业的巨大规模、着眼于大众营销的商业策略，以及包括广告公司本身在内的专业销售机构的存在。它还反映了人们看待物质生活的整体方式，特别是品牌所承诺的那种消费者自己将个性与舒适度视为一体的风格。

例如，在20世纪20年代，吉列公司的名字实际上就是可替换剃须刀片的同义词，在这种情况下，一家备受尊敬的欧洲剃须刀生产商怎样才能够发展到吉列公司这种水平呢？吉列公司于1904年在美国南波士顿成立，其销售业绩在一战之前一直在稳步增长，一战时期，美国政府被成功地说服将吉列安全剃刀工具包发放给整个陆海空三军，吉列公司的销售业绩顿时高涨。与此同时，吉列公司还把自己剃须的福音带到了欧洲。在欧洲，吉列公司也是通过向军队出售其产品而繁荣了起来，士兵们对其产品的广泛应用产生了很大的宣传效果。最终，甚至连面部多毛的法国士兵也开始使用吉列公司的产品；从被敌人放弃的阵地上抢夺来的剃须工具包，就像被从遗弃的死尸身上摘下来的鞋子、手枪或刀子一样，是令人满足的战利品。吉列公司将其制造厂从英国和法国扩展到了位于比利时、瑞士、西班牙、丹麦和意大利的分厂，在20世纪20年代晚期，吉列公司的销售额占了欧洲大陆剃须刀销售市场的60%。在所有的地方，面部刮得干干净净的男性的形象都战胜了面部多毛的男性形象。在意大利，吉列公司获得了油画《领袖》的出版许可，作为领袖的墨索里尼在与长着大胡子和小胡子的自由主义老人政客们进行斗争时，宣布法西斯主义是反对胡子的。多毛的面孔代表着颓废。其证据是罗马共和国的大理石雕像，以及罗马帝国早期的面颊光滑的凯撒的肖像。[60]

任何一家法国企业，甚至是最值得尊敬并且经营良好的法国企业，能否在这一剃须刀市场上找到一席之地？这也正是巴黎商业培训中心的学生们在1934年花了几个课时苦苦思索的问题。巴黎商业培训中心是由巴黎商会在1930年建立的，它通过采用哈佛大学的案例研究方法，彻底改革了法国的市场营销研究。[61]巴黎商业培训中心的研究课程是非常欧洲化的：它选取真实的商业案例，然后研究企业所面对的所有选择方案，最后，再为这家企业的管理层提供一个可行的推荐方案。得到316号案例补充的310号案例，只不过是1930年至1941年之间这里的学生们所研究的几百个案例之一。但310号案例却是一个经典案例，因为它研究的是绝对备受尊敬的巴洛特(Perrot)公司的产品，巴洛特公司在早期以其生产的优良餐具而知名，这家公司虽然管理良好，并且已经为它的新产品剃须刀片花费了一百万法郎的推广费用，但三年之后，它仍然没能在法国的剃须刀片市场上占有一个小立足点。的确，这家中等规模的企业是在起来对抗一个拥有非凡战绩的跨国公司。在欧洲大陆上，吉列公司的唯一竞争者是德国的公司。1926年4月，吉列公司购买了位于柏林的罗斯一布彻公司的多数股权，开始与它的德国竞争者们进行正面对抗。罗斯一布彻公司是欧洲非品牌剃须刀市场上的老大，它所生产的剃须刀在二百五十个不同的私有商标的名下销售。因此，吉列公司通过掌控这家公司的多数股权，实际上在全球的“吉列类型”的剃须刀片贸易中占据了支配地位。[62]

巴洛特公司最显眼的起始做法仅是简单地把它庄严的帽子扔进竞技场：“巴洛特生产了一种剃须刀刀片，你们值得一试。”但问题是，巴洛特公司主要是以它的餐具而闻名的，它有兴趣生产剃须刀也只是想为被其废弃的钢片找到一种用途。而对消费者们来说，剃须用具与餐具刀之间的联系却是令人窘迫的。并且，餐具正常的销售是通过五金店或专卖店来进行的，而剃须刀却是通过药店、廉价品商店或化妆品店来销售的。如果“大卫”廉价地出售它的商品来削弱产品价格昂贵的“格拉斯”，将会发生什么呢？巴黎商业培训中心的学生们这样提问说。他们最后得出结论说，这样的策略也是无法奏效的，因为高价格是与高品质联系在一起的。因为巴洛特公司没有自己的销售机构，巴洛特公司将不得不通过批发商来销售产品，但这些批发商们并没有特别的兴趣去把巴洛特公司的剃须刀摆在别的竞争对手的剃须刀的对面。零售商就更不用提了：他们完全被“格拉斯”所左右了，“格拉斯”的大量宣传材料以及它的特别销售代表所提供的特殊折扣，加上消费者们的要求（消费者们通过媒体和其他广告已经熟知了“格拉斯”的产品），已经使零售商站在了“格拉斯”这边。

巴黎商业培训中心的学生们所想出的解决办法是，“大卫”应完全躲开“格拉斯”。巴洛特公司应该放弃发展自己的品牌，而让一家批发商把它的剃须刀片作为专用品牌的产品卖给理发师和各种各样的零售商们。同时，它应该利用它在政府中的声望和关系，游说政府对外国产的剃须刀片增加关税！[63]但这种策略其实连“格拉斯”头上的一根毫毛都伤害不了，因为在20世纪30年代早期，吉列公司已经在法国建立了一个全资的子公司。从那以后，法国政府提供给当地公司的任何保护和激励措施都可以使它获益。1953年，在了解到法国政府将会为把生产从巴黎地区搬迁到各省的做法提供非常慷慨的奖励之后，吉列公司在安纳西新建了一家巨大的、全自动化的生产工厂。它在法国市场上占有的份额比以前更大了，它拒绝生产耐用的不锈钢剃须刀片，对于这种剃须刀片它拥有一项还没有使用的专利，但只要它能从不那么耐用的碳钢剃须刀片中获利不菲，它就不打算生产耐用的不锈钢剃须刀片。只有在1961年，当英国的威尔金森宝剑股份有限公司制订了计划要推销不锈钢剃须刀片，美国的美国安全剃须刀公司和史可公司也承诺跟进，吉列公司在欧洲市场上的份额开始受到侵蚀时，它才先发制人地把自己的耐用型超蓝牌剃须刀片投入了生产。吉列公司采用其他公司难以企及的方法，发动了一场在法国历史上史无前例的促销战役，这场促销战役在1961年的秋季达到了顶点，当时吉列公司向法国的家庭发放了三百万个剃须刀片样品。[64]

如果商标品牌出现在市场上之后，却又缺乏必要的声望、特色和商业信誉以使它从大量的普通商品中脱颖而出，那么将会发生什么呢？如果缺少合适的推广，它们将会导致其打算去满足的新需求变得模糊不清，或者更糟糕的是，它们将要去取悦的人群会变得模糊不清。那么，可怕的后果将是，它们削弱了常见的工艺产品的休戚与共特性，却又没能建立起一种新的品位层次，没能为生活的丰富性贡献任何东西，这种生活的丰富性是由商品的高质量和高工艺培育出来的（欧洲的商品被认为是高质量和高工艺的，并被拿来与被称为"美国货"的标准化的、大规模生产的商品进行对比）。

这种前景正是德国广告业先驱汉斯·W.布罗泽（Hanns W. Brose）用瓦格纳的"诸神的黄昏"做比喻所发出的悲叹——"品牌商品的末日"。这也是一战之后资产阶级所发出的强烈抗议，这些沉浸在旧的品质规范里面的资产阶级希望能有新的商品，但又希望这些新商品能够具有"培育"或教育功能，以便能够传达出阶层差别，然而，这些资产阶级单个和集体上都缺乏足够的购买力以便对大众商品进行合适的定调。布罗泽或许愿意称自己在这种意义上具有代表性。布罗泽生于1899年，他是一个富裕的西普鲁士纺织品商店店主的儿子，在其成长过程中，他的周围到处都是他那个时代大规模生产但又品质奢华的品牌商品：孩童时代令他开心的东西是他父亲的华尔道夫牌香烟、他母亲的黑格咖啡和里奎特牌巧克力，以及他们全家人都穿的火蜥蜴牌鞋子。虽然他非常博学并宣称自己喜欢歌德，但他却从来没有当过学生，在他继承来的小工厂倒闭之后，他的运气相当不错，他在尔威广告公司(Erwin，Wasey and Company)的柏林办公室找到了一个职位，把他的机灵投入到了这份工作当中。在那里，在美国人的职业熏陶之下，他完成了他自称为“几乎是‘浪漫性’的旅程”，从德国文学研究转向了广告业。当他成为了卡尔·奥古斯特·林格(Karl August Ligner)的德累斯顿公司的一名内部员工时，这一过程在一种彻底德国化的环境中就被神化了。在这家公司里，他致力于为奥多牌漱口水做宣传活动，奥多牌漱口水是欧洲最有名的漱口水品牌，从这种产品中所赚到的巨大利润的一部分被工业家兼慈善家林格拿出来建造了德累斯顿著名的卫生博物馆，这是世界上第一家致力于优生学展示的博物馆。在他位于德累斯顿市布莱斯维茨区高路堤的别墅里，布罗泽坐在工作室中的古董桌子旁，为奥多漱口水写广告词，从工作室的阳台上，他的视线能够穿过易北河，直到那三座艾伯特宫，林格已经继承了其中的一座宫殿(第二座宫殿则属于冯·迈恩伯格[von Mayenburg]家族，这一家族拥有可登可登牙膏工厂)，此时布罗泽开始意识到，“企业家的天才和想象力”是具有“艺术家的想象力”的，“商品品牌世界的象征性和文化意蕴并不亚于歌德的世界”。“对品质的尊重”以及广告业这个新世界在他身上所激发出来的那种“对确定性和大方向”的把握感，与他对商业和政治机会充满活力的判断力结合在一起，使他从魏玛共和国时期历经第三帝国时期，一直到联邦德国的繁荣年代都非常成功，他的职业声誉没有受到玷污，他的生计也保持了完整。[65]

布罗泽对新的品牌商品的厌恶感并非来自推广品牌这一行动本身。他对于那种不贴商标的生产工艺并不怀旧。他所憎恨的,是对著名品牌的地位造成了损害的廉价品牌的增生。布罗泽指责联邦德国总理布吕宁试图降低物价的做法。因为不可避免的,"凡是贫瘠的土地肯定是价格低廉的"。为了不顾一切地推销自己的产品,小公司诉诸为产品做广告,为了这样做它们不得不为自己的产品设计一种品牌形象。结果就是,差的品牌驱逐了好的品牌:边缘企业和失败企业的产品的市场,并不是有辨别能力的资产阶级,而是贫困的下层中产阶级和工人们。

解决这个问题的办法在于布罗泽所谓的"联合广告"。他的这种设想是按部门或产品类别去推广商品,这种做法在其他地方并不罕见:水果或大米种植者、牛奶场和香蕉进口商把他们各自的广告资源整合起来去推动消费,总体的销售增长有利于这个部门作为一个总体的利益。理想的品牌不仅能够展示它的"有用性",而且还能展示一种富有意义的"集体的意识形态"。如果聪明的布罗泽没有把他自己的财富与消费研究协会联系在一起,如此志向远大的这个项目就是无法被预期的。消费研究协会是由威廉·费斯霍芬(Wilhelm Vershofen)教授在1934年创建的,威廉·费斯霍芬后来被布罗泽赞美为"社会学家、哲学家和诗人",而消费研究协会则以它是德国的第一家市场研究机构而闻名。消费研究协会拥有750名联系人,每个联系人都与20个客户保持着联系,这个协会出版的期刊《德国日用商品》使得它名声大振,这种期刊在1938年更名为《市场与消费》。消费研究协会还以曾有一个很有前途的合作者、年轻的经济学家路德维希·艾哈德(Ludwig Erhard)博士而闻名,艾哈德后来被誉为战后德国经济奇迹之父,以及20世纪50年代西德消费文化领域中最重要的理论家。[66]把美学上的"自在之物"概念与一种非常实用的、盈利导向的品牌推广观念结合了起来,这是布罗泽所做出的一个独到的贡献。现代市场的责任是通过创造有用的、趣味高雅的、敏感的、能够保留社会阶层的品牌,让资产阶级消费者们放弃他们对所谓的真正商品的那种僵化的怀旧。[67]

步入黄昏的展销会

大品牌营销的力量甚至在莱比锡展销会上也被以反常的方式感觉到了，虽然纳粹一开始对这个展销会非常冷淡，但莱比锡展销会还是非常繁荣。按照纳粹最初的计划，莱比锡展销会作为一个世界主义的、自由主义的、进行国际交往和贸易的地点，将会在"思考德国－销售德国－购买德国"的口号下被改造为一个"褐色的展销会"（就像纳粹褐衫军的褐衫）。从这种沙文主义的、狭隘的视野出发，莱比锡展销会将被改造成一个"只有原产地为德国的商品才会被允许展销的中产阶级工业的百货公司"，消费者们将会被引诱离开街头去寻找便宜货。[68]然而，在1934年，其他国家由于抗议纳粹政府的反犹太主义政策而对莱比锡展销会进行了联合抵制，使这个展销会遭遇重挫。因此，对莱比锡展销会对于国外贸易的吸引力比较了解的那些人，就坚决要求恢复这个展销会最初的目标。纳粹政府在罢免了莱比锡展销会的主管保罗·福斯（Paul Voss）之后，默许了这一要求，保罗·福斯被怀疑是一个自由主义者和扶轮社成员。在纳粹的旗帜在莱比锡展销会的所有建筑物上飘扬的情况下，戈培尔通过为1934年秋季的莱比锡展销会揭幕，亲自表明了德国新政府对莱比锡展销会的支持。

在第三帝国的温室经济中，作为一种制度的莱比锡展销会盛开着不合时令的繁茂鲜花。纳粹的地方长官们都渴望着为他们自己的小辖区捕获商机，他们就像过去的专制君主们一样，每个人都想把贸易带到他们自己的权力管辖范围之内，这使得各种展销会的举办数目在1934年底达到了634种，以至于很清楚这种情况会带来混乱和浪费的纳粹政府只好介入，以减少展销会的数量。1936 年 10 月 29 日，纳粹政府命令，只有四个地方可以被指定用于举办国际展销会，它们是柯尼希堡、布雷斯劳、科隆和莱比锡。1937 年 12 月 20 日，萨克森的州长穆奇曼祝贺莱比锡被选定为一个官方的国家展览中心。这反映出了莱比锡展销会在第三帝国中的尊贵地位，这个展销会也越来越成为了一个德国工业的展示窗口。并且它也越来越反映出了第三帝国在欧洲地区的殖民地野心，因为有越来越多的采购商和销售商来自东南欧，而纳粹新秩序有意在这里扩展它的"生存空间"。寻找出口市场所面临的更加艰难的处境为品牌产品增加了压力。如果其他工业公司没有造成这种压力的话，展销会通过授予展品能够证实其商品质量的准入标志，自己就为品牌产品制造了压力。于是，展销会将会扮演德国工业文化最高担保人的角色，它以德国经济和人民全体利益的名义，为单个的商品授予准入标志。这不是一种资本主义的契约，它与品牌在制造商和消费者之间所建立起的那种亲和关系是不同的。这种亲和关系是一种社会信任的契约，它是由行会那种古老的团结、集市那古老的商业传统、诗歌的美学标准、制造商的工艺、新闻发布官的技巧以及当然还有公众那优雅的品味共同签署的一种契约。最终，在希特勒第三帝国针对不具体的外国资本主义的营销垄断进行主权保护的情况下，莱比锡展销会成了"一个竞争者能够公平地面对竞争者，并为世界风俗展开斗争的地方"。[69]

在 1941 年 10 月，有一些计划被正式确立，以便在技术展销会的会址上建造一个纪念"有创造性的德国人"的纪念礼堂。这个纪念礼堂对于劳工阵线的意义，就好比是纽伦堡的大型露天运动场对于纳粹党所具有的意义。另外一些被制订的计划则打算通过建造 14 座新的建筑物，在接下来的十年中使市中心的展览场所面积扩大一倍。随着德国军队侵入了欧洲各个地方，莱比锡展销会那长达七个世纪的历史被重新提起，以便使人们记起它历经三十年战争、七年战争和科西嘉将军拿破仑的大陆封锁而生存下来的史实，人们永远都不会忘记，当 1813 年莱比锡人自己拿起武器并冲向战场之后，拿破仑的军队被赶了出去。但人们却忘记了，当那时中立的萨克森王国与拿破仑结盟时，萨克森王国一直都是繁荣兴盛的，那时莱比锡展销会为法国里昂三分之二的丝绸生产提供了销售出路。

在二战期间，随着纳粹德国吞并了波兰，并把它的权力向东南方向扩展到了匈牙利和巴尔干半岛，商业路线得到了复苏，莱比锡展销会继续繁荣，至少直到盟军轰炸开始之前一直是这样。莱比锡展销会继续繁荣的另一个原因是，纳粹德国政府希望维持消费品的流通，因为它知道，战争时期消费者口味的变化和不可预见性比在和平时期要剧烈得多。[70]

随着 1943 年 10 月 4 日大量的炸弹开始被空投到这座城市上，希望莱比锡展销会在新秩序中繁荣下去的梦想终于被放弃了。1945 年 4 月 18 日，美国军队占领了莱比锡，当时他们正奋力向前推进，以便在莱比锡东北仅 30 英里之外的易北河畔的托儿高地区(Torgau)与苏联军队会师。这两支军队的会师发生在 4 月 27 日。然而，美国和苏联的最高统帅部经过冗长的磋商之后，决定由苏军占领莱比锡。1945 年 7 月 2 日，情绪沮丧的围观者们看到第一支苏联军队散乱地开进了被战火摧毁的莱比锡市区那被雨水浸泡了的废墟中，他们大部分人都是步行，军官则坐在局部损坏了的吉普车上，伤病人员则乘坐在卡车和由公牛、骡子拉着的农用大车上。到 1945 年春季为止，莱比锡展销会 80%的展览建筑都已经被摧毁了。在那个春季，莱比锡展销会在很多个世纪以来第一次没有被举办。

注释

章首引语出处：David Leslie Brown, "Conduct Your Foreign Advertising on the American Plan," *Printers' Ink*, April 18, 1929; Rainer Maria Rilke, *Selected Letters, 1902 - 1926*, trans. R. F. C. Hull (London: Quartet Encounters, 1988), 394.

1. Paul Voss, *The Growth of the Leipzig Fair* (Leipzig: Leipziger Messamt, 1933); Leipziger Messamt, *The Leipzig Fair and How It Became the World's Greatest Market* (Leipzig, 1936); Hartmut Zwahr, Thomas Topfstedt, and Gunter Bentele, eds., *Leipzigs Messen, 1497 - 1997: Gestaltwandel, Umbrüche, Neubeginn* (Cologne: Böhlau Verlag, 1999); A. Allix, "The Geography of Fairs: Illustrated by Old World Examples," *Geographical Review* 12 (1922): 532 - 569.
2. Fernand Braudel, *The Wheels of Commerce*, vol. 2 of *Civilization and Capitalism, 15th - 18th Century* (1979), trans. Siân Reynolds (Berkeley: University of California Press, 1992), 81 - 94, 114 - 133.
3. Allix, "The Geography of Fairs," 557 - 561.
4. Ibid., 561 - 565; Charles Alengry, *Notre revanche économique par la foire nationale d'échantillons* (Paris: Jouve, 1917).
5. Etienne Fougère, "Sample Fairs and Foreign Trade," International Chamber of Commerce (hereafter ICC) *Digest* 55: *Fairs and Exhibitions*, January-June 1927, 7 - 9. ICC Digest 50: *Fairs and Exhibitions*, June-December 1924; Brian Bellasis, "Fairs and Exhibitions: Six Angles from Which to Regard Them," ICC *Digest 52*: *Fairs and Exhibitions*, June-December 1925, 7 - 8; Count A. van der Burch, "The Exhibition Problem," ICC *Digest 57*: *Fairs and Exhibitions*, January-June 1928.
6. Braudel, *Wheels of Commerce*, 94.
7. "A Fair That Is a Fair: Leipzig Shows the Way," *Financial News*, March 7, 1934.
8. Bellasis, "Fairs and Exhibitions," 7 - 8.
9. Chris Rasmussen, "State Fair: Culture and Agriculture in Iowa, 1854 - 1941" (Ph. D. diss., Rutgers University, 1992).
10. Paul Voss, "The Leipzig Fair and Its Relations to German-American Trade," *German-American Commerce Bulletin* 3 (June 1928): 5; "Leipzig Trade Fair," ibid. (February 1928): 11.
11. "Doing Business in Europe," *Foreign Trade*, January 1928, 41.
12. Alfred Pearce Dennis, "European Agriculture and the American Export Trade in Food Products," *Annals*, *American Academy of Political and*

Social Science 94 (July 1924): 110 - 114.

13. Francis P. Miller and H. D. Hill, "Europe as a Market," *Atlantic Monthly*, August 1930, 226 - 231, and September 1930, 400 - 410; Miller and Hill, *The Giant of the Western World: America and Europe in a North-Atlantic Civilisation* (New York: W. Morrow, 1930), 23 - 24.
14. R. M. Stephenson, "The German Market for Office Equipment," September 2, 1936, September-October 1936 file, box 265, RG 151, Bureau of Foreign and Domestic Commerce, National Archives, College Park, Md. (hereafter BFDC); Stephenson, "The German Market for Office Equipment," June 27, 1938, June-July 1938 file, box 269, ibid.; "Competition in Typewriters," *Foreign Trade* 8 (May 1933): 36.
15. L. Michael Fultz, "History of A. A. Waterman," at <www.penbid.com/Auction/showarticle.asp? art_id=62>; Charles L. Margery, "Le lancement du Parker duofold en France," *Vendre*, November 1929, 349 - 355.
16. Jens Rösler, *The Montblanc Diary and Collector's Guide* (Hamburg: Christians Verlag, 1993); L. Michael Fultz, "The History of Pelikan Pens," at www.penbid.com/Auction/showarticle.asp? art_id=12, 2003.
17. Robert Read, "The Growth and Structure of Multinationals in the Banana Export Trade," in *The Growth of International Business*, ed. Mark Casson (London: George Allen and Unwin, 1983), 194 - 195; International Chamber of Commerce, *Document* no. 5 (1937 Congress) (Paris, 1937), 11; Frank A. Southard, *American Industry in Europe* (Ithaca: Cornell University Press, 1931), 127.
18. Karl Marx, *Capital*, vol. 1, trans. Samuel Moore and Edward Aveling, ed. Frederick Engels (New York: International Publishers, 1967), 71, 84 - 85.
19. Clement H. Watson, "Markets Are People-Not Places," *JWT News Bulletin*, July 1928, 5 - 6, J. Walter Thompson Company Archives, John W. Hartman Center for Sales, Advertising, and Marketing History, Duke University (hereafter JWT).
20. Walter Benjamin, "The Work of Art in the Age of Mechanical Reproduction" (1936), in *Illuminations*, trans. Harry Zohn, ed. Hannah Arendt (New York: Schocken, 1968).
21. Max Weber, *The Sociology of Religion*, trans. Ephraim Fischoff, ed.

Talcott Parsons (Boston: Beacon, 1963), xxxiv, also 2-3, 46-47.

22. Quoted as epigraph in Leipziger Messamt, *The Leipzig Fair*, 4.

23. U.S. Department of Commerce, *European Sales Areas* (Washington, D. C.: U.S. Government Printing Office, 1933), facing 1.

24. "They spent 288,072 in Europe in one month and were not even there!"; *Printers' Ink*, July 25, 1929, 114-115.

25. Michael Schudson, *Advertising: The Uneasy Persuasion* (New York: Basic Books, 1984), 181.

26. Herbert Hoover, cited in Wesley Clair Mitchell, ed., *Recent Social Trends in the United States: Report of the President's Research Committee on Social Trends* (New York: McGraw-Hill, 1933), xxvi; in the same volume see esp. chap. 3, W. F. Ogburn with S. C. Gilfillan, "The Influence of Invention and Discovery"; see also John H. Dunning, "Changes in the Level and Structure of International Production: The Last One Hundred Years," in Casson, *Growth of International Business*, esp. 104-134.

27. Susan Strasser, *Satisfaction Guaranteed* (New York: Pantheon, 1989), 43. See also Thomas P. Hughes, *American Genesis: A Century of Invention and Technological Enthusiasm, 1870-1970* (New York: Viking-Penguin, 1989); Richard S. Tedlow, *New and Improved: The Story of Mass Marketing in America* (Cambridge, Mass.: Harvard Business School Press, 1996).

28. Richard R. Nelson and Gavin Wright, "The Rise and Fall of American Technological Leadership: The Postwar Era in Historical Perspective," *Journal of Economic Literature* 30 (December 1992): 1931-1964.

29. Dunning, "Changes in Level and Structure of International Production," 106; Strasser, *Satisfaction Guaranteed*; Kathy Lee Peiss, *Hope in a Jar: The Making of America's Beauty* Culture (New York: Metropolitan, 1998).

30. Francis Elvinger, *La lutte entre l'industrie et le commerce: La marque, son lancement, sa vente, sa publicité* (Pairs: Librairie d'Economie Commerciale, 1922), 25-27, 70-77.

31. William Leis-, *The Limits to Satisfaction: An Essay on the Problem of Needs and Commodities* (Toronto: University of Toronto Press, 1976), 80.

32. U. S. Supreme Court Justice Joseph Story, 1841, quoted in Strasser, *Satisfaction Guaranteed*, 43.
33. Robert Lynd, "The People as Consumers," in Mitchell, *Recent Social Trends*, 874 - 875.
34. Strasser, *Satisfaction Guaranteed*, 28.
35. Charles P. Kindleberger, "Origins of United States Direct Investment in France," *Business History Review* 48 (autumn 1974): 382 - 413; *American Branch Factories Abroad: A Report on American Branch Factories Abroad, Together with the Economic Factors Involved in the Branch Factory Movement* (Washington, D. C.: U. S. Government Printing Office, 1931).
36. Isaac F. Marcosson, *Wherever Men Trade: The Romance of the Cash Register* (New York: Dodd Mead, 1948), 192.
37. Russell B. Adams, *King C. Gillette: The Man and His Wonderful Shaving Device* (Boston: Little, Brown, 1978), 96 - 98.
38. Joseph Bourke, "History of the Waterman Pen," http://www.jimgaston.com/waterman.htm.
39. Douglas Miller, "American Business in Germany," *Transatlantic Trade*, May 1930, 5.
40. Watson, "Markets Are People," 5 - 6.
41. Sinclair Lewis, *Dodsworth* (New York: Harcourt, Brace, 1929).
42. Adams, *King C. Gillette*, 97.
43. The most detailed and elegant analysis is Southard, *American Industry in Europe*, esp. 113 - 132; see also Graham W. Parker, "American Branch Plants Meet European Competition," *Factory and Industrial Management*, September 1932, 355 - 357, and October 1932, 375 - 377. For the later period, see Christopher Layton, *Trans-Atlantic Investments*, 2d ed. (Boulogne-sur-Seine: Atlantic Institute, 1968), 18 - 26; for the earlier period, Matthew Simon and David E. Novack, "Some Dimensions of the American Invasion of Europe, 1871 - 1914: An Introductory Essay," *Journal of Economic History* 24 (December, 1964): 591 - 605.
44. Southard, *American Industry in Europe*, 113 ff., 201 - 202.
45. Burton L. Kaufman, *Efficiency and Expansion: Foreign Trade Organization in the Wilson Administration, 1913 - 1921* (Westport,

Conn.: Greenwood, 1974); Harry T. Collings, "United States Government Aid to Foreign Trade," *Annals of the American Academy of Political and Social Science*, September 1926, 134 – 142; Emily S. Rosenberg, *Spreading the American Dream: American Economic and Cultural Expansion, 1890 – 1945* (New York: Hill and Wang, 1982), 48 – 86.

46. William Leach, *Land of Desire: Merchants, Power, and the Rise of a New American Culture* (New York: Pantheon, 1993), 357 – 363.

47. Lyndall Urwick and F. P. Valentine for the International Chamber of Commerce, *Trends in the Organization and Methods of Distribution in the Two Areas*, vol. 5 of *Europe-United States of America* (Paris: International Chamber of Commerce, 1931), 156.

48. See, for example, Douglas Miller, "Services to American Business in 1932: Office of the American Commercial Attaché in Berlin," February 15, 1933, March 1933 file, box 259, RG 151, BFDC.

49. "Marks of Origin on American Products," April 16, 1934, 1172, April-June 1934 file, Paris 1934 file, box 5, RG 151, ibid.

50. Robert B. Davies, "Peacefully Working to Conquer the World: The Singer Manufacturing Company in Foreign Markets, 1854 – 1899," *Business History Review* 43 (autumn, 1969): 312 – 315; Robert Herbert, "When May Goods Be Called German Products?" *Transatlantic Trade*, August 1934, 3.

51. Parker, "American Branch Plants," 357.

52. Gabriel Kolko, "American Business and Germany, 1930 – 1941," *Western Political Quarterly* 15 (December 1962): 725.

53. *Resolutions Adopted by the Ninth Congress of the International Chamber of Commerce, Berlin, June 28 – July 3, 1937*, Brochure 98 (Paris: ICC, 1937).

54. Elvinger, *La lutte*, 170 n. 2.

55. Southard, *American Industry in Europe*, 131.

56. Miller and Hill, *Giant of the Western World*, 193. For the first thorough study of a big brand going local, see Jeff Richard Schutts, "Coca-Colonization, 'Refreshing' Americanization or Nazi Volksgetränk? The History of Coca-Cola in Germany, 1929 – 1961" (Ph. D. diss., Georgetown University, 2003).

57. "Eastman's article on why Kodak chose J. W. T," June 2, 1930, folder Why Kodak Chose JWT, 1930, International Department, Sam Meek Papers, JWT; "Kodak Survey in Western Europe, September-December, 1953," July-August 1954, 18, Report on international trip, 1954 - 1955, 6/11 folder, Howard Henderson Papers, JWT.
58. Douglas Miller, "American Business in Germany," 5; Robert L. Sammons and Milton Abelson, *American Direct Investments in Foreign Countries-1940* (Washington, D. C.: U. S. Government Printing Office, 1942), 21, 25; Dunning, "Changes in Level and Structure of International Production," 128. Some of this value showed up in the increase reported by the Bureau of Foreign and Domestic Commerce on the worth of U. S. investments in distribution, a new category of American investment abroad. This began to be calculated only during the 1930s and included retailing, advertising agencies, and company sales offices.
59. Elvinger, *La lutte*, 169 - 170.
60. Adams, *King C. Gillette*, 119.
61. Marc Meuleau, "L'introduction du marketing en France (1880 - 1973)," *Revue française de gestion*, September-October *1988*, 2 - 65; idem, "De la distribution au marketing (1880 - 1939): Une réponse à l'évolution du marché," *Entreprises et histoire* 3 (1993): 61 - 74. Marie-Emmanuelle Chessel, "Une méthode publicitaire américaine: Cadum dans la France de l'Entre-Deux-Guerres," ibid., 11 (1996): 61 - 76.
62. Adams, *King C. Gillette*, 111 - 112.
63. Case M. 310, Lames de Rasoir, Perrot, January 9, 1932, Centre de Preparation aux Affaires, Chambre de Commerce de Paris; Case M. 316, Lames de Rasoir, Perrot, February 23 and March 2, 1934, ibid.
64. *Libre-Service-Actualité*, January 8, 1962, 25; October 15, 1962, 11; July 23, 1964, 5; October 15, 1964, 10.
65. Hanns W. Brose, *Die Entdeckung des Verbrauchers: Ein Leben für die Werbung* (Dusseldorf: Econ-Verlag, 1958), 3, 39; Dirk Schindelbeck, "'Asbach Uralt' und 'Soziale Marktwirtschaft,'" *Zur Kulturgeschichte der Werbeagentur in Deutschland am Beispiel von Hanns W. Brose (1899 - 1971)*, special issue of *Zeitschrift für Unternehmensgeschichte* 40, no. 4 (1995): 235 - 252.
66. Georg Bergler, *Die Entwicklung der Verbrauchsforschung in Deutsch-*

land, *und die Gesellschaft für Konsumforschung bis zum Jahr 1945* (Kallmünz: Lassleben, 1959).

67. Hanns W. Brose, "Werbewirtschaft und Werbegestaltgung: Der 7. Brief an Herrn M. Mit einem Anschreben an Ludwig Erhard," *Die Deutsche Fertigware* 5 (1938): 87-96.

68. Berit Bass, "Die Braune Grossmesse 1933 in Leipzig," in Zwahr, Topfstedt, and Bentele, *Leipzigs Messen*, 554-555.

69. "A Fair That Is a Fair"; Georg Bergler, "Qualitätssicherung, Markenartikel und Leipziger Messe," *Die Deutsche Fertigware* 6 (February 1934): 21-27; Leipziger Messamt, *The Leipzig Fair*, 24.

70. William L. Smyser, "Fairs and Expositions in Germany during the War," December 27, 1939, 1-15, Special Report: Berlin, December 1939, box 272, RG 151, BFDC; Erich Dittrich, *Südosteuropa und die Reichsmesse* (Leipzig: W. Kohlhammer, 1941); Hartmut Zwahr, "Die erste deutsche Nachkriegsmesse 1946: Widererweckung oder Neubelebung," in Zwahr, Topfstedt, and Bentele, *Leipzigs Messen*, 585-597.

第五章 企业广告

广告科学是如何毁灭商业艺术的

我们向世界各地的广告客户所提供的技巧和才智……来源于我们的经验，以及我们在将越来越多的信息收集进我们的知识库方面的坚定不移……我们的目标只能通过证实以下这一点来实现，即：花同样的广告费我们比任何人都能传达更多的信息。

——萨姆·米克

美国广告商，1952年

如果没有那数不清的海报，没有那些展示窗口……那些街道、广场、车站、地铁通道、宫殿、舞蹈俱乐部、餐车、人行道、汽车通道以及自然界传达的将会是怎样的哀伤呢？是的，的确，广告是我们这个时代最美丽的表达方式，是当今最伟大的发明，是一门艺术。

——布莱兹·桑德拉尔

法国作家，1927年

这辆菲亚特敞篷车是这个村子里第一次出现的汽车。它爬上了骡马通行的小道，发动机突突直响，随着它的前后打滑，尘土从汽车底盘下飞溅出来，它闯进已经荒废了的公共广场，摇晃着停了下来。司机和他的同伴是举止优雅的年轻人，他们有着向后梳的光滑的头发，穿着用提花织物做的马甲，脚上穿着凉鞋。他们从汽车里爬出来，在经历了这段地狱般的旅程后伸着懒腰笑着。他们对这个地方观察了几分钟，在村里的抽水泵那里停下来，往一个从他们的袋子里取出来的锡罐里灌了些水，然后，他们站在了靠近教堂的一堵粉白的墙壁前。他们一致认为，这个地方提供了一个完美的位置。当村民们从教堂的周末集会中走出来并在这里驻足观看的时候，一个人拿着一把柳条刷正在往灰泥墙上抹浆糊，而他的同伴则小心翼翼地展开了一张巨大的蜡光纸。在将蜡光纸展平之后，一张海报就贴到了齐眼高的位置。在海报上，一个深绿色的怪物从白亮的背景中跳出来，将自己的身体缠绕在一个方格型的铁罐上并吸食里面的东西。海报上的字写的是"比奥油品，让人喜欢的润滑剂"。

据说是1932年发生在意大利艾米利亚－罗马涅区的亚平宁山脉中的上述事件，被一位专家拿来做例子，以说明现代广告业的过度广告行为。该专家的主要观点包括两部分：其一，对广告的狂热最近已经失控了；其二，对耗资不菲的海报攻势的狂热尤其是一种错误的想法。润滑油在这个我们应叫作考利布日村(Colibrì.)的无名之地是一种多余的东西。这个山村里没有拖拉机或其他任何摩托化的农业机械。到那时为止，那里也没有汽车。手动的咖啡研磨机和踏板缝纫机是唯一的需要润滑油的机械。而那里有充足的汽油和橄榄油可以满足这些机械的润滑需要。那么，在这里做润滑油的广告能有什么作用呢？他的答案很简单：没有任何作用。广告不应该是虚张声势。它是一项严肃的专业，是一门其目标是销售产品的科学。[1]

如果广告的目标的确只是为了销售被广告的产品，那么我们或许会同意这位专家即布伦纳兹(Brunazzi)博士的观点。然而，广告客户们自己首先应认识到，要正确地判断他们的信息对公众的影响如果不是不可能的，也是比较困难的。有句戏谑的谚语说“为广告所花费的所有美元的百分之五十都被浪费掉了，我们只不过是不知道被浪费的是哪百分之五十”，这句话有时被认为是洛德—扬(Lord & Young)公司的那位自信的总裁阿尔伯特·拉斯克(Albert Lasker)说的，到了20世纪30年代，这一谚语早已经变成陈词滥调了，至少在美国是这样。到了这一时期，关于作为产品的语言的广告的重要性，已经发表了大量的作品。为了推销产品，各个公司很明显不仅要介绍产品的质量，而且还要举例说明他们的产品能够满足哪些需要，它们经常使用新的概念和词语来做说明。它们突出产品的有效性，同时还让顾客们相信自己所做的选择是明智的。此外，广告使人们习惯于谈论他们看上去共同拥有的东西，并用可视图像和成语表达来丰富他们的对话，这种对话涉及他们对自己所生活的那个世界的爱与憎。[2]

事实上，在那个早秋周末的考利布日村，没有什么东西被卖和买。一辆汽车带着一种宣示来到了这里，这一宣示告诉了人们一个他们不熟悉、更不需要的东西，一辆有着自己的需要的并且首先是需要润滑油的汽车。正如事实结果所证明的，广告事件所激发的潜在需求并不是对润滑油的需求，更不是对那个新奇玩意儿汽车的需求。如果说它引发了什么的话，那就是它推动了另一项功效的实现，这就是汽车被发明来满足的那种功效，即机动流动性。现在，考利布日村的村民们如果要满足这一基本需求(这种需求反过来会刺激对汽车的需求，对汽车的需求反过来又会创造对润滑油的需求)，他们首先需要有一条路。结果发生的事情就是，这个村庄的牧师，一位社区活动家，他从前来为润滑油做广告的汽车司机那里看出，古老的马车道能够提供交通用途，于是他说服地方当局(在地方当局背后站着一位支持此类公共建设的独裁者)升级改造了古老的路基。假如考利布日村的历史与

20 世纪 30 年代众多类似的欧洲乡村的历史相似的话，在有了平坦的、宽阔的、铺了鹅卵石的道路之后，它很快就会变成不定期的周末旅游的目的地。反过来，村民们也能够在集市日更加容易地下山去买回他们的补给品：罐装食品、捕蝇纸、针织毛线、发夹、锡壶，或许还有收音机。至少有一位有魄力的村民或许会花掉他从移民生活的牺牲中积攒起来的积蓄去买一辆二手的福特牌汽车，为其他人提供汽车运输服务。最终，村里的年轻人就能够下山去平原地区寻找付薪水的工作，在货币经济中安身下来，分享城市消费者的生活。

当然，这是关于作为原动力的广告的一个极端案例。其要点在于强调，作为一项社会发明，现代广告远不止是一种特殊的技术或形式，远不止是古老的街头画、印刷品，或海报、出版物插图、广播插曲、电视插播或网页弹窗。从一开始它就是并且仍然是一种关于产品的复杂对话，这种对话由需要平衡多种兴趣点的专业人士来做媒介。广告客户们自身追求行业内的尊严、社会地位和收入，要获得这些东西必然要依赖培养与顾客的良好商业关系。反过来说，他们必须要取得公众的信任，他们面临着持续的压力去探查、测试和把握公众那多变的品味及他们不断增长的专门知识，他们只能通过公众的反映，通过公众对产品的评价和谈论来了解公众的反应。

像其他 20 世纪的消费文化发明一样，广告原本是一种具有文化界限的现象，地方性的习惯用语是从紧密的消费群体中发展起来的。并不存在普遍通用的商业语言。广告可以是口头上的，例如可以是商贩的叫喊、商人的花言巧语，或者是广播员的顺口溜。它也可以是视觉上的，其形式包括迷人的海报、五颜六色的传单、词汇量丰富的广告册，以及生动活泼的电视商业广告。这里的问题在于，要理解在变成一种全球性现象的过程中，在美国的营销环境中进行的实践是如何被推进到欧洲的营销环境中的。

换句话说就是:一种开始认为自己的实践普遍有效的宣传商品的体系,是如何被混合到一种正在衰落的商业文明中的,欧洲人自己认为这种商业文明在现代营销的煽动需求技术上正在失败。美国广告商把他们的目标界定为以企业利润的名义推动一门科学;欧洲人则经常以对熟悉的品牌、娱乐和当地物质生活场所的情感共同体的名义宣称是在捍卫一种艺术。在这里,在使用何种广告语言向大众发言方面,新旧消费制度之间的冲突便发生了。

在 20 世纪的前 25 年,与世界上的其他国家相比,美国的广告业不仅在它的巨大规模、收入及其对销售成本的巨幅增加上引人注目,并且其作为一种大众行话不断增长的合法性也同样引人注目。[3] 美国广告援引新的社会权威来证实新发明的产品的价值,甚至在它还在培育关于新产品能够满足的基本需求的观念的时候它就开始这样做,这些新的需求观念包括活力恢复、干燥性、柔软性、凉爽性、亮白的肤色、烧烤味、闲适的照明、新鲜空气、免除夜间饥饿等等无穷的广告观念。美国广告业在提出这些观念的时候也提出了据称是通用的系统的、成本不菲的操作程序,同时它也利用这些表面上通用的实践去指摘各地的本地知识和品味。

最重要的是,美国的广告业在公共空间中开拓出了一种新的领域,这一新领域由它和扩张性的连锁店、大品牌的营销和以好莱坞为首的电影工业共同享有。我们或许可以称这一新领域为商业文化领域,以区别于政治文化领域,在美国广告技术的推动下,商业文化领域现在已经扩展到了 19 世纪末 20 世纪初的广告员们难以想象的区域内,它包括了所有的新闻业(甚至包括最政治化的新闻业)、交通道路、广播、电影院,最后又包括了电视、大型购物中心和互联网。因此,商业空间切入到了公共空间中,这种公共空间是从 18 世纪的专制制度中发展出来的,在 19 世纪,它被移植到了城市中心的每一个机体上,包括交通繁忙的十字路口、林荫大道上的人行道、公共广场、地铁、有轨电车、公交车站,以及火车站周边,总之,在所有人们与他人一起穿越道路并多多少少能自由聚集的地方。此外,美国的广告业通过利用日常体验中符合常识的吸引力,有意识地弄混了代表政治主张所提出的观点和指导消费选择的原理之间的区别。反过来,销售商品的原理也可以被利用来提出社会要求。在一个商业信息中充满了煽动性的色情和心理上的兴奋的交换体系中,这种错动尤其会带来麻烦,然而,发展的要点是去辨别不同社会阶层的需求,并阻止消费者的需求通过对物质产品无节制的垂涎来展现自己。

当布伦纳兹博士公然抨击说在考利布日村贴海报没有任何用处的时候,如果他被问及他会推荐哪一种广告的话,他可能会热情地推荐在当时以"美国风格"而被熟知的那种广告,对他和其他自称"现代派"的专家来说,"美国风格"的广告意味着在受众广大的媒体上所发表的那种被精心策划的广告。相比之下,他把海报看作是旧时代的一种典型产物,它或许是一种在美学上令人愉悦的小伎俩,但并不适合现代营销的态势。

从我们辽阔帝国的边疆开始

宣传润滑油的海报被张贴在了考利布日村并不是偶然的。为汽车做广告正处在 20 世纪 20 年代商业推广的风口浪尖上,它反映出了一战之后工业的快速全球化,以及围绕产品展开的紧张的营销,这些产品包括各种各样的燃料、润滑剂、轮胎、轮轴、火花塞、电池、工具、抽水泵、油漆、合成革,以及无数的与购买和使用汽车有关的其他附件、辅助行业和服务。[4]

在海外,美国的广告业很好地利用了全球最大的两家汽车公司——福特公司和通用汽车公司,把最主要的美国广告公司投送到了欧洲。在 20 世纪 20 年代中期以前,在欧洲销售大量汽车的前景看上去并不是特别有吸引力，因为欧洲已经有建设得很好的汽车制造商了，相比之下，在加拿大、阿根廷、巴西和澳大利亚销售汽车的前景看上去更好些，因为这些国家没有自己本土的汽车工业。考虑到美国制造的汽车那相对较高的价格、高额的关税、当地政府对机械马力征收的重税、其较低的燃料利用率，以及购买汽车会明显暴露车主的巨额财富并可能会招来政府税收员那令人厌恶的审查，美国制造的汽车无法指望能在欧洲市场上获得百分之十到二十之外的市场份额。然而，到了1926至1927年，福特公司和通用汽车公司在扩展其国内竞争的过程中决定接受欧洲的竞争，尤其是当它们看到复兴后的法国、英国、德国和意大利的汽车制造商在海外市场竞标之后。在欧洲的强大存在也关系到企业的国际威望。福特汽车在伦敦展现出的巨星风采在约翰内斯堡、德里和大英帝国的其他延伸地段引起了反响。在被誉为"世界橱窗"的巴黎大皇宫年度十月车展上展出新的汽车模型，以及在香榭丽舍大街上开设引人入胜的展室，仍然是寻求下列客户的最佳途径：阿拉伯的王子们、土耳其商人家庭的子孙们、罗马尼亚的大不动产所有者，以及富裕的卢森堡工程师和比利时的工业家们，这两种客户瞧不起法国汽车的质量，但出于政治原因他们也永远不会购买德国的汽车。在通用汽车公司和福特公司在为欧洲市场的份额展开竞争的时候（克莱斯勒汽车公司远远地跟在第三位上），它们推高了在广告花销上所下的赌注。反过来，当领先的欧洲汽车制造商们把它们的制造流程福特化以便与美国汽车工业展开竞争的时候，它们也从美国公司增加广告预算的营销实践中学到了一课。法国自己的三大汽车巨头雪铁龙公司、标致公司和雷诺公司都采取了这一步，同样如此的是意大利的菲亚特汽车公司。最大和最德国化的汽车制造商亚当欧宝公司在1928年被通用汽车公司获得后也这样做了，并且它还把它的广告业务转交给了H.K.麦肯公司。[5]

1927年晚期是美国广告业可以被真正称作登陆欧洲的时刻。当时，广告巨头智威汤逊广告公司在与通用汽车公司签署一项合同后，向海外派出了它的第一支“探险队”，而通用汽车公司是世界上仅次于联合利华公司在广告上花费最多的公司。通用汽车公司和智威汤逊广告公司的合同要求智威汤逊广告公司在通用汽车公司拥有生产工厂或装配厂的每一个国家都开设一个办事处。于是，智威汤逊广告公司急匆匆地在柏林、哥本哈根、斯德哥尔摩、马德里和埃及的亚历山大市开设了前哨站。在1928年，它又在海牙、巴黎和南非的伊丽莎白港开设了办事处。1929年，它又在华沙开设了一个办事处。到了1932年，就在通用汽车公司开始收缩的时候，智威汤逊广告公司还在布加勒斯特和巴塞罗那开设了办事处。伴随着每一个办事处的开设，智威汤逊广告公司的员工还寻求为公司在国内推广的其他主要品牌的产品寻找当地的客户。到了1930年，智威汤逊广告公司在欧洲大陆的办事处还为13个声名卓著的品牌负责它们在海外的客户，这些品牌是：旁氏肥皂、柯达、J. B. 威廉斯化妆品、家乐氏食品、可口可乐、吉列刀片、弗瑞吉戴尔冰箱、李斯特林漱口水、箭牌口香糖、好立克麦乳精、皇家发酵粉、奥德龙除臭剂和弗莱施曼酵母。[6]到20世纪30年代早期为止，国际广告业务使得智威汤逊广告公司远远领先于它的主要竞争对手N. W. 艾尔公司和洛德－托马斯公司，成为世界上最大的广告公司。在接下来直到进入下一个千年之前，它在大部分时间里都维持了这一位置。

的确，远在1927年之前，欧洲人就一直对美国的广告方法很好奇，在智威汤逊广告公司和其他美国广告公司抵达欧洲之后，他们就能够从其他资料中学习美国的广告方法了。毕竟，广告是文化的一种形式，它的运动绝不可能由一个公司的运动来设置边界。到20世纪20年代为止，至少有许多活力十足的欧洲本地出版物已经在刊载美国的广告技术：在法国，有《销售》、《广告》、《成功》和《我的办公室》，仅举这四例；在德国，有《广告》、《广告装饰》和《德国广告》；在意大利，有《眼光》(*Pugno nell'occhio*)、《商业》(布伦纳兹博士所写的考利布日案例就发表在这个刊物上)，后来又有了制作精美的《意大利广告》。印刷商和美术设计员们都很熟悉美国行业杂志中最古老的《打印机墨水》(*Printers' Ink*)杂志，这一杂志创刊于1895年。“怎样……”一类的书出现在了翻译作品中，传播最广的是克劳德·霍普金斯(Claude Hopkins)写的《我的广告生涯》一书，在新闻记者路易斯·安热(Louis Angé)将此书翻译成法文后，它被刚刚出道的法国公司捷普和卡雷公司当作它的圣经来隆重推广。这本书对商业成功之道的说教和所开出的处方，使它可以与亨利·福特那自我推销的传记相媲美。霍普金斯所告诉欧洲人的故事是，一位卑微的技工，以前在洛德—托马斯广告公司里默默无闻的一位广告文案撰写人，为了给一种新的牙齿清洁剂写一个令人信服的广告文案，认真地研究口腔卫生学的文献以寻找必不可少的相关信息，结果他发现了齿菌斑这一“瘟疫”，这让他把自己的行业变成了一个赚钱的职业。当霍普金斯发现这一知识之后，他就可以很有权威地解释为何“阴暗的薄膜”会堆积在牙齿上，以及他的产品白速得(Pepsodent)牙膏“之所以”能够清除它的原因。这一发现也使他对自己的产品有了如此坚定的信心，以至于他将自己有限的积蓄都投资进了这种产品的生产中。而牙膏公司的成功使他成了广告文案撰写者中第一批富起来的人之一。[7]

在他们本国那些著名理论家的身上，欧洲人或许能更容易地发现他们对大众心理的傲慢的误解，而不是对利润的透彻考虑或对最佳实践的万全之策。这些人(你可以想想维克多·马塔亚[Victor Mataja]、鲁道夫·赛佛特(Rudolph Seyffert)、吉罗拉莫·贝文内托[Girolamo Bevinetto]和奥克塔夫—雅克·热兰[Octave-Jacques Gérin])是传统意义上的知识分子，有时他们还是非常杰出的学者。[8] 虽然在信息、勇气和方法上他们与占主导地位的美国榜样们差距还很远，但他们迟早也不得不与他们打交道，他们在这些事务上的看法反过来也被广泛地研究和引用。不可避免地，在一战之后的那十年中，欧洲的广告商们也发现能在越来越多的场合中遇到他们的美国同行。有时，这种见面发生在专业旅行的过程中，这种旅行会带成群的广告人去参观有关美国生产力的著名场所，只是这些人的旅游胜地是时代广场及其五光十色的灯光标志，而不是底特律及其嘈杂的装配线。有时候，有些人会独自前往美国的公司里当学徒，以便回国后能拥有优势发展他们自己的职场生涯。在其他一些场合中，来自大西洋两岸的群体在他们自己本国协会的组织下（这些协会是在研究了一些美国原型后发起成立的），在国际会议上聚集到一起（第一次这类的会议是在 1904 年召开的，完全只是美国人参与的事）。这种会议是令人兴奋的事件，在这些会议上，爱交际的广告人相互审察别人的实践，并就广告的技术发展水平交换看法。

因此，如果要说仅是美国广告公司在欧洲土地上出现就改变了形势，那就过于夸张了。美国广告公司在欧洲土地上的出现，导致的是美国人自己更加清楚了他们的做法与欧洲人的做法之间的不同。从短期来看，这一发现使得美国人在用自己的优越性对峙欧洲当地的、被他们贬之为“落后”和“欠发达”的广告技术上更具有侵略性了。从长期来看，这使得美国人更精于算计如何在当地业务中以策略制胜，以及怎样发现大的挑战——何时收缩，如在 1930 年代的大萧条期间所做的那样；何时进军，如随着 1960 年代欧洲共同市场的出现所进行的那样。反过来，美国广告公司的出现也给欧洲人施加了压力，使得他们对于自己的特点更有自我意识了。于是，当他们开始更新本土的操作时，美国的标准就一直在他们的脑海里。即使本地的方法经过了评估，并被断定它们终究是最适合本地环境的（经过一些小的修改和调整后），它们也不会再被看作是普遍适用的，如美国人对他们的方法所宣称的那样。相反，它们将会被改进成适合“我们的销售环境”和符合“民族传统”的，或者更狭隘点说，改进成“我们的方法”而不是“他们的方法”。美国的最佳操作也是利用这种迂回的方式将自己塑造成了标准规范。

从任何角度来看，智威汤逊广告公司都是一个你能够想象得出的最强大的企业怪兽。它的全球行动的指挥部设在位于列克星敦大道上的有31层楼高的格雷巴大厦中，当它的几百名员工于1927年进占这座大厦之后，智威汤逊广告公司便成了当时世界上最大的办公室的最大承租人。在斯坦利·B. 瑞瑟(Stanley B. Resor)的领导下，在20世纪20年代美国广告业的第一波繁荣期间，公司的营业额增长了两倍。伴随着其无与伦比的营业额，智威汤逊公司成了一种工业标准的制定者，这种工业的产值自1890年以来已经翻了一番，在1929年的国民生产总值中占了百分之三，并且在美国非常高昂的商品流通成本中占了足足有15%的比例。[9]

在把广告业变成一种模式操作方面，智威汤逊广告公司站在了最前沿，仿佛广告业是一门社会科学，在当时，社会科学正在变成美国学术界解决社会弊病的秘方。在“广告业大学”(如瑞瑟所喜欢描述的)里面的全体人员包括毕业自精英院校的具有学士和博士学位的年轻男性和少数女性，他们致力于给这门学科带来“精确性和合理性”。按照保罗·切灵顿(Paul Cherington)的说法，“消费不再是一件有关需求的事情，而是一个有关自由行使选择的问题”，切灵顿以前是哈佛商学院的一位教授，在1920年，他被智威汤逊公司雇来领导新成立的调查部。为了科学地确定这一切是如何形成的，两年之后，瑞瑟起用了著名的行为心理学家约翰·B. 沃森(John B. Watson)，经历了一场丢人现眼的离婚后，沃森好辩论的脾气将他从象牙塔那事后高谈阔论的清教主义中驱使进了商业界的伦理丛林中，此前沃森在约翰·霍普金斯大学任教，而进入商业界后他大获成功。[10]

反过来，对广告文案撰写者和美工的训练使得他们走出办公室，去与家庭主妇、消费者和商人们见面，以便获得对零售问题和消费者品味的体验。他们也被用所谓的"T字尺"(T-Square)方法进行训练。要在可靠的基础上发起任何广告攻势，这五个问题都是必须要考虑的：我们要销售什么？我们要将它卖给什么人？我们要在哪里销售？我们要在何时销售？我们要怎样销售？在寻找这些问题的答案时，没有任何其他公司像智威汤逊公司那样专注于统计研究和民意测验，它绘制完美的图表，其内容涉及人口数量、收入状况、对重要商品和服务（例如电力、电话和汽车）的拥有方式，它还依赖经销商的调查、消费者反映研究小组和挨家挨户的上门访谈（对道路两边的住户都进行访谈）。同时，没有其他任何公司能像智威汤逊公司那样，对自己利用"普遍心理"的能力如此自信。"毕竟，"约翰·B. 沃森断言说，"在我们的生活中，无论是购买一门大炮、一把剑还是一个犁头，触发和刺激我们的社会行为的都是情感因素——而在意大利、阿比西尼亚和加拿大等所有的地方，喜爱、恐惧和愤怒等情绪都是相同的。"[11]

在对消费文化的通用日常用语的贡献方面，智威汤逊公司也独领风骚，这种日常用语是指源于讨论商品的那种共同语言，它有别于传统的正式演讲、地区性语言和阶级性谈吐。[12]在瑞瑟的夫人海伦·兰斯多恩(Helen Landsdowne)的领导下，智威汤逊公司创新部的特点是作品文字冗长，它的广告文案的风格有着广泛的影响。其特色是：用精心设计的花言巧语传达出似是而非的观点，文案评论严厉批评坏的习惯而强调一些新出现的优点，不公平的比较被科学性的仿真陈述变得悦耳动听。"实验室的检测表明，660种卫生纸中的455种都含有有害的酸性物质"（但斯科特牌卫生纸不含有，斯科特公司是智威汤逊公司在1932年的客户)。或者像“科学表明,咖啡是一种奇妙的兴奋剂——喝咖啡可以激发你的智慧并振奋你的肌肉——但决不能喝陈旧的咖啡”。(智威汤逊公司已经发现陈旧的咖啡里包含着腐败的油脂——但蔡斯和桑波恩公司的陈旧咖啡不会这样。这是1933年的一则广告。)[13]决不仅仅是转换“一种语言中的流通词语成另一种语言中的流通词语”,目标是“再现原始广告的精华和要点”。这意味着要“把美国英语的词语结构拆成小的部分,并以适合其他国家和不同性情的人们的形式重新建构它”。[14]因此,20世纪早期美国商品文化的通用语是以要变成通用日常用语的方式被构思的。正如法国的保守主义文学家乔治·杜亚美(Georges Duhamel)所指责的,广告卖的不仅是产品,而且还卖用来讨论这些商品的形容词。[15]改变人们谈论生活基本需求时所使用的词语的能力,是一种巨大的力量。

最重要的是,有些公司的力量不仅源自它们已变成了经济上得到解放的、反复无常的、易受影响和缺乏经验的新大众群体的亲密顾问,而且还源自它们能够给公共领导者提供明智的建议,而智威汤逊公司就处在这类公司的最前沿。[16]广告业进入了由于缺乏恒常动员的政党而带来的广阔的意识形态空间中,崛起成为传播强有力信息的媒介。说服伍德罗·威尔逊总统放任新成立的公共信息委员会宣扬美国参与一战的是乔治·克雷尔(George Creel)。而智威汤逊公司的二把手詹姆斯·韦伯·扬(James Webb Young)就位列克雷尔为其外事部所列的第一批广告人的名单中。[17]《打印机墨水》后来总结说,战时的广告表明“动摇全部人口的理念,改变他们的生活习惯,创造信念(这实际上在任何政策和理念中都很普遍)是完全可能的”。并且它给了广告人“一个机会,不仅行使一项有价值的爱国服务……而且还向一大群有影响力的人物揭示出了……广告业的真正特点及其所行使的重要职能”。[18]反过来,美国政府也承认了广告业在引导对外事务上所占的特殊位置。尽管别的国家在利用宣传,通过笨手笨脚的政府口号来追求它们的国家利益,而美国却利用广告来追求它的全球使命,它使用的是本质上很私人化的手段,即它的大众传播工业的措辞巧妙的忠告。当别的国家在宣传意识形态的时候,美国宣扬的却是理想。

从一战开战时起,就没有别的公司比智威汤逊公司更具有尽责的帝国缔造者所特有的那种领事心态。在二战后的欧洲,智威汤逊公司成了在马歇尔计划下安排欧洲事务的首要顾问。解释"有社会意识的资本主义"对于持久和平的重要性,以及用"改造的市场"和"贸易而不是救济"所带来的报酬来打动欧洲人,都是广告业的工作。[19]智威汤逊公司的老板J.沃尔特·汤普森(J. Walter Thompson)是广告业协会(该协会是二战期间为了给罗斯福总统提供建议而首次召集的)的资深会员,他负责1956年至1959年这段棘手的时期内北约的宣传事务,当时北约正处在一种"认同危机"中,此时,对保护欧洲和欧洲人的花销进行抗议的美国纳税人开始抗议美国的帝国主义了。智威汤逊公司的建议是,北约这一"自由的盾牌"需要有一种新的形象,鉴于1959年将迎来北约诞生十周年的纪念,这种新形象将会把"联盟"重塑成"共同体"。因此,广告将会"向世界阐明,西方对于人和人的尊严的概念,不论是在道德还是在物质上,都有显著的优越之处"。北约的生日,北约的歌曲,以及北约的推广口号,诸如"晚安——睡个好觉吧——北约在站岗","N. A. T. O——四个拼写出了和平的字母",还有"自从有了北约,没有一寸领土被丢失"等等,将会在"铸造一段共同体与传统的历史"上起作用。[20]

智威汤逊公司于1927至1928年间在欧洲大陆建立了它的第一个前哨站,它不仅是产品的销售者,还是理念与制度的兜售者。它的职员们带着自以为是的自负,发现"以我们的标准来看,德国广告业的大部分都是比较差的",商店的展示也"非常糟糕"。

在德国媒体的广告中，“广告的构成法更受重视，而不是‘信息’更受重视，它们侧重所谓的‘聪明’艺术和吸引眼球的凸版印刷术，强调它们的与众不同，带来的结果就是削弱了广告文案的全部含义、价值和质量”。[21]在瑞典和丹麦，他们发现“我们所知的作为艺术和工艺的复杂混合体的广告是完全超越了斯堪的纳维亚人的想象的……就像是谈论第四个维度：那是背景，他们在这个问题上的信念是，不存在第四维度”。[22]更为普遍的是，他们断定，在仍然存在讨价还价文化的地方，他们几乎做不了什么，例如在波兰，通过当地的零售商销售品牌产品需要有严格的固定价格。而在东欧，那里被证明“实行统一价是不可能的……在那里，精明的波兰犹太人运营着大部分商业贸易，犹太人也构成了购买人群的一大组成部分”。相比之下，瑞典的情况比较简单些，这在很大程度上是因为零售商是“纯种的瑞典人”，而不是“一个外国人或属于令人讨厌的种族”。[23]这种陈腔滥调对广告行业来说是必不可少的。这类说法在广告工业中并不令人惊奇，直到20世纪60年代，广告工业一直都由白人新教徒精英们主导着，这些人普遍怀有种族偏见和满不在乎的反犹太人情结。

衡量智威汤逊公司的妄自尊大的一个标准是它那高昂的要价。它发起一次广告活动要收取净支出的百分之十五（后来是百分之十七点六五）作为报酬，这是不可谈判的，而一般来说广告佣金只占花费的百分之五到百分之十。它这样做的主要目的是要建立一个提供全方位服务的公司的价值——这种价值不能仅在销售的基础上被确立。这种高要价也反映出，一旦它们被认为物有所值并被接受，这种服务就可以索要一种垄断价格。认为几十年来智威汤逊公司的价格政策阻碍了它获得当地客户，这种看法并不中肯。它的这种做法最终是获得了回报的。不是在20世纪20年代或30年代，而肯定是在20世纪60年代，智威汤逊公司才建立了领先的地方公司为提供服务所收取的高额费用的基准，而这种服务的功效一直很难被测量。这种政策还推动了这样一个概念，即一个国家的国民生产总值被花在广告上的越多(上升至国民生产总值的百分之七至百分之八)，它在发展的道路上起步得越好。

最重要的是，智威汤逊公司在改善它所处的运作环境方面颇为自豪。它的伦敦办事处的成功是它的骄傲，也是它所津津乐道的，这对公司后来在欧洲大陆上的运作也很有益。当伦敦办事处于 1899 年首次开设的时候，它运作的目的是为英国产品如梨牌肥皂和彼得牌巧克力等打开美国的市场，同时它还可以作为到处旅行的汤普森先生的一个中途逗留点。当美国和英国之间的贸易条款被改变之后，伦敦办事处就开始繁荣了，它开始自己获得重要的美国公司客户。它获得第一个美国客户是在 1924 年，当时利比－麦克尼尔－利比公司预付给它 10 万美元，雇它为自己的罐头食品打开英国的市场。在阳光少女牌葡萄干开始大规模地做广告，以及联合利华公司的美国子公司利华兄弟公司雇请智威汤逊公司推广它的条形的力士牌肥皂之后，智威汤逊公司超越历史悠久的连卡佛公司，成为了英国最大的广告公司。到了 1930 年，它进占了九层楼高的布什大厦，该大厦是一座准摩天大楼，也是伦敦市第一座用美国人的钱建造的大厦。它还鼓吹自己是大不列颠群岛上彩色的最大使用者。在 1924 年，它变成了第一个拥有自己的市场调查部的公司。1933 年，它建立了英国市场调查局，这是第一个为非委托人提供消费需求研究的机构。[24]

在这个十年结束的时候，来自海外的代理人们戏称为“我们辽阔的帝国”的报告被传回了总部办公室，这些报告评估了公司的成功。负责巴黎地区的经理回忆说，当他于十八个月前抵达巴黎的时候，“我们对法国的所有了解就是……法国人使用海量的手势并经常能发出‘不可能发出的’发音”。在不屈不挠的努力下，在巴黎地区的运营取得了飞速的进展。公司的办公室也从位于外环路的格拉蒙大街上的两间位于四层楼上的屋子里搬到了旺多姆广场，工作人员也从 3 人增加到了 14 人。同时，根据“我们认为可靠的”报纸发行数据，“法国的所有地区被分成了 8 个销售区”。这家分公司共进行了 12 次消费者调查活动，被访问者超过了三千多人。它每个月都在 10 个国家的新闻媒体上投放用 4 种语言制作的 206 种不同的广告。在德国，代理人们吹嘘说他们获得的新闻媒体发行和广告率等信息比欧洲大陆上最大的出版公司柏林的乌尔斯泰因出版公司知道的都多。只有美国政府的商业领事们的那种顽强执着才能使这种成绩的取得成为可能，这些领事们前往德国的每一个城市，调查几百种报纸和杂志的发行量、政治观点和读者的社会构成。于是，拥有当地的信息、美国政府的支持和大资本的智威汤逊公司跻身进入了德国的媒体卡特尔，这是一件不容易的事。在西班牙，在身为马德里人的分公司负责人阿瑟·哈策尔(Arthur Hartzell)的“本土人的帮助”下，该分公司代表富及第冰箱厂家进行了破天荒的第一次挨户上门调查，并仔细琢磨如何突破贵夫人们那与世隔绝似的家庭生活。在比利时，安特卫普分公司引入了汤逊索引表，这是一种以各省拥有的汽车和电话总量及所得税水平为基础制作的有关购买力水平的表格。[25]的确，智威汤逊公司所运作的大部分客户都是美国的。对那些没有什么希望突破当前的客户圈子的公司来说，智威汤逊公司所提供的服务是很浪费的，花费也过于高昂。但这一事实无法阻止人们对智威汤逊公司的操作的好奇，也无法阻止当地人们的一种感觉，即，不论好坏，美国广告公司代表了广告业的未来。

对商业基本原理的革命

通常来说，对于为显示优越性而宣称已实现的成就，应该带着怀疑的精神去看待。无论如何，吹嘘是一个非常重视新奇性和形象的行业所必不可少的一部分。欧洲的广告人们是接受还是拒绝美国人的误导，取决于它是有助于还是有碍于他们自己的广告设计。因此，实用主义的、健谈的马塞尔·布鲁斯坦－布兰切特（Marcel Bleustein-Blanchet，他是后来成为法国领先的广告公司阳狮公司的创建者）喜欢夸耀法国的反美主义，但当他自夸说他"定期访问美国去充电，培养'有说服力的时尚'，并且从来没有失望过，每次都以新的方式留下热情，带走一项新发明、一个项目或一种新的角度"[26]时，他并不认为自己是对美国的权力屈服了。在其回忆录的第一部中，他回忆了1929年第一次访问美国时智威汤逊公司和麦肯公司的工作人员们的好客，以及他对他们所提供的服务的高技术质量的惊奇。1933年他再次到美国，这次他获取了更多他所擅长的无线电广播广告方面的信息，并且一回到法国他就建立了他自己的无线广播城，这是模仿了纽约的无线广播城音乐厅，他的这家广播电台是法国第一家从早晨六点播放到午夜的私人广播电台，也是第一家提供辩论、商业广告顺口溜、智力探索和现场新闻报道的广播电台。1938年，在另一次访问美国时，他认识了美国无线电公司的总裁戴维·萨尔诺夫（David Sarnoff），萨尔诺夫又把他介绍给了乔治·盖洛普，从盖洛普那里他知道了民意调查不仅可以用来推动销售，而且也可以用来预测政治结果。[27]令布鲁斯坦－布兰切特感到遗憾的是，直到1945年，他才从激进党的领导人皮埃尔·门德斯－弗朗斯（Pierre Mendès-France）这里找到了一个愿意试验这种方法的人。同时，他跟随着美国新发明的节拍前进，他真心实意地支持欧内斯特·迪希特的心理动机研究，并建立了孕妇用品连锁店（Prénatal chain），为法国的女性们提供美国孕妇们所穿的那种现成式样的服装。1958年，他把他位于香榭丽舍大街的公司总部的地上第一层变成了一个杂店货：每天营业十八个小时，它有时髦的午夜顾客、杂志和图书区、“野餐”熟食店、礼品店和餐馆，这个一流的商业中心一点也不像激发了它的命名灵感的美国冷饮柜，但是，只要它嘲弄了占主导地位的法国零售业的习俗，它就拉近了美国皮奥里亚(Peoria)与巴黎之间的距离。[28]在接下来的十年中，布鲁斯坦－布兰切特引入了“社会营销”的概念，这种广告形式在当时被智威汤逊公司和扬罗必凯广告公司(Young & Rubicam)大力推广，以促进采用“最终的公共利益视角”，而不是专注于“消费者的短期满足”。自然地，作为位于巴迪斯大街上的一名犹太家具经销商的儿子，机敏的布鲁斯坦－布兰切特只受过初级教育，如果他没有对时机的敏锐感觉和巨大的吸引力，如果他没有得到来自他自己的紧密的家庭网络的热情支持，如果他没有通过他在解放法国时与查尔斯·戴高乐的自由法国力量共同作战而建立的关系得到了政府的关照，上述的那些发明也无法把阳狮公司变成二战后法国首屈一指的公司。[29]

布鲁斯坦－布兰切特所讲述的这个老套的故事是，一战后欧洲的广告业类似美国的广告工业，但是落后了几十年。1927年5月，当年仅20岁并且没有接受过正规训练的布鲁斯坦－布兰切特开店的时候，的确，在巴黎只有另外三家那种美国类型的公司，它们是Jep et Carré、Dam和Elvinger。就在市郊蒙马特路上一个位于肮脏的后院的只有三间房子和两层楼的低层公寓里，这个富有想象力的广告业新手写出了他的第一个广告文案，他是为广场商店(Le Comptoir Cardiner)写的，这家礼品店属于他母亲的朋友。然后，他又为另外其他两家犹太人所拥有的商业机构写了广告文案，为布伦斯维克公司写的是“能带来激情的毛皮商”，为安德烈公司写的是“懂得怎样穿鞋的鞋店”。当时的普遍做法是，广告文案交给经纪人来挑选，由经纪人将其带给一家发布广告的单位。在法国，经纪人很可能会是哈瓦斯集团，在面对美国的美联社时，哈瓦斯集团作为一家像英国的路透社一样的世界新闻机构的角色在衰落，它便大力扩展它在国内的广告业务。经纪人和广告公司并不是必然知道广告的实际价格和发行数据，更不用说广告投放商了。

能够确定的是，发表了的广告文案集中在报纸的后面几页上，乱七八糟的版面和古怪的字体都是由主要的排字工人根据自己一时的兴致来设计，而他会根据哪些东西能够让他那疲惫的眼睛感到愉快，以及在报纸的其他部分搞定之后碰巧还剩余哪种字体没有使用来做出决定。那些被框在细小的长方形里的广告本身大部分是关于商品的，这些商品如果没有被大力宣传就不会有市场："假冒的药物……充满了挑衅和厚颜无耻，占据了首要的位置"，周围点缀着"隐蔽的妓院和提供堕胎服务的广告"。这些广告用完了"不良广告的夸大之词"中的所有词语——"极好的"、"华丽的"、"令人惊异的"、"豪华的"、"杰出的"、"不可战胜的"、"无与伦比的"、"从未听闻的"、"唯一的"和"最好的"等等。一则广告承诺"一个'缝纫的机器'只收几分钱，然后，当你把钱寄过去之后他给你送来一根针"![30] 占统治地位的广告理论家（甚至是像奥科塔夫－雅克·热兰这样最明智的理论家）都是受到心理暗示理论的启发。以"法国广告业之父"闻名的热兰在他 1911 年出版并被经常引用的《暗示性广告》一书中解释说，广告是一种催眠，有效率的广告靠潜意识上的吸引力起作用。[31]

然而，欧洲的广告业应被看作是在一种与美国根本不同的经济资源、文化传统和审美原理中运作的，而不应被认为是"落后的"或"落伍的"。通常就像欧洲的销售一样，欧洲的广告业也是围绕着一些消费重镇和它们主要的资产阶级客户运转的。因此，潮流的引领者们可以依赖爱德华·伯奈斯所谓的欧洲精英们的"先天的社会时尚品味设计"。[32] 考虑到那些制造商、商店和娱乐场所等主要的广告客户们都与他们的顾客保持着良好的关系，在促进销售方面他们没有必须的理由去抛弃老道的印刷和插图传统。

这种对还处于同质化状态的商业文化来说很常见的“先天的设计”，被广告可用的丰富设计资源大大地强化了，这些设计资源分布在周边群集的图画设计店、图书生产商、活字铸造厂和平版印刷工业中，这些平版印刷工业在城市中心能够为生产发光的图书封面、复杂的装饰标签和精美的橱窗展示等找到完美的素材，这些橱窗展示也是它们所雇用的艺术家和手工艺家们的手工作品。由德国人阿洛伊斯·泽内费尔德（Aloys Senefelder）在1797年发明的基于化学物质的印刷流程作为平版印刷术的重要进展，已经如此优化了海报制作的艺术，以至于早在1848年，就可以大量印刷纸张，其方法是把墨水涂在用甘油蚀刻过的石灰石上以便让着色的区域浮现出来，再润饰一下图案，然后把图像冲压在很大的纸张上。到了19世纪与20世纪之交，华丽的海报贴满了从火车隧道到街角小便处的各种各样的城市表面。

事实上，政府当局密切监控着公共空间，以防止商业指示牌被到处胡乱设置。这也是法国1881年发布的一项法律的目的：用凌乱的商业张贴扰乱注有“国防展示”字样的区域被定为是犯罪行为，通过这样做，它重申了表达自由的自由主义原则，但保护了分配给选举人和官方告示的官方“张贴位置”，防止它们被商业指示牌和涂鸦干扰。为了让商业告示处于监管之下，但尤其是为了赚取税收，市政府要求用一种印花来表明相关条目已经注册登记过，其内容被认为是适当的，并且它已经根据印花的大小交过费了。在1848年之后的普鲁士，广告亭制度或立特法斯广告柱——即将暴富的柏林印刷商恩斯特·立特法斯（Ernst Litfass）的一项发明，就是用来规范使从前的政治审查终结了的墙体海报的混乱的。[33]广告的劝说力量被欧洲大陆上的政府当局视作是一种竞争性力量，而不是一种容易被驾驭的力量，因此在这里它们不同于美国和英国的那种公共权力，在美国和英国，广告牌和其他告示是不用经过政府当局许可的，广告告示事实上到处都是。

在把广告业中的新试验(尤其是来自美国的新试验)变成一种引人注目地打破了旧习的媒体方面,对商业表达的偏见产生了比较荒谬的影响,相比欧洲的企业精英们来说,那种打破了旧习的新媒体最初对欧洲的文化先锋们更有吸引力。于是,带有一些娱乐化的是,人们发现在美国这个他们所崇拜的偶像面前没有什么是神圣的:身体的隐私不是,死亡也不是,宗教情感当然也不是了。一位正从美国返程回国的、热心的广告专业人员激动地报告着广告业的合法性即将会出现的飞升,这种飞升来源于优美的广告文案、对报纸发行量和广告文案价格的核实审计,以及商业监督局(Better Business Bureaus)对剽窃的抨击,对不完善的产品的制止,以及更广泛地提升大众对这一行业中的正直的信任,并修正他所见过的一些无节制的做法。某则广告上画着十字架上的耶稣和一名罗马士兵,士兵正在拿胆汁给耶稣解渴,并道歉说可惜他给他的不是X牌醋,不论用什么标准来衡量,这则广告展示出的都是非常糟糕的品味。[34]一个尚未获得合法性的行业最不愿冒险的就是把自己与反教权的欧洲国家那过火的渎神做法搅和到一起。

因此,政府法律与教会的审查,更不用提资产阶级的谨小慎微了,都抑制了当地的渎神情绪涌入商业领域,这对正在崛起的广告行业来说是一件意料之外的幸事,至少在20世纪60年代的文化革命之前情况是这样的,在20世纪60年代的文化革命中,欧洲的政教分离将会从美国的商业主义中汲取营养。而从那时起,从亵渎神圣的角度来看,欧洲人的不虔敬行为已经使X牌醋无法望其项背了。在这方面,后来因为贝纳通的竞选海报事件而在全世界变得声名狼藉的奥利弗·托斯卡尼(Oliviero Toscani)早在1972年便捷足先登了,当时,他为一夜成名的意大利耶稣牌牛仔裤公司制作了特大号的街头海报,海报中一位穿着牛仔裤的女模特成了这一广告活动的主要特征。女模特背上的说明文字是“除了我，你们将不会有其他的牛仔裤”和“爱我的他将会跟随我的做法”，这种说明文字所导致的，正是广告可以利用的那种迅速的臭名远扬，尤其是在它被意大利主教谴责并被意大利政府断断续续地取缔之后。臭名远扬变成了销售业绩，耶稣牌牛仔裤成功地在美国的威格和李维斯这两大牛仔装巨头之间开辟出了一块可观的市场。[35]

然而，在 20 世纪 20 年代，对广告的狂热起先主要是知识分子精英们的一种美学表演，广告那精简的语言、对大众的吸引力，及其预示着艺术与日常生活（以及人与物）之间的新桥梁的快速商业节奏，对战后那十年中积极参与了政治的美学试验非常重要。[36]在柏林，令批评新一波商业主义的批评家们感到尴尬的是，包括弗兰克・魏德金（Frank Wedekind）、库尔特・施密特（Kurt Schmitters）、卡尔・楚克迈尔（Carl Zuckmayer）和贝托尔特・布莱希特（Bertolt Brecht）在内的杰出作家们都出卖他们的才智去写广告文案。埃利亚斯・卡内蒂（Elias Canetti）来自维也纳，其政治上正确的品味也是在那里，在一个崇拜脾气暴躁的卡尔・克劳斯（Karl Kraus）的圈子里养成的，他回忆了在某个温暖的夏夜，他在约好的时间在施莱彻咖啡馆里被介绍给他的偶像布莱希特时他的激动。为了找到一个谈话的入口，这位二十岁的年轻人“怒骂广告污染了柏林”，他以为这位纤瘦的诗人和剧作家，这位当时三十岁、穿着邋遢得像一个失业的无产阶级的人将会赞同他那严肃的文化偏好。然而根本不是，布莱希特的回答是全然鄙视他的观点的，“那些广告并没有让他烦恼；相反，他说，广告也有好的一面；他曾给斯太尔汽车写过一个小广告，并因此被赠送了一辆汽车。对我来说，这就是从魔鬼自己口中说出来的话。他那夸耀性的承认雷倒了我”。他们共同的朋友艾比・戈登（Ibby Gordon），试图用好听的语言来安慰这位沮丧的纯粹主义者：“他到现在还在夸耀他的车呢。看他谈论汽车时的那副样子，好像汽车就是他的女朋友。为了得到它,他为什么不可以先奉承它呢?”[37]

即使是最能打动人的广告,那种可能会被肤浅的观察者描述为“美国方法”缩影的广告,也与美国专家们谨慎地谈论“营销科学”时所指的方法有所不同。让我们看看安德烈·雪铁龙的例子,安德烈·雪铁龙是一位异军突起的汽车制造商,他肯定也是欧洲所有国家中最美国化的工业家。他经常去访问底特律;他为位于巴黎加维尔沿河路的装配线购买了美国的机器;他学习美国的设计,为工人们建造了运动场、娱乐和保健设施;有一段时间他甚至让所有的员工都学习英语;他为他的销售商们建立了一所销售培训学校;他为他的 SOVAC 公司获得了美国人的支持,这是第一家为重要消费品和办公室设备提供贷款服务的公司,并且在不提及亨利·福特的时候新闻媒体也很少报道这家公司。作为第一个大规模生产汽车的欧洲汽车制造商,雪铁龙依靠广告来创造一个巨大的市场,他强调说,依靠的是“广告技术”,而不是“广告英雄”。并且,当 1919 年第一辆 A-1 型车生产出来的时候,他通过贷了一大笔款很大方地支付广告费。然而,在 1935 年之前,雪铁龙从来没有进行过一次市场调查。只有当公司由于沉重的债务、萧条的市场和老化的设备的重压而在 1934 年破产之后,第一次市场调查才得以进行,而此时公司的创立者雪铁龙已经在公司破产后不久即去世,年仅五十七岁,而公司也已经被米其林轮胎公司接管和重组。

差不多在通用汽车公司雇佣 J.沃尔特·汤普森来策划它的全球生意的同一时间,安德烈·雪铁龙正在忙活一项意在把他自己变成一个全球公认的商标名称的战略,这种战略的目标,很像在通用汽车公司变成一个重要竞争对手之前的那十年中,福特没有通过任何直接的广告而实现的那样。这一宣传战略的焦点不是公司的标识,也不是某种型号的汽车,而是雪铁龙这个人,这一汽车制造商中的拿破仑。这一战略有它的逻辑,与雪铁龙宏伟的企业家风范也很相符。雪铁龙面对着公众对新手的那种怀疑，尤其是对巴黎人和犹太人新手的那种怀疑，并且在汽车制造领域他也没有一点经验，此外，他还有两个主要的竞争对手，一个是法国的第一家设施完善的汽车生产商雷诺公司，另一个是标致汽车公司，这是一个沉稳的家族企业，它从像“侏罗纪”那样早的时期起就被法国的家庭们所熟悉，因为它生产过束腰的裙子、雨伞和自行车等产品。因此，雪铁龙需要通过把他的名字与现代驾车活动联系在一起来进入大众的视野。[38]以巴黎为自己的商业背景，这位“法国的亨利·福特”从底特律那里得到提示，向参观者开放了自己位于格伦那勒地区的工厂，这是欧洲地区唯一一个这样做的汽车制造商，并且，他把自己的产品陈列室设在了歌剧院广场上，这里是世界上最繁忙的商业区域。他还确保自己的名字出现在每一个可能的地方——在漫画家的插图里，在从空中垂下来的横幅上，在玩具汽车上，在出租车队上，在旅游巴士上，在参加巴黎至廷巴克图汽车拉力赛的汽车上，这一拉力赛是以拿破仑的埃及战役的精神进行的，它也有与埃及战役相似的主张，即确认穿越非洲的商业交通路线并收集科学信息。他实现自己战略的最后办法是动用巴黎的埃菲尔铁塔。第一次租用是在 1925 年的装饰艺术博览会(Exposition of Decorative Arts)开会之时，埃菲尔铁塔提供了一个场所，使得法意混血的工程师费尔南·雅克帕齐(Fernand Jacopazzi)得以在上面拼出了 C-I-T-R-O-E-N 这几个组成了雪铁龙名字的字母。在第一年，这一名字是在以星群造型的 20 万个电灯中拼出来的，它被星星、彗星和黄道十二宫的标志环绕着；在第二年，这一名字处在了四个上下喷射的灯光喷泉中间；到了 1927 年，这一名字则是被从空中劈到地上的闪电环绕着。[39]

公众喜欢享受这样的奇观，但对作为购物指南的广告他们仍然不信任。布鲁斯坦一布兰切特回忆说，当他开始自己的广告生涯的时候，他面对着“正派人士们的嘲笑”。广告商显然遇上了一个恶性循环："夸大其词的人使得法国的消费者们不相信广告，这种不信任又使得制造商们不愿意花钱做广告。"[40]消费者们可以不信任广告，因为他们仍然在从事某种购物，在这种购物过程中，相比广告所提供的非个人的提供建议的过程，传统的时髦制造者诸如小店主、家庭成员，或邻居中的克罗齐太太、布吕尔夫人或布迪尼夫人等等有着更大的权威性。为了赢得信任，不习惯对有限的资产阶级公众之外的任何人说话的广告商们将不得不同时采取两种不同的步骤：获得其他资产阶级行业的信任，那样那些商品将不会再被怀疑是粗糙的地摊货；用新的广告术语做试验，这种新广告术语能够提供某种与广大民众沟通的保证。

海报的危机

采用新的广告术语后广告将能够获得什么力量呢？它又将失去什么呢？放弃一种商业沟通的方法而采用另外一种沟通方法，这里面所涉及的利害关系，在海报（也被称作街头艺术）的"危机"中涌现了出来。

从其最基本的形式上看，这场危机所围绕的问题是，是应该追随美国的大众传媒读者所熟悉的那种社论化的广告文案，还是应该倾向于与欧洲人的海报制作传统相关的那种设计美学。文本的风格会带来利润和新的行业尊严，尽管海报设计对商品的直观表现许诺要维护艺术的自治并捍卫当地的美学传统。那些把他们的未来押在新方法上的人争论说，商品应该被实事求是地描绘，以突出它能够为消费者做什么，正如美国人的实践所表明的那样。那些支持流行的描绘风格的人则争辩说，商品应该被用象征性的、移情的绘图传统赋予生命力，用潜意识中的推荐和心理上的暗示来激发潜在的需求。双方的争论来来回回：一旦消费者理解了"为什么的原因"，广告就能最好地发挥作用；不，如果广告能用视觉上的“冲击眼球”制造一种情感上的契约，它就是最有效的。[41]

在一战前的广告业中，把海报贴在城市的外表上一直是占主导地位的做法。到了19世纪与20世纪之交，三石平版印刷方法使得艺术家们能够得到每一种能够被设想出的色彩，实现其他方法所无法完成的细微差别和亮度。纸张是相对便宜的，把图像与一行令人难忘的、经过精挑细选的词语合并到一个美观又节约的版式中的能力，把城市的街道变成了真正的商业设计画廊。随着海报给商业带来了好处，它们反过来也获得了商业价值，伴随着展览会、画廊和杂志对这些海报的创作者们的赞扬，它们也成了收藏家的藏品，经销商和鉴赏家们也开始对它们进行买卖。[42]

因为不断增长的商品广告推销重视善于创新的广告，海报的价格也增长了。为了寻找艺术上的创新和精致，以便向资产阶级顾客推销一款特定的商品，制造商和商人们忙着寻找和雇佣商业艺术家。在他们的支持下，海报艺术经历了一个试验的高潮，也使当地的学校得到了大发展。在巴黎，有新艺术；在维也纳，也有与此相当的新艺术即青年风格，这两种新艺术都因它们那充满活力的表现手法而享有盛誉。商业艺术也有需要履行的社会使命，在这样一种理念的指引下，英国的工艺美术运动、格拉斯哥学院和荷兰的斯洛丽画派都繁荣一时。同一种使命感也引发了1893年的慕尼黑“分离派”、1897年的维也纳“分离派”、1903年维也纳工作室的创立、1907年德国制造联盟的建立和一战后包豪斯设计学院的建立——所有这些反叛运动都反对为艺术而艺术，都主张将社会含义注入到艺术对象中，消除艺术家与手工艺者之间的障碍，并促进艺术家、制造商、商人和消费者之间的协作。

海报作为一种商业价值媒介的“衰落”或“衰败”，据说是由下面的几种危险造成的。首先，它被指责退化成了一种党派表达的形式，随着推销与宣传之间的界限（从来不是很清楚）的消失，海报相应地变成了这样一种媒体，在战争期间政府用它来动员平民，在1918至1920年的革命期间左派的街头政治活动用它来召集同志，反对党则用它来大力进行竞争性的选举。其次，关于什么能带来良好的产品品味的共识破裂了。受通货膨胀和剧烈变化的市场的困扰，商人们失去了对哪种画报习俗最适于销售他们的产品和服务的判断能力。最后，商业艺术家们受失业和竞争的冲击是如此之大，以至于他们失去了对自己的艺术的信心，尤其是对艺术能够维持他们生计的信心。

重新建立海报作为一种销售产品的媒介的地位绝不是一件简单的事。一战后的艺术试验大大增加了象征与绘画主题的多样性。但商业活动越来越以过大的规模开展，这就使得商人和绘画艺术界之间的经常性联系难以为继。被迫带上作品集去寻找客户的商业设计师们非常草率地抛弃了他们的个人特色。对此有另外一种说法，那就是，他们的作品太强地反映了艺术家自己的视角，而对公众的视角则反映得太少——公众的视角正变得越来越难以被把握住。与此同时，在一战之前的时期里非常成功的旧的表现形式(例如卢西恩·伯恩哈德[Lucian Bernhard]的“物体”海报，这些海报有着对商品异常生动的绘画、迷人的字体和由既不褪色也不渗色的新墨水所带来的高彩色饱和度)，让它们自己流于了被单调地模仿。因此，在伯利坎牌铅笔、斯蒂勒牌女鞋和马诺利牌香烟的海报中让伯恩哈德成名了的那种海报效果开始看上去过时了。

甚至当年轻的艺术家们发展出了一种既有商业吸引力又适于销售的创造性设计时，他们也只会发现他们的作品很容易被抄袭。在一个被瓦尔特·本雅明很有名地称作“机械复制的时代”里，因为被严重盗版而导致光环丧失不仅是形象艺术面对着的局面，而且也是所有艺术都面对着的局面。正如乔治·格罗斯(Georg Gross)和维兰德·赫兹菲尔德(Wieland Herzfelde)在

1925 年出版的《处于危险中的艺术》一书中所警告的，现代资本主义预示着“当前形式的艺术家的解体”。在创造性劳动的源泉被堵死之后，商业艺术家现在和其他艺术家们一样，不得不面对着抉择：“他可以作为一名设计员进入工业行业，或者去当一名广告员，或者不得不变成革命的一名宣传员。”[43]

反过来，商人和推销员们也怀疑海报正在变成不合时代的东西，至少对于他们的目标来说是这样。随着新的产品被投放到市场上，低层中产阶级和工薪阶层中出现新的顾客，城市空间被改造，以及经济危机的发生，20 世纪 20 年代给商品销售带来了重要转折。随着城市人口的激增，地方政府重新规划了商业区域以方便机动车交通的通行，并清理了海报放置的混乱，它们还建造了新的地铁线和电车系统，以便能快速地把乘客从拥挤的商业中心运送到外围城区。同时，随着原料价格和劳动力成本因通货膨胀而提高，急需用钱的城市政府提高了相关税费，并用严厉的罚款来抑制海报、绘画广告、珐琅招牌和闪光广告牌的混乱，海报活动的成本也激增了。这些征收的税费并没有被投入到海报设施的维护中，包括对张贴板的维修，有些张贴板被穷人们破坏了，他们扯下粘满了胶水的大块纸张当作燃料来取暖和做饭。[44]

随着海报视野变短，作品流传更快，艺术风格更不持久，以及竞争性主张之间争夺空间的斗争变得越来越激烈，海报已经不再是它曾经是的那种指向标，它不仅曾在很多的日子和月份里很好地起了指向标的作用，而且是在很多年里都起过这样的作用。它仍然还有自己的安迪·沃霍尔（Andy Warhol）名人时刻，“一个成功的海报能够在二十四小时内保持不朽”，这是一个柏林的广告人一句满怀感慨的玩笑。[45]事实真相是，在一战后德国的经济震荡所带来的各类告示井喷的压力下，恩斯特·立特法斯为给公共空间带来视觉秩序而做出的聪明发明垮掉了，这预示了资产阶级商业圈的毁灭。广告亭“首要的位置”现在被“有着有害的毒瘤的电影海报和试图吸引厨师与厨房女仆的夸大其词的标题”占据了。其下面是“数不清的买卖黄金和珠宝的机构的告示、休闲胜地的广告、‘美女舞蹈’和戈戈舞女郎等信息”。这些广告又被“顶端写着惊人的成百万马克悬赏金的追捕这个或那个罪犯的红色布告”点缀着。在这些东西中间，“像正在被窒息的人所发出的悲叹一样细微的，是与人民利益有关的官方的政府公告，事实上，人民已经不再被看作是国家经济生活的一部分”。[46]

面对着海报将要死亡的可怕预言，一些活跃的联盟产生了，它们采取了两种截然不同的战略去捍卫欧洲的设计传统。一种战略主张通过把海报制作者与地方市场结合起来，以及把海报的独特性和本地特色强化为一种商业表达的方言，来进行顽强的抵抗。这种姿态在南欧被分割成片段的市场上表现得尤其显著，特别是在意大利，但也包括法国。另一种战略主张通过发展更加多样化的审美风格和更广泛的市场吸引力来进行改革，这种战略在德国实行得最有成效，它利用了德国的现代艺术试验传统以及德国以出口为导向的经济的活力。

抵抗战略是由意大利的约瑟夫·马格诺利（Giuseppe Magagnoli，1878—1933）具体表达出来的。马格诺利是海报工作室 Maga 的创建者和主管，他曾经给沃尔卡森的著名法国海报当销售员，1920 年，他在自己的家乡博洛尼亚建立了工作室，该工作室的样品陈列室集中分布在米兰和巴黎，其商业联系远至布宜诺斯艾利斯。这家工作室被新广告的支持者们批评为“守旧派”，并且在海报上投资过度，1932 年，它破产了，在接下来的那一年，脾气暴躁的马格诺利因心力衰竭而去世。[47]

然而，Maga 工作室从根本上来说从事的是一项光荣的事业，它雇用了法国和意大利海报界的许多一流的人才，比较著名的有卡皮罗（Cappiello）、出生于法国的阿希尔－吕西安·莫赞（Achille-Lucien Mauzan）、马里奥（Mario）和西沃罗·皮萨第

(Severo Pezzati)、马赛罗·尼左利(Marcello Nizzoli)、普瑞姆·西诺皮科(Primo Sinopico)与马里奥和西沃罗·皮萨第(西伯),还有一些不那么出名和经常不被提及名字的人员,这些人都按照工作室的风格工作。这家公司的通讯刊物是令人兴奋的《马格利诺》,这一刊物从"冲击眼球"的纲领出发,激烈反对"所有一直被使用到现在的过时的、腐朽的和白痴般的体系"。马格利诺尤其轻视传说中的美国企业广告的科学性和永久设计,他认为这些广告有着"难懂的措辞"和"神秘的"形式,其唯一的目的就是"夸耀演说者的自我形象",并去打动一群"低能的听众"。相反,Maga 的海报"将思想物质化",旨在"通过惊奇来吸引听众"。这些海报作为被放大了的商标,"把产品的名字深深地刻进了听众的头脑中"。[48]

Maga 的国际声誉建立在莫赞(1883—1952)的海量作品之上。莫赞是一名艺术设计师,也是一个善于发明创造的平版印刷工作者。他直接在石头或锌板上绘画,能够一天制作出两个完备的 140×140 厘米的、使用了四种颜色的海报;在他 23 年的活动高峰时期,他制作出了大约 3200 件作品。和工作室的画风一致的是,莫赞也利用了敏锐的视觉智慧、巧妙的手法、奇特的并列技术、赋予死物体生命力手法和铅板印刷技术。在一个为波克尔牌天平设计的海报里,明亮的红色天平放置在前面,旁边是一个所罗门式的黑袍法官,他举着手指在训诫,手指上面的字是"两边重量完全相等"。在为雷蒂提力纳这种镭基放射治疗剂所设计的海报里,《圣经》中的那个不信神的拉撒路死后复活了,他的身体还裹在一件亮黄的裹尸布里。在为奥基金属清洁剂设计的海报里,一位瞪大了眼睛的犹太典当商正在兴奋地擦亮他的一小堆一小堆的硬币。对莫赞这位感觉主义者和艺术家来说,广告就是在反抗公司商业广告所主张的那种严谨与合理共识的过程中,各种奇异画像的一个狂欢节。广告就像马戏团里的杂要一样,为了引起关注而大声喧嚷(准确地说,喧嚷[Clamor]是莫赞的第一家意大利企业,后来它变成了意大利第一家交通标志生产公司)。一名英国广告专家评论说,在意大利,“你不得不提高你说话的调门——以便能够被听到”。[49]按照A. M. 卡珊德拉(Cassandre)的说法,海报也是一种“广播录像机”,它呈现的是一个万物有灵的世界,而不是一个可怕的商品化了的世界,在一个商品化了的世界里,“物质处在主导地位”(这让人想起了拉尔夫·沃尔多·爱默生的焦虑形象)。人与物是相互作用的,仿佛他们彼此对对方有益,他们的相互吸引理顺了市场上的交换关系。当海报被贴上的时候,这种表演就开始了,至于视觉效应产生了什么样的最终结果,没有人能够说得清。在1932年促使那两个年轻人从博洛尼亚赶到考利布日村去贴海报的,就是这种故作高深的理论。也许正是Maga派他们去的。

与此相对照的是,以1920年代晚期的德国商业艺术为榜样的改革运动立足于柏林,并在很大程度上被等同于H. K. 弗伦泽尔(H. K. Frenzel)教授这一个人,他是《应用图形》杂志的创建者和编辑。该杂志于1924年创刊,旨在推广“艺术性的广告”,在1928年,这一知识含量丰富、设计雅致的月刊扩大了它的雄心,要推广“国际广告艺术”。它的目标是通过与世界各地(包括日本,但主要是西方国家,特别是美国)的设计创新保持并驾齐驱,来更新欧洲的商业艺术。[50]

变得更能对商业压力做出反应、并削弱了各地的本地风格的向世界开放战略,实际上其内容包括组织奢侈和漂亮的展览会,参加国际会议,以及学习《应用图形》和思想与此相似的商业出版物,这一战略产生了两种相互矛盾的效果。[51]一种效果是鼓励了对德国地方院校所奉行的那种艺术传统的热心欣赏,这些艺术传统也许有助于增强艺术的地方特色,尤其是柏林的现代主义与慕尼黑的传统主义之间的那种对比,这两者分别以卢西恩·伯恩哈德和路德维希·霍尔温(Ludwig Hohlwein)为代表。另一种效果是把一些欧洲的个体(尤其是德国的艺术家)吸进了美国广告工业的贪婪的大磨坊,因而有利于美国正在堆积的文化资产大山。

在1926年2月,人们能够发现卢西恩·伯恩哈德正在《纽约时报》的所有者阿道夫·奥克斯(Adolph Ochs)为他提供的设计室里工作,这一设计室就在时代广场旁边的时代大厦附楼里。当奥托·哈恩(Otto Hahn)顺道来拜访他并代表《应用图形》的读者对他进行采访时,伯恩哈德停下手中的工作,向他解释了他对在美国工作与在德国工作之间的权衡。的确,自从到达美国后他就活计不断。但要完成这些工作,就需要他与使他在德国成名的那种严肃设计进行"一次清楚的决裂"。任何快速翻阅过《星期六晚间邮报》的人都能够明白,"美国整个广告行业的保卫者,即那些强大的广告公司们,更关心维持一种普通的广告水平,而不是关心脱离了这种水平的上升或下跌"。美国广告公司在抄袭德国的设计时,几乎都会把大部分抄袭来的设计看作对本地品味来说"太野蛮和太浪费"。每样东西都不得不被降低标准。在这种时候,伯恩哈德就很容易找到一点平衡了。他在纽约挣的钱相当可观,但他在位于柏林的工作室里保留了一个创新性的立足点,当他不在那里的时候,作为他同事的海报大师弗里兹·罗森(Fritz Rosen)就负责管理。[52]纳粹掌权以后,伯恩哈德被从在德国学院系统中的岗位上驱逐了出去,他的工作室也被关闭了,他往美国的迁移变成了永久性的,这是对旧世界商业艺术的又一次沉重打击。

伯恩哈德的被迫出走与海报艺术中一种更为普遍的偏离方向是一致的,这种偏离方向更加削弱了海报作为一种商业媒介的角色,但却增加了海报在公众中的知名度。海报的主要赞助人已经不再是百货大楼巨头、制造商和娱乐设施的经理,而是变成了大萧条期间主张干预经济的政府、政党、赞助联合广告活动的利益集团，以及羽翼丰满的公司，这些公司的声誉是如此的众所周知，以至于它们能够从为了“纪念价值”而资助重要艺术家的做法中获益。20 世纪 30 年代的海报离开了喧嚣的商业，推广的是社会信息。它们呼吁大众（而不是消费者）去购买像牛奶这样的对公共健康有益的东西，或者是像香蕉、大米和啤酒这样的对国民经济有用的东西，或者是像在专制的意大利和德国那样，去购买像合成毛线和麦芽咖啡这样的代用品。在这样做的时候，海报制作者们就让自己与政治公共空间结盟了，而不是与商业公共空间结盟了；他们也是以提高公共利益的名义与国家权力和有组织的利益群体结盟了，而不是在诱惑个人消费。的确，属于私营部门的广告与属于国家、公共空间和政治的宣传之间的界线，在欧洲一直比在美国更模糊，在美国，这两者之间的区别在理论中非常受重视，如果说在现实中不那么受重视的话。[53]另外的一个事实是，海报可以为左派或右派服务：它可以为像莱昂·勃鲁姆（Léon Blum）的人民阵线这样的进步政权服务，也可以为法西斯独裁政权服务。要点在于，海报现在倾向于代表商品成为稀缺货币。的确，要保持对物体的判断力也需要保持艺术家、手工业者和公众之间相互团结的想象，这种想象曾让莫赞感到欣喜。事实上，海报也赞成抓住一个替代选择，这种替代选择将会找到一种语言向大众讲述共同的消费需求。推广自己那长命的公司作为美国化趋势的替代方案的罗格－路易斯·杜佩（Roger-Louis Dupuy）用非常确定的术语说出了他的观点：“没有必要去构造一个假定的场景：物体，只是物体，这个物体国王，只需恳求它，它就会告诉你它的故事。”[54]缺乏一种新的假定场景和新剧本的商业海报讲述了一个相同的古老故事：至于稀缺的商品，它自身就会产生品味，只含很少的自我指涉的社会联系。

资本主义的平民主义：新背景中的文本

当海报被与下面这个事物对立起来的时候，它的“危机”就被扩大了，这一事物曾更被看作是一种商业上有效的宣传手段，那就是被大众传媒所传播的构思精细、设置高雅的插页广告。的确，印刷广告在欧洲已经被广泛使用了。然而，只要这种广告的价格和形式没有被标准化，以及这种广告的发布者把发行数据当作一种秘密，这种广告投放就很难经营。并且，大部分报纸都公开依附于不同的社会阶层、特定的政治选民和具体的地区，因此，广告不得不被很广泛地投放，这使得进行全国性的广告活动既费劲又费钱。在 1927 年的德国，这一欧洲最有文化的国家，进行一次大规模的广告活动需要在 135 种报纸上投放广告，还需要把这种广告调整成 127 种不同的、宽度从 6 厘米到 16 厘米不等的专栏大小。如果一场销售肥皂的广告活动想要触及德国的每一个家庭主妇，那么它将不得不在一千种不同的报纸上投放这种广告。[55]广告文案一旦被印刷出来，就不得不与大量的其他告示争夺空间，这种告示的大部分只是提及了产品的名字，而没有给出任何有关它的信息。仿佛报纸自身就被当作了一种展台，而作为微型海报的广告只使用了深黑和白色这两种颜色，强调的只是一个字词，它用仅有一个字体那么大的空间展示出被广告的产品的名字。它没有带任何的装饰和说明，看上去仿佛它被创作出来“是要通过印刷墨水这种媒介在眼球之间传播一种几乎不可能的冲击”。[56]

事实上，将要替代海报的沟通方式在本质上并不是媒体插入广告，而是一种非常具体的广告，即那种小心劝说的、精心设计的、有时是五颜六色的文本广告，这种广告正越来越显著地出现在两次大战之间的大众传播杂志上，特别是在《女士居家杂志》、

《星期六晚间邮报》、《好管家》和《生活》上。面对着智威汤逊公司和其他在欧洲的美国公司发起推销活动时带来的这种作品，或者通过研究美国杂志与报纸上的广告文案，欧洲的广告商们从这种广告的冗长长度，充实的正文，巧妙布局的标题、装饰、图画和照片以及它向公众言说时的直率方式中，看出了美国特性。不论是选择哪种广告惯例，不论是由一个“社会领袖”提供一段“证明”的广告，还是进行了“使用前”与“使用后”对比的广告，或者是以一个卡通插图配以琼姑妈或亨利大叔的推荐的那种广告，通过展示产品的特点和解释消费者可以怎样使用它们，这种意在解释某种产品“之所以”的广告文案正在受到认可。相应地，广告“销售的是好处而不是产品：销售的是光明而不是照明器材，销售的是威望而不是汽车，销售的是性感而不仅仅是肥皂”。[57]作为一种大众演说，精心设计的广告文本混合了“正式、公开的特点和非正式的私人的风格”以发展一种普通话，这种普通话虽然模仿了流行语言，但根据它所吸纳和所排除的截然不同的东西，它是具有企业和商业根源的。[58]是权威性的而绝不是学究式的，语气亲密但也不故意屈尊，这种新的行话被一种民主的感觉改变了声调，仿佛它是一种普遍适用的语言，推销员和公众都可以一样使用。这就是那种被称作“资本主义现实主义”（与“社会主义现实主义”相对照）的风格，在这里，我将会把这种风格称作“资本主义的平民主义”，以强调它的社会演说中所蕴含的民主影响。[59]这种广告模仿它被出版在上面的那种媒体（主要是带有插图的杂志和报纸）的外观和布局，它利用了在“真正的”阅读内容和对消费品的评论之间缺少区别这一点。总之，它看上去要表现“它的听众们的共同理解”。[60]

为了说明美国文本风格与他们自己的广告术语之间的区别，欧洲人提出了自己的解释，如果说这些解释有时像凭空想象的话，但里面也不乏事实精髓。于是，据说美国广告是靠召唤来起作用，而欧洲广告是靠诱惑来起作用。美国的文本风格是清教徒式的，而欧洲的海报是异教徒式的。美国人崇拜字词，读广告文本就像是在读《圣经》，两者都带有某种相同的原教旨主义的热情和对自我升华的信念。相比之下，欧洲人崇拜多种偶像，他们拜服于带有装饰意味的、对商品上帝的图画再现所具有的视觉力量。[61]一名法国的海报设计师在看完一个美国海报艺术的展览后评论说，美国的美术设计员们对“再现”事物感兴趣，而他们的法国同行们则对“翻译”事物感兴趣。如果一个欧洲人要为一种香烟做广告，他会通过展示夹着一支香烟的嘴唇或一个冒出了两三支烟的巨大的烟盒来把注意力集中在物体本身上。相比之下，美国人则会像对待现实中的香烟那样对待香烟，他会展示一个满足的吸烟者，同时用文字说明他能够得到满足的原因。[62]这种外行人的直觉令人惊奇地预料到了法国社会学家皮埃尔·布迪厄在半个世纪后才会提出的“通俗美学”与“精英美学”之间的区别。一方面，存在这样一些人，这些人“被普通的兴趣和紧迫性所主导……不太情愿地接受了吸引，这不仅是因为他们对这一事物不熟悉而好奇，而且还因为他们有一种根深蒂固的想参与的愿望，而正式的试验整体上会令他们失望”。另一方面，还存在一种文化精英，这些人“信任这种表现手法……胜过他们对被表现的事物的信任”，因为他们体验这个世界时“没有紧迫性，并通过行动实践来体验世界，这些行动本身就是最终目的”。与美学精英们不一致的是，美国的商业主义通过支持那些“被普通的兴趣和紧迫性所主导”的人，以及怀有“根深蒂固的想参与的愿望”的人，来强调它与欧洲的不同。[63]

资本主义的平民主义使得美国的企业广告得以为一个需要广泛指导的大众填补建议的真空，这些建议不仅涉及产品的特性，而且还涉及品味、社会正确性和心理上的满足。虽然这些广告演说的对象并不是无穷多的，大约占总人口的百分之七十，但它也不得不扩大它的词汇量以拥抱跨阶层的消费者大众，这些大众被看作是他们的主要目标。尤其是，它不得不向最不知名的那些大众——女性发表演说。到了20世纪20年代，女性是她们家庭的“采购人”已是众所周知的事，所有消费花费中的百分之八十五是由女性花出去的。相应地，向触及女性消费者发展和确定一种可以触及女性消费者的语言，使媒体和商品交换的词汇都发生了革命。

不论在美国广告受众事实上是多么有限，相比之下它比欧洲任何地方的受众都要广。在英国和西北欧，广告的受众局限于中产阶级、富裕的农民和高薪水的工人阶级家庭，这部分受众大约占到它们总人口的百分之三十。在法国和德国，这部分受众占总人口的百分之十五到二十，而在意大利，这一比例大约是百分之三到百分之十。西班牙可以被看作是最差的一个案例：智威汤逊公司在当地的代理人阿瑟·哈策尔甚至找不到任何东西去着手评估“购买力”，在电话这一被通常使用的标准方面，在西班牙2200万人口中只有18.5万部电话，而在通电的家庭这一标准方面，在西班牙的大部分地区，通电家庭只是意味着把一根连着日光灯的电线非法连接到市政供电网上。也无法用通常使用的从A到D的收入类别来绘制购买力图表，于是哈策尔把西班牙市场比作了一个“巧克力夹心蛋糕：糖衣层代表了AA类收入阶层（那些其财富无法被估量的富裕贵族），最顶层代表了A类收入阶层，中间层（这一层用肉眼几乎看不到）将代表B类收入阶层。C类收入阶层和D类收入阶层代表的是位于蛋糕最底部的那厚厚的、潮乎乎的大多数物质。换句话说，在西班牙，由数量非常庞大的一群人构成了一个美国的制造商无论如何都不会感兴趣的市场”。[64]

欧洲的广告商们面对着远小得多的公众，拥有更少的资源，面对的来自客户的压力也很小，因此他们有很好的理由不去采用美国广告商的沟通语言，这种语言中的很多东西都被欧洲人看作是自命不凡的教诲，非常地字面化，是对欧洲媒体上的表述进行的某种技术上错误的改编，并且对不是很有文化的人来说也很难理解。[65]然而，除了对海报制作的明显缺点和粗糙印刷的文案做出反应之外，他们也有紧迫的理由去用美国人的方法做试验：一个理由是让他们自称的在广告业中有实际经验合法化，以便获得广告客户；另一个理由是使新的大众演说合法化，这种大众演说的发展在当地已经被社会差异束缚住了，没有能力辨识正在崛起的消费团体，更不用说与其沟通了。

然而，到了20世纪30年代，这样一种逻辑已经被接受了："为了更好地销售，你必须要颠倒沟通的步骤。其路线不再是从产品到消费者，而是从消费者到产品"。[66]冒险者首先是那些新的提供全方位服务的公司，以及那些大公司内部的广告部门，数算一下英国和欧洲大陆，这样的机构大约有24家。美国的模式是它们灵感的初步来源，超过六个这样的机构是由从智威汤逊公司、艾尔文公司、华西公司和其他美国公司中流出的人员建立的，在20世纪30年代初期的经济危机期间上述美国公司曾进行过收缩。这些机构在制造商中找到了客户，这些制造商面对着剧烈变化的市场，无法确定是该减少营销支出，还是该增加营销支出。后面这种想法占了上风，因为制造商认识到，广告不仅提供了一个吸引顾客的手段，而且也提供了一个公布价格的方法，使得零售商们无法再漫天要价或提供折扣，广告还能担保零售商们所不熟悉的那些产品的品质，并促使消费者对零售商保持压力，否则，零售商或许就不愿冒险存储一款新的产品。总之，对一个经济混乱的时代来说，广告工业是一种受人欢迎的发明，它依次与经济等式中的新需求方和旧供应方结为了同盟。正如莫里斯·哈布瓦赫所评论的，在欧洲，同样，"广告不再是附属于企业终端的一种手段，而是它自身就是一个终端……并追逐利润"。[67]

反过来，广告公司要求把大众传播媒介变成一个更加灵活的广告渠道。[68]到了20世纪30年代，已经在大多数西方国家设立的审计部门要求媒体登记它们的发行数量，为了吸引广告收入，大部分报纸和杂志也愿意遵守这一规定。广告也提供了一个动机，促使媒体改善它们的保真度和版面设计的一致性，并将版面形式和专栏大小标准化，这一进步是由对大型的新式滚筒印刷和新式轮转影印技术的投资所带来的，这些技术经常是从美国进口来的，到20世纪20年代晚期为止，美国已经取代德国，成为世界上最重要的印刷设备出口国。

媒体自身越来越倾向于欢迎广告，以补贴靠发行刊物无法完全支付的快速上升的成本。如果有的选择的话，广告商更喜欢那些迎合新的中产阶层的、像《巴黎强硬派》或《米兰的安布罗西亚诺》这样的独立日报，而不是喜欢那些老的全国性报纸或保守主义的报纸，这些报纸的读者或许更富有，但却更不善于接纳新的产品，尤其是外国制造的产品。然而，政党报纸也是可以予以考虑的，尤其是当政党报纸也开始欢迎广告以抵消成本之后。法国的广告商们很重视的是，主要居住在巴黎地区的《人民报》的社会主义者读者们是精明的消费者，他们会很好地节省钱去购买收音机，购买小的家居用品，并沉湎于每天晚上喝点酒，正如一种受人喜欢的酒品牌"人民"所证实的。在纳粹党于1932年取得巨大的选举突破之后，纳粹党的党报《国家社会主义党观察》在《广告》杂志上为自己做广告，宣称自己是接触德国新的中产阶层的理想媒介。像其他报纸一样，《国家社会主义党观察》对广告感兴趣不仅是为了赚取收入，而且也是为了赋予报纸一种现代的外观。广告插页给了它一种合法的外观，对一种急于取悦仍很警惕的保守人士的运动来说，这种效果是令人满意的。至于在美国，杂志把大量的空间都给了广告，尤其是那些针对女性的杂志。即便如此，没有报纸或杂志像《生活》杂志那样把接近百分之四十的版面都给了广告。这种过分的行为是美国这种社会的特权，在这种社会里，纸张很便宜，广告客户很有钱，读者也越来越放弃了区分广告插页上的图像及评论与杂志上的报道及真正小说的习惯。[69]

促使欧洲广告商们转向美国风格的文本广告的最大压力也即最为复杂的一个原因是广告商要能与其大众进行沟通的压力。早在20世纪20年代晚期，欧洲的广告专家们就开始强调向女性讲演的必要性，虽然他们对如何进行那项工作还不是很清楚。女性“会直接把每一件事物与她们的外貌、她们的快乐和她们的同情心联系起来”，汉斯·科波夫（Hanns Korpff）写道，科波夫曾与爱德华·伯奈斯的妹夫布鲁诺·W.兰多夫（Bruno W. Randolph）一起，写了德国第一本被广泛传播的营销指南。但是，“大部分营销人员都发现，为女性写广告非常困难”，因为他们“用太复杂、太男子气的方式去思考问题……他们经常会使用一些对女性来说意味着完全不同的东西的表达，那导致了误解，确实，那还经常会冒犯女性”。科波夫从他非常熟悉的美国市场中学到了一些经验，也在伯内斯的指导下开始他的职业生涯的经历中学习到了一些经验，他建议：“让商品看上去将会使她的生活更加容易，更加开心，更加美好。文本是重要的，图片说明也一样重要……女性用她们的眼睛来观察事物——对于由于种种原因没有在她们第一眼看到时就吸引住她们的广告，是没有什么能让她们去读的”。[70]

但是，所有的消费者（男性的和女性的）都受到了通常所谓的新生活文化的影响。西格弗里德·克拉考尔（Siegfried Kracauer）曾经谈论过，随着“他们先前所居住过的资产阶级理念与情感的大厦……因经济发展导致其基础受到腐蚀而倒塌”，“新阶级的商品世界在精神上无家可归”，于是，他们活着“目前却没有一个他们可以仰望的教义，没有一个可以指引他们的目标”。[71]广告承诺要提供那种指引。

但是，要给出一种权威的说法，比如说要做一个推荐性的广告，绝非易事。美国的广告商只是通过给合适的机构打个电话，说明他们需要什么，就可以上演带有某种逼真程度的剧情。接到电话的公司会检查它的关系网，并向一名失业的演员或其他某个人提出这件事，不是演员的人经过适当的武装，就能有适合扮演可信的银行总裁、忠诚的家庭医生或慈爱的祖父的那种尊贵。过不了几天，广告商所需要的照片就会被送来了。相比之下，在欧洲，比如说要为一个有关手表的广告制作照片文案，内容是一位溺爱自己儿女的有钱人要赠送给女儿一块金表以庆祝她的20岁生日，那么广告商将不得不求助于自己的熟人圈子去寻找某个人来摆出那个姿势。当所有的熟人都无法帮忙后，他或许会劝说他的一个看上去比较尊贵的仆人穿戴好后去扮演那个男性角色，结果，那个年轻的女士却拒绝与仆人一起摆姿势。[72]智威汤逊公司为它的广告所展示出来的特权阶层、明星和社会名流在欧洲并没有等同物，也许只有在斯堪的纳维亚半岛有例外。智威汤逊公司的通讯记者朱利叶斯·沃特金斯(Julius Watkins)从柏林报告说，在乌尔斯泰因众议院里，当他谈论推荐性广告时，那些人对“我在谈论的东西”完全没有概念，在魏玛共和国的德国，那里没有被普遍承认的“时髦人士”，“当然，老的保皇党人的见识会是非常狭隘的”。那里的女演员们也没有“被用女明星在美国的那种被赞美和模仿的方式对待”。[73]

为了发明一种真正属于他们自己的广告术语，瑞士的广告专家阿道夫·古根布尔(Adolf Guggenbühl)劝他的欧洲同行们去接触大众，“停止说‘我’和‘我们’在想，而开始说‘你们’”，停止相信大众消费意味着他们自己个性的终结，这也意味着停止在结束每一段有关这件事的谈话时说“感谢上帝我不像那里的那些人……我依然是一个个人，而不是一个被标准化了的大众产品”！独特性观念只是资产阶级为自己的不作为所找的一个借口，古根布尔强调说："如果我们更多地强调共同性而不是差异，我们将会在精神上和经济上都能进步。"在这里，一个保守的欧洲人清楚地表达出了对认同的民主的需要。更好的是"住在一个拥有锅炉、中央空调和浴室的标准化的房子里，而不是住在一个没有热水、只有瓷砖炉加热室和地下室里的锌浴盆的人格化的、单独的和独创性的房子里"。[74]总之，如果资产阶级的广告商想要推进他的职业利益，他不必放弃良好的品味，但他必须要停止他的势利。[75]

广告业中的新秩序

下面这种说法是德国广告商们的自我夸耀，也是权威的美国广告人士的看法，即，到20世纪30年代晚期为止，在所有欧洲国家中，纳粹德国提供了对美国风格的广告最为有利的环境。这一令人厌恶的悖论至少可以部分地用希特勒政府的决策来做解释，上台伊始，像在其他领域中的做法一样，希特勒政府果断地采取行动去结束据称已经盛行了的"混乱状态"，以便"建立行动的标准，这种标准或许能很好地成为很多国家的榜样"。新政权非常精通宣传和劝说的技术，同时也急于建立对所有媒体的控制，它立即发布了一项有一页纸的法令，要求报纸公布准确的发行数据，陈述它们的广告价格，并宣布给版面中间人提供折扣为非法。它还取缔了那些承诺提供奖赏、奖金和礼物的广告，它还对户外广告进行了约束以保护风景。它还以"广告真实"的名义，禁止广告将自己的产品与其他产品进行不公平的比较，禁止使用没有根据的主张，禁止使用任何推荐，除非能确定给出了推荐的人的具体身份，并引用他所有的判断，给出使用产品的日期，并保证没有给该推荐人提供报酬。最后，它建立了德国经济的广告委员会，组成了一个由来自各个工业领域的六十至七十名专家构成的委员会，这些专家与长期存在的德国广告协会一起工作，但对戈培尔的公共教化与宣传部负责。该委员会意在确保广告在思想和表达上是德国的，避免使用外国词语，要使用良好的品味，只要可能，广告就应谈论它自己的产品能够干什么，而不是谈论其竞争对手不能干什么。后来的一些法令取缔了所有的无线广播广告，将报纸版式和价格标准化了，并建立了在公共空间张贴商业告示的严格标准。外国的专家们和德国的专家们一致认为，这些新的法律使得第三帝国的广告成了欧洲广告实践的榜样。[76]

纳粹政权消除了广告与宣传之间的所有微小的差别，它正在夺回脆弱的商业空间基础，并将其附属到政治领域。通过这些强有力的行动，它清除了商业中的不道德行为和不合时宜的公司，使商业称得上是一个英雄民族的商业，而不是讨价还价者的商业。纳粹政权还更加实际地改变了广告的进程。一方面，面对着物资短缺，分割市场的大卡特尔的增长（这也让做广告变得不必要了），政府对 1200 家报纸和 800 家杂志的镇压，以及新的严厉法规对公告栏以及广告亭能为商业告示所提供的空间数量的约束，消费工业的危机减少了广告的数量。另一方面，为新的替代产品所做的广告（经常是在集体的基础上进行的）又增加了广告的数量。另外，当《国家社会主义党观察》和戈林元帅那装帧奢华的杂志《四年计划》邀请它们去做广告时，那些本来不愿意在广告上花钱的商业公司也被迫去做广告了，这也增加了广告的数量。[77]

最显著的变化发生在广告媒体自身中：德国曾以简洁的、实验性海报的故乡而知名，而在 20 世纪 30 年代晚期，它变成了世界上最华而不实的文本广告的故乡。到 1937 年为止，投入到出版业上的广告预算的数量已经上升到了广告支出的百分之八十七，这一份额比在美国的还高，而投入到商业海报上的预算降低到了百分之三。海报已经被取缔了，除非是官方的宣传和为集体财产所做的广告，海报绘制所使用的风格也必须是与平民主义的现实主义有所不同的。在这样一种环境下，在面对新德国的任务时被强化了的霍尔温的亲切风格开始占据主导地位:在审美上,被更喜欢的是这种风格,而不是伯恩哈德、罗森和贝叶斯的各种没落风格,这些人迟早会逃亡。同时,曾经产生了伯恩哈德·科尔西维(Bernhard Kursiv)、洛加诺(Locarno)、乌尔特拉·波多尼(Ultra Bodoni)、孟菲斯(Memphis)、贝通(Beton)、诺伊兰(Neuland)、普里斯马·卡皮特尔斯(Prisma Capitals)和福特拉(Futura)等名家的实验性凸版印刷技术也被取缔非哥特式字体的禁令摧毁了——这对美国那种更习惯于不拘一格地使用字体很有利。[78]

反过来,广告的文本却是一个比一个的冗长啰嗦,选择产品的理由越来越变成了一种道德故事,越来越远离粗鲁的商业动机,越来越充满了作为建议顾问的广告商的权威。汽酒是由有八年历史的美因茨地区的 C. A. 库佛伯格公司生产的,它是上流社会的大爱,为汽酒所做的广告演示了广告的上述演化过程。20 世纪 20 年代中期的广告文案显示了一种明亮的、美国化了的格调,里面还有不少反法情绪,它展示的是爵士舞狂欢节的参与者们拒绝使用"淡薄如水的酒"和"廉价的香槟酒",而是用库佛伯格金酒"这种优良的、古老的德国品牌"酒来干杯。20 世纪 30 年代早期的广告文案显示的是,一位没有现身的专家问"你的婚姻幸福吗"? 给出的建议则是,一个人在家的年轻夫人应该用"一个小聚会"和一瓶冰冻的库佛伯格金酒来"抗击日常生活的负担、责任及其一成不变的单调":"在高雅的金色液体冒着气泡流进玻璃杯里的一刹那,节日的气氛就主导了一切"。20 世纪 30 年代晚期的广告文案展示的是公司的老板克里斯蒂安·阿达尔贝特·库普费尔贝格(Christian Adalbert Kupferberg)自己,他也是广告委员会中的一个领军人物,他以一篇微型小说的长度来讲述他对消费汽酒的建议,这些文字的主题是复苏一个资产阶级的婚姻:"阴云让你的婚姻变得很暗淡了吗?"在第三帝国的统治下,广告中的事实不仅要求有只是被介绍出来的权威声音，而且还要求有能被全方位看得到的权威声音——以公司老板、恋爱问题顾问、曾经的起诉人、发酵工艺专家和汽酒的总体宣传员的身份，另外当他“朗诵说小香槟这些小精灵起了作用，让我们这些男人——甚至是婚姻困难的男人变成了专注的情人”时，他还是一个能引用“诗歌”的作家。[79]

行进着的军队所带来的不确定性和贫困，使广告业比别的与消费者有关的行业受到了更大的惊吓。在1940年6月7日，也就是在德国军队占领巴黎的三天之前，马塞尔·布鲁斯坦关闭了他的办公室，重新加入了他的部队单位，结果却只看到了法国投降后他的部队的解散。在接下来的四个月里，在他的生意被根据1940年10月3日的法令没收之后（该法令命令扣押犹太人的财产），他向南去了处于所谓的非占领区的马赛，去与他的家庭会合。他后来回忆说，他尝试通过销售他岳父发明的一种牙膏来支撑家庭的生活，但这一生意却无疾而终，考虑到他所处的那个时代，这并不令人感到意外。因为1942至1943年他在维－吕西安的抵抗组织中的活动，他面临着被逮捕的威胁，于是他以布兰切特的名字弄到了一个假证件，利用这个假证件他越过比利牛斯山，逃到了西班牙，从那里，他又去了直布罗陀，从直布罗陀他又去了英国。因为他已经与戴高乐的抵抗力量建立起了联系，所以一到英国他就变成了皮埃尔·柯尼希将军（General Pierre Koenig）的新闻官，柯尼希将军是法国的“自由法国力量”的领导人。法国解放后布鲁斯坦回到巴黎，发现他的广播站已经被撤退的德军炸毁了。在他的回忆录中，他说他不得不完全从头开始。这种说法是相对性的。到了1945年，法国已经存在一家广告企业了。并且，到那时他自己也有二十年的从业经验了，他的戴高乐主义的政治背景也是没有瑕疵的，通过用一个连接符把他的犹太名字与他在战争期间的假名连接起来，他给了自己的社会地位一个光鲜的外表。布鲁斯坦·布兰切特也已经积累了足够的资金来获得位于香榭丽舍大街上的一座富丽堂皇的建筑，这座建筑曾经被当作盟军的司令部。这里变成了他自己的新公司的总部。他的公司在从工人阶级居住的蒙马特路地区搬出来之后，中间在斯特拉斯堡大街62号和位于霍斯曼大街1号的一座漂亮建筑里呆过，现在，他占据了巴黎最有名望的办公地址中的一个。布鲁斯坦－布兰切特利用通敌卖国的哈瓦斯公司的崩溃，建立了他自己的广告投放公司——广告传媒公司，他获得了高露洁－棕榄公司、胜家公司和壳牌公司等客户，也获得了国有的雷诺汽车公司这一客户，而雷诺汽车公司很快就将会成为法国最大的广告投放者，于是，布鲁斯坦－布兰切特的阳狮公司迅速崛起为法国的第一大广告公司。所有这些都让那些美国公司懊恼不已，为首的是智威汤逊公司，智威汤逊公司虽然希望阻击竞争者，但却在等待政治的稳定、经济的复苏，以及美国的制造企业回去给它们在本土的办事处注入新的资源。[80]

无论如何，在1945年，智威汤逊公司在法国没有办事处。当德军在1940年占领巴黎时，该公司在巴黎的工作人员逃往了南方。从1932年到德军占领时一直是智威汤逊公司在巴黎的工作人员的“穆大叔”（劳埃德·凌）科尔曼在蔚蓝色的海岸线边无所事事地等待着他妻子的出境签证，他无法“想象出一个能比这里更没事可干的地方。没有舞会，没有夜生活，没有图书馆，没有令人感兴趣的杂志和报纸，你遇到的每个人（大部分是犹太人）都很沮丧和呆滞”。一个令他喜欢的消磨时间的方法是为新的产品设计实验性的广告文案，科尔曼断定，最显而易见的需求是一种“能使人振奋的滋补品”，考虑到“战时的穷困，加上人们勇气受挫，加上缺乏便宜的、高能量的开胃酒……人们需要的是某种含有铁元素、维生素和像可乐这样的高能量的刺激物的产品”。“我们能够操作这样的广告，如果开始做这样的广告的话”。在一条更现实和更理性的笔记里，他不得不承认，如果现在要发起一场广告活动的话，“诚实的公司”“将不得不去宣传缩减消费”。[81]

1929年设在安特卫普的很小的比利时办事处是智威汤逊公司唯一的一个在战争期间基本完整地渡过了难关的办事处，这应归功于当地员工们的深谋远虑，他们在战前就一直在把“心血”倾注到办事处的成长中。虽然这个办事处从来没有赚取多少利润，但让它引以为傲的是，它做了很多非常详细的市场调查，这些市场调查不仅对它们自己的运营很有用，而且“对所有想在比利时使自己的销售行为合理化的人”都很有用。[82]智威汤逊公司总部不知道的是，在德国占领比利时期间，当地办事处的负责人J. H.（迈伦）舍尔尼（J. H. [Myron] Cerny）把办事处当作了地下抵抗力量的一个前沿。1946年秋，舍尔尼兴奋地报告说当地的商业正在恢复正常。店铺里再次储满了食品。虽然比利时工党赢得了战后的第一次选举，但共产党的表现非常糟糕，无党派的专家被任命为财政部和商业部的部长。随着纸张短缺的结束以及报纸开始招徕广告，老客户们已开始重新开设他们的生意账户，新广告客户也正在出现。家乐氏玉米片的第一大船货预计会在11月份到达，推销活动将会在12月份的第一周开始。

这种通知是舍尔尼告知其客户公司再次开始营业的一种方式。他利用画室风格，制作出了一个措辞敏锐、构图简洁的推荐性广告，他用传统的方式把自己画成了那个得到了满足的消费者——吃“之前”的他和吃完“之后”的他。认为激进的“政权”如果提醒了那些正在挨饿的人们避免“危险的药物和剧烈的运动”，第三帝国新秩序下的饥饿政治就可以被看作是一种成功的政策，这是一种令人恐惧的想法。考虑到舍尔尼自己就因此落下了终身的残疾，这种想法就尤其令人感到奇怪。但舍尔尼已经变成了下面这种想法的真正信仰者：一个文本广告中应该只有一个观点；其内容不应该冒犯任何人，至于他的广告，也没有冒犯任何人，因为它温和地提到了那些通过"安静地生活"来使"治疗"成为可能的人。总之，他把新秩序重新包装为一种食品的所作所为不应该导致混乱。如果说在公司总部存在引起困惑混乱的因素的话，那就是它的心地不良的工作人员所具有的成为战争英雄的潜质。但在那时，公司总部也并非一直都是它的欧洲员工的政治情况的最佳审判员。智威汤逊公司驻巴黎办事处的前负责人亨利·沙赛涅(Henri de la Chassaigne)的温和建议继续被总部如此看好，以至于在被告知作为维希政府的官员，沙赛涅曾利用把法国犹太人从电影生意中驱逐出去以及监视他们被放逐，巧取豪夺了大笔财产之后，纽约总部还在考虑是不是要重新雇佣他。在他们做出最终决定之前，《读者文摘》这一世界上发行量最大的广告媒体抢走了沙赛涅，让他负责管理该杂志在欧洲第一个立足点的办事处，那是一个新租来的办事处，位于圣日耳曼大道的一座褪了色的大厦里。[83]

布鲁斯坦—布兰切特在回忆两次世界大战之间的那段岁月时，曾把广告与他喜爱的业余爱好飞行进行比较："就像在那一时期的航空飞行：我们能够比以前飞得更远，也有更大的安全保证，但飞行仍然依靠视觉——我们没有雷达、自动驾驶仪和全天候降落系统。这些东西以后才会出现。"[84] 我们要补充一句，因为销售区域仍然在很大程度上没有被勘查，航空地图是由美国的经验以及圆规来替代的。至于目的地——更高的生活水准(这也是布鲁斯坦—布兰切特自己事业的燃料)，这一概念要到 20 世纪五六十年代之交才会被阳狮公司的老板布鲁斯坦—布兰切特拥护。

注释

章首引语出处：Sam Meek to Denys M. Scott, December 5, 1952, Policy Letters, 1925 - 1957 folder, Howard Henderson Papers, J. Walter Thompson Company Archives, John W. Hartman Center for Sales, Advertising, and Marketing History, Duke University (hereafter JWT); Blaise Cendrars, "Publicité=poésie"(1927)in *Aujourd'bui 1917 - 1929*(Paris: Denoël, 1987),117.

1. P. Brunazzi, "Del cartello pubblicitario," *L'ufficio moderno*, July 1932, 433 - 434.
2. On advertising as a medium and language, see William Leiss, "The Icons of the Marketplace," *Theory, Culture and Society* 1, 3 (1983): 10 - 22; idem, *The Limits to Satisfaction: An Essay on the Problem of Needs and Commodities* (Toronto: University of Toronto Press, 1976); and William Leiss, Stephen Kline, and Sut Jhally, eds., *Social Communication in Advertising: Persons, Products and Images of Well-Being* (Toronto: Methuen, 1986). See also Michael Schudson, *Advertising, the Uneasy Persuasion: Its Dubious Impact on American Society* (New York: Basic Books, 1984). On the changing visual repertoire, see T. J. Jackson Lears, *Fables of Abundance: A Cultural History of Advertising in America* (New York: Basic Books, 1994), chap. 1, the thesis of which is tidily summarized in idem, "Reconsidering Abundance: A Plea for Ambiguity," in *Getting and Spending: European and American Consumer Societies in the Twentieth Century*, ed. Susan Strasser, Charles McGovern, and Matthias Judt (Washington, D.C.: German Historical Institute; New York: Cambridge University Press, 1998), 449 - 466. See also Roland Marchand, *Advertising the American Dream* (Berkeley: University of California Press, 1984). French cultural theorists have been notably attentive to advertising as language; see Roland Barthes, *The Fashion System* (New York: Hill and Wang, 1983); idem, *Mythologies* (New York, Hill and Wang, 1972); and Jean Baudrillard, *For a Critique of the Political Economy of the Sign*, trans. Charles Levin (St. Louis, Mo.: Telos, 1981).
3. On the development of the American industry, see Pamela Walker Laird, *Advertising Progress: American Business and the Rise of Consumer Marketing* (Baltimore: Johns Hopkins University Press, 1998); Daniel Pope, *The Making of Modern Advertising* (New York: Basic Books, 1983); Stephen Fox, *The Mirror Makers: A History of American Advertising and Its Creators* (New York: Vintage, 1985); Marchand, *Advertising the American Dream*; Stuart Ewen, *Captains of Con-*

sciousness: *Advertising and the Social Roots of the Consumer Culture* (New York: Harper and Row, 1975).

4. Mira Wilkins and Frank Ernest Hill, *American Business Abroad*: *Ford on Six Continents* (Detroit: Wayne State University Press, 1964); Patrick Fridenson, "French Automobile Marketing, 1890 – 1970," in *Development of Mass Marketing*: *The Automobile and Retailing Industries*, ed. Akio Okochi and Loichi Shimokawa (Tokyo: University of Tokyo Press, 1981), 127 – 154. Files at the Bureau of Foreign and Domestic Commerce, National Archives, College Park, Md. (hereafter BFDC), are rich in reports from American commercial consular officers. See, for example, *Automotive Equipment and Construction Preferences in Foreign Countries*, U. S. Department of Commerce Trade Information Bulletin no. 695 (Washington, D. C.: U. S. Government Printing Office, 1930); and H. C. Schuette, ed., *The Motorization of Germany*, U. S. Department of Commerce Trade Information Bulletin no. 485 (Washington, D. C.: U. S. Government Printing Office, 1927); Douglas Miller, "German Automotive Conditions Reflect Native Orderliness," October 23, 1931, October 1931 folder, box 245, RG 151, BFDC.
5. On car marketing in general, see Okochi and Shimokawa, *Development of Mass Marketing*. For advertising more particularly, see "The Job before Us," *General Motors Export Monthly* 1 (June 1922); Georg F. Bauer, "Mass Salesmanship in Automobile Exporting," *Export Advertiser*, June 1929, 32; Louis Cheronnet, "How French Automobile Firms Advertise," *Foreign Trade*, November 1930, 39; J. G. Fevrier, "American Motor Cars Abroad," *Living Age*, December 1, 1929, 421 – 426; Giuseppe Volpato, "L'evoluzione delle strategie di marketing nell'industria automobilistica internazionale," in *Annali di storia dell'impresa*, vol. 2 (Milan: Franco Angeli, 1986), 119 – 208; James Flink, *The Car Culture* (Cambridge, Mass.: MIT Press, 1975).
6. Arthur Hartzell, "From the Frontiers of Our Far-Flung Empire," *JWT Newsletter*, June 9, 1927, 291, Newsletter Series, 1916 – 1987, JWT; idem, *JWT Newsletter*, November 1, 1927, 457 – 458, ibid.; reprint of "JWT Aim Abroad: Push Gospel of Advertising," *Advertising Age*, March 2, 9, and 16, 1959, Publications file, JWT; "General Motors Advertising," International Branch Management, 1920s file, Howard

Henderson Papers, JWT. See also the recent study by Clark Eric Hultquist, "Americans in Paris: The J. Walter Thompson Company in France, 1927 - 1968," *Enterprise and Society* 4 (2003): 471 - 501.

7. On Hopkins, see Claude C. Hopkins, *My Life in Advertising* (New York: Harper and Brothers, 1927), translated by Louis Angé as *Mes succès en publicité* (Paris: La Publicité, 1930); *La Publicité*, April 1938, 305. On this edition, see Marie-Emmanuelle Chessel, "L'enseignant, le journaliste et le traducteur: Louis Àngé (1885 - 1931)," in *Market Management: revue internationale des sciences commerciales*, no. 3 - 4 (2003): 18 - 41.

8. For an introduction to advertising in continental Europe, see, for France, Marc Martin, *Trois siècles de publicité en France* (Paris: Odile Jacob, 1992); Marie-Emmanuelle Chessel, *La publicité: naissance d'une profession, 1900 -1940* (Paris: CNRS, 1998). On Germany, see Dirk Reinhardt, *Von der Reklame zum Marketing: Geschichte der Wirtschaftswerbung in Deutschland* (Berlin: Akademie Verlag, 1993); and Uwe Westphal, *Werbung im Dritten Reich* (Berlin: Transit, 1989). On Italy, see Adam Arvidsson, *Marketing Modernity: Italian Advertising from Fascism to Postmodernity* (New York: Routledge, 2003). On Belgium: Véronique Pouillard, "L'Ecole belge de publicité," in *Market Management*, no. 3 - 4 (2003): 18 - 41, based on idem, "La publicité en Belgique (1850 - 1975): Institutions, acteurs, entreprises, influences," 3 vols. (Thesis, Université Libre de Bruxelles, Faculté de Philosophie et Lettres, 2002 - 2003).

9. On J. Walter Thompson, see Stephen Fox, *The Mirror Makers*, 78 - 101; Marchand, *Advertising the American Dream*; Pope, *Making of Modern Advertising*; Ewen, *Captains of Consciousness*; "J. Walter Thompson Company," *Fortune*, November 1947, 95 - 101, 202 - 206, 214, 216, 218, 220, 223 - 224, 226, 228 - 230, 233.

10. Peggy J. Kreshel, "John B. Watson at J. Walter Thompson: The Legitimation of 'Science' in Advertising," *Journal of Advertising* 19 (spring 1990): 49 - 59.

11. Quoted in ibid., 51.

12. Geoffrey N. Leech, *English in Advertising: A Linguistic Study of Advertising in Great Britain* (London: Longmans Green, 1966);

Marchand, *Advertising the American Dream*, 6 – 7; also Richard Pollay, "The Subsiding Sizzle: A History of Print Advertising, 1900 – 1980," *Journal of Marketing* 49 (summer 1985): 24 – 37.

13. "J. Walter Thompson Company," *Fortune*, 244.
14. "The Kodak-Thompson Partnership, Notes on talk for the Kodak International Group, Rochester, February 26, 1958," 2 – 3.
15. Georges Duhamel, *Scènes de la vie future* (Paris: Mercure de France, 1930), 135 – 144.
16. Marchand, *Advertising the American Dream*, xxii; see also Otis Pease, *The Responsibilities of American Advertising: Private Control and Public Influence, 1920 – 1940* (New Haven: Yale University Press, 1958); Roland Marchand, "The Fitful Career of Advocacy Advertising: Political Protection, Client Cultivation, and Corporate Morale," *California Management Review* 29 (winter 1987): 128 – 156.
17. James Webb Young, *A Footnote to History: Draft of a Plan for Enemy Country Propaganda in the First World War* (Coapa, N. M.: Piñon Press, 1950), unpaginated (p. 1).
18. Quoted in Marchand, *Advertising the American Dream*, 6.
19. James Webb Young, *A Story Still Untold: The Development of America's Socially Conscious Capitalism* (Coapa, N. M.: Piñon Press, 1951), unpaginated.
20. Robert Griffith, "The Selling of America: The Advertising Council and American Politics, 1942 – 1960," *Business History Review* 57 (autumn 1983): 388 – 412; Harry Cross to Sam Meek, May 8, 1956, NATO, 1958 file, International Offices and Special Assignments for Samuel W. Meek Subseries, 1926 – 1961, Howard Henderson Papers, JWT; William P. Wright Jr. to Wolfgang Lehman, December 5, 1958, with attached memos: "Notes for the 10th Anniversary," "Themes for NATO Tenth Anniversary," "NATO," "NATO Campaign: Meeting Report, #3, January 22, 1959," ibid.
21. "Advertising in Germany," January 1928, 1, microfilm, Germany file, JWT.
22. Adrian Head to James Webb Young, *JWT Newsletter*, July 15, 1927, Newsletter Series, 1916 – 1987, JWT.
23. George Richardson, "JWT in Poland and Sweden," *JWT Newsletter*,

July 28, 1931, Newsletter Series, 1916 – 1987, JWT.

24. Douglas C. West, "From T-Square to T-Plan: The London Office of the J. Walter Thompson Advertising Agency, 1919 – 1970," *Business History* 24 (April 1987): 199 – 217; reprint of "JWT Aim Abroad: Push Gospel of Advertising," *Advertising Age*, March 2, 9, and 16, 1959, 1.
25. Arthur Hartzell, "JWT in Spain," *JWT Newsletter*, January 15, 1929, Newsletter Series, 1916 – 1987, JWT. See also "Representatives' Meeting," *JWT Newsletter*, July 29, 1930. Related successes are reported in August 8, 1928; April 30, 1930; December 16, 1930; and July 28, 1931, ibid.; see also Agence Thompson, S. A., *Comment vendre*, 2d ed. (Brussels: Editions Bieleveld, 1937), esp. 34 ff.; and Max Neama, *Publicité à l'Américaine* (Brussels: Editions Bieleveld, n. d.), in the Publications file, JWT.
26. Marcel Bleustein-Blanchet, *The Rage to Persuade: Memoirs of a French Advertising Man*, trans. Jean Bodewyn (New York, 1982), 7 ff.
27. Ibid. See also Bleustein-Blanchet's other memoirs: *Mémoires d'un lion* (Paris: Librairie Académique Perrin, 1988); *Les mots de ma vie* (Paris: R. Laffont, 1990); and, with Jean Mauduit, *La traversée du siècle* (Paris: R. Laffont, 1994).
28. "Le Drugstore '*à* la française' s'affirme," *Libre-Service-Actualité*, November 1, 1968, 34 – 36.
29. For a history of Publicis, see Clark Eric Hultquist, "The Price of Dreams: A History of Advertising in France, 1927 – 1968" (Ph. D. diss., Ohio State University, 1996).
30. Bleustein-Blanchet, *Rage to Persuade*, 7 – 8.
31. Marjorie Anne Beale, *Advertising and the Politics of Public Persuasion in France* (microfilm; Ph. D. diss., University of California, Berkeley, 1992).
32. Edward L. Bernays, "Problems of the Advertiser in Europe and America," *Foreign Trade*, September 1928, 53.
33. Jeremy Aynsley, *Graphic Design in Germany, 1890 – 1945* (Berkeley: University of California Press, 2000), 55 – 56.
34. A. Le Flobic, "Comment un directeur commerçant a vu l'Amérique," *Vendre*, March 1931, 218.

35. Piero Paolo Pasolini, "17 Maggio, 1973, Analisi linguistica di uno slogan," in *Scritti corsari* (Milan: Garzanti, 1979), 14 - 17; Serra Ticnic, "United Colors and United Meetings: Benetton and the Commodification of Social Issues," *Journal of Communication* 47 (1995): 3 - 25.
36. The best account is John Willett, *Art and Politics in the Weimar Period: The New Sobriety, 1917 -1933* (New York: Thames and Hudson, 1978).
37. Elias Canetti, *The Torch in My Ear* (1980), trans. Joachim Neugroschel (New York: Farrar Straus Giroux, 1982), 275 - 276.
38. On Citroën, in addition to Fabien Sabatès and Sylvie Schweitzer, *André Citroën: Les chevrons de la gloire* (Paris: E. P. A., 1980), see Sylvie Schweitzer, *André Citroën* (Paris: Fayard, 1992); and John Reynolds, *André Citroën: The Henry Ford of France* (New York: St. Martin's, 1997); Citroën's own words, translated, are found in André Citroën, "The Future of the Automobile," *Living Age*, August 1929, 451 - 453. For the views of U. S. commercial attachés, see Harry N. Kelly, "French Automobile Men to Learn English," May 25, 1925, 156, Reports 1925 file, vol. 2, May - August, 1924, Series 16, RG 151, BFDC. For contemporary analyses, see L. Deschizeaux, "La publicité de l'automobile," *Vendre*, June 1930, 473 - 479; Cheronnet, "How French Automobile Firms Advertise," 39. There are rich historical accounts in Fridenson, "French Automobile Marketing," esp. 139 ff.
39. Cheronnet, "How French Automobile Firms Advertise," 41.
40. Bleustein-Blanchet, *Rage to Persuade*, 8 - 9.
41. See, for example, J. Neuilly, "L'affiche vend-elle?" *Vendre*, February 1928, 153 - 157; "L'affiche décade," *La publicité* 1 (April 1925); L. P. B. [L. Balzaretti], "La decadenza del manifesto," *Campana d'Italia*, December 1932; L. Cusmano, "Il cartello in crisi?" *L'ufficio moderno*, December 1928, 679 - 680; also D. Gualtieri, "Street Advertising in General," in *International Advertising Conference, 1933* (Milan: A. Lucin, 1933), 163 -167.
42. In general, see Harold Hutchison, *The Poster: An Illustrated History from* 1860 (New York: Viking, 1968); and Abraham A. Moles, *L'affiche dans la société urbaine* (Paris: Dunod, 1970). On France, see Alain Weill, *L'affiche française* (Paris: Presses Universitaires de

France, 1982); on Germany, see Leslie Cabarga, *Progressive German Graphics*, 1900 - 1937 (San Francisco: Chronicle Books, 1994); and Aynsley, *Graphic Design in Germany*. On Italy, see G. Mughini and G. Scudiero, *Il manifesto pubblicitario italiano: da Dudovich a Depero*, 1890 - 1940 (Milan: Nuove Arti Grafiche Ricordi, 1997); and Alberto Casella, Paola Morelli, and Marco Cicolini, eds., *Catalogo Bolaffi del manifesto italiano: dizionario degli illustratori* (Turin: Giulio Bolaffi Editore, 1995). On the Netherlands, see Stephen S. Prokopoff and Marcel Franciscono, eds., *The Modern Dutch Poster: The First Fifty Years, 1890 - 1940* (Cambridge, Mass.: MIT Press; Urbana, Ill.: Krannert Art Museum, University of Illinois at Champaign-Urbana, 1987); on Britain, see Dennis Farr, *English Art, 1870 - 1940* (Oxford: Clarendon Press, 1978).

43. Quoted in John Willett, *Art and Politics in the Weimar Period: The New Sobriety, 1917 - 1933* (New York: Thames and Hudson, 1978), 114.

44. Chessel, *La publicité*, 158 - 159; J. C. S. Lore, "Die Reklame auf den Hoch und Untergrund Bahnen Berlins," *Gebrauchsgraphik* 3 (September 1926): 31 - 32; Roger Mauduit, *La réclame: Etude de sociologie économique* (Paris: Librairie Felix Alcan, 1933), 75.

45. Julius Steiner, ed., "Einfülle: Gebrauchs-graphorismen," *Gebrauchsgraphik* 5 (May 1927): 15.

46. H. K. Frenzel, "25 Jahre Deutsches Plakat," ibid. 4 (April 1927): 13. On Frenzel, see Jeremy Aynsley, "*Gebrauchsgraphik* as an Early Graphic Design Journal, 1924 - 1938," *Journal of Design History* 5 (1992): 53 - 72.

47. On Magagnoli and Maga, see Gino Pesavento and Antonio Palieri, *Chi è in pubblicità* (Milan: L'Ufficio Moderno, 1953), 202; C. W. Frerk, "The Publicity Poster in Italy," *Advertising World*, June 1928, 224 - 225, 230; Antonio Valeri, *Pubblicità italiana: storia, protagonisti e tendenze di cento anni di comunicazione* (Milan: Edizioni del Sole 24 Ore, 1986), 51, 55; Herman Behrmann, "Maga," *Gebrauchsgraphik* 3 (July 1926): 41 - 47.

48. "L'arte di vendere del fumo," *Pugno nell'occhio* 1 (January 1922); "La pubblicità parlata," ibid. (March 1923).

49. Frerk, "Publicity Poster in Italy," 230; H. K. Frenzel, "L. A. Mauzan, 'Ein Erfolgreicher italienischer Plakat-Kunstler'—A Successful Italian Poster-Artist," *Gebrauchsgraphik* 6 (March 1929): 53 - 61.
50. Aynsley, *Graphic Design in Germany*, 119 - 137.; Fritz Hellwag, "Die Berliner Gebrauchsgraphik," ibid. (May 1926): 3 - 9; H. K. Frenzel and Frederick Suhr, "Was Weiter? And What Now?" ibid., 5 (October 1928): 33 - 38; also W. S. Crawford, "Das Plakat—The Poster," ibid., 2 (May 1925): 3 - 9. The modernist ethos underlying the European representation of commodities is discussed in Reyner Banham, *Theory and Design in the First Machine Age* (New York: Praeger, 1960); Robert Tessari, *Il mito della macchina* (Milan: Mursia, 1973); and Siegfried Giedion, *Mechanization Takes Command* (New York: Oxford University Press, 1948).
51. Frenzel and Suhr, "Was Weiter?" 33 - 38; Marchand, *Advertising the American Dream*, 140 - 150.
52. "Lucian Bernhard in New York, ein Interview von Oskar M. Hahn," *Gebrauchsgraphik* 3 (February 1926): 9 - 10, 12.
53. Chessel, *La publicité*, 201.
54. R.-L. Dupuy, "Panorama de la publicité française," *Vendre*, March 1930, 194. On Dupuy, see Pierre Bruneau, *Magiciens de la publicité*, 5th ed. (Paris: Gallimard, 1956), 71 - 81.
55. J. Murray Allison, "Continental Advertising," *Advertising World*, April 1927 (728 - 732), May 1927 (16 - 18), and June 1927 (130 - 132); Ned Crane, "Bill Day for the Berlin Office," *JWT Newsletter*, November 15, 1927; all Newsletter Series, 1916 - 1987, JWT.
56. Allison, "Continental Advertising," *Advertising World*, May 1927, 18.
57. Leiss, "Icons of the Marketplace," esp. 12 - 13.
58. Leech, *English in Advertising*, 166.
59. "Capitalist realism" is found in Schudson, *Advertising*, 214 ff. T. J. Jackson Lears speaks of "stupid realism" in "The Artist and the Adman," *Boston Review* 11 (April 1986): 5 - 6. For another formulation, "capitalist idealism," see Erving Goffman, *Gender Advertisements* (1979; reprint, Harper and Row, 1987).
60. Schudson, *Advertising*, 218 ff.

61. See in particular Leon Jones, "Pourquoi l'annonce française est différente de l'annonce américaine," *Vendre*, September 1929, 201 - 204; also Dupuy, "Panorama de la publicité française"; and various articles in *Die Reklame*: Hanns W. Brose, "Goût américain," August 1927, 519 - 523; G. Haug, "Wirksame verkaufstexte und wie man sie gestaltet," June 1928, 393 - 395; H. Sakowski, "Amerikanisches-Allzuamerikanisches," October 1930, 640 - 648; and Vito Magliocco, *La pubblicità in America* (Rome: Edizioni dell' Associazione Nazionale Fascista dei Dirigenti di Aziende Industriali, 1932).
62. Francis Pickens Miller and Helen Hill, *The Giant of the Western World: America and Europe in a North-Atlantic Civilisation* (New York: W. Morrow, 1930), 213 - 214.
63. Pierre Bourdieu, *Distinction: A Social Critique of the Judgement of Taste* (1979), trans. Richard Nice (Cambridge, Mass.: Harvard University Press, 1984), 4 - 5, 32, 54 ff.
64. Hartzell, "JWT in Spain," 6.
65. Hellmut Lehmann-Haupt, "Amerikanische Reklame Photographie," in *Klimsch's Jahrbuch: Eine Übersicht über die Fortschritte auf graphischen Gebiete* 24 (1931): 19 - 29; Paule de Gironde, "Si nous faisions une annonce américaine," *Vendre*, March 1929, 80.
66. Bleustein-Blanchet, *Rage to Persuade*, 7.
67. Maurice Halbwachs, "La réclame," *Annales d'histoire économique et sociale* 15 (July 1934): 402. On the rise of advertising agencies, see "De la naissance et de la vie des grandes agences françaises de publicité," *Presse-Publicité*, May 7, 1937, 3 - 4, 25 - 26; also Chessel, *La publicité*; Martin, *Trois siècles de publicité*. On the Italian profession, see Pesavento and Palieri, *Chi è in pubblicità*. On Germany, see Hartmut Berghoff, "'Times Change and We Change with Them': The German Advertising Industry in the 'Third Reich,'" in Roy Church and Andrew Godley, eds., *The Emergence of Modern Marketing* (London: Frank Cass, 2003), 128 - 147.
68. Paul Knoll, "Die Anzeiger-organization des Ullstein Verlages," in *Der Verlag Ullstein zum Welt Reklame Kongress Berlin* 1929 (Berlin: Ullstein, 1929), 124 - 125; Hermann Ullstein, *The Rise and Fall of the House of Ullstein* (New York: Simon and Schuster, 1943), 109 - 111,

122.

69. *Presse-Publicité*, May 7, 1938, 6; Mauduit, *La réclame*, 72; Henri Albert Bernard Loustalan, *La publicité dans la presse française* (Pau: G. Lescher-Moutoue, 1933), 7-55, 69-74, 145-183, 273-305, 322-325; Hultquist, "The Price of Dreams" (245), whose estimates show that, at the outside, 15 percent of French illustrated magazines were devoted to advertising, whereas *Life* magazine, which could be considered average, devoted 40 percent of its space to it.

70. Hanns Kropff, "Frauen als Käuferinnen," *Die Reklame*, July 1926, 649-650, 661; see also Hanns Kropff and Bruno W. Randolph, *Marktanalyse: Untersuchung des Marktes und Vorbereitung der Reklame* (Munich: R. Oldenbourg, 1928); on their collaboration with Bernays, see Edward Bernays, *Biography of an Idea: Memoirs of Public Relations Counsel* (New York: Simon and Schuster, 1965), 355-357.

71. Siegfried Kracauer, "Asyl für Obdachlose," in *Die Angestellten* (Frankfurt: Societäts-Verlag, 1930), 91-101, quoted in Anton Kaes, Martin Jay, and Edward Dimendberg, eds., *The Weimar Republic Sourcebook* (Berkeley: University of California Press, 1994), 189.

72. Adolf Guggenbühl, *Reklame in Amerika und bei uns* (Zurich: Verlag Organisator, 1928), 15.

73. Dr. Julius Watkins, quoted in "Representatives' Meeting," *JWT Newsletter*, December 9, 1930, Newsletter Series, 1916-1987, JWT.

74. Guggenbühl, *Reklame in Amerika*, 19-20.

75. Case no. 1022, May 8, May 29, June 5, 1936, 1, Centre de Préparation aux Affaires, Chambre de Commerce de Paris (hereafter CPA).

76. L. D. H. Weld, "Germany's Iron Rule over Advertising Does What in U.S. Is Done Voluntarily," *Printers' Ink*, November 18, 1937, 76-88; idem, "Where the Nazis Did One Good Job: They Eliminated Advertising Abuses," ibid., December 9, 1937, 40-48. Edward H. Douglass, head of H. K. McCann Co. in Berlin, gave an even more favorable appraisal, calling it "probably ... the most advanced legislation to be found in this field," in "Special Laws Must Be Observed by All Advertising in German Market," *Transatlantic Trade*, June 1937, 24-26, quotation from 24.

77. Sam E. Woods, Commercial Attaché, Berlin, "Higher Advertising

Turnover in First Half of 1939," August 16, 1939, August 1939 folder, box 271, BFDC.

78. John Barmas, "European Advertising Is Changing," *Advertising Monthly*, June 1938, 28, 30, 46. See also U. S. Department of Commerce, *Foreign Graphic Arts Industries: World Markets for Printing Machinery, Equipment, and Supplies*, Trade Promotion Series, no. 172 (Washington, D. C.: U. S. Government Printing Office, 1937).

79. "Fasching," *Advertising World*, May 1927, 16; "Ist Ihre Ehe glücklich?" *Die Reklame*, September 1932, 520; "Wölkchen am Ehehimmel," *Die Woche*, November 1937, 43.

80. Bleustein-Blanchet, *Rage to Persuade*; "Publicis: Fiche analytique," *Le miroir de l'information* 18 (1958), Policy Letters, 1958 - 1960, Howard Henderson Papers, JWT.

81. L. R. Coleman to Samuel Meek, September 23, 1944, Antwerp Office Subseries, 1938 - 1947, box 4, International Office Series, 1928 - 1952, JWT.

82. On J. Walter Thompson at Antwerp, see Pouillard, "La publicité en Belgique," 1: 159 - 190.

83. "Advertising Announcement by Myron J. H. Cerny," ca. December 21, 1945, accompanied by memo from H. Henderson, Correspondence Coleman, Lloyd Ring, 1937 - 1971, box 1/11, Howard Henderson Papers, JWT; Lloyd Ring Coleman to Howard Henderson, December 2, 1946, ibid.; J. H. Cerny to Donald C. Foote, October 15, 1946, Agence Thompson, Antwerp Office Subseries, 1938 - 1947, box 4, JWT International Corporation Subseries, International Office Series, Treasurer's Office Records, JWT; Hultquist, "The Price of Dreams," 250 - 255; John Heidenry, *Theirs Was the Kingdom: Lila and DeWitt Wallace and the Story of the Reader's Digest* (New York: W. W. Norton, 1993), 172.

84. Bleustein-Blanchet, *Rage to Persuade*, 7.

第六章　明星系统

好莱坞是怎样把电影文化变成娱乐价值的

美国人不明白，如果说电影业是百分之二十的艺术加百分之八十的工业的话，那么我们欧洲占有的就是那百分之二十。这就是我们的力量所在，也是我们将要获胜的方法。

——弗拉基米尔·温格诺夫

Westi Films 的创办人，1926 年

我们主导了世界的荧屏，这并不是因为我们的军队、刺刀或核炸弹，而是因为我们在国外的屏幕上播出的东西正是那些国家的民众想看的东西。

——杰克·瓦伦蒂

美国电影协会主席，1977 年

按照弗里茨·朗的说法，当"S. S. 德国号"轮船于 1924 年 10 月 12 日停靠到纽约码头时，正在甲板上的他第一次看到了以天空为背景映出的曼哈顿的轮廓，关于大都市的灵感一下子就产生了。这位电影导演对于千变万化的现代风景一点也不陌生。他是一个柏林人。但当他抬头看时，他看到纽约城矗立在那里，"那对一个欧洲人来说是全新的、宛如童话故事中的景象"，各种建筑

像一个"垂直的幕布,闪着光,仿佛没有重量……夜晚的街道在霓虹灯的照耀下发着光,仿佛完全是在白天,街道顶部是各种大大的、闪着光的、不停运动着,变化着,忽闪忽灭和盘旋着的广告",这个火热得可怕的市区是"一个被贪婪驱使的各种困惑迷茫的人们聚集和互相倾轧的火山口"。"我那时就知道,我必须要制作一部关于所有这些景象的电影"。在许多年里,朗不断反复讲述这个故事。[1]

朗的这个故事其实是捏造的。这是因为:在他于汉堡登船之前,他就已经在考虑制作一部关于现代工业主义的可畏和威力的史诗电影了。在那一年的早些时候,在制作电影《尼伯龙根》的后期,他就谈论过这个问题。《尼伯龙根》是一部基于西格弗里德史诗的反映中世纪挪威-德国人的传奇,它是出生于维也纳的朗献给他的新祖国的爱国神话的一个迷人的礼物。在那年的七八月份之间,在他出发去美国之前,当朗和他身为著名作家与电影编剧的妻子娣娅·冯·哈布(Thea von Harbou)在奥地利阿尔卑斯山的萨尔茨卡默古特度假时,他就已经开始在撰写一部设定发生在一个未来城市中的关于机器文明的灾难性后果的剧本了。[2]

不过,朗坚持说曼哈顿这一"勇敢的新世界"是他的创作灵感,这一点也是真实的。他曾经自豪地宣称,一个身为局外人的欧洲人能够用好莱坞所无法使用的方式展现资本主义现代性的创造力和灾难性的破坏力,"因为好莱坞生活在这种资本主义现代性的内部"。这种说法能够与他那个时代最好的电影制作者们共有的那种雄心产生共鸣,也就是说,通过领会美国社会的新奇和力量,他能够与美国电影的形象创新保持并驾齐驱。它传达了这位有教养的、四海为家的艺术家(曾经的画家和漫画家)的这样一种信念:电影这种他所钟情的媒介,具有"一种在空间、时间和地点自由度上优于所有其他表现形式的优势"。[3]

事实上,事情并没有在这里欢乐终结,新世界的形象奇观与旧世界的史诗梦幻的融合并没有产生完美的叠加效果。这部电影开始构思于1924年，实际的拍摄持续了16个月，从1925年5月直至1926年10月，拍摄地点位于环球电影股份公司的柏林—新巴伯斯贝格摄影棚，1927年1月，在柏林的动物园乌发电影宫(UFA-Palast am Zoo)，举行了令人眼花缭乱的首映。在这三年期间，现实却浮现了出来。

首先，一个无情的现实是，财务账目无法符合预期值。拍摄这部电影花费了530万马克，这是欧洲在拍摄一部电影中耗资最高的。在环球电影股份公司这一德国最大和设备最好的电影公司的生产部领导人艾里奇·鲍默(Erich Pommer)的纵容下，朗这个专制的完美主义者的几乎所有要求都得到了满足。其中包括选定了大约3.8万名临时演员；进行具有里程碑意义的布景和使用令人震撼的光学技巧，以便展现电影《大都会》里面的高速公路、突兀的摩天大楼、位于地下的极度凄惨的大型机器的世界、罪恶的贫民窟、令人恐怖的地下墓穴以及《圣经》式的磨难；还包括拍摄310天零60夜电影所需的电影工作人员、现金和食品。众所周知的是，好莱坞的流行佳作在拍摄时经常会超出预算，只能靠他们在电影系统中的银行家和他们在华尔街的富足的支持者们的救助脱困。但环球电影股份公司在任何情况下都是投资不足的。在电影进行拍摄的时候，重新估值的马克、飞涨的成本以及暴跌的出口市场已经对整个电影制作经济进行了重新洗牌。《大都会》不但没有为环球电影股份公司的财产带来补偿，而且还正在让它破产。[5]

其次，在电影发行方面也存在着一种令人烦恼的现实。的确，环球电影股份公司在欧洲实际上是独一无二的，像美国领先的电影制造商一样，它是纵向整合的：它直接拥有由大约30家大城市的电影院所组成的放映链条，并控制着其他3000个小一些的演出场所，它可以把自己每年生产的几百部电影流通到这些影院和演出场所中放映。为了庆祝繁荣时代,环球电影股份公司位于柏林中部的旗舰影院动物园乌发电影宫于1925年在萨姆·拉什曼(Sam Rachman)的指导下被彻底翻新,它那华丽的、艺术上低档但却技巧娴熟的紫黄色舞台装饰与纽约百老汇的演出厅的装饰风格很相似。然而,购买电影票的德国观众的人数虽然在欧洲各国中是最多的,但总计却只有美国电影观众人数的四分之一。不论环球电影股份公司控制着多少家影院,在国内市场中的一场巨大胜利也无法收回它成本的一半以上。因此,为收回成本,出口是必不可少的。但在1924至1925年之际,好莱坞电影已经深深地侵入了德国在国内外的电影市场。而且,妄自尊大的环球电影股份公司被证明无力使美国主要的电影企业兑现他们之间所达成的电影发行协议,这些协议是为了帮助德国电影公司脱困所达成的一项借贷的一部分。更糟的是,为了防止谣传中的环球电影股份公司被外国(即美国)企业接管,有着魏玛共和国的鲁帕特·默多克(Rupert Merdoch)之称的阿尔弗雷德·胡根伯格(Alfred Hugenberg)在1927年3月开始收购环球电影股份公司。甚至在被最终接收之前,公司董事会的新领导人、胡根伯格的盟友路德维希·柯立芝(Ludwig Klitszch)就已经下令削减开支了,这其中包括被安排用来推销《大都会》的丰裕预算。[6]

最后,这部电影的中心思想是暧昧不清的,如果说不是不成熟的话,这使得营销这部电影变成了一项复杂的任务。的确,《大都会》涉及能使电影广受大众欢迎的普遍性的主题,即可怕的剥削和救赎性的爱。但是,不论技术是解放性的还是使人失去人性的,不论被剥削的工人是公正地具有反抗性还是他们就是一群不法的、狂暴的乌合之众,不论企业家的力量是一种创造性的天才还是一种纯粹的专制,不论女主人公是一个圣洁的处女还是一个有魔力的妓女,不论她的子嗣是一个脑筋迟钝的花花公子还是一个率真的理想主义者,这部电影都因它尖刻的矛盾情绪而臭名远扬，魏玛共和国的知识分子文化就是因为这种矛盾情绪而声名狼藉的。甚至那些观看了导演超过三个小时的电影剪接的、自以为无所不知的柏林人在离开电影院时也被这部电影的众多含义弄得困惑不已。这部电影结尾时字幕中间的那些词是什么意思？“在思想[朗读：企业家的天才]和手[朗读：劳动者]之间，心[朗读：基督教化了的女性]必须要进行调节”，这句话能够被一度非常可怕的右翼解读成是预示了兄弟会某些共产主义理想的胜利，而左派则把它看作是朗向他夫人那浪漫的、反动的胡扯的投降。这种电影意象具有非凡的实验性。但是，它缺少“真实的、实实在在的、清晰的、以经验为基础的生活”，一位评论家写道，“它缺少真实的关注，缺少真实的渴望，缺少真正紧迫的、事关存在的问题”。[7]

1927年3月10日，当派拉蒙公司在纽约的丽都街*初次放映《大都会》时，电影原先的十六盘胶带被砍缩至十盘。并且，电影制片厂的全国票务经纪人华尔特·万格(Walter Wanger)雇佣了美国剧作家钱宁·波洛克(Channing Pollock)去删减影片中过多的象征主义情节，以使美国版的这部影片的情节更连贯、更清晰，被删减后的这部影片的情节已经被彻底改造了。波洛克的“改编版”讲述了一个要简单得多的故事：“一位贪婪的雇主希望通过雇佣一名发明家制造几百个机器人工人来发家致富。这些机器人除了不能被赋予灵魂之外，被证明是非常完美的，结果却是灾难性的。”影片的新结尾是确凿无疑地具有积极性的，工人们与老板达成和解，男孩与他的女友也重新复合。于是，被创作出来以表达旧世界与新世界对现代性看法的协调，并为德国电影征服美国市场的一部“不朽的电影”，由此也就不存在了。一位善意的《纽约时报》的评论家评论说，能够说的最好的情况就是，《大都

---

* Railto，是美国纽约市百老汇附近的剧场区。——译者

会》这部电影是一个“带有致命弱点的技术奇迹”。[8]

摄制《大都会》的这三年因而也见证了关于在欧洲电影制作和美国电影制作之间创造有活力的衔接这种幻想的落空。直到20世纪20年代中期,德国人,尤其是那些被环球电影股份公司这样的明星企业雇佣的德国人,都非常自信地认为,他们拥有的资源、才干和电影文化使他们能够和来自美国的最好的电影相抗衡。美国的专家们也相信这一点,即使他们观察到早前生产了大量电影的其他地方诸如法国、意大利和丹麦等国正在因好莱坞电影的迅速入侵而饱受煎熬。但到了1926年,德国电影工业也出现了很大的裂缝。由于缺乏资金,部分最有天才的电影制作人员流失,以及丧失了全球性的视野,德国电影工业日益受到这样一种压力的折磨,即:将它自己修订为一种民族性的“德国”电影,并且支持建设一种不太容易界定的“欧洲”电影,这种“欧洲”电影能够与从好莱坞泛涌出来的资本、技术和电影大潮相抗衡。

“好莱坞”(这里是指主要在南加利福尼亚的大型电影制作体系中制作的被大量生产并被作为经典而评论的故事片)是如何挑战欧洲的商业文明的,这是本章的研究主题。在塑造国际文化潮流方面,没有其他美国企业比好莱坞更自觉地具有竞争意识;没有其他美国企业更专注于扩展出去,对国外消费者的品味做出反应并对其进行塑造;没有其他美国企业在拔除它在别的社会中立足时所遇壁垒和障碍方面比好莱坞更具侵略性。从经济上讲,电影毫无疑问是最有利可图的文化出口产品。到了20世纪30年代晚期,它在经济价值上位列美国所有出口产品中的第四位。从地理范围上讲,美国电影是流通最广泛的美国商品之一,仅次于吉列牌剃须刀片和福特牌汽车。自1945年以来,好莱坞经历了一些扩张期和收缩期,这是由各国本地电影的创造力、好莱坞自身的更新能力以及全球的经济状况等决定的。在进入21世纪之际,在欧洲,最大的那些电影公司并不是欧洲人的,而是美国人所拥有的跨国公司。在欧洲的电影销售收入中，好莱坞的市场份额占到了百分之八十至百分之九十。欧洲每向美国出口1美元的电影，美国就向欧洲出口1500美元的电影。[9]

在海外，也没有任何一种美国商品在呈现它本身时比好莱坞电影更具破坏性。它所带来的不安绝不仅仅是经济上的，在经济上，好莱坞电影工业拥有巨大的规模，它具备丰富的营销技巧，对电影发行网络拥有广泛的控制，并拥有坚实的财政支持；它所面对的欧洲电影工业则是些相对较小的企业，它们是由行会传统形成的，并吸收了一些戏剧传统，它们的财政支持情况也经常是不可靠的。好莱坞电影在文化上也令人焦虑。作为一种既是以商业用品又是以文化产物呈现其自身的商品，好莱坞电影跨越了国界，避开了政治控制，渗透进了当地社区中，它将自己悄悄渗入进了私人生活中，甚至被怀疑渗入进了人的无意识思想层面中，尤其是对那些最易受影响的个体来说，例如女性、年轻人和孩子们。美国电影使用一种形象化的、生动活泼的并最终被口语化的日常用语进行交流，它侵蚀了在欧洲将高高在上的、学院式的文化与通俗的大众文化区分开来的那些坚硬界线。总之，没有任何其他媒体比好莱坞电影更有效地挑战并改变了这样一种主流观念：一个国家需要拥有它自己的娱乐设施，并表达它的民族特性，以便在它的领土上行使充分的主权。

然而，从20世纪头十年的情况来看，美国的这种优势并不是一种预料之中的结局。一开始，欧洲在电影技术发展水平上是享有优势的，欧洲可以利用本地丰富的戏剧传统、创造性的视觉技术、连载小说的杰出的现实主义，以及拥有老练的技术人员和舞台演员的剧院资源。在1910年前后，法国、意大利和丹麦是在电影出口方面领先的国家。[10]因此，当电影创新的中心在欧洲沿海牢固确立二十年之后转移到北美西海岸时，这被证明不仅对电影生产者来说是一个巨大的转变，而且对投资于早期的娱乐体系的无数利益群体和个人来说也是一个巨大的转变。

在这种巨大的变化中，如果有一个人能够以他拥有的多才多艺、智力机敏和本地知识保持平衡的话，那么这个人就是艾里奇·鲍默。当“S. S. 德国”号轮船经过了十天的航行停泊在纽约时，艾里奇·鲍默与他的妻子兼助手格特鲁德曾与弗里茨·朗手拉手地在甲板围栏边合影。作为环球电影股份公司生产部的负责人，鲍默早已经因他支持拍摄了一系列非常迷人的无声电影而闻名遐迩了，这些电影包括：《卡里加里博士的小屋》（1919 年）、《命运》（1921 年）、《马布斯博士》（1922 年）、《尼伯龙根》（1924 年），以及《最后的笑》（1925 年）等。首先组织了这次长达一月的旅行的也正是他，他们这次旅行的第一站是到纽约去视察环球电影股份公司新开设的美国办事处，然后在芝加哥短暂停留之后，他们将到达作为本次旅行终点站的洛杉矶，在洛杉矶，鲍默和朗将被介绍给好莱坞的人士。虽然他的坦率、灵活和复杂的命运使得鲍默体现出了一种总体上更仁慈的形象，但鲍默自己的背景与好莱坞电影体系中那些具有传奇色彩的大人物们并没有什么不同。鲍默于 1887 年出生于德国的希尔德斯海姆，是安娜·鲍默夫人和她的丈夫、富裕的纺织品商人古斯塔的儿子，和许多具有犹太人血统的其他制片人一样，鲍默一开始也是从事商品推销的。他的第一份工作是在时髦的柏林男人用品商店“Machol & Lewin”里做店员。1907 年，当鲍默 20 岁的时候，在被法国第二大电影公司高蒙公司的柏林分公司雇佣做勤杂人员之后，他发现了自己作为一名“电影人”的真正天赋。在接下来的三年时间里，他学会了流利的法语以及“当时有关电影的所有秘密”，并被提拔为高蒙公司维也纳子公司的执行策划部门的负责人。在那里，他转而去了高蒙公司的主要竞争对手埃克莱尔公司，在埃克莱尔公司的维也纳子公司里，他负责掌管公司在完全混乱的奥匈帝国以及更明晰些的丹麦、瑞典和挪威等国市场的发行业务策略。他后来说，始终都在前往欧洲大陆各处开发新市场的路上，这是他的爱好。尽管如此，进入充满压力的电影制作业务却是顺理成章的下一步。当时有一种迫切的需要去用一种可靠的电影发行供应来满足对新片库存无休止的渴求，因此在1913年，他向埃克莱尔公司的负责人马塞尔·范德尔(Marcel Vandel)承诺去创办维也纳作家们的电影。在接近战时兵役第三年的结尾时(在西线负伤后他在巴尔干半岛服役)，当德国最高统帅部的新电影机构"图片与电影办公室"挑选他去制作纪录片时，鲍默当时还不到30岁，并且已经是电影行业里面的一名老手。在那之前，在1915年2月，在他休假回柏林时，他已经安排当时被宣布为敌方公司的埃克莱尔公司的资产由他新创办的一家德国公司Decla影业公司(Decla是德国埃克莱尔的缩写，即D[eutsch] Ecla[ir])接管。1921年，在他那个活跃的小公司与德国历史最悠久的电影制作商Bioscop Company合并一年之后，Decla-Bioscop公司被已成立四年之久的、由政府资助的环球电影公司(Universum-Film AG)收购。与此相关的是，在这个成长迅速的、因其著名的商标"UFA"而更广为人知的小巨人中，鲍默将会成为电影生产部的负责人。[11]

已被公认为是一名真正的制片人和电影制作商的鲍默投身进了战后柏林"创造性的变戏法"中。他的同事比利·维尔德(Billy Wilder)回忆说，鲍默"每天工作18个小时，同时在制作四五部电影"，他"消瘦，敏感，紧张不安"，连续不断地吸烟，并"无情地驱使着每一个人"。[12]虽然从未因此而损害到他的艺术，但鲍默始终是实用主义的，他很好地利用了由跨大西洋的更激烈的竞争所带来的压力来提升他的作品。一部成功的电影作品，不论它在其他方面怎么样，必须还要看它的票房收入。对德国来说，由于国内市场狭小，这就意味着必须要为出口来制作电影。鲍默极其出色地实现了这一点，他与领先的电影制作人诸如路德维希·贝格尔、罗伯特·维内、F. M. 茂尔瑙和约·迈以及弗里茨·朗等一起工作，使这些电影制作人生产了一些他们最为出色的作品。作为对他的成功的承认，好莱坞与环球电影股份公司为获得鲍默的专业意见而展开竞争，正如英国和法国的电影制片厂所做的那样。在鲍默去世之后，他还将会和亚历山大·柯达(Alexander Korda)一起，被看作是欧洲唯一能在艺术高度上与经典时代的伟大电影制作巨头如塞尔兹尼克、扎努克、华纳、万格、塔尔伯格和梅耶等人比肩的制片人。对当时最通晓欧洲电影事务的美国政府官员乔治·坎迪(George Canty)来说，很简单，鲍默是“世界上最多才多艺的电影人”。[13]

鲍默的曲折经历既阐释了跨大西洋电影行业中人类才智能够和其他资本一样流动的国际主义，又阐释了那种不断增强的民族主义，这种民族主义曾反复使鲍默这样一个有能力并渴望跨越电影文化工作的人不断遭受流亡、失业和被从他的职业中排斥的痛苦的折磨。鲍默被号召不仅要做一个电影制片人，而且还要代表他在其中工作的电影公司，在这个过程中他直接经历了跨北大西洋地区电影霸权争夺的每一个重要转折：在1920年代早期，当魏玛共和国的电影工业仍然想当一个重要的全球性角色时，他在柏林；在1925年和1926年，当好莱坞的大电影公司在北美大陆上确立它们的权势时，他在好莱坞；在20世纪二三十年代之交，他又回到德国帮助环球电影公司为恢复它的欧洲领导者地位而进行最早的有声电影实验。在纳粹领导的电影工业为建立以德国为主导的欧洲电影而展开行动时，他流亡在巴黎、伦敦和好莱坞，1946年，他回到了柏林，在这里，作为美国军队电影特遣队的先导，他的任务是一劳永逸地拆除喧嚣一时的、被纳粹化了的德国“娱乐帝国”。

美国电影产业的对手被证明是德国的电影产业，这并不令人奇怪，同样并不令人奇怪的是，作为维也纳本地人的朗和来自中欧的其他大量导演、制片人、摄制人员、作家、演员和技术人员(他们中的许多人都有犹太人血统),都把柏林当作了他们的第一个目的地。像在其他领域中一样,电影行业中的德国商业文化强劲地崛起为美国电影的主要竞争对手。因而,在纳粹的统治下,德国电影越来越具有进攻性地将自己作为好莱坞影视系统的欧洲替代物而呈现出来。这并不仅仅是德国拥有环球电影公司这样大型的、能在全欧洲产生影响的电影公司的结果,也不仅仅是牢牢控制了六个脆弱的中东欧国家的市场的、以出口为导向的强大的德国经济的反映。这也是德国的民族主义者为重建在一战中所失去的文化霸权而努力的一种产物。实现这种目标的一个途径就是抓住视觉大众媒体取代印刷文化而带来的机会,并利用德国文化的向心性,特别是在 1920 年后入侵的苏联被从中欧地区推回去之后。作为古腾堡革命的先驱,德国在印刷文化中的卓越地位依然体现在其写作、戏剧片段和画刊实验的繁盛之中[14],这些印刷文化产生了在创意和才干方面影响深远和奇异的风格,同时也引发了对被视作鄙俗和无价值的屏幕形象的反感。[15]

一战之后,德国的民族主义者们在承认电影是国家力量的组成部分上达成了共识。这种看法又被以下共识加强了,即:说德语的民众只有一部分居住在德国的疆界内,其余部分人(还不包括数以百万计的德国裔美国人)在新的中东欧国家内是少数民族,而德国的商人们正期望着开拓这些国家的市场。然而,要认识到这种潜力就需要摆脱精英人士们对迄今仍被视作垃圾的一种娱乐的蔑视。另外它还包括需要解决一个更大的难题,即:经济因素要求电影应该具有足够强的民族特性,以确保其国内市场,然而,这种民族特性也不应该排斥其他国家的观众。需要能生产一种渗透了民族文化价值然而又具有国际性的娱乐吸引力的商品,大众文化产业所面对的这个重大问题并不是只有欧洲人才遇到的。[16]美国人也遇到了这个问题。而美国人解决这个问题的方法确立了他们的全球领导者地位。

珀尔·怀特那“几乎是邪恶的微笑”

在一战期间，当美国生产的电影突然出现在欧洲参战国的大后方时，它们最初被说明“是美国的”，这并不令人奇怪。在巴黎，未来派诗人菲利普·苏波(Philippe Soupault)把美国电影的到来记忆作是大众媒体的真正革命中的第一个事件。“然后有一天，我们看到墙上像长蛇一样悬挂着巨大的海报。在每一个街角，都有一个用红色手帕蒙住脸的男人用一把左轮手枪瞄准着和平路过的人们……我们蜂拥进电影院并马上意识到，所有的东西都已经发生了改变”。在黑暗中忽隐忽现的珀尔·怀特那“几乎是邪恶的微笑”宣告了“革命，即一个新世界的开始”。[17]这一刻肯定是发生在1916年中。因为正是在那一年，美国出口到欧洲的电影的数量发生了飞跃，美国电影的出口利用了欧洲本地电影生产的减速，并认识到虽然经常遭到德国“U”型潜艇的袭击，但北大西洋海洋航路仍然是开通的。很突然地，电影银幕上放映了查尔斯·卓别林为互助公司制作的以露齿而笑、昂首阔步、用拐杖乱戳的“小流浪汉”为形象的电影系列。在塞西尔·B.戴米尔(Cecil B. De Mille)的逗人的种族主义的情节剧《欺骗》中，日裔美国影星早川雪洲(Sessue Hayakawa)扮演了一个温文尔雅的白人奴隶贩子，他把他的商标烙在一位来自上层社会的柔弱女士的白皙的肩膀上，仿佛她只不过是他的另一件产自东方的小装饰品。还有珀尔·怀特出演的那些挑战死亡的、技艺高超的、少女遇险的、扣人心弦的影片。嗜好用来自密苏里州的格林里奇的金发碧眼的女演员作特征的电影，大部分是由百代公司生产的，这样做很明显使得这些电影对法国观众来说显得更像是地道的美国电影。[18]到1918年8月停战协定使战争结束的时候，只要有电影院的地方几乎都能找到美国电影，一个大的例外是在德国，因为协约国禁止向德国出口美国电影，而德国政府的法律也禁止播映美国电影。

有细致的研究表明，自1890年以后，随着在大西洋两岸差不多同时被发明的、在不同地方分别被称为电影放映机、个人相机或活动电影放映机的机器的发明，演艺娱乐被工业化了，而电影的繁荣就是建立在这个基础之上的。在电影的供应方面，与电影相关的技术领域里的试验将一种沉湎于灯光表演、魔术光学以及其他富有才气的即席表演的媒体，变成了一种高度有组织的、更加集中化的工业。在电影的需求方面，那些喜欢寻找小乐趣的迅速增长的挣工资的城市人口在贪婪地消费着由电影所提供的自动化的生动娱乐。[19]当时，电影一开始只是向已经比较丰富的大众娱乐蛋糕里又添加了一种可口的成分。在20世纪初期，在将电影工业化的领域里扮演领导者角色的是法国，它是世界上电影最多产的国家。法国电影利用了卢米埃尔兄弟的技术和乔治·梅里埃(Georges Méliès)的科幻电影，在百代公司的领头下，它们利用了由法国的大城市所提供的活跃的大众、富有的投资者、庞大的帝国和自由贸易的条件，去建立全球性的电影发行网络，建立善于从其他国家的电影中吸取题材和技术的电影生产公司，并在飞速发展的美国东海岸建立工厂，生产相关设备并为其提供维修服务。在1907年前后，来自美国领土上的电影订单的百分之四十都给了法国公司。[20]

毫无疑问，成长最快和最有竞争力的电影市场是美国的电影市场。20世纪初期迅速在美国城市地区扩散的小型电影院很典型地都有199个座位(如果有200个座位就需要办一个影院许可证)，它们使用普通的椅子当座位，而不是使用成排的、固定在地面上的座椅，有时它们会配备一架钢琴来进行音乐伴奏，看一次电影的花费是1角或5美分，这也是“五分钱影院”这一词的来源。这些影院租用影片而不是购买影片，每天放映12至18次，由三部电影构成的一个序列每周大约会改变三次，这样循环播放一年，它们一年能够消费 450 部电影。在 1907 年前后，这样的电影院有 4000 至 5000 家，它们从任何可能的地方去获取影片。对于人种混杂的、操多国语言的、大部分是工人阶级移民的观众来说，电影的类型很重要，但电影是由哪国生产的并不重要。由第一部歌剧电影的故乡——意大利的那不勒斯生产的成熟的戏剧电影，或由法国生产的反映令人惊异的事件的诸如火山爆发或富有想象力的前往月球、波利尼西亚和世外桃源旅行的电影，能够很好地满足这些观众对于哑剧表演的口味；而由位于当时美国主要的电影生产中心纽约和新泽西州北部的比沃格拉夫公司、爱迪生公司和维太格拉夫公司等电影公司生产的所谓的怪片(例如正在倒塌的建筑、飞驰的火车头)、闹剧喜剧片和动作片，同样也能很好地满足这些观众对于哑剧表演的口味。[21]

美国观众对电影国籍的并不算高涨的泛基督教主义是被美国工业早熟的文化沙文主义终结的。其原因存在于我们在其他创新领域中所发现的美国消费文化的发展中，即：商人们为了提高品牌忠诚度而创造合适的销售环境的努力。在电影这个领域中，这种努力要求本国工业克服激烈的利益冲突，加强对本国市场的控制，发展所谓的本国电影类型，以满足广大大众的需求，并在几百万新移民中塑造新的品味标准。

这种理论的主要鼓吹者是爱迪生公司，爱迪生公司已经看到，它因摄影机、放映机和影片胶片侵权问题而向竞争对手发起的法律诉讼，在法庭上遭到了越来越多的辩驳，也遭到了明目张胆的盗版行为的蔑视，另外，它也遭到了为确保优惠的使用许可协议而结盟的那些公司的巧妙联合的抵抗。这种冲突是破坏力十足的，它也为电影进口者增加了机会。1908 年，爱迪生公司与美国电影放映机公司和比沃格拉夫公司一起，最终成功建立了电影专利公司，以便在一种有规则的基础上收费，并把电影专利持有者、电影设备制作商、电影生产者和电影发行者的利益协调起来。虽然这种广泛的垄断将会反复受到独立制片公司联盟的挑战,电影专利公司也将会被告上法庭,反复被审问,并被最终证明违反了刚刚制订的谢尔曼反托拉斯法,但它还是生存了下来。

电影专利公司不仅生存了下来,而且它的公司架构还影响了整个未来电影工业的发展。它的许可证安排将电影的生产、发行和放映紧密地联系在一起,从而建立起了一种垂直的结构,这种垂直结构最终使得好莱坞电影体系能够控制娱乐工业的所有层面。通过将电影看作是与其他标准化的商品一样的商品,它建立起了一种电影发行体系,在这个体系中,电影的商标品牌和胶片长度决定影片的出租价格,影片的内容则与出租价格无关。作为一种依赖如此多的连锁利益但又推广一种保存期很短的产品的商业,它的这种体系确保了它欺凌反抗者(尤其是外来者)的权利。的确,电影专利公司曾在建立其垄断的过程中,禁止外国公司获得其专利使用权,只有那些当时力量太强大以至于无法被排斥的公司例外,这些公司包括百代公司、梅里埃公司和高蒙公司。为了驱逐法国公司,电影专利公司联合美国社会中的其他力量,发起了一场或许可以被称为"文化防卫"的运动。

到了20世纪的头十年,"五分钱影院"革命使得一个古怪的市民力量联盟的注意力被集中到了一起,这个联盟中的人们是典型地因为支持美国的仇外而联合到一起的,其比较显著的构成者包括自由主义的社会改革空想家、社会主义女权主义者、劳工领袖和宗教顽固分子,与此相伴随的是,改革电影已经变成了一个全国性的愿望。所有人都能够认识到,廉价娱乐场所的扩散对在那里找到娱乐的各类公众产生了非常负面的影响,这些公众包括:孩子们、女性,以及人种混杂的外来移民群体,这些外来移民大部分不懂英语,他们在经济上被剥夺了权利,在外形上显得没有教养,在社会上处于边缘地带,在政治上则令人怀疑。[22]电影工业急于挡开对自己的批评(对引发这种批评它无论如何都是有责任的，而且这类批评应该导致政府对电影工业进行管制），为此它积极支持道德重建运动。它的武器是让公众卷入一场有关电影风格和电影内容的嘈杂辩论，特别是在争论不休的区分健康电影和有害电影的问题上。考虑到美国是一个移民国家，并且对于谁和什么是外国的或本土的，事实上每个人都很敏感，因此评价电影就有赖于将本土电影的风格、外观和信息与外国生产的电影区分开来。

一个案例就是研究百代公司的电影，百代公司是世界上最大的电影公司，它的总部设在巴黎，但它在美国也有重要的分支机构。一部百代公司的电影能够很容易地通过它的商标——一只昂首阔步的高卢鸡被辨认出来，尤其是在“五分钱影院”革命后百代公司库存影片的质量和数量在很大程度上保证了电影的供应和新鲜性之后。百代公司生产的电影或者是被直接购买，或者是以盗版的形式在流通，它生产的“写实电影”，如记录可怕的1902年2月马提尼克岛派立火山爆发的片子，还有它生产的科幻电影和电影故事，如《睡美人》、《路易十四的一生》、《浮士德与玛格丽特》、《靴子里的少女》（被广告宣称是非常适合孩子们观看的电影）以及《罢工》（一部“使人感动的影片”，还被誉为“影片《火车大劫案》以后最伟大的影片”之一）等，在20世纪初的前几年中建立起了工业标准，并且在“小人物们”当中非常流行。[23]

为了使“小人物们”接受本国的电影价值观，美国的商业媒体受到了最近开始被用来区分百代公司产品的一个特征的很大困扰，那就是在1903至1904年间发展起来并被女工生产线应用的电影色彩，女工生产线在每部发行的影片中用色彩来突出一些能唤起感情的物品，例如鲜花或雨伞、帽子和服装等女性用的小物品。相对这些琐碎并且明显很虚假的细节，真正的美国人肯定更喜欢具有高对比度的黑白电影，因为黑色和白色才是坚实的现实主义的色彩（至少在彩印法彩色电影在1940年代出现之前是这样，那时欧洲新现实主义的黑白电影已经被当做落后的电影和外国的电影而被排斥了)。在巴黎大木偶剧场上演过的那种外国电影以前曾因其能表现对人类苦难的哀伤而受到欢迎。现在，批评家们则批评这种类型的电影缺乏道德坚强性。真正的美国人更喜欢能突出那些坚强角色、散发着“明天会更好”这样的乐观主义并有一个快乐结局的叙事风格的电影。没有人希望被指责是带有病态的娇气的“百代痴呆症”患者。“让我们多关注生活那令人快乐的一面吧，”新近移民来的环球电影公司的创建人卡尔·拉姆勒(Carl Laemmle)在赞扬新的道德标准时说道，“没有被进一步观察的生活的阴暗面已经被反映得够多了。”[24]

然而，让美国性在电影文化中深深扎根的是一种越来越受欢迎的新电影类型，即西部片。的确，百代公司也很聪明地生产了一些它自己的反映牛仔与印第安人故事的影片以满足市场需求，但这些影片只是激起了指责其不真实的批评。印第安人说出了其中的道理：任何精力充沛的美国人都能够识别出一个真正的“红皮肤人”，即在影片中化妆成褐色脸庞的印第安人，在南加利福尼亚沙漠的定居点伏击定居者的行动敏捷、肌肉强壮的白人替身演员；他们也能识别出一个冒牌货，即缺乏活力的、骑着小马在法国卡马格地区的某个地方疾驰的骑手，不过这些骑手更有可能是在“不真实的”新泽西或洛杉矶疾驰，这些地方生产了大量的美国西部片。[25]由于百代公司被排斥出了许可证交易业务，加上在文化基础上也越来越被拉开了距离，所以1907年之后百代公司的市场份额急剧下降。自那以后，随着移民大众的被归化，五分钱影院变成了电影这种越来越标准化的民族产品的可靠市场。

然而，经典的好莱坞体系是在一战期间才出现的，此时美国的国内市场已经被本国电影制造商永久性地占领，电影制造商们围绕电影质量展开了竞争。在参战的两年中，在美国经济高度繁荣的背景下，电影拍摄的规格变成了需要巨大预算的长片，这种长片是为大规模的观众设计的，它的播放长度达到五卷胶片，并按照票房收入的百分比来收取租金。当电影制造商们认识到保证消费者忠诚度的是明星演员们的面孔和形象之后，造星系统就以明星演员品牌的形式开始成形了。随着电影公司通过签署出演一系列电影的合同确保了明星演员们所提供的服务，电影公司的营销部门也提高了人们对这些明星演员们所产生的兴趣，就像广告赋予了旁氏肥皂或柯达相机的产品以个性一样。很自然的是，如果没有一定的经济规模使得对薪水、雇员和晋升空间的巨大投资成为可能，这样一种事业是不可能出现的。它也要求演员们愿意把他们自己视作可营销的个体，并准备牺牲他们中产阶级的隐私及天才艺术家们所特有的古怪生活方式，以便提高他们的知名度。好莱坞体系也从节省劳动力的角度出发考虑使摄影任务高度专业化，并使用剧情说明来进行计划以便提高效率。连续编辑设备为构建电影叙事制定了指导方针。创造性的摄影技巧和人工照明也使得电影画面完美平滑，这在一战之前是不可能的。总之，在一战之后，好莱坞电影体系与标准化的、大规模生产的、在国际市场上销售的文化商品的对应关系，就像是福特制与全球性耐用消费品贸易的对应关系。

最重要的是，一战之后的美国电影企业加快了海外扩张的步伐。就像J.沃尔特·汤普森和他那处于萌芽状态的广告业一样，好莱坞也已经与政府的克里尔委员会联合起来了，这个委员会在一战的最后一年期间建立了一个特别的电影分委员会。这样做不仅是为了给电影做宣传，而且也保证了在美国战争援助的框架内帮助美国电影企业削弱它的欧洲竞争对手。当急于融入美国主流舆论的电影公司支持伍德罗·威尔逊总统对电影的以下看法时，高涨的爱国主义与商业实用主义就紧密地结合起来了，威尔逊认为电影是“在传播公共智慧方面最高级的媒体，因为电影使用的是人人都懂的语言，它非常有助于展现美国的计划和目标”。[26]

当美国国会在1918年通过韦伯－波莫雷内法后，美国电影工业实现上述目标的经济能力得到了很大的加强。这一法案的制订目的，是在美国电影工业与外国(尤其是德国)卡特尔安排的竞争中支持本国企业，它取消了反托拉斯法规对出口协会的约束，准许它们组成卡特尔和规定商品的价格，并允许它们在国外进行其他违反竞争性的操作，这样的操作在国内是受到了谢尔曼反托拉斯法的禁止的。从20世纪20年代开始，美国的电影工业一直是这一法案的最大受益者，也一直是这一法案的最坚定的支持者。[27]

1922年，美国电影工业的主要同业公会美国电影制片人和发行人协会成立了，它的成立是为了实现国内目标，包括加强对电影工业的控制，通过自我监督改善电影工业的糟糕公共形象，以及促进更好的商业实践。然而，在和蔼又专断的威尔·H.海斯(Will H. Hays)的领导下，它迅速展现出了强大的国际号召力。美国电影制片人和发行人协会也被称作是海斯办公室，它紧紧盯住了美国商务部的口号，大意是“贸易跟随电影前进”，电影提供了“有关穿着、生活和舒适理念的生动展示”。到1926年为止，它哄骗国会为一个特别的电影部拨付了不少款项，这个电影部的工作人员全是它自己的全职员工，1930年，电影部变成了国内外商业署的一个健全的分支机构。[28]海斯办公室自己也成立了一个“国外分会”，这个机构每天都与国务院和国内外商业署进行沟通。它甚至还在巴黎运行着自己的海外总部，这一海外总部由海斯的妹夫管理，此人与美国大使馆联系非常密切。

但好莱坞最有价值的与欧洲方面的联系者是乔治·R.坎迪，此人于1936至1939年间担任国内外商业署的首席代表。坎迪是一个归化了的美国人，他生于爱尔兰的科克郡，人很聪明，喜欢交际，能处变不惊，他能够“如此沉着、冷静和清醒地”掌握当地的商业事务和政治事务状况，以至于欧洲人自己都定期地向他咨询关于他们自己的及竞争对手的电影公司的情况。[29]他的外交技巧从与欧洲人谈判和提出自己的要求过程中得到了磨炼，他经常能把棘手的贸易问题变成外交平衡问题。他还把在对外谈判中将美国人组成统一战线当作是他工作的一部分，尽管没有什么比“把孩子们集中到一起并使他们保持一致”更难的了。当外国对美国电影的抵制变得特别难处理的时候，海斯就会亲自干预，美国政府的贸易代表则没事干了。在国内是“沙皇”，在国外则是“大使”，海斯就这样打理他的私人生意，仿佛他处理的是一项国家事务，他以个人身份与外国首脑们谈判电影份额的安排，仿佛如果谈判失败，他就能获得私人全权大使的官方授权，以便用破坏性的贸易抵制去惩罚那些令人讨厌的国家。[30]

美国电影工业得到了这种坚定支持的充分保护，并且资本充裕，因此从 1920 年代起它开始在国外大量投资。它增加直销办公室，热心参与外国电影事业的建设，把电影天才招募到好莱坞，还进行不正当的市场营销，例如实行包场制，即要求地方上的放映者买下所有发行的片子，不论好坏，不能只买一部或两部他们认为适合本地市场的片子。更重要的是，与外国的这种无处不在的联系支撑了电影工业创造一种国际性的品味文化的能力，就如它创造了一种全美的电影文化一样。由于在一战结束时，把国外收入当作评估利润率的一部分已经被好莱坞的财务记账方法变成了标准操作，电影工业对外国观众的看法就表现得越来越关心，或者说是对那些通过审查制度、批评和联合抵制来排斥美国电影的人的看法越来越关心了。就像它在国内不得不劝说观众，告知他们它的电影是无害的（如果不能说是道德上很高尚的话）一样，它不得不去说服那些外国的政府、审查委员会、天主教和其他宗教团体，以及不同的各种各样的政治机构和市民机构，告知他们它的电影在道德上是无害的，在意识形态上也是中立的。[31]美国电影工业基于对当地情况的了解进行运作，并留意政府和宗教审查的各项规定，有时还付费向外国咨询商进行咨询，由此它能调整电影的内容，以便确保电影能受到欢迎。从20世纪20年代中期开始，美国电影制片人和发行人协会向涉及电影制作的所有企业施加了越来越大的压力，要求他们遵守越来越广泛的电影审查方针，不管各个电影企业的风格是什么。因此它远离了政府审查的威胁，而政府审查是世界所有其他地方的规范。1930年，当海斯办公室发表了它的产品法典后，这种独一无二的审美和道德自律的实践就被明确化了，它的道德自律提供了一种与国家审查委员会相比不那么严厉但更灵巧、更有侵入性的手段。[32]

与无声电影相比，有声电影在生产的时候需要监督机构有更多的干预，无声电影可以在六个或更多的地方被改动而不会使电影情节变得不连贯，这种改动可以在电影正式发行前由制片者自己在编辑室进行，可以由电影出口商进行，可以由审查的官员进行，甚至可以由地方上的电影放映员进行，他可以应教区教士的要求在这里或那里剪去一小段胶片。现在，产品法典的管理机构可以用专家意见指导电影制作者。围绕下面这些通用的主题制作影片是积极的，例如：对家庭、家人和儿童的爱；为上帝而献身；表演和运动的快乐；对国家的忠诚等。而下面这些主题则是令人不悦的，例如：过分详细地表现性活动；拐卖妇女为娼；或其他商业罪恶等。同样地，沉湎于下面这些主题也是令人反感的：使美德看上去可憎而恶习却有吸引力；削弱法律的权威；冒犯宗教信仰；诱使道德感弱的人犯罪。由业内人士进行自我审查，这些业内人士根据电影的内容和意图进行判断，而不是根据个人的主观感受去进行判断，这种做法被公认为优于公共审查那种严厉的拘泥于条文的做法，不论这些条文源自哪里。正如脾气暴躁的性改革运动者和前卫电影的推动者、可敬的艾佛·曼塔古（Honorable Ivor Montagu）所指出的，英国电影审查委员会捍卫公共道德的那种做法是非常滑稽的：它放行《弗雷德·内博龙的两个情人》(1928年)这样的影片，这部影片展示了罗纳德·科尔曼精力旺盛地追求威尔玛·班琪(科尔曼还给了班琪的至少一名女佣“她一生都在等待的感情”)；然而，该委员会却禁止影片“表现蜗牛的交尾，甚至连一种棘皮类动物向水中射精的情况”也被禁止表现。[33]

在管理电影文化的解放主义趋势方面天主教会和好莱坞法典哪一个更有效率？这是很难判断的。它们两者相互都承认和欢迎对方的贡献。海斯办公室的领导人是一名共和党人，同时他也是一位对电影公司的犹太人领导们负责的身体力行的基督教长老会的会员，海斯办公室委托天主教徒正派军团制订了电影工业的海斯法典。相应地，当1936年6月29日教皇庇护十一世发布他的库拉警示通谕，警告信徒们对现代娱乐的危险保持警惕时，这位严厉的教皇认为罪过存在于观众们的眼睛、思想和灵魂中，并推荐他们把自制当作最好的治疗方法。最理想的模式并不是横加干涉的“凯撒”政府的审查，而是美国市民社会道德自警的复杂体系。[34]

这种持续的、缜密的干预导致的是一种充满了悖论的国际性产品的出现。好莱坞已经学会了一个重要的教训，那就是，在展示其卓越的娱乐价值的同时，淡化美国电影作为一种新的大众文化先锋的形象。这一过程导致美国的电影制作出现了如下两者之间的显著紧张关系：一方面电影为扩大观众面而因循守旧，另一方面为了刺激观众来看电影并巩固他们的忠诚度，电影又要进行试验。[35]这种经常争论不休的对话所导致的结果，就是一种其语法一直在被改写的普遍使用的日常用语的出现。在对欧洲各阶层都喜欢的玩闹戏剧的强烈积极反应中，这一点体现得尤其明显。文化批评家西格弗里德·克拉考尔反思说：“人们必须得把这个传递给美国人”。克拉考尔注意到了他的柏林同胞们对美国电影所呈现的现代生活的如下严酷现实所表现出来的兴高采烈：

压迫性的生产技术，清教徒般的道德准则，对日常生活的严厉管辖，以及布斯特·伊顿、哈诺德·劳埃德和查尔斯·卓别林等演员在反抗上述因素时所进行的滑稽夸张的表演。也就是说，美国电影制造了一种“现实”，通过这种“现实”它们使世界屈从于一种经常是难以被忍受的秩序，但反过来这种“现实”又“解构了这种被强加的秩序”。[36]

电影日常用语从字面上看是一种语言，英国人曾战略性地改造这种语言以提高其工人阶级的女孩们的贵族文化。1930 年代的“新女性”威尼弗雷德·霍尔特比(Winifred Holtby)的小说《南方马术》中的女仆艾尔西“像她的大多数本地的同龄人一样……会三种语言，她对她的雇主讲 BBC 式的英语，对她的同龄人讲美国电影式的英语，对年迈的挤奶工讲约克郡通行的方言”。[37]这些俏皮话、隐语和俚语(如“走开”，“别费神了，简”，“切割水蒸气，做梦”)让父母们震惊。如一位年轻女性所描述的，这类语言提供了实践某些“小窍门”的机会，“例如当我被亲吻的时候用我的手指弯曲我男朋友的头发，抚摸他的脸，或者闭上我的眼睛”，这对改变性行为方式非常重要。当她们看到屏幕上的这种优雅的情侣时，女性们也希望能得到比本地男孩所提供的更好的东西。[38]这方面的情况并不是一条单行线。在多沙尘的郎维——法、比、卢交界处的洛林地区的一个产煤城镇，身为第二代意大利工人的男性观众们非常敬佩汉弗莱·博加特，一个真正的女士杀手，他是如此自信，但他在相貌上并不是一个出众的典范。他是最没有社会地位的，在社交方面也是最笨拙的，但他却提供了一个诀窍方面的榜样。[39]在各个国家内，性别角色就像它们被加强的那样成形了。男性和女性们记忆最深的角色是葛丽泰·嘉宝在《克里斯蒂娜女王》中交叉性别饰演的那个运气不佳的年轻统治者。

美国电影引入了一个感官提升的世界，这个世界塞满了日常生活中的小道具。美国电影中并没有人为制造的排斥普通日用品的惯例，这些日用品包括装咸牛肉的金属罐、装鞋油的锡罐，还有电话，在1930年代，意大利电影还用电话来命名一种全新的感伤喜剧片类型，即“白电话派”。不论这些东西是不是超级富豪们的道具，不论枪支和飞驰的汽车是不是歹徒们的道具，不论拥有一千瓶等着被掀翻并酒水和碎瓶片四溅的酒的、众所周知的西部酒吧是不是精心装束了全套装备的米高梅公司的影星艾德里安或派拉蒙公司的影星艾迪斯·希德的道具，它们的意义都远远超出了表述电影情节所需的道具。这里想说的是，并不像美国的贸易官员们所说的那样，丰富的视觉创造了对这些物品的需求，仿佛广告仅仅依靠展示商品就能卖掉商品一样。但是，它们确实加强了一种需求更多细节、更多视觉和更多拥有类似额外意义的电影的新经济。从这种意义上讲，美国电影的吸引力类似于美国广告的写实主义所能带来的那种快乐，这些广告呈现了码在超市货架上的商品的壮观，而其文字的现实主义则使得普通美国人的生活方式生气勃勃，这种现实主义曾使得辛克莱·刘易斯在1930年赢得了诺贝尔文学奖。

那么，看看好莱坞构成了一种什么样的挑战吧：它的经济力量建立在对一个广大的国内市场的控制之上；它的垂直整合的组织得到了雄厚资金的支持，也得到了一个其领导人深信电影的用处和价值的政府的支持。甚至当它把有关电影是商品还是文化成果、是工业产品还是艺术形式的争论当作狡辩撇开的时候，它也以普遍价值的保护者身份呈现自己。它还产生了一种新的日常用语，这种日常用语提供了交流沟通的新策略，这种新策略削弱了文化和盲从的旧障碍，并一直许诺合作以包容大众文化的过分行为。

文化防卫

面对美国电影的冲击，欧洲的电影工业怎样来防卫它们自己呢？在美国电影以好莱坞的形式挑战欧洲之前，欧洲并没有自觉的民族电影可言，正如美国一开始也没有美国电影一样。现在，好莱坞已经明显地将自己打造成了民族电影的第一个鼓吹者，它定义什么是"好的"电影，并维护对最重要的电影发行渠道的控制。更重要的是，相比美国的电影工业，欧洲电影工业处在一个更加复杂的文化秩序中。直到1920年代，欧洲的精英们在下列问题上仍然存在分化：电影应该是被当作娱乐、艺术和教育还是应该被当作宣传？在传统的国家威望测量标准是高级文化（high culture）、帝国的范围、武器的威力及煤和钢的产量的情况下，一个强大的电影工业对于提高国家威望有用吗？在文化精英们将初生的电影工业视作只是被乌合之众消费的文化垃圾的情况下，电影被置于了特殊的审查法令和警察的监督之下。如果电影被看作是奢侈消费品，它又会被征以重税。因为电影吸引了犹太人企业家和艺术家们的参与，在其他领域内这类人引起的反感和反犹太主义一起，也在电影领域内产生了影响。

的确，美国电影工业在获得合法性之前也曾面临相似的障碍。大部分电影生产从东海岸的水泥摄影棚被转移到发展迅速的南加利福尼亚州的鲜花盛开的荒野地区，对于解决这个问题帮助很大：在一个远离传统文化产业的环境中，电影业的精英们获得了他们的合法性、他们的杰出的天才、社会名流，以及可作为财富的一百万"迈锡尼人"，这些人中和了对彻底的重商主义、犹太人主导、可怕的性犯罪和庸俗的风俗的偏见，他们也正是因为有这种庸俗的风俗而被打上"迈锡尼人"的烙印的。相比之下，在欧洲，电影工业从来没有离开过巴黎、柏林、罗马、维也纳、布达佩斯和伦敦等这些首都的一箭之地之外，它们一直能感受到原有的文化精英们的惴惴不安的拖绊。从最好的方面看，靠近首都使得欧洲电影人能够参与咖啡馆和沙龙的热情的知识分子生活，参与社会运动的政治磨合，并能从戏剧和艺术先锋派那里获得多才多艺的人才的储备。欧洲的电影文化与当代的其他艺术媒介运动有着紧密的共振，比较显著的如表现主义、超现实主义和新现实主义。从最坏的方面来看，靠近首都使得努力挣扎的电影工业面对着政治角逐、反犹太主义和知识分子时尚的变化莫测，这些使得电影远离了广阔的内地省份的观众，并使得这些观众更倾心于好莱坞电影。

事实仍然是，欧洲去看电影的观众人数在公众中所占的比例比美国的电影观众人数比例低得多。在 1930 年，美国有 1.8 万家电影院，相比之下，法国有 2400 家，德国有 3730 家，英国约有 3000 家。[40]的确，在 1920 年代，在美国电影的刺激下，欧洲的电影观众人数在规模上出现了飞跃，正如美国的“五分钱影院”革命受到了百代公司和其他外国电影公司电影的刺激一样。因此，欧洲人看到的第一批电影经常是好莱坞电影，这些电影是由放映商引入欧洲的，这些放映商渴望获得所有他们能够接触到的电影货源，并与由美国供货的电影发行商做生意。随着欧洲本地的电影工业开始复苏并出口电影，它们就闯入了这个新建立的、由美国人主导的电影放映体系中。1925 年，当限额和关税被采取以用来保护国内市场时（首先是德国这样做了，然后几乎所有其他欧洲国家都这样做了），这些措施更像是为了阻止其他欧洲国家电影的进口，而不是为了阻止美国电影的进口，因为美国电影的发行者很快就获得了本地的资源、专门知识和政治影响去绕过这些限制。

在法国，文化问题所产生的敏感性是非常尖锐的，这部分地是因为法国电影企业的全球地位已经经历了一场毁灭性的转变。

在1910年，百代公司和高蒙公司是世界上领先的电影企业，十五年之后，在可怕的1925年，美国电影以577部比68部的比例超过了法国电影的产量。[41]更糟糕的是，在一战之后，百代公司和高蒙公司一评估美国人的优势，马上就放弃了自己的专题制作，转而投资进行一项更有利可图的生意，即发行电影。那么，发行哪国的电影能够最可靠地得到供应并最有利可图呢？当然是美国电影。从那以后，专题电影制作就由三种类型的企业来进行。第一种类型是很少见的、生机勃勃的中等规模的公司，以奥贝尔公司和信天翁公司（Albatros）为代表。[42]第二种类型的公司是那种一流的、好莱坞风格的、拥有自己的本地巨头的制片厂，在包括阿道夫－奥色公司、雅克－艾克公司、迪亚曼特－伯杰公司和亨利－路易－纳尔帕公司在内的这类为数不多的公司中，有两个人异军突起，他们分别是：让·萨佩纳（Jean Sapène），生活优裕的巴黎日报《晨报》的编辑，也是《电影小说》的创办者；伯纳德·纳坦（Bernard Natan），备受非议的、生于罗马尼亚的商人梦想家，也是快速电影的创建者。在他们建立自己的电影企业前，他们每人都曾试图按照好莱坞大电影制片厂的路线改造百代公司，但都因缺少足够的资金而失败。[43]此外就是那种小规模公司的大量出现，经常是那种与法国的商业图景相适应的独一无二的独立制片人，不论这些人作为艺术家和工艺师具有怎样的优点，他们都很难作为一个部门被组织起来，在电影发行圈里他们的力量是零。

然而，法国官方的忧虑并不是首先被法国电影生产者的经济困境激起的，而是被它们很成问题的文化地位引起的。从法律上看，电影仍然处在这样一种法律的管束之下，这种法律是从席卷旧制度的一种担心中产生的，即，戏剧和其他娱乐一旦从专制主义的统治下被解放出来，就会煽动市民的骚乱。后革命时代的社会秩序接收了许可证制度、审查制度和对娱乐征取重税等沉重的遗产，对娱乐征重税的做法直到19世纪中期才开始被取消，特别是在 1864 年，这一年，剧院被重新划分为正常的商业企业，从此摆脱了那些令人头疼的规章制度的束缚。[44] 至少，电影在文化等级中的地位应该被升级，以便适用于相同的税收减免、审查规则和剧院系统补贴。[45]

1926 年，法国政府终于开始解决定义“民族电影”的问题，这在很大程度上应归功于爱德华·赫里奥的行动，赫里奥是里昂展览会的创建者，是爱德华·费林的友好东道主，也是里昂的终生市长。当时，这位 50 岁的政治家在雷蒙·普安卡雷(Raymond Poincaré)的内阁中担任教育部长，在这个职位上他还负责管理美术部，美术部有管理电影的权限。他认识到了电影这个部分超出了他的知识范围，为了应对对于电影工业危险地位的抱怨和大声疾呼，他任命了一个由五十人组成的调查委员会。在接下来的几个月内，召集起来的这个被称为赫里奥委员会的机构着手开始解决两个问题。第一个问题是赋予电影与戏剧相同的法律权利，这实际上意味着宣布了电影是一种艺术。第二个问题是给予电影以同等水平的国家保护，欧洲其他地方的电影已经获得了这种保护，尤其是在德国。

作为一名旧式的自由主义者和学者，赫里奥在处理第一个问题时要比处理第二个问题时容易得多。的确，不得不解决这两个问题使他处于一种很不舒服的境地。因为，虽然他专注于保护高雅文化，但他也是一名主张实行自由贸易的泛欧主义者。没有其他产业像电影业这样突出地表明了商业和艺术是向两个不同的方向发展的，而这都对好莱坞非常有利，好莱坞如果不是忽略这两者之间的差别的话，也是根本不关心这两者之间的差别。

美欧之间的这种紧张关系在第一届国际电影会议的成果中体现得最为明显。这次会议于 1926 年 9 月 27 日至 10 月 2 日在巴黎召开，正好是赫里奥上任三个月之后。召开这次会议的倡议来自知识与文化合作学会的法国分会，这个学会是国际联盟的一个顾问机构，它的领导人都是与赫里奥本人非常相似的人，他们富有教养，是崇尚世界主义的自由职业者，他们远离商业利益的交易，只有当推动实现他们自己的理想的时候例外。他们更大的使命是寻找治疗"魔山综合征"的良药，按照托马斯·曼对欧洲患了结核病的文化的悲惨诊断，"魔山综合征"的症状包括：中产阶级的世界大同主义在沙文主义者的民族主义压力下的衰退；女性化了的有闲阶层的愚蠢的喋喋不休；大众娱乐水准的下降以及大众娱乐的扩张，特别是"好莱坞的入侵"。这次巴黎会议的议程指定了本次会议将会专门处理美学和教育问题，虽然相关从业者（即电影生产者）希望利用这一场合洽谈业务。美国的电影人是受欢迎的。然而，由于美国并不是国际联盟的成员国，因此它并没有派任何官方代表。海斯办公室也拒绝参会，它的理由是，把电影当作是艺术和教育而不是一种工业，这是含蓄地表达了对美国电影业态势的不满。而且，战时债务问题仍在煽动着公共舆论，海斯办公室认为，"如果我们参会，会议或许会很容易地发展成一个反美事件"。会议的参与方试图对美国人的缺席轻描淡写："如果美国人看到了会议的实际成果，下一年他们就会参加会议"。[46]但事实证明，美国商界并没有因为缺席会议而损失任何东西。这次会议以一系列被罗列出的陈词滥调的美好愿望宣布告终，"是一些关于提高电影的道德和文化水准的惯常的废话"，英国媒体这样描述这些决议；"是柏拉图式的愿望"，法国人则这样写道。对明年在柏林召开下一次会议的反应是如此的冷淡，以至于没有国家响应。[47]

然而，欧洲知识分子的诺言与来自法国电影生产者的压力结合在一起，强化了赫里奥的信念，即，电影是民族教育中一种颇有价值的工具。当1926年12月初他在国民议会下院谈论"电影"时，他的辉煌讲演引来了热烈的掌声，他讲道：电影是"一种拥有无限的可能性的无止境的课程"，它是"向孩子们展示这个世界的最好方法”。他回溯到了旧制度下消费者的治疗袋，并提出了两个家常治疗方法。一个方法是更多的监管：教育权力机构必须要密切监视校园年轻人观看的影片。另一个方法是更多的教育：必须要采取措施以“取代浪漫的概念，这种概念只会导致将劣质的小说改编成电影”。在“非常彻底地研究了这个问题”之后，这位可敬的教育部长有意为法国提供“一些法国所没有的东西”，即“一所教育学院”，在这个学院内，“我们可以探究用电影进行教育的可能性”，提升有教育性的电影，发展一种“电影方面的教授职位，支持并保证艺术自由”。[48]

现在，当电影被尊为一种艺术之后，剩下的难题就是为其获取经济支持了。赫里奥深信，如果能得到一种温和的制度保护，法国的电影工业就能发现“自身内部的团结”，并由此重建它的威望，于是，1928 年 2 月 18 日，赫里奥命令他的委员会发表了经过了长期研究的决议。正如人们所预见的，它建议将电影适用与戏剧一样的财政和审查规则。更引起争议的是，它主张对外国电影实行一种配额制度，同时创建一个新的办公室负责安排附带的协议。这将要求那些想在法国发行其影片的外国公司安排在其本国市场上放映相同价值的法国电影。进口限额规定，每在法国制作一部电影，其公司就可以在法国放映四部外国电影，这个规定几乎算不上是严厉。并且，没有制订相应条款以结束“为了限额而草率生产电影”的实践，这类电影是美国公司出资拍摄的低成本电影，目的是为了达到每年放映的一定比例的电影须在当地生产的要求，然而这类电影被故意不认真制作，它们对好莱坞生产的电影没有任何竞争力。

事实上，赫里奥法令所提出的那些变革更多地是引起了小规模放映者所青睐的那种开放贸易的观点的共鸣（这些小放映者是赫里奥的选民），而不是引起了大规模的电影制造商们所青睐的那种保护主义吁求的共鸣，这些大规模的电影制造商因为要求切断与美国资本的特殊贸易和驱逐好莱坞制作的“浪漫电影”而遭到了赫里奥的鄙视。作为一名国际主义者和统一的欧洲的支持者，虽然法国的文化疏远美国，但赫里奥并不特别反美，然而，他却没想到美国人对赫里奥法令做出了恶毒的反应。

1928年3月28日，威尔·海斯亲自登机飞往法国。4月4日到达巴黎时他对媒体说，他的宏大目标是“使电影能够正当地扮演当今世界专门为它保留的那一伟大角色成为可能……因为电影是对当今世界的一种最伟大的展示，它自身的力量使它能够培育并加强我们之间的共同纽带，这些共同纽带最终必能在世界和平与兄弟情谊中获得胜利”。[49] 4月9日，他会见了赫里奥，赫里奥坦率地重申了他的信念，即，他的政府是在日内瓦会议有关自由贸易的条款内行事的，其做法只是为了让法国的工业能够生存下去。海斯并没有被说服，4月20日，就在赫里奥将要乘火车回家参加将于4月22日至29日举行的选举时，海斯下达了他的最后通牒。美国电影制片人和发行人协会不会在法国的新规则下运作，除非这个法令被撤销或暂时中止以待进一步的研究，否则美国电影制片人和发行人协会有意继续对法国市场进行抵制。为了重开谈判，海斯提议消除电影中任何被认为对法国的民族情感有冒犯的地方，探讨法国和美国电影工业能够合作和共赢的方法，安排法国电影工业的代表到好莱坞去学习美国的电影生产技术，支持被认为适合在世界发行的任何法国电影在美国市场上发行。

同时，法国也被警告不要漠视美国抵制的结果：自3月1日以来，没有美国电影被购买到，随着电影院因为库存影片告罄而关门，八千至一万名法国人将会失业。这种前景引发了对这个问题的迅速再审议。5月4日出现的新协议基本上认可了现有的市场份额比例。相应地，海斯通过安排法国文学批评家维克多·曼代尔斯代姆（Victor Mandelstamm）到好莱坞去为海斯办公室提出适合法国观众的电影标准，表达了他对法国文化敏感性的尊重。[50]

经济防卫

对美国电影的最明显防卫是经济方面的防卫，但只有德国具有能力发动这种防卫。经历了一战的德国电影工业具有无与伦比的优势：它在很大程度上是全新的，是中央集权的，规模大，并且获得了政府的支持。协约国对德国的封锁使得德国最高司令部和领先的工业家们相信，德国需要它自己的国家导向的、中央控制的电影生产。1917年7月，德国政府和私人利益团体共同出资建立了环球电影股份公司（UFA），该公司的平民导演们曾短暂地受到最高司令部如下观念的左右：公司应该集中拍摄爱国和宣传性的主题。此后他们就开始着手对公众对于娱乐电影的长期得不到满足的需求做出反应。到一战结束时，由于得益于竞争对手的缺乏、国家的支持、技术进步以及几乎是难以抑制的需求，环球电影股份公司在德国电影工业中已经建立起了主导地位，这种情况将会一直持续到1945年。到了20世纪20年代早期，它已经建立了自己的电影发行体系，并建立了欧洲最大和装备最好的摄影棚。[51]德国的商业文化支持集中制、工业卡特尔、国家保护和出口导向的发展战略，从这种商业文化中繁荣起来的德国电影工业独一无二地具有针对好莱坞发展经济反制战略的能力。

比它的经济能力更重要的是，德国电影拥有发展能体现德国文化但同时又具有跨国吸引力的电影类型的能力。“一个民族必须要知道他们的尼亚加拉河在哪里，他们的独特性在哪里”，艾里奇·鲍默曾经这样评论道。[52]尽管美国人最善于拍摄西部片、社会剧和喧嚣喜剧，但德国人在拍摄下列题材上强过其他国家：高度程式化的表现主义的纪录片，忧郁的现实主义的能启发观众灵感的戏剧，刺目的街道题材的电影，以历史真实性为特点的传奇和神话电影，心理剧，以及恐怖、离奇和怪异的影片。[53]在 1921 年成为环球电影股份公司的生产部主任后，鲍默自己就培育过环球电影股份公司在这些方面的能力。但是，鼓励电影生产者把德国特色（包括它的戏剧传统、才华出众的作家、优秀演员的储备）转变成一种针对好莱坞的工业化产品的营销力量，这也是德国对国际市场环境的一种敏锐把握。

相应地，好莱坞的电影制作者们密切关注着德国电影的进步，以便评估用什么方法可以利用德国的编剧，雇佣他们的人才来使"美国的艺术工业……更真实地具有普遍性"，并阻止德国的竞争，尤其是在法国、中东欧、土耳其和巴勒斯坦。[54]当德国电影的出口繁荣在 1924 年结束的时候，美国的电影工业立即带着自己的新片涌入德国。从那时起，美国的大制片厂通过提供更高的薪水，承诺提供更好的工作环境以及使他们从环球电影股份公司那小气的工作压力下解脱出来，雇用了一些重要的德国制片人、导演和影星。1926 年，这三种诱因合起来使艾里奇·鲍默来到南加利福尼亚，在 B. P. 舒伯格（B. P. Schulberg）的领导下在派拉蒙公司工作。在此期间，美国的资本淹没了德国电影工业：在 1925 至 1926 年，为了一笔总额 1700 万马克、利息为百分之七点五的贷款，环球电影股份公司变成了派拉蒙－米高梅公司。许多更小的德国企业也做了相似的生意。到了 1927 年，德国百分之七十五的电影生产都是由美国资本提供资金的。[55]

1927 年标志着美国工业收购并由此削弱其最强的竞争对手的意图达到了高峰。从那以后，德国的民族主义企业家们在国家的支持下，在并没有认真探索这种新媒体的流行魅力的情况下介入了进来。阿尔弗雷德·胡根伯格的多媒体联合企业多利格公司在德国外交部和德国经济部长的帮助下，通过买断美国人的股权获得了环球电影股份公司的大多数股份，此后，环球电影股份公司通过使生产日程合理化，将业务扩展到设备制造领域，以及利用加倍努力打进美国市场以扩大出口，开始加强它在市场中的地位。在承认环球电影股份公司的电影将不得不考虑“美国公众的心智水平”之后，环球电影股份公司召回了艾里奇·鲍默，此时鲍默已经在派拉蒙公司拍摄了两部成功的电影，展示了他制作“国际性正片”的技巧。环球电影股份公司的新任常务董事路德维希·克利奇(Ludwig Klitzsch)于一战期间在巴尔干前线就认识了鲍默，除了提供按照欧洲标准来看还不错的薪水之外，作为一项激励措施，他还为鲍默建立了自己的生产机构：环球电影股份公司下属的艾里奇·鲍默制片厂。[56]

当鲍默准备接受他在德国企业中的领导职位的时候，他公开承认他的好莱坞经历现在使他倾向于一种“对国内和国际市场持美国化的或民主产品的视野，完全强调物质关注”。在派拉蒙公司，他已经“在一所完全不同的学校里得到了训练”。他从他的新训练中学会了如何可能地投资于像一战这样的易引起不和的主题并使之具有广泛的吸引力：影片《帝国旅馆》讲述的是一名负伤的奥地利军官与一名波兰旅馆女服务员之间的爱情故事，影片《铁丝网》讲述的是一名德国战俘与一名法国乡下女孩之间的故事，这两部影片的场景都离开了前线，并混合了悬念、浪漫和对女性美德的渴望等因素。鲍默记得好莱坞那规模庞大的摄影设施，从一个场景转到下一个场景而不必拆解第一个场景的有利环境，以及美国照明设备的优越——这使得他在回柏林时还专门用船运回了一个“非常好的照明灯具”。他还赞赏美国的摄影棚运行起来“是按照其他大工业所有的那种机械式的精确，在商业方面同样有效率，业务第一是他们的座右铭，不仅运营方遵从和尊重这条座右铭，影星、导演和作者都一样”。[57]

最后，鲍默谈到了当下将文化和娱乐对立起来的那种传统的区分。按通常的看法，艺术电影与娱乐大众的电影是不同的，前者适合有“高要求的视野”的观众，后者适合“疲惫的群众”。如果要使两者折中一下的话，更好的情况是“一部电影过于轻松好过过于沉重”。美国电影主导着市场，是因为“美国电影的精神……显然最接近国际电影观众的品味，尽管有完全相反的看法”。这种观点“完全不是有意要做一种价值判断，也不是按照艺术或技术上的感觉”。现在只不过是有了“另一种衡量价值的标准”。不论有多少批评家严厉批评所谓的幼稚的美国电影，美国电影“不那么复杂，正是这一点使它成为了国际市场上的赢家”，并赋予了它“娱乐价值”。[58]

声音与主权

20 世纪二三十年代之交，有声电影的出现再次显示出美国的电影体系规定了欧洲电影的发展节奏。1927 年 10 月，富有进取心的华纳公司首次公映了《爵士歌手》这第一部拥有一段录制好了的对话的电影，此后的好几年内，好莱坞一下子就陷入了一场竞相创新的进程中，这种创新改变了电影商业的每一个方面，从制作技术和发行，一直到最小的电影推广细节，包括利用免费样品、影迷俱乐部和选美比赛。

像通常在这种情况下所发生的那样，美国电影商业充分利用了它的领先地位，在有声电影这个领域它的优势并不大，因为有声电影技术几乎是同时在大西洋两岸发展起来的。对德国与丹麦音响设备联合企业公司、T-Ergon 有声电影的发明家等市场领先者来说，电影制作的这种全面转变意味着快速、稳定和巨大的盈利。很自然地，环球电影股份公司是第一家转向有声电影生产的德国公司。艾里奇·鲍默当时正在拍摄一部无声电影，这是一部关于一个落魄的轻骑兵为了购买一匹马而劝他的乡村情人去当妓女的影片，这时他收到了路德维希·克利奇命令他加上声音重拍此片的电报。那时克利奇正在好莱坞进行访问，在那里，他意识到了美国电影业对有声电影的支持是多么坚定。反对“做美国人的附庸”的斗争正在进行。鲍默用“难以操控的、原始的设备”进行拍摄和剪辑，他在与时间赛跑，希望能在华纳公司的第二部有声电影发行之前完成《心之声》这部有声电影。华纳公司的第二部有声电影是《唱歌的傻子》，该片是在柏林首次演出的。为了使新媒体达到最好的效果，鲍默让他的主角——广受欢迎的男影星维利·弗里齐（Willy Fritsch）用法语、英语、德语和匈牙利语这四种语言进行演唱，并用合唱和舞蹈的序数来给电影叙事加标点。在这个过程中，他创造了一种新的电影类型，即小歌剧电影，这种电影结合了哈布斯堡王朝的舞台布景、奥匈帝国的音乐品味、旧世界的华丽外表和德国的声响技术，注定会在欧洲中部地区取得巨大的成功。

然而，好莱坞还是赢得了这场竞赛。1929 年 6 月 3 日，华纳公司匆匆把《唱歌的傻子》搬上了柏林的屏幕，它是通过它自己的发行者全国电影公司来放映的，全国电影公司是一家德国公司，华纳公司是其最大的股东。首映是在凯莱皇宫剧院进行的，这个剧院已经被使用西部维他风系统改造成了有声电影放映场所，公开漠视了法院禁止它侵犯德国声响专利的禁令。半年之后，在 12 月 16 日，鲍默的《心之声》在动物园乌发电影宫首映。[59]

在欧洲，有一种流行的观点认为，随着“好莱坞的美国特性变得能被听得见”，本地电影工业能够不费气力地收复说本国语的观众，欧洲各国将会在它们的电影产业中重建自己的主权。因为除了英国，其他国家几乎没多少观众能够看懂说美国语言的电影，没有观众将会长期忍受模糊的黑白字幕或粗劣的电影配音。总之，让电影变成本国电影的机会即将到来。[60]以德国为首的为大语种地区生产电影的制造商们想象着他们不仅能在本国市场上拥有优势，而且还能在语言相近的小国家中拥有优势，比如在瑞典和丹麦，这两个国家的高质量的电影产品迄今为止在国际无声电影市场上占着微不足道的地位。

然而，好莱坞已经准备好用欧洲电影工业无法做到的方式向有声电影转变。为将无声电影转变为有声电影而投入的资金相当巨大，因为他们不仅要求要重组摄影棚，而且还要用新式放映机改装电影院，随着观众的品味和收入在大萧条时期变得越来越难以预测，好莱坞也为电影营销制订了更大的预算。在欧洲，对无声电影的需求仍然在增长。在数以千计的偏远乡村地区刚刚安装了无声放映机，并且满足这种需求仍能带来丰厚盈利的时候，加快从无声电影向有声电影的转变对欧洲来说意味着真正的损失。欧洲的电影摄制在艺术传统上仍然有很大的投资，这种艺术传统把电影看作本质上是一种视觉媒体。“有噪音，是的；字幕，没有”。这种“对讲机”被担心将会打破“沉默的合谋”并导致电影摄制者抛弃无声电影所特有的蒙太奇手法，以制造有声电影所热衷的平庸的摇全景效果。[61]在美国，如果也存在类似的疑虑的话，这样的疑虑也会被这样一种资本主义彻底压制，这种资本主义习惯于粉碎昨天的辉煌发明，把废弃的设备当作垃圾，并把那些其才干不适应新技术的人从其职位上清除。

面对着民族语言的电影是否将会对他们的利益构成很大伤害的疑问，好莱坞的巨头们决心再次巩固他们对欧洲市场的控制。一个方法是对电影的英语对话字幕进行翻译。另一个方法是对每部电影都制作一个当地语言的版本。1930 年，通过在位于巴黎外的茹安维尔开设新的生产设施，派拉蒙公司给欧洲大陆带来了电影制造业中前所未见的、最先进的劳动分工。为了适应生产线的节奏，电影制作只不过是用不同的语言重复拍摄相同的场面，更换影星，移动布景，调整音乐，如果必要的话再润色下剧本。[62]对电影进行配音被证明是一种合理的做法，虽然这种方法成本很高，并且需要配音者有敏锐的感觉以还原出语气以及合适的重音和地方语音的变形。在有些国家,例如意大利,新的法律被制订出来,要求配音必须要在当地进行,因而创造出了一种新的被作为副业的家庭手工业。于是人们就获得了用罗纳德·考尔曼、加里·格兰特、葛丽泰·嘉宝或琼·克劳馥等影星的声调说话的经历,虽然这样的机会并不多。同时,有声电影将会制造民族观众的前景(这与经济危机和高涨的民族主义相符),导致电影商界与政府官员和政治家一起,都要求对电影进行更有决定性的国家干预。

在法国,到1930年代早期为止,电影已经被统一看作是一种民族“艺术”,同时也被承认是一项实实在在的重要产业。那些在1920年代从电影生产领域后退到电影放映领域的电影业巨头与其他公司一起,又重新回到了电影制作的领域。然而,高蒙-弗朗科-奥贝尔电影公司在1934年破产了,百代-纳坦公司受到了财务丑闻的影响,在1936年也失败了。法国议会为要求电影业进行自律而反复进行的调查却只能无奈地发现,法国电影制造业的生命力或许存在于那类独立的、一影一拍的小企业的扩散中。[63]这些企业通过从百代公司、高蒙公司或埃克莱尔公司租借设备和摄影棚来运作,在1930年代末期,正是这些企业使得法国电影的发行量得到了增长,电影的品质也得到了提高,使电影的品质得到了大大提高的是人民阵线的艺术家们的社会承诺,以及从纳粹德国的电影工业中出来的富有才干的流亡者的加入。

在意大利,法西斯政府在两个因素的促使下决定建立自己的“位于台伯河畔的好莱坞”,一个因素是它希望开发声响技术,另一个因素是它需要扩大独裁者的政治基础。对包括罗马知识圈(墨索里尼的长子维托里奥也属于这个圈子)在内的年轻知识分子们来说,电影是一种桥接精英文化和大众文化之间的鸿沟的理想媒体。他们中的大多数人都足够现实地承认,意大利的电影工业事实上已经在1920年代被外国的竞争、失误的投资和陈旧的电影类型摧毁了。虽然电影的产量已经稍微有些增长，但意大利只生产了其市场上九分之一的电影，其他的电影几乎都来自美国。因此，停止进口电影是不可想象的。事实上，墨索里尼曾被一项1934年发表的权威研究告知，意大利至少落后其他领先的电影生产国五年，在这之后，这位领袖自己也深信，意大利必须要对外国经验保持开放。墨索里尼曾在1925年建立了卢斯研究所以阻止福克斯公司的新闻影片的入侵，身处信息前沿，他会更加放心。对负责新闻和宣传的副部长（后来是通俗文化部部长）负责的电影署的新任总管打算为国家干预电影业起草一项计划。该机构的新负责人路易吉·弗雷迪（Luigi Freddi）在对好莱坞进行了为期一个月的访问之后，把好莱坞当作了意大利的榜样。弗莱迪以前曾是墨索里尼的《意大利人报》的编辑，他提议建立一个由国家运营的、与美国的米高梅公司相当的电影企业。在理想情况下，这将使国家有足够的力量把电影的生产、发行和放映整合起来，而又不用每天都进行政治干预。[64]

然而，甚至连这位独裁者都能认识到，政府对电影正片生产的控制意味着票房收入的失败。用一个可笑的失败就足够说明问题了：1934年，卢斯研究所花了400万里拉（约55万美元）去拍摄焦瓦基诺·福尔扎诺（Giovacchino Forzano）的宣传艺术史诗《黑衫党》。[65]于是意大利政府的兴趣转向了计划由国家垄断电影的发行，而不是电影的生产。像在法国和其他地方一样，帮助了美国电影的正是美国人控制电影放映渠道的那些有力措施。这些放映渠道集中在发达地区，因此，许多偏远的城市地区（更不用说那些小城镇和乡村了）缺乏装备了有声设备的电影院。1934年，当查尔斯·卓别林主演的《淘金热》在意大利市场上放映时，这块巨大的空白就显示了出来。这部电影卖出了450万张票，是所有在意大利上映的电影中卖出票最多的。然而，450万张票只代表了意大利人口的百分之十多一点。据政府官员估计，法西斯主义的意大利应该有能力出现2500万观众，并将电影放映场所从可怜的1800个增加到4000个，按照欧洲的标准来看，这是一个很可观的数字。[66]

这样一来，电影制作就落到了私人手里。这等于是说，意大利专制政府让大量的补贴落到了一个富有的企业家手里，这个人就是工业工程师卡洛·龙科罗尼(Carlo Roncoroni)。1935年，龙科罗尼从国有的工业重建研究所手里购买了破产的影院制片厂，这一此前意大利唯一的一家大电影制造商。龙科罗尼用政府的钱去检查了位于罗马城东郊图斯克拉那地区的制片厂的建筑，这是一座占地3.6万平方米的制片厂复合体，它是被设计用来替代位于维欧地区的影院制片厂的旧设施的，影院制片厂的旧设施在这位先知先觉的企业家购买它们九个月之后，已经按照天意似的被一把火烧了个精光。1937年4月28日，墨索里尼为新制片厂举行了落成典礼，这家企业把一个以工艺为基础的机构与欧洲能买到的、技术最先进的设备结合了起来，其整体的运营也得到了一个曾在好莱坞受过训练的意大利工程师的富有效率的管理。1938年6月16日发布的阿尔菲耶里法又给了电影制造商们另一个帮助。这一法律规定，剧本已经通过了审查的所有电影，不论其艺术价值和其他优点如何，都能获得相当于其票房总收入的百分之十二至百分之二十五的自动奖励。

要建立国家的垄断去发行电影，意味着需要与美国的电影巨头们进行对抗。在威尔·海斯于1936年11月在罗马对墨索里尼进行了一次私人访问之后，墨索里尼撤销了此前的一项旨在抑制电影进口的法令。这个法令其实是不难理解的，意大利帝国正在与可怕的贸易逆差做斗争，这种贸易逆差又因为这种现实被恶化了：在1935年，新发行影片的总收入的大约百分之七十都流进了美国公司的腰包。因此，意大利的电影业一开始提供影片供应，政府就毫不迟疑地决定建立国家对电影发行的垄断。总的来说，新建立的全国电影工业组织（ENIC）并没有预谋把美国人赶出去。不同的建议还被提出来去调和两者间的关系。但是，到了1938年底，面对着全国电影工业组织难以捉摸的指令和自己盈利的下降，领先的美国电影公司从意大利市场上撤了出去。

没有了来自好莱坞的竞争之后，法西斯主义的意大利就变成了一个电影投资者的天堂。这里的条件是非常理想的：这里有由国家财政支撑的电影制片厂（该制片厂在1939年龙科罗尼去世之后就落到了政府的手里），有全国性的电影发行卡特尔负责分配市场份额，还有政府发放的不菲的电影奖金，这种奖金是依据电影的数量而不是质量来发放的，它以电影的票房收入为基础，而不是以电影的艺术价值或影片对政治信念的表现程度为基础。在1927年意大利电影处在最低点的时候，意大利生产了31部电影，而在1942年，意大利生产的电影数量是119部。[67]最可喜的是，意大利的电影制造商们获得了自信，他们相信，缺少好莱坞的电影明星和电影类型并不能阻止意大利电影的发展。意大利电影发展出了它们自己的相对于美国的电影类型，例如“白电话”电影、音乐喜剧片，它还发展了自己的明星体系，此外，它还着手探索在二战后将会盛行一时的电影发展新方向，最显著的就是新现实主义电影。失去了好莱坞电影之后，人们曾担心观众将不会再去电影院了。但事实根本不是这样：看电影已经变成了一种习惯，这种习惯比对某个影星或某种电影类型的忠诚要强大。意大利电影每年的门票收入也从1938年的3.48亿里拉飞跃到了1942年的4.77亿里拉。[68]

纳粹的娱乐帝国

第三帝国的成就比较突出，因为它不仅在建设民族电影上取得了成功，而且在建立一个跨欧洲的反好莱坞联盟上也取得了成功。这种成功部分地归功于纳粹政权所继承的经济条件，即德国那巨大的、相对比较有凝聚力的电影产业和强大的出口经济。希特勒的专制政权利用它的权力抑制不同公司之间的竞争，降低生产成本，深化国内市场，并增加了出口。令人惊讶的是，它也非常鼓励在环球电影股份公司传统的基础上尝试构思娱乐电影的新方法，这样做的代价是让德国的电影文化远离了魏玛共和国时期的现代主义的实验，并使德国的电影文化离好莱坞更近了。[69]

纳粹上台的时候带着这样一种预期，即纳粹运动将会通过电影媒体体现出它的民族特性。然而，在纳粹运动内部，也一直存在着对于这点应如何发生的不同看法。极端民粹派支持具有明显的政治或宣传内容的电影。它还希望帮助那些小的、独立的影院所有者脱困，这些影院所有者中有很多人是纳粹的坚定支持者，并正在遭受观众人数减少、高企的影片租金、不足的影片供应和改造有声影院耗资的折磨。他们的反犹太主义情绪是狂热的，这一点又被他们对电影发行者的依赖加重了，因为电影发行者中的很多人是犹太人。在希特勒的指令和纳粹党的支持下，他们已经迅速地发起了对美国电影的犹太发行人的抵制。[70]

与此形成对照的是，纳粹党中的制度派主张，经济效益和艺术价值应该是电影的指导原则，国家政策应该指向电影的现代化并提升现有的工业实践。这一派人中包括第三帝国的新公共娱乐和宣传部部长约瑟夫·戈培尔，他是一个见多识广的热心的影迷。在1933年3月28日这一个星期三的晚上，戈培尔在凯瑟霍夫酒店发表了他的第一个有关电影的重要讲演。他宣称，“艺术是自由的，然而它必须要遵守一定的规范”。他通过列出一个空前的他所喜欢的电影的名单，树立了一个很高的（如果不是折衷的）标准，这个名单包括：谢尔盖·爱森斯坦（Sergei Eisenstein）导演的《波将金号》（“一部完美的艺术电影，虽然有布尔什维克主义的倾向”）、权威的蒙太奇艺术家弗拉基米尔·加丁（Vladimir

Gardin)1914 年出品的《安娜·卡列尼娜》、朗的《尼伯龙根》,以及同时代的德国人路易斯·特伦克尔(Luis Trenker)导演的《造反者》(1932 年),《造反者》讲述了安德里亚斯·霍费尔的故事,这个南蒂罗尔的学生领导了 1809 年反抗法国占领者的起义。"阅兵和喇叭演奏的嘹亮声响"不足用来制作一种"民族的"电影,戈培尔抑扬顿挫地讲道,电影需要有"新理念",这种"新理念"的题材"能够很容易地在日常生活的大街上被发现",唯一可以确定的是,"德国大众的品味和心理并不像那些犹太人导演所想象的那样。为了拥有德国民众渴望和喜欢的真正的电影,一个人必须得是德国人"。[71]如果戈培尔重新审视过他那散漫的讲演的话,他或许已经发现,他所喜爱的上述四部电影中有三部就是由犹太人导演的。

这种实用主义的盲点使得戈培尔对于环球电影股份公司用鲍默来打击好莱坞的举措非常关注,鲍默被认为是德语正片在中东欧地区取得了成功的幕后力量。1931 年,环球电影股份公司把收入的百分之六作为奖金支付给了鲍默,[72]这在很大程度上是因为鲍默导演的《国会舞曲》(*Congress Dances*)受到了广泛的欢迎,这部电影是一部宏大的歌剧片,讲述的是维也纳会议期间发生在俄国沙皇与一名贫穷的手套编织工之间的浪漫故事,该片使莉莲·哈维(Lilian Harvey)、维利·弗里奇和扮演梅特涅王子的康拉德·韦德(Conrad Veidt)等演员变成了电影明星。1933 年 3 月 29 日,环球电影股份公司废除了与鲍默的合同,为了回避这一事实,就在戈培尔发表上述讲演的第二天,一些试探性的姿态向鲍默摆了出来,准备以鲍默光荣的从军记录为由使他免受反犹太人法令的影响。在鲍默得知他的儿子被禁止参加每年一度的国际劳动节学生游行之后,他不再认真考虑这类建议。鲍默唯一的要求就是,在他考虑这些提议的同时,戈培尔别让他的护照被印上一个"J"标记,以显示戈培尔的诚意。1933 年 4 月末,鲍默带着他的家人，利用这本护照离开了德国。他首先去了巴黎，在那里，他已经与福克斯公司的法语分公司有所接触，随后，他在那里拍摄了两部电影，然后在1934年，他回到了好莱坞。[73]戈培尔也向弗里茨·朗提出了类似的建议，戈培尔和希特勒都非常钦佩朗导演的电影《大都会》。但就在戈培尔发表关于电影的讲演两天之后，电影审查委员会禁映了《马布斯博士的遗嘱》，审查委员会的理由是，考虑到影片对在精神病院中谋划使世界陷入"恐怖的深渊"的、患妄想症的博士所进行的离奇的刻画，该片或许是共产主义的，并且对公共秩序和安全来说是危险的。这一禁映给美国的环球影业公司带来了20万马克的损失，因为它已经买下了该片在德国的发行权。[74]这一事件也加强了朗尽快离开他的祖国的倾向。他也是离开德国去了巴黎，在从那里去好莱坞之前，他为鲍默执导了电影《利力姆》。

德国电影工业的政治信仰导致了大批人员从很高的职位上流失，包括公司主管人员、制片人、导演、销售经理、电影美术家、音乐作曲家等等，这导致好莱坞从中获得了巨大的好处，在这种情况下，纳粹对电影的投资最终还是取得了成功，这就尤其令人印象深刻了。纳粹采取的第一步措施是接管电影工业的最大组织德国电影工业贸易组织SPIO。这个组织是1923年在艾里奇·鲍默的倡议下建立的，成立的初衷是希望它能像威尔·海斯的垂直整合的美国电影制片人与发行人协会那样发挥作用，把德国的电影生产者与电影发行者和电影放映者团结在一起。但只有到了1930年代早期，在环球电影股份公司的总裁克利奇的领导下，SPIO才变成了一个特别紧密的利益群体，更明显的是在1932年晚期，那时所有的美国利益方都加入了这个组织，他们这样做是希望能加强自己抵抗新纳粹政权的能力，同时也是为了掩盖他们自己的外国身份。纳粹政权认识到了SPIO对于德国制度协调的重要性，它赶走了克利奇，清除了大量的犹太人成员，将其重新命名为德国电影理事会，并在它平时的办公室里重新开张，此时它有了一个新的训令，即“与领导人的决定合作，消除贸易中的浪费、无用功及不合适的或不必要的因素，总之，帮助电影工业的总体重建”。[75]考虑到美国人对德国电影的重要投资，美国人本来应该是很愿意留在这个组织中的。但是，他们中的很多人都是犹太人。并且，正常的生意经营也难以忍受发生在并无恶意的马克斯·弗里德兰(Max Friedland)身上的那种事件。弗里德兰是一个德国人，他是环球影业公司的欧洲大陆经理，同时他也是环球影业公司总裁卡尔·拉姆勒的侄子并深受拉姆勒的喜爱，在4月15日所在的那一周，他被从他位于劳普海姆的家中的床上拖出来，强行塞进了监狱，在那里他被关了五个小时，没有得到任何解释，他的护照也被没收了。[76]美国的公司虽然有所犹疑，但却不得不相信最糟糕的事实，因为他们中的很多人都遭到了反犹太主义的打击，远多于在其他行业中的情况，于是，美国的公司或者撤出了德国，或者静悄悄地在雅利安人化了的贸易中重新投资。

将商业要求与特定的纳粹电影风格调和起来这一更为复杂的问题导致德国电影工业的利润在1936至1937年间出现暴跌。这种结果部分地是由成本的提高导致的。一部分成本的提高源自制作有声电影的相关高额花费。其他成本的提高来自德国的影星们在来自巴黎和好莱坞的竞争下所索取的巨额的薪水。1933年的反犹太人法令事实上耗尽了德国的演员供应。出口的减少加上外国为抗议德国的反犹太主义而对德国电影进行的抵制，反过来又给德国电影的盈利带来了更多的压力。在1932至1933年，德国电影工业能够从出口收入中收回电影制作成本的百分之四十，但到了1936至1937年，这一比例就降到了百分之六至百分之七。[77]

第三帝国采取了四个步骤来应对这一危机。首先是对电影工业进行另一轮的集中整合并削减成本。通过把胡根伯格从环球电影股份公司董事会主席的职位上移开，独裁政府把环球电影股份公司直接置于了政府控制之下。然后它又强迫其他三家主要的电影生产商与环球电影股份公司协调他们的运营，于是，到1939年为止，作为一家由国家运营的联合企业，它的资本通过新成立的电影信用银行得到了巨大的扩张，它生产了德国电影正片的百分之七十五。其次是寻求建设国内消费市场。纳粹政府主要是通过政治手段而不是商业手段来实现这一目标的，特别是通过动员它遍布各处的后援组织“快乐的力量”来提供折扣门票，它还发起赞助环球电影股份公司“复兴”的活动，并促进流动影院的发展。随着德国对外开战，电影院开始高速发展，因为它不仅提供了娱乐，而且也提供了一个温暖的庇护所。到1932年为止，电影院从5071家增长到了7042家，年度门票销售量几乎增长了4倍，从2.45亿张增长到了10.1亿张。[78]第三个步骤是，纳粹政府通过培养德国的影星以替代好莱坞受人欢迎的影星，以及通过高度模仿美国的电影类型，提高了环球电影股份公司电影产品的娱乐价值。[79]最后，纳粹政府扩大了它的电影出口市场。一开始它是通过和平的方法，通过与意大利、奥地利、匈牙利和法国签订双边的电影发行和合作生产协议来扩大出口，然后它又使用武力，通过将奥地利和捷克斯洛伐克变成自己的附属国，以及通过随后的对欧洲大陆的征服扩大了自己的出口市场。

这些政策的效果是立竿见影并且影响深远的。从1937年到1939年，电影产量增加到了大约每年80部正片，对摄影棚的利用也增加了，音响技术和色彩中的创新也被引入了进来。同时，进口的美国片从1933年的64部(相当于当年电影发行量的百分之三十一)减少到了1939年的20部(相当于当年电影发行量的百分之二十)。[80]出现这种减少的一个原因是更加严格的进口限额。更重要的是，负责批准进口的临时办公室禁止了许多美国电影的进口，其理由是:由于种族、政治或其他方面的原因，这些电影的演员、导演或剧作家是教化与宣传部不能接受的；也有些电影则是在艺术上是低劣的，在道德上是具有冒犯性的，或者存在其他不合适的地方。据说，戈培尔曾想利用文化和经济理由排斥所有的美国电影，但他的最大竞争对手、工业部长赫尔曼·戈林（Hermann Göring）主张不能实施这样的禁令，他的理由是竞争能使国内电影业生产出更好的影片；另外，禁令也会暴露戈培尔在管理一个部门时的无能，因为直到1939年，这个部门仍然没能生产出足够的影片来满足国内市场的需求。他们之间的竞争也为有关美国电影的优点的辩论提供了空间，戈培尔已经禁止媒体对国产影片进行批评，他也对那种胆怯的“笑声批评家”下了禁令，那些人用讥笑来让他们的观点在黑暗的电影院中能够被听见。在大城市中，那里的公众都老于世故，评论家们也更容易摆脱报复心强的纳粹党御用文人的观点的影响，只要是他们不喜欢的德国电影被拿来与美国电影进行不公平的比较，电影评论就有可能是对美国电影有利的。相比之下，在各个州内，公共教化与宣传部部长的指令引起了更广泛的共鸣，这些指令指出，“电影艺术”是一种需要以“严肃对待严肃事物”的态度来对待的“严肃事务”。所有难以理解的东西都被贬低为“无法理解的胡说八道”，“颓废的犹太人影响”的另一个范例，或是“好莱坞哲学”散发的臭气。[81]虽然如此，纳粹政权也没有直接禁止美国电影的进口，直到1940年，为抗议阿纳托利·利特维科（Anatole Litvak）承认自己是纳粹间谍这一事件，它才禁止了美国电影的进口。[82]总而言之，停止美国电影传播的最有效办法不是纳粹法西斯的管制，而是全面战争对市场的破坏性影响。

与此同时，第三帝国提出了建立跨欧洲的好莱坞制衡力量的展望，这种想法主要是在1920年代的后半叶传播得很广。自20世纪20年代以来，德国工业已经提供了一个对美国电影的真正制衡。它从奥地利、匈牙利、捷克斯洛伐克、波兰、罗马尼亚和苏俄吸引来了导演、演员和技术人员；它还通过把法国的电影公司纳入电影发行卡特尔，帮助法国电影公司重新回到了欧洲市场；它还催促自己的潜在伙伴（最重要的是在法国）建立一个像它自己的德国电影工业贸易组织那样的垂直组织的游说机构，以便结束它们自己的内部争斗，在全国行使更有效的政治权力，并打败联合在美国电影制片人和发行人协会之下的美国电影巨头们。[83] 1935 年，在德国的煽动下，出席威尼斯电影节的不同欧洲国家电影产业的代表们通过签署协议建立国际电影委员会（IFC），向这个方向迈出了第一步。国际电影委员会是一个世界性的组织，它的 24 名委员中包括来自日本和印度的代表，这两国中的每一个每年生产的电影数量都远远超过了所有欧洲国家电影产量的总和，不过，当然，它们不会与欧洲电影进行竞争。[84]

国际电影委员会的主要兴趣是把欧洲大陆国家的市场组织起来。该委员会的首任会长是弗里茨·舒曼（Fritz Scheuemann），此人也是纳粹新创建的全国电影委员会的会长；它的副会长是意大利工业巨头坎特·朱塞佩·沃尔皮·米苏拉塔（Count Giuseppe Volpi di Misurata），此人是威尼斯电影节的创办者，也是意大利在巴尔干半岛寻求“生存空间”的幕后推手。为了诱惑法国加入进来，国际电影委员会于 1937 年在巴黎举行了它的第二次会议，同时还承诺让一名法国人在下一轮任期中担任会长之一。国际电影委员会中并不存在反美的偏见，有人杜撰说意大利人有这样的偏见，但事实上只要意大利的电影经济仍严重依赖从美国进口影片，意大利就会担心冒犯美国。这种虚构并不能使美国的贸易代表们信服，他们与他们的英国盟友一起，一直在防范任何新出现的由德国主导的协定。美英两国不仅抵制了国际电影委员会的巴黎会议，而且还抵制了它后来的所有计划，其理由是认为它们都是一个德国领导的反美集团的工具。[85]

欧洲电影文化已经发展到了一定的程度，它的观察点就是威尼斯电影节这一复杂的社会活动。威尼斯电影节是1932年作为第18届威尼斯双年艺术展下的“第一届电影艺术博览会”被构思出来的，它的举办地位于亚得里亚海边的欧洲中部位置，它是由法西斯分子发起的，并拥有不俗的盛况，这些情况使它被打上了一个任何美国人的集会都不可能产生的标志。在1934年，威尼斯电影节变成了一个每年举行一次的活动，它的名气在很大程度上并不是由它试映和发奖的那些电影带来的（这些影片中包括很多好莱坞电影），而是由它的显著的欧洲风格带来的。从怡东酒店（Excelsior Hotel）那靠近海边的露台到灯光表演和晚宴，正如法西斯的文化官僚所希望的那样，威尼斯电影节是一个对开放性的展示地，在这里，好莱坞和欧洲的影星、名导演、有威望的制片人与富有和见闻广大的旅行者、衣冠楚楚的法西斯官员、知名的艺术家和知识分子混杂在一起。评审委员是根据才华和高雅品味被选举出来的。这种虚构的欧洲主义在1936年达到了极致。此时意大利刚刚变成了一个帝国；轴心国看上去像是一个对法一英一美富豪统治的健康制衡；根据欧洲大陆电影工业所产影片的优点，奖牌被瓜分了：奥古斯托·盖尼那（Augusto Genina）的《白色骑兵连》（*White Squadron*）这部反映殖民战争的影片获得了墨索里尼奖杯；路易斯·坦科尔（Luis Trenker）的《加州之王》（*The King of Kalifornia*）获得了最佳外语片奖；保罗·穆尼（Paul Muni）被评为最佳男主角，安娜贝拉（Annabella）被评为最佳女主角，雅克·菲德尔（Jacques Feyder）被评为了最佳导演。[86]

然而，随着罗马一柏林轴心在1937年之后得到了巩固，威尼斯电影节的这种世界主义的文化多样性就开始让位给反动的政治正确性。从1937年开始，最佳外语片奖被有规律地颁给一部德语片，在这一年，评审委员会还被警告不要把任何重要的奖项颁给众望所归的、由吉恩·里诺尔（Jean Renoir）导演的《宏大幻想》（*Grand Illusion*），该片是一部反战的、对法德和解唱赞美歌的电影。1940年,维特·哈伦士(Viet Harlan)的《犹太人苏斯》(*Jud Süss*)这部肮脏的、纳粹反犹太主义的杰作在威尼斯电影节上进行了它的全球首映。从那以后,这个电影节被改名为意大利—德国电影博览会以彰显独裁者们的战时联盟。电影节的第十次同时也是最后一次举办是在1942年8月30日开幕的①,这次电影节是为了献给"陆海空三军"的,戈培尔和他的意大利对应者、意大利通俗文化部的法西斯部长亚历山德罗·帕沃利尼(Alessandro Pavolini)出席了开幕式,这次电影节的参加者只包括轴心国国家以及它们的大量卫星国、傀儡和追随者。他们通过全部放映反布尔什维克主题的电影,展示了他们的文化共同战线。[87]

如果没有对美国电影在欧洲大陆上的强制性排斥(这只有在战时条件下才有可能),那么由德国主导的欧洲集团的成功就是难以想象的。在1939年,只按照数量来看,好莱坞生产了527部正片,而德国和意大利加起来的电影产量也只有160部左右。[88]好莱坞电影是完整的电影节目中的一部分,是整体的电影文化所不可或缺的一部分,它是正在全球化的电影文化天空中的太阳,其他所有国家的电影都或多或少地参考了它。或者是通过展览者的推广宣传,或者是通过评论家们的关注,或者是通过频繁的交流,这一为出口而生产电影的体系提供了一系列广泛的参数来为它的接收者确定影片的背景。这一体系还决定了各地电影生产的整体配置,不论这些电影生产是寻求与好莱坞的昂贵娱乐电影进行正面竞争,在流行的本地电影类型中寻找选择性替代,还是寻求在两者中间闯出一条路来。

国家保护主义、政府支持、审查制度和直接的政治压迫都不能阻止看上去不可驱除的好莱坞电影模式在国际市场上的流行。

---

① 该电影节于战后在1946年又开始恢复举办。——译者

在法国人民阵线当政时期，米高梅公司的《狮子吼》(*Voice of the Lion*)在劳累尔－哈迪斯特(Laurel-Hardiste)追星族俱乐部中召来了几千名儿童观众；在西班牙内战时期，米高梅公司配备了音响设备的广告卡车既跟在忠于政府的队伍后面巡游，也跟在反叛分子的队伍后面巡游。1937年，在墨索里尼政府正在起草关闭美国公司的计划之际，墨索里尼的儿子维托里奥正在好莱坞准备与哈尔·罗奇(Hal Roach)签署协议，以便让后者把意大利歌剧拍成电影。甚至最自我隔绝的体系也不是不受影响的：在1940年代早期的专制德国，女演员们正在她们奶油色的四轮马车中兜风，导演们正在提高电影大亨们的薪水，而戈培尔却在劝告UFI控股公司的生产者们通过研究好莱坞电影那标准化了的情节生产线和令人愉悦的影片结局，去为第三帝国那些着了迷的观众们提供高质量的娱乐。

从根本上讲，纳粹强加的"统一的秩序"依靠的是市场外的压力。其中包括靠征服(也就是军队审查制度)、没收(尤其是对广泛的犹太人财产)、僵化的新闻来源管制、对稀有资源(特别是电影胶片)的严格配给制等来实行的政治勒索。在纳粹占领奥地利之后，第三帝国控制了奥地利的电影工业，德国工业的扩张也实现了它的第一次大跃进。当捷克斯洛伐克于1939年3月被德国占领之后，它的命运是更具惩罚性的。捷克斯洛伐克共和国的电影工业通过实施配额制和发起有效的出口运动，在击退好莱坞和德国这些霸权竞争者时曾经取得了卓越的成功。作为报复，德国占领者将捷克的电影产量削减到了它战前产量的百分之二十，并将位于布拉格的、装备极好的巴兰多夫摄影棚从其主要所有者米洛斯·哈维尔(Milos Havel)手中没收，这些摄影棚被转交给第三帝国，第三帝国随后又把这些摄影棚交给了德国的电影生产商。波兰的电影业实际上被消灭了，东欧犹太人奔放的依地语文化的智慧实际上曾以各种形式滋育过每一个西欧国家的电影工业，它伴随着对犹太人社区的灭绝被一起消灭了。反过来，一旦德国的盟国、合作国和傀儡政权已经清除了他们的犹太人和与德国不一致的因素，德国新秩序就扶助这些国家的电影产业。因此，德国电影卡特尔促进了克罗地亚、斯洛文尼亚、斯洛伐克、保加利亚和罗马尼亚等国的国有电影业的诞生；它极大地增加了意大利和法国电影业的活力；在对巴尔干半岛的征服过程中，它把匈牙利的电影业当作一个年轻的伙伴置于了自己的保护之下。[89]

1942年1月，欧洲电影领域内的新秩序通过庞大的UFI控股公司的建立得到了加强，建立这个公司的目的是合并涉及电影生产的所有大公司的资产，包括环球电影股份公司的。UFI控股公司的欧洲大陆市场的大小与美国的国内市场规模相当。签署的发行协定使它到1940年代早期时已拥有1.6万个零售商。它的技术成就也与好莱坞不分伯仲。它甚至拥有自己与好莱坞风格势均力敌的风格，即所谓的UFA风格。

但是，只有当二战全面展开并且种族法被广泛实施时，德国以外的声音才加入进来以显示出欧洲电影文化新秩序的种族政治特征。对墨索里尼的儿子和电影人维托里奥·墨索里尼来说，电影已经被“从犹太人资金及其共济会奴才的魔爪中夺取了”。“在被欧洲文明改造之后”，它已经被“从犹太人的毒害中解毒了，犹太人的毒害包括狡猾地伪造历史，道德松懈，习惯放肆，还有故意混淆是非”。[90]在法国，莫里斯·巴德赫(Maurice Bardèche)与罗伯特·布拉斯拉克(Robert Brasillach)于1935年出版的《电影史》充满了关于“外国人”的有害影响的暗示，这些外国人将电影“去国有化”，并将它交给愚钝的平庸之辈。电影已经变成了一种“犹太人的艺术”，他们写道。这种说法附和了桑巴特的观点，他认为犹太人在现代零售业中有突出的地位是由于他们的“国际主义经历”和他们“不受本地忠诚的约束”，例如宗教信仰和祖国的概念。[91]巴德赫与布拉斯拉克著作的出版与对百代一纳坦公司的破产诉讼是同时发生的，纳坦被指控进行了破坏性和不道德的商业行为，这种事实强化了这样一种信念：作为法国特别宝贵的国家文化资源的法国电影工业正在被犹太人的影响弄得一团糟。到了1941年，甚至是在不曾被德国占领的像匈牙利和意大利这样的国家，大多数犹太人电影摄制者(比例不确定，但占涉入欧洲电影业者的相当大比例)也已经被清除了。在法国，如果法西斯的媒体可信的话，那么电影业应该是失去了百分之五十的导演和百分之八十的制片人。[92]伯纳德·纳坦在1935年遭受玷辱之后，又与他的哥哥路易斯一起继续拍摄了少量电影。在1941年9月12日在巴黎市中心的贝立兹宫举行的"犹太人与法国"全国展览上，在"对银幕的夺取"这一部分，纳坦被突出地包括了进去。1941年，在被剥夺了法国公民身份之后，他被拘留在德朗西集中营，随后他被交给了盖世太保，盖世太保在1942年9月25日将他赶进了奥斯维辛集中营，在那里，他在几周后就去世了。[93]

法国的战时经历更多地是被当作法国电影的复兴时期而被记住了。在德国的占领下，法国的电影工业得到了UFI控股公司卡特尔的保护，也获得了来自德国的大量资金，它被按照集中制的意大利模式重组了，这一时期它生产了220部正片，其中的很多经由德国的电影发行卡特尔出口到了国外。[94]到了1942年，法国电影工业终于实现了它追求了二十多年的改革。1939年时的410家不受控制的电影企业被归并到了42家多多少少遵守纪律的同行中。使用廉价劳动力的便利，禁止一次放映两部正片(这导致了门票销售的增长)，缺乏替代性的娱乐设施(这使得电影观众大增)，德国控制的审查体系比较宽松，更不用提对好莱坞电影的排斥和对非雅利安人财产的没收，这些因素使得一种民族电影终于在法国诞生了。

最终，设想的举措虽然很多，但能维持下去的却比较少，一种跨欧洲的电影"新秩序"不可避免地带有瑕疵。纳粹决心生产一种适合广泛销售的商品,同时又决心找到一条途径去推广一种“国家的”(只是与“民族的”相对)电影。虽然敏锐地认识到了好莱坞的力量源头在哪里,但“新秩序”的电影却无法复制好莱坞。美国电影工业仍然拥有完全控制了自己国内市场的优势。它也知道如何开发和商业化它的多元文化资源,以便生产一种适合于在宽广的文化和社会环境中进行销售的商品。好莱坞从来没有自称是一种“文化”,好莱坞也从来不会羞于将它的产品称为商品,而这种商品的价值是毫不掩饰地根据商业资产负债表和票房收入来衡量的。好莱坞不仅追逐娱乐价值,而且还为它自己发明了这个概念而感到自豪。

纳粹德国更加自觉地采取了行动以便使德国电影能够被广泛地销售到国外。为了能与美国的竞争对手们齐头并进,戈培尔充分认识到,着迷的电影观众也必须应被转化成热心的消费者。随着美国影片变得越来越稀少,他利用自己的办公室去获得美国影片,并每两周举行一次放映,以便教导德国的电影摄制者们去学习为娱乐价值生产电影的艺术,他的日记里和会议上充满了关于好莱坞如何行使霸权的贫瘠的、冗长的实物教学课程。基于对美国与邻近它的加拿大和南美洲市场之间的关系的观察,戈培尔认为对德国来说其经验就是,应该利用当地的电影生产者而不是消灭他们。当然,这种和谐的方法假定的是,这些当地电影生产者的唯一目标是用本地的方式展现他们的文化存在,他们无权要求越出他们自己的狭小市场。在任何情况下,他们都不应被允许发展他们自己的独立自主的商业基础。

第二条经验来自于对美国创造新影片类型能力的观察。戈培尔记录道,美国人是利用自己的(公认是稀少的)“文化积累”并将其从“政治负担”中解放出来的“大师”。因此他们能够把它变得合乎大众的口味。[95]市场的力量、压倒性的宽容、国家的支持,更别提还有一流的犹太人企业家们的广泛的行动自由,这些因素有规则地相互影响，才制造出了戈培尔上述的这种成就。在一个法西斯主义的、由军事力量统治的、封闭的体系里，要想创造出这样的成就是难以想象的。的确，在UFI控股公司领导下的跨国电影卡特尔允许就电影经验进行广泛的交流；通过清除犹太人和政治上不服从的电影人所空出来职位也很快就被聪明的新人才填充了，这些新人才经常是毕业于专业的电影院校，而不是来自电影院、古典音乐或其他的艺术领域，因此他们在技巧上受到了更好的训练，代表了首先要献身于电影制作的更年轻的一代人。在缺少劳动力和原材料的压力下，他们被迫去制作更少的、更能进行资本转化的、更高质量的电影，他们希望自己的每一部电影都能够被更多的观众看到。现在比以前更明显的是，避免拍摄含有政治内容的电影，而致力于反映“训练的快乐”、“工程师的感情”，并在将观众拥进一个紧密的意识形态怀抱的同时制造脱逃的白日梦，被认为是明智的。[96]

从1942年早期开始，戈培尔就重申电影工业的义务是生产娱乐电影，或消遣性影片。拿1945年来看，UFI控股公司出品的72部电影正片中的64部被认为是属于娱乐电影这一大类，其中的许多被认为是“令人愉快的”电影，这意味着这些影片是一些歌舞影片和喜剧。[97]

戈培尔最喜爱的、最奢华的、在那个时代被推广得最广泛的一部电影，概括了德国为立即创造一种新的、体现德国文化并对国际观众有吸引力的欧洲大同主义所进行的努力。这部电影就是耗费奢侈的《孟豪森男爵》(*Baron of Münchhausen*)。这部电影是1941年被下令拍摄的，当时，看上去“新秩序”已经在欧洲取得了胜利，考虑到1943年将要举行庆祝活动以纪念环球电影股份公司成立二十五周年和纳粹“复兴”以来德国电影的十周年，这部电影被计划用来显示德国的电影工业能够比得上当代好莱坞的丰功伟绩。这部电影的竞争对手是《飘》(1939年)，戈培尔曾经在德国海军得到这部影片后私下观看过它，但这部影片被禁止发行，虽然玛格丽特·米切尔的小说在德国的销售量超过其他所有书，仅次于希特勒的《我的奋斗》。《孟豪森男爵》获得了457万马克的预算（后来增加到650万马克），戈培尔把这个孟豪森项目委托给了值得信赖的51岁的约瑟夫·冯·巴库（Josef von Baky）。巴库是一个富有才华的、不关心政治的匈牙利人，在1927年移居柏林之后，他因为拍摄了两部平淡乏味的小歌剧电影而出了名，这两部影片是《间奏曲》（*Intermezzo*）和《各种各样的人》（*Menschen vom Varieté*）。至于电影剧本的写作，戈培尔去找了著名的小说家埃里希·卡斯特纳（Erich Kästner），卡斯特纳有一半的犹太人血统，但他很有才华，戈培尔承认这点。剧本内容是许多传说的大杂烩，这些传说一般都被归到了一个虚构的18世纪的萨克森浪子身上，他是卡缪斯特罗（Cagliostro）的同时代人，有时还是卡缪斯特罗的伙伴。卡缪斯特罗就像这个浪子及其他同样被虚构出来的18世纪的英雄人物——卡萨诺瓦、浮士德博士、唐璜、克拉克男爵，是一个因其风趣和诡计多端而声名狼藉的人。孟豪森男爵喜欢冷静地冒险，他用从卡缪斯特罗那里获得的魔法力量武装自己（包括永生这一天赋）。这一角色由被称为雅利安男性的精妙化身的汉斯·阿尔伯斯（Hans Albers）扮演，他轻松地穿越时间和疆界：当向俄罗斯的伟大凯瑟琳求爱时他是一个失败者；面对他忠诚的男仆库臣儒瑟时他是一个和善的暴君，固执地施诡计想要逃离君士坦丁堡的苏丹；他还是一个听从爱思特公主的吩咐的优雅的情人。环球电影股份公司利用稀奇古怪的特技摄影——炮弹飞向君士坦丁堡，蒙特哥菲尔去月球旅行，以及月亮花神等，对亚历山大·柯达和沃尔特·迪斯尼做出了回应（据说戈培尔弄到了他们的电影以帮助冯·巴库拍摄）。该片的媒质是耀眼的爱克发色，德国用它对染印法彩色电影做出了回答。[98]

1941年这部电影被构思时，纳粹新秩序正处在它的顶点，从那时到1943年3月这部电影在动物园乌发电影宫进行欢乐的首演期间，所有的东西都已经发生了改变。柏林被笼罩在含有硫黄的烟尘中，这些烟尘是由刚刚在三天前发生的盟军轰炸引起的，公共舆论仍然处在由新闻带来的忧郁气氛之中，这一新闻发生在不到一个月之前，说的是德国第六军在斯大林格勒被消灭了，陆军元帅冯·鲍卢斯(von Paulus)向苏联红军投降了。经过大力的推广之后，这部电影受欢迎的程度超过了预期。它是一部非凡的娱乐作品。不过它本来也有可能会被看作是一部为追寻安静家庭生活的安全而使用力量的作品。男爵狂乱蹦跳着穿过了一个欧陆的巨大运动场，这个欧陆的中心地带是萨克森，它的最远的边界达到了圣彼得堡、哈里发国家、威尼斯和月球。然后，男爵出现在结束的一幕场景中，他自己的雅利安人的头发是银色的并且很光滑，不再被有许多小斑点的假发掩盖着；他穿的是一身雅致的服装，不再是18世纪的便宜而俗艳的服装。在专注的年轻人们听他讲完之后，他的故事变成了一种倒叙，此时的他，一个现代的贵族，承认已经抛弃了对于浮士德式的长生不老的追求，以便能与他长期受苦的妻子在和平的中产阶级生活方式中一起变老。这部电影大大不同于环球电影股份公司在魏玛共和国早期拍摄的胡思乱想的试验电影，其引人入胜的技巧达到了能与好莱坞电影媲美的水平。《孟豪森男爵》显示出德国电影跨越了民族国家文化的界线去吸引跨欧洲的公众。德国电影通过将被通俗化了的18世纪的世界主义的古老幻想与好莱坞的现代神话进行对比，去实现它的上述目标，这说明，纳粹已经在竞争中败北了，正如他们正接近于输掉战争一样。

在UFI正集中它最后的力量去巩固纳粹的“想象的帝国”时，好莱坞工业发展出了它自己的抱负，准备在战后美国全球性力量的实践中行使更大的发言权。在二战前夕，美国娱乐工业的需要已经开始为"我们为何要打仗"提供了一个新的解释原理。拥有封闭的经济的国家在文化上天生就是下等的,因为他们的文化不能被舆论的市场检验。因此,集合起美国娱乐工业的巨大力量,去结束由津贴、卡特尔和外国为切断对其市场的进入而采取的其他保护主义形式所带来的低等产品对其消费者的束缚,在文化理由和经济理由上都是合法的。"我们必须要持久和熟练地让外国的电影观众敏锐地意识到,美国电影是很明显具有更高质量的产品,它们富含丰富和多样的艺术性,富含我们的外国竞争者的产品所无法匹敌的娱乐价值",国内外商业署电影司的负责人在1939年这样写道,"我们必须要让美国电影的这种高质量的品质被如此普遍地认识到,以至于外国的当地观众将没有任何欲望去看那些靠某种政府立法或补贴而存在的低劣的电影。"[99]在二战期间,面对着对欧洲出口的减少,好莱坞工业使其市场多样化了,它更深地侵入了大英帝国和拉丁美洲的市场。通过积极支持军事行动,它赢得了广泛的公众赞誉和政府的感谢。战后的好莱坞承诺不仅要对经济有价值,而且还要"让外国公众熟悉美国的生活方式"。华尔特·万格现在是他自己的摄影棚的负责人,在他是派拉蒙公司的票务经纪人的时候,在1926年他曾经负责朗的电影《大都会》的剪辑工作。对他来说,好莱坞电影工业是一座"真正的电影业的雅典","拥有大批像沃尔特·迪斯尼、约翰·福特……作为世界外交官的唐老鸭这样的政治家和人道主义者"!将会把好莱坞变成"思想的马歇尔计划"的首都的,正是这些真实的和假想的人物。[100]

随着盟军部队在1945年4月占领了柏林,好莱坞清楚地表明,按照它的议程,"这场战争被发起就是为了要夺回欧洲的电影市场"。[101]一个新的卡特尔电影出口协会被建立了起来,以便与电影发行者们进行谈判,防止被排斥多年后涌回来的大量美国电影通过用一波影片淹没欧洲市场的方式来相互削弱。电影出口协会在欧洲所有的首都都建立了办公室，包括华沙、布拉格、布达佩斯、布加勒斯特和索菲亚，它计划与军事占领当局、美国国务院和当地政府一起工作，以便恢复到先前的态势。虽然德国已经被摧毁和占领了，但它的电影工业仍然被视作是一个危险的竞争者。至少有一家摄影棚的老板杰克·华纳曾主张用一个“电影业的摩根索计划”把 UFI 控股公司的帝国分裂成一千个软弱无力的单位。他认为，“就像有人所说的那样，‘电影像子弹一样有力’，如果这是真的，那么，如果同盟国不允许德国人重建他们的军火工业，那么德国人也不应该被允许以任何理由重建电影工业，即使是临时性重建也不行。”[102]

为了实现在德国结束军事占领和恢复文官政府的目标，美国军事占领当局提出了另一个议程。电影生产应该尽早地交给德国人自己，新的德国电影应该被改造成一种民主教育的媒介。的确，新的德国电影业结构不应该企图有任何形式的集中制，更不应成为一个新版的国营的 UFI。新的电影生产的资金应该来自私人领域。引用比利·维尔德那十分恰当的建议来说，新电影的主旨应该是“通过娱乐进行宣传”，回到了柏林的维尔德是向信息控制署提供建议的。美国占领军首长的电影部办公室的努力是复兴德国的电影生产，好莱坞的希望是关闭德国的电影生产，要在这两者间走一条中间路线导致在筹集资本重开德国电影生产的过程中出现了一些显著的失误。当电影部着手解封了环球电影股份公司在 1930 年代拍摄的电影胶片进行出口，以便获得资金去购买电影胶片原料时，电影出口协会的说客们却控告它试图复兴纳粹的娱乐帝国。[103]

这种比较大的混乱情况，在柏林的苏占区已经迅速复兴了电影生产的背景下（UFI 控股公司的大多数资产，包括新巴伯斯贝格摄影棚，都位于苏占区），加速了寻找一名“专家”的进程。对这名专家的职位描述说明了所需要的人应是“生于德国，能像当地人一样说德语,至少对1937年之前的德国电影工业及在其中比较活跃的人有准确的了解”。这一职位还要求“对电影制作的每一个步骤都有第一手的知识,最好是一个来自好莱坞的被认可的制片人或导演”。[104]这听上去好像是它已经在心里想好了用谁。那么这个人应该是艾里奇·鲍默,此时鲍默已经五十九岁了,他生过一些比较严重的疾病,并经历了职业生涯中的一些失误,这些失误使得他和他的妻子只能屈尊在一家加利福尼亚的瓷器厂里工作,1944年5月,鲍默加入了美国国籍,现在,他已经准备好结束自己的半退休状态了。

1946年7月,艾里奇·鲍默作为一名电影生产控制官员回到了柏林,就像他现在拼写的自己的名字(Eric Pommer)一样,新鲍默穿着美国陆军军官的制服,拥有了像罗马总督一样的权力。结果,事实证明,鲍默陷入了水深火热之中。一方面,好莱坞的利益团体怀疑鲍默亲德国并计划复苏UFA的电影帝国,因此他们处处为难他;另一方面,曾经“像水手指望着北极星”一样急切地等待着鲍默到来的他的昔日同事们则把他看作是被好莱坞利用的工具,并贬低他是“去卡特尔之父”。他在职的效果,如果不是目的的话,是后者。盟国占领区内UFI控股公司的残余部分被分解成了分别负责电影生产、发行和放映的独立的单位,美国占领军的剩余部分刚一撤出,西德电影生产的主要地点就被搬到了位于慕尼黑外的吉瑟尔盖斯泰格的从前的艾莫尔卡摄影棚。到了1949年,美占区内发行的电影有百分之七十都是好莱坞制作的。因此,德国电影的旧世界已经开始消失,这将会导致德国新电影中的新贵们在1962年宣布“爸爸的电影已经死亡”。今天,UFA这一商标名称代表的是一个同时也生产一些电视节目的娱乐发行公司。[105]

回想起一战失败之后德国电影创造性的非凡爆发,鲍默,一个曾经是灵活、率直和满怀希望的人,看到了进行一次新开始的机会,一个利用"丰富的贫穷和独创性传统"的机会。这座瓦砾遍地的城市的坚忍不拔的现实主义更喜欢的是以意大利的新现实主义风格进行的电影制作,而不是以摄影棚的传统制作的电影,利用这种摄影棚的传统已经成了鲍默的长处,不论他是在欧洲还是在好莱坞工作。"对我们来说,我们的废墟这种现实比月亮上的电影城堡更亲切……那里将不会有明星,不会有浮华"。"贫穷能够产生生产性的影响",当然是在一定限度内的贫穷。"作家们首先需要香烟和咖啡。只要我无法给他们烟抽,无法给他们一些有刺激性的东西喝,任何东西都是没有希望的"。[106] 在现实中,是无法回到魏玛共和国时期的那段时光的。至于在可以预见的未来,要想创造一种成功的民族电影,意味着要在好莱坞体系中找到一块天地。

注释

章首引语出处:*La cinématographie française*, October 1, 1926, 2; Hearings before the Subcommittee on International Operations, Committee on Foreign Relations, U. S. Senate, 95th Cong., 1st sess. (Washington, D.C.: U.S. Government Printing Office, 1977), 211-212.

1. Quoted in Patrick McGilligan, *Fritz Lang: The Nature of the Beast* (New York: St Martin's, 1997), 104.
2. Ibid., 108; Tom Gunning, *The Films of Fritz Lang: Allegories of Vision and Modernity* (London: BFI, 2000), 1-11.
3. McGilligan, *Fritz Lang*, 104.
4. Fritz Lang, "Wege des grossen Spielfilms in Deutschland," *Die Literarische Welt* (Berlin), October 1926, 5-6; reprinted in Fred Gehler and Ulrich Kasten, *Fritz Lang, Die Stimme von Metropolis* (Berlin: Henschel, 1987), 242-245; Gunning, *Films of Fritz Lang*, 52-86.
5. Klaus Kreimeier, *The Ufa Story: A History of Germany's Greatest Film Company, 1918-1945*, trans. Robert and Rita Kimber (New York: Hill and Wang, 1996), 125 ff.; Thomas Saunders, *Hollywood in Berlin: American Cinema and Weimar Germany* (Berkeley: University of

California Press, 1994), 69 - 83.

6. McGilligan, *Fritz Lang*, 105; Saunders, *Hollywood in Berlin*, 69 - 83; Kreimeier, *Ufa Story*, 110 - 130, 158 - 172.

7. Fred Hildenbrandt, "Metropolis," *Berliner Tageblatt*, January 11, 1927 (late edition), 2 - 3. On the film's ambiguous cultural stance, see Andreas Huyssen, "The Vamp and the Machine: Technology and Sexuality in Fritz Lang's *Metropolis*," *New German Critique* 24 - 25 (fall-winter 1981 - 82): 221 - 237.

8. Mordaunt Hall, "The Screen: A Technical Marvel," *New York Times*, March 7, 1927, 16.

9. On the Hollywood system, the key works are David Bordwell, Janet Staiger, and Kristin Thompson, *The Classical Hollywood Cinema: Film Style and Mode of Production to 1960* (New York: Columbia University Press, 1985); Douglas Gomery, *The Hollywood Studio System* (New York: St. Martin's, 1986); Thomas Schatz, *The Genius of the System: Hollywood Film-making in the Studio Era* (1989; reprint, New York: Metropolitan Books, 1996). On responses to Hollywood films in Europe, see Kristin Thompson, *Exporting Entertainment* (London: British Film Institute, 1985); idem, "Early Alternatives to the Hollywood Mode of Production," *Film History* 5 (1993): 386 - 404; Ian Jarvie, *Hollywood's Overseas Campaign: The North Atlantic Movie Trade, 1920 - 1950* (Cambridge, Mass.: Harvard University Press, 1992); Victoria de Grazia, "Mass Culture and Sovereignty: The American Challenge to European Cinemas," *Journal of Modern History* 61 (March 1989): 53 - 87. For 2001 statistics, see Jens Ulff-Møller, *Hollywood's Film Wars with France: Film-Trade Diplomacy and the Emergence of the French Film Quota Policy* (Rochester: University of Rochester Press, 2001), xiii.

10. In general on the early cinema, see Georges Sadoul, *Histoire générale du cinéma: L'art muet, 1919 - 1929*, 2 vols. (Paris: Denoël, 1975); Gerben Bakker, "Entertainment Industrialized: The Emergence of the International Film Industry, 1890 - 1940" (Ph. D. diss., European University Institute, 2001).

11. On Pommer, see Ursula Hardt, *From Caligari to California: Erich Pommer's Life in the International Film Wars* (Providence: Berghahn,

1996); idem, "Erich Pommer: Film Producer for Germany" (Ph. D. diss., University of Iowa, 1989); Wolfgang Jacobsen, *Erich Pommer: Ein Produzent macht Filmgeschichte* (Berlin: Argon, 1989); and Herbert G. Luft, "Erich Pommer," part 1, *Films in Review* 10 (October 1959): 457 - 469; part 2, ibid. (November 1959): 518 - 533.

12. Maurice Zolotow, *Billy Wilder in Hollywood* (New York: G. P. Putnam, 1977), 43, quoted in Hardt, "Erich Pommer," 81 - 82.

13. George R. Canty, April 29, 1933, 4, April 1933, German Motion Picture Industry, March-April 1935 file, box 259, RG 151, Bureau of Foreign and Domestic Commerce, National Archives, College Park, Md. (hereafter BFDC).

14. Georg Jager, "Der Kampf gegen Schmutz und Schund. Die Reaktion der Gebildeten auf die Unterhaltungsindustrie," *Archiv für die Geschichte des Buchwesens* 31 (1988): 163 - 191.

15. On the early development of the German cinema, see Hans Wollenberg, *Fifty Years of German Film* (London: Falcon, 1948), 10 - 16; also Paolo Cherchi Usai and Lorenzo Codelli, eds., *Before Caligari: German Cinema, 1895 - 1920* (Pordenone: Edizioni Biblioteca dell'Immagine, 1990); Sabine Hake, *German National Cinema* (London: Routledge, 2002), 7 - 25.

16. On the general question of national film cultures, see, in addition to Hake, *German National Cinema*, Philip Rosen, "History, Textuality, Nation: Kracauer, Burch and Some Problems in the Study of National Cinemas," Iris 2 (1984): 69 - 84; Stephen Crofts, "Concepts of National Cinema," in *World Cinema: Critical Approaches*, ed. John Hill and P. Church Gibson (Oxford: Oxford University Press, 2000), 385 - 394.

17. Philippe Soupault, *The American Influence in France*, trans. Babette Hughes and Glenn Hughes (Seattle: University of Washington Book Store, 1930), 13.

18. Thompson, *Exporting Entertainment*, 87.

19. Bakker, "Entertainment Industrialized," 130 - 141.

20. Ibid., 158 - 159, 161; Richard Abel, *French Cinema: The First Wave, 1915 - 1929* (Princeton: Princeton University Press, 1984), esp. chaps. 1, 2; also the classic, Sadoul, *Histoire générale du cinéma*, 1:

7－50；2：309－373.

21. On the mix of national and local genre in the early film industry, see Charles Musser, *The Emergence of Cinema: The American Screen to 1907* (New York: Scribner, 1990); Robert Sklar and Charles Musser, eds., *Resisting Images: Essays on Cinema and History* (Philadelphia: Temple University Press, 1990). On early Italian cinema, see Aldo Bernardini, *Cinema muto italiano: arte, divisimo, e mercato, 1910–1914* (Bari: Laterza, 1982).
22. Richard Abel, *The Red Rooster Scare: Making Cinema American, 1900–1910* (Berkeley: University of California Press, 1999).
23. Ibid., 25 ff., 37.
24. Ibid., 99.
25. Ibid., 151–158, 173–174.
26. "Helping the Moving Pictures to Win the War," *Bio*, July 18, 1918, 8, quoted in Thompson, *Exporting Entertainment*, 94.
27. Quoted in Ulff-Møller, *Hollywood's Film Wars with France*, 49–50.
28. Julius Klein, "Trade Follows the Motion Pictures," *Commerce Reports*, January 22, 1923, 191; idem, "What Are Motion Pictures Doing for Industry?" *Annals of the American Academy of Political and Social Science*, November 1926, 79–83.
29. Quoted from *Kinematograph*, July 8, 1931, the trade paper published by Alfred Hugenberg's Scherl Press, in George R. Canty, "Ufa's Reaction to French Contingent," July 29, 1931, October 1931 file, box 254, RG 151, BFDC. See also Ulff-Møller, *Hollywood's Film Wars with France*, 63 n. 15.
30. Thompson, *Exporting Entertainment*, 117; Ulff-Møller, *Hollywood's Film Wars with France*, 48–55.
31. Ruth Vasey, *The World According to Hollywood, 1918–1939* (Madison: University of Wisconsin Press, 1997), 5.
32. See Matthew Bernstein, ed., *Controlling Hollywood: Censorship and Regulation in the Studio Era* (New Brunswick, N.J.: Rutgers University Press, 1999), esp. Ruth Vasey, "Beyond Sex and Violence: 'Industry Policy' and the Regulation of Hollywood Movies, 1922–1939," 102–129.
33. Ivor Montagu, "The Censorship of Sex in Films," in World League for

Sexual Reform, *Sexual Reform Congress*, *London*, 8 - 14: *ix*: 1929: *Proceedings of the Third Congress* (London: Paul, Trench, Trubner), 323 - 332, quotation from 328.

34. Gregory D. Black, *Hollywood Censored: Morality Codes, Catholics and the Movies* (Cambridge: Cambridge University Press, 1994), 238.
35. Vasey, *World According to Hollywood*, 33, 127.
36. Siegfried Kracauer, "Artistisches und Amerikanisches," *Frankfurter Zeitung* 29 (January 1926), quoted in Miriam Bratu Hansen, "The Mass Production of the Senses," in *Reinventing Film Studies*, ed. Linda Williams and Christine Gledhill (London: Edward Arnold, 2000), 342 - 343; Saunders, *Hollywood in Berlin*, 183 - 185.
37. Winifred Holtby, *South Riding* (1936; reprint, Glasgow: Fontana Collins, 1981), 35.
38. J. P. Mayer, *British Cinemas and Their Audiences: Sociological Studies* (London: Dennis Dobson, 1948), 20, 22, 41, 43, 64, 74; see also his *Sociology of Film: Studies and Documents* (London: Faber and Faber, 1946). For intriguing reflections on audience responses to American cinema, see Jeffrey Richards and Dorothy Sheridan, eds., *Mass-Observation at the Movies* (London: Routledge and Kegan Paul, 1987); Jackie Stacey, "Feminine Fascinations: Forms of Identification in Star-Audience Relations," in *Stardom: Industry of Desire*, ed. Christine Gledhill (London: Routledge, 1991), 141 - 163; Stephen Gundle, "Film Stars and Society in Fascist Italy," in *Re-viewing Fascism: Italian Cinema, 1922 - 1943*, ed. Jacqueline Reich and Piero Garofalo (Bloomington: Indiana University Press, 2002), 315 - 339.
39. Fabrice Montebello, "Hollywood Films in a French Working Class Milieu," in *Hollywood in Europe: Experiences of a Cultural Hegemony*, ed. David W. Ellwood and Rob Kroes (Amsterdam: VU University Press, 1994), 235, 237 - 246.
40. Abel, *French Cinema*, 12; André Chevanne, *L'industrie du cinéma: Le cinéma sonore* (Bordeaux: Delmas, 1933), 88.
41. Sadoul, *Histoire générale du cinéma*, 2: 29.
42. On the latter of the two, see Gerben Bakker, "Selling French Films on Foreign Markets: The International Strategy of a Medium-Sized French Film Company, 1919 - 1928," EUI Working Paper, Department of His-

tory and Civilization, European University Institute, San Domenico di Fiesole, 2001.

43. Gilles Willems, "Les origines du groupe Pathé-Natan et le modèle americain," *Vingtième siècle* 46 (April-June 1995): 98 - 106; Abel, *French Cinema*, 51 - 64.

44. Ulff-Møller, *Hollywood's Film Wars with France*, 33.

45. Marcel Lapierre, *Les cent visages du cinéma* (Paris: B. Grasset, 1948), 144 - 145; also Paul Monaco, *Cinema and Society: France and Germany during the Twenties* (New York: Elsevier, 1976), 42; David Strauss, "The Rise of Anti-Americanism in France: French Intellectuals and the American Film Industry, 1927 - 1932," *Journal of Popular Culture* 10 (spring 1977): 752 - 759.

46. *New York Herald*, Paris edition, October 3, 1926, quoted in George R. Canty, "Report on the First International Motion Picture Congress," October 12, 1926, BFDC; also J. F. Butler, "Film Industry in France," file Paris, 1925, RG 151, BFDC

47. Ulff-Møller, *Hollywood's Film Wars with France*, 81 - 83; Canty, "Report on Motion Picture Congress"; Thompson, *Exporting Entertainment*, 112 - 118.

48. Quoted in Ulff-Møller, *Hollywood's Film Wars with France*, 83 - 84.

49. Quoted in ibid., 101.

50. Ibid., 103; Paul Léglise, *Histoire de la politique du cinéma français*, vol. 1: *Le cinéma et la Troisième Republique* (Paris: Librairie Générale de Droit et de Jurisprudence, 1970), esp. 61 - 102, 261 - 266.

51. Hardt, "Erich Pommer," 111.

52. Ibid., 85.

53. Saunders, *Hollywood in Berlin*, 88 - 89, 125.

54. Will H. Hays, *Memoirs* (Garden City, N. Y.: Doubleday, 1955), 509, quoted in Andrew Higson and Richard Maltby, eds., "*Film Europe*" *and* "*Film America*": *Cinema, Commerce and Cultural Exchange, 1920 - 1939* (Exeter: University of Exeter Press, 1999), 5.

55. Saunders, *Hollywood in Berlin*, 51 - 83.

56. Hardt, "Erich Pommer," 94 - 106; Saunders, *Hollywood in Berlin*, 210 - 212.

57. Hardt, "Erich Pommer," 107.

58. Erich Pommer, "Der internationale Film," *Film-Kurier*, August 28, 1928.

59. Hardt, "Erich Pommer," 172 - 173; idem, *From Caligari to California*, 127 - 129.

60. Richard Maltby and Ruth Vasey, "The International Language Problem: European Reactions to Hollywood's Conversion to Sound," in Ellwood and Kroes, *Hollywood in Europe*, 68 - 93.

61. More generally, see Douglas Gomery, "Economic Struggles and Hollywood Imperialism: Europe Converts to Sound," *Yale French Studies* 60 (winter 1980): 80 - 93. See esp. René Jeanne, "L'invasion cinématographique américaine," *Revue des deux mondes*, February 15, 1930, 857 - 884; idem, "La France et le film parlant," ibid., June 1, 1930, 533 - 554; Alexandre Arnoux, *Du muet au parlant: Mémoires d'un témoin* (Paris: Nouvelle Edition, 1946); and Lapierre, *Les cent visages*, 206 - 232. The director René Clair recalls his doubts before finally converting to sound in *Réflexion faite: Notes pour servir à l'histoire de l'art cinématographique de 1920 à 1950* (Paris: Gallimard, 1951); so do other contemporaries in the special issue of *Cinématographe* 47 (May 1979): 1 - 27, devoted to *Du muet au parlant*; Abel, *French Cinema*, 30.

62. Ginette Vincendeau, "Hollywood Babel: The Coming of Sound and the Multiple-Language Version: Cinema, Commerce and Cultural Exchange, 1920 - 1939," in Higson and Maltby, *"Film Europe" and "Film America,"* 207 - 224. On Paramount Joinville, see the descriptions by Ilya Ehrenburg, "C'est un film Paramount," *Revue du cinéma*, June 1, 1931, 7 - 24; and Dudley Andrew, "Sound in France: The Origins of a Native School," *Yale French Studies* 60 (1980): 94 - 114, esp. 100 - 101.

63. Léglise, *Le cinéma et la Troisième Republique*, 75 ff., 106 - 107; Conseil National Economique, *L'industrie cinématographique* (Paris, 1936); Jean-Michel Renaitour, ed., *Où va le cinéma français?* (Paris: Baudinière, 1937), 115; Elizabeth Grottle Strebel, *French Social Cinema of the 1930s* (New York: Arno, 1980), 76 - 77.

64. John L. McBride, "Italian Motion Pictures Industry," January 19, February 6, and February 7, 1935, January-March 1935 file, box 314, RG

151, BFDC.

65. "Attività svolta dell' Istituto nell'esercizio 1933: relazione a S. E. dal Presidente dell'Istituto M. Paolucci de' Calboli," March 31, 1934 file, 20, 36, Series 170. 20, Ministero della Cultura Popolare folder, Archivio Centrale dello Stato.

66. McBride, "Italian Motion Pictures Industry," February 7, 1935, 6; Libero Bizzarri and Libero Solaroli, *L'industria cinematografica italiana* (Firenze: Parenti, 1958), 32 - 41. On Cinecittà: Lucilla Albano, "Hollywood: Cinelandia," in *Cinema italiano sotto il fascismo*, ed. Riccardo Redi (Venice: Marsilio, 1979), 219 - 232.

67. Libero Bizzarri, "L'economia cinematografica," in *La città del cinema: produzione e lavoro nel cinema italiano, 1930 -1970*, ed. Massimiliano Fasoli (Rome: Napoleone, 1979), 40.

68. More generally on this period, see Jean A. Gili, "Pouvoir politique et intérêts économiques: L'industrie du cinéma en Italie pendant le période fasciste," *Film échange* 9 (winter 1980): 67 - 88. Brunetta, *Storia del cinema italiano*, 293 - 297, 515 - 519; see also Libero Solaroli, "Profilo di storia economica del cinema italiano," in *Il cinema come industria*, ed. Peter Bächlin (Milan: Feltrinelli, 1958), 198 - 199. The most vivid and subtle Italian analysis of the mix of old and new genres is Francesco Savio, *Ma l'amore no: realismo, formalismo, propaganda e telefoni bianchi nel cinema italiano del regime, 1930 -1943* (Milan: Sonzogno, 1975).

69. On the Nazis' reorganization of the cinema, see Julian Petley, *Capital and Culture: German Cinema, 1933 -1945* (London: British Film Institute, 1979), esp. 29 ff.; David Welch, *Propaganda and the German Cinema, 1933 -1945* (Oxford: Clarendon Press, 1983); Kreimeier, *Ufa Story*, 221 - 224, 255 - 265; Hake, *German National Cinema*, 61 -67.

70. George R. Canty, Weekly Reports, February 6 and 18, March 18, April 1, 8, 15, 22, and 29, 1933, February 1933 file, box 259, RG 151, BFDC.

71. George R. Canty, Weekly Report, April 1, 1933, 2 - 3, box 259, RG 151, BFDC.

72. Economic and Trade Notes, September 10, 1931, Economic and Trade

Notes/Special Reports 1931 (Motion Pictures) file, box 254, RG 151, BFDC.

73. Hardt, *From Caligari to California*, 138 - 139.

74. George R. Canty, Weekly Report, April 8, 1933, February 1933 file, box 259, RG 151, BFDC.

75. George R. Canty, "Startling Developments in the German Film Situation," November 12, 1932, November 1932 file, box 258, RG 151, BFDC; idem, "The German Film Industry during 1933: Special report," January 15, 1934, January 1934 file, box 261, ibid.; idem, Weekly Report, March 18, 1933, February 1933 file, box 259, ibid.

76. George R. Canty, Weekly Report, April 22, 1933, February 1933 file, box 259, ibid.

77. Petley, *Capital and Culture*, 60; Kreimeier, *Ufa Story*, 226.

78. Hans Helmut Prinzler, *Chronik des deutschen Films 1895 - 1994* (Stuttgart: Metzler, 1995), quoted in Eric Rentschler, *The Ministry of Illusion: Nazi Cinema and Its Afterlife* (Cambridge, Mass.: Harvard University Press, 1996), 13.

79. As observed by *L'Ambrosiano's* critic Emilio Ceretti, *Bianco e nero* 3 (June 1939): 110. On the Nazis' emulation of the "star system," see Francis Courtade and Pierre Cadars, *Le cinéma nazi* (Paris: Eric Losfeld, 1972); also Cinzia Romani, *Le dive del Terzo Reich* (Rome: Gremese, 1981).

80. Canty, "German Film Industry during 1933"; Paul Pearson, "Revision of World Motion Picture Data," August 1, 1939, 16 - 17, December 1939 file, box 272, RG 151, BFDC.

81. R. M. Stephenson, "Further Defense of American Films in German Press," 11 - 12, October 22, 1936, German Film Notes, September-October 1936 file, box 265, RG 151, BFDC; idem, "American Films Used as Models," September 17, 1936, ibid.; idem, "German Films Not to Be Laughed At," June 5, 1937, German Film Notes, June 1937 file, box 266; idem, Special Report, "Goering's Mouthpiece Again Sharply Criticizes German Films," October 9, 1937, October 1937 file, box 266, RG 151, BFDC; idem, "German Press Criticism of American Films," June 9, 1939, June-July 1939 file, box 272, RG 151, BFDC; Paul Pearson, "Revision of World Motion Picture Data," August 1,

1939, 16–17, December 1939 file, ibid.

82. According to Goebbels's "orders of the day" on February 28, 1941; Willi A. Boelke, ed., *Secret Conferences of Dr. Goebbels, October 1939–March 1943*, trans. Ewald Osers (London: Weidenfeld and Nicolson, 1967), 123–124.

83. Abel, *French Cinema*, 28–30, 35; Andrew, "Sound in France"; Léglise, *Le cinéma et la Troisième Republique*, 93, 152; Lapierre, *Les cent visages*, 499.

84. Nathan D. Golden, "Review of Foreign Film Markets," *Review of Foreign Film Markets during 1938* (Washington, D.C.: U.S. Bureau of Foreign and Domestic Commerce, 1939), iv ff.

85. Marcus S. Phillips, "The German Film Industry and the New Order," in *The Shaping of the Nazi State*, ed. Peter D. Stachura (London: Croom Helm, 1978), 257–281; Mino Argentieri, *L'asse cinematografico Roma-Berlino* (Naples: Sapere, 1986).

86. On the Venice Film Festival, see Francesco Bono, "La mostra del cinema di Venezia: nascita e sviluppo nell'anteguerra, 1932–1939," *Storia contemporanea* 22 (June 1991): 513–549; Marla Stone, "Challenging Cultural Categories: The Transformation of the Venice Biennale International Film Festival under Fascism," *Journal of Modern Italian Studies* 4, 2 (1999): 184–208; also Léglise, *Le cinéma et la Troisième Republique*, 93, 152; Lapierre, *Les cent visages*, 499; Argentieri, *L'asse cinematografico Roma-Berlino*, 37–48.

87. Marla Stone, "The Last Film Festival: The Venice Biennale Goes to War," in Reich and Garofalo, *Re-viewing Fascism*, 293–297.

88. Argentieri, *L'asse cinematografico Roma-Berlino*, 20–21.

89. Ibid., 80; Kreimeier, *Ufa Story*, 331–380.

90. Argentieri, *L'asse cinematografico Roma-Berlino*, 16.

91. Maurice Bardèche and Robert Brasillach, *Histoire du cinéma* (Paris: Denoël et Steele, 1935), 326, 329; Simone Dubreuilh, "Le cinema, art du futur," *Ciné-Comoedia*, August 22, 1936, quoted in Ulff-Møller, *Hollywood's Film Wars with France*, 118, 123 n. 8.

92. Quoted in C. G. Crisp, *The Classic French Cinema, 1930–1960* (Bloomington: Indiana University Press, 1997), 57; see also 55–59. For Europe as a whole see Georges Sadoul, *Histoire générale du*

cinéma, vol. 6, part 1: *Le cinéma pendant la guerre, 1939 – 1945* (Paris: Denoël, 1954), 8 –70; Paul Léglise, *Histoire de la politique du cinéma français*, vol. 2: *Le cinéma entre deux républiques, 1940 – 1946* (Paris: Filméditions, 1976); Stéphane Levy-Klein, "Sur le cinéma français des années, 1940 – 1944," part 1, "L'organisation," *Positif* 168 (April 1975): 23 – 30, and part 2, "Les réalisations," ibid., 170 (June 1975): 35 – 44; Evelyn Ehrlich, *Cinema of Paradox: French Filmmaking under the German Occupation* (New York: Columbia University Press, 1985); Jean-Pierre Bertin-Maghit, *Le cinéma français sous l'Occupation* (Paris: Presses Universitaires de France, 1994).

93. Gilles Willems, "The Origins of Pathé-Natan," in *Une histoire économique du cinéma français (1895 – 1995): Regards franco-américains*, ed. Pierre-Jean Benghozi and Christian Delage (Paris: Harmattan, 1997), translated by Annabelle de Croÿ for the electronic journal *Screening the Past*, no. 8 (November 12, 1999), <http://www.latrobe.edu.au/screeningthepast/ classics/rr1199/gwrr8b.htm>.

94. Ehrlich, *Cinema of Paradox*, 85.

95. Quoted in Louis P. Lochner, ed. and trans., *The Goebbels Diaries* (London: H. Hamilton, 1948), 151, 165; see also Boelke, *Secret Conferences of Dr. Goebbels*, 123 – 124.

96. Rentschler, *Ministry of Illusion*, 20, 201; Karsten Witte, "The Indivisible Legacy of Nazi Cinema," *New German Critique* 74 (spring-summer 1998): 23 – 29; Patrice Petro, "Nazi Cinema at the Intersection of the Classical and the Popular," ibid., 41 – 53.

97. Courtade and Cadars, *Cinéma Nazi*, 298 – 299.

98. Kreimeier, *Ufa Story*, 318 – 319, 328 – 329; Rentschler, *Ministry of Illusion*, 193 – 213; David Stewart Hull, *Film in the Third Reich: A Study of the German Cinema, 1933 – 1945* (Berkeley: University of California Press, 1969), 253.

99. Golden, "Review of Foreign Film Markets," ix.

100. Walter Wanger, "Donald Duck and Diplomacy," *Public Opinion Quarterly* 14 (1950): 444, 452.

101. Wolfgang Schivelbusch, *In a Cold Crater: Cultural and Intellectual Life in Berlin, 1945 – 1948*, trans. Kelly Barry (Berkeley: University of California Press, 1998), 137. More generally: *Robert R. Shandley*,

Rubble Films: German Cinema in the Shadow of the Third Reich (Philadelphia: Temple University Press, 2001).

102. Quoted in Schivelbusch, *In a Cold Crater*, 137.

103. Ibid., 144; Shandley, *Rubble Films*, 14 - 15.

104. Quoted in Schivelbusch, *In a Cold Crater*, 140.

105. Hardt, *From Caligari to California*, 163 - 188; Schivelbusch, *In a Cold Crater*, 144 - 153.

106. Quoted in Schivelbusch, *In a Cold Crater*, 144; Hardt, "Erich Pommer," 198, 208.

第七章　消费者公民

欧洲人是如何用权利来换商品的

在 1945 年的阿尔萨斯，当一个伪装成了一名美国步兵的德国间谍去捡一个旧烟头的时候，他暴露了自己的身份。因为所有人都知道，美国人是不会去捡旧烟头的。

——罗贝尔·介朗

《法国智慧》，1955 年

消费者主权与自由主义体系……命运息息相关。

——乔治·H. 希尔德布兰德，

美国经济学家，1951 年

西班牙是欧洲所有国家中唯一一个被排除在马歇尔计划之外的国家。直到在斯大林拒绝马歇尔计划的援助之前，甚至连苏联都是符合美国政府在 1948 年 6 月以“欧洲复兴计划”为名对外发起的援助、贷款和供应的条款的。西班牙之所以会被拒之门外，是因为当时得到了巩固的弗朗西斯·佛朗哥的独裁政权仍被看作是“纳粹主义肮脏的分支”。[1] 美国总统哈里·S. 杜鲁门认为，如果把西班牙这个无赖包括进了其他 15 个最终被认为符合援助条件的国家，那将“不仅是一种很坏的信贷风险”，而且“还会是一种道德风险”。[2]

1952年，天才的、年轻的电影导演路易斯·加西亚·贝尔兰加(Luis Garcia Berlanga)拍摄了其名字带有明显讽刺意味的电影《欢迎你，马歇尔先生!》，这部影片的构思就反映出了西班牙被排除在马歇尔计划之外这件事，这部电影大致是建立在真实事件的基础之上的。这一真实事件就是指1951年8月至11月，美国陆军少将詹姆斯·W.斯博瑞(James W. Spry)带领九十人的调查队为建设冷战时期的军事基地而在西班牙进行勘察的事。贝尔兰加糅合了当代意大利新现实主义的泛民粹主义与西班牙怪诞讽刺画的风格，讽刺性地描述了西班牙官方阿谀奉承地去寻求美国救济的过程。后来，在重新认识到了西班牙作为一个同盟国的价值之后，在1951年北约的共同安全条款下，西班牙独裁政权终于开始得到它从1949年开始就乞求得到的那姗姗来迟的援助。

在书面的历史没能做到的地方，《欢迎你，马歇尔先生!》这部电影却巧妙地做到了，它成功地描述了一个直面福利这一庞然怪物的欧洲：马歇尔计划所激起的虚幻的期盼——欧洲人将很快享有美国人的生活水准；受冷战政治驱动又被美国经济和文化资本修饰了的、以消费者的名义形成的新的联盟；以及大部分人在接下来的二十年中开始的、从资产阶级消费制度的废墟向1960年前在欧洲也以“大众消费社会”著称的那一新制度那偷工减料的基础开始的艰苦历程。

在贝尔兰加那部电影的开端，一座破败的卡斯蒂利亚式的小村镇，被清晨传出的美国人将要来访的消息将它从漫长的睡眠中惊醒。正准备按历史悠久的风格用柠檬味面包和桑格利亚汽酒欢迎“马歇尔先生”的镇长，意外地受到了一个过路的娱乐经理的劝说，这个娱乐经理说，维亚尔德里奥(Villar del Rio)将永远不会吸引到美国的捐助，他所说的维亚尔德里奥实际是指：小村庄那干涸的喷泉、那有故障的村里的时钟、瘦骨嶙峋的动物们、裹着黑衣的妇女们，以及那些“围着中心广场而坐的、为他们那从未播下种的收获而幻想的”无精打采的男人们。这个名叫马诺洛的华而不实的乐团经理劝告镇长说，全世界的人们都知道，人们应该正确地包装他们自己以便得到美国的慷慨捐助。[3] 在镇长这个被搞迷糊了的、游手好闲的地方精英的欣然同意之下，镇上的人们把他们那死气沉沉的土地变成了一个迷人的安达卢西亚式的大舞台，这种新的场景是卡门的狂热爱好者们所熟悉的，也是对西班牙怀有一种图画明信片式印象的美国旅行者们所熟悉的。镇上的人们对他们新的身份的盛装排练达到了高潮，原先被人阳暴晒的养母牛的这一小块土地，现在变成了一个充满了正在唱赞美诗的校园儿童和跳弗拉明科舞的妇女以及斗牛士的、阳光灿烂的波坦金村，这时候，美国佬的队伍呼啸而过。它甚至没有明显减慢速度以表明它意识到了这个小镇的存在，更不用指望它会对那新创意的迷人表演做出什么反应了。

当这部电影 1953 年在戛纳电影节上放映时(在这里它因它的幽默而受到了赞扬)，好莱坞指责这部电影是反美的。[4] 爱德华·G. 罗宾逊(Edward G. Robinson)这位面容冷酷的好莱坞的使者没有理解这部电影的思想——这部电影决不是要声讨美国的冷漠的，而是要抨击公众对于权宜之计的幻想的。这部电影展现了原先站在后街小巷门口阴影中的人们走到显眼的地方，在中心广场上歪歪扭扭地排起队伍，吐露出了他们那大杂烩一样的各种渴求。一名镇上的知识分子恳求得到一部望远镜，以便使他能够看得更远；一名农妇被鼓励说出自己的选择，于是这名农妇尖声喊出她要“巧克力”——这一穷人们长久以来的渴望；两名劳动妇女则在争论她们能否可以都登记要一个大众化的产品——缝纫机。农民胡安对一台拖拉机的渴望在一场梦境中被表现得非常完美，在梦中，这部拖拉机被从一架飞机上投送下来，它的搬运者是向初生基督朝圣的那东方三大博士，他们的大胡子像圣诞老人的大胡子，嘴唇上面的胡子则像斯大林的胡子，他们用降落伞把拖拉机投送到地面上，在那里，胡安像一名经济建设五年计划的英雄一样微笑着，发动起拖拉机并开动，以耕耘他那贫瘠的土地。

所有的幻想最后都化为了泡影：影片的最后一幕是，饱受折腾的村民们零零散散地走进中心广场，去为他们使用过的带有饰边的服装、纸花环、盆栽植物和其他小道具付费，他们不是用钱来付费的，因为他们根本没有钱，他们用来付费的东西是被绑起来的小鸡、烛台、镜子、铜水壶，以及其他简陋生活中所用到的小玩意儿。最后到达那里的是一个腿脚不灵便的西班牙老绅士，他被迫捐出他那把锈迹斑斑的剑，这把剑是他曾经管理维亚尔德里奥地区以及他的征服者祖先对美洲"野蛮人"长期拥有霸权的象征。影片中那个无所不知的叙述者轻声地责备这些被愚蠢地愚弄了的人们说：当变化来临的时候，它将以你们自己的节奏，经由你们自己的资源，以你们自己想象的情形发生。

欧洲人在二战刚结束后得到的是什么？得到了多少？任何有关美国消费文化对欧洲商业文明的挑战的研究都必须要考虑马歇尔计划，因为它对问题的答案是真正至关重要的。它的重要性并不是作为光彩照人的善行体现出来的，而是作为思考制造富足的新方法的载体体现出来的。它并不是作为一项被大量图片所宣传的馈赠而显出它的重要性的，在这些图片中，南安普敦、鹿特丹和安特卫普港口中巨大的码头升降机正在卸载大量来自美国的棉花、谷物、煤炭和玉米以供应欧洲人，为动物提供饲料，并把用来发电的巨大涡轮机和用来冲压汽车部件的钢铁冲床供应给设备严重匮乏的工业；它的重要性体现在它是一种更严肃的事件的升级基础。这一基础为一种加速运转的资本主义战时经济所能产生的富足的出现提供了可能。但它的代价将是抑制丰富的民粹主义传统，减少生活必需品，并极力主张有条不紊地去满足需求的纪律性。事实就是，在界定适合战后欧洲人的生活标准的问题上，马歇尔计划既不是第一个也不是唯一的一个举措。新的选择方案出现了；因为随着改革者联盟在全欧洲涌现并宣扬体面生活的权利，这一被争论不休的问题开始以与过去完全不同的方式再现了。

当贝弗里奇报告在1942年12月发表的时候，它是人们的期望值发生深刻变革的最早的指示器。这一报告是在德国战机正在轰炸英国的城市时，温斯顿·丘吉尔的战时内阁为了凝聚起民众的支持而下令起草的，它为当代人们谈论不休的、作为战争状态对立物的社会福利提出了第一个全面的规划。这一报告的作者是自由主义改革家威廉·贝弗里奇爵士，它详细列出了困扰英国人民的五大“社会罪恶”：游手好闲、愚昧、疾病、贫穷和欲望。这一报告还用大量的篇幅提出了补救办法：必须为所有人提供国民医疗服务，然后再为他们提供充分就业、普及的中学教育、有补贴的住房，以及为防备疾病、失业和衰老而设置的国家保险。这一长达300页的官僚化文件为盟军未来胜利后的欧洲提供了如此有力的一份福利声明，以至于纳粹的宣称机构开始动员起来，污蔑这一报告是一种“欺骗”，并说一旦战争结束，除了政府会把“猫狗用的兽医援助品”都吸干外，这一报告中的任何东西都不会剩下。然而事实证明，贝弗里奇报告在接下来的三十年中既启发了英国工党的治理理念，也启发了英国保守党的治理理念。如果说“一个人的名字”没能像威廉爵士毫不谦虚地所希望的那样成为“不仅是英国的生活方式的名称，而且是文明世界的生活方式的名称”的话，这全是因为美国以“美国生活方式”的名义提出了一种更有说服力的选择方案。[5]

如果说许多政府实际执行的政策并不像贝弗里奇报告所说的那样全面的话，对这一报告的赞成立场在政治领域内却是随处可见的。于1948年1月1日生效的意大利新宪法在它的第二条条款中宣布，“消除那些通过限制公民的自由和平等而阻碍了个人全面发展和所有工人参与政治、经济和社会组织的经济与社会障碍，是共和国的责任和义务”。曾任法国总理的莱昂·勃鲁姆于1947年11月21日在法国议会发表告别演说时，也终于看到与会者对“改善工人阶级的处境并相应地将收入和工资的实际购买力提高到法国经济当前所能允许的最高上限”得到了广泛的支持。[6] 基督教民主党人路德维希·艾哈德在1948年前往就任德意志联邦共和国首任经济部长时推断说，“现代经济”将“既不是一种将掠夺行为自由化了的自由市场体系”，也不是一种“各种力量的自由相互作用”，它将是“一种对于成就给予应得的回报的、有社会担待的市场经济”。[7]

在美国，提高生活水平也成了政府为战后全球重建提出的官方口号。在罗斯福总统于1941年1月6日为促使国会向已参与对轴心国作战的盟国发放租借法案的援助而提出的“四大自由”中，“免于匮乏的自由”位居首位，其他三项自由是宗教自由、言论自由和免于恐惧的自由。在罗斯福去世之后，随着新政让位于“公平施政”，杜鲁门总统把“生活水平”当作了他继任总统后所发表的国情咨文的中心主题。在美国的影响下，1945年联合国宪章的签字国都赞同设立联合国宪章中的第五十五条，这一条款确认“促进更高的生活水准”是全世界的目标。1948年发表的联合国《世界人权宣言》以或许是超出美国意愿的更多的细节对此进行了界定：“每个人都有权拥有对他和他的家庭的健康与福利足够充分的生活水平，这包括食物、衣服、住房、医疗保障和必要的社会服务，以及他们在失业、疾病、残疾、孀居、年老或在超出其控制的环境中所遇到的其他谋生困难的情况下获得安全的权利。”[8] 在1949年6月24日提交给国会的“第四点计划”中，杜鲁门把美国的目标扩展到了“援助经济不发达地区的人们以提高他们的生活水平”。[9]

随着“提高生活水平”问题出现在了一个又一个的政治议程中，它激起了大量关于什么人应该得到什么，以及在哪里、为何和何时得到的争论。和以往一样，传统的自由主义提出了一种简单易懂的行动方针：随着战争废墟被修复，市场重新开放，政府调节被取消，工业生产出现增长，工资也得到提高，普通欧洲人的生活水平也将慢慢地提高到与普通美国人一样的水准。同时，期望的车子不可能走在生产力这匹马的前面。然而，传统的自由主义从来没有很好地了解改变欧洲人的生活水平所面临的那些障碍。同时，它也没有准备好去设想市场帝国为消除这些障碍所能运用的那些政治杠杆——一旦市场帝国的“国家利益”表明有必要时，市场帝国就将会那样去做。

同时，在了解到生活方式的改变是多么的困难之后，人们对以下现象也就不会感到奇怪了：虽然同盟国获得了胜利，但生活水平仍然被社会不平等分成了不同的阶层，它体现在围绕美好生活的含义所出现的严重分化的政治观点上，并带有政府及私人检查与控制的所有特性。的确，所有地方的人们都对战时的强制措施非常不满，尤其是对食品、衣物和燃料的配给制不满，在许多地方这种配给制一直实施到了1951年。在英格兰，糖一直到1953年都是被定量配给的。然而，也不能想当然地认为任何地方的多数人们在面对最低限量的社会安全保障与新的消费品潮流的选择时，都会自动地选择后者。也不能想当然地认为，当政府面对以减慢经济增长为代价提供社会保障与冒公众抗议的风险解除市场管制并进行结构改革这两种选择时，一定会选择后者。总之，战争已经摧毁了旧的消费制度。但它并没有为美国模式的舒适文明扫清道路，美国模式的舒适文明是以技术上的过度自信、乱哄哄的商业主义以及对社会破坏的容忍为进步的代价的。

的确，目前已经击败反动的右翼和狭隘的自由主义并在西欧取得成功的社会改良主义，仍是以不同于美国遗产的方式在发挥作用的。在纳粹新秩序下展现出它最反动的形象的社会连带主义精神，现在展现出了它主要是进步性的一面。市场的广度和深度问题仍然存在。因为单个国家和整个欧洲都没有像美国那样大的内部市场，因此大多数政府领导人决定按照凯恩斯所建议的方式去解决这个问题，即在受到保护的市场内通过刺激需求创造充分就业，利用民族国家来推动经济复苏。严重不平等的问题也仍然存在。现在他们打算通过信奉新的社会信仰来解决这个问题，这种新的社会信仰是，市场不能被信任为是平等主义的，政府必须要介入以使公民的购买力得到平衡。于是，欧洲社会又恢复了对“社会公民”权利的信奉，过去由于缺乏这种“社会公民”的权利，大多数人与自由主义原则所承诺的政治权利和个人发展机会无缘。[10]

使生活水平在1950年代发生了惊人的快速变化的消费者革命，不能被单纯和简单地理解成是美国所强加给欧洲的，它是欧洲人对社会公民的看法与美国人自主消费者观念之间真实冲突的结果。在渴求更高的生活水平并界定能够满足这一点的相关产品和服务上，以及在确定能够获得这些东西的方法上，这两种模式的论证基础是非常不同的。前者把更高的生活水平当作一种社会权利来要求，并要求国家能够减少消费者之间的不平等，它受依然完整的政治、宗教和社区亚文化的共同价值观影响很大。后者凭借20世纪五六十年代这一“奇迹年代”的经济繁荣，信任市场在分配商品方面的作用，并支持与美国消费文化产品和实践有关联的新个性的丰富化。从上述冲突中演化出来的欧洲“公民消费者”因而是种混血儿。正如让－吕克·戈达尔(Jean-Luc Godard)对他们所做的著名描述那样，他们是“马克思与可口可乐的孩子”，他们在战后首个十年里诞生的那数量巨大的第一代人在1960年代成年了。[11]他们很快就受困和沉迷于消费者满足的爆炸，在争取更高工资和更多公共产品的社会斗争与争取私人满足之间，他们被撕裂了。他们既受到左派的争取，也受到右派的争取，他们很不稳定地游离于国家和市场之间，游离于欧洲福利国家所承诺的安全与美国消费文化所承诺的自由之间。

对于这种充满争议的发展，如果能把它看作是美国消费文化与欧洲市场文明在不同水平和新的边疆中冲突的一个新阶段，将其放置到市场帝国更加巩固的大框架中去解读，就能够对它有更好的理解。一方面，二战后比以往更自信、更轮廓分明和更富侵略性的美国模式，更加向着华盛顿特区那些决策者们所愿的方向发展，它在联邦政府、跨国公司和对外政策目标之间具有了更好的同步性。它主张消费者是独立自主的，认为人们通常就像经济自身那样，能够从市场力量的自由运转、产量的增加和需求的增长中得到富足。如果市场能够按它应有的样子运转，人们就应该能够实现他们对物质舒适和个人自我实现等“合法渴望”的满足。因此，国家并不是天生必须要介入以便提供产品，或增加它所提供的服务。用一句最恰当的话来说就是，消费者的自由是所有自由中最基础的东西。消费者在其日常交易中所运用的技巧、思维习惯和诉求，锻炼了他们作为公民通过在投票亭中计算和权衡他们的选择以影响政治体系的能力。在与极权主义做斗争的过程中，自由主义政治理论经常为个体进行自由选择的能力感到苦恼。而在消费者自由中，它看到了社会把人们发展为不仅在经济上明智，而且在政治上理性、在伦理上优秀的潜力。总之，“消费者主权与自由主义体系……命运息息相关”。[12]

相反，欧洲社会公民的原则设想人们至少在一定程度上是属于社会的。这是一种“权利”，而不是一种“正当愿望”或“要求”。如果这种标准缺失了，那么公共服务（也被称作社会消费）就必须要被引入。这种社会消费是什么，将不是由市场决定的，而是由平等、正义理念和最终的投票所塑造的政治进程来决定的。因此，如果市场力量在塑造新的消费习惯的过程中也在公民当中制造出了新的不平等，那么国家就有义务进行干预。从理论上讲，更广泛分布的政治民主、社会正义、基本福利需求的满足，以及能够加强国家认同的欧洲高端文化传统的更广泛的散播，将会伴生出越来越多的平等的消费习惯。总而言之，让人们获得消费品是实现良好社会的一种重要方法。但它绝不是终点。

产生于公共需求的集体思想的这后一种立场，现在在很大程度上被看作是改革派社会主义、马克思主义意识形态和苏联模式的计划体制，它把大西洋两岸之间的差异从一种对不同政策的激烈竞争变成了超级大国之间冲突的主要战线。在 20 世纪上半叶，上升的美国市场文化与衰落的欧洲资产阶级商业文明之间的斗争在大多数时候都把苏联的试验看作是与自己毫不相关的，只有在两个重要时期例外：一个时期是在苏维埃革命威胁要扩展到整个西欧的 1918 至 1921 年期间，另一个时期则是在 20 世纪 30 年代，那时斯大林独裁政权所实行的恢宏的五年计划显示出它们是大萧条期间病入膏肓的西方资本主义的可替代方案。现在，从“波罗的海的什切青延伸到亚得里亚海的特里亚斯特的”“铁幕”变成了一条长长的战线，在这条战线上，两种体系围绕着谁能够更有效地满足良好生活的标准而展开了斗争，每个体系都针对对方提出了一个与自己的资源和发展遗产相称的对大众消费的定义。从物质文化的基础上看，苏美两国所代表的这两个世界之间的距离，就像 20 世纪初德卢斯与德累斯顿之间的距离那样远。

然而约瑟夫·斯大林确实也曾谈论过“生活水平”的问题，那是在 1946 年 2 月 9 日，当时他正在对苏联选民发表其第一次重要讲话，对反法西斯战争的胜利进行回顾。为了贬低红军的“巨大功绩”（红军的领导人看上去对他自己的领导地位构成了严重的竞争），斯大林强调说，“最重要的是，获得胜利的是我们的苏维埃社会制度。这场战争表明，我们的苏维埃社会制度是一种真正受欢迎的社会制度”。对于未来，“我们将会特别注意增加消费品的生产，通过逐渐降低商品的成本和创建各种科研机构，来提高工人们的生活水平”。[13]

观察家们（不仅仅是那些左派观察家们）非常认真地看待苏联制度实现这一目标的能力。考虑到20世纪30年代苏联五年计划被报道的那种高增长率，以及苏联军队为打败纳粹而对国内资源进行动员的惊人能力，人们普遍预期苏联的中央计划经济将会迅速重建起来，对生产行业的投资将会迅速让位于对基本消费品的生产，而欧洲的工人们正普遍缺少这些基本消费品。这就将会意味着充足的食物、得体的衣服、体面的住所和教育、卫生保健及休闲等公共服务。这种幻想一直持续到了1970年代中期：在中国于1990年代取得经济成功之前，苏联在1970至1980这十年间所生产出的人均电冰箱、电视机和洗衣机的数量，超过了任何的其他国家。[14]即使是在这之后，苏联阵营仍旧把它自己当作是（也被相当大数量的西欧左派看作是）贫困的后殖民地地区的唯一可行的发展模式。并且，许多欧洲知识分子继续仰慕社会主义欧洲的高级文化消费水准，并把这一体系对艺术的赞助、教育体系的平等和获得了大量津贴的图书、录音带和电影票与被认为是由美国侵略性帝国主义所传播的肮脏的波普文化进行对比。的确，美国与苏联这两大阵营之间主要的武装冲突地点都在欧洲之外。但是，它们之间关于生活水准的斗争的主战场却是在西欧。

欢迎马歇尔先生！

马歇尔计划被看作是欧洲消费社会艰辛发展过程中的一块基石，但马歇尔计划对于欧洲重建的财政贡献所产生的影响，并不及它为提供援助而要求的那些条件所产生的影响深。合计起来看，相对于欧洲各国自己所进行的投资来说，马歇尔计划以贷款、捐赠和补给的形式真正花在欧洲的资金额现在被认为是数量比较小的,大约只占1950年前西欧恢复时期总投资的百分之五。美国的计划制定者、援助官员和商业领袖们与那些有着相似意向的西欧人紧密合作,目的在于防止西欧的政治领导人们被诱惑去重新搞国家干预、中央计划和封闭的经济,因为大萧条和战时的经济管理经验仍在这些政治领导人的头脑中记忆犹新。相应地,被建立起来以管理欧洲复兴计划的欧洲合作局也负责协调整个欧洲的安排。欧洲合作局的总部设在巴黎,它的领导人是史蒂贝克公司的前总裁保罗·G.霍夫曼(Paul G. Hoffman),欧洲合作局通过各国自己的救济机构来建立起援助的指导方针。这些指导方针的目的在于建立起一个可自立的工业化的欧洲,一个通过地区内部的贸易实现繁荣然而又牢牢地嵌入了美国所主导的世界经济的欧洲。[15]

需要特别指出的是,马歇尔计划绝没有被设想去创造一个消费者的欧洲。它的首要考虑是去解决欧洲的美元短缺问题,这个问题使得欧洲的供应商无法向美国采购商品,并有使欧洲的复苏停滞不前的风险。这种美元短缺问题的出现被归因于欧洲地区与美国之间的贸易逆差,而这种贸易逆差又被归因于欧洲经济生产的长期衰退。因此,马歇尔计划援助的优先考虑是通过投资于工业生产的更新换代和发电站、电网、港口设施及铁路桥等基础设施,提高欧洲的生产率。当时,西欧各国的消费水平都没有超过战前1938年的水平。因此,没有任何援助将会被用于重新粉刷破旧的衣柜,用盆盆罐罐和各种家具去补充被战争毁坏了的家庭,或是用于支付养老金,就更不用提用它来提高工资了。甚至连食品补助也是非常吝啬地仅仅被少量发放——只有在政治上绝对必要的情况下才发放,例如在1948年的西德,发放食品补助是为了减轻营养不良,应对最严重的食品短缺,并使政府能够继续推进复苏而不至于引发极度饥饿的人们进行激烈的抗议。考虑到马歇尔计划的这些目标，贝弗里奇计划就是马歇尔计划的终结者：欧洲合作局的官员们异常愤怒，因为英国工党政府在拿到美国的援助之后，却只是把这些援助投进了福利国家开销那无底的深渊。[16]

更重要的是，西欧人不得不被劝说去接受查理斯·S. 迈尔(Charles S. Maier)所准确称呼的那种"生产力政治学"。[17]为了做到这一点，企业不得不放弃它那种马尔萨斯主义的信念，即建立在引进福特主义原则和最新美国技术与机器基础之上的那种不择手段的生产能力，将会带来生产过剩和经济萧条。更为困难的一个问题则是去劝说劳动者放弃抵抗，因为重组生产系统将会带来解雇工人，以及强化工人们所厌恶的工时与动作研究、计时、提速，以及强化计件工作系统。在过去，劳动力很少能够从产量的增加中获益，在 1940 年代晚期这方面也没有发生什么新变化。复苏出口的压力一直存在——如果欧洲的生产商打算重新进入越来越被美国的跨国公司所主导的全球贸易流通体系，那么振兴出口就是必不可少的。所有的迹象都指向了剥削欧洲的廉价劳动力，如果可能的话甚至还会包括削减工资，虽然受短缺和通胀影响的食品、衣物及住房的价格并没有显出丝毫的下降迹象。

确实，拥有结实整洁的住房、干净的蓝牛仔工装裤、闪闪发光的工具和汽车的"美国普通工人乔·史密斯"的"高生活水准"，只不过是某些运动中的一个展览品，这些运动的目的就是要劝说欧洲的工薪阶层更努力地工作，接受失业，推迟消费而把钱用于投资。但这类运动不言而喻的一个代价就是抑制了独立工会的力量，而恢复了企业管理阶层的地位。作为西欧各国获得援助的一个条件，美国官员不仅向西欧各国施压要求它们将左派从执政联盟中合法或不合法地驱逐出去，而且在美国派往欧洲的美国工会官员代表团的帮助下，他们还寻求通过分化工会运动来压制劳工们的激进主义，并对企业解雇好斗的工人与共产主义工会代表视若无睹。[18]

为了建立起一个作为欧洲内部合作基础的大规模市场(舆论宣传称这个大市场能够促进和平和实现更高的生活水准),巨大的政治和经济力量被动用了,而消费者对更高生活水平的预期不仅被延迟了,而且也被实实在在地降低了。因此,在1950年左右美国和西欧之间在消费水平上出现了“惊人的对比”:虽然西欧的工业生产增长足足有百分之五十,但西欧人的消费仅仅比1938年时的消费增长了百分之三,而美国人的消费水平却增长了百分之七十。此外,西欧的商品定价仍然非常“畸形”,尤其是在法国,到处可见生产商犯“妄自尊大”的错误,经销商效率低下,而消费者面对商品短缺和通胀则陷入了迷茫。如果能适当考虑东欧与西欧之间财富分配遗产的不同、可怕的战争破坏对东欧所造成的严重打击,以及东西欧在重建时所能获得的资源的严重的不平等,那么马歇尔计划为大西洋共同体所设定的投资优先方向对那些下层消费者来说,其残酷程度并不亚于各种五年计划给苏联阵营内的民众所带来的那些磨难。[19]

当然,马歇尔计划与苏联阵营的五年计划还是有很大的不同的。因为马歇尔计划的最终目的还是要推动一个跨大西洋的、包括整个西欧的联盟去增加消费,而不是要去复苏那种战前时代的反消费联盟。对更高水平消费的敌意仅被当作是一种临时措施。因此,到了1951年左右,随着通货膨胀的减轻,基础工业开始起飞,商业也开始恢复,劳工的抗议活动也开始在整个西欧爆发,经济合作局中的美国官员们就提醒他们的西欧伙伴说,马歇尔计划的设计初衷可是用来与共产主义分子做斗争的。因此,资金现在需要更多地被用于住房、医院、学校、旅行设施,以及其他类似的项目。企业老板们也需要做出改变,如果他们不想显得像欧洲灰暗时代的那种政治上反动、经济上倒退的资产阶级工业家,他们就应该与“欧洲的小人物们”分享他们从生产中获得的利润。[20]

同时，为了使西欧的民众相信新的市场文化所带来的长期好处能够抵消它的短期代价，经济合作局进行了大规模的推广活动。曾经是一名公司总经理的保罗·霍夫曼认为下面这种道理是不言自明的：如果没有一种“强大的信息武器”，各国救济机构所能发挥的作用就“像没有销售、广告和客户关系部门却想做一种大生意一样，将会是徒劳的”。[21] 长达半个世纪的销售产品和处理公共关系的实践已经使霍夫曼明白，在使民众相信新的社会计划方面，传达自非意识形态语言中的信息能够提供最有效的手段。因此，马歇尔计划应该去强调最好的实践，而不是去强调政治学说；它应该去强调“美国的生产线”，而不是去强调“共产党的路线”是什么；它应该去强调“盛满了的晚餐盒”，而不是去强调“免费的午餐”。[22] 在当时，任何一家管理良好的美国公司都会将一种新产品成本的百分之五用于发起推销活动，这个比例也正是霍夫曼命令各国的救济机构在教育和信息上必须要花费的比例。

相当大的一部分钱流入了经济合作局的电影部门，这笔钱被一些颇具才华的欧洲电影制作者团队用来制作电影，从 1949 年至 1953 年，他们共制作出了约 200 部纪实风格的电影。这些电影的主调是朴素的现实主义，而不是民粹主义的空想。这些剧本号召人们要相信缓慢的进步，而不要去希望能立即得到满足；它们号召人们要去关注切实的需要，而不要去拥抱乌托邦式的宏图；它们号召人们要相信欧洲的传统，而不要去模仿外来的社会革新。[23]

这就是电影《库拉的故事》所精心传达出的信息，这部电影是少量奉献给希腊战后重建的电影之一，在希腊，美国卷入了一场充满艰险但最终又取得了成功的行动，以便在共产党领导的共和派起义的威胁下恢复希腊保守的君主政体。这部电影拍摄于 1951 年（也就是贝尔兰加构思电影《欢迎你，马歇尔先生！》的那一年），导演查尔斯（又名维托利奥）·凯洛执导的这部伪纪录片关注的同样也是一个乡下穷乡僻壤的命运。[24]在影片中，电影镜头在希腊色雷斯北部克桑西地区一个叫菲拉维亚的小山村那些小石屋、橄榄树和枯燥无味的土地上移动，展示着老人、孩子和妇女这些效率低下的劳动力，这里面没有成年男人（它暗示出，那些成年男人已成为由共产党煽动的内战的牺牲者），这时电影叙述者开始用洪亮的嗓门讲述这些人长期以来为生存而进行的斗争。他判断说，这些人最迫切的需要是获得强有力的、能拖拉重物的牲畜，以便用它们来耕耘那些令人厌烦的坚硬土地。

拯救菲拉维亚村的故事于是就展开了。认命并且缺乏自信的老人们无视政府官员让人们登记以便获得援助的布告。如果不是一个富有进取精神的单身少年的帮忙，将没有任何人会去申请那些救济。当援助品到达的日子来临时，吉利亚克斯用他那头叫帕普的老牛拉起牛车，经过两天的行程赶到卡瓦拉港口去取货。正常情况下，援助品上面都盖有印戳，上面写着“用于欧洲的恢复，由美利坚合众国供应”。但对于这些作为援助品的、活的密苏里州骡子来说，要印上那么多字可就太难了——单就凭码头前面那种美式的、为给其打烙印而赶拢牲畜的风格，或凭烙在这些动物那光滑的腰部的“USA”罗马字母，就没有任何人会怀疑这些动物的产地。当那些年老的人们徒劳地想用踢打的方式来驯服这些牲畜时，吉利亚克斯却向人们表明，劝服比暴力更有效：动物也像人类一样，如果能像对待一个人一样去对待它们，喊它们的名字，用甜言蜜语哄它们从事新的工作，而不是默不作声地让它们驮重物，骂它们，打它们，甚至饿它们以使它们屈服，那么它们工作起来会更有效率。虽然如此，当那头叫库拉的生气勃勃的骡子最终被套上马具去干活时，它那不顺从的乱蹦乱跳令民主的方式也难以容忍。菲拉维亚村可没有地方容留一头不干活的牲畜，尤其是这头牲畜的胃口还特别的大。现在，“旧世界”普遍存在的判断力开始起作用了。吉利亚克斯拉着那头体型巨大的骡子走向了他那头瘦长的母驴，准备把骡子换下来，于是这部电影的主要信息就传达了出来：人们决定去选择一种更美好的前景，把新机械与古老的实践结合起来，把威力与耐心结合起来，“一起为更多一点儿的产出和更多一点儿的福利而工作”。因此，可以说菲拉维亚村的村民们很正确地获得了这个信息。马歇尔计划本身并不致力于提供高的生活水准，而是提供有关如何获得“更多一点儿的福利”的技术、操作程序和信息。对未来的期望要依赖可靠的传统，人们不应该太浮躁，以至于把自己当前的生活水平与美国自身的例子威胁到将要引进的那种“外部标准”混为一谈。

进行尼龙战争

随着它以前的强大敌人欧洲商业文明的屈服，以及随着它在军事和意识形态上加速展开反对它的新敌人（苏联中央集权主义）的冷战，市场帝国所面对的一个巨大困境就是，一个强大的国家能否仅在物质改善的基础上得到维持？不论美国人对他们自己生活水平高高在上的信念表达出了多么大的自信，也不论美国人如何相信它的对手针对美国的选择的自由、高的生活水平和民主所提出的替代方案将只是强制、匮乏和独裁，对于将如此巨大的一个国家建立在源于大众消费品满足的一种很不稳定的基础之上，这其中总有一些东西是存在疑问甚至是存在矛盾的。从历史的角度来看，发动战争的能力总是与做出牺牲的能力联系在一起的。然而从20世纪五六十年代之交开始，美国的企业精英们却为美国人提供了一种“人民的资本主义”，这种体系能够在保证人们越来越高的消费水平的同时，发动一场全面的战争。美国不像欧洲，它具备那样的工业能力既生产大炮又生产黄油。

但令人困扰的问题仍然有很多。建立在庸庸碌碌的大规模消费满足基础之上的西方文明（北大西洋地区现在往往习惯性地被这样描述),在价值观念方面也值得为之而战吗?当欧洲乃至整个世界的大部分地区不仅没有赶上西方的生活水平,而且还正被落得越来越远的时候,苏联宣称它通过既保证平等又保证福利的办法正在追赶上西方,如果说这是没有意义的,那么又如何来证明这一点呢?如何来证明所谓的主权消费者是真正独立自主的?以及如何来证明大众消费社会公民的政治技巧和批判能力并没有被麻痹?哲学家汉娜·阿伦特(Hannah Arendt)在描写1950年代早期欧洲人日渐增长的对美国的疏远时写道,“不同国家间要做到相互理解和坦诚以待,某种生存条件的平等……是必需的”。她对这种由生活条件的极端不平等导致的误解所表达出的看法,简直就是直接取自伍德罗·威尔逊的原话。[25]

在1951年发表的《尼龙战争》这篇作品中,身为社会学家的作者大卫·理斯曼(David Riesman)准确捕捉到了一个将霸权建立在物质影响力这一鼓起的缓冲垫基础之上的国家所面临的两难局面。第一次阅读时,他这篇短小的讽刺文章看上去像是一首对和平解决冲突的赞歌。美国军方盛赞用消费品做炸弹去轰炸苏联这种“富有灵感”的决定,他们相信,“如果苏联人民被允许把美国的富裕当作榜样,那么对于那些只能给他们坦克和间谍却不能给他们真空吸尘器和美容店的统治者们,他们就将再也无法长期容忍”。[26]在这一代号为“富足行动”的进攻中,美国的第一波空袭给苏联人投下了二十万双尼龙袜、四百万包香烟、三万五千个“托尼”牌烫发器,两万个溜溜球玩具,一万块手表,以及大量美国陆军需要更换的积压库存中的其他一些稀奇古怪的东西。苏联人则用他们自己“具有挑衅性的慷慨”进行反击,他们使用的是:罐装的鱼子酱、不合身的皮大衣,以及斯大林关于少数民族问题讲话的录音带等。当美国军队对苏联大量空投无线电收发机时,密集的轰炸达到了顶峰。有了无线电收发机这样的设备,苏联公民就可以秘密地要求美军投送哪些商品了,仿佛他们是在从西尔斯一罗巴克公司的商品目录上订货。苏联向美国的战略诡计屈服了，它派出人马很丢人现眼地到处去收集美军投放的这些“资本家的垃圾”，它的电力供应也因为线路负荷超载而崩溃了。于是，美国的胜利就表明，苏联极权主义政府开始由生产大炮转为生产黄油了。

商品匮乏的苏联很容易成为人们嘲笑的对象，好莱坞的电影和美国的报纸专栏作家们经常沉湎于一种理斯曼本人后来否认了的所谓鼓励“生活方式种族主义”的立场。[27]事实上，理斯曼的讽刺作品具有两方面的含义。虽然理斯曼本人无可指责地是反对苏联的，但他也担心美国人沉迷于生产战争物资会是美国人日益增长的对消费物资痴迷的另一种表现。通过把用日用品进行轰炸的行动看作是真正的战斗，他扩展了自己的一种理念，这种理念是他在他的名著《孤独的人群》中首先提出来的，那就是：曾经是健康地“富有主见的”、受内在道德罗盘指引的美国中产阶级，在大众消费的腐朽影响之下，已经堕落为一个“缺少自主性的”、受外在的清教徒式冲动的雷达指引的阶层。他们的这种可塑性使得他们很容易受到由大众媒体煽动的军国主义立场的影响。所以，如果真要发生战争，那么用“富足行动”中的那种打法，总比在核屠杀的边缘玩火要好得多。[28]因此，“尼龙战争”是以一种双赢的方式结束的：苏联独裁政府把它的资源由用于生产军备转为用于生产大众消费品；美国人也放弃了他们的核战争叫嚣，而转向一种无害的军事演习式的幻想。

更有实际意义的是，美国政府通过提出许多战略，开始面对将强大政权建立在消费者民主基础之上这一问题的挑战，这些战略相比于过去采用的那些战略都算不上是什么新东西，但是它们被协调得好多了。其中最重要的一个举措是将大西洋共同体的消费者自由和富足与集权社会那种封闭的经济和很低的生活水平进行对比。通过把追求更高生活水平的权利与反共十字军战争中的其他两个根本性的价值观——民主和自由融为一体,西方的舆论宣传宣称,苏联之所以是邪恶的,这不仅是因为它是极权和反对资本主义的,而且还因为,它没有消费者自由,这就是它缺少自由的最完美证据。不论苏联的国民生产总值飞跃的幅度有多么大,如果那里没有消费者的选择权,那里就不会有人类的发展。

尽管如此,苏联急速增长的经济能力还是引起了西方妒忌性的羡慕,美国官员紧紧关注着斯大林去世后苏联所采取的每一个行动,以便围绕着生活水平问题与苏联进行竞争。其中的一个结果将会彻底改变美国官方对于商业博览会的态度,因为计划经济的一个长处就是善于集中展示它的生产能力和对于未来的信心。实际上,当莱比锡在二战末期落入苏联的控制范围时,这样的事就曾经发生过,当大博览会于 1946 年 5 月重新开办时,首场的"自由博览会"变成了一场计划经济的展览秀:首先展出的是萨克森和图林根这两个地区的工业迅速复苏的情况,然后展出的是苏联阵营实行的五年计划的众多成果。后来在德意志民主共和国的管理之下,越来越多的能量被投入进了机械博览会中,这个博览会中的展品包括那些处在巨大的斯大林和毛泽东雕像俯视之下的发电机、拖拉机和液压装置等;而投入到古老的样品博览会中的能量在规模和力度上都大大缩减了,这个博览会的展品包括瓷娃娃、照相设备、办公机械和钢笔等各种个性化的展示。此外,西欧的采购者们也并没有丢掉他们去萨克森购买机械产品的习惯,他们同时也购买那些经过了精加工的产品,如莱卡照相机、乐器和玩具等。在 1954 年秋季的博览会上,他们与多达 67 万的参观者混杂在一起。[29]这是一种令人担忧的发展趋向。一方面,这些西欧的采购者带回了有关社会主义重建成就的光彩夺目的新闻。更糟糕的是,这种接触为买卖西方科技机密创造了机会,而按照 1950 年 4 月 14 日发布的美国国家安全委员第 68 号命令,这种做法是非法的，第68号国家安全委员会命令禁止美国的盟国与共产主义阵营的国家进行战略物资交易。

因此，政治考虑和商业利益考虑一起，加强了艾森豪威尔政府去建立一种不同的博览会系统的决心。1954年8月，在来自专门用于文化项目的总统应急基金的资金支持下，艾森豪威尔政府发起了“快速而又有活力的行动，去展示我们自由企业体系产品和文化价值观的优越性”。为了“按照分散化和自愿这两个原则组织一个全国性的志愿者网络”，政府部门与广告理事会这样的全国性商业协会进行合作，以征集人力、设备和资金捐献。苏联的博览会展示的是计划的力量，展品集中在作为全面进步基石的大型机械、技术进步和科技发明领域；美国的博览会展示的则是那种眼前能有所选择的物质民主：展览场地上面有时会安装一个布克敏斯特·福勒(Buckminster Fuller)设计的网格球顶型屋顶，或者上演其他一些现代派的讽刺剧，里面展示的是全比例复制的自助商店和农场房屋，有时则展览抽象派艺术、爵士音乐会、反映日常生活片段的宽银幕立体电影展映，以及时装秀走台。1960年，在开展这一项目六年之后，美国商务部刚刚建立的国际商业博览会办公室掌管着在29个国家进行的97个美国官方展览，向超过六千万人展示美国的生活方式，在这种生活方式中，美国政府看上去几乎是不存在的，在这里，自由并不是作为一种抽象的权利而被展示的，从无数的展览品和人造品中挑选出参展作品，这种选择的自由所展示出来的是一种实实在在的自由。[30]

美国政府还负责制订用来证明美国生活水平优越的各项数据。为了对“公众要求公布工资和物价比较数据的、持续不断的呼声”做出回应，美国劳工数据统计局在经济学家欧文·克拉维斯的指导下，编制了用以计算每小时工资购买力的新的指数。[31]对不同地方的成本、货币和工资差异的混乱估算，曾经使当年的国际劳工组织与福特联合调查团烦恼不已，并导致跨国比较在1930

年代陷入崩溃，美国劳工数据统计局和克拉维斯通过忽略这些东西，使得不同国家之间的生活水准可以被进行比较。实际上任何媒体都可以引用这些数据，任何消费者也都能明白其中的含义。通过这些数据人们得知，平均来说美国工人必须要劳动6分钟才能买得起一磅面包，要劳动27分钟才能买得起一打鸡蛋，要劳动32分钟才能买得起一磅黄油；而苏联工人要买得起上述三种物品，得需要分别工作25分钟、158分钟和542分钟。于是，关于哪种社会体系更优越，这看上去已经是一目了然并且毫无争议了。

但实际上，这些指标也有很多与国际劳工组织和福特的联合调查相同的缺点，因为他们也是假定生活水准是以个人收入和消费者购买某类物品的价格为基础的。他们无动于衷地忽视了政府的服务(例如对抵押贷款的税收折扣)或价格补贴(例如提供大的公路和廉价的燃料)等对个人福利的贡献。他们也没有去研究人们真正想要的商品是什么。对于那些从非正常交易或半合法市场中获得的商品的价值，他们也没能提供任何可用来进行评估的手段，而那种半合法市场在中央计划经济国家中是广泛存在的。他们也没有反映出高的劳动生产率所需要的人力和其他成本，这种高的劳动生产率带来了高收入和低价格，但它同时也带来了更大的劳动强度和更长的工作时间。虽然这些指标本来是可以被用于几乎所有国家的(这是它们的优点)，但它们却几乎总是被用于去比较实际上最难比较的国家，也就是由市场驱动的国家和计划经济国家，而这两类国家的定价和供应体系是完全不同的。这些数据也很少被用于进行历史性比较，比如将战后时代与战前时代进行比较。更有启发性的是，它们也没有被用来将更繁荣的西欧核心地区与新兴的第三世界国家进行比较，或是将西欧核心地区与欧洲更边缘的外围国家进行比较，特别是西班牙、葡萄牙、意大利南部和希腊等国；此外他们也没有比较波兰、南斯拉夫和匈牙利这些生活水平正在上升并正在进行快速工业化的后发国家的生活发展趋势。

当这类比较变成了样板之后，工人们也被要求就相关的生活水平发表他们自己的看法。当这种情况发生的时候，工人们也学会了在物质的基础上去解释他们的观点，而不是按照意识形态的信念去解释。因此在1955年，当一千多名法国工人被要求按照他们认为哪个国家的工人生活最好对一些国家进行排序时，大部分人都把他们的祖国法国排在最高的位置上，美国其次，而与法国接壤的意大利则被排在了最后。对于苏联，他们的看法就完全分化了，有四分之一的人把苏联排在最高的位置，比这更多一点的一部分人则把苏联排在最末。左翼联盟的成员们在观点上也有类似的分化。他们中有一半的人认为美国工人生活得最好，他们做此判断的依据是，他们听说美国的工人拥有汽车、电视机、电冰箱和洗衣机，穿着也很好，并且还有很多的娱乐消遣。另有一半的人则认为苏联工人生活得最好，他们的判断依据是他们相信苏联社会更平等，工人们都追求社会正义，他们为集体工作而不是为老板工作，并且他们能得到更多的尊重。[32]随着民意测验变得更加专业化，对最好和最坏的提问将会被再分成由商品和服务所决定的生活质量的问题。很明显，关于这些问题的答案应该是以被设定为可选选项的个人满意度为基础的，而不是以对不同政治制度优缺点的集体信念为基础的。

最重要的是，美国的政策要求战后被美军占领的地方（例如日本，但尤其是德国）成为消费者民主的展示窗口。对于日本来说这项战略存在很多的问题：日本有关生活水平的所有一切（从很小的住房到饮食的符号学）都与西方消费者的经验差距太大，这让它很难同意那些消费者进步的标准。无论如何，在更大的地缘经济谋划中，日本被变成一个消费品生产者而不是一个消费者，这一点更为重要。[33]相比之下，西欧各国对于提高自己的生活水平则是急不可耐，尤其是认为低生活水平导致了法西斯主义的观点，现在已被用来解释共产主义的流行，这让这些国家更加焦急了。从把大西洋联盟内的劳动分工合理化的观点来看，把欧洲变成一个高消费水平的地区也是有其意义的。因为西欧"在用军事抵抗共产主义阵营上无能为力"，因此它"不得不在经济上做出补偿"。为了实现这一点，这一地区就必须要紧紧跟上苏联的经济增长速度。那样，它就可以"即使不能摧毁共产主义对它的工人和知识分子的吸引力，也能削弱这种吸引力"。反过来，"它不断提高的生活水平也将会使共产主义舆论宣传认为西方正在衰落的谎言现形"，并且它还会"对苏联卫星国的人民产生一种磁铁效应"。[34]将大西洋联盟内部的劳动分工合理化还有一个不好说出口的目标：随着欧洲的精英们接受了这种新的劳动分工，他们将会放弃那种令人难堪的摆架子的做法，他们再也不好说欧洲代表着真正的文明，而美国代表着粗糙的文明了。[35]

要让西欧成为消费者民主的展示窗口，必须要满足三个条件。第一个条件是，西欧必须要彻底抛弃它的重商主义传统，开放它的市场。在美国的压力之下，以及随着主要的西欧国家在1950年代早期开始建设共同市场，这一点确实是在不断地得到实现。第二个条件是要求法国、英国、比利时、荷兰和葡萄牙等帝国如果不是放弃的话也要疏离它们的殖民地。这就意味着让它们放弃与自己殖民地的特殊经济纽带，面对着各殖民地反殖民主义运动的兴起，以及随着国际贸易条款在向着对美国有利的方向转变，这些国家与自己殖民地的特殊经济纽带已经面临着很大的压力了。它还意味着要抛弃旧的消费制度中的重要一极，也就是殖民地式的生活方式，这种生活方式曾经把殖民者的教化使命正当化，把各个帝国的人民相互区别开来，并强化了他们与大都市中那种等级区分制度的联系。在把他们自己的标准向美国社会的标准靠拢之后，有些西欧人对于这种变化将会导致他们与自己的前殖民地疏远表示出了遗憾。1955年4月，不结盟运动国家的领导人在印度尼西亚的万隆举行了会晤，这次会晤赢得了广泛的赞誉。作为正在形成过程中的“第三世界”国家，这些国家总结了他们在旧的资产阶级消费制度中地位已丧失以及新的美国标准很难达到的情况，希望能在苏联模式的集体供应战略中找到一种新的替代方案。因此，西欧国家就更加牢固地加入进了“白人大西洋”集团，更加倾向于占据第二等级国家的地位，致力于保证他们自己公民物质生活水平的提高。从此以后，这些国家之间的竞争不再被用武装力量、殖民地的大小或帝国的财富来衡量，而是在一些比较数据的框架中被衡量，这些比较数据包括国民生产总值、通货膨胀率、在健康和休闲上花费金钱的比例、各类室内管道的铺设长度、汽车、洗衣机和电视机的拥有量等。

另一方面，欧洲人也广泛认识到，欧洲在 20 世纪长期处于战争状态，这已经成为提高生活水平的主要障碍，因此，仅仅是有持久的和平就能够保证欧洲繁荣的持续，甚至它还能有所增长。欧洲人这种思想的转变，使得超级大国在欧洲土地上发生带有核毁灭威胁的武装冲突的可能性对欧洲人来说显得更为可怕。因此，美国的西欧盟国们很容易地就达成了多数一致的意见：如果没有军事安全作保障，就无法实现经济安全，而在美国的核保护伞下西欧最容易获得军事安全保障。随着这样一种安全承诺很显然不但没有干扰，而且还在事实上提高了各国对消费品和服务等社会产品的分享，这种认识就显得更加正确了。

然而，如果没有“欧洲大市场的诞生”，那么这些条件如果不是不能实现的话，实现起来也要困难得多。正如《商业周刊》的外国编辑霍华德·威登(Howard Whidden)所做的非常专业的描述，当“一场个人消费的突然爆发”使得看上去“长期被忽视的消费者将会在欧洲经济中扮演一种越来越重要的角色”时，大市场的诞生这件好事就在 1953 年发生了。急剧增长的需求产生了使流通体系重新适应一个“单一性市场”的效应。这种“单一性市场"使得美国的制造商在20世纪初期能够采用大规模生产系统。通过采用这种做法,它打破了制造商们的垄断,而"这些制造商们在国内销售中太过专注于去服务有限的、几乎是由定制用户构成的高端市场"。威登预测说,在这个十年到头时,"一种美国风格的消费市场将会在英国和一些欧洲大陆国家中得到非常充分的发展,而在西欧的其他地区,这种市场也将会处在良好的发展过程中"。[36]这种乐观主义早在1954年就产生了,当时以朝鲜战争的结束使美国遭受了打击的那场经济衰退,却几乎没有对欧洲经济产生多大的影响。

被很多人渴望但却没有被任何人期望会如此突然地出现的"单一性市场",它的产生源于四个成因。第一个是更充分的就业。第二个是由更高的产出所带来的工人们实际薪水的小幅上涨。第三个则是由战争损失、通货膨胀和收入所得税的开征所导致的最富有人群与低收入群体之间的收入差别的下降。第四个是社会津贴的上升,这种社会津贴与政府集中管控的社会福利有关,包括租金管制、房屋补贴、养老金和家庭津贴等。政府的这些福利项目使公众有了一种安全感,同时,在工资仍然很低的情况下,它们也增加了公众购买家庭用品的购买力。通过把着眼于继承美国社会的发展放在优先位置,政府也为民众提供了他们有望在不久的未来就可以得到的商品的规划。

上述阐释中没有提到的一个影响要素是战争,也就是朝鲜战争,朝鲜战争不同于此前发生的20世纪的两场世界大战,对欧洲人来说,这场战争非常幸运地远离了欧洲的领土。朝鲜战争从1950年6月一直持续到了1953年7月,这场武装冲突给欧洲的制造商和消费者带来了很多好处,这些好处与本世纪早期发生在欧洲的战争带给美国人的好处是一样的。在朝鲜战争中,对军备的需求超过了主要的交战国之一美国的生产能力,去满足这种需求的紧急任务以及没有开上前线的那些国家对消费品的需求,给西欧带来了更高的就业率。反过来，更高的就业率又带来了更高的购买能力。同时，由于相信朝鲜战争只是苏联转移西方注意力的一个举措，苏联的主要攻击仍将会来自欧洲东部，因此美国又把数百万的美元投入到了欧洲，这些资金主要是以军事采购的方式投放进来的。随着由北约部署到欧洲的、保障良好的美国军队由一个师增加到了六个师，人数也由 8.1 万增加到了 26.08 万（驻扎在朝鲜的美国军队也不过是 23.86 万），那些军队驻扎的地方很快就繁荣了起来。[37]

此外，通过迫使其欧洲盟国为备战措施贡献军用物资，美国也为欧洲经济的发展提供了一个很好的刺激。盟国过去的敌人德国现在成了最大的受益者。在其他西欧国家以牺牲民用生产为代价把资源投入到军事生产中的时候，德意志联邦共和国却被禁止进行军事目的的生产。因此，西德的企业得以能够集中资金进行消费品的生产。一开始，这些产品主要是用于出口的。但随着商业有了起色，以及随着就业率和工资的上升，剩余的生产能力也被用来进行国内消费方面的生产。于是，不仅是工会，而且政府和商业界也都第一次认为德国现在不仅有广大的国内市场，而且也有广阔的海外市场。在有了充足的就业和上涨的工资之后，西德的工人们开始被看作是发育成熟的消费者。

在朝鲜战争期间，西德被更紧密地吸收进了西欧的商业领域，这使得这个地区离必要的市场广度更进了一步，而那种美国风格的大规模生产的经济规模要求必须要具备这样的市场广度。如果放任其自己发展的话，西德的企业会像它过去所做的那样，会寻求使自己的市场宽度越出它东部的边界，重新占领它在中欧地区旧有的市场。但美国的战略利益禁止西德有这样的发展倾向。因此，冷战政治迫使西德进入了大西洋一侧的欧洲这种竞争性更强的环境，西德的企业也面临越来越大的压力去约束它们的卡特尔，并引进美国的大规模生产技术，同时，这些企业也更容易接受在新的销售区域中立足所必需的那些大众营销策略。[38]

能够掌握立足欧洲并扩展及整个大陆的市场,同时还能够形成一种可以作为美国模式替代方案的市场文化观念,在20世纪第一个十年中能够做到这一点的国家,只有一个大德意志帝国,现在,作为大德意志帝国残留物的西德被统一进了西欧地区,并将会成为地区性大市场发展所不可或缺的跨国出口贸易的发电厂。它的文化自负减少了,变乖了的西德以一种出奇的平静拥抱消费者福利那些基本的东西。在1949至1963年间出任康纳德·阿登纳政府的经济部长、并在1963后的三年里自己出任西德总理的路德维希·艾哈德在支持"消费者自由的基本民主权利"方面非常富有口才,他把这种消费者自由的基本民主权利定义为"首先是所有公民在其可支配的经济资源范围内,以适合其个人意愿和个人观念的形式塑造其生活的自由"。然而,艾哈德是一名天主教徒,他曾经是位于纽伦堡的由威廉·沃瑟芬(Wilhelm Vershofen)组织的消费者研究协会的圈子内的成员,在英美军方任命他为英美占领区的经济顾问之前他还是一名纳粹指令性经济的坚定(但受到抑制的)批评者,对他来说,消费者福利绝不像美国的意识形态所认为的那样完全是一种好事。只有当消费者受到精心达至的国家劳工契约、收紧的货币供应和保守的消费品位的正确引导时,他们的行动才会符合他们自己及社会的最大利益。[39]

实事求是地讲,到20世纪五六十年代之交时,西德人既不再是英雄,也不再是捣乱分子;他们作为喜欢在厨房、汽车和度假上花大钱的、富裕的欧洲人而声名远扬。于是,曾经是最不欢迎消费者主权的该国的西部地区,现在却变成了最开放的地区,虽然它还受到那种冷静的中产阶级品德的制约,并受到社会市场经济的保护。德国人第一次谈论"我们的消费社会"则是发生在1959年。[40]当然,对"我们的消费社会"的这一宣布也是有一定的模糊性的。它反映出西德人对自己 1945 年以来所取得的进步非常自得,1945 年时德国人还在满地寻找美国大兵扔的烟头呢;它也反映出西德人为自己能成为西方生活方式的展示窗口而感到自豪,而在勃兰登堡门外另一侧的就是与西方生活方式相对立的集体主义的生活方式。但这种新的自我定义同时也带着焦虑断言,"我们的消费社会"与美国的消费社会并非完全相同,它对美国过度的物质主义和退化的年轻人文化提出了严厉批评;这种新的自我定义也掩饰了一个众所周知的秘密,即,很多老年人所记得的最后的一段好时光是 1930 年代后期德国卷入战争之前的那段和平时期。

打破障碍,拉平差异

从欧洲社会那争议丛生的政治学历史的角度来看,大众消费社会的发展意味着什么呢? 富裕已经把德国、法国或意大利的大众变成了大卫·波特(David Potter)用来刻画当代美国人的那种"繁荣人民"了吗?[41] 在 1960 年代早期,法国社会学家皮埃尔·布迪厄是最早提出下面这个问题的人之一:消费对阶级有什么影响? 在接下来的十年当中,他的主要研究就将致力于厘清当消费者在更丰富和更多变的产品与服务中进行选择时,"文化资本"的重新分配所产生的那些新的社会"区分"。[42] 很明显,这将不会有简单的答案。二十五年之后,一个想回答这同一个问题的布迪厄的弟子将会这样回答:"消费者的形象必须要结合许多变化的集合去考虑,这些变化并不单纯是关于经济秩序的,虽然消费者形象的发展毫无疑问地与消费品数量和种类的增长有关联性,与新社会群体获得某些产品和服务的途径的增长也有关联性,这些特定产品和服务的获取途径目前只掌握在一小部分人手里"。[43]

到了 1960 年代中期,西欧人的职业结构具有了对美国来说非常普遍的一些特点，虽然很不均衡，但到处都是农民变得比较缺乏，资本家和独立的自由职业者数量也下降了，领薪金的管理人员、白领雇员和工厂工人的比例上升了。尽管如此，如果要谈论“中产阶级”的增长，仿佛在暗示社会不平等下降了或政治权力被有效地民主化了，这都将会受到大量研究的挑战，这些研究表明，“获取这个社会经济体系的几乎任何好处的机会的不平等”仍在持续。[44]人们有充分的理由相信，大部分欧洲人仍在强调还有半截杯子空着，而不是强调已经有半截杯子满了。

然而，随着工薪阶层在总人口比例中的急剧增长使得越来越多的人在使用其收入方面有了新的选择，西欧已经开始告别二战前的那种等级制度式的社会分层。在这些社会阶层差异被阶级、工作和受教育水平等传统地位等级标准之外的新的规范磨平之前，至少又有另外一个十年过去了。随着非工作时间的增加和收入的提高，以及随着大众传媒对公众的影响越来越大（尤其是作为电视机拥有量飞升的结果），我们所看到的即使是在独裁制度下也能影响到政治领域的商业文化，为数以百万计的城市化了的农民、移民劳工、进入了劳动力大军的女性和年轻人提供了一个新文化模式的永不枯竭的源泉。它对企业管理人员和主管人员等新精英建立起有别于传统的资产阶级等级风俗的社会形象与合法性非常重要，这些新的精英崇尚的是效率、娱乐及民主的风格，或者说他们喜欢的习惯是“度周末”、“搞烧烤野餐”或周六去超市购物。对于那些热衷于音乐、服饰及其他跨大西洋年轻人文化中的用品的、寻求去建立自己作为“一代人”的特征的年轻人来说，它也同样重要。现在在范围上完全跨大西洋的商业文化圈为人们提供了无限丰富的商品和习俗的清单，从摇摆舞和牛仔裤，到约会和使用避孕药；它构成了20世纪或其他任何世纪所曾经历过的一群同龄人与另一群同龄人之间的最大断裂。[45]

与传统的政治经济或文化领导层不同，由大众消费和观众所塑造的新的名流精英缺乏决策能力，但他们是人们的“讨论、兴趣、崇拜、模仿和集体喜爱所指向的对象”。意大利社会学家佛朗哥·阿尔贝尼(Franco Alberoni)在1960年代早期很有预见性地观察到，这些人作为“名人”，从任何传统意义上讲都没有站在社会的顶端。因此，他们可以获得关注而不会引起阶级妒忌、怨恨或那种典型的由旧精英所挑起的等级模式竞争。总之，他们是一种像其他商品一样的资源，这种资源提供了新的社会归属模式。[46]并且，其起源的国际化与国内化一样普遍。这种社会名人可以是欧洲人，例如意大利流行歌手米娜、法国歌手约翰尼·哈利迪和西尔维·华尔泰，或披头士乐队，也可以是美国人，如比尔·哈雷、埃尔维斯·普雷斯利、詹姆士·迪安、纳塔利·伍德，或其他任何好莱坞明星。到了1950年代，本土和外国间的区别就更难被找出来了；商业文化圈早就很广很深地存在于美国社会之中了，它与存在于欧洲社会中的文化圈的相互混合已经长达几十年了。只是现在，它们之间的联系变得更加密切并且更有政治性了，大西洋两岸间的联系点也变得更多、更明显，并且无处不在了。

正如很早以前就在美国所发生过的，消费市场开始产生一种全新的消费者的社会科学形象，这也得益于美国的市场推广和民意测验机构，其中占主导地位的是乔治·盖洛普的公司和内尔森公司。[47]消费市场所产生的形象反过来又模糊并最终湮没了作为旧的社会分层类别标志的那些形象，如节俭的工人、自我牺牲的家庭主妇、迷失了方向而有法西斯主义倾向的领薪水者和文化上保守的资产阶级男性等，这又为新社会形象的出现扫清了道路，新的社会形象包括走中间道路的管理阶层、有洞察力的“消费者夫人”、穿牛仔裤并喜欢 yé-yé 音乐的青少年和“富裕的工人”等；接下来在1970和1980年代，又出现了新的生活方式特征，例如作为法国版雅皮士的哈伯、参加工作的已婚妇女，以及同性恋者，或是在罗马和米兰的快餐店外游荡的般尼那奥一族。

正如在20世纪早期的美国一样，销售状况似乎表明大众市场是存在的。的确，市场需求的结构正在发生变化。从1960年代开始，统计学逐渐证明了一个美国消费市场早在1920年代就曾经经历过的现象。当汽车或电冰箱这样的新商品上市的时候，有着更高收入的人们是第一批购买这些商品的人。但收入低一点的人们也开始越来越迅速地去购买这些新颖的产品。在1954年，当彩电开始在法国市场上出现时，这一年卖出了5千台；而在1965年，彩电销量则达到了420万台。在1960年左右，经济富裕的资产阶级家庭可能是第一批试用新产品的人，但在1970年左右，卷入了广告活动并愿意用信用卡购买商品的人是那些中产水平的管理人员家庭，甚或是那些收入比较得体的年轻工人阶级的家庭。[48]阶级差别仍然是明显存在的，真正的社会权力也仍然由旧的精英们把持着。尽管如此，商业界人士却发现，为了进行市场推广，把所有的西欧社会划分为从A到D的四个收入类别并分别针对它们设计相应的市场策略，这一招很有效。尤其令他们感到兴奋的是，他们观察到了一个新的中产阶级的崛起，其表现就是属于最低收入的D类别的人大量转变成了不断扩大着的、收入中等的C类别。[49]

为了让大众消费变成一种“新文明”（西蒙·帕滕的用语）的物质基础，不同背景的人们就必须要按照共有的生活规范相互承认，即使他们都认为并不是所有的公民（有时他们之中甚至几乎没有人）都能够获得那些最有名气的东西。随着西欧社会非常迅速地从“匮乏时代”迈入了“富足时代”，欧洲消费社会的思想家们开始谈论起了新的消费“文明”，他们在谈论这些的时候，已经没有了20世纪上半叶大众消费的前景在资产阶级当中所激起的那种对失控的需求的恐惧。法国社会学家让·富拉斯蒂耶（Jean Fourastié），这位“繁荣的三十年”（或辉煌三十年，1945至1975

年)中的直言不讳者,在论述这个问题上尤其雄辩。和帕滕一样,他也认为消费具有文明化的作用:“一种新式的生活应该很正常地能够创造一种新的文明”,他早在1947年就冒险性地提出了这样的观点。[50]当富拉斯蒂耶在二十年之后再次谈论“消费者文明”这个话题的时候,他根本不担心现代消费标准将会摧毁旧的生活方式,相反,他很欢迎下面这种新现象:人们在吃喝上花费的更少了,而在休闲、健康和教育上花费的更多,这将会让所有人都能够延长寿命并改善生活。[51]因此,原始的消费将会让位于文明的消费。从此以后,经常被保守派责备其将增长的工资花在了食品上的、健康状况不良并缺乏社会流动性的无产阶级,将会被看作是具备向上的社会流动性的。于是,埋头在桌子上狼吞虎咽地吃下成盘的食物的、迟钝和肥胖的工人将会被改变成从滑雪坡上滑雪而下的、时髦的、机敏的运动员。尽管如此,法国管理精英们的双月刊杂志《商业》在1961年的某期上为说明这种剧烈变化所使用的图片却是如此的暧昧不清,以至于很难说清它是有意对作为向上流动的处方的个人自我改造进行滑稽的模仿,还是仍在用固陋的陈词滥调来描述现在的工人:一个仍然身体不协调的社会反抗者。

围绕消费建立一个欧洲共同体

1957年欧洲共同市场建立之后,消费者公民的形象与过去相比又有了进一步的发展。《罗马条约》的第2条确认欧洲经济共同体的主要社会目标是“促进欧洲人的需求能够得到最高程度的满足”。事实上,《罗马条约》中只有第39条真正使用过“消费者”这个词,这一条款谈及的是作为“确保合理的价格能够被传导给消费者”的一种手段的农业政策。然而,《罗马条约》的整个框架都受到了新自由主义理念的启发,这种理念就是:扩大的市场范围将会加强劳动的国际分工，减少商品流通的障碍，有助于实现规模经济，而消费者在这种规模经济中将会得到产量增加、收入提高、新产品增多和价格更低等好处。伴随着为落实这一条约而采取的第一批举措所带来的欢欣鼓舞情绪，让·莫内(Jean Monnet)坦率地预言说，欧洲人将会“在十五年内达到美国人的生活水准”。[52]

如果我们考察一下西欧在1973至1974年之前所取得的进步，我们就会发现作为欧洲“创始之父”的莫内的预言基本上还是准确的。在这段时期内，法国、德国、意大利和比荷卢三国的国民生产总值平均每年增长3.5%，而美国的国民生产总值平均每年增长2.1%；欧洲经济共同体国家的人均消费平均每年增长4.6%，而美国的人均消费平均每年增长2.9%。更重要的是，欧洲经济共同体国家的工薪阶层的可支配收入实际增长了一倍，这一地区内的贸易流量是原来的三倍，汽车销量则是原来的四倍，这种状况带来了明显的购买习惯的变化。[53]随着关税的降低，居住在平坦的国土上却没有任何重要的汽车生产的荷兰人抛弃了他们的自行车，开始乘坐汽车出行。曾经因高关税和低效率的销售体系而无法享受家庭便利设施的比利时人的家庭，则开始一下子面对着意大利冰箱、德国洗衣机以及德国、荷兰和日本制造的收音机等丰富的选择。即便是西德，虽然它是家庭用品的最大出口国，但它也从它的共同市场的伙伴法国和意大利小比例地进口冰箱、洗衣机、收音机，以及鞋子、内衣和食品等。[54]

认为欧洲市场正变得一致对消费者有利这种令人兴奋的想法，包含了很多的愿望性设想，这种情况又被第一次市场调查活动大大的强化了。第一次市场调查活动是1963年在《读者文摘》主持下进行的，《读者文摘》是美国第一大广告媒体，1945年，它在巴黎建立了总部，此后，它迅速变成了一个欧洲的固定期刊，每期都把它那点缀着许多广告的、乏味的文章在欧洲的主要语言地区翻译出版。这次市场调查是由六个独立的消费者研究公司对

12500 个样本个体进行采访，并在此基础上制作出了洋洋大观的各种曲线图和图表，经济学家 U. W. 基廷格(U. W. Kitzinger)在解释这些图表时总结说："西欧国家，即英国和欧洲共同市场的六个成员国(我们假设不包括意大利中南部)现在看上去真的非常相似。荷兰人家里的耐用品与意大利西北部地区家庭里的耐用品大部分都相同，德国人家庭里的便利设施大部分也与荷兰人家里的相同。"[55]这一发现并没有排除它们之间的无数细小的差别，尤其是在吃东西的习惯上。不同国家之间的电源插头和插座也很少能兼容，像避孕药这样的医药用品在某些地方是合法的，但在另一些国家则可能会被禁用。相同或相似的商品在不同地区的价格差异也很大，从 1970 年代早期开始这些国家就想用增值税来缩小这种价差，但不同国家间通货汇率的巨大起伏严重阻碍了这一目标的实现。另一方面，像美国消费者那样的，或者是像法国、德国或意大利消费者那样的欧洲消费者的概念，在面对各国内部的阶级、地区和民族背景差异时，在很大程度上都显出它只是市场开发者的一个虚构，何况东欧地区这半个欧洲还没有被考虑进去。然而，这是一个对投资者、市场开发者和政府官员来说都很方便的虚构。考虑到欧洲共同体的首要目标就是要促进投资，进而实现更高的经济一体化，共同的消费习惯的发现(消费者们自己还很难认识到这一点)在政治上有助于正在崛起的欧洲共同体的成功。

欧洲官员们曾经设想共同市场将会加强欧洲与美国的联系，正如美国官方也认为共同市场将会加强美国与欧洲的联系一样。[56]但是，没有人能够想到那些牢牢扎根于美国的企业进入欧洲的程度将会有多深，或者说没有人能够想到这些企业能在多大程度上以远超过战前的步伐在整个欧洲经济活动中都打上自己的印记，包括在那些曾被视为对美国企业的进军特别抵制的领域，例如食品生产和零售业领域。一直到 1958 和 1959 年，除了那些像柯达公司、可口可乐公司或一些汽车制造业巨头那样的已经在欧洲有丰富经验的企业外，大部分美国公司都没有涉足欧洲大陆，它们被欧洲的经济规则吓退了，它们也害怕欧洲劳工的骚乱，同时它们也被欧洲人的反美仇恨情绪搞得信心尽失。为了从对海外的直接投资中获得回报，这些企业首选的经营地区是拉丁美洲，或者是它们所特别喜爱的、以英语为母语的加拿大，在加拿大，到1960年为止，美国公司拥有其制造业投资的43%。[57]然而，随着一些贸易规则被去除，以及随着在美国国内生产标准化商品的获利不断下跌，而欧洲的消费花费看上去在继续增长，美国企业开始兴奋地看好在欧洲共同市场投资，特别是因为它们那样做还能从被高估了的美元中获得好处。于是，原先就在欧洲经营的美国公司开始加倍努力，而新的美国公司也开始涌入欧洲。在1950年，美国资本约占欧洲固定资本构成的百分之二，而到了1965年，这一比例就达到了百分之五点二。[58]此外，这种情况所产生的影响远远超出了美国企业的投资总量，因为这些企业的投资是流向了那些可见度很高的工业，特别是食品、化妆品和家用电器等，所有这些工业都具有以下特点：增长迅速，利润高，市场推广的力度大。美国公司利用通常被用于大陆规模市场的经营活动、遍布欧洲的商品销售网络，以及它们轻车熟路的市场推广技巧，在先行一步提供新颖的产品和低成本模式方面占据了非常有利的地位。在这方面非常有名的一个案例就是福特公司的陶努斯牌（Taunus）汽车，就像福特公司生产这种汽车的目标就是“它对欧洲的征服”一样，这种汽车迫使欧洲的汽车制造商们（尤其是法国的汽车制造商们）降低了它们的低排量汽车的价格。鉴于共同市场的目标是为消费者提供更多的选择和更低的价格，美国公司在这方面表现得“比欧洲人还欧洲人”。[59]

要想摆脱由美国的跨国公司资本主义所建立起的新的竞争逻辑实际上是不可能的。法兰西第五共和国的冷峻的总统查尔斯·戴高乐把美国的跨国公司看作是美帝国主义伸出的长长的手,像让－雅克·塞尔旺－施莱贝尔(Jean-Jacques Servan-Schrieber)于1967年出版的名著《美国的挑战》的几百万读者一样,戴高乐很反感地发现,新欧洲中最大的单一经济体不是任何欧洲国家,而是在共同市场中经营的美国公司的总和。正是这个塞尔旺－施莱贝尔提出了颇有预见性的建议:欧洲的公司应该按照美国公司的样子跨越国家界线组织起来。为了与美国企业在汹涌的下一轮投资和创新中进行竞争,这些公司在电信和信息领域中动员资本和知识的能力尤其重要。[60]

在无法排除美国的制造业之后,戴高乐政府试图使其为法国经济所用。这就是戴高乐主义者对法国过去的奢侈品工业香水工业进行革命背后所隐藏着的思维逻辑。随着卫生标准的变化以及人们收入水平的提高,一个巨大的出口市场为香水的出口打开了大门。法国的香水是由以格拉斯为中心的、历史悠久的香水工业生产的,格拉斯是普罗旺斯地区位于一个小山顶上的一个可爱的中世纪式的小镇,它被种满了晚香玉、薰衣草、玫瑰和茉莉花的田地所包围着。然而,像许多以手工艺为基础的消费工业一样,这里的香水工业也不愿意放弃它们那古老的生产流程:香水油是通过花香提取的方法获得的,其工序包括收集花朵和花的根茎,在巨大的铜桶中把这些花朵与根茎和化学溶剂一起热蒸,然后用油脂填充从热蒸中获得的提取物。这种生产过程既慢又费成本,并且还受原材料短缺的制约。另外它所生产出来的产品是不稳定的,保存期限也不好预测,这为采用新的营销战略增添了障碍。在1950年代,虽然格拉斯的香水工业仍然控制着西方贸易中天然芳香材料交易百分之九十五的市场份额,但它几乎没有能力在海外展开竞争,更无法满足国内日益增长的市场需求。逐渐地,它不得不去面对被花了大笔金钱进行市场推广的、进口进来的美国人造香水的竞争,这些香水是由雅诗兰黛、露华浓、伊丽莎白雅顿和爱雅(Harriet Hubbard Ayer)等公司进口进来的,这些公司的发展不仅是基于其市场营销技术,而且也是基于美国在战后拥有了领先的化学工业这样一个事实,这要部分地归功于美国获得了一些外国的化学家,特别是来自德国犹太人的化学家。因此,当生产人造香水的美国环球油品公司出现在市场上时,它受到了法国的欢迎,环球油品公司是利用美国新泽西州沼泽地地区的石油化工厂所发明的浓缩工艺来生产香水的。1966 年,法国批准环球油品公司购买了法国最大的香水生产企业格瑞斯(Chiris)公司的大部分股份。相应地,法国企业也获得了这家美国公司的专利技术和国际市场,这其中包括最大和最难以进入的美国市场。到 1970 年为止,美国公司已经接管了法国最领先的 15 家香水企业中的 11 家,整个香水生产领域都被改头换面了。巴黎的内行人士或许能够明白其中的变化,但纽约派克大街上的富裕的家庭主妇大约看不出这种变化,更不用说新的大众香水消费者了。在接下来的年月里,格拉斯香水工业的生产将会变得多样化,它的食品调料添加剂和其他人造香料的生产也将会变得和它的香水生产一样知名。[61]

随着欧洲共同市场把地方的、被分割的和熟悉的顾客群体变成了跨国的、无边界的和未知的消费大众,美国营销技术重新登场的时机成熟了。[62]像普通的美国公司一样,美国的广告公司在二战结束后已经把它们在欧洲的投资减到了很小的比例,它们在期盼一个更加安全的时代的到来。智威汤逊广告公司在这方面表现得非常典型,在 20 世纪四五十年代之交,它很小心地重新开张了它在巴黎的办公室,1952 年,它又在德国的法兰克福建立了一个只有一间房子和两个员工的办公室。在《罗马条约》签署之后,智威汤逊广告公司在纽约总部的办公室就提醒它的欧洲工作人员要“保持在共同市场内的领先,要保持足够灵活以便能利用每一个机会”。[63]他们确实也做到了。

智威汤逊广告公司在欧洲大陆上的新王国的中心不是在伦敦或巴黎，而是在完全重建好了的、摩天大厦耸立的法兰克福市。在彼得·吉尔果(Peter Gilgow)的领导下，这个公司的欧洲分部日益繁荣壮大起来。吉尔果出生在中欧的西里西亚地区，在由二战和盟国占领所带来的空白中，他在很大程度上接受的是美国的教育。到1964年为止，智威汤逊公司的470名员工占满了法兰克福位于鲍肯海姆国道上的领事馆建筑旁边的一座五层的大楼，管理着117种产品和服务的客户，这些产品和服务包括在德国制造的福特公司的陶努斯牌汽车、卡夫食品、百事可乐、黛安芬牌女士内衣、联合利华公司的肥皂和洗涤剂、美极汤料、芬德斯冷冻食品、德比尔斯(De Beers)钻石、雅各布斯咖啡(雅各布斯是德国最大的咖啡生产商)和德意志银行。就像在1920年代一样，智威汤逊公司的设备为经营全方位服务的机构建立了新的设备标准。除了有自己的用音像同步装置进行的摄影胶片编辑、录音棚、装备了闭路电视的一个投影剧场和一个拥有世界各地最新杂志和报纸的研究图书馆外，它还建立了自己亮闪闪的工业化的厨房，用以测试各种产品和包装。[64]

像早前一样，智威汤逊公司的繁荣得益于它的一些另类兴趣，它认为这些另类的东西是在一个以服务为导向的社会中进行营销活动所不可或缺的。跨欧洲的市场的确是更加同质化了。但正如美国的经验所表明的，进行大规模的市场推销活动需要“建立在当地知识基础之上的很高的灵活性”，智威汤逊公司支持了欧洲营销和观念研究协会的建立。[65]在新的德国全方位服务广告公司协会的建立过程中，智威汤逊公司也发挥了核心角色的作用。德国全方位服务广告公司协会和“4A”即美国广告公司协会(American Association of Advertising Agencies)类似，它将会提升和推动这一行业的发展。它所发起的第一批动议之一就是去进行游说以便取消纳粹为教化广告工业而通过的约束竞争的立法。智威汤逊公司也是"社会广告学"在当地的第一个倡导者,"社会广告学"在美国是由营销委员会倡导的,其目的是转移由万斯·巴卡德(Vance Packard)和拉尔夫·纳德(Ralph Nader)的征讨性写作所煽动起来的公众对工业的批判浪潮。在德国全方位服务广告公司协会的赞助下,智威汤逊公司发起了支持"社区精神在行动"的运动,"社区精神在行动"是一个志愿者团体,它的名誉主席是威廉明妮·吕布克(Wilhelmine Lübke),她是德意志联邦共和国卡尔·海因里希·吕布克(Karl Heinrich Lübke)总统的夫人。这个志愿者团体的四年期奋斗目标是"通过促使它在公共事务领域活跃起来,教育西德接受民主的生活方式"。智威汤逊公司还是下列口号的提出者:"政府不能做所有的事情,它不应该做所有的事情——公民必须要在公共事务中负起他们的责任。"另外,智威汤逊公司也是"冷漠先生"这一怪异词语的提出者。[66]

智威汤逊公司以一个不受国家干预的、正在兴起的服务导向的社会的名义,把美国人的好交际性与欧洲人的社会团结性结合了起来,它的做法与在西德复兴的扶轮社的做法完全一致。到20世纪60年代末为止,德意志联邦共和国为扶轮社的重新繁荣提供了理想的经济、政治和文化土壤。很少有人能记得扶轮社为了服从纳粹的统治而采取的那些令人痛苦的举措。但一种流行的信念认为,战前扶轮社的圈子是自由主义的摇篮,在被纳粹独裁政府强迫解散之后,他们还以饱受盖世太保折磨的"朋友俱乐部"的形式坚持着。他们的幸存,是面对纳粹的恐怖统治时友谊的团结与巧妙规避这种英雄之举结合起来的结果。随着美国军队占领了德国,幸存下来的扶轮社圈子寻求重新组织起来。当27岁的美国上校、一个来自美国亚利桑那州普雷斯科特的扶轮社成员堂·谢尔登(Don Sheldon)在1945年4月30日以美国第五军的名义占领慕尼黑之后,他迅速与卡尔·沙纳格尔(Karl Scharnagl)建立了密切的联系,沙纳格尔是一个面包制造商,也是慕尼黑市的前市长,他曾经与托马斯·曼在扶轮社的周一聚会中一起吃过饭。美国军队刚一到达,老迈的沙纳格尔就跑到慕尼黑市政厅去,介绍说自己是一个扶轮社员——他的证明就是他那放在小包装盒里的蓝金釉的扶轮社员徽章,在他被关押在达豪集中营的整个期间,他都把这个徽章藏在他的背心口袋里。(当扶轮国际的瑞士联络员听说这件事时,马上就嗤之以鼻地说这是一个不太可能的故事。他认为,如果沙纳格尔真的曾经在达豪集中营中呆过,并且真的带着那个扶轮社徽章,那他就应该已经被杀死了。而对一个在二战期间整天在苏黎世喝得烂醉的家伙来说,编造那样的一个故事也是很简单的。)无论如何,谢尔登却把那个扶轮社员徽章视作是已经加入了扶轮社的标志:一个为人正直的标志和相互识别的标记。

德国占领区的盟国军政府,也就是美国占领军,需要为慕尼黑市找到一个新的市长大老板,虽然盟军再教育项目的指挥官——一个来自亚拉巴马州塔斯卡卢萨市的扶轮社成员后来认为沙纳格尔"在当时的情况下以他的年龄,作为市长候选人并不是很热门",但沙纳格尔还是适时地宣誓就任了,他那釉质的扶轮社徽章是他那瘦长而破旧的礼服上的唯一的装饰品。如果不是新的服务精神的话,那就是当时的情势迫使沙纳格尔和其他一些人在接下来的恐怖月份里不断出动,这个面容憔悴、牙齿不齐的老绅士挥着铁锹,挖掘着由盟军的七十次轰炸行动所留下来的废墟。[67]

扶轮国际曾经打算至少在五年内暂缓重新组织德国的扶轮社俱乐部,一直等到德国有了自己的政府,当地的申请加入者(和其他人一样)能够通过去纳粹化程序,并且比利时人及其他曾受纳粹占领之苦的人们能够平息怒气。然而,美国人认为扶轮社俱乐部能够在保卫西方免受苏联的侵犯方面做出贡献。于是,扶轮社在1949年前就重返了德国，除了那些以前的扶轮社成员以外，没有任何其他人能够想到扶轮社这么早就会重返德国。扶轮社中原来的贵族成员或者逃亡，或者死去了，犹太资产阶级成员也消失了，为了日常生活的物质需要而奔波的专业人员和商业精英们也很少能有时间去进行文化上的自我反思，这预示着德国扶轮社俱乐部的成员们将会成为模范的超越国界的公民。德国的扶轮社孜孜不倦地用国际规范来衡量自己，它实行严格的值班，招募更年轻的会员，增加与外国人的联系，发起社区服务项目，在1960年代，这一运动发展非常迅速，尤其是在莱茵－鲁尔地区繁荣的工业和商业中心地带。在科隆——在1969至1970年它的市长是开国之父康拉德·阿登纳的儿子马克斯·阿登纳(Max Adenauer)，足足建立了三个扶轮社俱乐部，以满足这个向四下发展的城市那不断增长的中产阶级的需求；在1969年，德意志联邦共和国境内共有320个活跃的扶轮社俱乐部，它们被按七个地区组织起来，共拥有11500名俱乐部成员。被简单地翻译成了德语Dienst或Dienstleistung的“服务”一词已经变成了一个为人们所熟悉的概念，扶轮社俱乐部也被看作既是社会服务的模范，又是国际服务的模范。据报道，马科斯·阿登纳作为科隆市长工作非常忙碌，但他个人坚持监督扶轮社的活动。在过去的两年中，他曾经通过筹集资金为智障和残疾生学校购买一辆大众牌面包车，充当了扶轮社俱乐部成立四十周年纪念活动的先头部队。除了为大学生提供奖学金，以及向发生了自然灾害的外国提供紧急救援外，科隆的扶轮社还经常和狮子会及其他志愿者协会一起行动。在法兰克福，智威汤逊公司的领导人彼得·吉尔果虽然自己并不是扶轮社成员，但他却经常参加扶轮社每周的午餐会。[68]

这种发生了变化的、开始为作为消费者的公民服务的感受，对于消费者的权利来说意味着什么呢？最开始的时候，欧洲共同体缺乏任何消费者代表的概念。1957年签署的《罗马条约》的第

193 条要求建立一个“经济和社会委员会”，这个委员会的功能之一就是去“代表经济和社会生活中的不同类别”，明确指定了的类别包括“生产商、农业家、经销商、工人、零售业者、手工艺人、自由职业者，以及普遍的利益”。[69]“消费者”并没有被提及。然而，正如法国女性公民和社会联盟的一位女发言人所想到的，“家庭设备的普及将会使欧洲的家庭主妇们从整个欧洲获益。电视机将会消除残留的商业边境线”，这里面透露出了很高的希望。虽然消费者们确实有了更多的选择，但除了竞争激烈的汽车和电冰箱市场外，其他市场中商品的价格却很少会变得更低。女性联盟希望能够从消费者公民中获得的，是活跃的代表权，也就是说，他们认为消费者应该成为参与者，而不是只能作为被动的受体，而这些受体的需求一直是被私营企业的奇思怪想左右着的。迅速变化着的物质生活习惯，使很多消费者都曾经历过迷惑不解，如果说不是都曾遭受过伤害的话。市场营销人员已经进入了公共政策计划者们害怕涉入的领域。“所有的证词都与此相反，这一愿望看上去是要把我们变成典型的、消费社会的消费者，这种消费社会的模型正是当今的美国社会”。[70]

“富裕社会把不满的情绪压住了”，雷蒙·阿隆（Raymond Aron）在 1957 年就出色地观察到了这一点。[71]政府管理者们的共识就是，正如在美国所发生的，随着消费社会的巩固，左派“信仰”将会消亡，从而会步 1930 年代反动的天主教和民族主义意识形态的后尘。针对这种现象，很多人喜欢错误地去引用维尔纳·桑巴特的一句话去加以说明，即，在美国，“社会主义被丰富的烤牛肉和苹果派粉碎了”。从此以后，欧洲的政治体系将会走一种明显的中间路线，越来越类似于美国政党的“非意识形态”更替。对保守派精英们来说，这种美国化将会抑制左翼的政治倾向，因此这是一种令人欣慰的前景。欧洲的文化价值在这一进程中如果不会消亡的话，也将会遭受损害，这种情况不难理解地导致了一些痛苦。1962 年 2 月，当法国议会实际上毫无争议地通过了“第四点计划”之后，法国计划编制的元老皮埃尔·麦斯（Pierre Massé）说出了这种困境。他承认这一事件是一个真正的转折点，因为计划的目标不再被以经济现代化和最低福祉为标准来进行衡量了，而经济现代化和最低福祉被认为是拯救法国所不可或缺的；纯粹的个人消费那越来越高的水准已经成为新的衡量标准。他并没有去“责备消费者”，或是“将需求与愿望之间变化不定的界线”哲学化。但是“消费社会”也必须要为“集体财产”负起责任，以抵制“对增长率的崇拜”所带来的“不当影响”，这种“不当影响”将会导致“人类愿望的更加不受约束”。并且，消费者也有义务去弄明白他们自己真正的需求，并动用他们的力量去制止那些以他们的名义进行的无节制的行为。[72]

保守派和中右派的政治联合是相关社会福利的主要受惠者，这一事实也特别强化了左派们的一种看法，即，大众消费具有政治麻痹作用。然而，在认识到消费品仍然是不均衡地被分配的，以及他们的选民要求得到更高的生活水平以后，社会民主党和共产主义左派就要求给劳动者更高的工资，他们接受了相应的折中条件，即工作提速、身体会疲惫，甚至包括政治发言权的丧失。为了加强社会团结，他们还要求建设更多的社会基础设施、公共交通设施，以及休闲的公共项目，他们的这些努力时常会落空或遭受打击。1960 年代这一个人主义大众消费的全盛时期，也是全国和地方的共产党与社会天主教那集体的社会和文化事业形式发展的高峰时期，这些集体事业包括旅行俱乐部、地方政府为儿童和退休者设立的休假、公共剧院、不断交替的电影巡回演出，等等。左派中的批评者们对这些举措的政治效果感到迷惑，他们怀疑“消费的集体化”实际上是“民主化的同义词”。但对这个问题的回答——“没有什么让我们这样说”，获得了广泛的认同。只要“消费者”有着显著不同的“使用它们的倾向”，增加“消费品和服务的数量与质量"就只是产生了民主的"外观"。[73]

这些问题在1968至1969年学生和工人的大规模抗议运动中发展到了顶点,1968至1969年的这场运动现在普遍被看作是一场双重运动。其中一重尤其是与年轻工人们联系在一起的,他们表达出了他们对于自己无法平等地进入大众消费社会的愤怒。另一重是与学生们联系在一起的,对于大众消费社会不但没有解决,而且事实上还加重了的许多不断积累的问题,他们表达出了自己的不满,这些问题包括,与古老的劳动、手艺和邻里关系联系在一起的那种物质生活真实感的丧失,以及宏大的社会救赎项目被物质变化小幅增长的单调取代之后,对未来的认识被封闭。[74]

这一运动的一项成果就是,欧洲官方开始承认消费者是一个有组织的利益群体。在1967年认为没有必要专门为消费者制定一项政策之后,1975年,欧洲经济共同体开始实行它自己的"消费者保护和信息政策"。[75]这一政策承认了消费者的五种权利:保护消费者的健康和安全;维护消费者的经济利益;对消费者进行救济;为消费者提供建议和指导;给予消费者表达权。在1976年5月,欧洲经济共同体对欧洲的消费者进行了第一次研究,研究内容包括:他们的利益、他们的愿望,以及他们对消费事务的知识。这一研究表明,他们中的很多人确实已经开始把他们自己定义为消费者,但这种定义不是首要的。对政党的忠诚仍然很重要。但很多接受访问的人感觉,一般而言,对于他们作为消费者而遇到的问题,政党并不会有效地去关心。[76]考虑到消费者的利益看上去正在越来越与其他事务形成关联,这一发现对于政党忠诚的加强来说不是一个好兆头。

这种形态变化的模糊性证明了各种可能性的广泛存在,但它也证明了在1960年代的新欧洲进行竞争的各种利益的混乱和冲突,此时的欧洲是一个"拥有2.2175亿消费者的欧洲"。[77]在"牛车欧洲"(弗朗索瓦·德莱西的用语)已经大部分落入苏联的影响范围之际，“马力欧洲”更明显地已经落入了美国公司企业的长臂，以及服务资本主义那新加尔文主义伦理的翼展之下，这种服务资本主义的内容包括复兴的、扩张迅速的扶轮社俱乐部运动，大规模销售体系的改善，全方位服务广告的扩散，市场营销，民意测验机构，好莱坞电影复兴的胜利，以及更多新社会发明的传播，包括：自助式超市、设备齐全的消费者家庭，以及由 20 世纪最后二十五年中迅速变化的消费工业所塑造出的各种生活方式的无限扩散。

注释

章首引语出处：“Le billet de Robert Guérin,” *Vente et publicité*, September 1955, 5; George H. Hildebrand, “Consumer Sovereignty in Modern Times,” *American Economic Review* 41 (May 1951): 33.

1. Benjamin Welles, *Spain: The Gentle Anarchy* (New York: Praeger, 1965), 285.
2. “No Loan for Franco,” *New York Times*, July 16, 1949, 4.
3. *¡Bienvenido Mister Marshall!*, dir. Luis Garcia Berlanga (UNINXI, 1952); Tatjana Pavlovic, “*¡Bienvenido Mr. Marshall!* and the Renewal of Spanish Cinema,” in *Cine-Lit II: Essays on Hispanic Film and Fiction*, ed. George Cabello-Castellet, Jaume Marti-Olivella, and Guy H. Wood (Portland, Ore.: Portland State University Press, 1995), 169-174. See also Aurora Bosch and M. Ferdanda del Ricón, “Dreams in a Dictatorship: Hollywood and Franco's Spain, 1939-1956,” in *Here, There and Everywhere: The Foreign Politics of American Popular Culture*, ed. Reinhold Wagnleiter and Elaine Tyler May (Hanover, N. H.: University Press of New England, 2000), 100-115. For background on U. S. involvement in Spain, see R. Richard Rubottom and J. Carter Murphy, *Spain and the United States: Since World War II* (New York: Praeger, 1984).
4. Welles, *Spain*, 289.
5. The authoritative account is José Harris, *William Beveridge: A Biography*, 2d ed. (Oxford: Clarendon Press, 1997). Quotations are from <

www . spartacus. schoolnet. co. uk/2WWbeveridgereport. htm>.

6. Blum quoted in Jean Lacouture, *Léon Blum* (Paris: Seuil, 1977), 545.

7. Erhard to Christian Democratic Union Party Congress, August 28, 1948, quoted in Hendrick Kafsack, "Uncle Scrooge and the Miracle," *Frankfurter Allgemeine Zeitung*, English-language edition, August 2, 2001, 8.

8. Willard M. Hogan and Amry Vandenbosch, *The United Nations: Background, Organization, Functions, Activities* (New York: McGraw-Hill, 1952), esp. 258 - 261. For the historical background, Steven Schlesinger, *Act of Creation: The Founding of the United Nations* (New York: Perseus Group, 2003).

9. Anne Rice Pierce, *Woodrow Wilson and Harry Truman: Mission and Power in American Foreign Policy* (Westport, Conn: Praeger, 2003), 120, 142 - 143, 147, 181 - 199.

10. T. H. Marshall, *Citizenship and Social Class* (London: Pluto, 1992). An excellent introduction to the politics of postwar Keynesianism is provided by Peter A. Hall, ed., *The Political Power of Economic Ideas: Keynesianism across Nations* (Princeton: Princeton University Press, 1989); the different paths by which governments intervened are carefully studied in idem, *Governing the Economy: The Politics of State Intervention in Britain and France* (New York: Oxford University Press, 1986).

11. Jean-Luc Godard, dir., *Masculin-féminin* (Anoushka/Argos Films, 1966).

12. Hildebrand, "Consumer Sovereignty in Modern Times," 19 - 33. More generally on the postwar discussion, see Joseph Persky, "Retrospectives: Consumer Sovereignty," *Journal of Economic Perspectives* 7 (winter 1993): 183 - 191.

13. Joseph Stalin, speech, February 9, 1946, in *Oeuvres*, vol. 14 (Paris: Nouveau Bureau d'Editions, 1975), 189 - 191.

14. On the rise in Soviet standards of living in the immediate postwar decade, see Julie Hessler, *A Social History of Soviet Trade: Trade Policy, Retail Practices, and Consumption, 1917 - 1953* (Princeton: Princeton University Press, 2004), 296 - 328; also Donald Filtzer, "Standard of Living of Soviet Industrial Workers in the Immediate Postwar Period, 1945 - 1948," *Europe-Asia Studies*, summer 1999, 1013 - 38. Philip

Hanson suggests that in the mid-1960s Soviet levels of consumption were half those of the British; *The Consumer in the Soviet Economy* (London: Macmillan, 1968), 48-82. The big surge came at the turn of the 1970s: Sergei Nikolaenko, "Soviet Consumers: Problems of the Transition to Market Economy," Working Papers, Rutgers Center for Historical Analysis, Rutgers University, 1991.

15. An excellent introduction to the Marshall Plan, its transatlantic and European context, is Barry J. Eichengreen, ed., *Europe's Postwar Recovery* (Cambridge: Cambridge University Press, 1995). The main line of studies, starting with Alan Milward, *The Reconstruction of Western Europe, 1945-51* (Berkeley: University of California Press, 1984), emphasizes the endogenous roots of European recovery and the big bang the American-led recovery achieved with a relatively small investment. This view is incorporated in Gérard Bossuat, *L'Europe occidentale à l'heure américaine: Le Plan Marshall et l'unité européenne, 1945-1952* (Brussels: Edition Complexe, 1992). As the importance of the impact of capital investment has been downplayed, the significance of technology transfers has been more and more highlighted, with much controversy as to the modalities by which U.S. managerial methods operated. Main works include Marie-Laure Djelic, *Exporting the American Model: The Postwar Transformation of European Business* (Oxford: Oxford University Press, 1998); Mattias Kipping and Ove Bjarnar, eds., *The Americanization of European Business: The Marshall Plan and the Transfer of U.S. Management Models* (London: Routledge, 1998); Jonathan Zeitlin and Gary Herrigel, eds., *Americanization and Its Limits* (Oxford: Oxford University Press, 2000); and Dominique Barjot, ed., *Catching Up with America: Productivity Missions and the Diffusion of American Economic and Technological Influence after the Second World War* (Paris: Presse de l'Universitaie de Paris-Sorbonne, 2002).

16. Robert M. Hathaway, *Ambiguous Partnership: Britain and America, 1944-1947* (New York: Columbia University Press, 1981).

17. Charles S. Maier, "The Politics of Productivity: Foundations of American International Economic Policy after World War II," in *The Cold War in Europe: Era of a Divided Continent*, ed. Maier (Princeton:

Markus Wiener, 1996), 169 - 202.

18. *Joe Smith, Travailleur américain* (Paris: Bureau du Travail, European Cooperation Agency, [1950]); Anthony Carew, *Labor under the Marshall Plan: The Politics of Productivity and the Marketing of Management Science* (Detroit: Wayne State University Press, 1987); also Federico Romero, *The United States and the European Trade Union Movement, 1944 - 1951* (Chapel Hill: University of North Carolina Press, 1992).

19. Bertrand de Jouvenal, "La conjuncture," *Vente et publicité*, May 1952, 5. Irwin Wall, *The United States and the Making of Postwar France, 1945 -1954* (New York: Cambridge University Press, 1991), highlights the similarly harsh effect of the postwar "plans" on consumers in western and eastern Europe. For Great Britain, see Ina Zweiniger-Bargielowska, *Austerity in Britain: Rationing, Controls and Consumption, 1939 -1955* (New York: Oxford University Press, 2000).

20. Bossuat, *L'Europe occidentale*, 186, 351; idem, *La France, l'aide américaine et la construction européenne, 1944 - 1954* (Paris: Comité pour l'Histoire Economique et Financière de la France, 1992), 2 vols.; idem, *Les aides américaines économiques et militaires à la France, 1938 - 1960: Une nouvelle image des rapports de puissance* (Paris: Ministère de l'Economie, des Finances et de l'Industrie, Comité pour l'Histoire Economique et Financière de la France, 2001).

21. Harry Bayard Price, *The Marshall Plan and Its Meaning* (Ithaca: Cornell University Press, 1955), 242.

22. Paul Hoffman, *Peace Can Be Won* (Garden City, N. Y.: Doubleday, 1951), 87.

23. Albert Hemsing, "The Marshall Plan's European Film Unit, 1948 - 1949: A Memoir and Filmography," *Historical Journal of Film, Radio, and Television* 14, no. 3 (1994): 269 - 297. See also David Ellwood, "From 'Re-education' to the Selling of the Marshall Plan in Italy," in *The Political Re-education of Germany and Her Allies after World War II*, ed. Nicholas Pronay and Keith Wilson (London: Croom Helm, 1985), 219 - 239.

24. Vittorio Gallo, dir., *The Story of Koula*, film for the European Cooperation Agency, Rome, 1951.

25. Hannah Arendt, "Dream and Nightmare: Anti-American Feeling Is Well on the Way to Becoming a New European 'Ism,'" *Commonwealth*, September 10, 1954, 551 - 554.
26. David Riesman, *Abundance for What? And Other Essays* (Garden City, N. Y.: Doubleday, 1964), 64.
27. Ibid., preface, 5 n. 4.
28. David Riesman, *The Lonely Crowd: A Study of the Changing American Character* (New Haven: Yale University Press, 1950).
29. "Deux jours à Leipzig, vitrine de deux mondes," *Vente et publicité*, October 27, 1954, 2. For further study, see Katherine Pence, "'A World in Miniature': The Leipzig Trade Fairs in the 1950s and East German Consumer Citizenship," in *Consuming Germany in the Cold War*, ed. David F. Crew (New York: Berg, 2003).
30. Robert Hamilton Haddow, "Material Culture and the Cold War: International Trade Fairs and the American Pavilion at the 1958 Brussels World's Fair" (Ph. D. diss., University of Minnesota, 1984), 12, 16 - 17.
31. Irving Kravitz, "Work Time Required to Buy Food," *Monthly Labor Review* 70 (November 1949): 487 - 493.
32. "Condition, attitudes et aspirations des ouvriers," *Sondages: Revue française de l'opinion publique* 18, no. 2 (1956): 39 - 57.
33. Patricia Maclachlan, *Consumer Politics in Postwar Japan* (New York: Columbia University Press, 2002); and, more generally on the postwar American hegemony in Japan, see John W. Dower, *Embracing Defeat: Japan in the Wake of World War II* (New York: W. W. Norton, 1999).
34. Howard P. Whidden, "Birth of a Mass Market—Western Europe," *Harvard Business Review*, 33 (May-June 1955): 105.
35. The United States' ardent pursuit of this aim by means of the Ford and other leading foundations, with outlooks akin to that of Edward Filene's Twentieth Century Foundation earlier in the century, is the subject of Volker Berghahn's *America and the Intellectual Cold Wars in Europe* (Princeton: Princeton University Press, 2001).
36. Whidden, "Birth of a Mass Market," 101 - 107.
37. On this new occupation, see Maria Hohn, *GIs and Frauleins: The Ger-*

man-American Encounter in 1950s West Germany (Chapel Hill: University of North Carolina Press, 2002). Many themes of the immediate postwar years continue into the 1950s; see Petra Goedde, *GI's and Germans: Culture, Gender, and Foreign Relations, 1945 - 1949* (New Haven: Yale University Press, 2003).

38. Reinhard Neebe, "German Big Business and the Return to the World Market," in Volker Berghahn, ed., *Quest for Economic Empire: European Strategies of German Big Business in the Twentieth Century* (Providence: Berghahn Books, 1996), 95 - 121; Gunnar Adler-Karlsson, *Western Economic Warfare, 1947 - 1967: A Case Study in Foreign Economic Policy* (Stockholm: Almqvist and Wiksell, 1968).

39. Ludwig Erhard, *Prosperity through Competition* (New York: Praeger, 1958), 134; Werner Albelshauser, "The Economic Policy of Ludwig Erhard," EUI Working Paper no. 80, European University Institute, San Domenico di Fiesole, 1984; Henry M. Oliver Jr., "German Neoliberalism," *Quarterly Journal of Economics* 74 (February 1960): 117 - 149, esp. 136 - 138; Volker Hentschel, *Ludwig Erhard: Ein Politikerleben* (Munich: Olzog, 1996).

40. Heinz Dietrich Ortlieb, "Unsere Konsumgesellschaft: Glanz und Elend des deutschen Wirtschaftswunders," *Hamburger Jahrbuch für Wirtschafts-und Gesellschaftspolitik* 4 (1959): 224 - 246, quoted in Ulrich Wyra, "Consumption and Consumer Society: A Contribution to the History of Ideas," in *Getting and Spending: European and American Consumer Societies in the Twentieth Century*, ed. Susan Strasser, Charles McGovern, and Matthias Judt (Washington, D. C.: German Historical Institute; New York: Cambridge University Press, 1998), 441; Konrad H. Jarausch and Michael Geyer, *Shattered Past: Reconstructing German Histories* (Princeton: Princeton University Press, 2003), 269 - 314. See also Hannah Schissler, ed., *The Miracle Years: A Cultural History of West Germany, 1949 - 1968* (Princeton: Princeton University Press, 2001); and Crew, *Consuming Germany in the Cold War*.

41. David Potter, *People of Plenty* (Chicago: University of Chicago Press, 1958).

42. Pierre Bourdieu, "Différences et distinctions," in *Le partage des*

bénéfices: Expansion et inégalités en France (Paris: Minuit, 1966), 117 - 129; idem, *Distinction: A Social Critique of the Judgement of Taste* (1979), trans. Richard Nice (Cambridge, Mass.: Harvard University Press, 1984).

43. Louis Pinto, "Le consommateur: Agent économique et acteur politique," *Revue française de sociologie* 31 (1990): 180.

44. Jane Marceau, *Class and Status in France: Economic Change and Social Immobility, 1945 - 1975* (Oxford: Clarendon Press, 1977), 39 ff.

45. On the middle classes, see the exemplary Luc Boltanski, *The Making of a Class: Cadres in French Society* (Cambridge: Cambridge University Press, 1987), 97 - 144. On youth culture, see among others Uta Poiger, *Jazz, Rock, and Rebels: Cold War Politics and American Culture in a Divided Germany* (Berkeley: University of California Press, 2000).

46. Francesco Alberoni, *Consumi e società*, 2d ed. (Bologna: Il Mulino, 1967), 27, 29.

47. Sandro Rinauro, *Storia del sondaggio d'opinione in Italia, 1936 - 1994* (Venice: Istituto Veneto di Scienze, Lettere ed Arti, 2002); Löic Blondiaux, *La fabrique de l'opinion: Une histoire sociale des sondages* (Paris: Seuil, 1998); Hartmut Berghoff, "Von der 'Reklame' zur Verbrauchslenkung. Werbung im nationalsozialistischen Deutschland," in *Konsumpolitik: Die Regulierung des privaten Verbrauchs im 20. Jahrhundert*, ed. Berghoff (Göttingen: Vandenhoeck & Ruprecht, 1999), 77 - 112.

48. Rosa-Maria Gelpi and François Julien-Labruyère, *The History of Consumer Credit: Doctrines and Practices*, trans. Liam Gavin (New York: St. Martin's, 2000).

49. Edward A. McCreary, *The Americanization of Europe: The Impact of Americans and American Business on the Uncommon Market* (Garden City, N.Y.: Doubleday, 1964), 99, 253.

50. Jean Fourastié, *La civilisation de 1960* (Paris: Presses Universitaires de France, 1947), 68 - 69.

51. Idem, *Pourquoi nous travaillons* (Paris: Presses Universitaires de France, 1959), 94 - 95.

52. Quoted in Guy Dupuigrenet-Desroussilles, *Niveaux de vie et coopération*

économique dans l'Europe de l'Ouest (Paris: Presses Universitaires de France, 1962), 41.

53. Jacqueline Poelmans, *L'Europe et les consommateurs* (Brussels: Labor, 1978), 28, 37.

54. Richard Cooper, *The Economics of Interdependence: Economic Policy in the Atlantic Community* (New York: McGraw-Hill for the Council on Foreign Relations, 1968).

55. Uwe W. Kitzinger, *The New Europeans: A Commentary on Products and People, a Marketing Survey of the European Common Market and Britain* (London: Reader's Digest, 1963), 4.

56. Dupuigrenet-Desroussilles, *Niveaux de vie*, 137.

57. Christopher Layton, *Trans-Atlantic Investments* (Boulogne-sur-Seine: Atlantic Institute, 1968), 29.

58. Ibid.; Robert B. Dickie, *Foreign Investment: France: A Case Study* (Leiden: A. W. Sijthoff, 1970). More generally, see J. J. Boddewyn and D. M. Hansen, "American Marketing in the European Common Market, 1963 - 1973," *European Journal of Marketing* 11, no. 7 (1977): 548 - 563. Robert Gilpin highlights the aggressive dynamism of American corporations moving into the 1960s; *U. S. Power and the Multinational Corporation: The Political Economy of Foreign Direct Investment* (New York: Basic Books, 1975).

59. Layton, *Trans-Atlantic Investments*, 29.

60. J. J. Servan-Schreiber, *The American Challenge*, trans. Ronald Steel (New York: Atheneum, 1969). See also Richard F. Kuisel, *Seducing the French: The Dilemma of Americanization* (Berkeley, 1993).

61. Layton, *Trans-Atlantic Investments*, 76; Marie-Christine Grasse, "The History of the Grasse Perfume Industry," Touch Briefings: Business Briefings, London, 2004.

62. Marc Meuleau, "L'introduction du marketing en France (1880 - 1973)," *Revue française de gestion*, September-October 1988, 2 - 65; idem, "De la distribution au marketing (1880 - 1939): Une réponse a l'évolution du marché," *Entreprises et histoire* 3 (1993): 61 - 74.

63. Sam Meeks to Tom Sutton, August 12, 1957, Policy Letters, 1954 - 1957 folder, box 4, Sam Meeks Correspondence, J. Walter Thompson Company Archives, John W. Hartman Center for Sales, Advertising,

and Marketing History, Duke University (hereafter JWT).

64. Peter E. Gilow, Personnel, box 27, Individuals and Officers, International Series, E. G. Wilson Series, JWT; Peter Gilow to Tom Sutton, October 13, 1961, Frankfurt Office, Sam Meek folder, International Branch Management file, Henderson Papers, JWT.

65. J. Walter Thompson Company Limited, *Market Research on a European Basis* (London, 1971), 2, 22, Publications Series, JWT.

66. "Welche Theme sollte die Aktion Gemeinsinn bei der derzeitigen wirtschaftlichen und politischen Unsicherheit behandeln," Aktion Gemeinsinn (German Advertising Council) 1961—December 1963, Correspondence file, Frankfurt Information folder, Peter E. Gilow Papers, JWT; also clipping, Hannelore Kroter, "Zwischen Hotshop und garantiertem Werbebefolg," Industriekurier, March 11, 1969, 12, ibid.

67. An den Präsidenten von Rotary International, Betr.: Rotary-Club München, August 23, 1945, Vershiedenes mit Germany zu tun file, European Advisory Committee, Rotary International European Office, Zurich; Luther Struthers to E. A. Atkins, June 26, 1947, ibid.; Luther Struthers to Parker, October 14, 1948, ibid.; Lovejoy to Panzar, June 2, 1949, ibid.; "From Belgians, undaunted and unidentified," August 9, 1949, ibid.; Percy Hodgeson to Walther Panzar, September 16 and October 24, 1949, ibid.

68. Bericht über den offiziellen Besuch, March 10, 1956, subfile 2: Germany General IV, 1967, box 3, Country Files: Germany, Rotary International, European Office, Zurich; "Pläne und Kommentäre des Präsidenten," March 3, 1970, Cologne, ibid.

69. *Treaty Establishing the European Economic Community* (*Treaty of Rome*, 1958) (Brussels: Publishing Services of the European Communities, 1967).

70. Union Féminine Civique et Sociale, *Les consommateurs et le Marché Commun* (Paris, 1967), 26.

71. Raymond Aron, quoted in Robert O. Paxton, *Europe in the Twentieth Century*, 2d ed. (San Diego: Harcourt, Brace, 1985), 599.

72. Pierre Massé, "Autocritique des années soixante, vues par un commissaire au Plan," *Bulletin de l'Institut d'histoire du temps présent* (Paris), suppl. no. 1 (1981): 41-44.

73. Jean-Pierre Page, "L'utilisation des produits de la croissance," in *Le partage des bénéfices: Expansion et inégalités en France* (Paris: Minuit, 1966), 115–116.

74. Arthur Marwick, *The Sixties: Culture Revolution in Britain, France, Italy, and the United States, c. 1958–1974* (Oxford: Oxford University Press, 1998).

75. John Martin and George W. Smith, *The Consumer Interest* (London: Pall Mall Press, 1968), 261; Roberta Sassatelli, "Power Balance in the Consumption Sphere: Reconsidering Consumer Protection Organizations," EUI Working Paper, European University Institute, San Domenico di Fiesole, 1995.

76. Jacques-René Rabier, ed., *European Consumers: Their Interests, Aspirations and Knowledge of Consumer Affairs: Results and Analyses of a Sample Survey Carried Out in the Countries of the European Economic Community* (Brussels: Commission of the European Communities, 1976).

77. *221,750,000 consommateurs: Marché commun et Grande-Bretagne* (Paris: Sélection du Reader's Digest, 1963).

第八章　超市化

一流商人是如何超越地方杂货店的

一家超市能够胜过许多的“主义”。

——理查德·W.保加特

美国资本家，1958年

到处都有小商人开着杂货店，每天挣扎着度日，对付着各种困难；如今一家超市挤了进来，正在淘汰所有的竞争对手。进步是不能被这样理解的。

——朱利奥·蒙泰拉蒂奇

共产党城市委员会成员，佛罗伦萨，1961年

这个长着大手大脚的男人高大显眼，他缓慢的举止和快乐的面容散发出相当的自信。即使他没有戴着一顶牛仔帽以抵御阴冷的二月细雨，人们也会猜测他是一个美国人。一旦看到一块空地、一家闲置的汽车修理厂，或者是一个被废弃的电影院，他和他的朋友就会在那里逗留，交谈，进行测量，并草草记下笔记。有时这个高个儿只是四处张望，好像是在打量经过街道的人群，估测公寓大楼的高度，或者是在测算附近的这些食品商店的货流量——屠户、卖水果和蔬菜的妇女、面包店、卖鱼的、干货店、熟食

店、油和酒特许店、咖啡馆、卖盐和香烟及火柴的亭子、卖下水的台子、糖果店、牛奶店、推着花车的西西里岛人，当然不用说，他也会测算集市日充斥着新鲜产品、干酪、肉及各种上帝创造的商品的摊位的规模。有时他会拦住一些经过的妇女向她们问路，这些妇女会仔细地比划以让他明白。他看上去好像也明白了。然后他会鞠躬说道："谢谢您，女士"，他张开嘴露齿而笑，就像电影中的美国人那样。

这个在1957年的晚冬来回穿越米兰的小巷的人是理查德·W.保加特，一个正在找地方建设米兰市第一家超市的美国堪萨斯州的企业家。在6个星期将尽之际，在走遍这个城市并在一张大街道图的指引下乘坐一辆菲亚特600汽车环绕这个城市不少于四次之后，他仍然没有精确地找到他想要的：一个大约七千至八千平方英尺的商业空间，这一面积是一家美国自助商场的平均水平。这并不是因为土地的价格让人望而却步，或规划法规阻止战时轰炸留下的那许多空地的商业应用，而是因为大部分当地建筑都是用钢筋混凝土建造的，突出地面的大量柱子会阻碍宽过道商场的建立。最后，虽然其中最合适的地方要价比较荒唐，但保加特也仅仅找到了七个可能的地方：五家汽车修理厂和两家剧院。尽管如此，他在当地人身上所看到的繁荣、勤勉、谦恭有礼和思想开明强化了他那乐观的第一印象：这个城市足以让其食品生意以三十甚至是五十家超市赢利地运营。[1]

保加特的米兰之旅标志着一个资本家冒险故事的开始。在一份他写给纽约总公司的生动的报告中，对当时媒体的热情报道和新商场顾客们激动行为的记述是如此的逼真与成功，以至于它们完全可以被照搬进好莱坞，拍摄一部以20世纪五六十年代之交繁荣时期的中北部意大利为背景的电影。保加特将会扮演一个领导角色。但这个故事中的真正明星却是一家企业，即意大利超市有限公司，它是纳尔逊·A.洛克菲勒的国际基础经济公司的子公司。国际基础经济公司(IBEC)作为战后美国全球化的法人企业家强大和天才的表现形式,在1948年由洛克菲勒兄弟建立,它对外输出资本、管理和技术。国际基础经济公司投资于住宅建设、食品加工和商品销售,通过同时承诺"提高人类生活水平和赚取丰厚的利润",它体现了战后美国资本主义把纳尔逊·洛克菲勒所谓的"社会目标与资本主义动机"结合起来的变革成果。[2] 国际基础经济公司于1949年首先涉足马拉开波(Maracaibo)地区的食品市场。到了1950年代中期,除了握有其他坚实的资产以外,这家公司已经在秘鲁、波多黎各和委内瑞拉开了十家超市。[3]

通过在1956年进军北意大利,国际基础经济公司最为自信地展示了美国的跨国资本主义。在那之前,它的经营区域是美国所拓殖的南半球,在这里,洛克菲勒家族已经积聚起了巨大的财富,纳尔逊本人也已经获得了经济学专业知识和政治上的影响力。这首先来源于他所担任的国务院美洲国家间事务协调员的地位,然后在1944年他又担任了负责拉丁美洲事务的助理国务卿,帮助推行罗斯福的"睦邻"政策。他还出任过杜鲁门政府负责援助发展中国家的国际发展顾问委员会的主席,并担任过艾森豪威尔政府的健康、教育和福利部副部长,此后他还就对外事务向艾森豪威尔总统提出过建议,这使洛克菲勒具备了足够的知识和人脉,敢于去冒几乎没有其他美国商业领袖愿意去承受的风险。尤其是在欧洲,国际基础经济公司的董事会正急于去揭示:"吃饱了肚子的人是很难变成共产党人的",以及一个管理良好的超市连锁店能够规避长期以来抑制了欧洲商业发展的那些法律和规章桎梏。[4] 当意大利超市有限公司于1957年11月在米兰开业时,它是在整个欧洲内唯一一个强调其美国资质的美国零售公司,也是第一个在以欧洲为基地的商业机构中做控股股东的美国零售公司。

保加特,这位意大利超市有限公司的常务董事,戴着一顶牛仔帽，开着一辆凯迪拉克轿车，他有一个叫玛格的妻子及两个陪伴在她左右的金发碧眼的孩子，他谦逊直率地形容自己是一个“脚踏实地”的“堪萨斯州乡巴佬”。作为一家成功的超市供应公司和在康科迪亚(Concordia)拥有15家店铺的超市连锁店的所有者(正是在康科迪亚他的开杂货店的父亲把他引入了商业领域)，在加入国际基础经济公司去帮它振兴其在委内瑞拉的没落的经营之前，保加特曾在1946至1949年之间经营着墨西哥城的第一家超市连锁店。也正是在那里，保加特遇到了纳尔逊·洛克菲勒，也正是洛克菲勒本人在1956年联系了保加特，请他去运营欧洲项目。保加特接受了邀请，“因为我对钱并不反感，但更重要的是，我钦佩纳尔逊的动机，这一挑战非常有吸引力”。[5] 总之，保加特是他那个时代的一个典型的美国资本家，他对赢利和服务顾客的承诺充满着顽固的反共产主义思想。经历了两年的令人畏缩的官僚政治考验，又经过了1960年几个赢利的成功月份之后，保加特转移到了布宜诺斯艾利斯去接受新的挑战。他留下的是相对满意的意大利投资者，成千上万的忠实顾客，以及一个将在1960年代中期达到26家门店的超市连锁店。此时，国际基础经济公司已将其原先价值42.5万美元的原始股份卖给了它的意大利合作伙伴，从中获取的270万美元的利润被从意大利抽出，用以支付在伊朗王国房产市场上表现不佳的投资的损失，和支付国际基础经济公司在阿根廷的新超市的经营费用。在接下来的10年中，意大利超市有限公司将会被改名为艾色伦格(Esselunga)，它的名字的前面是由马克斯·休伯尔(Max Huber)* 设计的优雅的标识，一个拉长了的现代版的“S”。从那以后，艾色伦格一直是意大利最大和最富创新性的连锁商店之一。没有人还记得它的外国起源了。

---

* Max Huber(1919—1992)，20世纪著名的瑞士美术设计师。——译者

为了重新考察保加特在1950年代中期的雄心，我们需要记住，二战的结局事实上注定了与纳粹新秩序有密切联系的所有体系的最终命运，不仅仅是反动的零售业体系。在战争期间，传统的销售体系开始在配给制和军事采购政策的名义下被修改。随着战争带来了越来越多的毁灭，商业已经普遍地被下列因素瓦解了：城市、运输体系和通讯线路的破坏；犹太商人的毁灭；黑市的蔓延，以及失控的通货膨胀所产生的毁灭性影响。即使是多年以后，人们在记忆中仍把自己与战时商业打交道的行为看作是堕落时期。失败和饥饿迫使他们变成了"新秩序"的鼓吹者，以新生欧洲的名义所批判的那种唯食物主义者，"只知道顾胃，全没有精神"，他们成了欺诈的卖国贼店主的顾客，要依靠这些店主来满足自己的定量供应卡。接受着很差服务的顺从谄媚的消费者，加上传统风格的、蛮横的食品供应者，在这样一种社会现实的比照之下，人们希望进步的力量能够起而占上风。要想回到战前时期的叫花子主义是没有任何可能的，比利时学者雅克·丹斯特(Jacques Dansette)在为他缜密的大部头著作《流通的现代形式》结尾时总结道。丹斯特写这句话时是在1944年的8月2日，此时在沃卢伍－圣朗贝尔(Woluwe-St.-Lambert)这个地方，盟军已经突破了德军在诺曼底的抵抗，开始向丹斯特的祖国比利时推进。从这以后，为了尽最大可能地增强"购买力"，公共权力机构将会采取"合理的"、"大规模的"措施来改革销售流程。[6]

对欧洲人来说(对美国人来说也一样)，食品供应必须要作为重建议程的核心项目。食品不得不在非常时期的基础上分发给极度饥饿的平民，食品援助是马歇尔计划不可缺少的重要组成部分。但从长期来看，对于美国农业产能和欧洲大陆农业差能之间的这种明显差距，必须要采取某些措施，因为这个差距至少与美欧之间的工业差距一样大，并且更加不容易被跨越。美国在世界市场上有惊人的农产品剩余；欧洲依赖进口，欧洲自己的农业生产受到了下列因素的阻碍:传统的农业技术、陈旧的加工方法、可以从殖民地廉价进口,以及过时的销售流程。如果欧洲工业要恢复,经济要转向消费品和服务的生产,食品的花费就必须要被降低到更加接近美国人的水平。一个普通的欧洲工人家庭要把其花费的百分之五十至六十用在购买食品上。而一个美国工人家庭的食品开支只占其花费的不到百分之三十。欧美家庭的这种开支显现出了两者之间的不同:一个是其人口只能拥有基本的生活用品,而另一个则是其人口不仅营养更好,而且还享有多余的收入可以花在其他方面,包括花在新的食品种类上。美国农场主们急于去赚欧洲人的钱,美国的农产品加工企业也是。在战争期间,美国的农产品加工企业靠着其巨大的打包、装罐和出口食品的能力而繁荣起来,在军事采购停止之后,他们急于寻找新的出路。[7]

自助式销售革命

这些顾虑使人们的注意力都集中到了自助式超市这一过去二十年中零售业领域最重要的发明上。《超市:大规模流通的堂皇代表》是1935年出版的一本书的引人注目的书名,这本书是美国在这个领域的顶尖专家马克斯·西摩曼(Max Zimmerman)写的,西摩曼是《超级市场营销》杂志的编辑和发行人,也是超级市场协会的创建人,超级市场协会是一个在1937年由35个成员创始的商业组织,到了1950年,它的成员达到了7000个。自诩为熊彼特式企业家的仰慕者,出生于马萨诸塞州的西摩曼把他自己定位为那种"足智多谋和富有先锋精神的人,甚至有时就是那种知道何时走出食品零售的传统模式并冒险采用新模式的小贩、食品商或批发商"。要不是因为他文化上的高雅和他的政治观点,他的欧洲相识们或许能从他身上看到爱德华·费林的那种粗犷的自我勉励热诚和敏锐的使命感。[8] 与费林不同,西摩曼对欧洲的环境并没有详细的了解。但是,西摩曼与到过超级市场协会设在纽约的办公室的欧洲企业家们有广泛的接触,这使得美国政府在1947年决定派他去执行一项任务。这项任务的成果就是一本叫作《考察欧洲食品情况》的简易小册子。在1949年11月18日开始的这个为期6周的旅行中,西摩曼和他的妻子乘坐巨型高空运输机穿越大西洋,周游欧洲去研究"自助行为活跃的地方",并与埃米尔·本海姆的普瑞巴公司、杜特维勒的米格罗公司,以及英国一流连锁店特斯克的主要管理人员们见了面。他得出的结论就是,世界已经为涉足新被称作"食品生意"的企业建立一个国际网络做好了准备。[9]

它的结果就是第一届食品销售国际大会的召开。这次大会于1950年6月20日在巴黎召开,它使得来自22个国家的1000名代表汇聚到了巴黎大学的化学之家,此地正是15年前欧洲人带着怀疑的态度倾听为"连锁店革命"呼吁的爱德华·费林演讲的地方。然而,现在他们对创新的反应却是激动人心和迅速的。巴黎负有声望的商业研究中心支持这次活动,作为组织委员会名誉主席对法国商业发挥着幕后影响作用的雅克·拉库尔-加耶(Jacques Lacour-Gayet)也欢迎这种必将能降低生活成本的创新。会议的真正主办者是法国处于领先地位的自助食品连锁店帕里多克(Paridoc)。帕里多克创建于1930年,它的总裁是亨利·图卢兹(Henry Toulouse)。亨利·图卢兹是美国零售技术的狂热拥护者,他于1938年第一次到美国去学习食品零售,1948年在巴黎建立他自己的第一家自助商店之前,他于1947年再次造访美国,这次他见到了西摩曼。到本次会议召开时为止,图卢兹所推动成立的组织已经包括了30家连锁店集团,其下共有7000家本地商店,其中70家现代自助商店是帕里多克自己经营管理的。在第一次法国"销售出使"(其得到了马歇尔计划资金的支持)之后的5月份，从访美之行所受的震动中冷静下来后，图卢兹推动自助式商店的努力出现了一次大的跃进。在他就任新组织的第一任主席时，图卢兹亲切地称赞西摩曼是这一组织的“精神导师”。[10]

图卢兹的开场白警醒了所有这些涉足食品生意以“与西方国家共同体一起努力……抵抗分裂力量”的人。他们有一个共同的任务和利益，那就是保证那些“知晓他们的安全与幸福依赖于他们的自由与民主权利的人们的福祉”。为了找到一个他们的事业的象征，图卢兹援引了大西洋联盟这个例子，但他却撇开了大西洋联盟的传统主角们：杜鲁门、朱莉安娜女王、乔治国王、奥里奥尔总统，他主张用一个新的标准主体来做象征，这就是消费者。“她”，图卢兹强调说，是“一个……没有特定国籍的年轻女性”，她被“强烈的个性及知道如何根据其家庭需要和财力去拿取与选择”导引着，并拥有“对未来怀有梦想的精神和心灵”。“如果你想让我们自由地思考，那么就给我们体面地生活的方法吧”，“她”恳求说。[11]向市场这位玛丽安女士提供这种自助式服务，或者如帕里多克集团的雅克·皮克泰(Jacques Pictet)所巧妙翻译的“自由服务”，那是非常果敢和进步的做法。新的销售技术不仅包含着个人选择，而且还是“自由的”选择，正如“自由、解放”的题中之义。

的确，从西摩曼对超市历史的说明来看，这一最新的“销售革命”比早前的连锁店运动具有更为明显的民主推动力，而又没有连锁店那些繁琐的科学矫饰。单一的企业家(通常是零售业的门外汉)，通过在旧的市中心之外重组在大萧条中破产并被腾空的旧货仓、阁楼和厂房，开起了主要经营食品销售的商店，揭开了超市行业的开端。他们雇佣他们的载重汽车在乡下来回穿梭，寻找廉价的新鲜产品和打折的罐装及包装好的零售货物，证明了汽车对于这一新生美国事业的重要性，他们能够在半农村地区建立他们的设施，因为他们能够预期他们的顾客可以开着小汽车来到这里。[12]作为老练的商贩，他们用“超级的”、“巨大的”、“空前的”这些与电影工业宣传机构联系在一起的商业上的大吹大擂，来修饰新政时代的民粹主义言论。第一个这样做的人是在1930年建立起了自己的商店的金·库伦(King Cullen)，他宣称自己是“世界上最伟大的价格杀手”，称自己构成了“对奸商的致命打击”，并宣称他对他的选民——“公众”的始终不渝的信条是：他们是“我的老板，我的法官，我的陪审团”。[13]

因为超市首先是与食品这种生活必需品联系在一起的，所以它与女性们的联系比连锁店或百货商店与女性们的联系都更公开和明显。反过来，美国的女性(她们中的许多在战争期间都参加了工作并享受着独立、汽车的便利和更高的收入)认为自助式服务有节省时间的方便，认为它不是一种把劳动和设备成本都推给了家庭主妇的服务上的偷工减料。[14]

到了1940年代，作为战时劳动力短缺的结果，一站式、自助式购物得到了飞速的发展。如果说一开始超市的利润能够从废弃的建筑物、压低的土地价格和打折的农产品中获取的话，很快这种经营方式就获得了越来越多的专业化的昂贵的设备，如大型冷藏设备、空调、霓虹灯和安全系统等。然后又有了数不清的自助式购物所需的各种小发明，比较显著的有十字转门入口、挎篮和手推车、冷冻食品设备、商品陈列台，以及可以对所购物品进行列明细、求和与打印的结账柜台等。总之，它们需要有巨大的资本投资。但钱是多的是的。美国的金融市场长期以来已经习惯于投资零售业以及已经较好地资本化了的连锁店，像历史最悠久和最大的连锁店A&P，以及Safeway、Grand Union和Jewel Tea Company等，这些连锁店都被促使把它们的商店转换成新的形式。[15]

随着美国转入了和平时期，超市被作为美国自由企业制度的标志而赢得了喝彩。战时的经验已经告诉人们，“通过以较低单价大量生产和销售货物,普通商品能够最好地得到供应”,这句话引自1946年杜鲁门发往芝加哥的一封贺信,这封信是为祝贺超市推动者第一届战后全国会议而写的。[16]到了1958年,美国人购买食品的钱百分之九十五都花在了自助式商店中,这其中的百分之七十又是花在了超市中。美国家庭每周一次的商店购物,满满地装载着纸盒、罐头和其他各种各样商品的手推车,已经变成了美国生活方式的一个象征。

对欧洲人来说,超市则是提供了一种新的工业美学范式,它包括:霓虹灯那没有阴影的光亮、装有空调的空间那恒定的温度、那巨大的用玻璃和钢造就的冷藏设备、那成排的颜色亮丽的罐头和包装好了的商品,以及用袋子或玻璃纸容器分成等级堆成小山的新鲜产品。其中最令人惊异的变化是,那些产品是在自己卖自己:售货员已经彻底地不见了,陈列着的商品才是明星。[17]

当1949年意大利企业家奎里诺·佩德拉佐利(Quirino Pedrazzoli)请求米兰的官员授予他一个执照以开办他自己的超市时,他被要求说明超市与百货公司有何不同。佩德拉佐利的坦率回答传达出了他的惊奇:进入超市并在结账台前存下他的提包和包裹的顾客会被提供一辆上面装着一个大篮子的手推车,他可以推着车子在商店里来回走动。他走动的时候会经过大量的货架,但却没有任何售货员,在货架上陈列着花样最繁多的商品,所有的商品都包装好了……在所有的食品上,每一个上面都有一个特殊的标签标明它的价格。顾客可以自由地拿起任何他想要的东西,并把它放进手推车。买完东西后他把这个手推车推到一个收款员前,收款员加完所有的价格标签后,算出总的账单。然后装着商品的手推车被推到柜台出口处,顾客则向商店出纳员付款,然后他又拿回他的货物,或者安排向家里运送。[18]

这种发明看上去足够简单,并且它一定可以满足西摩曼所称的那种无可指责的事实,即“普遍地,所有家庭都想在他们的食品上花费尽可能少的钱”。[19]然而，人们的采购行为深深地根植于各种各样的习俗、价值观与信仰中，这些东西能够对超市这种发明构成可怕的障碍。一个超市要想成功建立，即使其规模比在美国郊区飞速发展的常见超市要小一些，也需要依靠买卖环境的整体变革，向上它涉及供应商，比如要改变农业技术、加工方法和包装技术等；向下它涉及顾客，比如要改变他们的家庭设备、财政管理和饮食习惯等。[20]

一方面，自助式销售要求货物在交付零售商之前已经经过了称重、计数、包装、标价和做广告等处理。要进行包装就需要有一个包装企业。要打商标则需要有一个销售企业。而货物（尤其是农产品）则必须是能够持续供应的，并且在外表、大小和质量上要尽可能地统一规格，而这就要求与供货源头维持持久的关系，不管供货源头是当地农场主、加工商还是进口商。另一方面，自助式销售还假定顾客有能力自己挑选货物，识别标志，计算花费，以及运走货物，储存它们，并知道如何使用它们。就这两方面的任何一方面来说，对那些以前从来没有体验过这一系统的人来说，前面都会有各种各样意想不到的挑战：农场主会有阻挠性行为，他们被迫交付新品种的货物，在得知他们的产品在卖给顾客时将会有多高的价格后，他们也会异常愤怒；顾客也会有反抗，在知道有新的销售系统前他们安于旧销售系统、赤贫、通货膨胀或革命，但当引进新的销售系统后他们又充满了抱怨，直到习惯使得他们能够适应新销售系统。

因此，在1950年代中期，要在欧洲建设一家成熟的超市会被看作是一件充满风险的事，尤其是对外行人来说。在1956年，创造了欧洲共同市场的《罗马条约》在其缔造者眼中也不过是一道短暂的闪光，如果说已经出现了所谓的“经济奇迹”，却没有人能够确定这一“经济奇迹”会不会消失。因此，国际基础经济公司做出的进军欧洲的决定，是综合了资本主义赢利、混合的反共主义以及从长远上改变投资气候的宽阔视野的产物。对洛克菲勒来说,“更低的食品价格等同于人们的工资得到了增加”。他的推论是,如果这一冒险能够被证明是成功的,其他的超市就会跟进。这种发展会反过来“迫使供应商采用更低的价格”,并且“迫使供应商和制造商更有效地进行重组,实现现代化,等等”。[21]

为了更精确地确定这样一种行动在哪个地方能够起作用,在1956年春季,保加特受命去进行一项调查,他利用5月和6月这两个月执行了这项任务。通过这项从法国开始(这使得他有了一个非常“悲观的欧洲观”)并在意大利结束的调查,保加特发现“在所有国家中都存在障碍”。这些障碍包括“很高的税收、很低的收入、不足的储存时间、数量有限的商品、强大的卡特尔和行会、政府的控制及对营业执照的限制、极少的汽车,以及建筑地址、材料和其他许多东西的短缺。”[22]结果,两个因为拥有相当多的小商店主和陈旧的法律而看上去最没有前途的国家,却被证明是最有希望的。这两个国家就是比利时和意大利。比利时拥有数量少但却居住集中的、富裕的人口,并且比利时政府渴望外国的投资。被炸毁的安特卫普提供了许多适合造建筑的地点,其成本与在美国也基本相当,其劳动风气也不错,几家主要的美国食品加工公司已经在那里建立了总部,它的地理位置使得它从西欧其他地方也很容易到达。最有利的是,那里没有阻碍连锁店扩张的“连锁店法”的“利牙”,这种优势直到1959年才开始消失。

考虑到其国家制度和以任何国家的指标来衡量都属于贫困的消费者,以及其难以控制的工人阶级(其左派联盟让保加特想起了他在委内瑞拉和墨西哥曾成功对付过的由国家操控的强大劳工运动),另一个国家意大利看上去更没有希望。但作为弥补,意大利新近通过的国外投资法在返还利润方面是全欧洲中对投资者最有利的。并且保加特感兴趣的投资地点并不是泛泛的意大利,而是米兰这个城市,米兰有着相对富裕的150万居民。从国际基础经济公司那“不切实际的社会改良家”的动机来看，这个城市也是很理想的。开超市能够降低物价，而这个城市的物价已经急剧上升，使它成了西方物价最贵的城市之一。并且开超市还能打击意大利共产党，意大利共产党是东欧以外欧洲最大的共产党。[23]

在1956年6月在罗马的欧洲大会宫举行的第三届食品销售国际大会上，“美国式超市”曾获得过辉煌的成功，就因为这一点，意大利也能被看好。在1956年的这次大会上，得到国务院支持的美国农业部成功地说服食品连锁店全国联盟建造起了一个能展示2500种食品的艺术级的超市。在这个展览于7月1日闭幕之前，有45万名意大利人曾经穿过它的入口，在它的过道里巡回观看过：白天是商人、国会议员、名人和新闻媒体的成员，晚上则是普通大众。[24]不错，它所有的东西都是用英文书写的，产品也不是根据意大利人的口味挑选的，度量标准是英镑和盎司，价格也是用美元和美分标注的。但是，大街上人们谈论的仍是：超市是一个现代国家必不可少的，中央政府将会支持推动超市发展的动议。这至少是阿马代奥·马尔法蒂(Amadeo Malfatti)的算计。马尔法蒂是执政的基督教民主党的秘书的兄弟，他和思奎波(Squibb)公司在意大利的常务董事弗兰克·帕尔玛(Franco Palma)一起，买下了这次展览的所有设备(包括IBM的存货清单系统)，并派一名技术人员去美国花6个月的时间学习超市生意，他们还在罗马开了三家先导商店，第一家于1957年2月在维埃拉利比阿(Viale Libia)开业。

与此同时，友好人士向国际基础经济公司保证可以绕开地方法规使其获得开超市所需的各种执照和许可。在罗马，洛克菲勒可以依靠他的一个私人朋友、美国驻意大利大使克莱尔·布斯·卢斯(Clare Booth Luce)来把他的生意伙伴介绍给潜在的支持者和卢斯的继任者詹姆斯·泽勒巴克(James Zellerbach)，泽勒巴克是美国的欧洲合作局的意大利代表团的前领导人。[25]在米兰，他们可以依靠安格乐敦(Angleton)家族。其中曾长期担任全美收银机公司意大利分公司领导人的詹姆斯·休(James Hugh)是美国商会的主席(他也是一名重要的扶轮社成员)，另外他还对各种各样的有用的事物感兴趣，包括办家禽饲养场。他的儿子詹姆斯·耶稣(James Jesus，也被叫作小詹姆斯)几乎认识所有的人。小詹姆斯在1944至1947年曾经担任美国战略情报局(OSS)意大利反间谍行动的头儿，他也曾是美国资金流入当地反共运动的主要渠道，由于在发明卑鄙手段以除掉菲德尔·卡斯特罗的过程中他足智多谋，他在中央情报局中曾经有很高的影响。

一开始，国际基础经济公司并没有必要屈尊于政治密友，"我们与洛克菲勒这个名字联系在一起能够起到魔术一样的作用——预期的伙伴都因此而尊敬我们"，保加特吹嘘说。[26]从当地情况考虑，国际基础经济公司本应该与瑞纳森特(Rinascente)公司或拉斯丹达(La Standa)公司的管理层合作，作为意大利领先的廉价商品专营连锁店，这两家公司都有意进军食品零售领域，并且都主动提出过与国际基础经济公司进行合作。然而，这两家公司"都可能会要求掌握多数股权，并要求在管理等各种事务上有发言权"。[27]另外的一种可能是与一家具有良好销售经验的潜在的供应商合作，比如莫塔公司，莫塔公司有自己的烘焙食品和糖果连锁店，还拥有12家左右的饭店，以及分布在全国各地的20家商店，此外莫塔公司也已经是全国饼干公司的批发商了。然而，这样做将会使国际基础经济公司冒过于依赖现有商业网络的风险。不过还有一种可能就是考虑加埃塔诺·马尔佐托(Gaetano Marzotto)，他是"一个很好的纺织品商人并且非常富有"。但是他被认为是"一个很拙劣的推销商"，并且他也想掌握多数股权，并且他还要专营他的肥皂和酒，等等。[28]

综合所有的考虑，除了资本之外，国际基础经济公司希望能从它的合作伙伴那里得到三样东西,即:行动的自由、政治影响力,以及透明度——就是说要求实行一套账簿,而不是意大利企业普遍采用的两套账簿(一套用于企业内部的清查,另一套则是为国家的税务部门准备的)。这些目标导致国际基础经济公司与意大利工业资本主义人物、伦巴第家族的纺织巨头马里奥·克雷斯皮(Mario Crespi)及其随员举行了会面。被有些人称作"意大利的洛克菲勒"的、与控制菲亚特公司的安娜莉斯家族(Agnellis of Fiat)联姻的克雷斯皮,以他的正直而闻名。他的随从人员中还包括马可·布鲁内利(Marco Brunelli),一个老式商人的富裕家庭的子孙,以及卡普罗蒂(Caprotti)兄弟俩:马里奥(Mario)和贝尔纳多(Bernardo),他们俩是重要的纺织品生产商,对美国也很熟悉,他们都被认为很有气量和很能干。克雷斯皮家族还拥有意大利首屈一指的日报《晚邮报》,这至少提供了两个好处:对自己有利的报道,以及广告费的打折。[29] 此外,这群意大利人同意作为控股49%的少数伙伴加入。他们不仅欢迎而且还坚决要求管理人员必须是美国人。保加特报告说:"他们不希望我们的商店会受任何意大利人的影响。他们希望商店的外观和运作必须像在美国一样。"他们还希望美国的参与要清楚地体现在商店的名字中,结果,作为一个愉快的折中措施,商店名字的构成就是"超市(Supermarkets)"加"意大利的(Italiani)"。[30]

如果说有什么国际基础经济公司在拉丁美洲不曾经历过的未知变量的话,那就是意大利有一个巨大的、正在迅速发展的小商人世界。单就米兰来说,在这个有150万人口的城市据估计有31500家商店,另外还有10000个街头摊贩。15000个食品店经营者在商人协会的领导下被组织了起来。美国人对这些过时的小商人们的有效竞争能力表示轻蔑。但是,这些小商人加上他们的家庭成员和亲戚,代表了相当大一部分的选民。并且,从基督教民主党到共产党的所有意大利政党看上去都在争夺他们的支持。如果他们被动员了起来，那会是相当麻烦的。[31]快速进入并提供令人印象极其深刻的服务将会阻止这种情况的出现。仅在几周的时间内，意大利超市公司就动员起了技术、知识、资本、设备和供应，以建立对食品销售现代流通领域的完全垄断。[32]

虽然如此，公司要获取相应的营业执照却遇到了强烈的反对。在超市入侵之前，食品商店执照是由各地方当局根据 1926 年 12 月 16 日通过的管理小商店的第 2174 号法律的授权独自签发的。但到了 1959 年，全国商人协会通过使超市被重新分类为固定价连锁店和百货商店，迫使政府改变了相应的程序。这一变化使相关事务要受在 1938 年 7 月 21 日通过的第 1468 号法律的约束，这一法律把签发执照的权力授予了中央政府在地方的代表——省长(prefect)，理由是他对形势有更好的了解。但是，在签发执照之前，他也应该向当地的商业机构咨询。这样一来，实际上新开的超市就不得不去从它未来的竞争对手那里获得批准。这是极有可能出现的情况。然而，如果执照申请被拒绝，也总是有可以求助的对象的：向在罗马的工业和商业部上诉。但如果工业和商业部批准了请求，当地商人又会上诉。深受这种官僚政治折磨的保加特承认："这是这样的一个国家，在这个国家中即使是一个美国人也会变得困惑不解。"[33]

因此，虽然他们获得了第一个营业执照，但快速开起五家超市以消化巨额的初始投资的目标遇到了挫折。令人乐观的是，意大利超市公司得到了发展，并已经委托吉奥·蓬蒂(Gio Ponti)为它在扎拉大街的第四个地点建造一座优美的蓝褐色的瓷砖建筑。蓬蒂是一位米兰设计师，他以建造了有闪光玻璃的、意大利第一幢真正的摩天大楼皮雷利塔而闻名。当意大利政府迫于地方商人协会的压力而推迟给它发营业执照时，这家商店已经完全备货齐全并做好开业的准备了。当它最终获得营业执照时，25 万美元的资金已经在那里闲置了 8 个月了。即使是从那以后，虽然来新商店的人非常多,但头三家商店的销量仍然比预期的要低,销量是如此之低,以至于保加特承认,“我们甚至没能打成平手”。[34]

幸运的是,意大利超市公司背后有美国政府的长长的手。要不是这样的话,它很有可能会遭遇米兰第一家超市拉福尔米卡(La Formica)的命运,福尔米卡超市在开业三个月后就倒闭了。事实是,在 1959 年 5 月,意大利超市公司从最近刚成立的华盛顿进出口银行获得了一笔 100 万美元(6.5 亿里拉)的低息长期贷款。华盛顿进出口银行的资金来源于美国多余农产品在海外销售获得的当地货币收益。根据《农业贸易发展与援助法案》的条款,这种收益被要求用于支援当地农业经济的现代化。国际基础经济公司获得的这笔贷款是欧洲范围内第一笔被批准的这类贷款,意大利财政部和农业部同意了这笔贷款,因为他们认为意大利超市公司将会从南意大利购买商品,因此能促进这一地区的发展。每年支付百分之七的利息(比当地银行的利率低 0.5 个百分点),可以在从提款两年半后开始的八年内偿还,这笔贷款是如此的方便使用,以至于国际基础经济公司不得不在其他地方扩张。[35]

除了营业执照问题以外,意大利超市公司还存在销量的问题。低廉的价格、明亮和吸引人的氛围、自助式服务,以及现款购物自行运送等这些美国的经验,将会很快把大客户吸引住。比这个城市的均价低百分之五至百分之二十五的价格,加上极其丰富的产品种类,也会立即吸引来成群的城市居民。然而,他们中的许多人只不过是“观光客”。按人口平均下来他们每个人的购买量是 2.5 美元,而在美国每个人的平均购买量是 7.5 美元。[36]公司的管理层立即着手去解决导致顾客不满意的因素,其中包括从美国进口来的过大的购物车。保加特一个充满悔意的评论说,“当意大利人甚至连一辆菲亚特都买不起的时候,我们却劝他们去买一辆凯迪拉克”。[37]相应地,公司还派了更多的女店员到商品陈列台那里为顾客们提供建议。公司还提供了检查重量用的天平。

即使那样做意味着营业收入的损失，但公司还是降低了主要商品的价格，如意大利面食、面粉和酒等；对糖这种全国短缺的食品同样也如此；对于一些即使采用大订单进货也不能享受打折的知名品牌的意大利面食和罐装西红柿，如巴里拉(Barilla)和奇里奥(Cirio)等，同样也降低价格。公司还提供250里拉一公升的、公司自己做的、涂有人造黄油而不是牛奶的冰激凌，以替代750里拉一公升的那种。[38]由于最高管理层自己实际上也一直在做这样的工作：把蔬菜装袋，切肉，摆货架，甚至做送货员这样的工作，所以保加特疲倦地报告说，超市事实上已经变成了"为特种人群服务的市场"："我们星期四一整天都在为他们油炸鱼，这样他们自己就不用炸了。我们取下产品把它们装进一个袋子，这样正好够他们吃一顿的。我们把一捆芹菜切成两段，这样他们可以只买半捆。我们把一个卷心菜分成两部分或三部分，有时还分成四部分。我们为他们制作了混合蔬菜包，让每种蔬菜都有点在里面。我们制作水果调和物，这样他们就能从中吃到一点各种水果。"[39]总之，重点被放在了服务上，但诱惑消费主妇也是一个重点。"我们几乎吻每一个进入超市门口的女士的手，"保加特报告说，"我认为我们的人品非常好。"[40]

一种效仿模式

尽管意大利超市公司在启动阶段遇到了种种的问题，但这些问题都对外界隐瞒了起来，它隐瞒得如此之好，以至于即使是在它于1960年开始赢利之前，它就已被人们看作是一项管理得非常好的经营方式。有好几家企业提出要购买整个公司，更多的企业想获得它的股份。它在米兰的商场是IPSOA的学生们进行三天实地考察的对象，IPSOA是都灵享有盛誉的管理学校。[41]意大利超市公司的经理们也被许多企业挑出来去为他们做咨询服务：

小到帕多瓦市的一项包括两家商店的运营项目，大到拉·瑞纳森特在罗马新获得的马尔法蒂和帕尔玛的超市连锁店（这家超市连锁店正如保加特所预言的那样，破产并被扩张的百货商店巨头吞并了）。1959 年 4 月 9 日，当《晚邮报》在中央政府的吩咐下，出版了一整页的、将超市的物价与市统计局所公布的米兰的物价均价进行比较的广告时，关于意大利超市公司对物价发挥“稳定性”影响的新闻报道扩散出了这个城市。据说帕多瓦、维罗纳（Verona）和其他城镇的妇女们拿着这页广告到她们当地的食品商店要求降价，并要求地方官员也采取相似的行动。[42]而米兰扶轮社通过邀请性格温和的、三十二岁的意大利超市公司董事会的头儿马可·布鲁内利加入它的圈子，承认了超市是一种可敬的新式企业，这是意大利超市公司开始得到社会性承认的信号。

虽然有那么多的势力聚合在一起想要使意大利超市公司名声扫地，但意大利超市公司却安然无恙。不过，它的建立是与在欧洲各地或多或少都明显可见的、使得美国的力量在商业革命中无比重要的三种趋势联系在一起的。首先，它向欧洲资本家们证明，投资于食品零售业是能够获得丰厚的利润的。第二，它为相关流程和设备建立了一种清晰的标准。第三，它为一种新联盟的出现提供了支持，这种新联盟融合了大资本、新的地方企业、政府和消费者。这种新联盟必然要求修订法律，改变习俗，以便使超市成为筹划供给时的主要参照点。到了 1960 年代早期，超市已经开始无拘无束地发展了，而在仅仅五年之前这都是不可能的。开始涌现出了大量的第一：1961 年在比利时的奥德尔赫姆出现的第一家折扣店；1963 年在法国圣热纳维耶沃－德布瓦开的第一家高级百货商店家乐福（Carrefour）；1964 年出现在法兰克福唐努斯的第一个购物中心则证明了在汽车－电冰箱革命名义下发生的、令人惊异的快速社会变革。这些东西不仅使需求和供应领域出现了显著的变革，而且也使得塑造供应的整个环境发生了变化。一场巨变正在发生，这一巨变的内容包括：伴随欧洲经济共同体的巩固所出现的食品原料与设备贸易的扩张、建立新的商业设施的法律障碍的减少、伴随大规模的城市化出现的巨大的人口流动、妇女离开家庭去工厂和办公室参加工作，以及提高了的家庭营养标准的传播。

在意大利之外，正如保加特在他1956年的调查中所预测的那样，美国零售业资本在比利时受到了最好客的欢迎。在那里，首创来自于比利时人自己。确切地说，是来自于两个结合在一起的家族王朝：本海姆家族和韦克斯莱尔家族，这两个家族拥有大量的百货公司和普瑞巴食品连锁店。1960年，为了建立新公司S. A. Superbazar（一个食品店和折扣店的联合体），他们向美国伊利诺伊州的梅尔罗斯宝石茶公司（Jewel Tea Company of Melrose）寻求帮助。[43]梅尔罗斯宝石茶公司是美国第六大连锁店公司，它建于1916年，管理着323家美国分店，基于"它在自助式销售方面有悠久历史和丰富的经验"，[44]它显然是它的比利时新伙伴可以依赖的。

无论如何，宝石茶公司的比利时伙伴们已经为冒险预先做好了准备。先在比、荷、卢地区扩张，然后进入法国北部，以巴黎为最终目的地，在这样一种展望的鼓舞下，他们对美国俄亥俄州的代顿进行了义不容辞的"朝圣"。在代顿，有"超市化教皇"之誉的、全美收银机公司的营销研讨会主任波那多·楚吉罗（Bernardo Trujillo）在主持研讨会。从1956年开始，全美收银机公司不仅在国外组织现代营销方法俱乐部（其中心在巴黎），而且还在它的主要生产中心代顿建立了自己的学校。[45]在那里，这些比利时人将会面对楚吉罗的喊叫和大吹大擂，在带领他们经历为期一周的、为约135个外国人举办的这次研讨会期间，楚吉罗的嗓门变得像沙哑的牛叫。这些与会的外国人中可能有十几个讲法语者（因为自1958年至1964年共有超过1500个法国人曾登记参与此会）。楚吉罗被推测是一个已经破产了的富裕哥伦比亚家庭的儿子，据说在被全美收银机公司作为一个年轻人雇佣去翻译公司的自助手册前，他曾经在索邦神学院学习过，这解释了他的语言天赋的来源。正是在"三 M"口号下组织起的课程使得楚吉罗一举成名：

现代营销方法（Modern Merchandising Method）
运转更多的商品（Move More Merchandise）
赚更多的钱（Make More Money）

上过这些课的人没有人会忘记楚吉罗的那些口号，如："失去的如小岛，获利如海洋"；"没有停车场，就没有生意做"；"唯一能够确定的事情就是变化会不断发生"。[46]对美国的专家见解和资本都缺乏了解的这些比利时人认为他们正在经历一场文明的巨变，是从城市中心的一成不变到郊区空间的灵活多变。在预见到了正开始变得明显的那些趋势（市区的迁移、市中心的衰落、汽车拥有量的剧增，以及人们改变饮食习惯的意愿）之后，这些保守的韦克斯莱尔王朝的后裔们也开始变得与新商业意识形态的节拍同步了："我们坚定地相信，在这个所有事物都随着令人眼花缭乱的节奏被卷入到其中的世界上，那些在别人变化时不相应做出思考和行动的人是没有立足空间的。"[47]

投机性投资不仅反映了市中心零售业的衰落，而且也加速了它的衰落：在宏伟的商业建筑遗产遭受打击方面，没有任何其他西欧城市有比布鲁塞尔更可怕的经历。社会党的大合作社没能实现现代化，陷入了低潮，1964 年，其所在的霍第新艺术纪念馆被卖掉了，然后它又被拆毁，以腾出空间建一个毫无特征可言的政府建筑。本海姆自己的旗舰店 AL'Innovation 也类似霍第的那栋建筑，它甚至遭受了更可怕的打击：1967 年 5 月 22 日，一场大火席卷了它，烧死了235个顾客。这一事件是在有美国大使出席的美国商品大促销活动期间发生的，而这一促销活动正是与反越战有关的反美抗议运动的目标。但认为这一事件是人为纵火的猜测从来没能得到证实。[48]

意大利风格的商品供应

通常对超市而言，问题并不在于突破旧的零售体系，而在于使超市成为日常生活考虑中不可缺少的一部分。就像意大利超市公司的经历所证明的那样，这一过程是费时和艰难的，即使是在其生意看上去有起色的时候也一样。意大利超市公司一度曾经设想，一旦它在米兰的商店达到了十家这一最初的目标，公司就将向其他富裕城镇进军，如都灵、贝加莫和博洛尼亚。但实际上，由于一方面面临着高管理费用、获取执照的当地障碍及低销量等困难，另一方面它还需要把从华盛顿进出口银行获得的贷款花出去，所以它被迫考虑要以比原计划更快的速度进行扩张。因此当佛罗伦萨的地方长官邀请它去开店时，意大利超市公司非常欢迎这个机会，尤其是，佛罗伦萨的地方长官承诺不仅会给它发放几个执照，并且还会帮它确定合适的地方兴建商场，为购买土地安排筹措资金，并为工程费用出一部分资金。考察一下就会发现，佛罗伦萨具备开超市所需的所有条件：它的生活成本水准是意大利最高的（部分是由于旅行者消费所致）；它有很大比例的外国常住人口，40万居民中有2.5万外国人（主要是英国人和美国人），他们也将会使用这些超市；它有一个很能叫嚣的左派势力，虽然这个左派势力不是多么有力量，但是也很能添乱。

如果没有巨大的政治支持，意大利超市公司能否在佛罗伦萨取得成功是很难估量的。从1957年中期政府认为派系纷争已经使这个城市无法实行自治开始，直到1961年2月中旬，佛罗伦萨都是由地方长官弗朗切斯科·阿达米(Francesco Adami)和他的特别专员孔德·洛伦佐·萨拉查(Count Lorenzo Salazar)来治理的。本来按顺序应成为市长的乔治·拉·皮拉(Giorgio La Pira)是中左联盟领导层中一个基督教民主党的神秘人物,他是不可能会欢迎大企业来佛罗伦萨投资的,更不可能会下令实行分区制及镇压小商店主们的抗议。和他相反,有着贵族化的西班牙－那不勒斯家族传统的萨拉查却有一种公共秩序的视野,这种视野里包括廉价的食物和不定期的马戏团表演。作为降低食物支出及把旧的公共市场迁往诺沃利(Novoli)这一基本举措的一部分,城市管理层邀请意大利超市公司来佛罗伦萨。因为他们不是由选举产生的,所以城市管理层不欠任何政治支持者的情,他们可以无视公共示威,包括那些在商人联盟的领导下由小商贩们迅速组织的对超市的抗议。据说,在1961年3月6日的星期一聚会上,地方长官曾经告诉扶轮社俱乐部说,“如果有人要对这场革命进行谴责的话,他愿意接受这些谴责,因为是他通过邀请他们来这里而开始这一革命的”。[49]

从任何方面来看,意大利超市公司佛罗伦萨店的开业都是一个巨大的成功。在2月13日星期六这天,有15000人进入过地处米兰尼斯街(Via Milannesi)的第一家店面的门。当时负责控制人群和阻止激烈质问者的那15个警察的头儿后来回忆说,“在战争期间,当人们都饿得半死并排队领救济品的时候,他们也不曾那样不守规矩过”。[50]在接下来的三周内,这座城市继续被各种抗议震动着,小商人们发动了罢工,示威者试图联合抵制这家超市,当地的报纸纷纷为相关的报道和读者来信开辟专栏。喧闹使得更多的人群走出家门并聚集在一起。对超市的管理层来说,当一家收容所领来七个盲人来“看”超市时,这场大戏达到了它的高潮。超市管理层非常兴奋:“看他们蜂拥而至的样子你会以为这里所有的东西都是免费的。我们把店里所有东西的价格都上调,但仍然无法让他们慢下来。看上去超市正是他们正在等待的东西。”[51]

反对派完全被巧妙地战胜了。到了1961年3月，当佛罗伦萨的中左力量联盟上台之后，超市问题最终被摆在了市议会的议事日程上。从政治上讲此时是一个困难时刻：在着手处理当地最紧迫的问题之前，市议会的第一个行动是给刚果第一任总理帕特里斯·卢蒙巴（Patrice Lumumba）的遗孀发吊唁电报，在之前的一月份，卢蒙巴刚刚在比利时人的主使之下（在美国中央情报局的支持下）被谋杀。意识到可能会遭遇摊牌，超市的管理层已经提前向基督教民主党通报了自己的观点，并在议会走廊里布满了自己的支持者。议会多数派的组织秘书乔瓦尼·恰巴蒂（Giovanni Ciabatti）是超市主要的代言人，这对超市也很有帮助。[52]在议会面前，一方面是抗议者在叫嚷说他们的生计已经处于危险当中，另一方面又有来自议员们的互相嘲讽的评论，比如基督教民主党的代表古列莫·巴奇（Gugliemo Bacci），他就指责自己的政敌是伪善，因为当他访问东德时他看到“所有的百货商店都是国营的，而不是由私人企业运营的”，而共产党则辩解说，小商店主们的困境反映出了意大利参差不齐的不平衡发展的社会代价。像在其他地方一样，在佛罗伦萨，艰难求生的小型企业为那些没有能力找到其他工作的大众提供了工作，这些人有的是新来到这个城市的，自己没有技术，或者是他们需要有一个灵活的工作，以便他们能完成如干家务这样的其他职责。[53]要提出超市因此应该被禁止这样的有说服力的观点可不是一件简单的事，虽然旧书店店主、抵抗运动的英雄朱利奥·蒙泰拉蒂奇（Giulio Montelatici）已经为此尽了最大的努力。不错，当地商业的“零散”特点非常显著。但佛罗伦萨缺乏“工业肺脏”来提供其他种类的工作。并且超市将会使12000家食品杂货店的生意恶化，而可能有5万人要依靠在这些商店的工作来维持生计。不错，超市提供了工作女性所需要的一站式购物。但超市也拉走了那些用现金付账的最优质的客户,而把那些通过赊账购物的最穷的顾客留给了小商店店主,这只能使小商店店主更穷。[54]不错,超市提供了更低廉的价格,但一旦它们占有了垄断地位,它们很快就会像其他垄断企业一样,在它已变得比较方便且竞争与公众力量已不能阻碍它之后提高商品的价格。然而,虽然有上述的种种情况,左派所能做的也只能是在透彻地研究了形势之后,力劝小商店店主们从公会和合作社中退出而登上现代化的列车,从而使自己变得更有竞争力。意识形态并不能阻止人们光顾新式商店的心灵渴望,佛罗伦萨小激进党的代表马里奥·莱昂内(Mario Leone)总结说:"最终,社会党党员和共产党党员在他们作为消费者行事的时候,也会去光顾超市,因为人类的本性决定着他们就是想以最可能低的价格买到东西,或至少想这样做。事实就是,超市里总是有排起了长队的消费者。"[55]

然而,十年后的零售数据讲述的却是一个不那么简单易懂的故事。在 1971 年,意大利人的食品开支仍然只有百分之二是花在了超市里,与此相对的是,法国人有百分之十四的食品开支是花在超市,西德人是百分之三十二,而美国人则是百分之七十。[56]解释这一事实的最简单方法是通过强调所谓的传统零售业的抵抗,总结出意大利的商业是落后的,就像意大利社会总体上是落后的一样。保守利益集团通过支持小商人的游说团,能够在政治上获益。即使那样做会损害消费者的利益也没有关系,因为消费者是缺乏组织的。[57]事实上,在 1960 年代,曾有不同的使商业自由化的法案被呈交给议会,并且所有的党派看上去也都认同一点,即这样的方案是使国家实现现代化的重要和不可避免的步骤。于 1971 年最终被通过的这样一部法案就是所谓的希弗计划(Helfer Plan),它承诺要加快商业的改革,但是,通过把发放执照的权力从省长那里转移到了市政当局那里,它产生了进一步约束商业的效果。虽然不同的政治派别支持它的理由各不相同，但从左派到右派所有政党最终都支持这一法案，这一事实表明存在一种广泛的共识，那就是意大利的发展留给小人物们在商业之外的机会太少，因此现代化应该慢慢地搞。[58]

这一共识对在繁荣年代减缓现代零售系统的引入毫无疑问起了作用。1971 年，意大利共有 538 家超市（而西德有 2000 家，法国有 1833 家，比利时有 400 家），并且没有新式的“高级百货商店”，而西德有这样的商店 451 家，法国有 151 家，比利时有 16 家。在意大利，一家超市平均为 101585 个居民服务，而在其他三个国家，一家超市平均服务的居民数是从 2.3 万个到 2.5 万个。在其他任何地方，小商店都在走向衰落，但在意大利，小商店的数量从 1951 年的 316304 家增长到了 1971 年的 468169 家，这其中包括大量每年像飞蝼蛄一样死掉倒闭的小商店。并且，相对来说只有很少的小商店会努力变成现代零售业者。在 1970 年代初期，北部意大利的零售业者只有百分之四点二的人引入了自助式销售，有三分之一的营业者没有电话，有收款机的只有百分之十一（虽然百分之二十六的人有加法机），有百分之七十三的人从来没有费力去搞过存货清单核查，有百分之四十一的人没有系统的账目。[59]

然而，既没有多少公众呼吁要建设超市（至少是在最初的欢迎之后就没再有多少），兴建的超市也没有能够繁荣兴旺。在其米兰的超市仍在赤字经营的时候，保加特很困惑地发现，附近顾客的食品支出中只有不到百分之十是花在了超市中。他向总公司承认说：“要知道，节省钱是一个低收入家庭最希望做的事，我只能说我们的问题既不出在经营上也不出在价格上，问题在于人们对我们的商店规模和我们的销售方式的抵制，或者是我以前所说过的那百分之三十三的问题。”[60]他所说的是指左派那加起来有百分之三十三的选票。另外一次，在向他的董事会解释销量低的情况时，保加特若有所思地说："如果我是一个心理学家，我会说，这些顾客有一种我们没有查明的怪癖。"[61]

识别这一"怪癖"的最好方法就是要强调，购物不仅是一个有关价格高低的问题，它还关系到购买力的问题。当保加特试图搞清是什么左右了米兰和佛罗伦萨的消费者们的行为时，他所采用的模式是美国家庭主妇"家庭消费者夫人"吗？庄严地推着她满载的购物车穿行在超市的过道里，"家庭消费者夫人"被描绘成对家庭收入有充分的支配权。如果她信任超市的价格系统的话，通过对购物进行比较，她对精明的购物有着充足的经验（如果她对超市的信任被打破了，她也有足够的自信直率地抗议价格问题，或者转而去别处购物）；她也能很自信地将自己的工作和时间的价值与金钱进行权衡。她的家庭有着或多或少的可支配收入，但它基本上是"中产阶级"家庭，而不是"资产阶级"或"穷人"家庭。最重要的是，她被设想成是独立自主的，仿佛她的深思熟虑是不受社会、政治和文化选择局限的。

但是，"家庭消费者夫人"在 1960 年代的欧洲家庭主妇中并没有准确的对应者。意大利的家庭主妇玛赛亚（massaia）并不是没有阶级差别的。的确，超市造成了一种所有人在此都受到平等对待的印象，它的建设位置经常是在跨地区的地段，更靠近中产阶级的居所，但更平民化的地方也能通过公共交通系统到达这里。从理论上讲，把食品摆在桌子上也能迎合女性的共同兴趣。然而，阶级界限仍然是非常明显地存在的，正如保加特在看见他的第一批米兰顾客中的某些人时所惊讶地发现的那样。一些雅致的资产阶级妇女首次现身了，她们和自己的司机一起走进超市，把自己的包递给司机让他们拿着。只是到了后来，司机才会等在车里，而这些女性自己去挑拣商品。在他们开业那年的 7 月份之前，超市管理层一直不了解他们顾客的阶级身份，到了 7 月份，所有富裕家庭都离开了这座酷热的城市，于是，"我们的顾客由锦衣人士换成了苦力阶层”。即便超市制作了更小的包装并降低了价格，新顾客们平均每人次的购物也不超过 500 里拉。[62]在佛罗伦萨，第一年也是这样，生意在 6 月份的第三周突然平淡了下来。在那一年，碰巧的是，雇佣劳动者发工资的前一周正好是圣约翰（这座城市的守护神）节刚过完之后，此时“游手好闲的富人和贵族阶层”（超市管理层的原话）都离开这座城市去他们的夏季居所了。[63]

考虑到她们有更强的活动能力、更多的闲暇时间以及对最初体现在食品上的其他花钱方式有更敏锐的感觉，上层妇女喜欢超市购物并不令人感到奇怪。她们通过女性杂志得知，超市能够方便和高卫生标准地提供各种需求的满足。在那个年代，清洁问题一直是个困扰，对小商店肮脏情况的憎恶（这些小商店经常是由新移民，尤其是南部意大利人新开的），使得“强盗”这个绰号又被添加上了一种准种族化的色彩。[64]

对更低阶层的妇女来说，收入是她们转向新零售体系的一个真实但却不是唯一的障碍。对工人们来说，问题不仅在于他们的收入很低，而且还在于他们拿到薪水的时间是很不规则的。家庭主妇们一般来说拿不到固定的食品花销。由于不得不把一半的家庭开支用在购买食品上，她们经常借助于赊账，这种赊账需要按月还清。这样她们就被束缚在了她们当地的小商店上，同样地，当地的小商店主也被她们束缚住了。[65]

第二个阻碍家庭主妇去超市购物的障碍是传统。生活水平是不断变动的，但贫困家庭的生活水平变动却不会有那么大。低收入是尝试新体验的一个障碍，同样构成障碍的，还有家庭传统、邻里观念，以及当地商店主所能提供的可供选择的范围。在 1960 年代早期，食品正开始被广泛地做广告。但无论如何，这些家庭主妇们并不能自由地去选择新的现货品牌。在人口多的家庭和多代人住在一起的家庭里，做选择的不是只有母亲，还有婆母和其他女性家属。要改变购物习惯,需要有某种形式的集体授权,并经男性家长认可。更糟糕的是,超市鼓励即兴购买。这并不是指购买了新的品种,而是指计划之外的花费:超市管理者们自己计算得出,作为一条规律,消费者们的花费会比他们自己原先计划的多出百分之二十。超市管理层说,在佛罗伦萨,看到这样的情景一点也不让人感到奇怪:走出商店的家庭在商店外面排开,带着对花费总额的怀疑,对着收款机打印出来的收据逐一检查每一项。[66]

这些家庭主妇们与定价的关系不同于美国家庭主妇与定价的关系。在小商店中,同一种物品在不同商店中价格变动会很大。并且,由于小商店主们并不经常计算更换货物的成本,所以顾客如果砍价,他们就有可能会降价,或者像在米兰和佛罗伦萨所发生的那样,为了与新超市的广告所给出的价格进行竞争,他们也会降价。他们会消化固定价商品的成本以便以低于超市的价格进行销售。但他们也有可能会提高其他商品的价格。更常见的则是,小商店主和消费者都继续按"公正价格"的概念行事,它是指某些种类商品的成本会按惯例发生变动:如果这一成本不应该被上涨,那它也不应该被猛砍或"跌破价"。与这种按照惯例的估价相一致的是"公正利润"的概念。消费者们与小商店主们比邻而居,他们认为小商店主与其他劳动人群一样,也需要有足够的收入来按当地的水准养活家庭。当邻近米兰尼斯超市的乔万尼拉米街(Via Giovanni Lami)户外市场的商人们降价之后,他们的老顾客就又回来了。[67]然而,当地人们对小商店主们的消费习惯保持着敏锐的关注:一旦想到小商店主的儿子能够拿着从老爸那里要来的钱,买得起一辆大红色的阿尔法罗密欧,而他们这些顾客却只能无奈地买一辆菲亚特600或纳苏一普林茨,他们如果不转而去别处购物的话,至少也会抱怨和讲闲话。

家庭主妇们的考虑里面也包含了当地小商店所能提供的一

系列的服务：当地商店不仅可以赊账，而且还能进行维修，提供建议和拉拉家常。这些内容都被归结为零售业专业的学生们所谓的“位置经济学”或“便利经济学”。后一个术语被更普遍地用来解释小商店主们在他们所在的地区所建立的小型垄断：它解释了即使是在小商店的物品比超市要贵百分之十五至二十的情况下，为何家庭主妇们仍会光顾这些商店并购买商品。这些主妇们大致计算了一下她们的时间与劳动的价值，以及小商店所能提供的服务的价值，觉得这样做更值。[68]

即使家庭主妇们曾经逛过其他商店，进行过价格比较，那么在这一过程中她们对自己的时间和劳动的价值是如何估算的呢？1950和1960年代是人们对妇女家庭劳动的相关价值进行新的计算的一个开端。越来越多的妇女加入了工作大军，她们非常在乎自己工作之外时间的使用方式。参加工作的动机之一是要得到在一个越来越由金钱主导的城市环境中生活所需要的收入。但是，把收入用于新的供房和其他需求的压力要求有更有效率的家庭劳动，以及更有效率的生活用品供应系统。女性杂志和广告越来越多地宣扬新的持家经济学，强调节省时间的价值，以及采用新的选择以提高家庭成员的营养、舒适和快乐。除了周末的洗熨衣服外，采购生活必需品占用了最大的劳动量。主张进行一站式、自助式购物的观点得到了加强。另一方面，超市对其商品的忠告和建议减少了。因为巨量的选择令人晕头转向，所以购物过程证明，家庭主妇们在算计质量、价格和重量时不仅比较耗费时间，而且一旦犯了错误，代价也不菲。在顾客们反复抱怨说他们需要更多的建议之后，意大利超市公司才临时性地把更多的店员派到了店里。尽管那样，购物者在进行选择时也是小心翼翼，主要购买一些众所周知的产品。除了购买干净蔬菜外，他们不愿意购买那相对较少的、事先处理过的产品，而对于一些常用的事先处理过的产品——下水、鳕鱼、鹰嘴豆和桶装橄榄等，超市却没得卖。要想鼓励更多的富有冒险性的购物，将需要顾客有更高的收入、更多的实践，以及富有经验的资产阶级顾客才能有的那种进行试验的悠闲（他们也犯得起错误）。

另一项缺少的服务是运输。小商店主几乎都不同形式地“免费”提供这种服务。也就是说，对于智力低下的人、失业的穷人和学龄儿童，小商店主可以提供免费的帮助，而超市是不可能提供这种帮助的（超市只能使用工会劳工）。保加特承认说，“很多人痛恨把他们的食品运回家这项工作”。但是他又感觉“这种现象自己会及时得到纠正的”。[69]一个自助式社会能够为某些女性的工作量提供补偿。上层女性不会被人看见自己运食品回家，那是女仆的工作，或者是司机的工作。而一个工人阶级的妇女自己不可能有车，这使得她们无法走很远的距离，除非公共交通设施比较便利。

地方商店的顾客们也会考虑我们所谓的“邻居情谊开销”。1950 和 1960 年代发生的变革是如此的快速，地方商店成了一个邻里友善的储存库。妇女们尤其依赖于这种服务，因为在正常情况下，她们的活动范围不会超出以地方商店与她们孩子的学校之间的距离为直径的圆圈。所以，即使地方商店的价格涨幅非常大，她们也仍会购买，因为她们看不到能有其他的选择，同时她们也担心如果不这样做地方店主就会关门歇业，那样将会使邻里的利益受到很大的损害。

最早的那批顾客的性别表明，与代表了一种经济上的突破一样，超市也代表了一种社会文化。在超市中，由夫人陪同或单独出现的男性的数量之多是出乎意料的，在米兰，超市中超过三分之一的顾客是男性。[70]有多个原因或许可以解释男性顾客的出现。所购的食品需要由男性帮忙来拿，妇女们害怕在没有陪伴的情况下到邻近社区之外去冒险。她们不愿冒险去面对即兴购买的诱惑（这能很简单地让其账单上的付款额增加百分之十五至二十），除非她们的丈夫在场并允许她们那样去购买。现代购物的热闹给男人们留下了这样的印象,即,在超市购买食品不再是过去那种女性们的苦差事,而是一项现代休闲活动。食品采购开始被看作是一项家庭事业。

当顾客们有了超市这一不同的选择之后,小商店主对他们的顾客所施加的、使他们光顾小商店的那些压力还有什么效果呢?据报道,在米兰,政治是一条分界线,与左翼力量在政治上团结对那些爱挑剔的家庭是一种威慑。而在佛罗伦萨,正如左翼市议员们自己所承认的那样,形势并不那么清楚。小商店主们只是最近才开始转向共产党以寻求保护,而从历史上来看,小商店主们作为一个阶层是很不可靠的,这不仅是因为他们是典型的小资产阶级分子,而且还因为在佛罗伦萨,他们曾经的对法西斯政权的支持使得他们臭名昭著。举行罢工对提高小商人们的声誉帮助很有限。他们呼吁公众要对"金融资本主义"新扩张及其"所许诺的虚假福利"的危险保持警惕,却没有引起任何反响。而到了最后,他们也想加入到这一新的社会进程中来,他们要求获得贷款优惠条款以革新他们的商店,并抗议发放执照过程中的不公平行为,因为这阻碍了他们扩展自己所提供的服务。

随着意大利超市公司管理层及下面那些新组织创造出了自己的"消费者",小商店主们的声音很快就变成了争论吵闹中唯一的絮叨。在全体商人联盟正在举行第一次全体会议的同时,消费者同盟确定在1961年2月26日在帕斯托里尼体育馆举行它的第一次公开会议;一周之后,全国消费者联盟的一个当地分支机构成立了。[71]此外,组织得最好、资本化最高和关注度最高的超市还把它自己变成了消费者们印象最深的倡议者。超市管理层远不止是做生意,他们还深入到了社区当中:它向当地居民寄出了4万封信,以解释为何屠宰店的这种行为是错误的——屠宰店对于超市在周四卖肉时屠宰店必须关门的这种超市特殊地位提出了抗议。超市管理层还向詹诺蒂(Giannotti)地区的天主教教区捐赠食品,换来的是当地牧师鼓励他的教众去为超市的开张进行游说。最后,超市管理层还派了大量的代表去罗马,其中包括至少两名市议会议员,他们都从超市拿薪水。罗兰德·胡德(Roland Hood)夸耀说,总之,意大利超市公司已经"使用了除武力外的所有可能的手段"。[72]

人们完全可以想象得到,在这场斗争面前,家庭主妇(我们先讨论家庭主妇)是以同情的态度来看待意大利超市公司的。她很反感地把对超市的抗议看作是对她自己的评估与判断能力的一种胁迫。这正是托斯卡·马齐(Tosca Mazzi)太太写给佛罗伦萨的《今日上午报》的那封信的要旨。马齐是住在罗德街(via delle Ruote)的居民,罗德街是一条靠近火车站的普通街道,从这里乘电车走过几条街区就能够到达米兰尼斯超市。马齐想代表"一群只能靠可怜的固定收入生活的购物者"弄清楚,"那些小商店主们到底不喜欢什么?我们想知道,当基本生活品价格上涨……使佛罗伦萨成了意大利生活成本最高的城市之一,而家庭支出却在最低行列的时候,为什么小商店主们从不抱怨?"她继续写道,也许"对这些小商店主们来说,他们得以获利的特权就要终结了,或者,也许他们不喜欢他们自己这些类型的店铺完蛋,他们在这些店铺里塞满了单一的产品,将其从农场进货时的 2 里拉的价格提高到了出售时的 200 里拉。他们习惯于说'1 里拉也不能少,否则我宁愿让它烂掉'。他们统统如此。那就让他们都生存吧,但至少也要让消费者有购买他们所想要买的东西的可能。"[73]

当家庭主妇们(或"消费者们",正如有些人试探性地开始称呼自己的那样)开始表达她们的需求之后,问题看上去就不一样了。的确,她们有很好的理由去光顾超市。但她们也有很好的理由去邻近的小商店买东西。这样消费者基本上就有了在两种零售体系中进行选择的可能,每种零售体系都试图建立自己的某种形式的垄断。超市拥有对大品牌产品的垄断，一旦它们通过赶走竞争者在周围地区内站稳了脚跟，它们就可以(也确实是)提高它们的商品的价格，因为那里已经没有有效的超市替代者了。同样，假如小商店们能够在某种程度上讨好它们的消费者，它们也能在亲近顾客的基础上行使它们的小型垄断。因此，那些最成功的小商店通过降低商品的价格，存储超市所供应的一些商品，也迅速改变了它们自己的外观。佛罗伦萨的消费者观察到，让消费者感到满意的是，"越来越多地，顾客正在变成商家珍惜和争夺的对象；每家商店都想确保他或她对自己的忠诚，并向他们提供折扣、照顾，还向他们奉上微笑。"[74]

的确，这种竞争是不平等的：超市在创新上保持着领先。它建立起了消费者与大资本的新联盟。然而，使户主们的利益与小商店们的利益联合起来的那种团结，仍能像个性化魅力一样具有吸引力(如果说超市的经济是非个性化的话)。用布罗代尔那冷静的话来说就是，"由少数人维持的资本主义如果没有制造社会的活跃同谋，那是不可想象的"。[75]在其发展过程中，由国际基础经济公司所制造的分裂培育出了代表小商业的共谋，正如超市资本主义被吸收进了当地变革中一样。随着时间的流逝，使得超市在当地购物中越来越重要的那些考虑被融合进了物质生活当中。小商店们引进了自助式销售、装着冷冻鱼肉和豌豆的冷冻设备，以及装着罐装菠萝、谷仁、芦笋和大马哈鱼的金属架。他们也开始用一流品牌的产品来填充货架，如来自通用食品公司、宝洁公司、雀巢公司、坎贝尔公司和亨氏公司的产品。小商店主们也展示了他们可以提供的服务：家庭联系、地方特色因素，以及可能的建议、运送和赊账等。同时，随着超市周围建起了新的住宅，随着广告和习惯使得人们对超市习以为常，以及随着居民拥有了小排量汽车和小摩托车使得他们能够去超市，超市自己也成为了更广大的社区范围内的一部分。下一代购物者将会把超市视作开在小商店和露天市场中间的一种固定设施，在他们的习惯当中超市的相对分量和意义也变化很大，社区小商店主们的子女也会被超市雇用，超市的外来户底细已经完全被忘记了。

这种受欢迎的"慢慢走"的倾向，与规划者、政府官员以及城市中心正在实行现代化的中小零售商们的展望并没有脱节。欧洲观察家们与美国零售业的飞速变化接触得越多，他们就越会反思那种飞速变化所带来的社会破坏。没有任何地方的这种情况能比1960年代的美国城市更令人震惊，在现代零售之都——俄亥俄州的代顿，这种情况尤其明显。到了1960年代早期，欧洲游客们在这里看到的只是一个城市的躯壳。全美收银机公司的总部仍然在那里，不过它的大部分员工都已被部署在了市郊。过去火车每天到达这里三十次，现在每天到达几乎不到六次。古老的伍尔沃斯店已经关闭，主街已经变成了礼拜者及冷清的霍恩哈达特(Horn and Hardart's)自助餐厅的顾客们的停车场。美国零售业带来的新教训就是，城市中心的商业需要得到保护，以免欧洲的城市风景遭遇美国城市那样的命运。别忘了，商业是一种社会制度，欧洲人即使不能更上一层楼，他们也处在一个很好的位置以记取美国的教训。

注释

章首引语出处：Richard W. Boogaart quoted in "Business around the World," *U. S. News and World Report*, December 19, 1958, 102; speech by Giulio Montelatici, in *Atti del Consiglio Comunale di Firenze*, sess. 5/20, March 1961, 147, Archivio Storico, Comune di Firenze.

1. R. W. Boogaart to W. B. Dixon Stroud, Milan, February 18, 1957, reel 7, International Basic Economy Corporation, Rockefeller Archives Center, Sleepy Hollow, N. Y. (hereafter IBEC); John C. Moffett, "American Supermarkets in Milan, or Sunflowers Grow in Italy," 9, January 16, 1960, thesis prepared for Overseas Training Program, Maxwell Graduate School, Syracuse University, reel 9, IBEC.

2. Nelson Rockefeller, quoted in *Christian Science Monitor*, August 3, 1961.
3. Moffett, "American Supermarkets in Milan," 2; press release, May 2, 1957, 1, reel 7, IBEC. More generally on IBEC and the background to its European undertaking, see Wayne G. Broehl Jr., *United States Business Performance Abroad: The International Basic Economy Corporation* (Washington, D. C.: National Planning Association, 1969); Emanuela Scarpellini, Comprare all' americana: *le origini della rivoluzione commerciale in Italia, 1945 -1971* (Bologna: Il Mulino, 2001).
4. R. W. Boogaart, quoted in Moffett, "American Supermarkets in Milan," 3.
5. Boogaart to W. D. Bradford, December 12, 1957, reel 7, IBEC; Moffett, "American Supermarkets in Milan," 4.
6. Jacques Dansette, *Les formes evoluées de la distribution: Problème économique, problème psychologique* (Brussels: Pauli, 1944), 10.
7. Thomas Horst, *At Home Abroad: A Study of the Domestic and Foreign Operations of the American Food Processing Industry* (Cambridge, Mass.: Ballinger, 1974); Milton C. Hallberg, *Economic Trends in the U. S. Agriculture and Food Systems since World War II* (Ames: Iowa State University Press, 2001). For the later period see "Supermarket Growth Abroad Helps U. S. Food Marketers," *Printers' Ink*, June 17, 1958, 60 - 62.
8. "Zimmerman, Max Mandell," in *Who's Who in America*, vol. 5 (Chicago: A. N. Maquis, 1974), 807; M. M. Zimmerman, *The Super Market: A Revolution in Distribution* (New York: McGraw-Hill, 1955).
9. M. M. Zimmerman, "Self-Service Spreads in Europe," *Supermarket Merchandising* 15 (March 1950): 35.
10. *Premier Congrès International de la Distribution des Produits Alimentaires, Proceedings*, Paris, June 20 - 23, 1950 (Paris, 1950); Zimmerman, *The Super Market*, 290 - 291; *Commerce américain et productivité: Rapport de la mission d'étude des techniques commerciales américains* (Paris: Presses Universitaires de France, 1951).
11. *Premier Congrès*, 15.
12. Zimmerman, *The Super Market*; Joseph Cornwall Palamountain Jr., *The Politics of Distribution* (Cambridge, Mass.: Harvard University

Press, 1955).

13. Zimmerman, *The Super Market*, 31.

14. Rachel Bowlby, *Carried Away: The Invention of Modern Shopping* (New York: Columbia University Press, 2000). See also Jennifer Cross, *The Supermarket Trap: The Consumer and the Food Industry* (Bloomington: Indiana University Press, 1970), 14-26.

15. Richard Tedlow, *New and Improved: The Story of Mass Marketing in America* (Boston: Harvard Business School Press, 1996), 182-258.

16. Zimmerman, *The Super Market*, 93.

17. *Premier Congrès*, 63-64.

18. Pedrazzoli quoted in Scarpellini, *Comprare all' americana*, 83.

19. Zimmerman, *The Super Market*, 289.

20. Randolph McAusland, *Supermarkets, 50 Years of Progress: The History of a Remarkable American Institution* (Washington, D.C.: Food Marketing Institute, 1980). More generally on the vast social implications of supermarketization, see Lizabeth Cohen, *A Consumer's Republic: The Politics of Mass Consumption in Postwar America* (New York: Knopf, 2003).

21. Moffett, "American Supermarkets in Milan," 3.

22. Memorandum, W. D. Bradford to Members of IBEC Board and Staff: "Supermarket Possibilities in Western Europe," July 23, 1956, reel 7, IBEC; Richard W. Boogaart, "General Summary of Supermarket Possibilities in Western Europe," [July 1956], unpaginated [1], box 37, IBEC Supermarkets-Boogaart, R. W., 1956-1968, IBEC.

23. Moffett, "American Supermarkets in Milan," 7.

24. Robert Hamilton Haddow, "Material Culture and the Cold War: International Trade Fairs and the American Pavilion at the 1958 Brussels World's Fair" (Ph. D. diss., University of Minnesota, 1984), 67-69; idem, *Pavilions of Plenty: Exhibiting American Culture Abroad in the 1950s* (Washington, D.C.: Smithsonian Institute Press, 1997), 9 ff.; Godfrey M. Lebhar, *Chain Stores in America, 1859-1962* (1952; reprint, New York: Chain Store Publishing, 1963), 389.

25. Claire Booth Luce to NAR (Nelson A. Rockefeller), December 19, 1956, file 342, box 37, RG 4, Series B AIA-IBEC, Nelson A. Rockefeller Personal Papers, Rockefeller Archives Center.

26. Quoted in Moffett, "American Supermarkets in Milan," 7.
27. R. W. Boogaart to W. B. Dixon Stroud, February 18, 1957, reel 7, IBEC; Boogaart to IBEC Investment Committee, Milan, March 6, 1957, ibid.
28. Boogaart to IBEC Investment Committee, March 6, 1957, 1-3.
29. Ruggero di Palma Castiglione to Boogaart, March 5, 1957, file 342, box 37, RG 4, Series B AIA-IBEC, Nelson A. Rockefeller Personal Papers, Rockefeller Archives Center; Memorandum, Richard W. Boogaart to IBEC Investment Committee: "Supermarkets-Milan, Italy," March 6, 1957, ibid.
30. Boogaart to W. B. Dixon Stroud, February 27, 1957, reel 7, IBEC; Boogaart to W. D. Bradford, March 26, 1957, ibid. See also Scarpellini, *Comprare all'americana*, 131-132.
31. Moffett, "American Supermarkets in Milan," 10.
32. R. W. Boogaart, "Proposed Schedule," May 2, 1957, reel 7, IBEC.
33. Boogaart to Bradford, July 17, 1957, reel 7, IBEC.
34. George E. Williamson, "Supermarkets Spread Abroad despite New Political Roadblocks," *Wall Street Journal*, July 18, 1960.
35. Ibid. The *Wall Street Journal* captured the political gist of the loan in the subtitle of Williamson's article: "Rockefeller Firm in Italy Riles Small Stores, Is Helped by U. S. Aid Loans." Press release: Export-Import Bank of Washington, May 8, 1959, reel 9, IBEC; press release: IBEC, June 12, 1959, ibid. On earlier financial problems, see Boogaart to Bradford, December 17, 1957, March 6 and 14, 1958, reel 7, IBEC. On the loan request, see Boogaart to Bradford, April 28, May 31, and July 9, 1958, ibid.; Boogaart to Bradford, April 25, 30, and 27, 1959, reel 8, IBEC; "Imports as of April, 1959," reel 9, IBEC.
36. Moffett, "American Supermarkets in Milan," 15.
37. R. W. Boogaart to W. D. Bradford, July 7, 1958, reel 7, IBEC.
38. Moffett, "American Supermarkets in Milan," 20.
39. Boogaart to Bradford, October 20, 1958, reel 9, IBEC.
40. Boogaart to Bradford, July 7, 1958, reel 7, IBEC.
41. Moffett, "American Supermarkets in Milan," 34; also *Il Giorno*, May 15, 1959.
42. Boogaart to Bradford, April 28, 1958, reel 7, IBEC.
43. "Plein feux sur Bruxelles: On y brule les étapes," *Libre-Service-*

Actualité, October 9, 1961, 2.

44. R. W. Boogaart to W. D. Bradford, March 10, 1960, reel 7, IBEC; Memorandum, Bradford to W. B. Dixon Stroud and H. Levy: "Jewel Tea Co.," March 28, 1960, ibid. On Belgian retailing, see Marcel Michel and Henri Vander Eycken, *La distribution en Belgique* (Brussels: Ducolot, 1974).
45. Zimmerman, *The Super Market*, 91; idem, "Self-Service," 40.
46. *Libre-Service-Actualité*, October 15, 1962, 23; Entreprise, March 27, 1965, 69 – 77; see also ibid., March 4, 1961; René Uhrich, *Supermarchés et usines de distribution: Hier aux Etats-Unis, aujourd'hui en France* (Paris: Plon, 1962), 184; Etienne Thil, *Les inventeurs du commerce moderne: Des grands magasins aux bébés-requins* (Grenoble: Arthaud, 1966).
47. "Plein feux sur Bruxelles," 2.
48. Jacques Lacrosse and Pierre de Bie, *Emile Bernheim: histoire d'un grand magasin* (Brussels: Labor, 1972).
49. "Firenze, 1951 – 1960: rassegna del comune, relazione prefettizia," 59 – 62, 83 – 85, Archivio Municipale di Firenze; Roland Hood to W. B. Dixon Stroud, March 13, 1961, reel 9, IBEC. In general on Florence at the turn of the 1960s, see James Edward Miller, *Politics in a Museum: Governing Postwar Florence* (Westport, Conn.: Praeger, 2002), 85 –105.
50. Hood to Bradford, February 21, 1961, ibid.
51. Hood to Bradford, February 27, 1961, ibid.
52. Roland Hood to W. D. Bradford, April 12, 1961, reel 9, IBEC.
53. Councilman Guglielmo Bacci, in *Atti del Consiglio Comunale di Firenze*, sess. 5/20, March 1961, 156; Berger, "Uses of the Traditional Sector in Italy," 79 – 82.
54. Councilman Montelatici, in *Atti del Consiglio Comunale di Firenze*, sess. 5/20, March 1961, 147; Sandro Bellassai, *La morale comunista: pubblico e privato nella rappresentazione del PCI (1947 – 1956)* (Roma: Carocci, 2000), 164 – 200, 209 – 230, 292 – 300.
55. Councilman Mario Leone, in *Atti del Consiglio Comunale di Firenze*, sess. 5/20, March 1961, 162.
56. François Gardès, "L'évolution de la consommation marchande en Europe et aux U. S. A. depuis 1960," *Consommation: Revue de socio-économie*

30 (April-June 1983): 3–32; also Louis Levy-Garboua, "Les modes de consommation de quelques pays occidentaux: Comparaisons et lois d' évolution (1960–1980)," ibid. (January-March, 1983): 4–52.

57. See, for example, Angelo Pichierri, "Ceti medi e mobilitazione politica: il caso dei commercianti," *Quaderni di sociologia* 3 (1974): 161–249.

58. Suzanne Berger, "The Uses of the Traditional Sector in Italy: Why Declining Classes Survive," in *The Petite Bourgeoisie: Comparative Studies of the Uneasy Stratum*, ed. Frank Bechhofer and Brian Elliott (New York: St. Martin's, 1981), 71–90.

59. Guido Colonna di Paliano, "Retail Trade in Italy: Problems and Prospects," Banco di Roma, *Review of Economic Conditions in Italy* 25, no. 5 (September 1971): 375–379, is a prescient account by the chairman of the Rinascente group.

60. R. W. Boogaart to W. D. Bradford, July 7 and 12, 1958, reel 7, IBEC.

61. Boogaart to Bradford, July 12, 1958.

62. R. W. Boogaart to H. J. Ostermeyer, Comptroller, IBEC, August 13, 1958, 2, reel 7, IBEC.

63. Roland Hood to W. D. Bradford, June 25, 1961, reel 8, IBEC.

64. Councilman Montelatici, in *Atti del Consiglio Comunale di Firenze*, sess. 5/20, March 1961, 150.

65. On European women shoppers' habits in general, see European Productivity Agency, *The Consumer's Food-Buying Habits* (Paris, 1958); "Le abitudini d' acquisto delle famiglie italiane: supplemento: indagine condotta dalla 'Misura S. p. A.' per conto dell' Unione Nazionale consumatori," Mondo economico, June 27, 1964; "Etudes sur les achats per impulsion dans les grands magasins," *Libre-Service-Actualité*, September 4, 1964, 45–46.

66. R. W. Boogaart to Steve David, February 13, 1961, reel 7, IBEC.

67. Assessore Rodolfo Francioni, in *Atti del Consiglio Comunale di Firenze*, sess. 5/20, March 1961, 151.

68. Hermann Levy, *The Shops of Britain: A Study of Retail Distribution* (London: Kegan Paul, Trench, Trubner, 1947).

69. R. W. Boogaart to W. D. Bradford, December 17, 1957, reel 7, IBEC.

70. Moffett, "American Supermarkets in Milan," 29.

71. *Giornale del mattino*, February 24, 1961, 4; February 28, 1961, 4.

72. Roland Hood to W. R. Bradford, June 25, 1961, reel 8, IBEC.
73. *Giornale del mattino*, March 6, 1961, 4.
74. Ibid., February 28, 1961, 4.
75. Fernand Braudel, *Afterthoughts on Material Civilization and Capitalism*, trans. Patricia M. Ranum (Baltimore: Johns Hopkins University Press, 1977), 63.

第九章　一位标准的消费者夫人

大众商品怎样进入家庭和家庭生活

给我们汽车，给我们电冰箱，最重要的是，给我们和平，那么你将会看到，欧洲的家庭主妇们将会和美国家庭主妇们一样行事。

——艾尔莎·加塞博士

米格罗斯的经济顾问，1950年

花园里有一个导弹好过厨房里有一个俄国人。

——荷兰支持巡航导弹运动的口号

1980年代早期

在1968年前后，如果一个住在萨尔勒斯(Sarcelles，从1950年中期开始在巴黎周边扩散的众住宅区中最大和最偏僻的一个)的家庭主妇在上午晚些时候听到了门铃在响，她将会非常惊奇。来访者不像是一个邻居，更不像是一个亲戚。白天的时候周围是很少有人的。来访者更有可能是一个促销员。如果这时是在1968年的3月或4月，来访的可能绝对就是一个挨家挨户上门的促销员。因为3月份是一场已经席卷法国的最大的销售推广活动的“进攻发起时间(D-Day)”。在接下来的几周内，每一个居民人数超过两千的城镇里的每一所法国人的住宅都将会被几百名妇女分别造访到，这些妇女受雇于宝洁公司，该公司是美国第一大家用产品制造商和世界最大的法人广告客户。这些妇女的工作是促销碧浪——“世界上第一种含有酶的洗衣机用洗涤剂”。[1]

在听到门铃响之后，为销售专家们所熟知的马丁女士将会抛开她手中的活计和在地上蹒跚学步的孩子，整理一下她的家居服，关掉收音机，用手捋一下她的头发，然后再把房门半打开；于是一场已经预演了无数次的促销双人舞就开始上演了。为了对住户的隐私表示尊重，促销员们将会站在离门槛约一步远的地方。但她们也不会忘记，她们的监督员就等在路边，并且她们访问的人数也必须要完成每天的限额，因此她们会匆匆忙忙地提出自己的问题并急匆匆地记下答案。女士您有洗衣机吗？如果有，是哪个公司的产品？您喜欢的肥皂品牌是什么？您喜欢的收音机节目是什么？调查者有的忙着恳求住户提供他们的观点，有的则忙着向住户提供大方得简直令人怀疑的洗涤剂样品，足足六百克！样品被非常精细地装在盒子里，醒目的红色字母 A-R-I-E-L 写在清爽的绿色背景上，商标是一个蓝色的小精灵在白色中旋转，就像是一个在轨道上飞行的原子。马丁女士可绝不是傻瓜。她当然会试用这种样品，虽然她目前在使用的洗涤剂也足够好了。无论如何，没有什么可以使她相信各种洗涤剂在本质上会有什么不同，除了价格、包装、颜色和香味或许会有不同之外。

从联合利华公司开始推广其奥妙牌洗涤剂的 1952 到 1968 年，在这十六年之间，上述的插曲或类似的事件将会发生无数次。1968 年是大众电视频道在进入 1970 年代之际开始播放广告之前西欧所经历的最后的、代价最高和延续时间最长的营销资源大动员的一年。发生这一切的大背景就是“洗衣房革命”，这一术语是由一些新闻记者创造出来的，它把一个美式营销中的具有夸张性的行话与一个西方政治学中的关键词融合在了一起，以便捕捉这些年来在物质生活中所发生的那些剧烈的变化。旨在被用来解决古老的家庭洗涤问题的这一夸张性的术语，很有效地强调了在家务技术、家务操作和家庭主妇的威望中所发生的那无数的细小变化。这些变化加上其他一些已被很好地记述了的发展趋势，如家庭之外被雇用的妇女数量的急速增长，由自助式商店和超市引进的新的购物方式，以及社会上对妇女更加平等的对待等，对旧消费制度后面的家庭组织构成了致命的一击。

虽然在对家庭的规划、家具、管理及其对于居住者的意义所做的系统公开的比较中看不出来，但没有任何机构能够像家庭那样反映出不同生活方式和家庭财富之间那种意义深远的差别，这些差别分别使资产阶级和工人阶级的家具有了自己的特点，并使农村住所尤其黯淡地被分离了出来。工人阶级的家看上去相对开放，它有一个很大的后院，邻里之间经常在家门口喋喋不休地聊天，邻居间还相互交换物品与服务，人们出去进来的次数也很频繁。但从现代消费者的意义上来讲，那里其实并没有家，因为它的发展受到了下列因素的妨碍：租期的不稳定性，住所的悲惨状态，居住者的贫穷，以及居住者已经消失了的改善环境的愿望，其实靠一些纸桌布、花边窗帘、一块旧地毯或一点儿假花就可以实现他们这种改善环境的愿望。与此相对照的是，资产阶级的家则变得内向了，它在很大程度上自给自足的运转是靠家庭主妇下面的仆人们来实现的，它的行为礼仪像它的家具一样，都是由资产阶级生活方式约定俗成的惯例确定的。但相对那些能节省劳动力的设备来看，资产阶级的家也是非常落后的。这种事实在下面这种地方最清楚不过了：阴冷潮湿的住处，没有窗户的后面的房间，地下室里的洗衣盆，积满灰烬的炉膛，以及通往肮脏的院子的后楼台和楼梯，这个代替了一个真正的厨房的地方，通常就是工资极低的仆人们临时用来准备膳食，洗餐具，洗衣服和搞清洁的地方。

相比之下，二战后西欧所出现的现代消费者家庭受到了一种共同的、大众的和真正西方范围的设备标准的推动。政府、商界、时尚制造者和消费者们在反对过去那种有阶级区分、地方划分和高度地方化的生活方式，并构思一种家庭消费的大众中等标准上走到了一块儿。在经济层面上，这一共同标准有利于适应大规模生产企业的大规模生产。在社会目的上，它作为一个能提供更强民族凝聚感的跨阶级的标准也是可取的。从性别政治的层面考虑，它证明了女性在家庭内的工作能够像在社会中的其他工作一样被平等地看待，因此它也是可取的。从文化目标上来讲它也是可取的，因为，不论人们相互之间离得有多远，生活在家庭中的人们都是以一种本质上相似的形式生活的，这一点对于要分享以消费者为基础的、认同的民主的欧洲人来说同样也很重要。

新家庭运转的中心是厨房。这里是电动机器的安放地——从 1950 年代中期和 1960 年代开始，它的设备开始包括电炉、电冰箱、洗衣机和真空吸尘器，还有各种型号的自动混合器、搅拌机和咖啡研磨机；从 1970 年代开始，它的设备又开始包括洗碗机和电视机；从 1980 年代开始，微波炉、烤箱、电热蒸煮器和电煎锅又开始加入进来。厨房的管理者是现代的家庭主妇，一个单独或与她的“电动仆人”一起工作的“消费者夫人(Mrs. Consumer)”。她最重要的任务是保持迫切的需要和家庭预算之间的平衡，她的家庭预算已经受到了如瀑布般倾泻在市场上的大量创新性产品的冲击。[2]

洗衣房革命可以被理解为具有三个维度。首先，它包括一种洗衣技术上的显著变化。洗衣服过去一直是家务劳动中最单调乏味、最耗费时间和最不利于健康的工作。法语里面称它是一种苦差事(corvée)，这让人想起了旧制度下被强加给农民的对劳动力的征召，这些农民被征召去拖拉采石场的石块，建造防御工事，或沿着国王的大道去填平那些泥泞的车辙。洗衣工作要洗的衣物包括需要手洗的羊毛衣、花边领口和袖口，以及其他精细的衣服，而家用亚麻制品和工作服则被浸泡在开水盆里，在化学清洗液里过滤过，再被拿到洗衣板上搓洗，然后再被漂洗并放到手摇搓衣机里挤压，这之后它们才被挂到晾衣绳上晾干，然后它们又被收起来，经过修补和改良后，再用一个沉重的、用炉子加热的熨斗来对它进行最后一道工序的处理。洗衣房革命首先带来了半自动化的机器，然后又带来了自动化的机器，这些机器能够把水加热到合适的温度，并用洗涤剂沥滤掉衣物上的脏东西。转筒机能够甩出衣服中多余的水分，干衣机则取代了晾衣绳，电熨斗的自动调温器则能够调节电熨斗的热度。[3]

更重要的是，通过证明女性的家务劳动可以被用机器替代，从而使其有了新的评估方式，洗衣房革命赋予了女性家务劳动新的意义。有了以前被用在洗衣房的这些时间，妇女们可以到工作场所赚取报酬。她们还可以改善其他的家庭维护工作，例如使家里更干净整洁，在孩子们的家庭作业上花更多的时间，或者使自己熟练掌握文书工作，并去从公共服务机构那里获得健康、教育、社会安全和其他方面的利益。因此，家庭主妇真实地面对着越来越多的对其时间和技术上的要求：她需要挑选，操纵，必要的话还要修理那些代替了她的家务劳动的设备，她还需要对新的家务管理标准做出反应，并且，如果她还有空闲时间的话，她还需要学会如何用有益的事来填充这些时间。[4] 在这一过程中，她获得了被广泛认为是一个功能良好的消费经济必不可少的那些品质，例如良好的品味、专门性知识和先见之明，此外还有将其家庭福利按邻居的、社区的和全国的消费习俗进行衡量的能力。据说这个世纪更早的时候这类品质的缺乏，经常被作为下层社会消费遭到抑制的很好理由而被引用。

管理良好的消费者家庭不仅刺激了工业需求，把战争技术转向了日常应用，强化了家庭的归属感，而且还使西欧新近珍视的安全文化有了一种安逸的内部结构。因而,安全开始被从多个层面进行评价:从个体家庭领域来看,它是以那种得体的生活水准的形式被评价,这种得体的生活水准减少了日常生活的不稳定性;从全国的层面来看,它是以福利国家的形式被评价,这种福利国家减少了人们在工业社会中生活的风险;从国际舞台层面上看,它的评价形式则是大西洋共同体的牢固纽带,这种牢固纽带将会防止在欧洲的版图上重新发生战争。因此,军国主义和革命的灾难性语言(如:发动、D-Days、动员、市场份额之战)被同化进了跨大西洋消费文化的那一套词典中,这是糟糕的过去已经被驱除的语义学上的证据。并且,随着管理良好的消费者家庭作为共同的收获得到了巩固,它承诺会保卫家庭,以抵抗超级大国不计后果的对峙与美国不安宁的重商主义那层出不穷的新鲜事物所带来的威胁。[5]

洗涤剂战争

这一所谓的洗涤剂战争,表达出了营销界自己对于大跨国公司在争夺洗涤剂消费市场的斗争中所耗费的巨大资源的敬畏。Paic 牌洗涤剂是在法国销售的第一种洗涤剂,它于 1948 年上市,具有"惊人的效果"。[6] 然而,真正的"战争"在 1950 年代早期才开始展开,当时,世界上三大领先的洗涤剂生产商联合利华公司、宝洁公司和高露洁棕榄公司为了扩张并瓜分欧洲大陆繁荣的洗涤剂市场而展开了竞争。联合利华公司首先发难,它在德国汉高公司于 1907 年发明的古老的宝莹(Persil)牌肥皂粉中加入了漂白剂,然后在 1949 年,在"宝莹洗得比白还要白"的口号下,它将宝莹牌洗涤剂作为第一种多用途洗涤粉重新推广了出来。在 1952 年 10 月,又是这家巨型英荷联合企业首先推出了第一种合成多用途洗涤剂——奥妙牌洗涤剂,并且它还在营销战中花费了十亿旧法郎，到了1953年底，它才不得不与汰渍牌洗涤剂展开竞争，汰渍是作为联合利华公司主要竞争对手的、有着一百二十五年历史的美国宝洁公司的产品。宝洁公司因为发明了“会漂浮的肥皂”象牙香皂而从1879年开始出名，它以勇于进军竞争已经白热化的地区而自豪。在“始终在前进中保持领先”的口号下，宝洁公司在法国的亚眠建造了巨大的玻璃钢架结构的研发中心，同时，它把自己的主要生产企业建在了欧洲大陆的肥皂之都马赛。在那里，它与著名的老公司、Le Chat牌和Catox牌洗衣皂的生产商富尼耶一费里埃(Fournier-Ferrier)公司结成了联盟，以便在法国全国范围内分销汰渍牌洗涤剂。[7]

在1956年，法国商店里出售的合成洗衣皂曾在全国范围内做过广告的品牌只有四种；到了1970年，这样的品牌产品有不少于三十种。消费者可以选择液体的、粉状的或块状的洗涤剂；他们也可以选择盒装的、袋装的、塑料桶装的或纸板圆桶装的。如果他们想为自己的洗衣机选择不起泡的肥皂，他们可以选择Skip牌或Dash牌，或者是选择低起泡的洗涤剂品牌如Dinamo牌、宝莹牌、Supercroix牌或X-tra牌；如果他们想用多用途的常规洗衣粉，可选的品牌则有：Comète牌、Dixan牌、奥妙牌、Bonus牌和汰渍牌。如果他们转而想用使用了酶的“生物新生代”产品，则一开始有碧浪牌的，后来又有了Axion牌、Crio牌、Genie牌、Lava牌、Bio-Ajax牌、奥妙科技牌和超级汰渍牌的。如果想用“不伤手的”、用于洗贴身内衣和精细纺织品的洗涤剂，他们可以买Paic牌、Coral牌、Mir牌和Dato牌的。后来添加剂的使用也变得广泛起来，例如用于除去水中的钙沉淀物的Calgon硬水软化剂，还有芳香软化剂如Soupline牌、Lenor牌、Comfort牌和Silan牌的，更不用提那四十种全国品牌的家用清洁剂了，例如用于汽车外表清洁的Mr. Propre牌和Spic牌清洁剂。在销售量每年增长百分之四到五的情况下，到了20世纪六七十年代之交，就像汽油对于汽车一样，洗涤剂已经成为家庭生活中必不可少的用品了。就像通常的石油产品市场一样，洗涤剂市场的份额也是高度集中的。领先的三大洗涤剂生产商控制了欧洲大陆洗涤剂市场的约百分之八十；在法国，这三大生产商控制的市场份额达到了百分之八十五至九十。[8]

洗涤剂在反映大规模处理能力上是非常有用的商品，它准确地反映了各大国的衰落和崛起情况。表面活性剂的双亲分子结构能够把污渍从衣物上吸下来并使它悬浮在衣物上，直到它被冲洗掉，这种物质最开始是在战争期间在德国和英美两国的军事研究实验室里被发展出来的。但它的首次商品化却是在和平时期英美两国有很大需求的消费市场上实现的。一战期间，德国受到了协约国的封锁，因此德国的化学工业有效地展开了以石油为原料的肥皂制造技术的研究，以便能找到基于天然油料和脂肪的那类洗涤剂的替代品。动物脂肪的持续短缺，加上有海外帝国的国家从前能够从殖民地获得的花生、棕榈、蔬菜和其他油料的缺乏，推动了第三帝国统治下的德国对合成产品的研究。但相对于生产旧式肥皂的成本，生产这类商用洗涤剂的成本过于高昂，因此在二战之前，除了宝洁公司于 1930 年代在美国上市的 Dreft 牌洗衣粉和 Drene 牌洗发精之外，这类物质的主要应用就是作为一种润湿剂用在纺织工业中，被用作为纺织品的染色做准备。

第二次世界大战重新激起了交战国之间的竞争，德国的实验室试图合成碳氢化合物的衍生品以便用它来洗涤军队的制服，而美国和英国则研究如何制造适合他们的海军在冰冷、高盐的海水中使用的洗涤剂。战争结束以后，大企业们垄断了这类物质和平时期使用的专利权，包括洗衣店对其的使用，也包括作为家庭清洁剂和作为个人卫生品的使用。大企业之间的竞争纯粹是营销能力的竞争：它们能够很容易地获得基本原料、石油，以及可用于研究和设计的大量资金；它们拥有长达一个世纪的改进肥皂的经验,也拥有生产精心设计的包装、进行富有进攻性的销售和做大规模的广告所需的那种良好的技术。并且,如果新的设备和卫生标准能够成为主流的话,对这类产品的需求实际上也将是无止境的。[9]

因此,迅速出现了一系列的创新,这些创新把合成清洁剂变得更加多功能化,并作为家用洗涤剂得到了广泛地应用。从技术上讲,它们比用脂肪制造的肥皂要高级很多。它们通过沥滤出衣物上的脏东西,减少了对衣物的洗擦和拧绞;它们即使在冷水中也能洁化和软化面料;它们也不会留下漂浮着的残渣。三大洗涤剂制造商在争夺市场份额的时候,由于受到了像西德的汉高公司、意大利的米拉兰扎(Mira Lanza)公司和斯卡拉(Scala)公司这样的小制造商的竞争压力,导致洗涤剂产品价格飞落直下,在超市、自助式商店和社区商店的货架上,洗涤用品开始占据越来越显眼的空间。在区区二十年之内,这类洗涤用品就取代了妇女们在过去几百年中做洗涤和清洁工作时所用的草木灰、肥皂和腐蚀性物质。

像任何在品牌认同的基础上进行销售的产品一样,在洗涤剂产品的销售过程中,市场营销工作是必不可少的,并且这种工作还以残酷的、科学化的和成本巨大的方式得到了执行。到 1960 年代为止,在法国,联合利华公司、宝洁公司和高露洁公司做广告的花费超过了除雷诺汽车公司以外的所有公司。雷诺是国有化的汽车制造企业,1946 年法国广告业巨头马赛尔·布鲁斯坦－布兰彻特的狮子广告公司曾为它的一系列华丽产品做过广告。[10]截止到 20 世纪 60 年代末,洗涤剂产品三大生产商曾使用过当代推销术中众所周知的二十二种技巧中的任何一种,从买二送一和免费试用,直到使用非常诱人的奖赏进行竞争,例如 1964 年,奥妙牌洗涤剂就曾赞助过到美国远西部的双人旅行。为了寻求广告建议,三大生产商求助于有美国式促销经验的公司,首先是智威汤逊公司和狮子公司，然后又求助于艾尔温格（Elvinger）公司、迪普伊一康普顿公司以及联合利华公司内部的广告公司林塔斯广告公司。它们慷慨地为下面这些民意调查机构替它们所做的消费者调查付费，如盖洛普公司、尼尔森公司、STAFECO、IFOP、SECODIP、CECODIS，以及其他一些新近成立的公众民意调查机构。它们的广告插播充斥了无线电和电视广播节目，这些广告插播由境外的信号传输机构广播，比较著名的有安道尔共和国的无线电峡谷（Radio Valleys）、欧洲1频道（Europa 1）、卢森堡公国广播电台（Radio Luxembourg）和摩纳哥广播电台（Radio Monaco）。它们用整页的彩色广告养肥了数量激增的女性杂志，它们宣传自己的口号，并为魅力外表制订新的标准。它们的产品展卖把家庭零售店里的食品和杂货赶下了货架。在超市里，洗涤剂产品占了一整条过道，因为洗涤剂是理想的特价品，这意味着超市管理层大宗购买洗涤剂产品，从而把它的进价压低到接近成本价，因此顾客将会大量购买它们；低利润率所导致的损失，在顾客购买罐装产品、冰激凌和其他大幅涨价了的产品时将会得到弥补。

每一种新产品投放到市场中后，跨国公司们都会走进越来越多的欧洲家庭去进行推销。在1969年6月法国开始允许公共电视台播放电视插播广告之后，跨国公司们坐在家中就可以搞产品推广了。到此为止，洗涤剂已经成为新消费制度最具意义的象征了。对法国的文化批评家罗兰·巴瑟斯（Roland Barthes）来说，洗涤剂展示了如何将消费社会中完全不正常的趋势变成被看作是“毫无疑问的”这样一种进程，没有人能够回想起这种进程是从哪里开始形成的。[11]于是，洗涤剂广告确定洗涤剂能够制造出不同程度的洁白，而家庭主妇也就以此为基础来衡量她的洗衣店的卫生和清洁效果，以及家庭主妇所热衷的其他东西。巴瑟斯发现，在20世纪四五十年代之交的西德，宝莹洗涤剂，确切的说是“宝莹清洁剂”已经成为公民们在去纳粹化过程中能够获得的好产品的衡量标准的通俗化表达方式。如果调查人员发现了你的任何污点，家庭医生或牧师就会为你的道德清白担保说："宝莹能够使它去旧如新的"，"宝莹甚至能够把纳粹的褐衫洗白"。

当直接面对这样一种如此不坚实但却又是日常家庭生活中必不可少的物质时，激进的社会批评家们慢慢地发现，他们对于消费社会中世俗的生活行为的理解并不充分，他们也没有充分意识到那条不断增强的、将女性和男性区分开来的界线，每天以应付这个充满小发明的新世界为己任的女性，和其世界历史角色就是去设计宏大进步的乌托邦的男性，被这条界线一分为二了。观察到洗涤剂的这种社会影响之后，哲学家让·博德里亚（Jean Baudrillard）最初相信，马克思主义的辩证法令人信服地解释了这种现象：一开始，一种新的消费品在它的使用者当中创造出了一种广泛而又不真实的共同体的感觉，这只会使他们向内进入一个分散的、高度私人的和非政治化的世界。后来，当博德里亚看到大规模的营销行为以自己的自我指涉的语言完全渗透到了公共空间中之后，他又抛弃了马克思主义理论，因为这种理论无法解释这种新的"超现实"的各种表征和特点。[12]对特立独行的马克思主义者、哲学家亨利·勒菲弗（Henri Lefebvre）来说，洗涤剂揭示出，科学的物质主义必然会催生出对日常生活行为的系统的研究项目。但他一直不得要领，直到"我所娶的那个女人（关于她的细节并不重要）在我的面前提到某种洗涤剂时说出了这样一些简单的话：'这是一种非常优秀的产品。'她用一种权威的语调说出了这些话"。就在他们的"日常琐事"中，这些话使得勒菲弗明确了他的概念，并激发了他"对日常生活的批评"。到了 1960 年代早期，他在大学中讲课时就集中发展"被控制消费的官僚政治社会"概念。不得不说的是，他的这一概念并没有提出日常生活行为中的性别维度问题，也没能反映这样一种古怪现象：不论她是否是他的妻子，唠叨那类日常琐事的是女性。到了 1960 年代末期，勒菲弗的学生们和其他人一样，熟练的谈论并蔑视“消费社会”不断扩散的权力。在这样做的时候，他们展现出了自己对“消费社会”符号语言学特征的敏锐把握，但却对“消费社会”复杂的历史谱系表现出了极大的不关心，更不用提对这种新的历史主角的中介——作为消费者的家庭主妇的关注了。[13]

在1960年代末期，洗涤剂可以被看作是激进变革与反动掩饰的一种象征。在1968年5月的学生造反中，在巴黎拉丁区的很多墙上有这样一句令人难忘的涂鸦：“自我革新能够比革命洗得更白。”这是一句非凡的口号，正如它所证明的，从商业一公共空间中扩散出来的个人革新观念，现在正在重塑集体政治行为的模式。它也无意中证明了这样一个令人沮丧的悖论，即，就在1968年春天这个时刻，当成千上万的、年轻的激进主义分子正在罢工，设置路障，游行示威，并占领工厂以抗议越南战争，反抗政府、学校、军队、教会和其他专横的官僚机构，声讨消费社会的狡诈、浪费和冷漠时，一场完全不同的、更为广阔的动员正在跨国公司的口号下被展开，它的主要支持者是数以百万计的家长，它的堡垒是家庭，它的乌托邦是整洁地铺展开的、大量的气息清香的洗衣店。

大使们

凭借着其在销售洗涤剂中的领先地位，加上它们的许多其他创新性产品——从含有DDT的灭蚊剂、特氟隆盘子、铝箔到高级冰箱所用的油布和空调设备，美国的企业资本主义在跨大西洋家庭消费群的创建过程中扮演了一个必不可少的角色，随后它们又实现了自己长期努力的目标，跨越家庭的门槛涉入到了人们的日常生活隐私当中。在几十年的时间里，美国的家用器皿在法国的年度家居艺术沙龙中给人们留下了极为深刻的印象。家居艺术沙龙始于1923年开始举办的家用电器沙龙，家用电器沙龙这种博览会体现出了它的创建者朱尔·路易斯·布莱顿(Jules Louis Breton)的非凡创意。布莱顿是一个化学发明家，在一战期间他是法国掌管发明事务的副部长，他还是一战初期法国全国研究和发明部的主管。作为一个对自己所鼓吹的信念身体力行的、带有一定无政府主义色彩的、一贯的社会主义者，以及作为一个希望消除家中的苦役的五个孩子的父亲，布莱顿自己拥有一个装备有各种现代设备的家庭，并希望把法国全国都改造成相同的样子。他的三个儿子加入到了他的这个事业当中。在大皇宫地区举行的这种长达三周的博览会，从一月下旬一直延续到2月中旬，伴随着大量的新闻报道、百货商店展览、家政学会议和出版物发行，它把全国民众的注意力都吸引到了对家用设备进步的关注上。在二战爆发前一年的家居艺术沙龙中，共有60.8万人参加了这个博览会。1948年家居艺术沙龙重新开始举办以后，参加这个沙龙的人数在1950年代中期达到了高峰，达到了140万人。在家居艺术沙龙于1961年从巴黎中心区搬到市郊的拉德芳斯(La Défense)之后，这个沙龙越来越变成了一个制造商们的销售代表和经销商们聚会的地点；从1970年代中期开始，它减少了对个人消费者开放的天数。到了1980年代早期，这种沙龙就变得有点多余了，因为很明显，在家用技术领域，广泛开展的广告宣传已经使得大部分这类商品都广为人们所熟悉了，打折销售网络也使得这些商品更容易获得并且更便宜，公众对基本设备的需求也已经饱和了。于是，在1983年，这一历史悠久的博览会就被不事声张地关掉了，它的工作人员也被解散了。[14]

在这种博览会举办的第一年，美国的制造商们就参加了展览，展示了大约二十件左右的铬和白珐琅制造的电冰箱和洗衣机。从那以后，他们从没错过这一活动。1924年，他们包用了十四个展台，占了所有参展外国展台的大多数；在被称作“洗衣机年"的 1925 年,他们主导了整个博览会。早在 1926 年,美泰(Maytag)公司就在博览会上展示了一台电动机器;1948 年,惠而浦公司又展示了它的全自动"吉普";1949 年,邦迪克斯公司则是博览会的首席制造商。随着巨大的自主运行的机器冲击旋转筒,使得五颜六色的衣服在有魔力般的旋转中转圈,参观者们坐在排列了整整有三条过道的椅子上,一边看一边喘着粗气和哈哈大笑,仿佛是在看查理·卓别林的插科打诨。这些机器对法国消费者是否合适则是另一回事:除了是用粗率的搅动取代了从容浸泡后反复搓洗的洗衣法之外,这种机器将会使消费者花费昂贵的 20 万法郎,这使得消费者最起码得要分期付款。而消费者对这种做法也还没有习惯。这些机器还要求有充足的水压、结实的电线、良好的排水系统,并且房间要足够大以容得下它们的体积。虽然如此,对中产阶级妇女们来说,只要转几下刻度盘并按一下按钮,它们就能提供一个可以结束大量苦差事的、颇吸引人的前景;而对参观了展览的男人们来说,这些合理的、结实的机器则能够实现那些免除工作的小玩意的自动化乌托邦的梦想。[15]

然而,如果要说欧洲的洗衣革命或任何其他日常生活行为的改变在很大程度上是一种新技术或新品牌推广的结果(不论这些新技术和品牌是来源于美国还是来源于其他国家),那将是一种很大的误导。没有任何东西在习惯和场所方面能够比家务更固定。洗衣服习惯的变化与饮食、育儿、性行为和休闲追求等私人生活习惯的变化一样,都是经过了民族的、地方的以及尤其是家庭传统的网络的细致过滤,以一种非常缓慢和不均匀的速率积累起来,并在多重、多变和细微巧妙的压力下以难以预知的方式形成的。[16]也就是说,清洁、舒适、隐私以及与世界的沟通都是生活在现代生活中所必需的,家庭主妇消费者有望展示这种情形。"美国消费者夫人"的欧洲等价物的产生强调了这样一种事实:一种高的生活水准意味着家居设备、效率和舒适的新的标准。它再次强调了“对市场的正确研究方法是去研究女性”。它也使欧洲人认识到，由美国治下的和平所提供的军事安全与最私密意义上的安全是有着密切的联系的，这意味着欧洲的家长们可以在免于贫穷和战争的情况下去算计他们的财富和未来，而他们中的很多人都曾在过去的半个世纪中经历过那种贫穷和战争。

要追踪欧洲家庭习惯于美国家务和家政模式的曲折发展路线，就需要对美国全球使命的性别维度以及作为这种性别维度基础的典型的男女劳动分工进行简要的回顾。

在伍德罗·威尔逊的移情的帝国主义的传统中，传播美国的繁荣和自由景象是以外交官一商人为职业的男人们去干的事。美国男性证明了他们自己是令人信服的友好关系大使，这种友好关系来源于他们国内富有活力的良好秩序，而这种良好秩序又完全归因于美国家庭的稳固以及美利坚合众国女性们非凡的社会活动能力。美国女性独立自主，受过良好教育，并习惯于按照体面的家庭收入所提供的标准来管理家庭，她们使得这个国家的消费观念是在食物和衣服上花较少的钱，而在家庭设备、教育、健康和休闲追求上花更多的钱。

这种合适的劳动性别分工在某种程度上塑造出了大众消费文化的所有社会发明。因此，扶轮社整合了像社区服务气质那样的女性触觉以及能够推动面对面外交的友好礼仪，以加强它们的全球网络。推销、广告和市场开发的学问最开始时也是通过试图与最难了解的消费者——女性交流来打造它们的吸引能力。好莱坞体系则围绕着女明星的超凡魅力打转。最终的结果就是，市场帝国通过先是承认消费者是最重要的社会参与者，然后又把消费者等同于女性，而与海外的女性建立起了一个特殊的联盟。作为“生活方式女权主义”的先驱，市场帝国尤其是用从繁重的家务劳动中解脱出来、浪漫的爱情、富有表达力的尼龙袜、化妆品和蓝色牛仔裤以及生育控制技术，教导了年轻女性。[17]

引人关注的是，美国的消费文化既是一种解构力量，同时它又提供了一种约束解构的手段。因此，伴随着马歇尔计划的宣传不仅强调了确保“乔·史密斯”高生活水准的工业生产力举措，也强调了把家务交给“乔·史密斯”的配偶——典型的美国家庭主妇所带来的好处。“消费者夫人”是一个清晰的中产阶级形象，她个子高高的，身材瘦瘦的，头发漂亮地向上梳起，喜欢拿自己的家庭主妇地位娱乐性地自嘲。欧洲人通过赴美旅行熟悉了美国家庭主妇，他们也通过美国商人和外交官对欧洲的访问熟悉美国家庭主妇，这些美国商人和外交官就像参加扶轮社大会时一样，总是会有一位作为第二外交官的妻子陪伴着，她们的能力、安静的风度，以及在搬迁和处理购物及打理其他家庭需要时所表现出的敏捷，被认为使得她们文化上受约束的、笨手笨脚的和行动迟缓的配偶相形见绌。但是，她陪伴着自己的丈夫却是其丈夫拥有权力的一个初步证据。欧洲人也从电视节目中了解美国的家庭主妇：通过《我爱露西》电视系列剧中令人眼花但又实实在在的露西·鲍尔、《西屋时刻》中一本正经的、自信的女主持人贝蒂·佛奈斯，以及《奥齐与哈丽雅特》(*Ozzie and Harriet*)中长期操劳的哈丽雅特·尼尔森等；这些女性都是20世纪50年代美国家庭电视节目收视中的焦点，她们的节目在欧洲的电视频道中也被广泛转播过。

从西欧男性们的角度来看，如果美国的消费文化没有在它于1920年代侵入欧洲疆界的那一刻起就激起了性恐慌的话，他们也就不会对那种过分溺爱妻子的夫妻关系多说什么了。具有“新教徒思想与异教徒肉体的”新世界的女性人物不像东方国家的女性形象一样处在相当远的距离之外，她们从身体上侵入了欧洲的想象空间。在费德里克·费里尼(Federico Fellini)导演的、于1962年上映的电影《薄伽丘70》(*Boccaccio' 70*)中，原型为“美国”影星阿妮塔·艾克伯格(Anita Ekberg)的女主角从一个巨大的交通标志牌上走下来，在她告诫意大利人要“多喝点儿牛奶”时，她汹涌的胸部从她的衣服中挤了出来。而在发生这一幕的45年之前，像菲利普·索保特(Philippe Soupault)这样久经世故的巴黎人就曾经被美国女影星珀尔·怀特那“灿烂的微笑”打动或诱惑过，就像1932年上映的电影《通往夜晚尽头的旅程》中的小说家路易斯·费迪南德(Louis-Ferdinand)被美国远征军护士们那活泼多姿的步态所打动和诱惑过一样。1920年代中期，“蒂勒女孩”(Tiller Girls)舞蹈团整齐划一的踢腿队列迷倒了柏林的酒店舞蹈观看者，同时也激起了人们对敏锐的社会批评家西格弗里德·克拉考尔所谓的“大众装饰品”进行反思，“大众装饰品”是指华美旋转着的女性那不时变化的模式，它们既反映了紧身衣方面的科技，又反映出了女性品格那不可抑制的活力。[18]黑人爵士歌手约瑟芬·巴克(Josephine Baker)则以她那野性的活力、假装的顺从和技术上的精湛技巧，同时集女性、异国情调与美国人身份于一身，证明了要隔离这种性的危险是不可能的。[19]1946年，电影《吉尔达》中的影星、电影女神丽塔·黑沃斯(Rita Hayworth)使自己的海报被贴到了整个西欧那些被战争毁坏了的广告栏上；在这部电影中，亡命海外的美国人中间所发生的那些欺诈、出卖和堕落的故事是如此的玩世不恭，吉尔达自己的泼妇性格是如此的不负责任，以致这部电影被天主教的审察系统禁止播放，就像教皇庇护十一世模仿由正派联盟和海斯办公室所发明的好莱坞产品编码所做的一样。[20]

如果要说好莱坞电影有什么影响的话，那就是美国女爱神作为一种在军国主义的阅兵场上难以再获得的具有男子气概的力量，已经变得越来越令人不安了。对作为瑞士为数不多的少数几个具有声望的作家之一的丹尼斯·罗格蒙特(Denis de Rougement)来说，骑士爱情的失败与欧洲悲惨的衰落是一致的。罗格蒙特在美国待了七年之后才回到家乡(他的归期被二战阻延了)，他对当时的那些现象感到遗憾:对激情的爱的崇拜已经让位于对浪漫的爱的崇拜;贵族化的鉴赏已经让位于世俗的哗众取宠;民谣歌手、诗人和剧作家的宏大史诗已经让位于好莱坞电影剧本化了的神话。因此,典雅的爱情已经让位于"凯尔特式的肉体存在"。由特里斯坦和伊索尔德*在死亡的拥抱中所完成的激情悲剧已经让位于女店员和瘦高的青少年们那装腔作势的感情,后两者卖弄着风情,亲密爱抚着,并梦想着他们天真浪漫的痴情能够在婚姻的牢笼中得到回报。婚姻本身作为一份契约,被签署,密封,并通过被安置进一所设备齐全的房屋而得到认可,这标志着激情的死亡。欧洲人已经学会了通过借用一些小的托词,怀着一种被净化了的罪恶与宽恕感,带着这种幻灭感去生活。而美国人却是去寻求直率的解决办法。最常见的一种解决办法就是离婚,离婚之后,夫妻双方中的个人再次出发,去到完美的爱情目标中重新发现激情,并再婚,重建一种经由对住宅和家庭的投资而得到稳固的新的生活。[21]

支撑家庭单位的性的契约提供了一把理解美国的性关系的钥匙,而美国的性关系长期以来一直是人们评论的一个话题。通过延伸,人们透过这种性的契约也能够了解美国人的同居关系、市场文化,以及欧洲美国化后将会面临的性的危险。凭借着其一贯的敏锐性,亚历克西·德·托克维尔在1840年代就敏锐地提出了这个问题。美国女孩以及一般的年轻人受益于对风俗习惯不断进行颠覆所产生的各种自由作风;在美国总是会有一种新的年轻人文化正在形成中。但是,随着美国女孩们变成了妻子和母亲,这同一种骚动也会迫使她们把所有的力量都集中在家庭上,以便维护家庭的成功。当女人和男人使他们自己加入婚姻以确

---

* 特里斯坦(Tristan)和伊索尔德(Isolde)是德国著名音乐家瓦格纳(Richard Wagner)所创作的歌剧 *Tristan and Isolda* 中的男女主人公。——译者

保他们的未来时,他们使用像合同那样的精确度围绕彼此的职能进行谈判磋商,仿佛他们是生意伙伴关系,他们每个人都对家庭这个企业投入相等但又不同的资本。最终的合同使得结婚后的女人受到了不同寻常的约束,但也给予了她“在任何其他国家都不可能有更高位置”的地位。托克维尔得出结论说,“美国女性的这种优越地位”是“这个国家突出的繁荣及力量增长的主要原因”。[22]

虽然他们不大可能曾经读过托克维尔的这种或任何其他观点,但大批的欧洲男性改革家及女权主义者都从美国的家庭中看到了一种代表着一个组织良好的消费社会的同盟。因此,美国一方面被看作是女性解放、粗俗性欲展示和粗糙浪漫等现象爆发的主要源头,另一方面,它又被看作是一种新的挚爱家庭的模范,这一模范建立在更小的家庭、与亲戚更疏远以及不论房屋是租的还是自己拥有的都不断更新技术知识和重要设备的基础之上,而“消费者夫人”这一专家则是它的中流砥柱。

通过强制他那些日薪五美元的工人们把薪水全部交给他们的妻子(她们掌管着家庭的所有预算,知道如何在食物、住所和衣服上花更少的钱,而在耐用消费品、健康和休闲追求上花更多的钱),亨利·福特间接地成为了第一个承认“消费者夫人”在大众消费社会中的中心地位的人。事实上,不满足的美国女性们在这个问题上并不需要向亨利·福特学习什么。在亨利·福特的五美元日开始实行前一年的 1913 年,作家克里斯蒂娜·弗雷德里克(Christine Frederick)出版了《新持家之道》一书。在这本书中,她按照福特主义者的信条制订了最新的持家教条,即,“能够应用到像制鞋业、钢铁铸造业等有组织的工业上面的”效率方法,“(也可以)应用到我那非常无组织的工业——家庭上”。在被分流到郊区家政那沉闷的例行公事中去之后,克里斯蒂娜·弗雷德里克在“家庭经济的福音书”中发现了自己的新才能,并获得了全国性的名声,最终她作为代表“家庭效率新国际面孔”的女发言人名声又传到了海外。[23]在1920年代的景气年份不断发展成长的克里斯蒂娜认为,女性是能够带来繁荣的“自由花费、创造性消费政策”的最好的倡导者。在她1929年出版的《出售“消费者夫人”》这本书中,她对广告产业提建议说,美国女性不像受到了传统约束的美国男性,她们体现了一种“轻快的”、“在一个新的民主国家中没有固定的社会根源或传统的新的种族混合”。美国女性是一个梦想家,她有着“更大的目标,超越了榨取最后一点效用”,她不像那些“与墨守成规和传统的欧洲人一样顽固的商品囤积者”。她那无拘无束的、或许是难以预料的行为给了商人谋生的生计。反过来,她则希望能够从商人们那里得到“去比较不同价值的聪明邀请”,同时也希望能够得到“诱惑、消遣和乐趣”。[24]

事实上,20世纪早期的美国消费社会呼唤用更加社会化的“经济女性”来取代“经济人”。经济人已经发展得足以能够计算像鸡蛋这样的物品的边际效用,也就是如果他只有一美元而又希望能用它先于其他货物买到六个鸡蛋时他所能接受的价格。以“消费者夫人”为象征的“经济女性”使得经济学家所谓的“家庭单位功能”被人格化了:在做出选择的时候,她就像了解自己的愿求一样了解丈夫和孩子们的愿求,此外她也了解她的邻居“琼斯夫人”的愿求,而琼斯也类似地代表着她自己家庭的愿求。正是她作为老练的家政管理者的行为而不是她丈夫作为典型的好奇者的行为,使得家庭经济没有被那些广告的煽动所诱惑,这些广告只会导致一波波毫无规律的草率购买行为以及大量富余的商品被消化掉。这一新被发现的角色必然地产生于以下事实:现代家庭必须不能被看作是一个单一的实体,而应被看作是一个“中镇”,美国的罗伯特·林德(Robert Lynd)将其描述为一个由相关的“共同面对外来生产力王国”的人所组成的一个“群落”,属于这一“群落”的人们在“购买生活品的探险中”很容易走上不同的岔道。[25]为了在这样的一种环境中生存下去，他们的主管者必须要熟悉处于持续升级换代过程中的物质生产，按照预算的限制计算总的花费，并对每个人的需求表现出高度的了解，同时他还要控制自己的精神冲动和突发奇想。能够运作这一切的人"只能是家庭中的女性家长"。[26]

"消费者夫人"有自己的欧洲对应者，她们的形象分别是法国家庭主妇、德国家庭主妇和意大利家庭主妇。由代表女性利益的女性所组成的协会认真地讲出了女性对家庭和国家的康乐所做出的贡献。国家在贫穷和战争时期呼吁女性们缩减开支，节省和做出牺牲。营销行业的开拓者们喋喋不休地、抽象地和无休止地谈论着女性，不断重复着这一老生常谈：女性掌管着所有开销的百分之八十。左派把女性当作一个自由的个体来谈论，随着她加入了劳动大军以及她的家庭职责被集体化或至少被机械化，她的社会意识将会得到扩展。事实上，欧洲的家政改革是一项步履蹒跚的工程；正如在欧洲的工厂中并没有福特制的准确对应物一样，在欧洲的家庭中也没有福特制的准确对应物。在这种情况下，欧洲人所谓的家政"合理化"预示着它将会保存一种生活风格，这种生活风格会在制度、礼仪和追求上强化资产阶级家政与工人阶级家政的分离，并将强调节俭、高强度劳动和凑合传统的家庭主妇工作永久化。[27]

对欧洲的女权主义者们来说，美国的榜样像北极星一样闪闪发光，只有当大萧条揭穿了家庭经济能够充分地改变家庭常规这样的想法，以及高涨的民族主义阻碍了女权主义者们出国去参加国际妇女会议之后，她们对美国榜样的向往才会减弱。法国女权主义者玛德琳·卡扎米安(Madeleine Cazamian)表达出了这一时期的那些典型的看法。在她访问了各式各样的美国家庭，并观察了这些家庭的成员们在进餐时的做法之后，她得出了结论，认为美国人已经废弃了"自然角色"；每个人都会帮一点忙，仿佛这个家庭已经达成了契约进行劳动分工，并且每个家庭成员都被安排去做最适合他（她）的工作——当妈妈的负责准备和提供食物，孩子们一边吃一边去帮忙取食物，当爸爸的和孩子们一起负责洗餐具。家用设备则将日常的繁重家庭劳作变成了一项更有效率的家庭管理，不论这项工作是由家庭中的中产阶级女主人来做，还是由仆人或肩负双重工作的工人阶级妇女来做。在按照美国模式进行改造之后，女性们落后的家庭私人空间就无法与由男性掌控的现代公共空间相分离了。总之，在这个世界上的某一个地方——美国，妇女看上去已经被从"根深蒂固的女性自我牺牲枷锁"中解放出来了。[28]

让厨房从储藏室中脱离出来

如同其他那些其采用标志着从资产阶级商业的旧制度向大众消费的新制度过渡的社会发明一样，"新家政"的发现也经历了战后重建的阵痛。二战结束以后，恢复计划暴露出了其众所周知的巨大不公平性。几十年来为大多数欧洲人提供了庇护的家居条件是极度落后的，欧洲家庭主妇们能够得到的工具也是前工业时代的遗物。突然地，生活水准不再仅仅是关于薪水以及增加薪水以购买基本的生活必需品了。现在，生活水准包含了以现代家庭设备和器材为标志的舒适概念。1948 年，由被誉为法国的乔治·盖洛普的让·施特策尔（Jean Stoetzel）所领导的 IFOP 民意调查机构，通过以科学的方式检视法国家政的缺点，发出了一个反省的号召。就像遭受了意外事件的打击一样，法国的精英们震惊地发现，法国 3900 万人口中的百分之九十六点二都生活在缺乏"现代基本舒适"的环境中，"现代基本舒适"的界定是指装备有户内卫生间、自来水、暖气、电力和管道燃气。相比之下，美国只有百分之二十三的家庭处于缺乏这种"现代基本舒适"的状况。

在巴黎，只有百分之十八的家庭拥有一个不同于大多数法国家庭所用厕所的浴室，而在美国，大城市中百分之九十的家庭都既有厕所又有浴室。美国现在正在为所有的欧洲国家制定标准，这一点已经被广泛接受了；法国甚至都无法去接近这一标准，这“对于一个曾对现代科学发展和技术进步做出过巨大贡献的国家来说，是绝对不可取的”。[29]

1947 年，在家政艺术沙龙自 1939 年以来首次重开时，有 80 万参观者曾经进入过展览大厅，而问题的解决方案已经不在于举办这种有关这些设备和小发明的辉煌展览了。当展览会的组织者对参观者的社会构成进行首次调查时，他们发现了一个“所有人”都没有注意的问题：参观者的百分之九十都是中产阶级，并且他们大部分都来自巴黎地区。那么问题就提出来了：一个普通的工人阶级家庭将要花费多少钱才能使他的家庭具备大和足够稳定的住房、自来水，以及用来运行主要设备的足够电力等基本设施呢？简单地来数算一下那些基本的设备吧：热水器、电炉、高压锅、洗衣机、电冰箱、真空吸尘器、自动调温的电熨斗、有多个孩子的家庭所需要的缝纫机，以及不同的各式各样的厨房机械，如自动化的蔬菜清洗机、搅拌机、咖啡研磨机、蛋黄酱搅拌器等。这笔费用将会达到 50 万旧法郎。考虑到一个法国工人每月的最低保证工资是 18500 法郎，大部分工人每月拿回家的工资不到 50000 法郎，再加上为了孩子而向政府交的钱，单是通过花费这一项就能看得很明显了：工人阶级几乎已经被新的家居消费排除在外了。[30]

然而，在接下来的十五年之内，这一沙龙所展示的生活水准就变成了法国全国的标准；到 1970 年代中期，这一水准已经普及到了西欧；到了 1980 年代中期，这一生活水准又开始扩展到了东欧。导致这种现象的原因是多方面、复杂和相互纠结在一起的。或许最重要的原因是，曾被压抑的对住房的巨大需求开始能够或多或少地得到大规模新建住房的满足，这些新建住房需要并且也能够得到新的设备。但其他趋势也起了作用。随着工人薪水的提高，工人工资的购买力也提高了，通货膨胀也得到控制，而家用设备的价格也降低了。此外，也有更多的工作女性能够在工厂或服务行业中挣到薪水。于是，一种新的不可抑制的观念开始在欧洲地区传播，那就是，不拥有被广泛认为按最低舒适标准生活所必需的产品的人，会使他们自身被打上耻辱的烙印。

从 1950 年代中期开始的住宅兴建浪潮和从 1960 年代晚期开始的老式建材的革新是至关重要的。在此前的一个世纪中，欧洲为其人口提供住所的记录是极其糟糕的，由于城市人口激增而导致的持续性的住房短缺状况，又因为战争、经济萧条、投机性的房产市场和纯粹的房屋老化问题而更加恶化了。[31] 至少直到 1970 年代，要找到一所体面的住宅就意味着漫长的等待，遭受挫折，以及经常是失望而归。在当时看上去像是一种乌托邦式解决方案的、被几十万城市贫民窟和棚户区的租户所艳羡的、在城市边缘地区迅速修建起的混凝土高层建筑，也在仅仅约三十年之后出现了老化。尽管如此，当时新的建房运动或多或少地是符合国家的建筑条例的，这些建筑条例要求新建的房屋要有一个单独的盥洗室，一个装备有暖气、冷热水管道、电气以及后来所要求的燃气管道的厨房。

想要获得这样一套新公寓的愿望就像一个变成了现实的梦；从此以后，它就不再是战后年代欧洲电影和小说中的一个不同寻常的主题了。乔是法国作家克里斯蒂娜·罗什福尔（Christine Rochefort）1961 年出版的小说《时代儿童》（*Les Petits enfants du siècle*）中的一个十五岁的故事讲述者，作为最年长的孩子，她和她的一群兄弟姐妹一起，和父母共同居住在巴黎西南边缘的三间肮脏的房屋中。对她来说，到萨尔勒斯去居住是她最大的梦想。萨尔勒斯是所谓的“大集合”居住区的前身。“大集合”居住区兴起于瓦兹河与塞纳河交汇处的农田里，它170公顷的占地面积使得它在1955至1965年间一直是全法国最大的建筑工地；当它点缀着社会服务设施与绿地的、成栋的水泥玻璃房屋建成之后，大约5万名新居民住了进去。对关注着这些新迁入居民的城市规划者、社会学家、社会工作者和市场开发者来说，这些新居民就是新的大众消费公民的典范。对首批迁入的2万至3万名居住者的研究表明，这些居民都很好地装备了基本的生活设施，如电冰箱、洗衣机、汽车和电视等，但他们却经常会受到抑郁症的困扰。迁入新居的舒适并不能使之有所减轻的这种症状，使得他们自己难以获得确诊，虽然常识表明，病因就是体面、率直的人们试图调整自己以适应那众多新事物时的压力所导致的。这种症状就是人们所熟知的"萨尔勒斯病"。

随着消费者对市场的推动，家用设备的成本也被压了下来，这主要是由外国的竞争者所导致的，其中美国企业占了较大比例，但最主要的还是德国企业，另外还有意大利的生产商，如扎努西(Zanussi)、印代斯特(Indesit)和卡迪(Candy)等。随着欧洲共同市场降低了贸易壁垒，充分利用了其廉价劳动力和标准化生产企业的意大利雇主们在法国懒散的经销体系中左右逢源。在法国政府自己施加压力让小企业展开合并，采用新的设备和降低价格之前，疲惫不堪的地方制造商们被给予了一项最后的"缓刑"：用以阻止外国竞争者的六个月的关税保护。从那以后，这些企业的集中化和改革就加快了：随着洗衣机的产量从1949年的21.7万台上升到1964年的83.9万台，再到1974年的2百万台，洗衣机的价格也逐渐地降到了原先的一半。拥有洗衣机的家庭也从1954年的占家庭总数的百分之八(1954年是收集这方面数据的第一年)，上升到了1961年的百分之二十七，到1971年又达到了百分之五十七，然后在1980年又达到了百分之八十。[32]

洗衣机被认为是"缺乏弹性的"商品之一，这就意味着，各个家庭即使只有很低的收入也会倾向于去购买洗衣机，因为洗衣机被看作是必需品。因此，能够使用分期付款方式购物就帮了他们大忙。一度曾代价高昂得令人望而却步、并且在社会上很难被接受的借贷行为，从1950年代中期开始变得很寻常了。制造商们需要它。就像从20世纪一二十年代就开始了信贷革命的美国所发生的那样，信贷通过改进从供应商到经销商的存货动态，帮助消除了代价很高的季节性商业波动。信贷的提供得到了新企业的推动，其中最引人注目的就是法国的赛特勒姆(Cetelam)公司；1953年，这家公司的管理层在电子企业联盟的赞助下访问了美国，从那以后，它改进了针对电子设备经销商及其顾客的服务条款。法国的消费者不同于美国消费者的地方是，他们必须被推动着去相信：信贷并不是罪恶的，或是在社会上被认为是耻辱的。随着大量的人们能够挣到工资并因此预料自己能够付得起账单，让人们相信这样的信念变得越来越容易了。女性杂志也在证明分期付款购物绝对不是“不名誉的”或“几乎是贫穷的同义词”。它不同于到当铺或到“姑妈”、“伯父”的小密室里去借钱。这些女性杂志争辩说，美国人都把分期付款购物看作是一种理智的、考量周到的、聪明的和稳妥的家庭决策；“借贷不仅远不会降低你的社会地位，还会提高你的社会地位”。[33]于是就这样，在面对强烈的需求以及预计到收入将会上升的情况下，工资和薪水挣取者们开始把信贷这种高代价和有风险的做法纳入到了自己的盘算当中。到了1960年代早期，工人和雇员所购买的洗衣机有三分之一是通过借贷购买的，这远远超过了在购买其他商品时信贷购买所占的平均水平；但在电视机的购买中，信贷购买所占的比例比这还高。就像高利贷的产生离不开苦难与贫困一样，与分期付款信贷相伴随的，则是消费者的富足。[34]

受美国模式的吸引，作为妇女们获取消费判断信息首要来源的女性出版物也兴旺发达起来。到1960年代为止，至少有二百家杂志把目标对准了高度多样化的女性大众的几乎每一部分。这些杂志所传达出的信息是足够清晰的:“完美的厨房”是一个“家庭内部真正的工厂”,在这个工厂内“妇女行使她的专职……她的劳动可以是艰苦的,也可以是轻松的,可以是令人厌烦的,也可以是令人愉快的,所有这一切都取决于她的厨房的布置方式”。[35]杂志上被称作是实用性建议的内容是如此地被需要,以至于在 1958 年就有两家专门为此目的而产生的杂志开张了:一家是《女性实践》,它被宣传为第一家“为家庭妇女而开的技术性杂志”,它的发行量很快就达到了 25 万份;另一家是《女士快递》,这是一个所谓的“家庭事业评论”杂志,它的发行量是 45 万份。[36]这两家杂志这么快就找到了这么多擅于接受的听众,这证明了家用设备已经在很大程度上成为了衡量舒适、身份和便利生活的标准,以及第一代大众消费者对于生活在新制度下所需的专业知识是如何的好奇而又感到难以把握。到了 1960 年代,工人阶级已经被期望可以和资产阶级一样享用这些基本的设备了。工人阶级的购买力从 1948 到 1970 年翻了一番,尤其是在 1968 至 1969 年间取得了飞跃。[37]置备家用设备的进程是有计划有步骤地进行的,只是过程比较慢,此外那些大家庭还能够得到政府的家庭津贴。对克里斯蒂娜·罗什福尔小说中的工人阶级消费者乔的家庭来说,戴高乐将军在 1945 年所发出的“生 1200 万个美丽的婴儿”来给国家注入活力的呼吁,与他们自己一个接一个地生孩子的决定是没有关系的。相反,生产一类“商品”只是为了得到另一类商品。每生一个孩子都能从政府那里得到额外的家庭配销额度。而每一个所得到的家庭配销额度又被用来改善家庭的设备购置。乔的父亲永远都不会忘记乔那种反叛性格的第一个征兆,乔迟到的出生导致她的父母失去了他们曾经期盼过的生育奖金,如果乔能够在他们结婚后的两年内出生的话他们本是能够得到那笔奖金的。此后,“谢谢尼古拉斯,我们能够让洗衣机被修好,这是一件好事,不然的话尿布怎么办……我们能够拿回那台电视机,拿回了电视机,家里就会有更多的和睦了……然后,如果运气好一点的话,或许我们可以考虑得到一辆小汽车。这是他们现在正在着眼的事,他们不太考虑电冰箱,妈妈可能会希望得到一台电冰箱,但爸爸说这次应该轮到他得到一些舒适了,不能老是考虑妈妈的舒适”。[38]

在进入1970年代之际,认为新的生活水准是建立在全套家用设备基础之上的这种信念,不仅已经被所有的社会阶层接受,而且也已经被先前曾被排除在任何舒适标准之外的地区接受了。在法国,没有任何地区能像布列塔尼那样因其野蛮落后的乡下生活而备受抨击了。在经济开始繁荣六年之后的1961年,这一地区看上去又被落在了后面。然而,仅仅十年之后,一名来自法国雷恩的年轻社会学家对当地人进行了一组关于其财产状况的社会问卷调查,并对调查结果进行了一系列计量经济学方法的处理,然后他又用美国风格的消费经济研究所需的那种供应和需求曲线对他的发现进行了阐明,结果他成功地披露了由于“深层的结构和道德改革”而带来的“在主要的舒适要素上所发生的确实引人入胜的进步”。由于它的新的消费习惯,布列塔尼地区已经克服了“在赶上全国水平方面的主要障碍”。它的“追赶”能力也是当地官员努力的结果,当地官员促使中央政府将经济和社会发展基金总数的五分之一都投资到了当地的工业和房屋建设中,这些钱被大量花到了工作岗位、新的家庭和现代家庭设备中:在1962年,只有百分之十一的布列塔尼人拥有洗衣机;1968年,这一比例达到了百分之四十一,并且预计1974年这一比例将达到百分之六十四。有一项改进数据甚至更有说服力:在电视机的拥有量方面,布列塔尼地区超过了全国的平均水平:在1962年,百分之六的家庭拥有一台电视机;到了1968年,这一比例达到了百分之五十五,基本上所有的城镇家庭都拥有了一台。[39]有了电视机以后，布列塔尼地区在有关最新的消费信息和流行风格方面就没有理由再落后了。事实证明也确实如此。

因此，到了1970年代，布列塔尼地区已经在“赶上”全法国的水平，而法国也正在赶上北欧和瑞士的水平，与此同时，意大利在洗衣机普及程度方面正在努力赶上法国，而西班牙和其他贫穷的欧洲国家直到1980年代末期才能达到这一水平。[40]因此，人们可以很有理由地断言，在不同的国家与地区之间，这些商品所具有的意义是不同的。但是，家用设备如何得以被拥有(技术的变革、家庭收入的增长、观念的革命，这些都得到了一种新的跨大西洋生活水准的鼓励和推动)，这个问题在很大程度上与阶级、地方文化和历史方面的差异是没有多少关系的。

做出选择

从1950年代早期的观点来看，消费者是一种喜欢怀疑的动物：尚未被商业化的市民文化所包围的她，“是在其父母或朋友所提建议的基础上做出选择的，因为她不会相信销售商或商业广告的一面之词”。[41]很自然地，所有与大众营销利益攸关的人们都努力想正视被法国销售商称为“马丁女士”的这类令人难以捉摸的人物。实际上他们几乎是自己将这种人物的出现变成了现实，女性消费者开始将自己组织起来，在市场中具有了自己的发言权，这比人们所预计的要早得多，并且也猛烈得多。作为《她》(*Elle*)杂志的一名编辑，被称作法国新管理精英中不安分的皮格马利翁的弗朗索瓦·吉鲁(Françoise Giroud)致力于去直面这种无名无姓的动物，以便改善法国作为一个进步国家的形象，同时也是为了增加其杂志的读者数量。她心目中的人物原型是法国版的贝蒂·佛奈斯，贝蒂·佛奈斯是一个表现平常的女影星，但她作为“西屋时刻”节目的电视主持人却很有感召力和才能，在这档节目中她变成了美国最有名的家庭主妇。由于法国社会阶层的多样化,尤其是由于法国的城市和乡村之间仍然存在鸿沟,要想在1950年代的法国确定一个可被当作偶像的人物是非常复杂的。法国女性在炫耀自己风格的与众不同方面是很出名的,尤其是在她们对广告口号的执着方面。如果一款长袜在广告中宣称自己是结实的和经济的,一名乡村的消费者或许能够被吸引,但巴黎人却会对其嗤之以鼻。如果这款长袜被宣传是"性感的"或是"明星们的最爱",纯正的中产阶级又会把它当作是放荡女人的用品而排斥它。如果把它作为"一个真正的法国品牌"来宣传,又会有许多人一直都认为"任何东西都是国外产的更好一些"。那么,如果宣传它是"美国制造",其他人又会抱怨说:"真的吗? 难道他们不在法国生产真正完美的长袜了吗?"吉鲁的解决办法是支持一位单身的普通家庭主妇消费者,一位"来自昂古莱姆的女士"。这位女士来自法国的中心地带,她淳朴却又勇敢无畏,在消费需求上是一位永不安宁的包法利夫人:她在"不用费力就能做清洁工作"上需要好的建议,同时在组织"精彩的周日旅行"上也需要好的建议。很自然地,她首先感兴趣的是如何装备她的家庭,但她又很有时尚意识,对新出产的摩托车和小汽车又是如此的好奇。考虑到在1960年左右各省和巴黎之间的文化差距仍然很明显,而《她》杂志的一百万读者大都希望能生活在巴黎(如果他们不是已经生活在巴黎的话),这样的一位人物和《她》杂志的读者群之间到底有没有对应性,这个问题是很可疑的。[42]

在确定"新家庭主妇"的特征方面,智威汤逊广告公司应该能被期望做得更科学。1964年,当它在欧洲对那些"每年建立家庭并终生管理它,保持卫生,做饭,购物,生孩子并照顾孩子"的年轻女性做第一次调查时,它展现出了为家用产品了解这一"首要目标群体"的紧迫性,因为这一群体正处在一个"学习和塑造可持续很长时间的习惯的"过程中。[43]从它所调查的一千名16至34岁的英国女性当中，智威汤逊公司认识到，即使她们仍与自己的父母生活在一起，她们对拥有自己的家庭也仍抱有很高的期望值。她们已经从广告和其他媒体中产生了一种生动具体的乐观主义，即，“这个家庭一定得是一个人所能获得的最好的那种，因为全家差不多要无限期地生活在那里”。她们的“购物练习”建立在她们自己的经验之上，虽然工人阶级年轻女性倾向于继承她们的母亲的喜好，即使她们的母亲对于她们很时兴的东西经常会很落伍。最令人满意的调查结果是发现了工人阶级女性和中产阶级女性都喜欢读广告，并且都很容易接受新产品，后者可能比前者更容易接受新产品，这不仅是因为她们的收入更高，而且也是因为她们通常住得离她们的父母更远些。

总之，虽然萨尔塞勒居民区的工人阶级女性的经验表明她仍有许多障碍需要克服，但“消费者夫人”已经处在形成过程中。对巴黎地区的年轻工人阶级夫妇来说，萨尔塞勒居民区已经提供了“一个人所能获得的最好的”住宅。但是，直到 1960 年代中期(如果不是更晚的话)，这片郊区一直是一个消费者的沙漠，贫困市民习惯于光顾的那种鲜活的街头商业场所很少。在 1962 年，这里只有 70 家商店为 2 万至 3 万名居民提供服务，并且这里只有 3 位面包师，因此在某些夜晚，一些居民从市内回家后，就不得不排在 30 至 40 个同样疲惫不堪的消费者后面等着买面包。[44] 然而，工人阶级家庭主妇的最大敌人往往还是她自己的家庭，尤其是她的丈夫，最典型的就是在发薪水的日子里，她的丈夫与一帮狐朋狗友去胡吃海喝把工资花光了。她像一个好的消费者那样行事，精打细算，周密计划，收拾整理，斥责发火，纵容自己小心控制的渴望去买一些小玩意来美化桌面和窗户，于是她会被指责变成了“资产阶级”和“让自己屈从于广告宣传、笨手笨脚的玩笑以及有时(更糟的是)屈从于保守主义的胡乱猜疑”。然而，她坚持下去的努力是如此的坚定不移和风格鲜明，同时又是发生在如此广阔的一个战线上，以至于完全可以说她的斗争具有“社会运动”的性质，虽然这一社会运动发展的方式已经无法“更加扩散化、更带有自发性和更难以捉摸”了。[45]

大规模销售活动是这种“社会运动”的一种重要催化剂。当宝洁公司在1968年决定推出“带有酶的新一代产品”时，它计划进行一场有史以来最大规模的推销活动，最终这一推销活动被发现是建立在挨门挨户招揽顾客的基础之上的。在按计划推出这一产品之前，宝洁公司花了占其第一年销售总额百分之三十的2千万至3千万新法郎，用了10个月的时间来调查分析它的试销市场，并动用了所有它能得到的消费者民意测验技术。它的推销策略是很经典的一种，即所谓的跳过地方零售商与用户家庭面对面地接触，因而能使它们直接对产品产生兴趣。然后相应地，家庭主妇们将会到她们经常光顾的商店里去找这种产品，如果她们在货架上没有发现这种产品，她们将会直接去找商店的经理并要求他供应这种产品。为了鼓励家庭主妇们的这种做法，上门推销者向930万个家庭发放了折扣优惠券。为了保持这种压力，6个月之后他们又扫荡了农村地区，向那里的家庭散发了另一种一法郎的优惠券。

对生产公司来说，很明显，最关键的地方在于销售。销售人员可以计算他们的销售增长，但对于到底是哪一种策略、因素或态度促进了销售的增长，他们知道的也很少。广告攻势越猛烈，生产公司和消费者之间的打交道就越多，消费者的购买技巧也就越成熟——虽然这并不必然会增强他们对这一品牌的忠诚。在很多含有酶的洗涤剂产品已发布并且不再具有新奇性之后，要区分不同品牌间这种产品的性能就很难了。[46]致力于品牌认同的推销活动越多，消费者就越会把洗涤用品看作是“普通的”产品，也就是说，他们就像看待盐、牛奶或面粉一样去看待这些产品，认为并不需要进行什么特殊的工作去发展这类产品。他们对于那些没有证据可证明其有真正创新的广告宣传缺乏信心，因此他们就只根据价格进行购买，就像他们在购买面包、牛奶、牛肉、青豆和新鲜土豆时所做的一样。在逛过一些商店之后，消费者可能会在超市或折扣中心找到最适宜的价格，有时能便宜百分之二十五。与他们周边的商店不同，那里的结账人员也不会对兑现打折券的做法大惊小怪。[47]

"我们这个时代的大诱惑者不再叫唐璜或卡萨诺瓦了，现在大诱惑者的名字写在那些洗涤剂、杀虫剂和牙膏上，"弗朗索瓦·吉鲁在1953年评论道。[48]十五年之后，销售战略家们仍然是"诱惑者"，但现在轮到他们自己被"他们的战略诱惑了"。家庭主妇们已经见识了所有的销售技巧：包装盒的大小、重量、定价和包装。她们的行为越来越冷漠，越来越难以预测，对免费样品、特价产品和打折也越来越贪婪。[49]

这种消费者自信的猛增在广告活动为了吸引消费者而编造出的新人物形象中也体现了出来。1972年，碧浪这一客户由此前不久刚刚与英国康普顿公司(British Compton Agency)合并了的R.-L.迪普伊(R.-L. Dupuy)公司拥有。当迪普伊在1920年代晚期建立他的公司的时候，他将自己定位为一个骄傲的反美国化者，尽管这一定位使这个文雅的老狐狸没少受美国大众的猛烈抨击。他为布兰可－康普莱托(Blanco-Completo)肥皂粉提供的幽默的推荐书(其中一个来自于原型是一个好管闲事的人的劝谏，另一个来自于戴无边飘带女帽的家庭主妇布雷顿)，已经表明了这家公司在发明带强烈女性色彩产品方面的趣味。迪普伊－康普顿公司在推销碧浪洗衣粉时引入了一个全新的人物形象：莫妮可·佩里尼翁夫人，一个眼神迷离的工人阶级的妻子和母亲，她正双手牢牢地抓着购物车与她的家庭成员说话，而她穿着随便的丈夫抱着刚学走路的孩子正看着她。购物经验丰富的她很粗鲁地避开了正试图打断他们的谈话向她推销买二赠一优惠的推销员。她已不再是社会学家的研究对象，不再是效率专家的监视对象，也不再是广告员的愚弄对象，她甚至对自己的妈妈也不再完全信任了。在解释她的选择时，她宣称说她刚在一年前买了她的第一台洗衣机。在这之前，她的妈妈都是用手洗尿布的。她妈妈说碧浪是最好的。但她并不完全相信。她必须要自己做出判断。于是她用这种产品对清洗劳伦特罩衣上的胡萝卜斑点、牛奶斑点和鸡蛋斑点进行了测试。她的结论是决定性的和直截了当的：不管推销员怎样诱骗，她都将"忠诚地支持碧浪"。"清洁就像碧浪一样，是不能被交易掉的"。[50]

现在，品牌忠诚度（不论能否证明其有用）正是大公司们正在激烈争夺的东西。麻烦的是，熟知也能导致对品牌的不忠诚：消费者的信任变成了对广告吹捧的怀疑和不信任，昂贵的包装和对产品性能作冒充科学的说明导致消费者们会只根据产品的价格去做决定。随着 1970 年代早期经济增长的放缓及洗涤剂产品的销售增长从此前十年中的每年百分之五降到了约每年百分之二点五，看来有些东西显然是出现了差错。也就是在这个时候，法国处于领先地位的超级市场家乐福决定开始销售以它自己的名字冠名的洗涤剂用品。此时，家乐福正面临着来自欧尚（Auchan）、迈摩丝（Mammouth）和其他大连锁店的严酷竞争，以及来自勒克莱尔（Leclerc's ）和因特马可（Intermarché）打折批发店的竞争。家乐福的管理层想起了他们所听的由消费者积极分子、约翰·肯尼迪总统的消费事务顾问艾瑟·彼得森（Esther Peterson）所做的关于所谓的自有品牌的成功的热情洋溢的报告。艾瑟·彼得森作为当地领先的超市连锁店巨人公司（Giant）的顾问，曾经指导这些自有品牌打进华盛顿哥伦比亚特区地区。家乐福引进自己的产品标志的一个主要障碍是，1960 年在美国跨国公司的倡议下为防止当地商店削价而建立的消费工业研究和联络学会将会采取措施联合抵制那些"具有侵略性的"的经销商。但到了1970年代早期，法国国内的商品流通网络已经建立得足够好了，完全可以使家乐福从其他商家那里得到支持，以便迫使跨国公司让步。随着很多连锁店开始生产它们自有品牌的产品（家乐福把自己的品牌宣传作“自由选择”中的“自由产品”），价格竞争降低了洗涤剂产品的价钱，消费者们四处购买以找到最便宜的价格，超市连锁店中的洗涤剂产品销量又开始高涨了。[51]

消费者自由的拥护者经常提出这样的观点，即，行使消费者选择的习惯能够加强其他领域内的选择行使，主要是在政治领域内。这种前景使得文化保守派很担心这种选择的行使可能也会发生在其他领域内，比如在性行为和文化品位上。的确，这些事物之间存在着联系——而市场商人就属于第一批使这成为现实的人。市场商人并不害怕女性行使自己的思想自由（实际上他们还欢迎这个），他们认为那个是可以被塑造的。在法国女性于1946年获得投票权之后，广告商们就将选举竞争模仿成了自己的营销策略。奥妙牌洗涤剂的宣传以“奥妙当选了”这样的标语来吸引大众的青睐，同时它还把一个挑战家庭传统的技工妻子的推荐口号当做对自己的另外的支持：“我的妈妈说，如果你不喜欢灰尘，那就不要嫁给一个技工。可见她根本不知道奥妙牌洗涤剂的存在。”在1960年代，法国最主要的家用器械公司也宣称：“曼丽耐克斯（Moulinex）解放了女性。”

然而，在1970年代，选择的自由开始被变成了不进行选择的政治自由。紧跟着女性解放运动在西方的迅速发展，联合国宣布1975年是“女性国际年”。也就是在这一年，在法国，女权主义运动决定与它认为是传统家务首要象征的家政艺术沙龙进行斗争。当已被法兰西共和国总统瓦列里·吉斯卡尔·德斯坦（Valéry Giscard d'Estaing）任命为负责女性事务的副部长的弗朗索瓦·吉鲁在一次旅行中到达这里时，妇女解放运动和争取堕胎与避孕权利运动的示威者们所喊的口号是：“曼丽耐克斯没有解放女性”,“不要家用的小玩意儿,而要集体的素养”。此前更早的时候,德斯坦总统新任命的另外一个官员、负责消费事务的第一副部长克里斯蒂娜·斯克里夫纳(Christiane Scrivener)到访时,此事没怎么被注意就过去了。到1975年为止,有六个全国性的消费者组织会定期参加家政艺术沙龙。它们中的大部分是保守的、面向家庭的组织,它们都很担心产品的价格和质量。但也存在像“那一选择”那样的更好斗的组织:消费联邦协会。沙龙的组织者错误地让消费联邦协会在自己的入口处建起了它自己的台子,消费联邦协会就在那里向参观者散发反对展出厂商大肆掠夺的传单。[52]

厨房内的冷战

到1970年代为止,拥有一个厨房已经成为了家庭储蓄的目标、女性参加工作和男性加班工作的理由,以及家庭欠债的原因,它也成为了国内和国际民意调查的一个主题。用来装备厨房的用品也使得分散的耐用消费品生产商与现代化的国内流通体系被整合了起来。把每家拥有一个厨房作为一个目标越是合理,它就越显而易见地成为了一种必需的生活水准,以至于没有必要再引用外国厨房的例子当说明了,当然是没有必要再拿美国风格的厨房当例子了。正相反,厨房具有了当地的含义。厨房设备的不同质量以及不同家庭组建厨房的不同方式,增强了一种家庭加入新的全国标准的感觉。它们变成了关于国家认同的日常因素,其起的作用类似于法国的日常生活与德国的有何不同,或丹麦人对于卫生的理解与瑞典人的理解不同,因此,它们也成为了陈旧风俗、讽刺性评论和人种学研究的题目。[53]

然而,对于美国的全球政治来说,这种分离代表了一种损失,这种损失并不是马上就能够看到的。经过1960年代中期之后,厨房已经被弄成了西方生活方式的象征，这种生活方式的带头人和保护者是美国。“美国治下的和平”代表着使生活对女性来说变得舒适和安逸，美国政府对美国生活方式的宣传与美国从事器具生产的大企业在西欧新兴市场上争夺市场份额时的宣传吻合得很完美。在1957年的家政艺术沙龙上，通用汽车公司价值30万法郎的厨房预示了家庭主妇们所能期望的21世纪的各种发明：红外线加热器、超声波洗碗机，能够360度旋转的电视屏幕上闪烁着菜谱，这些菜谱是由一台美国国际商用机器公司（IBM）制造的机器提供的，这台机器使用了打孔卡，并连接着一个用于订购物品的电传荧幕。在1958年的米兰样品展销会上，展示美国参展商们的共同主题“造就更好生活的技术”的、RCA-惠而浦“未来厨房”对公众产生的影响是如此之大，以至于它在全世界的其他32个展览会上又被重新装起展示过，而它的拥有者却一点都没有意识到，在大多数地方这个厨房都显得非常不合时宜。在1961年德里的国际农业博览会上，当历史学家和文化外交官丹尼尔·布尔斯廷（Daniel Boorstin）看到迷惑不解的妇女们用带着手镯的胳膊挽着她们光屁股的小孩子怯生生地经过这个厨房时，他不禁担心：对形象的投入太多了，对理念的投入却太少了。[54]

苏联部长会议主席赫鲁晓夫和美国副总统理查德·尼克松在1959年6月的莫斯科贸易展览会上面对面交锋时发生的所谓“厨房辩论”，则正是展示这种理念的场合。从美国人的观点来看，当时的时机并不好：在此前的两年中，艾森豪威尔政府刚刚被苏联发射了人造卫星斯普特尼克号（Sputnik）一事震惊得晕头转向；而美国自己的、被民主党人斥之为“弗洛普尼克”（Flopnik）的卫星发射项目则失败了；黎巴嫩爆发了一场反美起义；古巴的菲德尔·卡斯特罗则发起了反对当时的古巴领导人富尔亨西奥·巴蒂斯塔（Fulgencio Batista）的攻势。然而，在这同一时刻，赫鲁晓夫却想在欧洲地区主要的悬而未决的问题——柏林问题上与美国达成协议,他也更欢迎当时的东西方缓和,那可以使苏联在军备问题上少花钱,而花更多的钱来提高国内居民的消费水平。[55]

苏联官员没有为美国在索科尔尼基公园设置这样的展览做好任何准备。他们原以为美国的展品也会是些机械、科学和技术方面的东西,就像前一年苏联自己在纽约大体育场举办展览时所展示的东西一样,那一次,苏联展示了同比例大小的三颗人造卫星的模型、农业科技的进步、对原子能的和平利用,以及它最新款式的汽车。只是在有点追悔并怀疑那样的展品能否盖过展览会上其他展品的活力之后,苏联才为自己的展品增加了两个“生活方式”方面的内容,包括一个时装表演和一个厨房。相比之下,美国在莫斯科的展览全是关于美国的生活方式方面的。5 万平方英尺的主展览厅上包着扇形的铝制屋顶,它被分成了两个区域:带有一个关于美国生活的立体模型的“文化展厅”和一个塞满了各种消费品的“用品展厅”。在这两个展区之间,展览还包括三个厨房:由通用食品和通用面粉公司搭建的一个是用来准备现成的蛋糕、冷冻食品和其他方便食品的;惠而浦的“奇迹厨房”;色彩协调的、被戏称为斯皮利特尼克(Splitnik)的厨房则是这个三居室平房的核心,它是为了吸引走道方向的注意力,以便使参观者能从它内部穿过的。这个厨房是由通用电气公司组织的,它就是这场辩论中那有名的最后巧妙回答的背景。

因为苏联人认为他们称之为“科学水平”的东西在衡量一个文明的价值方面要远胜于“生活水平”,因此他们把美国展品的大部分视之为次等的人类发明。其中美国的房子模型尤其引来了众多的批评,因为美国的展览组织者是把它作为典型的美国工人阶级的住房来展出的,是把它当作长岛地区由全州地产公司(All State Properties)建造的那种联排房屋的写照而介绍的,这种房屋装配了梅西百货公司价值 5 千美元的设备和家具,其中包括内置的电器和铺满地的蓝色地毯。美国国务院的官员们警告尼克松说,自从3月份以来,苏联媒体就一直在嘲笑这个房子模型:说它是美国工人的典型住房,就好比是说孟买纺织工人的典型住房是泰姬陵,或者是说英国矿工的典型住房是白金汉宫。尼克松此次访问苏联的目的就是要为预期中的1960年总统选举向公众展示他当总统的能力,因此他准备好了要把房屋问题作为一个辩论的要点和访问中的一个事件。

当尼克松引导着赫鲁晓夫在展览现场参观时,这两个人开始了相互取笑。尼克松承认苏联或许在火箭制造上领先,但他认为美国在其他东西上也有领先——"比如说,彩电"。当他们经过房子模型时,当时是西屋公司的广告员的威廉·赛菲尔(William Safire)把他们拉到了一边,使他们来到了洗衣机面前。这一举动促使尼克松说:"任何能使女性工作量减少的东西都是好的"。赫鲁晓夫对此回答说,"你想让你们的女性都待在厨房里。我们不这样考虑女性。我们认为她们能干更有价值的事情。"接下来,尼克松开始赞美起这个房屋模型的优点,他说这个房子价值1.4万美元,并且是美国工人很容易就能买得起的。对此赫鲁晓夫回答说:他的国家为所有的人提供住房,不管他们有多少收入,并且,在苏联,建房子是要建得坚固耐久,而不是为了让它坏掉。尼克松最后的观点是,"我们并不是由一个政府官员在上面做出一个决定的……我们有很多不同的制造商和很多不同类型的洗衣机,因此家庭主妇们就有的选择……围绕洗衣机优缺点的竞争难道不是要比围绕火箭威力的竞争要好吗?"赫鲁晓夫回答说,"是那样,但你的将军们却在说,'我们想进行火箭竞争'。我们能够打败你们"。

正如西欧媒体所关注的那样,最重要的问题是这种个人对个人的外交能否缓和美苏围绕柏林问题所产生的紧张气氛。[56]到了1950年代末期,美国在生活水平这张记分卡上已经很明显地赢了。的确,左翼媒体以及很大范围内的一些公众意见可能都会同意,在美国,工人们没有社会保障:正如赫鲁晓夫被引用的那句话所说的,“如果你没有钱,你就只能睡在大街上”。但不论美国的生活水平有何缺点,苏联与提供集体福利的替代性方案已经不相干了。

1959 年 6 月,在谈到美国的生活方式时尼克松曾对赫鲁晓夫说,“我们不会把这种生活方式强加给你们”。但是他预言说,“你的孙子将会看到它的实现”。在举办这次展览会的时候,没有什么能够显示出这个厨房模型是一个特别吸引人的事物。在苏联参展商被要求为他们所喜欢的展品进行投票的秘密的无记名投票箱里,厨房模型在所有的十五个选项中只名列第十三:宽银幕立体电影和爵士乐名列第一,“奇迹厨房”则垫底。[57]色彩协调的“未来厨房”与莫斯科的生活水准没有什么关系,正如它与世界上大多数地方的生活水准也没有什么关系一样。虽然如此,为消费者提供商品的能力却已经是一个重大的政治议题了。在美国展览会开始前的三天,苏联人刚刚在附近的卢泽尼基公园(Luzhniki Park)里举行了一个商品交易会,在这个交易会上,参观者可以买到从鸡蛋类的食品到照相机和磁带录音机这样的平时很难买到的商品。等 72 小时后索科尔尼基公园的美国展览会开幕时,这个商品交易会已经吸引来了 35 万人。[58]

到 1970 年代中期,当西欧基础的家用设备普及已经开始饱和时,东欧在很大程度上属于津贴的住房、食品、教育、医药和文化产品这些社会消费因素之外,开始在新的大规模基础上生产洗衣机、电炉和黑白电视。然而,它们在 20 世纪 80 年代遇到的麻烦却让人感觉更加熟悉,这部分是因为在西方对苏联阵营的分析当中,它们已经被如此公开地预言过了。商品短缺以及缺乏生产下几代产品的能力,这都是缺乏市场反馈的经济体系所固有的东西。在苏联,对工业产品和消费产品的更多投资被军工复合体阻碍了。通过使工人的劳动更集约化来增加产出,这样的要求几乎没有出现过，这是因为，只要没有多少可以花钱的地方，金钱激励就无法起作用。结果，工资经常是流入了繁荣的半地下黑市，而在东德，工资则经常是流入了迅速发展的与西德的跨境贸易。政府为了应付购物排队越来越长的情况，采取措施进口商品，这又大大增加了它们对西方国家的债务。电视和收音机的广播越多，到西方国家旅游的人也越多，他们对西欧人的消费习惯也就越熟悉。这些消费习惯越是被官方抨击为“资本主义的糟粕”，它们的吸引力也就越强。社会服务供应越差，“真实的”社会主义成为资本主义市场经济真正替代物的可能性也就越小。

在苏联阵营于 1989 至 1990 年分崩离析之后，它的终结开始被认为是不可避免的了。对于新出现的妇女运动来说，这些政权失败的原因可以被归结为它们没能提供相当于妇女和家庭的康乐的舒适。当时是南斯拉夫公民的女权主义者斯拉文卡·达库利克（Slavenka Drakulic）回忆说，随着苏联阵营的解体，她和其他妇女们最想知道的是“西方日常生活的小东西：人们怎样吃东西，怎样穿着，怎样交谈，他们住在哪里，等等。他们能够购买洗涤剂吗？为什么大街上到处都是垃圾？”她们的当务之急并不是政治辩论，而是物质舒适最基本的东西：“坐在她们的厨房里（因为在她们供热很差的公寓里厨房总是最暖和的房间），烹饪，聊天，喝咖啡，谈论男人和孩子，以及谈论她们多么希望能买一个新的冰箱，或一个新的电炉，或一辆新车。”[59]

注释

章首引语出处：*Premier Congrès International de la Distribution des Produits Alimentaires*，*Proceedings*，Paris，June 20 – 23，1950（Paris，1950），243；Luuk van Middelaar，“De Democratie kan zonder Ideologie，” *NRC Handelsblad*，December 21，2002.

1. Marthe Vincent，“Les poudres de lavage，” 1969，189 ff.，Année 1968 – 1969，Hautes Ecoles Commerciales Jeunes Filles，Chambre de Com-

merce de Paris (hereafter CCP); J. Martin, "Les produits pour le lavage du linge en machine," 99 – 122, Année 1971 – 72, CCP; idem, "Qui est Procter & Gamble?" *Vente et publicité*, July-August 1956, 67. The canvasser was a stock-in-trade figure of turn-of-the-1960s film and fiction; see Georges Perec, *Things: A Story of the Sixties* (Boston: David Godine, 1990).

2. The transformation of the postwar European household is treated in Michael Wildt, *Am Beginn der "Konsumgesellschaft": Mangelerfahrung, Lebenshaltung, Wohlstandshoffnung in Westdeutschland in den fünfziger Jahren* (Hamburg: Ergebnisse, 1994); Jennifer A. Lohelin, *From Rugs to Riches: Housework, Consumption and Modernity in Germany* (Oxford: Berg, 1999); Claire Duchen, *Women's Rights and Women's Lives in France, 1944 – 1968* (London: Routledge, 1994). On the American household of the same epoch, see Elaine May, *Homeward Bound: American Families in the Cold War Era* (New York: Basic Books, 1988).

3. Quynh Delaunay, *Histoire de la machine à laver: Un objet technique dans la societé française* (Rennes: Presses Universitaires de Rennes, 1994). See also Patrick Carré, "Les ruses de la 'fee' electricité," in *Du luxe au confort*, ed. J.-P. Goubert (Paris: Belin, 1988), 65 – 83; and Marie-Noëlle Denis, "Systèmes culturels et technologie: histoire de la machine à laver," *Culture technique* 17 (March 1987): 206 – 212.

4. On housewifery in postwar France: Claire Duchen, "Occupation Housewife: The Domestic Ideal in 1950s France," *French Cultural Studies* 2, no. 4 (1991): 1 – 13. More generally, see Susan Strasser, *Never Done: A History of American Housework* (New York: Pantheon, 1982); and Ruth Schwartz Cowan, *More Work for Mother: The Ironies of Household Technology from the Open Hearth to the Microwave* (New York: Basic Books, 1983).

5. Michael Geyer, "America in Germany: Power and the Pursuit of Americanization," in Konrad H. Jarausch and Michael Geyer, *Shattered Past: Reconstructing German Histories* (Princeton: Princeton University Press, 2003), 121 – 144.

6. "La guerre des poudres à laver," *Libre-Service-Actualité*, March 17, 1966, 40; R. de Rochebrune, "La bataille des détergents: Après

l'empoignade des enzymes," *Entreprise*, January 1970, 6; "Etude du marché des détergents de synthèse Panel Stafeco," discussion, March 19, 1960, CR 3878, Centre de Perfectionnnement dans l'Administration des Affaires, CCP; Vincent, "Les poudres de lavage," 20 ff.; J. Martin, "Les produits pour le lavage," 99 ff.

7. Societé Fournier-Ferrier, discussions 14 - 21, November 1956, CPA-3. 453, CCP; "Procter and Gamble France," *Libre-Service-Actualité*, October 1, 1967, 48 - 49.

8. Vincent, "Les poudres de lavage," 27.

9. For the history of synthetic detergents, see John Corlett, *The Economic Development of Detergents* (London: Gerald Duckworth, 1958), esp. 105 - 118; J. Martin, "Les produits pour le lavage," 1 - 27. On the American firms' major competitor in the world, see D. K. Fieldhouse, *Unilever Overseas: The Anatomy of a Multinational, 1895 - 1965* (London: Croom Helm, 1978). Excellent on the economic-cultural forces pushing detergents where the need is not yet apparent: Jeffrey James, *Consumption and Development* (New York: St. Martin's, 1993).

10. Vincent, "Les poudres de lavage," 28.

11. Roland Barthes, *Mythologies* (1957), ed. and trans. Annette Lavers (New York: Hill and Wang, 1972) 11, 36 - 38; Kristen Ross, *Fast Cars, Clean Bodies: Decolonization and the Reordering of French Culture* (Cambridge, Mass: MIT, 1995), 71 - 106.

12. Jean Baudrillard, *Le système des objets* (Paris: Gallimard, 1968), 249 - 252; idem, *Consumer Society: Myths and Structures* (1970) (Thousand Oaks, Calif.: Sage, 1998); Ross, *Fast Cars, Clean Bodies*, 73 and 208 n. 5.

13. Henri Lefebvre, *Le temps des méprises* (Paris: Stock, 1975), 34, 115.

14. Jean Dayre, "La première industrie française manque de productivité: 23 million de travailleurs, 35 milliards d'heures de travail par an," *Productivité française* 1 (January 1952): 4; Jacques Rouaud, *60 ans d'arts ménagers*, 2 vols. (Paris: Syros-Alternatives, 1993), 2: 67 -69.

15. Rouaud, *60 ans d'arts ménagers*, 1: 268 - 269, 2: 123. On the U. S. home and deliberate efforts to promote its image at the Paris Salon: Merritt Ierley, *The Comforts of Home: The American House and the*

Evolution of Modern Convenience (New York: Clarkson Potter, 1999), 180 - 181; H. H. Kelly, Assistant Trade Consul, "To Give Away American model home at French Salon" January 7, 1926, January-March file, Paris, 1926, vol. 1, RG 151, Bureau of Foreign and Domestic Commerce, National Archives, College Park, Md. (hereafter BFDC); idem, "The Third Salon of Household Labor Saving Devices," January 26, 1926, ibid.

16. Sophie Body-Gendrot, "Une vie privée française sur le modèle americain?" in *Histoire de la vie privée*, ed. Philippe Ariès and Georges Duby, vol. 5 (Paris: Seuil, 1987), 528 - 579.

17. Mary P. Ryan, *Womanhood in America* (New York: Franklin Watts, 1975), esp. 251 - 304; also Rayna Rapp and Ellen Ross, "The Twenties Backlash: Compulsory Heterosexuality, the Consumer Family, and the Waning of Feminism," in *Class, Race, and Sex: The Dynamics of Control*, ed. Amy Swerdlow and Hanna Lessinger (Boston: G. K. Hall, 1983), 93 - 107.

18. Siegfried Kracauer, *The Mass Ornament: Weimar Essay* (1963), trans. Thomas Y. Levin (Cambridge, Mass.: Harvard University Press, 1995).

19. Bruno Frank, *The Persians Are Coming* (1928), trans. H. T. Lowe-Porter (New York: Knopf, 1929).

20. Jean-Philippe Mathy, *Extrême-Occident: French Intellectuals and America* (Chicago: University of Chicago Press, 1993), 74; Manuel Thurner, "The American Girl Inherits Old Europe through Dance: Girlkultur and Kulturfeminismus" (Ph. D. diss., Yale University, 1999).

21. Denis de Rougement, *L'amour et l'Occident* (1939), rev. ed. (Paris: Plon, 1956), 32, 34, 272 - 273, translated and revised as *Love in the Western World* (Garden City, N. Y.: Doubleday, 1957).

22. Alexis de Tocqueville, *Democracy in America* (1835 - 1840), trans. George Lawrence, ed. J. P. Mayer (Garden City, N. Y.: Anchor, 1969), 590, 601, 603.

23. Janice Williams Rutherford, *Selling Mrs. Consumer: Christine Frederick and the Rise of Household Efficiency* (Athens: University of Georgia Press, 2003), 57 - 58, 96 ff., 133 - 135.

24. Quoted in Simone Weil Davis, *Living Up to the Ads: Gender Fictions of*

the 1920*s* (Durham: Duke University Press, 2000), 85 - 86.

25. Robert S. Lynd, "Family Members as Consumers," *Annals of the American Academy of Political and Social Science*, March 1932, 86 ff.

26. Hazel Kryk, *A Theory of Consumption* (London: Isaac Pitman & Sons, 1923), 20.

27. Robert L. Frost, "Machine Liberation: Inventing Housewives and Home Appliances in Interwar France," *French Historical Studies* 18 (spring 1993): 109 - 130; Mary Nolan, "'Housework Made Easy': The Taylorized Housewife in Weimar Germany's Rationalized Economy," *Feminist Studies* 16 (fall 1990): 549 - 578.

28. Madeleine Cazamian, *L'autre Amérique* (Paris: Champion, 1931), 216 ff.

29. Jean Fourastié and Françoise Fourastié, *Les arts ménagers* (Paris: Presses Universitaires de France, 1950), 111.

30. Rouaud, *60 ans d'arts ménagers*, 2: 17 ff.

31. J. Frederick Dewhurst, *Europe's Needs and Resources: Trends and Prospects in Eighteen Countries* (New York: Twentieth Century Foundation, 1961), 214 - 216.

32. Jean Festeau, "La distribution des machines à laver," February 9, 1962, CD 4 - 068, CCP; Delaunay, *Histoire de la machine à laver*, 224; calculations based on ibid., 244 - 248, 252.

33. Marianne Monestier, "Le credit vous permet: de réaliser des économies de temps et d'argent; de profiter immediatement des progrès techniques," *Marie-Claire*, October 1954, 116, 143. On Cetelem see Philippe Clément and Maurice Roy, *De la 4 CV à la Vidéo: 1953 - 1983, c'est trente années qui ont changé notre vie* (Paris: Communica International, 1983), 85 - 98. On consumer credit in the early twentieth-century United States, see Martha L. Olney, Buy Now, Pay Later: Advertising, Credit, and Consumer Durables in the 1920s (Chapel Hill: University of North Carolina Press, 1991).

34. Sue Bowden and Avner Offer, "Household Appliances and the Use of Time: The United States and Britain since the 1920s," *Economic History Review* 47, no. 4 (1994): 742 - 743; Union Féminine Civique et Sociale, *Fiches documentaires d'Action sociale et civique* (Paris, 1963), 14.

35. *Marie-Claire*, October 1957, 128.
36. Ross, *Fast Cars*, *Clean Bodies*, 78 - 83.
37. Marguerite Perrot, *Salaires*, *prestations sociales et pouvoir d'achat depuis 1968* (Paris: Collections de l'INSEE: Ménages, 1971), 48.
38. Christine Rochefort, *Les petits enfants du siècle* (Paris: Grasset, 1961), 108, 25.
39. Dominque Badault, *Equipement du logement et demande de biens durables en Bretagne*, *1962 - 1968*: *Résultats d'enquêtes effectuées en* 1962 *et* 1968 *avec le concours de la DGRST* (Rennes: Centre Regional d'Etudes et de Formations Economiques, 1971), 293, 796, 802.
40. François Gardès, "L'évolution de la consommation marchande en Europe et aux U. S. A. depuis 1960," *Consommation*: *Revue de socio-économie* 30 (April-June, 1983): 3 - 32. Also Louis Levy-Garboua, "Les modes de consommation de quelques pays occidentaux: Comparaisons et lois d'évolution (1960 - 1980)," ibid. (January-March 1983): 4 - 52; Dewhurst, *Europe's Needs and Resources*, 255 - 256.
41. André Maurois, "Homme, 1954: Un monsieur exemplaire," *Elle*, October 25, 1954, 31.
42. Françoise Giroud, "Portrait de l'acheteuse," *Vente et publicité*, June 15, 1953, 23; "Les 'arts ménagers' et la publicité," ibid., March 1955, 62. On Giroud see Christine Ockrent, *Françoise Giroud*: *Une ambition française* (Paris: Fayard, 2003).
43. Timothy Joyce, *The New Housewife* (London: British Market Research Bureau, 1967), 6 - 7, 9, 12, 19, 21 - 22, London, Publications, 1967 -1972, JWT.
44. Rochefort, *Les petits enfants du siècle*; *Libre-Service-Actualité*, June 11, 1962, 12; October 2, 1962, 3; Centre d'Etude du Commerce et de la Distribution, *Les habitudes d'achat de la population des grands ensembles d'habitation* (Paris: CECOD, 1965).
45. Jean-Claude Kaufmann, *La vie h. l. m.*: *usages et conflits* (Paris: Editions Ouvrières, 1981), 79.
46. J. Martin, "Les produits pour le lavage," 114 - 119.
47. "Poudres à laver le linge: Quelle est la meilleure?" *Que Choisir*: *Union Fédérale de la Consommation*, November 1968, 5; "Les poudres à laver le linge: Un marché naturellement ingrat, ou artificiellement

compliqué," *Libre-Service-Actualité*, June 10, 1969, 33 – 35; J. Martin, "Les produits pour le lavage,"80 – 84.

48. Giroud, "Portrait de l'acheteuse."
49. "Les poudres à laver le linge," 33.
50. *Femme pratique*, March 10, 1972.
51. Etienne Thil and Claude Baroux, *Un pavé dans la marque* (Paris: Flammarion, 1983), 43 – 44, 112; Christian Lhermie, *Carrefour ou l'invention de l'hypermarché*, 2d ed. (Paris: Libraire Vuibert, 2003), 79 –83.
52. Rouaud, *60 ans d'arts ménagers*, 2: 162 – 163.
53. Orvar Löfgren, "Materializing the Nation in Sweden and America," Ethnos 58, no. 3 – 4 (1993): 161 – 196.
54. Daniel J. Boorstin, *The Image: Or What Happened to the American Dream* (New York: Atheneum, 1961), 243.
55. On the Kitchen Debate: Rika S. Sato, "The 'Kitchen' and the Cold War" (B. A. thesis, Princeton University, 1990); Walter L. Hixson, *Parting the Curtain: Propaganda, Culture, and the Cold War, 1945 – 1961* (New York: St. Martin's, 1997), 151 – 214.
56. Hixson, *Parting the Curtain*, 210 – 213.
57. "Visitors' Reactions to the American Exhibit in Moscow: A Preliminary Report," September 28, 1959, box 7: Report on American Exhibition in Moscow, USIA Records Relating to the American Exhibition in Moscow, 1952 – 1959, National Archives, Washington, D. C.; Shoup Voting Machine Poll, September 4, 1959, box 1: Shoup Voting Machine, ibid.
58. Sato, "The 'Kitchen' and the Cold War," 41.
59. Slavenka Drakulic, *How We Survived Communism and Even Laughed* (New York: Norton, 1992), xiv-xv.

结　语

慢运动是如何影响快节奏生活的

对从容自若的物质愉悦的坚定捍卫，是反对快节奏生活那无处不在的愚昧的唯一方法。

——慢食运动宣言，1989 年

无论如何，美国作为一种理念，作为一个品牌，仍然十分奏效。

——杰克·托特

全球营销顾问，2004 年

在 1989 年那动荡不安的最后几个月中所发生的两件事，标志着历史的终结。其中一件事就是人们所熟知的、具有划时代意义的 11 月 9 日所发生的柏林墙的倒塌。继国家社会主义崩溃，苏联帝国瓦解和具有破坏性的自由市场政策被强制推行之后，这种国界的打开，标志着社会主义对市场帝国抵抗的终结。

尽管如此，苏联体制的崩溃也对美国模式消费社会的生命力提出了新的问题，即：能有一种对美国模式的替代方案吗？这种替代方案在自由市场的妄自尊大和对全球资源的索取方面不那么具有破坏性，更加适合远离北大西洋物质文明地区的人们的需要和感受。这样的替代方案存在吗？的确，关于生活水平的这一令人烦恼的老问题，现在听上去有种乏味的老左派的意味。自由现在被广泛解释为意味着选择生活方式的自由，而不是意味着要促进社会公平或参与的民主。那么，对于后社会主义社会中新的富人和新的穷人之间的那种更加显著的差距，或世界上高高在上的富裕地区与耻辱性贫穷的地区之间的那种差距，应如何去解决它们呢？通过把自己界定为是那种压迫性的、物质匮乏的和不公平的生活的一种民主的、舒适的、公平的替代方案，美国模式的消费社会繁荣壮大了起来。现在，在没有敌人对它进行挑战的情况下，它还能保持它那不可抗拒的力量吗？

1989 年末所发生的另外一件事与上述的第一件事相比显得微不足道，它发生在柏林墙倒塌一个月之后。12 月 9 日这天，来自 17 个国家的积极分子聚集在巴黎喜歌剧院的大厅里，签署建立国际慢食运动的协议，签完协议后他们打开香槟庆祝，并出席了一个有 500 人参加的宴会。这一场景标志着一场“美味革命”的开始，这场“美味革命”的构想源自它的奠基人——意大利人卡洛·彼得里尼(Carlo Petrini)，它更早的源头则始于 1789 年之后，当时，旧制度下的宫廷厨师们纷纷沦落为客店的老板，他们发明了现代的烹饪法以供应和款待他们的资产阶级新顾客。慢食运动的这些现代革命者们对“快餐国家”和老左派的那种禁欲主义观点都持批评态度，他们承认这场运动起源于某些社会运动的不和谐音，这些社会运动的主题就是对全球化，以及对以和平、环境问题和世界共同体的名义所进行的各种跨国网络流动感到焦虑，并对疯牛病、基因工程和其他饮食文化的退化感到担心。

慢食运动同样也对第一消费世界提出了新的问题，并对以前组织抵抗市场帝国的那种虚假的二元论提出了挑战。它并不在自由市场和国家保护主义这两种二选一的方案中进行选择，而是肯定全球化那“善良的”一面，全球化那“善良的”一面将会终结歧视小生产者的那些规则，并用互联网把这些小生产者与见多识广的消费者们联系起来。在由品牌认可所推动的肤浅的社交性与传统抗议运动的封闭群落所青睐的防御性团结一致之间，慢食运动试图寻求第三条道路。慢食运动也支持资本主义商业，因为它认识到，这一运动需要有良好的财政基础来使它繁荣壮大，如果没有有效的营销战略，作为这一运动的招牌的旅馆和传统饮食就将会屈服于跨国农业综合企业、快餐连锁店和超市的方便食品。最后，慢食运动认为它的理论是普遍通用的，它并不是反美的。的确，美国是慢食运动的强硬对手快餐的故乡。但随着它的成员在 2004 年发展到了 10 万人，美国也是意大利之外慢食运动的分支发展得最大和发展得最快的地方。[1]

灵活的以计算机为基础的生产系统、反应迅速的销售方法、不停变化着的消费者生活方式，以及生气勃勃的新的地区经济，所有这一切的发展速度仍旧被美国的发展打上了自己的烙印。然而，这种事态的一个后果却是西欧作为消费者天堂得到了巩固。另一个后果则是整个世界都将会被拉入西方消费社会轨道的前景。所有这一切的一个最奇怪的后果则是，随着大众消费模式变得无所不在，美国霸权的基础却变得不那么明显了。

在 20 世纪 90 年代发展成了互联网的信息技术那令人眼花缭乱的高速发展，增加了美国领导地位的不确定性。冷战时期最重要的美国智库兰德公司在发展这种互联网技术方面扮演了先锋的角色，其最初的目的只是为了发展一种系统，以便使美国的政府负责人在苏联核攻击摧毁了集中的通讯网络的情况下，也能够进行通信联络。从 20 世纪 80 年代开始，在把信息技术应用到消费导向的生产领域方面，美国和它的新竞争对手日本扮演了排头兵。然而，西欧企业利用跨大西洋地区商业发明的能力现在已经得到了加强。从 20 世纪 80 年代中期开始，随着西欧企业以灵活的管理风格加入进了虚拟技术领域，它们老练地利用他们的本地知识去迎合高度分化的市场，把它们的生产制造分散到了更邻近廉价劳动力资源的更小的、更多样化的生产单位中，并能够进行足够及时的生产，这种生产把他们的销售终端变成了对消费者需求进行持续反馈的源头。[2]

到了20世纪80年代，福特已经不再是一个家喻户晓的品牌，宜家取代了它的地位。大约在这同一时期，"费林时代"也让位于"贝纳通时代"。在20世纪80年代中期，进步飞速的欧洲商人利用几十年来他们在适应跨国贸易上的老练，开始在美国的本土地区挑战已经过时了的美国连锁店。迎合高层次消费者的法国超级连锁店家乐福把"零售店化"带到了富裕的美国郊区。同一时期，当时还毫不知名的德国极廉价商店奥蒂(Aldi)接管了美国伊利诺伊州的宝石茶公司，宝石茶公司曾经是埃米尔·本海姆的美国赞助人，奥蒂的这一举动，是为了教会宝石茶公司在发展黯淡的市区里，通过最大限度地减少库存、服务和门面装饰来提高收益。就在伍尔沃斯濒于破产并最终于1997年7月关闭了它所有的美国商店之际(它只完整地保留了其德国和澳大利亚的商店)，商业巨头科马特和沃尔玛把不属于工会的美国劳动力和廉价的亚洲商品与美国大规模经济的效益结合了起来，轰轰烈烈地发展到了欧洲，带去了规模罕见的商品售价大折扣。在这里，它所面对的反对声音比起它在美国佛蒙特州小镇里所面对的反对声音要弱得多。谈到"美国零售业的欧洲化"，这意味着欧洲的商人们现在不仅已经学会了美国的游戏，而且已经变成了羽翼丰满的全球性的参与者。[3]

在全球竞争的压力下民族国家将会如何作为的不确定性，也增加了美国的权力是在上升还是在下降的不确定性。如果后冷战时期的"华盛顿共识"能够占据上风，那么所有地方的政府都将会通过紧缩预算、削减债务和对外资开放它们的市场，来创造一种对资本友好的环境。批评者们指出，这种趋势的结果将会是出现一个充满了“科马特国家”的世界。就像在20世纪80年代因其不属于工会的劳动力、不完备的服务以及像垃圾一样的库存而变得声名狼藉的美国折扣连锁店一样，科马特国家代表着廉价国家，这种国家通过镇压工会，去掉预防高失业率的凯恩斯主义的缓冲器和削减社会服务，来吸引过于挑剔的全球性的投资者。[4]科马特国家还代表着在民族文化上损失了主权的政府，这种文化主权的损失使得它们本地的文化产品在美国的信息和娱乐联合企业面前显得脆弱无比，而美国的这些信息和娱乐联合企业正是新的全球经济的标志。

但科马特现象也有事与愿违的一面。欧盟国家现在认为，更多的国家层面上的规则将会扼杀它们参与全球竞争的能力：欧盟国家之间必须要有更深、更广的协调。如果1992年签署的《马斯特里赫特条约》的目标在21世纪早期能够得到实现，那么欧洲将会代表一个单一的资本和劳动力市场，并用自己的货币去参与竞争；在政治上它将会在某种程度上得到统一，并将建设一个独特的文化主体。很自然地，在世界上最富裕的市场中进行经营的前景使得美国公司到20世纪80年代末期为止增加了它们在欧洲的投资，特别是因为此时已经饱和的美国国内市场也已经在走下坡路了。出于推销的目的，这些美国公司被诱惑着去利用它们的品牌的美国身份。只要这些公司的产品不被过分地与美国鹤立鸡群的军事、政治和经济权力视为一体，那么用美国来做标牌以及出口美国的生活方式，或许也是可以被接受的，无论如何，这也是一种司空见惯的现象。但随着美国越来越被看作是经济全球化大潮的主管者和受益者，这中间的那种紧张关系加剧了。

美国领导地位的不确定性也反映在下面这种事实中，那就是，美国已不再被看作是体面的生活权利的最重要的倡导者了。直到20世纪60年代，美国的决策者们一直把提高生活水平的措施看作是全球人权运动的主要特征。美国的商品“标准组件”也被当作是一种榜样，这种榜样促使西欧发展它自己的“公民商品”概念，并迫使苏联阵营中的欧洲国家把更多的资源投入到消费生产投资中。但从20世纪70年代起，美国官方却不再宣称任何对于高生活水准的普遍权利了。到了20世纪80年代，从卫生保健、休闲时间、饮食、社会安全和大量其他关于良好生活的指标上看，普通西欧人都享有比普通美国人更高的生活水准。

1975年不少国家所签订的《赫尔辛基协定》标志着这个问题上的一个分水岭，这一协定强调的是与平等相对的自由，以及与集体生活权利相对的个人自由权利。这一协定强调选择、流动和表达的自由，同时，对于那些提供了基础设施但又阻止其消费者为了个人表达而自由使用它们的国家，这一协定也进行了谴责，通过这样做，这一协定的35个签署国含蓄地承认了与消费民主规则相一致的一种普遍权利观念。虽然苏联也是这一协定的签署国，但这一协定的前提显然是反共的：考虑到全球的财富足够满足人类的物质需要，再重申制订一种通用标准的必要性，或者以发展的名义去推迟民主，已经没有必要了。由于认识到了它的主要对手苏联是想在谁最能促进社会平等方面与自己进行竞争，所以美国就特别地强调，是选择的自由而不是保证基本的物质需要才是最首要的人权。[5]

这种强调重点的转变发生的时候，恰值战后西方的高增长率开始下降，工资水平也开始波动，大众供应的标准变得更不均衡，界定需求的商品与服务的篮子也开始看上去越来越多样化了。普通消费者已不再是“乔·史密斯”和他的配偶“消费者夫人”了，也不再是他们的欧洲对应者——办公室经理，或“马丁女士”所下嫁的工会工人了。从20世纪70年代起，面对着销售量下降问题的跨国经销商们发现，早前的目标受众，如全职家庭主妇、穿蓝牛仔裤的年轻人或美国化了的经理们，不仅已经缺少反馈信息和难以预测，并且可能根本已经不再存在了。新的市场营销战略聚焦在确立生活方式上，这些生活方式是指在面对商品的扩散和令人焦虑的时代时，消费者们在塑造自我认同的努力中所表现出来的一些选择。为了确认领导新潮流者，市场开发者们扩大了他们的目标范围，以便使其包含进“参加工作的妻子”、“同性恋者”、“雅皮士”和“青春期前的儿童”，更不用提“幼儿园”和“宠物”市场了。欧洲的市场营销者们花了半个世纪的时间去把一种按阶级分层的人口重新按从A到D的著名的收入标签重新归类；按生活方式进行的分类却很快就出现了。随着马克思主义者们对社会地位的分析开始变得名声扫地，以及左派们也突然同工人阶级说再见，欧洲的社会科学也开始依赖生活方式片段的概念，去对大众观念进行分类，如果不是说对其进行预测的话。[6]

在20世纪结束时，此时的欧洲像美国一样是个消费者社会。的确，随着跨大西洋的及欧洲本地的跨国公司们为在一个扩大了的欧洲市场里占有更多的市场份额，以及为各种政府资源展开竞争，欧盟及一些私营调查研究机构勾画出了消费者们的轮廓，欧洲消费者们的生活方式如果不是比美国消费者们的生活方式更多样化的话，看上去至少也与美国消费者们的生活方式一样多样化。在这里，在这个世界文化与商业的十字路口，多样性制造出了一个“欧洲风格”的万花筒：商人们可以利用地方文化与少数民族特性扩散的千变万化；他们也可以利用继承自资产阶级消费制度的社会地位象征的复苏与重组，在东欧，他们则可以利用人们对简单的小玩意儿和花园小地块以及在人民民主共和国的旗帜下所享有的社会安全的怀旧之情。

在这样一个框架下，当精英文化被与粗糙的物质文明对立起来的时候，欧洲的文化问题从这个世纪早期开始，就以一种非常不同的面貌重现了。欧洲人对后赫尔辛基时代人权议程的鼓吹尤其强调，摧毁一个社群的文化遗产所带来的破坏性与摧毁它的政治权利是一样的；这并不是说“文化权利”可以被国家或其他自称的代言人用来当作一个托辞,以保护它的名义去侵犯其他人的权利。当然,关于市场力量对这种权利所施加的暴行,是很值得争议的。当于1986年开始的关贸总协定乌拉圭回合谈判在1993年将要达成一项协议的时候,作为一种珍贵社会资源的文化观念成为了问题的症结。对美国的谈判代表们来说,关贸总协定的目标是谈判消除尚存的商业壁垒,尤其是那些被用来阻止电影及其他媒体产品公开交易的商业壁垒。只是在欧盟的谈判官员们坚持认为视听产品应当被当作自由贸易原则的"文化例外"时,美国的谈判代表们才勉强作了让步;欧盟国家得以对电视节目的交易实行配额制,虽然这种安排只是暂时的。这一次,美国人的让步与他们过去所采取的立场稍有不同:这次的妥协有意地避开了对有关原则问题的讨论,尤其是对视听产品到底是商品还是文化的问题,至于保护文化免遭市场交易的影响是否应被视作一种表达的自由,从而应被当作一种基本人权来保护,就更没有被讨论了。美国的谈判代表们相信,时间在他们这一方:时间,以及新的人造卫星和数字技术的优势都在美国在这一边,美国的商业被认为将会主导这些领域,这些人造卫星和数字技术将会使各地媒体配额变得毫无意义。[7]

一种新的消费辩证法

到了20世纪80年代,欧洲的旧左派在消费者问题上的观点已经站不住脚了。在这整整一个世纪里,关于对虚假需求的虚假意识问题,人们谈论得已经够多的了。但到了20世纪80年代早期,事情已经变得很清楚了,所有企图建立"阻止虚假需求入侵的不可逾越的障碍"的运动都失败了;"节俭的马其诺防线"已经"在消费者们自己的要求下被绕开了"。[8]那种认为新的消费提倡运动将会把消费者们"分散的利益"整合成一种强大有效的政治游说运动的看法，也同样被证明是一种幻想。[9] 作为消费者行事的欧洲人，被证明是与美国人一样头脑灵活的机会主义者。通过选择去其他的商店或者干脆不买，他们选择了逃离，而不是选择通过对大众消费所造成的伤害进行有意义的抗议来表达意见。早在苏联阵营崩溃之前就存在一种令人非常抑郁的共识，那就是，随着"替换模式"的匮乏，消费社会不得不被看作是"我们唯一的未来"。[10]

在接下来的十多年中，这种意识促使人们对下面这个问题进行有益的反思，那就是：如何将美国消费资本主义那富有表现力的因素与欧洲的生活方式调和起来；同时，这种意识也磨炼了人们批评美国消费资本主义那规则化和标准化的效果，以及关于民主参与的极度简化的观念的能力。对于那些在 20 世纪 60 年代以"摇滚乐"、自由言论运动和性解放运动（被视作是对官僚政治与家长制统治的有力颠覆）参与了"来自下层的美国主义"的那代人来说，消费甚至可以被看作是一个自由领域，同时也是新的抵抗运动的基础。随着旧左派的消失，对于那些在 20 世纪 70 年代和 80 年代成长起来的年轻人来说，事情更是如此。到了 20 世纪 90 年代，欧洲的学者们也开始投入到了对欧洲消费社会历史的研究当中，被主张保护消费者利益的纳德主义者（Naderite）、绿党和不同的各式各样的反全球化运动所鼓动起来的社会激进分子们也卷入到了推广"批判性消费"的运动中。[11]

意大利碰巧为反全球化运动提供了尤其肥沃的土壤。从 20 世纪 80 年代下半期开始，世俗文化在反抗天主教禁欲主义和社会主义的道德主义的过程中所体现出来的那种玩世不恭的享乐主义，对传统的本土和地域文化的坚持，以及由旧左派的危机所引发的对社会抗议运动的总体反思，为消费社会的评判者们提供了论据支持。作为社会主义阵营之外的最大的共产党，意大利共产党虽然从来没有在任何纲领性的东西中使用"消费者"这个词，但通过呼吁实行更高的工资，在一些管理得最好的欧洲城镇中带头对社会需要做出反应，以及支持合作社、休闲组织和其他与消费者相关的群体，意大利共产党在20世纪60年代和70年代作为大众消费者们的政党从中获得了很大的好处。虽然这根本不是意大利共产党领导者们的本来意图，但意大利共产党的党员们却投身进了消费社会的主流大潮中。这种发展动向第一次出现是在1986年秋季早期，当时意大利共产党的全国团结庆祝活动正在意大利的时尚之都米兰举行。在意大利这一最受欢迎的年度活动中，成千上万的人们都能够看到，书展、现实主义电影、彩票抽奖、智利的民间歌手、omm-pa-pa乐队，以及抹上了博洛尼亚调料的意大利面家庭美食、大块的肉和地方美酒，都已经让位给了视频摇滚乐展播、连续不断的时装秀、邂逅共产党企业家的指南，以及提供意大利"新烹调美食"的餐馆。曾经的马克思主义文化理论家们目睹这一景象之后，便开始庆祝一种后现代的"折中的享乐主义"的诞生。日用品不再是本质上是好的或是坏的了：现在的问题是去学会如何"建设性地"消费。这里面的区别就是，是支持那种越来越被认可的"快乐的权利"，还是屈服于那种反动的、被戏称为"里根享乐主义"的自我放纵。[12]

当左派的强大休闲运动意大利文化娱乐协会，即阿尔奇(ARCI，Associazione Ricreativo Culturale Italiana)开始分化成按不同生活方式构成的分支时，它标志着在草根阶层中所发生的上述这种变化已被更持久地确定下来了。到20世纪90年代末为止，这一曾经团结一致的工人阶级亚文化的根基已经被转化成了一个全国性的联盟，这一联盟管理着多个不同的分支，这些分支的主体包括消费者、环境保护论者、妇女权益倡导者、阿尔奇儿童(ARCI-Kids)、阿尔奇同性恋者(ARCI-Gay)、拥有膝部不硬朗的前游击队代表团的阿尔奇狩猎者(ARCI-Caccia)，以及并非不重要的ARCI-Gola，或所谓的"暴食者"运动。[13]慢食运动的先驱起源于布拉，这是意大利兰盖地区南佩德蒙迪斯(South Piedmontese)的一个城镇，兰盖是一个以其葡萄酒、巧克力糖和奶酪闻名的地区，在20世纪70年代，在经过多年的人口减少之后，这一地区又变成了一个人口回流港，回流的人群包括附近的都灵市的失业者们，以及那些希望远离共产主义官僚分子和极左的恐怖主义分子的前学生斗士们。正是在这个地方，卡洛·彼得里尼和他当地的同志们建立起了"自由与值得称颂的巴罗洛葡萄酒之友协会"，这一协会的成员们因美食和美酒而结合到了一起，他们运营着一个地方合作社，并利用旧的阿尔奇网络来结交整个意大利中北部地区具有相似思想的群体。1983年的这样一次旅行把他们带到了托斯卡纳地区的山城蒙塔西诺(Montalcino)，在这里，在被当地波波罗之家(Casa del Popolo)的同志们用一顿"令人厌恶的膳食"招待过之后，彼得里尼决定发表一个关于左派无私的消费文化的政治观点：当左派宽容以无产阶级生产的黏糊糊的意大利通心粉和劣质葡萄酒为代表的低质量的生活时，它如何能真诚地要求通过货币经济来实现更高的生活水平呢？这一运动由此起飞，它在《宣言报》、《红虾》和其他左派出版物上发现了对自己的支持，这些出版物辟有专门关注饮食和美酒的专栏，它还在通俗文化那粗俗幽默的阴暗面中找到了对自己的支持，这种通俗文化那喧嚣的声音最终在整整一个世纪之前的保罗·拉法格的《懒惰的权利》一书中找到了共鸣。快乐并不是一种资产阶级的专利或是一种罪恶。1986年，这一运动的成员们带着成碗的热意大利通心粉在一家麦当劳前面游行示威，以示对这家在罗马巴洛克式建筑中心地带的特大型麦当劳的开张表示抗议，这一光怪陆离和充满聪明才智的运动就由此发动了起来，并发展成了一种针对"快节奏生活"的姿态鲜明的国际抗议运动。[14]

"慢食"运动通过对抗麦当劳而变成了一种羽翼丰满的运动，这一事实表明，"市场帝国"仍然在为物质文化的变化节奏打上自己的标志。的确,20 世纪美国消费文化中各种重大发明的持续发展概括了我们已经在此研究过了的更早的发明的进展。来自美国伊利诺伊州橡树林(Oak Grove)的雷·克罗克(Ray Kroc)是一个五十多岁的挤奶机销售商,1954 年,他买下了一种可以快速下订单的汉堡包销售店的特许经营权,这种汉堡包销售店是由麦克唐纳兄弟俩在加利福尼亚州的圣贝纳迪诺经营着的,这家作为雷·克罗克企业家天才成果的公司,可以被视作是福特主义的最后的伟大继承者。麦当劳让自己现身在最普遍的场所中,它涉及人们吃什么、怎样吃和在哪里吃的问题,它的管理体制为服务行业带来了标准化生产和营销的所有标志,这些标志包括它那统一的生产线(汉堡包、炸薯条和可乐),程式化的生产准备流程,有着整洁的制服、轻松活泼的帽子和欢快的"服务式微笑"的那些培训最小化而效率最大化的工作人员,也包括它那持续不断的广告宣传,以及通过确定分店的位置,制作菜单、价格、座位和装潢来对消费者所进行的、经过了精密计算的控制。麦当劳公司的总部设在克罗克的家乡,在他家乡附近的埃尔克格罗夫(Elk Grove)麦当劳公司建有"汉堡包大学",专门教授做这种生意的经营原则,它通过向小企业出售各地方的特许经营权来扩张,它向这些小企业们承诺:它们可以大有赚头地在各种环境中复制这种经营模式。麦当劳按照既有规则又自由的双重原则进行运营,它用它的经营流程让世人对它保持清醒,同时它又提供一些小快乐来让世人为它着迷,它的这种双重性,是美国大众文化的观察家们自 20 世纪 20 年代起就开始评论过的;然而在 20 世纪 80 年代,麦当劳又塑造出了欧洲消费文化的另外一个彻底转变。[15] 从这种意义上讲,麦当劳在饮食方面所扮演的角色,就如同好莱坞电影在 20 世纪 20 年代的视觉文化中所扮演的角色,以及连锁店和超市在 20 世纪 30 年代和 60 年代在自助式商店方面所扮演的角色。

麦当劳的入侵也像更早时候的社会发明一样,是与当地的一些发展趋势交织在一起的。在麦当劳于1971年进入欧洲大陆的时候，它并不是特别盈利，直到使得它在美国崛起的那些相同的条件也在西欧扩展之后，它才变得比较盈利，这些条件包括：人们远途往返上下班；连续的工作日；随着越来越多的妇女参加了工作人们养成了食用方便食品的习惯以及在外面就餐的习惯；人们不断分化的饮食口味；人们更多地暴露在广告图像面前，以及作为消费者的儿童的需求得到了更多的迎合，等等。直到1984年，麦当劳一直都没有进入意大利，因为它担心意大利的恐怖主义、通货膨胀、罢工和意大利的劳工法，这种劳工法在1982年被改变之前，一直禁止使用时段工，而很多年轻人的第一份工作就是当时段工，这种充当时段工的年轻人也是麦当劳的标志性店员。因此，满足公共饮食业新的需求的责任就落到了当地企业的肩上。最初，那些咖啡店店主们通过在直立的吧台上提供三明治，简单地暂时提供了这种服务。然后在1982年2月，在了解到美国相关行业发展信息的基础上，一家意大利土生土长的博黑店(Burghy)在米兰开张了，它的菜单里包括汉堡包和炸薯条。当三年之后麦当劳在意大利开它的第一家分店时，很多让人联想到快餐生活方式的词语如三明治店(*Paninoteca*)、点心(*fermino*)、吃完走人店(*mordi e fuggi*)等都已经在被传播使用了。米兰的博黑店作为邋遢的“朋克”和衣衫不整的“三明治人”等年轻人群体的巢穴，也是声名狼藉。[16]

就在麦当劳打算在意大利开分店前后，其意大利的合作方正在按照苏联公开性(Glasnost)的精神，利用“意大利造”食品的声望、其灵活的管理风格及其政治上的可行性来与苏联官员进行谈判，以便就在莫斯科红场之外开第一家“新食品”店。新食品贸易公司的总裁马可·米那拉(Marco Minella)希望能把这家店的开张日期与1986年苏共大会的开幕时间安排到一起，为此他对美国进行了一次急匆匆的访问，以便去“学习了解集体所有制的公共饮食业”,并“试图把这个词语翻译成一种国际语言”。按照这种精神,意大利人的“新食品”打算每天为80万莫斯科人提供服务,它的菜单里有鸡肉和比萨,但没有汉堡包,因为莫斯科地方当局把汉堡包当作“资本主义和帝国主义的象征”而拒之门外了。[17]

1986年在罗马的西班牙台阶(Rome's Spanish Steps)旁边开业的麦当劳店是当时世界上最大的麦当劳店,它有450个座位,因为到这一地区的旅游者特别多,它在好几年中都是麦当劳公司单一的赚钱生意中最大的。在一年当中,在它附近至少出现了二十家模仿它的餐饮店,如:班尼汉堡(Benny Burger)、大汉堡(Big Burg)、最佳汉堡(Best Burger)、黄金汉堡(Golden Burger),等等;麦当劳的服务也制造出了一种全新的词汇:击打(frappé)变成了“摇奶”(milkshake)的意思;“油炸锅”则代表的是“烤架”;“清洁工人”是负责在最后冲洗和打扫店面的。到了20世纪80年代晚期,随着美国本土市场的发展放慢以及加强欧盟市场的计划已变得很清晰,作为麦当劳总体的海外扩张的一部分,麦当劳公司宣布了一项再在意大利开50家分店的计划。它尤其想削弱意大利领先的饮食连锁店博黑,博黑当时也已经被转手了,并且也在收购它在意大利国内的竞争对手。在接下来的十年中,麦当劳收购了博黑,然后它又打败了汉堡王(Burger King),汉堡王是与意大利的第二大餐饮连锁店奥托格里(Autogrill)合资后进入意大利市场的。麦当劳的食品是不足挂齿的,造就了它的吸引力的,是它的文化情结:明快的灯光和音响、成群的旅行者和其他外来者、亮丽的雇员制服、没有像侍者那样的成年服务生、自助式销售和开放的座位、有令人熟悉的迪斯尼动画和可口可乐标志的搭配广告、熟悉可亲的麦当劳吉祥物——红胡子小丑罗纳德·麦克唐纳(据说他是除耶稣之外全球最广为人知的人物形象),以及向孩子们免费发放的小玩具。[18]

在克里姆林宫被迫结束它对市场的政治垄断之前,意大利的

“新食品”仅仅在红场获得了一个小立足点。在1990年1月28日柏林墙倒塌之后不到三个月内，麦当劳就在莫斯科的普希金街拐角处开了它在莫斯科的第一家分店。它在西德的生意本就不错了，在此基础之上它又把生意扩展到了德意志民主共和国内。在1990年早春，在它在破烂陈旧的纺织城市普劳恩开它的第一家分店之前，麦当劳在德累斯顿市破破烂烂的市中心建造了一个移动餐车销售点；当地被特许经营麦当劳店的这个企业家以前是个社会主义斗士，他以前经营过这个城市的消费服务，这让人想起了赞成共产主义的普劳恩市的那些商业精英们，读者们或许能够记起，在1929年，就是这些人曾经不顾其城镇的规模较小，成功地提出了一个建立他们自己的扶轮社的特殊请求。[19]

然而，到了1990年，美国企业家向东方的急速扩张已经不再是去追求征服整个欧洲了，而是追求一种“全球实现”。莫斯科的麦当劳店在大小和顾客容量方面打破了罗马麦当劳店的记录。而1992年开业的北京麦当劳店建有950个座位，它的规模又超过了罗马和莫斯科的麦当劳店。1993年1月，为了抓住朝圣商业的机会，麦当劳公司又在麦加开了一家分店。到2000年为止，全球共有3万家麦当劳店。[20]

当快餐业在发展的时候，慢食运动也在发展，尽管慢食运动的发展轨迹与前者很不相同。这一运动引人注目，通过把麦当劳描绘成是不健康的饮食习惯的始作俑者，或是资本主义全球化掠夺的象征，它能够不被麦当劳所制约。在这一点上，它想使自己与法国的农场活动家若泽·博韦(José Bové)保持距离，若泽·博韦是一位备受尊敬的国际反全球化运动的领导人，1992年，他在自己的家乡米洛(Millau)用推土机铲平了一个刚修建了一半的麦当劳店，由此变成了一位民族英雄。慢食运动的领导者们带着新人文主义的一本正经强调指出，慢食运动“并非生来就是为了打败、服从或阻碍什么的，它是知识的工具”。慢食运动的各地方分支与它国际运动的连接不是通过章程来实现的，而是通过分享经验来实现的，其前提就是：快乐应该被视作是文化产品，而不能被商品化。慢食运动的一个重要武器就是蔑视。作为这一运动象征的那只得意洋洋的蜗牛是行动迟缓而且谨慎的，但它却也是可以食用的；智人生存是为了成长，但他们也是为了享受生活，首先是为了享用食物。慢食运动新联合的任务是把一些生活方式与观念整合起来，这些生活方式和观念向来都被认为是不可调和的：质量与可承受的价格、享乐与社会意识、行动快速与懒散的节奏；它的目标就是成为这样一种社会运动："开放、民主，不被特定的利益玷污，并且避免因使用特定的仪式、协议或服饰而使自己变得滑稽可笑。"[21]

慢食运动能够繁荣壮大起来，是因为它具有良好的商业本能。它能够从它广为散发的意大利美食与美酒指南中获利不菲，它还负责招待每年一度的口味沙龙(Salone del Gusto)，这个沙龙是意大利最大的食品展，它的几百个摊位散布在菲亚特汽车公司位于灵格托(Lingotto)的整个工厂中，一度是意大利福特制发源地的这个工厂现在变成了一个后现代的展厅，它为几百家小的食品生产商提供了一个国际市场，而这些小食品生产商的产品在此之前很少能够走出它们当地。慢食运动不可避免地也必须要处理下面这种对它的指责，即：慢食运动是食品方面的假内行们为了寻找完美的猪肉香肠而采取的一种精英主义的行动，因此它只会使精英与大众、数量与质量，以及品味和方便之间的那种差异等级再现，这种差异等级过去曾经加强了资产阶级文化，并曾以欧洲生活方式的名义证明了抵抗美国生活水准的正当性。作为对这种指责的回应，慢食运动将会强调，一个更基本的问题被危险地忽视了，即：在当代世界上，对像样的饮食的获得已经再次变成了一个阶级问题，它把那些拥有足够的收入、知识和时间以获取这种良好营养的人与那些不具备这些条件的人分开了，后者因此不得不承受缺乏选择、食品操纵和营养性疾病(显著的如肥胖症)等痛苦。更严重的是,食品生产的能力也标志着第一世界那受到保护的、享受补贴的农业与穷国那用以维持生计的农业之间也有巨大的鸿沟。因此,慢食运动的野心也扩大了:从最初的促进用餐及饮酒水平和讨论食品事务,扩大到了组织一些项目,如组织食品操场项目教孩子们吃得更少和更好,以及把农场主们的市场带到城市郊区等。

从更广的视角出发,慢食运动认为,如果说全球化允许跨国公司将它们的触角延伸到全球每一个角落并带来了均质化的效果,那么全球化对小生产商们来说也能够有所帮助,它使小生产商们利用互联网打开了一片小天地,以帮助它们生存。正如生物多样性学说把它的注意力转向了那些处于灭绝危险当中的动植物一样,生态烹饪学也支持使那些处于危险中的食物种类生存下去的项目。慢食运动的代表们前往世界贸易组织这样的国际机构,为农业领域中的商业自由化展开游说,虽然他们的理由是,这样的自由化将会阻止大型的跨国公司在马里这样的国家倾销经过基因改造并得到了政府补贴的食品,在马里,一种比当地产的一公斤甜高粱或粟还要便宜的进口法国棍子面包没能打开局面。[22]总之,慢食运动将会更像对待文化产品那样对待农业商品,它要为农业产品的生产和使用提供复苏的机会,为农业产品的保护工作进行游说,仿佛这些农业产品是受到某种知识产权保护的文化产品,农业产品的地理学名字或含义(或贸易用语产地标识)也变成了它们的出产地所在的村庄、地区或国家所独享的财产。因此,虽然第戎是卡夫食品公司(Kraft)所出售的一种芥末的名字,但这个名字的使用权将会被归还给来自法国第戎市的生产者。同样地,维达利亚(Vidalia)洋葱的名字将会被归还给美国佐治亚州维达利亚地区的种植者。对慢食运动的发起人彼得里尼来说,美国是“慢食运动的天然沃土”,慢食运动最喜欢的使命之一就是去恢复美国的食品传统，这些食品传统曾经以其食品种类的丰富而使美国闻名于世，而不是让美国以麦当劳而闻名于世。[23] 后现代世界语境中的讽刺之一便是，曾经的旧世界将要改革曾经的新世界的消费文化。

美国的转变

事实上，市场帝国从 20 世纪 90 年代早期开始的政治上的决定性转变不允许我们沉湎于后现代世界的这种悖论当中。1990 年苏联阵营的崩溃立即使美国的决策者们重新思考起了伍德罗·威尔逊的遗产，据称是伴随着苏联的崩溃而取得了成功的自由市场和民主价值观能否被当作建设一个新的、由美国领导的全球秩序的基础？这一问题尤其引起了他们的思考。在缺乏任何有效的军事和政治敌手的情况下，难道美国的霸权不可以在一种不同的、力量与说服力混合物的基础上重建吗？随着各地的文化越来越会聚到一种单一的全球模式上，难道美国在过去几十年中所积累起来的“软实力”资源不可以被更有劝服力地利用，以便减少对美国力量中那代价高昂的“硬的”或军事力量的使用吗？“软实力”的含义的确比较模糊不清，它被看作是外交、公共形象和能使“其他人做你所希望之事”的文化价值观的某种混合物。[24] 这一公式中所缺乏的是威尔逊那种服务世界的移情观念，从他 1916 年发表的推销员训诫中的“要思考他们需要什么，而不是你需要什么”中，能够清晰地看出这种观念。然而，软实力理论有它基本的合理性。随着全球化的力量导致物质生活的模式以前所未有的速度会聚，美国的电信和媒体网络显示出了更大的优势。[25] 从美国消费文化模式以往所取得的显著成功来看，软实力理论貌似也很有道理，例如美国的消费文化模式曾帮助西欧被重建成了一个和平之地，同时还使苏联的极权主义名声扫地。然而，软实力理论忽视了当代商品运动的分散性特点。它也没能察觉到密集的新奇感所产生的那种绝望感和憎恶,这些新奇感使得西方的物质文明模式被等同于美国,并成为了一些人反感和批判的对象。软实力理论对从20世纪初期“文明的冲突”中所滋生出来的暴力认识也不够,以至于它没能想象到在20世纪与21世纪之交由其所释放出来的暴力行动,虽然这一暴力行动是由一种不同的原教旨主义信息所促成的,使用的也是一种截然不同的武器。[26]

就在2001年9月11日基地组织袭击美国之后,“推销术”曾承诺要改变市场帝国的不良形象。“制造商们”开始研究:伊斯兰恐怖主义是否是一些人对美国的动机发生了根本性的误解所导致的一种结果?推广以美国生活方式为典型的生活习惯和商品的全球推销机器,是否加剧了对蕴含在西方物质文化中的积极的价值观的错误传达?就在2001年10月2日美国对阿富汗发动第一次军事行动前后,布什政府提名在公共关系领域以“品牌皇后”闻名的夏洛特·比尔斯(Charlotte Beers)出任负责公共外交和公共事务的助理国务卿,这一职位是美国国务院新设立的。依靠她担任智威汤逊公司前首席执行官时所磨炼出来的技巧以及美国政府十亿美元拨款的支持,比尔斯开始进行有史以来最昂贵的公共关系战役。这一战役的目的,简单地说就是要通过瞄准“心有不满的人口”(尤其是在“对美国的认识匮乏导致动荡,动荡又被证明是对我国和国际安全的威胁”的中东和南亚地区),“从圣战者那里抢回市场份额”。[27]同时,总统办公室建立了它自己的竞争性的全球通信办公室,以“发布关于美国人民和美国政府的诚实的、准确的和有效的信息”,其目的是“防止误解和冲突,为美国的盟友和在美国的盟友当中获取支持,更好地为国际听众发布信息”,尤其是关于美国政府“作为在全球更多倾听和更多对话框架的”“对人类尊严不可谈判的要求”的信息。[28]2003年3月,就在布什政府准备对伊拉克发动战争的时候,比尔斯因为健康原因辞职了。她的“共享的价值观”战役失败了。在她于辞职前一周在参议院外事关系委员会作证的时候，她总结说，“在我们是谁和我们希望被怎样看，以及我们实际上是被怎么样看的之间，鸿沟宽得可怕”。2003 年 12 月，由皮尤大众和新闻研究中心所进行的一项全球民意调查表明，各国民众对美国的好感率发生了直线下降，即使是在美国的盟国中也是如此。[29]

虽然“推销美国”并没有什么新颖之处，但这一做法却标志着市场帝国的行为已经与它在冷战顶峰时期的行为有了很大的不同。在 20 世纪五六十年代之交，消费革命的前景在国外得到了政府机构和私人企业的大力支持，这些政府机构和私人企业的做法也得到了草根运动的积极配合。美国模式向人们许诺了一种很高的生活水平，并确定了实现这种生活水平的程式。因聚合了爵士音乐家、超市企业家、抽象表现主义艺术和网格球顶建筑师而成为“美国生活方式”特使的文化外交，紧随着 130 亿美元的马歇尔计划的援助，精心地定位于要将西欧重建成一个宽阔的、有深度的地区市场。在美国国务院用住宅模型和超市模型去主办商品交易会的同时，美国政府也向其他国家提供了大量的发展援助；扶轮国际几乎使它全球的服务俱乐部数量增长了一倍，从 1950 年的 34 万个增长到了 1970 年的 65 万个；美国的跨国公司也深深地进入了欧洲共同市场，它们为消费品制订标准，同时也用竞争去降低消费用品的价格。最重要的是，对于西欧来说，市场帝国是以和平的面目出现在那里的，它避免卷入这个大陆上的军事冲突，尽管它在资本主义推销员的吸引力并不强的世界其他广大地区卷入了一场又一场的军事冲突。从这个角度来看，市场帝国在西欧的发展遵循了以下这种信念：或多或少是以民主的方式扩散的美国式消费文化的成熟富足，已经使西欧永远地远离了旧世界那好战的军国主义传统。

因此，看上去直到 20 世纪 90 年代，不管是更好还是更糟，美国消费文化的扩展都是西欧进步叙事中的一条主线：它是一种革命性的力量，它的社会发明及其关于舒适权利的信息作为一种对旧的社会纽带的溶解剂，与任何政治革命都一样强大。但是，没有任何革命是永久的。这些革命改变事物的进程，然后它们就逐渐消失了。或者它们的原则和制度已经变得如此分散，以至于它们与当初革命的发起者已经不是一回事了。于是新的力量开始发挥作用；过去问题的解决方案变成了现在的问题。虽然美国可能仍是今天全球消费文化背后最重要的一个推动力量，但美国已经不再拥有足够的技术优势去垄断生产或消费领域中的创新了。最终，民族国家自己承担"推销员"任务的努力已经终结，这只是因为事实已表明，推销术已经不再是治国艺术的工具，而是变成了治国艺术的替代物，变成了一种在全球范围内好战成性的帝国政治的可怕装饰品。

单就生活水平方面而言，市场帝国对世界其他地区已经失去了推动力。今天，欧洲 5.19 亿人口中的百分之八十在使用超市，美国的 2.8 亿人口中在使用超市的则占百分之八十五。然而，在过去几年中，发明了超市的美国在推动超市在全球的扩展方面做的却最少。在过去的十年中，家乐福是拉丁美洲主要的革新者。在拥有一个有 12 亿人口的潜在市场的中国（已有百分之三十的中国人去过超市），家乐福是 1994 年第一个进入北京的西方企业，在 2004 年 12 月中国针对外国零售商的保护措施终止的时候，家乐福在百无禁忌的竞争中依旧战胜了世界最大的零售商沃尔玛。家乐福和沃尔玛这两个西方公司在中国的市场份额都落后于中国最领先的企业联合体，这一企业联合体在短短的二十年中就掌握了国际销售的最新标准；另外家乐福和沃尔玛这两家西方公司不仅都相面临着来自相互之间的及其他西方企业的竞争，它们还面临着来自下面这些企业的竞争：台湾的大型企业乐购（Hy-Mart）、好又多（Trust-Mart），以及泰国首屈一指的零售商易初莲花超市(Lotus)。[30]

随着跨国公司已经走向了全球,没有什么能够阻止跨国主义的先锋们自己之间也展开弱肉强食。1987年,智威汤逊公司被基地设在英国的电线与塑料制品公司在一次恶意投标中吞并。电线与塑料制品公司(WPP)的首席执行官马丁·绍乐尔(Martin Sorrell)在1987年之前是基地设在伦敦的、由上奇(Saatchi)二兄弟所创建的上奇广告公司(Saatchi & Saatchi)的"第三个兄弟",在获得了电线与塑料制品公司之后,他利用这一公司的资产首先吞并了智威汤逊公司,然后他又吞并了纽约市另外两家最有声望的老公司奥美广告公司(Ogilvy & Mather)和扬雅广告公司(Young & Rubicam)。今天,这些公司都已经成了一个以伦敦为基地的、在83个国家内运营着50个公司的销售服务集团的一部分。[31]在欧洲,只有阳狮集团(Publicis)比它大。无论如何,电线与塑料制品公司都把中国而不是欧洲看作是在未来几十年中最重要的广告市场,它在一座高耸入上海的天空的、光芒四射的摩天大楼中设立了一个完全单独运营的亚洲分部。

在全球民意的不确定性面前,美国企业对于是否应将推销它们自己的产品与推销美国联系起来犹豫不决。虽然有些营销专家建议说,"消费者们可以不认同布什的牛仔形象,然而他们仍然认同万宝路牛仔(Marlboro Man)的品牌",但每年都花费成千上万美元的那些公共关系活动却都不愿意去冒这样的风险。[32]在价值和认可度上仍然是全球第一品牌的可口可乐公司就是这种背景下的一个典型,即使是在中国乡下的偏远角落里它也是这样。可口可乐公司通过它行之已久的收购任何有当地消费者基础的碳酸饮料,更加秘密地在当地出现;现在,可口可乐的母公司在全球200个国家中销售着300种其他品牌的饮料。[33]宝洁公司的碧浪洗衣粉通过对它的起源国保持匿名,仍然生意兴隆,相同的这一战略曾经使它在20世纪60年代的欧洲"洗涤剂战争"中赢得了很大的市场份额。欧洲市场上相对出现较晚的一些生产者,像生产百威啤酒的安海斯－布希公司(Anheuser-Busch),则按照各地消费者的敏感程度区分使用不同的促销手段:在德国,这种啤酒被标注为安海斯－布希百威(Anheuser-Busch Budweiser),这种有力的姿态是要向德国人展示出这家公司是由德国移民创建的;在后社会主义的匈牙利,这种啤酒则被标注为美国百威;在其他的15个国家中,它则被标注上普通的百威标识。"我们不是跨国的,我们是跨家的(multi-domestic),"麦当劳的一名管理者这样说,他说这番话的时候,麦当劳的品牌已经连续几年下滑,麦当劳的商店也因为西方发展模式的高速全球化所带来的暴力,而被作为美国政府在各地的代理人和化身而遭到攻击。针对认为"一种品牌只有在变得毫无含义之前才能变得全球闻名"的那些专家们所散布的怀疑论,麦当劳已经发起了一场运动,以便把它所有的市场都联系起来,并把触角伸向所有年龄段的人群。其标识中的黄金拱门已经变小了,有主题形式的内部图案对当地的氛围至关重要,它们包括音乐、麦当劳的一代(McDo Generation)和山;吉祥物罗纳德·麦克唐纳现在穿着的是低背带的休闲裤,另外,一件宽松的衬衫取代了他原来那可笑的工人工作服。在旧世界,麦当劳的一份新菜单通过在夹饼馅儿和炸薯条中增加沙拉,承诺要"使欧洲更健康"。其无处不在的口号"我在爱它"则希望能够重新加强麦当劳与消费者之间的感情纽带。这里面或许还有巨大的潜力,因为当前各地的人们都表明他们对美国怀有强烈的感情,不论是好的感情还是坏的感情。[34]

最后,大众消费文化在很大程度上只是物质生活的一种短暂形态,以至于构成它的那些大的组织片段很容易消失得难以被看到。随着人们对美国历史的兴趣增长以及美国的霸权已经名声扫地,忽视美国的社会发明在本地发展过程中所扮演的角色将是一种很大的诱惑。扶轮社的标志再次被张贴在了德累斯顿,并且不止一个，第一个是1991年贴在新开张的德累斯顿希尔顿酒店入口处的那个标志，除此之外还有两个标志所在地，这两个地方是用来接待城市的偏远地区那些不那么享有声望但人数却更多的俱乐部成员的。但今天，扶轮社的成员们更愿意去回忆20世纪30年代俱乐部的兴衰变迁，而不是去回想这个俱乐部的美国起源。[35]作为一个俱乐部，他们当前的关注深深地扎根于当地的现实之中，也就是要在前德意志民主共和国的"东德人"和德意志联邦共和国的"西德人"之间找到平衡，并且防止俱乐部那数量很少的女性成员缩减到三人以下。当他们本地刚起步的高科技经济仍然无法把失业率降低到大大低于百分之二十，并且要把这个城市从上一场战争中重建起来仍有大量工作要做的时候，他们就有很大的紧迫感去在国际层面上承担重要的服务。他们在当地的首批动议之一是去帮助重建19世纪的永恒犹太教堂(Semper Synagogue)。他们此举的目的并不是要赔偿以往的损失，而是要打消来自前苏联的信教的犹太人的顾虑，只要这些人接受契约成为这个城市的管弦乐队的首批小提琴手(德累斯顿在这方面必须要与斯图加特、伯恩和其他新崛起的文化城市进行竞争)，他们就会被确保能有一个地方可以进行宗教仪式。虽然这个扶轮社俱乐部已经不是冯·弗兰科尔、阿恩霍尔德和库恩家族领导时期的奉行世界主义的俱乐部了，但它的成员数量却在全世界都不断壮大。

2004年6月，身为第五代管风琴制造者的俱乐部领导人豪斯特·捷姆利士(Horst Jehmlich)没有在俱乐部内，他正在去美国得克萨斯的旅途中，他此行的目的是要去有着2万人口的克尔维尔(Kerrville)市，为那里的第一长老会教堂安装本家族企业的一个巨大设备。这个俱乐部仍然按照惯例欢迎外地来的访问者。在6月9日在希尔顿酒店的欧洲厅举行的正式午宴上，有三位客人倾听了俱乐部服务附属委员会所做的一个报告，这个报告是关于俱乐部如何艰苦努力以获得本地重建项目的国际支持的，这三位客人还享用了草草吃起来味道还不错的有三道菜的午餐，并听东萨克森储蓄银行的董事长赫伯特·苏斯（Herbert Süss）谈论了些储蓄利率与当地的投资问题。这其中的一位客人是来自德国多特蒙德的一个商人。另一位客人则是一位来自新西兰帕塔库郎噶（Patakuranga）的商人。第三位客人是一名来自美国纽约市的历史学家，她来到这里的原因既包含科学因素又含有感情因素，那就是想看看自从 1937 年被解散之后这个俱乐部已经变成什么样子了。

忘记这类事物的历史起源将会是一个历史性的错误，同时也是政治性的错误，这尤其是因为，那样将会使这段历史成为被大西洋两岸争论的对象，并且大西洋两岸对这段历史的解读也将会不可避免地出现很大的不同。人们需要不断的努力去重构这段历史，更不用说去重新记起这段历史了。要实现这一点，在未来的大约十年之内，人们需要用一种敏锐的考古视角去辨别在整个 20 世纪内市场帝国的推进在欧洲物质文化地层中所沉淀下来的痕迹。人们将会发现，在这些沉积物最古老的地层当中（大约是从 1900 至 1915 年），能够发现极其丰富的文物。这些文物的多样性、数量和精细的工艺，暗示出当时的生活方式中有着一种令人惊异的优雅，但它同时也反映出在人们当中所存在的那种像印度种姓制度一样的区别。沉积物中属于中期的地层（大约从 1915 至 1945 年），则揭示出了当时所存在的许多巨大的冲突的漩涡。在从西北欧到中欧和南欧的遗址中，大量存在的罐头盒与绿玻璃的碎片、凹下去的电影胶片盒以及各种低级杂志的碎片，说明当地与大西洋西岸的美国之间那越来越紧密的联系曾一度被挡了回去，然后这种联系又被战争的力量推向了前进。大约仅仅十五年之后（约在 1960 年），反映出跨大西洋影响的文物和建筑就在欧洲中北部地区泛滥成灾了。在任何一个地方，更上面的沉积层都反映出了一种物质生活上的剧变。甚至在那些以生活方式变化缓慢而著称的地区，牛骨头也与迪尔(Deere)牌拖拉机的活塞混杂在一起，废旧的山村水井的辘轳与瓷质抽水马桶的钢制配件、40瓦的灯泡、废弃的电子管及电视机部件等构成了不同的地质夹层。当巴黎中部地区被发掘开的时候，大药店(Le Drug Store)的遗址看上去为一种融汇众家的新物质文明的胜利提供了无可争议的证据，这种新的物质文明把"无盐之海的首都"德卢斯这个巅峰之城与"光明之城"巴黎联系了起来。20世纪的最后十年在易北河的两岸所留下的沉积物，也具有类似的模式。到了21世纪初期，作为高新科技中心的德累斯顿的大型购物中心、街头生活及年轻人文化，开始有了与德卢斯市内的情况不同的外观。德累斯顿扶轮社俱乐部的成员们每隔一周在周三聚会的希尔顿酒店，远比德卢斯扶轮社俱乐部的成员们每隔一周在周四聚会的拉迪森(Radisson)酒店更光彩照人，希尔顿酒店周围的巴洛克式市区也已经被重建了起来，被彻底摧毁了的、离希尔顿酒店的门阶有十五米远的圣母教堂的拱顶也被完全修复了。在这两个城市中，廉价商店都很繁荣，这些廉价商店里的存货也同样都是纯平显示器电视机、运动服和浴室配件等。这些货物上现在打的标签是"中国制造"，对于一向以世界最大和最有效率的消费品生产者及消费文化的最大源头而无比自豪的市场帝国来说，这显然是一个不妙的征兆。然而，不可改变的是：在仅仅一个世纪之内，美国霸权就在四大洲之内留下了自己的印记，这些印记即使不像罗马帝国所留的印记那样持久，也像罗马帝国跨越四个世纪所留的印记那样独具特色。就像罗马帝国的拉丁文、现实主义美学、犹太一基督教精神、法典，以及高架渠、城市要塞和歌罗西书(colossea)等"城市组件"一样，美国的遗产已经融进那些土地变成了历史遗迹，未来的人们将不得不去解读这些遗迹，以便去理解市场帝国那不可抗拒的崛起及其残酷无情的衰落。

注释

章首引语出处：Carlo Petrini, "The Official Slow Food Manifesto," in *Slow Food: The Case for Taste* (2001), trans. William McCuaig (New York: Columbia University Press, 2003), xxii; Aline Sullivan, "Top Brands Ride Out Tide of Anti-Americanism," *International Herald Tribune*, June 14-15, 2003, 15.

1. Petrini, *Slow Food*; Antonio Cianciullo, "Mangio sano, mangio piano: nasce il gastronomo verde," *La Repubblica*, December 10, 1989, 22.
2. The flexible dimension of the new economy and its particular compatibility with the European environment was heralded in Charles S. Sabel and Michael Piore, *The Second Industrial Divide: Possibilities for Prosperity* (New York: Basic Books, 1984).
3. Joanne Legomsky, "The Europeanization of American Retailing," *Standard and Poor's Industry Surveys*, April 3, 1986, R61-65.
4. Daniel Drache, "From Keynes to K-Mart: Competitiveness in a Corporate Age," in *States against Markets*, ed. Robert Boyer and Daniel Drache (London: Routledge 1996), 31-61.
5. Thomas C. Daniel, *The Helsinki Effect: International Norms, Human Rights, and the Demise of Communism* (Princeton: Princeton University Press, 2001).
6. Generally on the patterns of consumption also called "post-Fordist," "postmodern," or "postmaterialist," see Mike Featherstone, *Consumer Culture and Postmodernism* (London: Sage, 1991). For pioneering work, simultaneously by marketing experts in the United States and Europe, see Susan P. Douglas and Christine D. Urban, "Life Style Analysis to Profile Women in International Markets," *Journal of Marketing*, July 1977, 46-54; Suzanne McCall, "Meet the 'Workwife,'" ibid., 55-65. For a general review of the literature on the phenomenon, see Erik Neveu, "'Sociostyles'... Une fin de siècle sans classes," *Sociologie du travail* 2 (1990): 137-154. On the effects of advertising on this trend, see Armand Mattelart, *L'internationale publicitaire* (Paris: La Découverte, 1989); Gerrit Antonides and W. Fred Van Raaij, *Consumer Behavior: A European Perspective* (New York: John Wiley and Sons, 1998); "Special Dossier: À la recherche du nouveau consomma-

teur," *Révue française de gestion* 110 (September-October 1996).

7. Annemoon van Hemel, Hans Mommaas, and Cas Smithuigsen, *Trading Culture: GATT, European Policies, and the Transatlantic Market* (Amsterdam: Bokman Foundation, 1996).

8. Victor Scardigli, *La consommation, culture du quotidien* (Paris: Presses Universitaires de France, 1983), 127.

9. Michèle Ruffat, "L'introduction des intérêts diffus dans le plan: Le cas des consommateurs," in *La planification en crise, 1965 – 1985*, ed. Henri Rousso (Paris: Editions du Centre Nationale de la Recherche Scientifique, 1987), 115 – 133; and see now Gunnar Trumball, "Strategies of Consumer-Group Mobilization: France and Germany in the 1970s," in *The Politics of Consumption: Material Culture and Consumers in Europe and America*, ed. Martin Daunton and Matthew Hilton (Oxford: Berg, 2001), 261 – 282.

10. Scardigli, *La consommation*, 127.

11. A sound introduction to the burgeoning cottage industry of consumer studies is Daniel Miller, ed., *Acknowledging Consumption* (London: Routledge, 1995).

12. Quoted in Omar Calabrese, "Ah, l'edonismo di sinistra," *Panorama*, August 31, 1986, 38.

13. The main source for ARCI's recent past is its self-reflective history, available also in English translation: http://www.arci.it/storia/index.html. See also http://www.arcigay.it.

14. For background, see Alan Warde and Lydia Martens, *Eating Out: Social Differentiation, Consumption and Pleasure* (Cambridge: Cambridge University Press, 1999); Mara Miele and Jonathan Murdoch, "Slow Food," in *McDonaldization: The Reader*, ed. George Ritzer, rev. ed. (Thousand Oaks, Calif.: Pine Forge, 2002).

15. The McDonald's phenomenon has generated a vast disputatious literature. On fast food in general, see Eric Schlosser's elegantly polemical *Fast Food Nation* (New York: Penguin, 2002). For a business history of the enterprise, see John Love, *McDonald's: Behind the Arches* (New York: Bantam, 1995). For an exemplary treatment of the fast-food phenomenon in Europe, see Rick Fantasia, "Fast Food in France," *Theory and Society* 24 (1995): 215 – 229. The debate over Mc-

Donaldization as "rationalization" inevitably touches on overseas trends. See George Ritzer, *The McDonaldization of Society*, rev. ed. (Thousand Oaks, Calif., Pine Forge, 1996); in addition to Barry Smart, ed., *Resisting McDonaldization* (Thousand Oaks, Calif.: Sage, 1999).

16. "La SME cede a un privato il suo 'fast food,'" *La Repubblica*, July 12, 1985, 36; Mariella Tanzarella, "Arriva in Italia il ristorante drive-in," ibid., August 10, 1985, 36; "Il made in Italy alimentare prende la strada del fast-food," ibid., December 7, 1985, 51.
17. Mauro Alberto Mori, "Fast Food in Russia: le Coop sbarcheranno sulla piazza rossa," *La Repubblica*, December 17, 1985, 17; Piero Valentino, "Fast Food italiano in URSS, Pizza sì, Hamburger no," ibid., September 24, 1986, 19.
18. Laura Laurenzi, "È a Piazza di Spagna il tempio fast food più grande del mondo," *La Repubblica*, March 13, 1986, 15; Giorgio Lonardi, "A Cremonini il monopolio del 'fast food' italiano," ibid., January 30, 1988, 54; Enrico Franceschini, "Sua maestà l'hamburger," ibid., November 3, 1988, 24; Alessandra Rota, "E la licenza è un gioco da ragazzi," ibid., March 13, 1986, 15; Mariella Tanzarella, "Uomini di buona voluttà," ibid., May 1, 1992, 30.
19. Schlosser, *Fast Food Nation*, 225 ff.
20. Magdi Allam, "Nasce Meccadonald il re dei fast food nella città dell'Islam," *La Repubblica*, December 29, 1992, 11.
21. Petrini, *Slow Food*, 12, 19; Alexander Stille, "Slow Food," *The Nation*, August 9, 2001; Mara Miele and Jonathan Murdoch, "The Practical Aesthetics of Traditional Cuisines: Slow Food in Tuscany," *Sociologia Ruralis* 42 (October 2002): 312–328.
22. Susan E. Rice and Gayle E. Smith, "Stop the Trans-Atlantic Food Fight," *International Herald Tribune*, May 30, 2003, 6; Ibrahim Coulibaly, "Malien," *Libération*, May 30, 2003, 3.
23. Tyler Cabot, "Naming Rights," *Washington Post*, May 21, 2003, FO1.
24. Joseph S. Nye Jr., *Bound to Lead: The Changing Nature of American Power* (New York: Basic Books, 1990). The definition was subsequently developed in idem, *The Paradox of American Power* (New York: Oxford University Press, 2002), esp. 8–12; and idem, *Soft Power: The Means to Success in World Politics* (New York: Public Af-

fairs, 2004).

25. Benjamin Barber, *Jihad vs. McWorld* (New York: Ballantine, 1996); Zbigniew Brzezinski, *Out of Control: Global Turmoil on the Eve of the Twenty-first Century* (New York: Scribner, 1993).

26. In his widely influential book, *The Clash of Civilizations and the Remaking of World Order* (New York: Simon and Schuster, 1996), Samuel Huntington spells out the alternative to the "soft" power scenario.

27. Charlotte Beers, "American Public Diplomacy and Islam," Testimony before the Senate Foreign Relations Committee, February 27, 2003, http:// www. state. gov/r/us/18098; Simon Roughneen, "Office of Global Communications; A New Departure or More of the Same," September 2, 2002, in http://www. zmag. org/showarticle. cfm? sectionID = 11&ItemID=2303.

28. www. whitehouse. gov/ogc/ 05/08/2003.

29. Johanna Neuman, "Ex-Ad Executive Quits Federal Post Pitching America to the World," *Los Angeles Times*, March 4, 2003, A-7.

30. Tim Morris, *Retail Supermarket Globalization: Who's Winning?* (Auckland: Coriolis Research, 2001), 26, 49, 53; Mission Economique, Ambassade de France en Chine, *Fiche de synthèse: La distribution en Chine* (Beijing: Minefi-Dree/Tresor, 2004).

31. Richard Morgan, *J. Walter Takeover: From Divine Right to Common Stock* (Homewood, Ill.: Dow Jones-Irwin, 1991).

32. Sullivan, "Top Brands Ride Out Tide of Anti-Americanism."

33. *Financial Times*, February 26, 2004, 9.

34. Quote from Eric Pfanner, "McDonald's Credits Ads for Lifting Sales," *International Herald Tribune*, June 24, 2004, 17. See also David Barboza, "When Golden Arches Are Too Red, White and Blue," *New York Times*, October 14, 2001; Shirley Leung, "McDonald's in France Focuses on Decor," *Wall Street Journal Europe*, August 30 – September 1, 2002, A1, A4; Eric Pfanner, "McDonald's Gets Healthy for Europe," *International Herald Tribune*, March 8, 2004, 13.

35. Prof. Dr. Reiner Pommerin, "70 Jahre Charterfeier des Rotary Club Dresden, 12 Dezember 1928 – 12 Dezember 1998," talk to the Dresden Rotary Club, 1998, typescript courtesy of the author; private conversation with Ernest H. Maron, July 19, 1999.

译 后 记

《不可抗拒的帝国——美国在20世纪欧洲的扩展》是美国著名历史学家维多利亚·格拉齐亚教授在2005年出版的一部学术专著。在这里有必要介绍一下格拉齐亚教授。格拉齐亚教授是一名有意大利血统的美国学者，她曾长期在意大利、法国和德国等欧洲各地学习、生活和从事教学与研究工作，是当前美国国内研究欧洲现当代历史的权威学者之一。她的研究领域比较宽广，涉及大众文化与消费文化、性别问题、家庭政治史、商业变革史等，已经发表的其他著作包括《同意的文化：法西斯意大利的大众休闲组织》(*The Culture of Consent：Mass Organization of Leisure in Fascist Italy*)和《法西斯主义是怎样统治女性的：意大利，1920—1945》(*How Fascism Ruled Women：Italy，1920—1945*)，她还与其他学者合作主编了《事物的性别：历史视野中的性别与消费》(*The Sex of Things：Gender and Consumption in Historical Perspective*)等著作。从1994年开始，格拉齐亚教授进入美国哥伦比亚大学历史系任教，从2008年至今，她一直担任着哥伦比亚大学欧洲研究所的所长一职。在此之前，她曾担任过哥伦比亚大学女性与性别研究所的所长。另外，在1997至2002年，她还曾担任过全美欧洲研究委员会的主席。

《不可抗拒的帝国》研究的是美国在20世纪是如何以一个市场帝国的形式改变欧洲的。长期以来，人们在研究美国的历史时，总不忘强调美国文明的欧洲印记，美国作为一个移民国家，它的思想文化主要来源于欧洲，这也是一个众所周知的事实。但关于美国对欧洲的影响（尤其是在思想文化上的影响），相对来说研究的人就比较少，在这方面发表的有启发性和影响力的著作相对也比较少见。格拉齐亚教授的《不可抗拒的帝国》则正是为这一学术研究的薄弱领域增添了一块坚实的基石。在这本书中，格拉齐亚教授分九个章节分别研究了扶轮社、生活水准概念、连锁店、大品牌商品、企业广告、好莱坞电影、消费者公民、超市和以消费者夫人为代表的家庭消费这九种事物和理念是如何从美国传入欧洲并影响欧洲的。连锁店、大品牌商品和美国式的企业广告等作为新的商业组织形式和社会发明，冲击并改变了欧洲的商业形式和商业文化，连同扶轮社带来的服务理念、好莱坞的娱乐思想以及美国的生活水准概念等，这些新的事物和理念最终在很大程度上改变了欧洲人的生活方式和思想文化，美国的大众文化和消费文化开始被欧洲人广为接受和传播。当然，美国对欧洲的这种“入侵”也曾遭到过欧洲人的激烈反抗，不仅欧洲的各种企业在面对美国的商业竞争时曾奋起抗争，欧洲的各路文化精英在面对美国文化的入侵时也曾通过各种方式来进行“文化自卫”。不过，市场帝国最终还是在欧洲取得了决定性的胜利。

《不可抗拒的帝国》所研究的这一主题，可以被简要地概述为欧洲的美国化问题，同时，对于研究全球化是如何被打上美国烙印的来说，本书也提供了一个非常经典的案例。当然，如果以当前国际关系领域中比较流行的软实力理论为视角，则本书又是对美国的软实力进行的一种深刻、细致的案例分析，用格拉齐亚教授自己的话来说，本书讲述的是“有美国特色的软实力”的一段历史。不过，《不可抗拒的帝国》的研究范畴实际上远远超出了软实力的范畴，它的研究并不侧重于政治学或国际关系，而是更像一种社会学研究，是对 20 世纪美国如何影响欧洲的社会发展变迁进行的一种历史考察。因此，这本书所涉及的内容非常丰富，它所提供的分析框架尤其具有启发性。

格拉齐亚教授的这部著作出版以后，在学术界广受好评，并已经被翻译成多种外国文字出版。将这部优秀著作翻译成中文出版，对我国学术界的相关研究人员开阔自己的视野和思路，了解国外相关研究的动态和趋势，以及学习和借鉴先进的研究方法等，无疑也将会是大有裨益的。对普通中文读者来说，通过这本书，他们也能够对这一时期的美国和欧洲历史有更为细致和深刻的了解。

本人在几年前通过一个比较偶然的机会接下了翻译这本书的任务。由于翻译并非本人的专职工作，英语也并不是本人在大学里所修的专业，因此翻译这样一本大部头的学术专著，对本人来说确实也是一个比较大的挑战。好在经过了几年的努力之后，本书最终还是翻译完了。在翻译本书的过程中，在一些疑难问题的翻译上，我得到了我的好友和同事潘小松研究员的不少帮助，在此要向他表示感谢。另外，尽管翻译本书需要花费很多时间，多多少少都会影响到本人的专业研究工作，但本人的翻译工作还是得到了美国研究所诸位领导和同事们的理解和积极支持，在此也向他们表示感谢。最后，我还要感谢本译著的责任编辑张艳丽女士，她认真细致的工作也为本译著的顺利出版提供了必要的条件。当然，对于译文中的错误和不当之处，一概由本人负责。

另外需要说明的一点是，《不可抗拒的帝国》中文版并不是根据哈佛大学出版社在 2005 年出版的该书英文版翻译出的，而是根据格拉齐亚教授专门为商务印书馆提供的一个该书修订版电子文档翻译出的。因此本书中文版的内容与该书纸质英文版的内容在某些地方存在差异，读者如果要将两者对照阅读的话需要注意这一点。

由于本人学力有限，所以译文中难免会有错误或疏漏不当之处，欢迎广大读者朋友批评指正。

何维保

2014年6月

图书在版编目(CIP)数据

不可抗拒的帝国:美国在20世纪欧洲的扩展/(美)格拉齐亚著;何维保译.—北京:商务印书馆,2014
ISBN 978-7-100-10519-4

Ⅰ.①不… Ⅱ.①格…②何… Ⅲ.①消费文化—影响—欧洲—研究—美国—20世纪 Ⅳ.①C913.3

中国版本图书馆CIP数据核字(2013)第304492号

不可抗拒的帝国
——美国在20世纪欧洲的扩展
〔美〕维多利亚·格拉齐亚 著
何维保 译

商 务 印 书 馆 出 版
(北京王府井大街36号 邮政编码100710)
商 务 印 书 馆 发 行
北京天时彩色印刷有限公司印刷
ISBN 978-7-100-10519-4

2014年12月第1版 开本 787×960 1/16
2014年12月北京第1次印刷 印张 37¾

定价:78.00元